江南文化研究论丛·第一辑

主　编　田晓明

副主编　路海洋

学术支持

苏州市哲学社会科学界联合会

苏州科技大学城市发展智库

苏州大学东吴智库

苏州科技大学文学院

本丛书获苏州市社科基金项目出版资助

江南文化研究论丛·第一辑

主编 田晓明

副主编 路海洋

清代苏州出版文化研究

刘勇 著

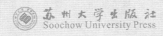

图书在版编目(CIP)数据

清代苏州出版文化研究 / 刘勇著. -- 苏州：苏州大学出版社，2022.12
(江南文化研究论丛 / 田晓明主编. 第一辑)
ISBN 978-7-5672-4183-1

Ⅰ.①清… Ⅱ.①刘… Ⅲ.①出版工作—苏州—清代
Ⅳ.①G239.275.33

中国版本图书馆CIP数据核字(2022)第241185号

书　　名	清代苏州出版文化研究
	QINGDAI SUZHOU CHUBAN WENHUA YANJIU
著　　者	刘　勇
责任编辑	万才兰
装帧设计	吴　钰
出版发行	苏州大学出版社
地　　址	苏州市十梓街1号
邮　　编	215006
电　　话	0512-67481020
网　　址	http：//www.sudapress.com
印　　刷	苏州市深广印刷有限公司
开　　本	787 mm×1 092 mm　1/16　印张32.5　字数533千
版　　次	2022年12月第1版
印　　次	2022年12月第1次印刷
书　　号	ISBN 978-7-5672-4183-1
定　　价	98.00元

图书若有印装错误，本社负责调换
苏州大学出版社营销部　电话：0512-67481020
苏州大学出版社网址　http：//www.sudapress.com
苏州大学出版社邮箱　sdcbs@suda.edu.cn

文化抢救与挖掘：人文学者的历史使命与时代责任
——"江南文化研究论丛"代序

田晓明

世间诸事，多因缘分而起，我与"大学文科"也不例外。正如当年（2007年）我未曾料想到一介"百无一用"的书生还能机缘巧合地担任一所百年名校的副校长，也从未想到过一名"不解风情"的理科生还会阴差阳错地分管"大学文科"，而且这份工作一直伴随着我近二十年时间，几乎占据了我职业生涯之一半和大学校长生涯之全部。我理解，这也许就是人们常说的缘分吧！

承应着这份命运的安排，我很快从既往断断续续、点点滴滴的一种业余爱好式"生活样法"（梁漱溟语：文化是人的生活样法）中理性地走了出来，开始系统、持续地关注起"文化"这一话题或命题了。尽管"文化"与"大学文科"是两个不同的概念，但在我的潜意识之中，"大学文科"与"文化"彼此间的关联似乎应该比其他学科更加直接和密切。于是，素日里我对"文化"的关切似乎也就成了一种偏好、一种习惯，抑或说是一种责任！

回眸既往，我对"文化"的关注大体分为两个方面或两个阶段：一是起初仅仅作为一名普通读书人浸润于日常生活、学习和工作中的碎片式"体悟"；二是2007年之后作为一名大学学术管理者理性、系统且具针对性的理论思考和实践探索。

作为20世纪80年代初期的大学生，我们这一代人虽然被当时的人们羡称为"天之骄子""时代宠儿"，但我们自个儿内心十分清楚，我们就如同一群刚刚从沙漠之中艰难跌打滚爬出来的孩子，对知识和文化的追求近乎如饥似渴！有人说：在没有文学的年代里做着文学的梦，其灵魂是苍白的；在没有书籍的环境中爱上了读书，其精神是饥渴的。我的童年和少年就是在这饥渴而苍白的年代中度过的，平时除了翻了又翻的几本连环画和看了又看的几部老电影，实在没有太多的文化新奇。走进大学校园之后，图书馆这一被誉为"知识海洋"的建筑物便成为我们这代人日常生活和学习的主要场所，而且那段生活和学习的时光也永远定格为美好的记忆！即便是现在，偶尔翻及当初留下的数千张读书卡片，我内心深处仍没有丝毫的艰辛和苦楚，而唯有一种浓浓的自豪与甜蜜的回忆！

如果说大学图书馆（更准确地说是数以万计的藏书）是深深影响着我们这代读书人汲取"知识"和涵养"文化"的物态载体，那么，伴随着改革开放在华夏大地上曾经涌起的一股强劲的"文化热"，则是我们这代人成长经历中无法抹去的记忆。20 世纪 80 年代，以李泽厚、庞朴、张岱年等为代表的一大批学者，一方面对中国传统思想文化展开了批评研究，另一方面对西方先进思想文化进行学习借鉴，从而引导了文化研究在改革开放以来再次成为社会热点。如何全面评价 20 世纪 80 年代的那股"文化热"，这是文化研究学者们的工作。而作为一名大学学术管理者，我特别注意的是这股热潮所引致的一个客观结果，那就是追求精神浪漫已然成为那个时代的一种风尚，而这种精神浪漫蕴含着浓郁的人文主义和价值理性指向。其实，这种对人文主义呼唤或回归的精神追求并不只是当时中国所特有的景致。

放眼世界，由于科学主义、工具理性的滥觞，人文社会科学日渐式微，人文精神也日益淡薄。而这种人文学科日渐式微、人文精神日益淡薄现象最早表现为大学人文学科的边缘化甚至衰落。早在 20 世纪 60 年代，国际学术界尤其是大学人文社会科学界就由内而外、自发地涌起了"回归人文、振兴文科"的浪潮。英国学者普勒姆于 20 世纪 60 年代出版的《人文学科的危机》，引发了欧美学界尤其是人文社会科学界的广泛关注和热烈讨论；美国学者罗伯特·维斯巴赫针对美国人文学科的发展困境发表感慨："如今的人文学科，境遇不佳，每况愈下，令人束手无策"，"我们已经失去其他领域同事们的尊敬以及知识大众的关注"；乔·古尔迪曾指出，"最近的半个世纪，整个人文学科一直处于危机之中，虽然危机在每个国家的表现有所不同"；康利认为，美国"20 世纪 60 年代社会科学拥有的自信心，到了 80 年代已变为绝望"；利奥塔甚至宣称"死掉的文科"；等等。尽管学者们仅仅从大学学科发展之视角来探析人文社会科学的式微与振兴，却也从另一个侧面很好地反映出人类社会所遭遇的人文精神缺失和文化危机的现象。

在这样的大背景下，中国人文社会科学也不例外。作为一名大学学术管理者和人文社会科学研究者，我从未"走出"过大学校门，对大学人文精神愈益淡薄的现状也有极为深切的体会，这也促使我反复思考大学的本质究竟是什么。数年之前，我曾提出了自己对这一问题的认识：在归根结底的意义上，大学的本质就在于"文化"——在于文化的传承、文化的启蒙、文化的自觉、文化的自信、文化的创新。因为脱离了文化传承、文化启蒙、文化创新等大学的本质性功能，人才培养、科学研究和社会服务都会成为无源之水、无本之木，而大学的运行就容易被视作简单传递知识和技能的工具化活动。从这一意义上说，大学文化建设在民族文化乃至人类文化传承、创新中拥有不可替代的重要地位甚至主要地位。换言之，传承、创新人类文化应该是大学的历史使命与责任担当。

对大学本质功能的思索，也是对大学人文精神日益淡薄原因的追问，这一追问的结果还是回到了文化关怀、文化研究上来。由于在地的原因，我对江南文化和江南文化研究有着较长时间的关注。提及江南文化，"江南好，风景旧曾谙。日出江花红胜火，春来江水绿如蓝，能不忆江南"，"江南可采莲，莲叶何田田"，"人人尽说江南好，游人只合江南老"，"忽听春雨忆江南"，"杏花春雨江南"等清辞丽句就会自然而然地涌上我们的心头，而很多人关于江南的文化印象很大程度上也正是被这些清辞丽句所定义。事实上，江南文化是在"江南"这一自然地理空间中层累发展起来的物质文化、精神文化的总称。

从历史上看，经过晋室南渡、安史之乱导致的移民南迁、南宋定都临安等一系列重大历史事件，江南在中国文化中的中心地位日益巩固，到了明清时期，江南文化更是发展到了它的顶峰。近代以来，江南文化也并未随着封建王朝的崩解而衰落，而是仍以其强健的生命力，在中西文化冲突与交融的大背景下，逐渐形成了兼具传统性与现代性的新江南文化。在这个意义上，我们所说的江南文化，既是历史的，也是现代的，既是凝定的，也是鲜活的，而其中长期积累起来的优秀文化传统，已经深深融入江南社会发展的肌体当中。如果再将审视的视野聚焦到江南地区的重要城市苏州，我们便不难发现，在中国古代，苏州是吴文化的重要发祥地之一，也是江南文化发展的一个核心区域，苏州诗词、戏曲、小说、园林、绘画、书法、教育、经学考据等所取得的丰厚成就，已经载入并光耀了中华传统文化史册；在当今，苏州也仍然是最能体现江南文化特质、江南文化精神的名城重镇。

我们今天研究江南文化，不但是要通过知识考古的方式还原其历史面貌，还要经由价值探讨的方法剔理其中蕴涵的文化传统、文化精神及其现代价值与意义，更要将这些思考、研究成果及时、有效地运用于现实社会生活，从而真正达成文化的传承、弘扬与创新。

其实，世界上最遥远的距离并不在天涯海角之间，也不是马里亚纳海沟底到珠穆朗玛峰巅，而在于人们意识层面的"知道"与行为表达的"做到"之间。所幸无论在海外还是在本土，学界有关"回归人文、振兴文科"的研讨一直没有中断，政府的实践探索活动也已开启并赓续。2017年美国希拉姆学院率先提出"新文科"概念，强调通过"跨学科""联系现实"等手段或路径摆脱日渐式微的人文社会科学困境。如果说希拉姆学院所言之"新文科"是一种自下而上的、内生型的学界主张，那么我国新近提出的"新文科"建设则具有鲜明的中国特色。作为一名长期从事文科管理的大学办学者，我也深有一种时不我待的紧迫感和"留点念想"的使命感！十多年以来，无论是在苏州大学还是在苏州科技大学，我都是以一种"出膏自煮"的态度致力于大学文科、文化校园和区域文化建设的：本人牵头创办的苏州大学博物馆，现已成为学校一张靓丽的文化名片；本人策划、制作的苏州大学系列人物雕塑，也成为学校一道耀眼的风景线；本人策划和主编的大型文化抢救项目"东吴名家"系列丛书和专题片也已启动，"东吴名家"（艺术家系列、名医系列、人文学者系列等）相继出版发行，也试图给后人"留点念想"；本人在全国高校中率先创办的"苏州大学东吴智库"（2013年）和"苏州科技大学城市发展智库"（2018年）先后获得江苏省哲学社会科学重点研究基地和江苏高校哲学社会科学重点研究基地，且跻身"中国智库索引"（CTTI），本人也被同行誉为"中国高校智库理论思考和实践探索的先行者"……

素日里，我也时常回眸来时路，不断检视、反思和总结这些既有的工作业绩。我惊喜地发现，除了自身的兴趣和能力，苏州这座洋溢着"古韵今风"的魅力城市无疑是这些业绩或成就的主要支撑。随着文化自信被作为中华民族伟大复兴历史梦想的重要组成部分而提出、强调，在理论和实践层面实施中华优秀传统文化传承发展工程已经成为国家的一项重要发展战略。勤劳而智慧的苏州人对国家发展战略的响应素来非常迅速而务实，改革开放以来,他们不仅以古典园林的艺术精心打造出苏州现代经济板块,而且以"双面绣"的绝活儿巧妙实现了中国文化和世界文化的和谐对接。对于实施中华优秀传统文化传承发展工程的国家发展战略,苏州人也未例外。2021 年苏州市发布了《"江南文化"品牌塑造三年行动计划》,目的即在传承并创造性转化江南优秀传统文化,推动苏州文化高质量发展,进一步提升城市文化软实力和核心竞争力。《"江南文化"品牌塑造三年行动计划》拟实施"十大工程",以构建比较完整的江南文化体系,而"江南文化研究工程"就是其中的第一"工程"。该"工程"旨在坚守中华文化立场,传承江南文化,加快江南历史文化发掘整理研究,阐释江南文化历史渊源、流变脉络、要素特质、当代价值,推动历史文化与现实文化相融相通,为传承弘扬江南文化提供有力的学术支撑。

为助力苏州市落实《"江南文化"品牌塑造三年行动计划》,我与拥有同样情怀和思考的好友路海洋教授经过数次研讨、充分酝酿,决定共同策划和编撰一套有关江南文化研究的系列图书。在苏州市哲学社会科学界联合会大力支持下,我们以"苏州科技大学城市发展智库""苏州大学东吴智库"为阵地,领衔策划了"江南文化研究论丛"(以下简称"论丛")。首辑"论丛"由 9 部专著构成,研究对象的时间跨度较大,上起隋唐,下迄当代,当然最能代表苏州文化发展辉煌成就的明清时期以及体现苏州文化新时代创新性传承发展的当代,是本丛书的主要观照时段。丛书研究主题涉及苏州审美文化、科举文化、大运河文化、民俗文化、出版文化、语言文学、工业文化、博物馆文化、苏州文化形象建构等,其涵括了一系列能够代表苏州文化特色和成就的重要论题。

具体而言,李正春所著《苏州科举史》纵向展示了苏州教育文化发展史上很具辨识度的科举文化;刘勇所著《清代苏州出版文化研究》横向呈现了有清一代颇为兴盛的出版文化;朱全福所著《"三言二拍"中的大运河文化论稿》以明代拟话本代表之作"三言二拍"为着力点,论述了其中涵纳的颇具特色的大运河城市文化与舟船文化;杨洋、廖雨声所著《明清苏州审美风尚研究》和李斌所著《江南文化视域下的周瘦鹃生活美学研究》,分别从断代整体与典型个案角度切入,论述了地域特性鲜明的"苏式"审美风尚和生活美学;唐丽珍等所著《苏州方言语汇与民俗文化》,从作为吴方言典型的苏州方言入手,分门别类地揭示方言语汇中包蕴的民俗文化内涵；沈骅所著《苏州工业记忆·续篇》基于口述史研究理念，对改革开放以来的苏州工业历史作了点面结合的探研；艾志杰所著《影像传播视野下的苏州文化形象建构研究》和戴西伦所著《百馆之城：苏州博物馆文化品牌传播研究》，从文化传播维度切入，前者着眼于苏州文化形象建构的丰富路径及其特点的探研，后者则着力于苏州博物馆文化品牌传播内蕴的挖掘。

据上所述，本丛书的特点大体可以概括为十六个字：兼涉古今、突出典型、紧扣苏州、辐射江南。亦即选取自古以来具有典型意义的一系列苏州文化论题，各有侧重地展开较为系统的探研：既研究苏州文化的"过去时"，也研究苏州文化的"进行时"；研究的主体固然是苏州文化，但不少研究的辐射面已经扩展到了整个江南文化。丛书这一策划思路的宗旨正在于《"江南文化"品牌塑造三年行动计划》所说的使苏州"最江南"的文化特质更加凸显、人文内涵更加厚重、精神品格更加突出，从而提升苏州在江南文化话语体系中的首位度和辐射力。

诚然，策划这套丛书背后的深意仍要归结到我对大学本质性功能的体认，我们希望通过这套可能还不够厚重的丛书，至少引起在苏高校人文社会科学类教师对苏州文化、江南文化、中国传统文化传承与创新的重视，希望他们由此进一步强化对自己传承、创新文化这一历史使命与时代责任的认识，并进而从内心深处唤回曾经被中国社会一定时期疏远的人文精神、人文情怀——即便这套丛书只是一个开始。

前言

清光绪十四年（1888），苏州藏书家、刻书家江标提出过这样一个设想，他想对一位叫侯念椿的老书贾进行采访，让侯氏写下自己多年经营书籍的掌故。这位侯姓书贾是湖州人，在历经太平天国战乱后，一直活到光绪年间，江标称其"能知旧籍，能广搜罗，能说藏书人姓名佚事"[1]。江标深感若不及时采访，这些掌故便有失传的遗憾，所以他准备"拟以一巨册付侯书贾，属以取四十年中所见所闻藏书流转佚事，及版本价值、装潢卷帙等，杂记一册"[2]。江标还给侯氏拟定了提纲，其中包括："乾嘉道咸同五朝各藏书家姓名住址"；"一书流转系秘本不可得见之书，须记其价值"；"未经赭冠以前人家多抄本书，书坊中亦多能抄，白以何家藏抄本最多，何书坊抄本最好，明抄款式若何，国初抄款式若何，乾嘉年间抄款式若何，道咸间抄款式若何，须一一详记之"；"抄本书纸色之黄白，版格之红蓝，及何人最工影宋，何人专能手抄，须一一记之"。[3]

从上述节选的采访提纲来看，江标的设想是非常全面的，立足点在于藏书掌故，并由此延伸到版本、抄书、书橱、书贩等与之相关的方面。其中所涉及的话题对于当今的藏书史研究，也有颇多启发。江标之所以要记录这些，与明清时期苏州深厚的书籍文化有关。

明清时期的苏州作为全国重要的出版中心，在推动苏州成为文化中心上发挥了重要的作用。从关注度最高的刻书活动来看，苏州可谓引领了明清的出版风尚。苏州在明清时期江南城市中所具有的代表性与其在出版史上的地位构成了极具特色的研究范本，市民文化、技术变革、抄本文化、书籍流传等多重因素的交织，在时间和空间上都具备了丰富的出版内涵。本书所关注的是清代苏州的出版文化，下面将从研究回顾、研究范围、研

---

[1]（清）江标著，黄政整理：《江标日记》（上），凤凰出版社2019年版，第337页。
[2]（清）江标著，黄政整理：《江标日记》（上），凤凰出版社2019年版，第337页。
[3]（清）江标著，黄政整理：《江标日记》（上），凤凰出版社2019年版，第337-338页。

究方法、框架结构四个方面进行必要的说明。

一、研究回顾

对于清代苏州出版文化的研究，版本目录学是基础。近现代学者通过撰写书志、序跋等形式记录版本和考定价值，也出现了一批针对清代苏州出版物的专门研究论文，这些研究偏重个案分析，具有重要的参考价值。尤为重要的是书目题跋资料，如傅增湘的《藏园群书经眼录》、瞿镛的《铁琴铜剑楼藏书目录》及近年来出版的各类书目、书志等，对于全面挖掘清代苏州的版本具有重要意义。

尽管现在未见专门的清代苏州出版目录，但是关于江苏出版书目的整理中涉及对苏州出版的总结。以江澄波、杜信孚、杜永康的《江苏刻书》和江澄波的《江苏活字印书》为代表，《江苏刻书》中的苏州部分搜罗广泛，对存世的清代苏州刻本按照官刻、家刻、坊刻进行了分类；《江苏活字印书》按照铜活字、泥活字、木活字、铅活字对苏州的活字本进行了著录，为明清苏州印刷出版划定了研究的范围。尽管两书并非全面的目录，但是基本涵盖了苏州的出版情况。对这两部书的增补和修订，不仅可以明确研究的范围，而且能从中挖掘出更多的线索。另外，江庆柏主编的《江苏艺文志》中涉及苏州人的著述和版本，也可以为清代苏州出版史的研究提供线索，尤其是涉及一些著述的抄本。

清代苏州的抄书活动延续了明代的兴盛，产生了不少名家抄本。关于清代苏州抄本的总结，先后出版的陈先行主编的《中国古籍稿钞校本图录》和陈先行、石菲著的《明清稿钞校本鉴定》对明清抄本从版本学上进行了总结，《明清稿钞校本鉴定》中的《明清藏书家稿钞本用纸特征表》是迄今为止对明清抄本版本特征的最完善总结，其中涉及清代苏州的抄本。

学界尚未见到专门的苏州出版史论著，但苏州出版文化的研究成果并不少见，大致可以分为群体研究和个案研究两个方面。通史性质的印刷出版史对明清时期苏州的出版有所涉及，如张秀民的《中国印刷史》、朱赛虹等的《中国出版通史·清代卷》；区域出版史也对苏州地区的出版给予了较多的关注，如俞洪帆、穆纬铭的《江苏出版人物志》和倪波、穆纬铭的

《江苏图书印刷史》，前者按照出版人物进行分类，后者则对苏州不同时期的出版物、出版特征进行总结。王桂平的《清代江南藏书家刻书研究》《明清江苏藏书家刻书成就和特征研究》则关注藏书家这一独特的刻书群体，对苏州地区藏书家的刻书特点及与文化之间的关系有所涉及。

在个案研究方面，学界对苏州的官方出版有所关注，研究成果有张娟的《江苏官书局研究》，考察了江苏官书局的历史沿革、管理制度、刻书特色等。对苏州出版史的个案研究大多集中在坊刻和私刻两个部分。坊刻研究如对汲古阁、扫叶山房、书业堂的研究，其中，对毛晋的汲古阁进行研究的成果较多，其代表有周彦文的《毛晋汲古阁刻书考》、胡艳杰的《毛晋父子校刻佛典书录》、苏晓君的《汲古阁汇纪》等。另外，戚福康的《中国古代书坊研究》对苏州的书坊如毛晋的汲古阁多有论述；章宏伟在《十六—十九世纪中国出版研究》中探讨了毛晋刻书活动、毛晋与《嘉兴藏》的关系。杨丽莹的《扫叶山房史研究》从版本实物出发，以清代苏州的著名书坊扫叶山房为研究对象，对其创设发展、经营活动等进行了详尽的勾勒；沈冬丽的《17世纪末—19世纪初苏州书坊刻书：以书业堂、扫叶山房为中心》关注了官方文化政策对于坊刻的影响，以及书坊的经营活动和官方导向之间的关系。再如对于清代的藏书家黄丕烈，姚伯岳的《黄丕烈评传》第八章专门探讨了黄丕烈的刻书、抄书活动与刻书思想。

将苏州出版史与文学研究相结合，主要针对的是小说和戏曲两种体裁。文革红的《清代前期通俗小说刊刻考论》第二章将苏州作为清代前期的小说出版中心，对文人型小说、商人型小说的出版者和所刊小说进行了考证。美国学者何谷理的《明清插图本小说阅读》通过探讨古籍版式、插图风格、阅读习惯和收藏风尚，探讨了明清插图本小说的阅读，其中涉及清代苏州出版的小说。

社会文化史研究是近年来出版史研究的新动向，主要借鉴了西方年鉴学派的研究方法，结合新文化史等多种理论，用以研究古代的出版史。其代表有日本学者井上进的《中国出版文化史》，提供了诸多富有启发性的话题，如"江南的都市""江南的营利出版""盗版问题""商人和书籍"等；美国学者周绍明的《书籍的社会史：中华帝国晚期的书籍与士人文化》从社会史的角度分析了"刻工的世界""商业出版"，以及书籍发行与士人文化。

二、研究范围

1. 出版的界定

"出版"本身就是一个复杂的概念。出版可以是一个动态的过程,从著述、刊刻(或抄写)到印刷、发行,这些环节都是出版的重要组成部分;出版也可以物化为静态的出版物,既包括印本,也包括抄本。

从动态的出版过程来说,本书所说的出版是文化意义上的出版,即与出版相关的都属于出版文化的范畴,主要包括清代苏州出版物的出版技艺、刊刻者、抄写者、书价、读者、销售、市场等相关的元素。这不得不说到欧洲文化史专家罗伯特·达恩顿的"书籍交流圈"模型理论,它将出版视为一个完整的过程,而非局限在某个阶段。以往关注度较少的书籍的市场、销售等方面,同样是出版文化重要的组成部分。

从静态的出版物来说,本书所说的出版包括了印本和抄本两种类型,印本包括刻本、活字本、铅印本、石印本等类型,而刻本又包括官刻本、家刻本、坊刻本,都在研究范围之内。出版史的书写一直存在着重视印本而忽略抄本的弊端,但印本时代生产的抄本更应得到重视。因此,本书也将抄本纳入出版物的类型。抄本又有学者抄本和民间抄本之分,限于资料,本书主要关注学者抄本。从出版物的内容来说,涵盖了传统的经、史、子、集四部。因此,本书还给予以往相对受到关注较少的如民间善书、家谱、道书等一定的关注。

2. 时间与空间

自雕版印刷产生以来,书籍的大规模出版及由此产生的集聚效应使得地域出版中心的概念越发清晰。随着雕版印刷从五代十国到宋元逐步走向兴盛,所谓的地域出版中心在出版史的版图上逐步定型,这一时期是雕版印刷的第一个繁盛期。从出版的地域来看,当时最重要的莫过于蜀、越、吴、闽这几个地区。在这几个地区中,吴地的出版与越、闽、蜀相比,并不显得耀眼,而作为吴文化发祥地的苏州在出版史上大放异彩则是在明清时期。

明代苏州的坊刻、家刻、抄书可谓全面繁盛,尤其是在明代中后期更是达到了顶峰，与南京、杭州等城市形成了鼎峙的局面。较之明代而言，出版史研究者多认为清代的苏州出版呈现衰退之势。这与整个清代的出版情况有关。但清代的苏州出版业有其特殊之处，尤其是在不同的历史时期。对清代前期、中期的苏州出版业尚有诸多论述，对后期的出版业则少有关注。随着清代苏州的文化普及，出版文化也深入民间，呈现出更为丰富的业态。从出版技艺来说，清代的苏州面临着西方出版技艺的冲击，有着西方文化传入中国的特殊背景。再者，清代的历史遗存较多，包括出版的史料、实物等，都足以支撑学者进行更为深入的探究。

地理本身所包含的内容就更为广泛，总体上可以分为自然地理和人文地理。要想实现两者的嫁接，对出版要素进行地理学的考察是必要的。地区的行政划分与出版中心的概念在时空上并不处于完全重叠的状态。清代苏州府包括了吴县、长洲、元和、常熟、昭文、吴江、震泽等地区，将出版中心上的苏州圈定在这几个地区固然无可厚非，但是当考察出版的具体情形时就会发现，以苏州府为中心，其周边的常州府、松江府、嘉兴府与这一地域中心有着千丝万缕的联系。由于地域的相近，江南地区在出版的发展上呈现出一致性。不可否认的是，苏州是江南出版的核心地区。如果将视野放得更为长远，从出版史的动态发展来看，出版过程的流动性能够将地域的特色传播到各地，一个出版中心的范围远非行政区域的划分所能囊括。因此，地理版图上的苏州与出版史上的苏州并不是一个概念。

描绘苏州出版史的地理版图至少要包括两个层面的内涵：一是将苏州与周边地区甚至更远地区的出版关联作为研究的重要参照，二是将苏州内部各地区之间的联系作为研究的重心。但要将出版史与地理学结合起来，就需要对这一区域的出版进行更为微观的考察，而真正实现这一结合的则是对出版物类型的划分，包括官刻、家刻、坊刻。这三种类型的背后本身就包含了出版者和出版地点两层内涵。因此，将这三种出版类型与地理学相结合，就能衍生出更多的关于出版史的话题，这些话题围绕着"出版地理"这一概念展开，关注出版史背后的地理因素。

出版有着特殊的时间、空间概念。对于雕版印刷而言，刻于明代的板片，到了清代依然可以印刷；刻于清代的板片，也可以持续地印刷。刻于苏州的板片可以拿到其他地区印刷，苏州出版的书籍也会对其他地区的出版产生影响。对于抄书而言,其时间、空间的观念则更为灵活。因此,在研究的对象上,对于印本而言,本书采用了较为严格的界定,主要将视野局限在地理意义上的苏州,即印刷活动主要是在苏州地区进行的,而对于苏州人在外地刊刻的书籍则暂不涉及;对于抄本而言,凡是苏州人抄写的,不论在哪一地区抄写,都在研究范围之内。

三、研究方法

1. 版本目录学

只有全面梳理清代苏州书籍的出版情况,才能从内涵上阐释苏州的出版文化。出版物是清代苏州出版文化研究的核心。在《江苏刻书》《江苏活字印书》的基础上对清代苏州的出版物进行补充,是本书总体研究思路的中间环节。在资料的利用上,除了搜集公藏资料外,笔者还利用了一些民间收藏的资料。这些民间资料可以弥补公藏资料的不足,其中有不少内容特殊的出版物,涉及普通民众与出版之间的关系,是清代苏州出版文化的一大特色。因此,本书在论述的时候将着重对新资料进行解读和探讨。

在资料的解读上,本书重点关注书籍的题跋、扉页、版心等信息,其中蕴含着丰富的出版史资料。对于抄本而言,重点放在版本特征的总结上。除了版本实物上的资料外,笔者还广泛从书目、笔记、文集、日记等文献类型中钩沉与出版有关的史料,将其与版本实物相对照。

2. 社会文化史

在个案研究累积起来的基础之上寻求出版史研究的突破,在近年来日益明显。得益于跨学科的研究,传统的个案研究可以从新的视角重新审视其内涵。关注出版史中的社会文化因素成为出版史研究的学术热点。

清代苏州出版文化的研究,最为重要的便是实现聚焦,挖掘独具特色的地域出版史要素。因此,本书将对一些重要的现象进行细节描述和规律总结。本书的主要旨趣也正在于书籍史和社会文化史的研究,重点关注出版的技艺、出版者的经营及其社会关系等方面。

在研究的领域上,向多方面拓展,进行跨学科的研究,从而构建立体的、多层面的苏州出版文化。本书将出版史与经济史、地理学进行了一定的结合，如探究清代苏州书籍的成本、销售等内容，考察出版背后的经济和地理因素。此外，还对出版文化与阅读史进行融合，针对各个时期苏州出版物的类型和特点，进行文献学研究，借此从整体上勾勒清代苏州出版史的概貌。

四、框架结构

本书从整体上对清代苏州的出版文化进行研究，借鉴罗伯特·达恩顿的"书籍交流圈"模型理论，从书籍的生产、流通、社会影响等方面全面勾勒清代苏州出版史概貌，总共分为六章。

第一章重点关注清代苏州的出版技艺，结合相关的版本，说明缩抄、影抄、活字印刷、铅印、石印技术在清代苏州的应用。关注刊刻中特殊的出版技艺，如影刻、套印、插图、钤印等。此外，关注出版的版式设计（圈点、两节板）和修板技艺。

第二章关注刻工这一特殊的群体，结合相关的史料分析刻工的生平、工作等细节，并选择比较有代表性的刻字铺进行个案分析。最后，选择各个时期具有代表性的刻工字体进行分析，总结刻工字体的特点。

第三章是对抄书与抄本的研究，抄书活动研究主要是对史料中的抄书事迹进行分析，进而以清代苏州的抄本为例，总结抄书的规律和特征；抄本研究主要是对清代吴县、长洲、元和、常熟等地学者制作的抄本进行分析，总结其抄本的版本特征。

第四章对清代苏州的书坊进行研究，从书坊的类型、书坊的经营策略等方面进行探究，包括士人参与和书坊的联合、苏州书坊的对外交流、"姑苏原板"与书籍的销售。利用坊刻本实物上的印章资料，探究书坊的经营策略。结合史料论述书坊处理盗版问题的措施，以及书坊的广告形式、版权与竞争等问题。

第五章主要总结清代苏州的出版物类型，关注蒙学读物与举业书、善书、医书、佛经与道书、诗文集、丛书等书籍类型。将版本实物与历史记载相结合，探究清代苏州不同类型书籍出版的文化背景。

第六章探讨出版与城市之间的关系，主要体现在城市经济和城市地理空间两个方面。出版对城市经济的影响,主要包括出版成本的分析、书价的分析两个部分;出版对城市空间的影响,主要包括出版类型、出版过程等在地理空间上的体现,如书坊与刻字铺的布局、板片的收藏与运输等。

最后要说明的是,本书的干支、年号等纪年方式,都括注公元纪年;对于引文中需要加以补充、注解的,则以括注的形式加以说明,并加"注"字与正文区分。

目 录

001　第一章　技艺与出版

003　第一节　缩抄与影抄
015　第二节　活字印刷
036　第三节　刊刻技艺
051　第四节　石印与铅印

061　第二章　刻工研究

063　第一节　刻工的生平与工作
081　第二节　刻工与刻字铺
087　第三节　刻工字体之变迁

123　第三章　抄书与抄本

125　第一节　抄书事迹的分析
144　第二节　抄书的细节与规律
161　第三节　清代苏州名家抄本的版本特征（一）
183　第四节　清代苏州名家抄本的版本特征（二）

213　第四章　书坊经营

- 215　第一节　书肆与书坊
- 225　第二节　士人参与和书坊合作
- 239　第三节　书坊经营策略
- 263　第四节　版权与竞争
- 281　第五节　广告的形式

289　第五章　印本与类别

- 291　第一节　童蒙读物与举业书
- 307　第二节　佛经与道经
- 320　第三节　医书
- 334　第四节　善书
- 353　第五节　小说、戏曲与诗文集
- 364　第六节　丛书

379　第六章　出版与城市

- 381　第一节　清代苏州出版与城市经济
- 424　第二节　清代苏州出版与城市地理空间

487　**结语**

493　**参考文献**

496　**后记**

第一章 技艺与出版

第一节　缩抄与影抄

从明代开始，苏州的抄书活动就十分兴盛，出现了诸多名家抄本。清代苏州的抄书基本上延续了明代的传统，抄书技艺在这一时期得到了进一步发展。抄书作为对书籍的一种复制方式，涉及技艺方面的主要有缩抄和影抄。

一、缩抄

进行缩抄一般是由于原本开本过大，如果按照原本的尺寸来抄写，不便阅读。既要缩小开本，又要忠实于原本的字体，缩抄就成了抄写的最佳方式。清代苏州较早进行缩抄的是金侃，他在《徐骑省文集》的跋语里说："此本系钱宗伯于崇祯间从史馆印摹南宋本，字颇大，予缩以小字钞存之。"[1]金侃抄本今已不存，根据题跋可知其缩抄所据底本为钱谦益影抄本，由于原本字大，而改成小字抄写。

雍正十一年（1733），常熟人陈祖范抄写《古灵先生文集》也采用了缩抄的方式。陈祖范从无锡华氏处借得宋板元印《古灵先生文集》，"祖范与弟侄辈共五人同钞竟，行字缩狭，余则悉照原式装潢，藏贮家祠。子姓愿钞者不妨领归，但不可损毁遗失及私为己有"[2]。陈祖范的题记表明他与弟侄辈合作抄写的时候，都采用了缩抄的形式。"行字缩狭"，指的是对行间距和字体都进行了缩小，装帧则保持了原本的形式。从现存的抄本来看，这部抄本没有行格，而且各人抄写的字体并不统一，可见陈氏缩抄仅针对行格版式、字体大小而言，并不一定是严格的复制。

---

[1]　莫伯骥著，曾贻芬整理：《五十万卷楼藏书目录初编》（下），中华书局2016年版，第779页。
[2]　王重民撰：《中国善本书提要》，上海古籍出版社1983年版，第516页。按："子姓"，王重民录作"子孙"，据原跋改。

雍正十一年（1733）常熟陈氏抄本《古灵先生文集》书影

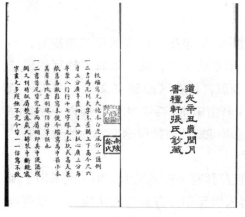

清书种轩抄本《白虎通德论》书影

道光二十一年（1841），昭文的张树本在得到元大德刻本《白虎通德论》《风俗通义》后，命仲子张琪缩写成巾箱本。张树本的缩抄要比陈祖范严格得多，无论是行款字数还是漫漶之处，都仿照抄写，就连序言的行草都亲自临摹。张树本与常熟照旷阁主人张海鹏同宗，黄廷鉴寓居张氏家中，遂为之校勘。黄廷鉴为缩写本制定了"校缩写元大德本《白虎》《风俗》二通例"，其中云"缘元本款式高大，兼纸旧易敝，影写未便，今缩写为巾箱小本，其有朱改者，则缘仿抄笔误也"。[1]由此可见，原书开本阔大，不便影抄，故而采用缩抄的形式。

黄廷鉴对"字画残蚀""补刊""抄补""填写"等情况下的抄写都进行了解释，可谓给出了一份完整的抄写说明。黄廷鉴总结的条例，除去第一条属于缩写缘起外，主要有六条，这在书种轩抄本《白虎通德论》《风俗通

---

[1] 王重民撰：《中国善本书提要》，上海古籍出版社1983年版，第313页。

义》中都能找到佐证。

（1）对于漫漶残缺之处，"一一仿写，不致失真"[1]。如："'也''诸'二字，元刊漫漶，用朱点识之，下仿此。"[2]

（2）对于补刊和抄补之处，则"依写，仍注明于阑下，不混入元刊也"[3]。如："此两叶行首皆阙一字，墨笔补"[4]，"此下两页，明人补刊"[5]。

（3）针对元刻由于漫漶不全而有后人填写之处，"姑照旧本仿写，而于补写之字，并加一朱点为别，庶不致失元刊真面目。其旧填据俗本致讹者，随加驳正"[6]。如："元作'八'字，'公'字墨笔，妄改也。"[7]

（4）针对断板和错页，黄廷鉴拟定的方法是"移正改写，仍俱注明于下，并于断缝处加一朱短画为识，窃冀元刊面目，尚可据此追寻也"[8]。如："此卷元版中断，自一至十四叶止。"[9]"此两叶元版行首三字中断，又前后页互错，旧本割正。"[10]"此下两叶元版中断，有漫漶处，旧本墨笔别补，今用朱点为记，其断处并加小画别之，下仿此。"[11]

清书种轩抄本《风俗通义》书影

（5）对于原书中残缺而未被填写之处，仍旧空缺。"零断中字迹犹可辨者，第注明于下，而于本字总不加添补，一本存真之意。"[12]如："元版中'母''之''丁'三字残缺，抄写时在页底

[1] 王重民撰：《中国善本书提要》，上海古籍出版社1983年版，第313页。
[2] （汉）班固撰：《白虎通德论》卷一，清书种轩抄本（国图），第3b页。
[3] 王重民撰：《中国善本书提要》，上海古籍出版社1983年版，第313页。
[4] （汉）班固撰：《白虎通德论》卷一，清书种轩抄本（国图），第15a页。
[5] （汉）班固撰：《白虎通德论》卷三，清书种轩抄本（国图），第15a页。
[6] 王重民撰：《中国善本书提要》，上海古籍出版社1983年版，第313页。
[7] （汉）班固撰：《白虎通德论》卷一，清书种轩抄本（国图），第17a页。
[8] 王重民撰：《中国善本书提要》，上海古籍出版社1983年版，第313页。
[9] （汉）班固撰：《白虎通德论》卷七，清书种轩抄本（国图），第1a页。
[10] （汉）班固撰：《白虎通德论》卷七，清书种轩抄本（国图），第6a页。
[11] （汉）应劭撰：《风俗通义》卷二，清书种轩抄本（国图），第7a页。
[12] 王重民撰：《中国善本书提要》，上海古籍出版社1983年版，第313页。

标注。""元板漫漶莫识,下凡空阙者仿此。不敢据别本填补。"[1]

（6）元刊本中"形声文义显然讹脱之字,略注一二于下,以备参读"[2]。如:"'此'字审文义当是'卅'之讹,'卅'误'世','世'又误'此'也。"[3]

通过以上的例证,黄廷鉴为缩抄建立了完整的抄写规范,其所采用的方法都是为了尽最大的可能保存原本的面貌。

二、影抄

1. 影抄的方法

影抄早在明初就已经出现了,明代较早关于影抄的记载见于藏书家叶盛的《书三史后》。藏书家对于影抄本的偏好从明代初期一直持续到清末。[4]为了最大限度地保证书籍复制的精确性,这种最初用来复制宋元版书籍的方法被广泛应用于复制各类印本和抄本。尽管影抄的成本很高,但是毛晋、钱谦益等明末清初的藏书家在复制一些书籍的时候还是选择了这种昂贵的方式,而影抄书籍也极大地满足了藏书家一窥原本的愿望。

明末清初,影抄书籍最为兴盛的地区便是苏州。抄书家多使用"印写""印抄"等词汇描述影抄的工作。叶奕跋《毗陵集》云:"崇祯庚午（三年,1630）,从赵灵均得吴岫本家藏所钞,命奚静宜诸徒分印,印后已对过

---

[1]（汉）应劭撰:《风俗通义》卷四,清书种轩抄本（国图）,第5a页。
[2] 王重民撰:《中国善本书提要》,上海古籍出版社1983年版,第313页。
[3]（汉）班固撰:《白虎通德论》卷四,清书种轩抄本（国图）,第3b页。
[4] 追溯影抄的起源和流行,被认为是明初影抄本的有明写本《史记集解》,"钞手极旧,恐在明初","是照宋淮南路转运司刊本影写者"。（傅增湘撰:《藏园群书经眼录》,中华书局2009年版,第141页。）万历三十九年（1611）十月,清常道人赵开美在《皇祐新乐图记》上写下题跋,证明影抄本至少在万历以前就已经产生了,而吴岫收藏的影元抄本《刻录》,将影抄产生的时间推到了嘉靖以前。叶盛在《书三史后》提出"钞书贵模影"。[（明）叶盛:《菉竹堂稿》卷八,《四库全书存目丛书》集部35,第322页。] 叶盛菉竹堂的藏书里也出现了影元抄本《类编长安志》。由此可以推断出影抄出现的时间最晚在成化年间以前。[（日）河田罴撰,杜泽逊等点校:《静嘉堂秘籍志》,上海古籍出版社2017年版,第501、709、718页。] 明末,影抄流行,毛晋不仅制作影抄本,还收藏影抄本。《经籍跋文》记载毛晋曾经得到了《周易集解》的影抄本。[莫伯骥:《五十万卷楼藏书目录初编》（上）,中华书局2016年版,第14页。] 叶盛、吴岫、赵开美、毛晋皆为苏州籍藏书家,足见影抄技艺起源于苏州。

一遍。""此编假赵氏吴岫本，命儿童依样葫芦印写，字极丑，原本典型未失也。"[1]叶树廉跋云："《毗陵集》廿卷，余幼时见从兄林宗命学中童子印录，久欲转摹而不我假。"[2]从叶奕的跋语可知，奚静宜诸徒是叶氏家中的童仆，他们可以从事印写的工作，但是字体并不美观。叶奕提到的一个细节是"依样葫芦印写"。"印"的含义与出版中的印刷相似，都是原先已经有了一部样本，然后将纸覆盖在上面抄写，类似雕版的"刷印"。

与"印写"相近的还有印摹、摹印、印抄、映录。印摹的例子，如金侃在《徐骑省文集》的跋语里说："此本系钱宗伯于崇祯间从史馆印摹南宋本。"[3]摹印的例子，如叶奕跋《阙史》云："蓝本假自友人冯大已苍，传写之讹不成句读，冯属旧钞，昔人已失于校对。旋命童子修摹印成帙，目睹手批。"[4]印抄的例子，如冯武说《六朝事迹编类》的后册是"印钞本子"[5]。映录的例子，如孙潜夫跋《渔墅类稿》云："叶氏本为庚午年（崇祯三年，1630）所抄，曾属予净写一本……丙午（康熙五年，1666）秋日，因假归映录，至丁未（康熙六年，1667）四月三十日写完。"[6]

关于影抄的方法，历来说法不一，版本学论著都有各自的表述，不外依样临写与覆纸临写两种。[7]现在学界一般认为影抄的方法是覆纸临写，但不固定原书从而临写的方法也绝非空穴来风，在固定影抄的方法还未出现的时候，明人普遍采用临写的方式来复制书籍。照着原书进行模仿抄写从明代初期到中期十分流行，学者在表述的时候也将其看作一种比较普通的抄写。

再看毛晋等人使用的影抄方式出现的原因："明之琴川毛晋，藏书富有，所贮宋本最多。其有世所罕见而藏诸他氏不能购得者，则选善手以佳

---

[1] 王欣夫撰，鲍正鹄、徐鹏标点整理：《蛾术轩箧存善本书录》（上），上海古籍出版社2002年版，第621页。

[2] 王欣夫撰，鲍正鹄、徐鹏标点整理：《蛾术轩箧存善本书录》（上），上海古籍出版社2002年版，第621页。

[3] 莫伯骥著，曾贻芬整理：《五十万卷楼藏书目录初编》（下），中华书局2016年版，第779页。

[4] 傅增湘撰：《藏园群书经眼录》（三），中华书局2009年版，第663页。按："已苍"应作"己苍"。

[5] 瞿启甲辑：《铁琴铜剑楼藏书题跋集录》，上海古籍出版社2019年版，第90页。

[6] 翁之憙撰，翁以钧整理：《常熟翁氏藏书志》（上册），中华书局2022年版，第171页。

[7] 王雨定义"影写本"："影照旧刻本手写的书称'影写本'。字画行款，虫蛀缺笔悉依原样，保持了原来刻本的真实面貌，这是影写本的优点，极为可贵。"（王雨著，王书燕编纂：《古籍版本学》，《王子霖古籍版本学文集》第一册，上海古籍出版社2006年版，第25页。）

纸墨影钞之，与刊本无异，名曰'影宋钞'。于是，一时好事家皆争仿效，以资鉴赏，而宋椠之无存者，赖以传之不朽。"[1]毛晋所使用的影抄方法主要针对的是宋版书中"藏诸他氏不能购得者"，也就是那些稀见而不易得到的宋版书。清代常熟的藏书家孙从添归纳出汲古阁制作的影抄本主要在字画、纸张、乌丝、图章四个方面对宋刻加以模仿。他还在《藏书记要》中提及"临宋本""印宋钞"[2]，在孙氏看来，这是两种不同的抄写方式。孙从添最开始是以此来区分叶奕藏书的，在叶奕的抄书记录里，我们时常能够看到其要求别人"印写"的记录。印写产生的是"印宋抄"，而临写产生的是"临宋本"。《天禄琳琅书目》对于汲古阁影抄本的界定是"选善手以佳纸墨影抄之，与刊本无异，名曰'影宋抄'"[3]。毛氏的影抄之法与之前并不相同，明末的影抄者借鉴的是汲古阁的影抄法而非之前传统的影抄法。这一方法在明末迅速传播开来，从毛晋所在的常熟传播到了其他各地，为藏书家所效仿，成为以资鉴赏的技艺。

通过上述分析可以发现，影抄的方法有纯粹的临摹和将纸覆盖在书籍上抄写两种，影抄本在制作的时候采用了这两种不同的方法，它们都源自对文本精确复制的要求。而到了清代，影抄一般是以将纸覆盖在书籍上抄写为主，因此，纸张一般较薄。清末铁琴铜剑楼的影抄用纸就是非常薄的，而且刻印好了行格。[4]

影抄的技艺在明末清初又被称为"印写"，这一时期影抄的底本未必是宋元刻本，也有可能是从宋元刻本影抄的本子，属于对影抄本的复制。顺治六年（1649）七月，孙潜借到了钱谦益藏本《禅月集》影抄，而钱氏藏本是从宋本影抄的[5]，可谓是影抄本的影抄本。又如顾广圻影抄明代锡山华燧活字本《盐铁论》，黄丕烈又借顾氏影写本抄录。[6]顾广圻影抄书籍

---

[1]（清）于敏中、彭元瑞等著，徐德明标点：《天禄琳琅书目：天禄琳琅书目后编》，上海古籍出版社2007年版，第97页。
[2] 孙从添说叶树廉收藏的"临宋本、印宋钞，俱借善本改正"。[（清）孙从添撰：《藏书记要》，北京燕山出版社1999年版，第102页。]
[3]（清）于敏中、彭元瑞等著，徐德明标点：《天禄琳琅书目：天禄琳琅书目后编》，上海古籍出版社2007年版，第97页。
[4] 韦力：《琼瑶集》，东方出版中心2018年版，第231-232页。
[5] 陈先行、郭立暄编著：《上海图书馆善本题跋辑录》（下），上海辞书出版社2017年版，第543页。
[6] 王重民撰：《中国善本书提要》，上海古籍出版社1983年版，第220页。

底本的类型较多，包括抄本、刻本、活字本等不同的版本形态。再如张蓉镜从鲍芳如处"影摹宋本印写"《武经七书》。[1]还有对普通抄本的影抄，如张金吾从天一阁旧抄本影写《后村先生大全集》。

关于影抄的具体过程，影抄者很少记载，只有零星的题跋可供参考。根据陈煌图的题记，在影抄完成后要进行雠校的工作，达到"笔画无讹"的地步。[2]如张蓉镜影抄《元朝名臣事略》的过程："金吾旧藏余氏刊本，首尾完善，字画清朗，间有模糊处。倩友人程君某依淡生堂影写元刊初印本补之。家芙川从予影抄一分，即此本也。从之影写，行款点画，一依原书，毫发不少异。且详校三四通，十五卷无一误字，可谓慎之又慎者。视流俗钞帙，不可同日语矣。"[3]除了影抄之后要详细校对外，这里还提及了影抄底本中的模糊之处，对于这些模糊之处，张金吾已经根据别本进行了补足，张蓉镜影抄时并未对这些补字进行特殊的处理。又比如，黄廷鉴抄写《读书敏求记》也采用了影抄的方式："虞山述古堂《读书敏求记》四卷，旧有吴兴赵氏椠板，近已罕觏。吾友黄琴六从诒经堂张氏藏本影钞，恭录《钦定四库全书提要》，弁于简首。又从邵阆仙借得吴门黄氏士礼居所藏述古原写之本，改正讹字，其遗脱者别为《补遗》一卷。余仿琴六校本，影钞两月而成，骎是述古秘籍，条目粲如，快事也。"[4]由此可见，影抄时可以增加附录内容，并且抄写完成后可依据别本进行校勘。

影抄本的制作有时难度较大，尤其是插图本的影抄。《营造法式》就是一部抄写难度较高的书，张金吾认为"图画界画工细致密，非良工不易措手，故流传绝少"[5]。也正因为如此，嘉兴钱天树总结出"凡书籍之有图绘者，其图往往易于失传，总之抄录者皆未必兼通六法，且惮于心力，不肯耐烦为之故耳"[6]。道光元年（1821），张蓉镜从张金吾处借到这部

---

[1] 王重民撰：《中国善本书提要》，上海古籍出版社1983年版，第242页。
[2] （清）张金吾撰，柳向春整理：《爱日精庐藏书志》（上），上海古籍出版社2014年版，第396页。
[3] （清）张金吾撰，郑永晓整理：《爱日精庐文稿》，凤凰出版社2015年版，第70页。
[4] （清）盛大士撰：《蕴愫阁文集》卷七《读书敏求记跋》，道光六年（1826）刻本，第5a页。
[5] 陈先行、郭立暄编著：《上海图书馆善本题跋辑录》（上），上海辞书出版社2017年版，第270页。
[6] 陈先行、郭立暄编著：《上海图书馆善本题跋辑录》（上），上海辞书出版社2017年版，第272页。

书,"手自抄录,并倩名手王生为之图样界画"[1]。由此可见,在抄书的时候,对于其中的插图部分,张氏雇用了专门的抄工王氏抄写,王氏是常熟著名画家毕琛的弟子。张蓉镜"爱素好古,每得奇籍,辄自抄写",抄写《营造法式》"费已不赀",故而"精妙迥出月霄本上"。[2]张蓉镜和张金吾互相借抄,而张金吾藏本《营造法式》是从陶氏五柳居购买到的影写述古堂本。根据张蓉镜所言,"假归手自影写",可见张蓉镜也是采用了影抄的形式,可谓是影抄本的影抄本,被认为是"影宋写本"。由于张蓉镜之祖父张燮以未见到《营造法式》为憾,故而张蓉镜在卷首绘张燮画像。这种有象征意义的行为被认为是继承了张氏藏书的传统。

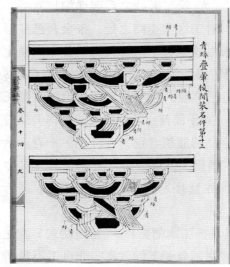 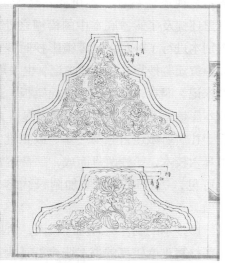

道光年间琴川张氏小琅嬛福地抄本《营造法式》书影

2. 清代苏州的影抄本与影抄者

影抄书籍的方式在清代苏州地区的流行主要与当时对宋元本的需求有关。影抄在毛晋所处的明末就已经开始流行了,影抄的技艺在清代苏州得到进一步推广,这主要表现为当时藏书家对于影抄的普遍青睐。从清初到

---

[1] 陈先行、郭立暄编著:《上海图书馆善本题跋辑录》(上),上海辞书出版社2017年版,第268页。

[2] 陈先行、郭立暄编著:《上海图书馆善本题跋辑录》(上),上海辞书出版社2017年版,第268页。

清代中期是影抄在苏州最为流行的时期。

常熟地区是清初影抄书籍的中心。钱曾是清初除了毛晋外，另一位专注于影抄的藏书家。钱曾的影抄本有的并非自己抄写，正如影抄本《陶渊明集》是钱曾"购名手从宋刻影摹者，笔墨飞动，行间字有不可遏之势，视宋刻殆若过之"[1]。这说明影抄本的字体水平甚至超过了宋刻本，影抄者在抄写过程中并非呆板地描摹，而是会融入书法的艺术性，使影抄本成为更加上乘的艺术品。钱曾的述古堂还影抄过《说文系传通释》《河南穆公集》。钱曾的从子钱兴祖，藏书楼名"在兹阁"，从宋本影抄了《六韬》，字画精妙。[2]

与钱曾互相借抄的叶奕也热衷于制作影抄本，其影抄本基本是在崇祯年间制作的，他曾经在松风书屋影抄《周贺诗集》。此外，常熟人陈煌图，"嗜旧本书，遇秘本影写手钞，至老不倦"[3]。影抄的范围在清初进一步扩大，延伸到对于书籍的广泛复制上。这主要表现在对于明版书籍的影抄及对于抄本的影抄。常熟人陆贻典热衷于影抄本的制作，其影抄的《西昆酬唱集》跋云："此书出郡人钱功甫手钞，余从毛倩斧季印录者也。"[4]"印录"指的是影抄。从题跋可知，陆贻典影抄的是钱允治的抄本。琴川张氏小琅嬛福地抄本中也有影抄本，如《张来仪先生文集》是"从何义门落水本影写，其缺字不敢妄补一二"[5]。清末周大辅的鸰峰草堂可谓是常熟地区影抄本的最后代表，如周氏鸰峰草堂影写明弘治本《李长吉诗集》。

除了常熟外，昆山的徐乾学传是楼也曾制作影抄本，如徐乾学传是楼影写宋相台本《孝经》。太仓的宋宾王也影抄书籍，他影抄过《静修先生文集》。

---

[1]（清）钱曾撰，管庭芬、章钰校证，余彦焱标点：《读书敏求记校证》卷四，上海古籍出版社2019年版，第360-361页。

[2] 瞿镛编纂：《铁琴铜剑楼藏书目录》，上海古籍出版社1997年版，第341页。

[3] 张镜寰修，丁祖荫纂：《重修常昭合志》卷二十，民国三十七年（1948）铅印本，第443a页。

[4]（清）杨绍和撰，傅增湘批注，朱振华整理：《藏园批注楹书隅录》，中华书局2017年版，第244页。

[5] 陈先行、郭立暄编著：《上海图书馆善本题跋辑录》（下），上海辞书出版社2017年版，第621页。

清初述古堂影抄本《说文系传通释》书影　　**民国鸽峰草堂影写弘治本《李长吉诗集》书影**

  清初元和影抄本制作的代表人物有顾苓。顾苓,字云美,影抄过《隶续》,"影抄元刊本,摹写甚精"[1]。吴县的王闻远影抄过《翰林杨仲弘诗》,顾之逵的小读书斋影抄过《皇甫持正集》。长洲陈氏的三百堂据弘光元年(1645)虞山冯舒写本影抄过《汗简》。[2]

  影抄的动机来自这一时期藏书家对宋元版的痴迷,而影抄本的生产对于复制和传播宋元版书籍起到了关键作用。在宋元版书籍已经比较罕见的清初至清中期,影抄本让更多的读者得以见到宋元本的复制本,这对于当时的学术发展也起到了推动作用。藏书家对后代刊刻的书籍持有谨慎的怀疑态度,重视宋元本的复古风气在清代的苏州流行。这与乾嘉学派中吴派复古的学术主张是一致的。正如黄丕烈所说:"书必真本为上。"[3]这里所说的"真本"包括宋本,但即使是对于宋本,黄丕烈也认为"书经重修自不能无误,虽宋椠已如是矣"[4]。因此,他们尽可能寻求旧本乃至最早

---

[1] 瞿镛编纂:《铁琴铜剑楼藏书目录》,上海古籍出版社1997年版,第318页。
[2] 江澄波:《古刻名抄经眼录》,北京联合出版公司2020年版,第27页。
[3] (清)黄丕烈撰,余鸣鸿、占旭东点校:《黄丕烈藏书题跋集》(上),上海古籍出版社2015年版,第185页。
[4] (清)黄丕烈撰,余鸣鸿、占旭东点校:《黄丕烈藏书题跋集》(下),上海古籍出版社2015年版,第780页。

的版本作为校勘的依据。乾嘉年间，影抄书籍在以顾之逵、黄丕烈等人为中心的藏书家中流行。

清代苏州影抄本之间的区别，可以通过如下选取的部分内容得到体现。袁廷梼和张蓉镜都影抄过宋刻本《北山小集》，黄丕烈和陈揆都影抄过《仪礼疏》，瞿氏铁琴铜剑楼影抄过元刻本《张仲景注解伤寒百证歌》，见表1.1。

表 1.1　各家影抄字体对照

袁廷梼、张蓉镜			黄丕烈、陈揆		瞿氏铁琴铜剑楼	
宋刻	袁抄	张抄	黄氏士礼居	陈氏稽瑞楼	元刻	影抄
勅具官御史臺屬	勅具官御史臺屬	勅具官御史臺屬	上陳其服下列其人	上陳其服下列其人	傷寒脈證總論歌	傷寒脈證總論歌

通过表1.1可以发现，即使是影抄同一部书，字体也会有所区别。对《北山小集》的影抄，袁氏和张氏在用笔上完全不同，如"勅"字右边，张抄更像宋刻；再如"屬"字的撇画的长度，两者都有所变化；袁抄更多融入了抄写者的个性，张抄则比较忠实于原刻。在整体的观感上，张氏抄本与稽瑞楼抄本倒是比较接近，可能是由于二者同属常熟。瞿氏铁琴铜剑楼抄本的影抄可谓模仿得惟妙惟肖，在笔画的精确程度上要远超之前诸家。

从事影抄的人员，从童仆（奚静宜等）到专业的抄工（谢行甫等），都掌握了影抄的技能，只不过还是存在影抄水平的差别。影抄本并不是那些普通的抄工能够抄写的，其抄写者包括那些书法造诣较高的士人，他们甚至需要接受一定的训练，比如，康熙年间毛扆教导其甥王为玉学习影抄的技艺，"觅旧纸从抄本影写"[1]。在此之前，毛扆家中的童子承担了影抄的任务。毛扆在京城得到宋本《孟子音义》、北宋本《章句》，"令僮子影写携归"[2]。

影抄者有的则是当时著名的学者，如陈煌图是常熟颇有名气的书法家，"工篆隶书，故影摹精善"[3]。他抄写过《啸堂集古录》《鹿门集》，其中，《鹿门集》是从钱谦益的绛云楼藏本抄录的。又如清初为陈煌图影抄《汗简》《李商隐诗集》的陈帆[4]，字南浦，诸生，为陈煌图侄。再如顾广圻，他是黄丕烈家的塾师，黄氏曾让顾氏影摹残宋本林逋的诗集。[5]黄廷鉴也制作过影抄本。道光十九年（1839）七月，黄廷鉴在《书手抄中吴纪闻后》中说："《中吴纪闻》一册，余于嘉庆初从毛刻影写。"[6]

影抄的组织者还可以委托朋友、亲戚等进行影抄。嘉庆年间，王念孙托陈奂借黄丕烈收藏的《淮南鸿烈解》，陈奂"遂倩金君友梅景钞一部，臧之于三百书舍"[7]。三百书舍是陈奂的藏书之所，金友梅是陈奂的好友。又比如，张蓉镜影宋抄本《陶渊明诗》是王振声从恬裕斋借抄，"命内侄张慕初影抄"[8]的。

---

[1] 陈先行、郭立暄编著：《上海图书馆善本题跋辑录》（下），上海辞书出版社2017年版，第517页。
[2] 苏州图书馆编著：《苏州图书馆藏善本题跋》，国家图书馆出版社2018年版，第12页。
[3] 瞿镛编纂：《铁琴铜剑楼藏书目录》，上海古籍出版社2000年版，第400页。
[4]（清）张金吾撰，柳向春整理：《爱日精庐藏书志》（下），上海古籍出版社2014年版，第476页。
[5] 王重民撰：《中国善本书提要》，上海古籍出版社1983年版，第511页。
[6]（清）黄廷鉴撰：《第六弦溪文钞》卷三《书手抄中吴纪闻后》，道光二十年（1840）刻本，第32a页。
[7] 张元济撰：《涵芬楼烬余书录》，《张元济全集》第8卷，商务印书馆2017年版，第330页。
[8] 陈先行、郭立暄编著：《上海图书馆善本题跋辑录》，上海辞书出版社2017年版，第503页。

第二节　活字印刷

　　清代苏州士人对活字印刷的态度出现了两极分化。一方面，一部分士人热衷于活字印刷，用活字印刷出版了一批学术著作；另一方面，苏州的活字印刷在技术上趋于保守，落后于其他江南城市。这一点在苏州人李瑶使用泥活字印刷书籍上体现得最为明显。李瑶，字子玉，号七宝生，在道光年间用泥活字摆印《南疆绎史勘本》《绎史摭遗》。[1]尽管现在将李瑶印刷的书籍著录为李氏七宝转轮藏胶泥活字印本，但是李瑶的编纂和印刷都是在杭州进行的。从某种意义上说，李瑶的活字印刷不能被称为创新，他在《勘本自序》中称"用毕昇活字法排印成编"，更像是一次复古；也不能被称为独立完成，李瑶的活字印刷有两次，第一次是在杭州借吴山庙开局，第二次是在萧山城南草堂由蔡聘珍主持印刷。蔡聘珍"补勘序"云："历春而秋，鸠工治版，部不满百，已极旅人之困。……遂复为之构所谓聚珍版者，以辅其志。"[2]彼时苏州士人对李瑶编纂活动的反应和李瑶的印刷活动为何没有在苏州进行值得思考。李瑶在"引用书目"中说："先尝驰书吴门幕中旧雨，或以危言相恐。"[3]显然，当时苏州士人对李瑶的编书并不看好。

[1]《南疆绎史勘本》背面牌记题"七宝转轮藏定本仿宋胶泥版印法"，卷前有《都目》，后题"道光十年（1830）庚寅闰夏七宝转轮藏勘补定本萧山蔡氏城南草堂仿宋胶泥法排版"。《绎史摭遗》牌记题"道光庚寅（十年，1830）闰月古高阳氏补勘于萧山蔡氏之城南草堂"。（马月华编著：《美国斯坦福大学图书馆藏中文古籍善本书志》，广西师范大学出版社2013年版，第25—26页。）

[2]（清）温睿临撰，（清）李瑶勘定：《南疆绎史勘本》卷首"补勘序"，道光十年（1830）李瑶泥活字印本，第1b-2a页。

[3]（清）温睿临撰，（清）李瑶勘定：《南疆绎史勘本》"引用书目"，道光十年（1830）李瑶泥活字印本，第2b-3a页。

一、谱牒与活字印刷

用活字印刷谱牒是清代江南地区的特色，活字所具有的灵活特性很好地适应了谱牒的变动，清代苏州较早用活字印刷的谱牒是康熙十二年（1673）用木活字排印的《吴越钱氏宗谱》。用活字出版家谱的活动一直延续到了宣统年间。

这些家谱所用的活字显然不是家族专门制作的，当时社会上已经有专门的人员来为有出版家谱需求的人服务。尽管现在的版本著录了出版者是有家谱出版需求的这些人，但实际的操作者是那些拥有活字的人。家谱出版者延请这些活字拥有者到祠堂中印刷，并且为他们提供伙食。宣统三年（1911）活字本《吴中叶氏族谱》有牌记云："宣统二年（1910）庚戌集议重修，辛亥（宣统三年，1911）刊印于东洞庭逯公宗祠给领。"[1]这显示了家谱印刷的地点正是祠堂。

尽管有的谱牒没有明显的标识，只知道是活字印刷的，但是从其他家谱所印有的牌记来看，它们的确是以祠堂等地点作为标识的。下列书籍上所标记的地点能够提供很好的说明，见表1.2。

表1.2　清代苏州家谱标识统计表

家谱	编纂者	出版标识	出版时间	地点
《平江盛氏家乘初稿》	盛钟岐	十贤祠	同治十三年（1874）	吴县
《虞阳席氏世谱》	席彬	敦睦堂	光绪七年（1881）	吴县
《沙洲孙氏宗谱》	孙朝勇	积善堂	光绪十五年（1889）	常熟
《海虞曾氏家谱》	曾达文	曾氏义庄	光绪二十年（1894）	常熟
《吴趋汪氏支谱》	汪体椿	耕荫义庄	光绪二十三年（1897）	吴县
《颍川陈氏宗谱》	陈宏裕	绳德堂	光绪二十八年（1902）	吴县
《虞山邵氏宗谱》《虞山邵氏宗谱世系图》	邵翰珊	嘉会堂	光绪三十年（1904）	常熟
《程氏支谱》	程为烜	资敬义庄	光绪三十一年（1905）	吴县
《程氏支谱》	程增瑞	成训义庄	光绪三十一年（1905）	吴县
《吴趋汪氏支谱》	汪体椿	耕荫庄	宣统二年（1910）	吴县

[1] 范邦瑾编著：《美国国会图书馆藏中文善本书续录》，上海古籍出版社2011年版，第51页。

家谱出版中最值得注意的便是那些义庄。汪氏耕荫义庄，即环秀山庄，位置在申衙前，为道光二十九年（1849）汪为仁在毕沅故宅的基础上创建的，置田一千亩。冯桂芬记云："春秋飨祀，岁月要会，咸于是乎集。庄法：鳏寡孤独废疾有养，嫁娶凶葬有助，春闱秋赋有赆。择族之贤者司存之，大略准诸范氏。"[1]

资敬义庄是苏州另一家大规模的义庄，根据《（民国）吴县志》，"资敬义庄在护龙街砂皮巷，旧在胥门外大日晖桥南。清道光二十五年（1845）程桢义承其父仁藻遗命创建，共置田二千四百余亩。……咸丰十年（1860）毁，同治十年（1871）重建今所"[2]。根据《程氏支谱》卷末的"后跋"，"是举也，资敬义庄中支钱一百串，以充刻印之费，共刷印六十部，每部上下二册，计一百三十六页。首页编号，书名钤盖信章，另立给谱册存查。自此次发给之后，我族中各宜敬谨收藏，一俟续修告成，将是谱倒换新谱。如有轻自遗失不能缴出者，即以不敬祖宗论，嗣后是支不准再给，以昭郑重，以警将来。咸丰三年（1853）岁次癸丑秋日，根义、桢义谨记"[3]。程氏出版家谱的活动颇具代表性，根据跋语所称，程氏于咸丰二年（1852）采用的是刻印的方式，其花费从义庄中支取，这也解释了苏州家谱出版的资金来源问题。另外，以旧谱换新谱的方式，在家谱出版中得到了广泛推广。到了光绪年间续修家谱的时候，资敬义庄采用的是活字印刷的方式。

> 右前修谱时，太府君所记。此次续修告成，资敬义庄中动支经费钱一百四十串，倩溧阳华聚玉摆板刷印，装成六十部，每部四卷。所有发谱规条悉禀前章，兹不赘述。光绪三年（1877）岁次丁丑秋日，基裕谨记。

> 右前修谱时，成训义庄未建，此次续修，邀同族中五人，晓、炳震、楸、奎基、荣瑾于成训义庄中朝夕修辑，期月告成，动支经费钱二百八十串，倩苏城临顿路毛上珍侍庭摆板刷印，装成一百部，每部六册，所有发谱章程悉遵前规，概不赘述。光绪三十一年（1905）岁

---

[1]（清）冯桂芬撰：《显志堂稿》卷四《汪氏耕荫义庄记》，光绪二年（1876）冯氏校邠庐刻本，第1b-2a页。

[2] 曹允源、李根源纂：《（民国）吴县志》卷三一，民国二十二年（1933）苏州文新公司铅印本，第13b页。

[3]（清）程为烜纂修：《程氏支谱》"后跋"，光绪三十一年（1905）木活字印本，第1a页。

次乙巳秋日，增瑞谨志。[1]

程氏于光绪三年（1877）和光绪三十一年（1905）纂修的家谱都采用了活字印刷，光绪三年（1877）印刷的时候找的是溧阳华聚玉，由此可见，清代苏州地区出版的家谱未必全是找苏州的活字拥有者排印的，排印的地点可能是在溧阳，但也有可能是华聚玉在苏州排印的。到了光绪三十一年（1905），找的则是苏州当地的毛上珍。从印刷的数量来看，咸丰二年（1852）和光绪三年（1877）都印刷了六十部，而光绪三十一年（1905）则印刷了一百部。而且，出版者也由资敬义庄变成了成训义庄。"成训义庄在刘家浜"[2]，是在光绪初年由程廷桓创建的。

苏州活字本家谱的印刷主要在清末流行，这与清代活跃的家谱纂修活动密切相关。除了上述以祠堂等地点为标识的家谱外，光绪三十二年（1906），吴县用木活字排印了《平原宗谱》；宣统三年（1911），吴县王氏用木活字排印了《太原（王氏）家谱》。

光绪二十一年（1895）锡山文苑阁木活字印本《补后汉书艺文志考》书影

曾氏义庄是光绪年间常熟的一家大规模义庄，根据《常昭合志稿》，"曾氏义庄在城内翁府前，常熟人曾熙文议立，子之撰、宝章建，田千亩有奇，分赠支祖省斋嫡派下贫族"[3]。《海虞曾氏家谱》卷末有"十二世之撰敬刊，十三世械、朴、栋校字"[4]。由此可见，曾之撰不仅是曾氏义庄的创建者，而且是家谱的出版者。

给曾氏义庄排印的并不是苏州的书坊，《补后汉书艺文志考》的卷

---

[1]（清）程为烜纂修：《程氏支谱》"后跋"，光绪三十一年（1905）木活字印本，第1a-1b页。
[2] 曹允源、李根源纂：《（民国）吴县志》卷三一，民国二十二年（1933）苏州文新公司铅印本，第19b页。
[3]（清）郑钟祥修，（清）庞鸿文纂：《常昭合志稿》卷十七，光绪三十年（1904）木活字本，第17a页。
[4]（清）曾达文纂修：《海虞曾氏家谱》"世系叙"，光绪二十年（1894）木活字本，第12b页。

末有"长洲陈伯玉雠校，锡山文苑阁摆印"[1]字样。由此可见，书籍是由无锡文苑阁排印的。从地缘上看，常熟与无锡毗邻，这反映出常熟在出版书籍方面与无锡的交流。清代，无锡的活字排印发达，早在同治年间排印的《平江盛氏家乘初稿》，卷末就有"无锡季子良刊印"字样。光绪十七年（1891）木活字印本《师郑堂集》，内封有牌记"光绪辛卯（十七年，1891）季冬，用聚珍板印行"，"叙目"后有"无锡文苑阁排印"字样。[2]由此可见，本活字印本《师郑堂集》也是由无锡的文苑阁排印的。

关于常熟与无锡之间活字印刷交流的原因，《（光绪）常昭合志稿》记载的出版过程颇能佐证："《重修常昭合志》，经始于庚子（光绪二十六年，1900），至甲辰（光绪三十年，1904）而稿粗定，因刻工难于募集，爰议先用活版排印，而其时苏城尚无活版所，沪上书局又屡议未就，遂招昔日翻排《言志》之华姓匠任其事。"[3]这一段关于《常昭合志》出版过程的描述反映出用活版排印书籍在当时并不容易，至少在光绪二十六年（1900），苏州都没有活版排印的场所，而到上海印刷又困难重重，不得已才找到之前的华氏工匠，而华氏很有可能就是无锡人。虽然这里的"活版"并未说明是铅活字还是木活字，但这一时期苏州城内肯定有木活字印刷，因此这里说的应该是铅活字。而后来到了光绪三十年（1904），《常昭合志》确实以木活字的形式出版了。因此，铅活字的缺乏，导致这一时期苏州城内只能继续采用传统的木活字。

常熟的家谱纂修兴盛，使用活字印刷的还有归氏义庄，《京兆归氏世谱》版权页有"癸丑（民国二年，1913）八月常熟归氏义庄用聚珍版校印，阳湖汪洵署检"[4]。常熟的活字本家谱还有宣统三年（1911）用木活字排印的《虞山沈氏宗谱》。由此可见，常熟的活字印刷在清代也十分兴盛，主要是因为活字印刷所具有的灵活特性受到了出版者的青睐。除了曾氏义庄表明活字是在无锡排印的外，其他的并没有具体说明活字的来源。与苏州地区所刊刻的家谱相比，使用活字印刷的家谱数量仅占了极小的一部分，活字本家谱在苏州没有大规模普及开来。

[1] 曾朴撰：《补后汉书艺文志考》卷十，光绪二十一年（1895）木活字本，第25b页。
[2] （清）孙雄撰：《师郑堂集》"叙目"，光绪十七年（1891）木活字印本，第4b页。
[3] （清）郑钟祥修，（清）庞鸿文纂：《常昭合志稿》"常昭合志稿校勘记"，光绪三十年（1904）铅印本，第55a页。
[4] （清）归令望增修：《京兆归氏世谱》，光绪十四年（1888）活字本，扉页。

二、其他活字本

用木活字排印是清代苏州最常见的活字印刷方式，除了排印家谱外，清代苏州也使用木活字排印诗文集、小说等。乾嘉年间是苏州活字印刷的鼎盛期。

嘉庆十五年（1810），苏州的朱陶性用活字排印了《伤寒贯珠集》，其在序言中说："其书尚未镂板"，"用活字版印成"。[1]后来此书的刻本在苏州流行开来。

嘉庆十六年（1811）璜川吴氏活字印本《真意堂丛书》标识

嘉庆十六年（1811），吴志忠出版的《真意堂丛书》是活字印刷丛书的代表，《真意堂丛书》包括《洛阳伽蓝记》《兼明书》《河朔访古记》三种。"总目"下有"嘉庆辛未（十六年，1811）璜川吴志忠活字版印行"字样，卷末有"嘉庆十有六年春三月璜川吴氏校印"或"嘉庆辛未三月璜川吴氏校印"字样[2]，这说明丛书是在三月同时排印而成的。吴志忠的真意堂还刊刻过《春秋疑义》，版心下有"真意堂"三字。如果将刻本与活字本版心的"真意堂"三字进行对比，就能发现两个版本的"真意堂"字体形态基本一致，但具体笔画还是有所区别。《真意堂丛书》在排印时有的地方采用了双行或单行小字，这是活字印刷所解决的一个技术问题。

张金吾是嘉庆年间常熟使用活字印刷的代表。嘉庆二十年（1815），张金吾用活字排印了《续资治通鉴长编》。嘉庆二十五年（1820），张金吾又用活字排印了《爱日精庐藏书志》。对于张金吾排印《爱日精庐藏书志》的缘由，黄廷鉴在序言中说："时方排印《续通鉴长编》，遂辍其暇从事焉。"[3]由此可见，两部书是同时排印的。《续资治通鉴长编》版心下有"爱日精庐"四字，目录后有"嘉庆己卯（二十四年，1819）仲夏海虞张氏

---

[1]（清）尤怡编注：《伤寒贯珠集》"序"，清苏州绿荫堂刻本，第1b页。
[2]（清）吴志忠编：《真意堂丛书》，嘉庆十六年（1811）璜川吴氏活字印本，总目、卷末。
[3]（清）黄廷鉴撰：《第六弦溪文钞》卷二《爱日精庐藏书志序》，光绪十年（1884）后知不足斋刻本，第7b页。

爱日精庐印行"。[1]《爱日精庐藏书志》的出版颇具特点,道光七年(1827)张金吾又刊刻此书,主要原因是"六七年来,增益颇多"[2]。

 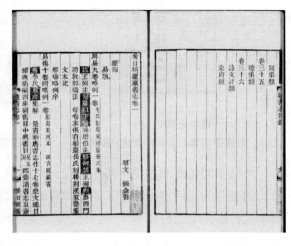

嘉庆二十年(1815)　　　　　　　　　嘉庆二十五年(1820)
活字本《续资治通鉴长编》书影　　　活字本《爱日精庐藏书志》书影

咸丰年间,活字印刷的代表有《琴语堂文述》,扉页有"咸丰丁巳(七年,1857)仲冬吴门活字板印"[3]字样,明确说明是在苏州用活字印刷的。同治八年(1869)群玉斋用活字排印的《儒林外史》,卷帙要比其他活字本大得多。这部书的出版是由于"发逆乱后,扬州诸板散佚无存,吴中诸君子将复命手民"[4]。出版者应该是当时在苏州的士人,但这并不意味着群玉斋是苏州的书坊。但是,从其在同治八年(1869)用木活字排印的杜文澜的《平定粤匪纪略》、明代王敬臣的《俟后编》,以及同治九年(1870)用活字排印的长洲汪献玗的《禹贡锥指节要》来看,作者都是苏州人,群玉斋应该是苏州的书坊。群玉斋不仅用活字印刷书籍,还在同治八年(1869)刊刻了《剑南诗钞》,在同治九年(1870)刊刻了《汇刻书目初编》等书。

[1]（宋）李焘撰:《续资治通鉴长编》,嘉庆二十四年(1819)木活字本,目录。
[2]（清）张金吾撰:《爱日精庐藏书志》"序",光绪十三年(1887)吴县灵芬阁活字本,第2b页。
[3]（清）李肇增撰:《琴语堂文述》,咸丰七年(1857)木活字印本,扉页。
[4]（清）吴敬梓撰:《儒林外史》"跋",同治八年(1869)群玉斋木活字本,第4a页。

咸丰七年（1857）　　　　　　　同治八年（1869）
木活字印本《琴语堂文述》书影　　群玉斋木活字本《儒林外史》书影

光绪年间是苏州木活字印刷的又一兴盛期。光绪十三年（1887），吴县徐氏的灵芬阁用活字排印了《爱日精庐藏书志》。灵芬阁本除了将道光年间刻本的行格由十二行改为十一行外，在版心和字体等方面都仿照了道光年间刻本。光绪年间，邹幼耕的宝华山房用活字排印了《古今伪书考》。这部书只有一卷，比较适合用活字排印。毛上珍刻字铺偶尔也用活字印刷书籍。光绪三十年（1904），苏州毛上珍用木活字排印了《古今经世策论举隅》。

光绪十三年（1887）吴县徐氏灵芬阁活字本《爱日精庐藏书志》书影

光绪年间，常熟的木活字本书籍一般是由无锡出版的。曾氏义庄不仅印刷家谱，还出版曾氏族人的著作。曾氏用活字印刷有着完整的规划，从印刷时间和印刷方式上看，曾氏著作的出版应该是和家谱的出版在同一时期。光绪二十年（1894），常熟曾氏义庄的木活字本《习是堂文集》《补后汉书艺文志考》等都是无锡文苑阁用木活字排印的。文苑阁排印的书籍一般在版权页上印有"无锡文苑阁排印"字样，如《补后汉书艺文志考》的版心下有"常熟曾氏丛书"字样，卷末有"长洲陈伯玉雠校，锡山文苑阁摆印"字样。[1]尽管出资印刷《习是堂文集》的曾之撰在跋语中说"校付手民，刊印以传之"[2]，扉页也有牌记"光绪二十年（1894）七月常熟曾氏义庄刊"[3]，但这并不是刊刻的，而是用木活字印刷的。

光绪二十年（1894）常熟曾氏义庄木活字印本《习是堂文集》书影

常熟丁国钧的《晋书校文》也是由锡山文苑阁用活字排印的，版权页上印有"锡山文苑阁排印"，版心下有"常熟丁氏丛书"字样。[4]值得注意的是，这部书的稿本流传下来了，这就为我们将活字本与稿本进行对比提供了实例。丁国钧《晋书校文》的稿本版心上有"虞阳丁氏注晋书室类稿"字样，版心下有"常熟丁氏类稿"字样。[5]通过对比可以发现，活字本与稿本，无论是在行格上还是在版式上，都存在很大的差别，这说明排

---

[1] 曾朴撰：《补后汉书艺文志考》卷十，光绪二十一年（1895）锡山文苑阁木活字印本，第25b页。
[2] （清）曾倬撰：《习是堂文集》"跋"，光绪二十年（1894）常熟曾氏义庄木活字印本，第2a页。
[3] （清）曾倬撰：《习是堂文集》，光绪二十年（1894）常熟曾氏义庄木活字印本，扉页。
[4] 丁国钧撰：《晋书校文》，光绪二十年（1894）木活字印本，扉页。
[5] 丁国钧撰：《晋书校文》，稿本（国图），版心。

印者进行活字排印时对稿本进行了更改。缪荃孙《晋书校文序》云："稿凡数易，友人谓先录校语，遂先出五卷，以活字板印行。"[1]可见活字印刷出版较快，可以满足书籍少量或部分印刷的需求。丁国钧与曾朴在使用活字排印著作的时候，都在版心

光绪二十年（1894）木活字本《晋书校文》书影

下标记了"常熟□氏丛书"字样，后来出版的著作未再有类似的标识。这说明他们刚开始用活字排印的时候，虽有进一步的出版计划，但后来并未实现。真正在常熟实现活字排印丛书的是潘任，他在光绪二十年（1894）用活字印刷了《希郑堂丛书》，版心下有"虞山潘氏丛书"[2]字样。

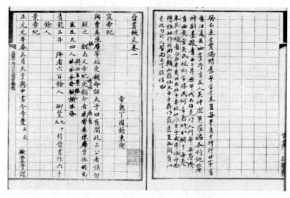

丁国钧稿本《晋书校文》书影　　　光绪二十年（1894）木活字印本《希郑堂丛书》书影

　　排印家谱时顺便排印其他书籍在其他家族也颇为常见。光绪九年（1883），常熟赵宗耀用活字印刷了《保闲堂集》，版权页上印有"光绪癸未（九年，1883）孟冬，常熟赵氏用聚珍板刷印"[3]。赵宗耀在跋语中

---

[1] 缪荃孙撰：《艺风堂文漫存》卷二《晋书校文序》，民国江阴缪氏艺风堂递刻本，第15b页。
[2] （清）潘任撰辑：《希郑堂丛书》，光绪二十年（1894）木活字印本，版心。
[3] （明）赵士春撰：《保闲堂集》，光绪九年（1883）常熟赵氏木活字印本，扉页。

说："先中允公集向有刊本，行世久远，存者已鲜。兵后益不少概见，滋惧失传，会同族有修谱之役，以聚珍板印行，较为省便。"[1]尽管赵宗耀没有提及活字本家谱是由何人印刷的，但是从《保闲堂集》《习是堂文集》的字体来看，两者的字体较为接近。

光绪九年(1883)常熟赵氏木活字印本《保闲堂集》书影

蒋锡震的《清溪草堂文》也曾因印刷家谱而用活字印刷。光绪九年（1883）任光奇《清溪草堂文》跋云："乙亥（光绪元年，1875）之冬，蒋君幼香以是编授光奇曰：吾家未及梓，今在谱局中，以聚珍字印数十部矣。"[2]这里所说的"谱局"指的便是印刷家谱的活动。

苏州的官方机构也会使用活字印刷书籍。光绪六年（1880）吴门节署活字本《沈文肃公政书》扉页有牌记"光绪庚辰（六年，1880）仲冬吴门节署摆印""江左书林藏板"[3]字样。吴元炳的《沈文肃公政书序》写于光绪六年（1880）四月，而到了仲冬才排印完成。光绪年间，常熟地区有常昭排印局，其曾在光绪二十七年（1901）用木活字排印《通鉴论》。

---

[1]（明）赵士春撰：《保闲堂集》"跋"，光绪九年（1883）常熟赵氏木活字印本，第1a页。
[2]（清）蒋锡震撰：《清溪草堂文》"跋"，光绪九年（1883）刻本，第1b页。
[3]（清）沈葆桢撰：《沈文肃公政书》，光绪六年（1880）吴门节署木活字本，扉页。

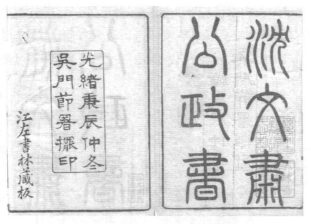

光绪六年（1880）吴门节署木活字本《沈文肃公政书》书影

由于苏州在木活字印刷方面具有优势，有些学者也会将著作邮寄到苏州排印。光绪十四年（1888）排印的《小鸥波馆画识画寄》版权页上有"光绪十四年（1888）戊子长夏""悦止斋集锦版排印"[1]字样。序言中说："（注：潘祖同）知澜新辑集锦版，邮寄《画识》三卷附以《画寄》一卷，……承嘱排印，亟付手民。"落款是"光绪十四年（1888）四月朔金吴澜谨序于姑幕署斋"。[2]卷端题"吴县潘曾莹星斋著，嘉兴金吴澜胪青刻"。这里所说的"集锦版"即是木活字，金吴澜是嘉兴人，光绪年间居住在苏州，他在苏州雕刻了木活字，而这部书也正是在苏州排印的。金吴澜还用活字印刷了《钝翁文录》，内封有"锄月种梅室初制集锦试印"，卷端题"嘉兴金吴澜胪青甫选刻"。光绪十二年（1886）汪圻识语云："外舅金螺青先生知吴县，觅得各原本，与柳质卿大令一再商榷，辑成十有六卷，将镂版行世。"[3]

清代活字本《稻香楼杂著》六种，是清代苏州学者程炎的著作。程炎，字焕若，号东冶，后改名"际盛"，长洲人，乾隆四十五年（1780）进士。关于这部活字本，有证据表明是由嘉兴的金吴澜在苏州印刷的。第一，金吴澜曾经用活字摆印了《钝翁文录》，版权页上的室名为"锄月种梅

---

[1]（清）潘曾莹撰：《小鸥波馆画识画寄》，光绪十四年（1888）悦止斋活字本，扉页。

[2]（清）潘曾莹撰：《小鸥波馆画识画寄》"序"，光绪十四年（1888）悦止斋活字本，第1b页。

[3]（清）汪琬撰：《钝翁文录》卷末，光绪十三年（1887）锄月种梅室木活字印本，第1a页。

室",而现存的清代锄月种梅室抄本《仪礼古文今文考》,也是程际盛的著作。这说明金吴澜对程氏的著作相当关注,故印刷《稻香楼杂著》也是顺理成章之事。第二,从《钝翁文录》《稻香楼杂著》的字体来看,两部活字本高度一致。第三,虽然金吴澜是嘉兴人,但因为他曾在昆山、吴江等地任职,其用活字印刷的契机是在苏州制作了一套活字,故而印刷了《钝翁文录》《小鸥波馆画识画寄》等苏州地方文献。据此推测,金吴澜印刷《稻香楼杂著》的时间也应该是光绪十三年(1887)至十四年(1888)左右。

有的学者通过购买等方式获得木活字。张金吾《诒经堂记》云:"阁之南曰'巽轩',昔年从锡山得活字十万有奇,排印《长编》二百分,于焉贮之。"[1]张金吾提到这些活字是从无锡购买的。昆山人周秉鉴曾经在苏州购买到活字,然后印刷了《假年录》等书。《假年录》的序言云:"壬子(乾隆五十七年,1792)春仲,接周子书,知与同志陈果园得活字板于姑苏,随集里中先民及时贤诗之散佚者印行于世。"[2]长洲的黄氏家中也有活字,其印刷过《璞斋集》等书。《璞斋集》内封有牌记"光绪十有四年(1888)九秋上浣试印长洲黄氏之聚珍板",《搔琴词》有牌记"吴下黄氏流芳阁聚珍板初次摆印本"。[3]光绪十六年(1890),归安朱镜清在《小谟觞馆文集注》目录后的识语云:"长洲黄氏,臧有活字,发大愿心,重付排印。"[4]《小谟觞馆文集笺注》内封有"光绪十六年(1890)冬,长洲黄氏流芳阁聚珍板校印"[5]字样。可见光绪十四年(1888)到光绪十六年(1890)是黄氏用活字排印书籍的重要时期。

冯桂芬也得到过一套活字,据其所说,"咸丰丁巳(七年,1857),余得一聚珍版,为印《通隐堂集》五百本,且为之序"[6]。从成本来看,制作活字确实需要一定的财力。

---

[1] (清)张金吾著,郑永晓整理:《爱日精庐文稿》卷五,凤凰出版社2015年版,第85-86页。
[2] (清)周秉鉴辑:《假年录》卷首《假年录序》,嘉庆十年(1805)周氏易安书屋活字本,第2a页。
[3] (清)诸可宝:《璞斋集》《搔琴词》,光绪十四年(1888)长洲黄氏流芳阁活字本,扉页。
[4] (清)彭兆荪撰,(清)张嘉禄注:《小谟觞馆文集笺注》"文目",光绪十六年(1890)长洲黄氏活字本,第3b页。
[5] (清)彭兆荪撰,(清)张嘉禄注:《小谟觞馆文集笺注》,光绪十六年(1890)长洲黄氏活字本,扉页。
[6] (清)冯桂芬撰:《显志堂稿》卷二《梵隐堂诗存序》,光绪二年(1876)冯氏校邠庐刻本,第5a页。

光绪年间，长洲人王韬曾在写给友人的信中提出创办弢园书局来排印书籍的设想："韬生平述撰约略三十余种，刊行者仅八九种，迩以木质活版创设弢园书局，拟将所著尽付手民。"[1]弢园书局的特色是以木活字印刷，这标志着木活字印刷正式从作坊走向有组织的经营。对于王韬而言，他收藏有木活字，具备了印刷的条件。从王韬创办弢园书局的活字来源来看，这些木活字是他自己出资刊刻的："韬曾创设木质活字版一副，约略十数万字，排印诸书咸可取给。"[2]这也为我们了解木活字的数量提供了参考，即一套活字大约需要十数万字。而且，木活字印刷的好处是自己就可以印刷，印刷者可以将书籍控制在一定范围内流通。正如王韬在写给友人的信中所言："韬生平著述约略三十余种，已付手民者未及其半，《四溟补乘》与《经学三书》卷帙最为繁重，今春拟以所藏木质活版，尽行排印，非敢出以问世，借空文以自见也。"[3]王韬创办的弢园书局虽经营没多久就因为资金短缺而暂停[4]，但在短期内印刷了一定数量的书籍，如光绪十二年（1886）王韬用木活字排印了《普法战纪》。

至于清代苏州使用活字印刷书籍的原因，主要包括两个方面。一是出于经济的考量，活字印刷总体上要比刊刻经济得多。二是出于著作本身的考虑。这一点从《禹贡节注便读》卷首嘉庆十六年（1811）朱麟书识语就可以看出："欲为家塾课本，然自惟固陋，容有纰缪处，故用聚珍板印成，以就正有道。"[5]先用活字印刷少量书籍，以便分送亲友进行修改。这与《师郑堂集》的排印目的基本相近，《师郑堂集》内封有牌记"光绪辛卯（十七年，1891）季冬，用聚珍板印行"。光绪十七年（1891）孙氏识语云："爰命剞氏，印以聚珍。既免灾梨，兼代给札。"[6]又如《任午桥存

---

[1]（清）王韬撰：《弢园尺牍续钞》卷五《呈邵筱邨观察》，光绪十五年（1889）活字印本，第3b页。
[2]（清）王韬撰：《弢园尺牍续钞》卷六《复盛杏荪观察》，光绪十五年（1889）活字印本，第3a页。
[3]（清）王韬撰：《弢园尺牍续钞》卷六《答孙少襄军门》，光绪十五年（1889）活字印本，第14a页。
[4] "所设木质活字之弢园书局亦以无赀暂撤。"[（清）王韬撰：《弢园尺牍续钞》卷五《与盛杏荪观察》光绪十五年（1889）活字印本，第7a页。] "弟去年以木质活字创行弢园书局，所印书籍颇夥。"[（清）王韬撰：《弢园尺牍续钞》卷五《与姚子梁太守》，光绪十五年（1889）活字印本，第8a页。]
[5]（清）朱麟书辑：《禹贡节注便读》"序"，嘉庆十六年（1811）木活字印本，第1a页。
[6] 孙雄撰：《师郑堂集》"叙目"，光绪十七年（1891）木活字本，第1a页。

稿》,"嘉庆年间初印聚珍之本,而讹误甚多",后来"仍以聚珍板先印若干部"。[1]康熙年间,施天骐用活字印刷《吴都文粹》,但同时又在《吴都文粹序》中说:"倘遇同好,不惜倾赀,付诸剞劂","若将来登之枣梨,尚望高明"。[2]这说明施天骐希望将来能够重新刊刻《吴都文粹》。值得注意的是,乾嘉年间松陵也有人用活字排印了《吴都文粹》。

康熙六十年(1721)木活字本
《吴都文粹》书影

活字具备灵活的特性,常被用来印刷那些容易发生变动的文本。这一点在官府印刷文件中有所体现。同治八年(1869),苏州府采访局使用木活字印刷了彭福保编辑的《旌表事实姓氏录》,到了光绪二十三年(1897),又用木活字印刷了彭康保编辑的《旌表姓氏事实录》。采访局是在同治年间设置的,负责搜集地方史料,作为编纂方志的原始材料。篇幅比较短的文件最适合用活字排印,如光绪三十三年(1907)苏州用活字印刷了张之洞的《张相国保存国粹疏》。

但活字也有其局限,即一旦开始印刷就很难在排印过程中进行修改。正如《常昭合志稿》卷首"例言"所说:"开工排印后,却有将节略陆续交来者,业已不及补纂。"[3]这一点与刻本有所不同。刊刻过程中存在补刻和修改的情况,而用活字印刷后再修改就比较麻烦。再就是活字本的数量有限,不能像版刻那样持续印刷。关于这一点,黄廷鉴在《续资治通鉴长编跋》中指出,"及门张子月霄购得阁中传抄本,不敢自秘,愿以公之世,爰以活字版排印全书","所惜印本易尽,后难为继"。[4]这正指出了活字印刷数量有限的问题。

官方使用活字印刷的另一个原因是取代抄写所带来的高昂成本,这一

---

[1](清)任朝桢撰:《任午桥存稿》"跋",光绪十八年(1892)刻本,第4a页。
[2](宋)郑虎臣:《吴都文粹》"序",康熙六十年(1721)木活字本,第1b-2a页。
[3](清)郑钟祥修,(清)庞鸿文纂:《常昭合志稿》卷首"例言",光绪三十年(1904)木活字本,第5b页。
[4](清)黄廷鉴撰:《第六弦溪文钞》卷三《续资治通鉴长编跋》,道光二十年(1840)刻本,第2a页。

点在修订方志的时候体现得最明显。以《常昭合志稿》为例,"《重修常昭合志稿》初版排印例言:一向例各州县志书须由地方官转呈学院查核,方准刊行。现在全稿虽已告成,但呈送各衙门如用缮录之本,则每部钞资需银二百元左右,校对之功又复甚巨,且难克日竣事。是以公议先将稿本用木刻活字版排印,以代写官,藉可多印数百部,请邑中留心掌故诸君子披阅,遇有讹缺,重加是正,异日参订完善,再行省去'稿'字,付之剞劂"[1]。由此可见,《常昭合志稿》在纂修完成后需要查核,之前都是抄写,但是考虑到抄写的费用昂贵,于是就改用活字印刷,而且增加了印刷数量以便向当地的学者征求修改意见。这部活字本就带有了草稿的性质,之后的刊刻才是定稿。因此,活字本在出版流程中充当了媒介和过渡。

活字本的印量有限,致使有的活字本已经失传。据江标的日记所记,"姚方伯近摆印《北堂书钞》"[2],姚氏使用活字排印《北堂书钞》当属活字印刷史上的重要事件,可惜的是仅见于史料记载。同时,清代活字印刷的技艺也达到了一定的水平,有的刻字店兼营活字印刷的业务,光绪十年(1884),"是日谢店以新印活字套板《钱松壶集》装订成,颇精美"[3]。"谢店"即谢济雍的谢文翰斋刻字店。据潘钟瑞所言,这部《钱松壶集》是活字印刷与套板印刷相结合的产物,可惜的是也难以得见。

木活字在苏州的应用一直持续到清末民国时期,文学山房的活字本是苏州活字印刷的最后代表。文学山房曾大规模使用木活字印刷,如在清末民初用木活字排印了《文学山房丛书》,其版心下印有"文学山房聚珍板印"。

三、活字印刷中的讹误与修改

活字本产生的讹误与活字印刷的字体有一定的关系,活字印刷需要先挑选活字然后排印。不同时期的活字本字体有所相同,有的活字隔了很长的时间依然能够印刷。下面分别选取嘉庆、同治、光绪年间苏州的三部活

---

[1] (清)郑钟祥修,(清)庞鸿文纂:《常昭合志稿》卷首"例言",光绪三十年(1904)木活字本,第4a页。
[2] (清)江标著,黄政整理:《江标日记》(上),凤凰出版社2019年版,第324页。
[3] (清)潘钟瑞著,尧育飞整理:《潘钟瑞日记》(上),凤凰出版社2019年版,第208页。

字本《禹贡节注便读》《南北史捃华》《蒿庵随笔》的字体作为活字本字体的范例。

嘉庆十六年（1811）活字本《禹贡节注便读》中的字体

同治十一年（1872）活字本
《南北史捃华》中的字体

光绪二十三年（1897）陆同寿木活字本
《蒿庵随笔》中的字体

活字排印中出现的讹误类型，与雕版印刷比较接近，但是活字印刷出现讹误的概率要比雕版印刷高。通过对讹误的分析，我们可以发现清代苏州使用活字排印的细节。

根据活字本家谱的记载，一般有"监印"者，如宣统三年（1911）活字本《太原王氏家谱》的"监印"者为叶耀元、王仁露、王叔钊、王季植、王叔荣，而"刷印"者则是"苏城徐元圃印店徐稚圃"。[1]《太原王氏家谱》还提供了活字印刷的一些分工信息，提及了"排印全赖临时监校，方免错误。如在铺中刷印，难免疏漏。言明在局内设立刷印所，油炭茶水等项，由局津贴"[2]。但印刷过程中还会有讹误。既有由于义近而误的，如《东园徐氏宗谱》中将"又"排成"復"，两者虽义近，但是后来在校对的时候还是修改成了"又"；又有因形近而误的，如《平江盛氏家乘初稿》中的"咨"印成"恣"。

活字印刷中文字错误的修改方法与雕版印刷不同，雕版印刷可以通过样书发现错误，进而修改板片，而活字印刷由于排版的特殊，一般不会重新排印，故而在印本上修改更为方便。清末李超琼的著作有不少是用活字印刷的，有的是在苏州印刷的，有的是在常州印刷的。李超琼在《石船居

---

[1]（清）叶耀元等纂：《太原王氏家谱》卷首"修谱人员录"，宣统三年（1911）活字本，第35b页。

[2]（清）叶耀元等纂：《太原王氏家谱》卷末"出款"，宣统三年（1911）活字本，第89b-90a页。

古今体诗剩稿》中说:"仍以聚珍板之易,遂衷印以塞朋好之殷勤。"[1]由此可见,李超琼认为活字印刷较为便捷,故而印刷少量的著作分赠友朋。光绪年间,李超琼在苏州任职,"韩姓字工以聚珍版为全集印《石船居杂著剩稿》成,共订二册","误字尚待校勘。"[2]这说明是在印好之后修改的错误。从清代苏州活字本的修改情况来看,主要有以下六种修改方法。

《东园徐氏宗谱》中的误字修改

一是直接用活字在原来的文字上钤盖。为了表明区别,一般使用红色。《东园徐氏宗谱》就采用了这种方式,如"族人"应该为"命于",就直接在原字上面钤盖红色活字。

又如,光绪二十一年(1895)陶惟坻木活字印本《陈氏易说》大量使用了这种修改方式。

光绪二十一年(1895)陶惟坻木活字印本《陈氏易说》中的误字修改

二是在误字旁边钤盖修改后的字,一般也使用红色字体,如《平江盛氏家乘初稿》中"恣"改为"咨"。

同治十三年(1874)木活字本《平江盛氏家乘初稿》中的误字修改

嘉庆十五年(1810)吴氏真意堂活字本《有竹石斋经句说》也大量使用了这种修改方式。

---

[1] (清)李超琼撰:《石船居古今体诗剩稿》"目录",光绪二十二年(1896)活字本,第3a页。

[2] (清)李超琼著:《李超琼日记:元和—阳湖—元和》,江苏人民出版社2012年版,第268页。

嘉庆十五年(1810)吴氏真意堂活字本《有竹石斋经句说》中的误字修改

除了在误字旁边修改外,有的还在书页的天头修改,如光绪十三年(1887)木活字本《钝翁文录》大量使用了在书页天头修改的方式,而且使用的颜色为墨色。

光绪十三年(1887)木活字本《钝翁文录》中的误字修改

三是贴改,即将正字贴在误字之上,如光绪二十三年(1897)活字本《汪氏支谱》中将某字改为"復"。

光绪二十三年(1897)活字本《汪氏支谱》中的误字修改

四是手写修改,为了有所区别,一般使用红色,如光绪十八年

（1892）后乐堂木活字本《范氏宗谱》、光绪二十三年（1897）活字本《汪氏支谱》的改字方式。

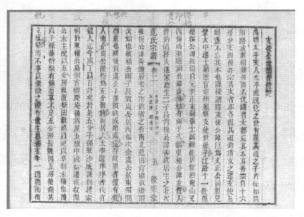

光绪十八年(1892)后乐堂木活字本《范氏宗谱》中的误字修改

光绪二十三年(1897)活字本《汪氏支谱》中的误字修改

五是多种修改方式相结合，如乾隆年间活字本《稻香楼杂著》中用纸条粘贴改正及钤上红字校改。[1]还有的在误字上钤印，以及在误字旁边修改，如光绪至宣统年间活字本《王氏三沙全谱》就使用了多种修改方式。

光绪至宣统年间活字本《王氏三沙全谱》中的误字修改

---

[1] 张宝三：《美国芝加哥大学图书馆藏中文古籍善本书志·经部》（上），国家图书馆出版社2020年版，第78页。

六是卷末附录校记。光绪二十四年（1898），常熟用活字排印了《琴川三志补记》，同年又用活字排印了《常昭合志》。根据季亮时、丁祖荫《校印常昭合志缘起》，"爰商同志，纠股合资，用聚珍板重印"[1]，实际的工作是由两人主持排印的，丁祖荫还拟定了"校印例"："排印舛错，雠校难周，别为《勘误》，附记卷终。"[2]在卷末附录"勘误"，是木活字排印中的创新。光绪二十四年（1898）毛上珍活字印本《古今经世策论举隅》卷末也附有《校勘记》《校勘续记》。

[1] （清）顾德昌修，（清）言如泗纂：《常昭合志》"校印缘起"，光绪二十四年（1898）活字本，第1a页。
[2] （清）顾德昌修，（清）言如泗纂：《常昭合志》"校印例"，光绪二十四年（1898）活字本，第12b页。

第三节　刊刻技艺

一、影刻

苏州的翻刻本在清代可谓独树一帜，其中，写工的书法水平至为重要。康熙年间张士俊与毛扆翻刻《广韵》，"延其（注：毛扆）甥王君为玉馆于将门东庄，摹写旧本字画"，而"襄其事者，家孝廉大受与闾丘顾孝廉嗣立均有功焉"。[1] 由此可见，康熙年间苏州精刻本的出版者代表如毛扆、张士俊、顾嗣立等人之间是有交往的，他们能够出版高质量的刻本也得益于彼此的交流与合作。康熙五十六年（1717）缪曰芑刻本《李太白文集》是这一时期翻刻的代表，但是在刊刻时并非原样照刻，而是有所改动，陆心源《北宋本李太白文集跋》云："缪本摹刊精工，几欲乱真。愚窃谓行款、避讳，及刊工姓名既一一摹刊宋本，即有误处亦宜仍之，别为考异注于下。缪本改易既多，讹误亦不少，且有不照宋本摹刊者。"[2]

影刻在乾隆、嘉庆年间的苏州最为流行，主要代表人物有吴县的黄丕烈、吴志忠等。由于对版本目录的精通，他们在刊刻时选择以影刻的方式保存书籍的原貌。实际上，黄、吴等人是友朋的关系。黄丕烈是影刻书籍的痴迷者，其影刻的《夏小正戴氏传》《舆地广记》等书可谓是清代刻书中的精品。黄丕烈的影刻有的是以影抄本为基础进行翻刻的，如黄丕烈对影宋本《博物志》进行了翻刻。穆大展刊刻的《两汉策要》也是苏州影刻的

---

[1]（宋）陈彭年撰：《大宋重修广韵》卷末"韵后跋"，康熙四十三年（1704）张士俊刻本，第1a-1b页。

[2]（清）陆心源著，王增清点校：《仪顾堂集》卷二十，浙江古籍出版社2015年版，第385-386页。

代表作,主持刊刻者张朝乐"既补其缺遗,并命良工双钩,刻于吴下"[1]。这里提及影刻本在刊刻之前要进行"双钩"临摹。吴志忠影刻的《孟子集注》等书也颇受好评。

清末苏州影刻的代表有:同治三年(1864),吴县冯桂芬覆日本影宋本《说文解字韵谱》;光绪五年(1879),常熟张瑛覆宋绍兴本《管子》;光绪九年(1883)蒋凤藻影宋刻本《铁华馆丛书》,是由叶昌炽汇刊并校勘的,聘请写刻能手金辑甫、徐元圃雕版,这是一次大规模的影刻活动。

下面以黄丕烈士礼居刻本《夏小正戴氏传》、冯桂芬刻本《说文解字韵谱》、蒋凤藻刻本《通玄真经》为例,选取其中部分内容进行对照,见表1.3。

表1.3 影刻字体对照表

《夏小正戴氏传》		《说文解字韵谱》		《通玄真经》	
明刻	黄刻	元刻	冯刻	宋刻	蒋刻

黄丕烈刻本基本按照明刻进行了翻刻,笔画和字体结构都比较接近。冯桂芬刻本则对原书进行了变动,删减了原书中的一些圆圈之类的格式,重新进行了编排,在字体的模仿上,更加注重笔意且稍有发挥。蒋凤藻刻本摹刻得比冯桂芬刻本要严格一些,很少进行字画的改动。

光绪年间的宝章阁是清代苏州影刻的最后代表,在光绪十三年

[1] (宋)陶叔献辑:《两汉策要》卷末"姚跋",乾隆五十六年(1791)张朝乐刻本,第1a页。

（1887）影刻了《柳柳州外集》《六朝事迹编类》等书。《夏小正戴氏传》的版权页上刻有"宝章阁影刊"；《六朝事迹编类》版框左下书耳刻有"宝章阁藏版"，卷末镌有"光禄寺署正上元李滨古渔重校刊"，书后有李滨重刊叙[1]；《柳柳州外集》镌有"光绪十三年（1887）冬十月宝章阁重校影刊"[2]。李滨《重刊六朝事迹编类叙》云："录写者为金氏茂才，剞劂者为谢氏文翰"，"计画行次，斟酌寸尺，增益矩度，仿摹宋椠"。[3]李滨跋《柳柳州文集》云："曩见江宁书贾售此本于市，贵其直，余假之景写一过，后原书为独山莫氏购去，今宝章阁主人求古书于余，以此应之。"[4]李滨为宝章阁提供的刊刻底本有的是影抄本，而刊刻的时候对行格、字体都进行了精细的模仿。李滨影刊的这三部书字体精美，成本颇高，而且其刊刻的时间都是在光绪十三年（1887），犹如昙花一现，展现了清末苏州刊刻的最高技艺。

二、套印

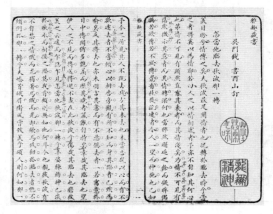

康熙四十二年（1703）
古吴崇文堂刻本《雅趣藏书》书影

苏州的套印技术在明末就已经成熟，到了清代得以进一步发展。书坊是套印技术的主要使用者。戏曲类书籍比较常见的是采用朱墨套印的形式，康熙四十二年（1703）古吴崇文堂刻的《雅趣藏书》，就是朱墨套印本。《雅趣藏书》的朱墨套印主要表现为书中匿点和印章都用了朱色印刷。康熙五十九年（1720）苏州香芸阁

---

[1]（宋）张敦颐撰：《六朝事迹编类》，光绪十三年（1887）刻本，卷末。
[2]（唐）柳宗元撰：《柳柳州外集》，光绪十三年（1887）刻本，卷末。
[3]（宋）张敦颐撰：《六朝事迹编类》卷末《重刊六朝事迹编类叙》，光绪十三年（1887）刻本，第2b页。
[4]（唐）柳宗元撰：《柳柳州文集》"跋"，光绪十三年（1887）刻本，第1a-1b页。

出版的《新编南词定律》也采用了朱墨套印技术。到了乾隆年间，徐应龙重校印刷。

评点本是比较适合套印的书籍，清代苏州出版的比较有名的套印本评点当数乾隆三十七年（1772）长洲叶氏海录轩出版的《重刻昭明文选李善注》，版权页上印有"何义门先生评点""海录轩藏板"字样。海录轩是叶树藩的书斋。当时出版冠以何焯名号的书籍成为风尚。叶氏海录轩刊刻的《文选》在清末产生了一定的影响，清中期的大文堂、光绪元年（1875）的成都尊经书院、光绪九年（1883）的羊城翰墨园曾经据此重刻。

金阊书业堂是苏州书坊中套印本的代表，其刊刻的《重刊礼记省度》采用了套印的形式。康熙十一年（1672），彭颐在"自序"中说："刻用套板，醒心目也。"[1]彭颐在"凡例"中说："刻用套板，非徒炫美饰观。盖行密字细，若不用点画清出，则头面不清。然非红黑相间，则又眉目不明。故宁费毋省，宁华毋朴。"[2]在探究书业堂的朱墨套印方式之前，必须确定的是书业堂是不是最早刊刻《礼记省度》的。从书名来看，既然称为"重刊"，则书业堂也只是翻刻，而彭颐在"自序"中所针对的并非书业堂刻本，但是自序和凡例中涉及的套印依然值得探究。书业堂在重刊的时候仍然选择套印，可见其比较认同彭颐的观点，即套板能够使版面更美观，方便读者阅读。

除了书业堂外，同在苏州的书坊大业堂也刊刻过《礼记省度》。《礼记省度》版权页上印有"嘉庆丁卯年（嘉庆十二年，1807）春镌，金阊大业堂藏板"，使用了朱墨套印。既然书业堂也只是重刊，那么就不能用彭氏的序言来确定刊刻时间。大业堂的刊刻时间是嘉庆十二年（1807），书业堂的刊刻时间应该是乾隆年间。

书业堂的兴盛期是在乾隆年间，重刻的《芥子园画传》是其刻书的精品。《芥子园画传三集》总目后有"乾隆壬寅（四十七年，1782）仲春月金阊书业堂重镌珍藏"字样。其中，《草虫花卉谱》前有刻书识语云："前编兰竹梅菊四种皆属书本装钉，以两页合而成图，耐于翻阅，未免交缝处与笔墨有间断，兹《花》《卉》二谱页粘成册，不独图中虫鸟无损全形，抑且案上展披，同乎册页，其中摹仿渲染，传之梨枣，不失精微，非大费苦

---

[1]（清）彭颐撰：《重刊礼记省度》"自序"，清金阊书业堂刻本，第4a页。
[2]（清）彭颐撰：《重刊礼记省度》"凡例"，清金阊书业堂刻本，第2b页。

心，何以臻此。……镌印诸工，必谋善手，此册公之赏玩，自不宜作刻本观，更不宜仅作画谱观也。"[1]《芥子园画传三集》的版权页上印有"宇内诸名家合订""金阊书业堂镌藏"。前有"书业主人识"云："前编既经镌刊，以公同好，案头展玩，诸体渐备。惟《草虫》《翎毛》，另汇一编，爰又续刊是集，详加考究，镌印皆由名手钩勒，无损全神。……虽属刻本，自饶生机。"[2]《翎毛花卉谱》前有"此集创始于壬戌（乾隆七年，1742），告成于辛巳（乾隆二十六年，1761），历二十年方得梓传宇内"[3]。书业堂追求的是超越刻本和画谱，因此，极为重视刊刻、印刷、装帧，甚至不惜成本。

《芥子园画传二集》的版权页上印有"宇内诸名家合订，金陵文光堂镌藏"。卷前有"文光主人识"云："兹因《画传二集》岁久糢糊，神韵尽掩，本堂购求初印原谱，不惜工本，重付枣梨。"[4]此书另一版本的版权页上印有"金阊文渊堂镌藏"，其识语与文光主人识语相同，只不过署名改为"文渊主人识"，而最初刊刻者书业堂本则署的是"书业主人识"。三种版本的卷末都有"乾隆壬寅（乾隆四十七年，1782）仲春月金阊书业堂重镌珍藏"字样，可见虽然此书是书业堂刊刻的，实际上却是文光堂、文渊堂等苏州、南京的书坊印刷的。书业堂出版的套印本还有《青在堂菊谱》《才调集》。[5]

道光十六年（1836），苏州的脣德堂刊刻了《昌黎先生诗集注》，是朱墨套印出版的。早在康熙三十九年（1700），顾嗣立的秀野草堂就刊刻了《昌黎先生诗集注》，但并不是套印的。脣德堂使用套印技术重新出版可谓是一种技艺创新。脣德堂刻本《昌黎先生诗集注》，扉页镌有"秀野堂本，脣德堂重刊"，版心下镌有"脣德堂重刊顾氏本"。[6]吴廷榕是这次刊刻的主持者，道光二十五年（1845）张苟跋云："吾师相国穆公囊岁以是编邮

---

[1]（明）王概辑摹：《芥子园画传》，乾隆年间书业堂刻本，卷首。
[2]（明）王概辑摹：《芥子园画传》，乾隆年间书业堂刻本，卷首。
[3]（明）王概辑摹：《翎毛花卉谱》，《芥子园画传》，乾隆年间书业堂刻本，卷首。
[4]（明）王概辑摹：《芥子园画传》，清文光堂刻本，卷首。
[5] 版权页有"虞山二冯先生阅定，宋本校刊，金阊书业堂梓行"字样，版心下有"垂云堂"字样。
[6]（清）顾嗣立删补，（清）何焯评：《昌黎先生诗集注》，道光十六年（1836）脣德堂刻本，扉页。

寄吴中付梓,泰州牧吴君廷榕实董其事。"[1]可见这是穆彰阿寄到苏州刊刻的,也说明当时苏州在套印技术方面具有一定的影响力。道光十六年(1836)穆彰阿跋语云:"爰乃发彼兰函,锓之枣木。丹铅勘异,脱讹兼订之他书;朱墨标新,题品俨符夫古史。浏览者易窥其趣,寻绎者无害其辞。"[2]膺德堂采用朱墨套印的方式,主要针对的是朱彝尊和何焯的评语。其中,在行间的朱色文字为朱彝尊评语,在天头的墨色文字为何焯评语。根据穆彰阿的跋语,这种朱墨套印方式极大地方便了读者的阅读。张芾在吴廷榕物故后赎归板片,"庋藏官所(注:指的是江阴使署),以广流传"[3],道光二十五年(1845),张芾在江阴使署重新印刷了膺德堂刻本。

道光十六年(1836)膺德堂刻本　　　道光十六年(1836)膺德堂刻本
《昌黎先生诗集注》书影(初印)　　《昌黎先生诗集注》书影(后印)

清末苏州经鉏堂刊刻的《临证指南医案》,采用了朱墨套印的形式印刷。光绪五年(1879),元和邱瑞麟刊刻的《十竹斋书画谱》亦使用了套印技术。根据其题识,"原板岁久糢糊,向惟芥子园主人曾经翻刻流传,至今

---

[1] (清)顾嗣立删补,(清)何焯评:《昌黎先生诗集注》卷末"昌黎诗集注跋",道光十六年(1836)膺德堂刻本,第2a页。
[2] (清)顾嗣立删补,(清)何焯评:《昌黎先生诗集注》卷末"昌黎诗集注跋",道光十六年(1836)膺德堂刻本,第1b页。
[3] (清)顾嗣立删补,(清)何焯评:《昌黎先生诗集注》卷末"昌黎诗集注跋",道光十六年(1836)膺德堂刻本,第2a页。

板复漫漶，神韵尽失，深为惜之，兹幸购得原谱，重加考订，付诸剞劂，以公同好，非敢谓突过前人，俾仍存庐山真面云尔。时维光绪己卯（五年，1879）夏至日，元和邱瑞麟玉符甫谨识"，内封有"海阳胡曰从摹古，江宁张学耕重校"字样。[1]重刻的原因是原板漫漶，"重加考订"说明邱氏在刊刻时进行了修订。

三、钤印

  钤印本作为一种特殊的版本，同样值得关注。清代苏州从事篆刻的士人较多，故而钤印本也比较兴盛。根据史料，清代苏州出版的钤印本有《澄怀堂印谱》《梦盦印录》《杏耕楼印谱》《名山堂印谱》《能尔斋印谱》《陶春馆印谱》《陶斋印谱》《古味花印谱》《希古阁印谱》《学古堂印谱》《印谱今集》《印谱古集》《雪舟印谱》《清承堂印谱》《铜鼓斋印谱》等。

  印谱一般采用刊刻加钤印的形式。钤印与雕版印刷相辅相成，这种关系更为典型地体现在康熙年间吕显标钤印本《立雪斋印谱》上，吕显标跋云："庚辰（康熙三十九年，1700）岁，吾师授经于南濠顾氏，标获从游焉。读书之暇，好论许慎、徐铉之学，手摹汉官私印甚夥。每一印成，标即藏弄之。今年夏，发箧检视，得数百矣，乃请于吾师，集成四卷，雕版行世……刻是籍竣，识数语于卷末，以见宗仰吾师之意如此。"[2]此本有扉页，刻"印谱。长洲程受尼摹。立雪斋珍藏"字样。每卷之末刻"长洲邵几深研氏书"字样。[3]尽管吕显标在跋语中称"雕版"，仍然著录为钤印本，最主要的原因是除了边框、文字等采用雕版印刷外，印章仍然采用了钤印的方式。除此之外，吴县许兆熊在嘉庆、道光年间出版了《池上印稿》，版框外有"池上草堂"字样。其边框和书名等内容采用了刊刻的形式，每页所钤各印用刊刻的线条分隔。道光年间《小石山房印谱》的刊刻难度较之更为复杂，除了划分区域外，还刊刻了释文。又如光绪年间钤印本《行素堂集古印存》，书口边印有"行素堂集古印存"字样，书口下刻

---

[1]（明）胡正言辑：《十竹斋书画谱》，光绪五年（1879）邱瑞麟刻本，卷首。
[2] 沈津主编：《美国哈佛大学哈佛燕京图书馆藏中文善本书志》3，广西师范大学出版社2011年版，第1051页。
[3] 沈津主编：《美国哈佛大学哈佛燕京图书馆藏中文善本书志》3，广西师范大学出版社2011年版，第1051页。

"古蕉书屋"字样。[1]苏州出版的比较有名的钤印本还有《潊园秦汉印谱》,其版框采用了极富特色的设计,使用淡绿色印刷,版心镌有"潊园秦汉印谱,元和杨氏藏"[2]。

嘉庆、道光年间钤印本　　　道光年间钤印本　　　　光绪年间钤印本
《池上印稿》书影　　　《小石山房印谱》书影　　《潊园秦汉印谱》书影

其他比较有特色的钤印本还有《爱日楼印语》等,它的特色主要体现在内容的特殊上。《颍川陈氏近谱》中有《爱日楼印语序》云:"韫山复采选《何氏语林》句若干委镌,汇为一集,颜曰《印语》。"[3]《爱日楼印语》所汇集的内容出自《何氏语林》。另外,还有《阴骘文印谱》,以《阴骘文》为刻印内容。潘鹤《阴骘文印谱序》云:"辛卯(乾隆三十六年,1771)冬,陈君澳清偕其弟越琨、辑庭、朗夫,以杜子所作朱白文见示,其古质处已窥橅炎刘,留意八体者竞赏之。石共六十四方,段刻《阴骘》全文。"[4]根据《(嘉庆)黎里志》记载,"陈昌錞字钟若,号稚仲,司理燮孙,工诗善书,喜画墨梅,颇饶逸致,尤工铁笔,尝刻《阴骘文印谱》,为同邑杨聋石所称赏,著有《真意斋诗》"[5]。又如,陈煌"镌刓

---

[1] 沈津主编:《美国哈佛大学哈佛燕京图书馆藏中文善本书志》3,广西师范大学出版社2011年版,第1065页。
[2] (清)元和杨氏藏:《潊园秦汉印谱》,光绪年间钤印本,版心。
[3] (清)陈堵琛纂修:《颍川陈氏近谱》第四册"序",嘉庆七年(1802)禊湖书院刻本,第6a页。
[4] (清)潘鹤《阴骘文印谱序》。[(清)徐达源纂:《(嘉庆)黎里志》卷十六,嘉庆十年(1805)吴江徐达源孚远堂刻本,第23a页。]
[5] (清)蔡丙圻纂:《(光绪)黎里续志》,光绪二十五年(1899)禊湖书院刻本,第3b页。

朱白文印，亦迥异恒流，有《离骚》《香奁》印谱二匣，好事者以重值售去后，忽铲去其文，识者惜之"[1]。其他将印章组合成文本的还有《小石山房印谱》，《小石山房印谱序》云："若夫为古成语，为诗散句，不知起自何时。文国博、何山人诸人每喜为之。今数家并有流传之作，得者宝焉。石墩顾氏兰江、养之昆仲尤好事，所藏奔亦多，暇日集为数卷。"[2]

四、插图

插图一般集中出现在戏曲、小说中。在插图的运用上，苏州的书业堂可谓是清代书坊中的代表。明代带有插图的板片到了清代还可以印刷。明万历年间刻乾隆二十六年（1761）吴郡书业堂递修本《玉茗堂四种传奇》，封面上印有"新编绣像还魂记，吴郡书业堂梓行"[3]，其中的插图精美

明万历年间刻乾隆二十六年（1761）吴郡书业堂递修本《玉茗堂四种传奇》插图

---

[1]（清）杨无咎撰：《杨仲子小宛集》"续"《陈典籍家传》，康熙六十年（1721）刻本，第3b页。
[2]（清）赵允怀撰：《小松石斋文集》卷一《小石山房印谱序》，光绪十五年（1889）重刻本，第14b页。
[3] 俞冰：《齐如山百舍斋藏善本知见录：全二册》（上），国家图书馆出版社2017年版，第88页。

生动。尽管板片是明万历年间刊刻的，但是在印行的时候还是替换成"金阊书业堂梓行"，让读者以为这是书业堂重新刊刻的。在插图的设计上，《玉茗堂四种传奇》采用了将插图集中在每部书前的做法，对每折的情节进行了绘制。

  清代苏州出版的小说普遍有插图，这些插图可以吸引读者阅读。康熙年间四雪草堂刻本《新刻钟伯敬先生批评封神演义》，有插图五十页。清吴郡宝翰楼刻本《今古奇观》，又题"喻世明言二刻"，有插图四十页。同治五年（1866）姑苏琳琅阁出版的《绣像三国志演义》也是插图本。由此可见，插图在这一时期出版的小说中占了很大的比重。

  清初使用插图较多的书坊当属苏州的贯华堂，尤其是其出版的金圣叹评点的"才子书"系列。贯华堂"才子书"系列在书坊中流传甚广，由此而产生的便是对"才子书"的翻刻，其中涉及对插图的翻刻。贯华堂被翻刻比较多的，如清初贯华堂写刻本《贯华堂注释第六才子书》，就涉及对插图的翻刻。其他书坊在翻刻的时候基本保留了贯华堂的名义，比较有名的翻刻有：清四美堂刻本《贯华堂第六才子书》，封面上印有"绣像真本，金圣叹先生批点，贯华堂第六才子书，四美堂梓"[1]，其中有插图二十二幅；乾隆十五年（1750）古吴三多斋刻本《贯华堂第六才子书》，封面上印有"绣像第六才子书，圣叹先生评点，古吴三多斋梓，乾隆十五年新镌"，卷前有图十一幅，题"明伯虎唐寅写"；清金谷园印本《贯华堂第六才子书》，扉页上印有"绘像真本""金圣叹先生批点""金谷园藏板"[2]。三多斋是苏州的书坊，而四美堂、金谷园则并不清楚是哪里的书坊。

  清代苏州的其他戏曲、小说中也有插图，如《红楼梦散套》。再如，钱书的《雅趣藏书》中也有一定数量的插图，如"墙角联吟""僧房假寓""佛殿奇逢""莺莺听琴"等，插图中都有朱色印章。这种朱色印章在书中其他文字部分也随处可见，如卷端有"幽兰气味""龙马精神"印章等。

  除了戏曲、小说外，佛经、道经中也偶有插图，比较有代表性的当属光绪年间刊刻的《佛祖统系道景》。根据卷末谢济雍的跋，这部书中的七十

---

[1] 俞冰：《齐如山百舍斋藏善本知见录：全二册》（下），国家图书馆出版社2017年版，第391页。

[2] （元）王德信撰，（元）关汉卿撰，（清）金人瑞评：《贯华堂第六才子书》，清金谷园印本，扉页。

光绪年间刻本《红楼梦散套》书影

多幅图像是由阳湖人谢济雍"勾刻"的,而谢氏是刻字店谢文翰斋的主人,跋语中提及"丁卯(同治六年,1867)春刊舆图于省局","省局"指的应该是江苏官书局,由此可知谢氏精于刊刻图像,在苏州谋生,曾经与官方机构合作。道书中带插图的有康熙年间刊刻的《性命圭旨》,清人李朴认为虽然"玄宗书汗牛充栋",但是"独未见图论"[1],而此书带有多幅插图,为修行提供了指引。

五、版式设计

1. 圈点

在举业书的设计上,书坊可谓煞费苦心,由此产生的就是刊刻技艺的创新。这种创新主要体现在圈点、版式等方便读者阅读的设计上。科举的存在导致举业书的销量较其他书籍都大,所以书坊对举业书格外重视,在版面的设计上采用了朱墨套印的方式,增加批注和圈点以求醒目。圈点在举业书中是比较常见的。康熙年间,长洲人汪份刊刻了《增订四书大全》,版心下镌有"遁喜斋读本"[2]。"读本"二字说明书籍的来源和功用。这部书

---

[1](清)李朴《性命圭旨序》。(汪登伟校注:《性命圭旨校注》,中华书局2022年版,第343页。)

[2]张宝三:《美国芝加哥大学图书馆藏中文古籍善本书志·经部》(下),国家图书馆出版社2020年版,第620页。

的刊刻借鉴了书坊的做法："照近时坊本书名四旁加长圈以别之。"[1]咸丰九年（1859）刊刻的《搭题易读》的版权页上有"咸丰九年（1859）春新镌""洛阳史鉴子衡氏辑""朱批红圈""异香斋藏板""翻刻必究"字样。[2]其中，与刊刻技艺有关的是"朱批红圈"，这说明除了套印技术外，此书还有圈点和评点的刊刻。

对圈点进行细致划分的当属《古唐诗合解》，它是苏州的特色出版物，其作者是长洲人王尧衢。王氏在"凡例"中说明了书中圈点等的运用原则，包括"惟古诗，板心标一古字以别之"，"诗中句读分明，阅者易于醒目。今观体格兼胜、深入题奥者，用密圈；词气清新、景物流丽者，用密点；其有字关题眼，或旁挑反击，前后呼应，神情在虚字者，俱用单点点出"。[3]这里分别说明了密圈、密点、单点的使用原则。将不同类型的圈点落实到刊刻中就会发现，这些圈点对于刊刻者有一定的技术要求。《古唐诗合解》在清代传播广泛，嘉庆九年（1804）金阊函三堂刻本没有舍弃圈点的形式，而道光六年（1826）扫叶山房刻本、道光二十一年（1841）苏州桐石山房刻本、光绪十一年（1885）上海扫叶山房刻本都舍弃了圈点。

活字本中也有圈点，清末锡山文苑阁活字本《希郑堂四书文》，行间有圈点，使用了"〇"和"、"两种符号，文字之间的间距变大，用来摆放圈点的字模。这种活字本使用圈点的方式在光绪年间毛上珍活字印本《古今经世策论举隅》中也有所应用，但该书仅使用了"〇"的符号。

2. 两节板、三节板

两节板并不是清代苏州书坊的创造，只是在清代的苏州得到了大规模的应用。这种形式主要在刊刻举业书、童蒙类读物时使用。咸丰年间，苏州会文堂刊刻了《诗经精华》《易经精华》，这两部书采用的就是两节板的刊刻形式。光绪年间扫叶山房出版的《注千家诗》、苏州书坊和兴堂刊刻的《重订千家诗韵对合刻》、姑苏书林出版的《法家惊天雷》，都采用了两节板的刊刻形式。两节板在雕版中的运用充分考虑到了读者的阅读需求，读者在阅读的时候可以循环读诵，古人称之为"循诵"。催生这种技术需求的

---

[1] 张宝三：《美国芝加哥大学图书馆藏中文古籍善本书志·经部》（下），国家图书馆出版社2020年版，第623页。
[2] （清）史鉴辑：《搭题易读》，咸丰九年（1859）刻本，扉页。
[3] （清）王尧衢撰：《古唐诗合解》"凡例"，雍正年间刻本，第1a—1b页。

正是科举考试。采用两节板形式书籍的上、下部分形成互相注释的关系，如咸丰六年（1856）金阊绿荫堂出版的《诗经娜嬛体注大全》采用了两节板的形式，上方是"四书引诗字韵异同辨"，起到了辅助理解的作用。

除了两节板外，还有三节板。同治八年（1869），苏州世经堂出版了《四书补注附考备旨》，为了方便读者阅读，采用了三节板的印刷方式。从上至下按照人物典故、备旨、补注的顺序排列，大约按照1：2：6的比例分配，其目的是便于初学阅读。同治十二年（1873），苏州善成堂出版了《铜板诗韵合璧》，采用了三节板的刊刻方式，前有序言云："因加刊于《词林典故》之上层，是编分为三幅，荟萃群书，有广收博采之益矣，无左顾右盼之劳。"[1]"例言"中亦提及："是书三幅，原本卷帙繁多，寒士难为遍购，舟车不便尽带，且因一字一典而考核群编，殊为学者未便，兹缘合辑，以备研稽，简而该也。"[2]因此，采用三节板的形式印刷是为了节省篇幅、降低成本，以便携带和购买，这充分考虑到了读者的阅读感受和经济状况。

刊刻中的版面安排方式还有滚刻，它在方志刊刻中较为常见。但滚刻也有弊端，如光绪十三年（1887）严辰在《桐乡县志》"凡例"中说："各处府州县志刊板之式，各门蝉联而下，不留余地，无可续补，名曰滚刻。……故此次新刊《桐志》，各门皆不联属，以便补续。"[3]《桐乡县志》是由苏州刻工刊刻的，严辰指出了滚刻的缺点是不便续补，故而改变了此前方志的版式，使各门不再联属，便于后续增补。

六、修板技艺

修板是雕版印刷中的一门特殊技艺。有的板片因历经的时间比较长而需要修板，明代的板片到了清代会经过补板后重新印刷，如崇祯年间常熟毛氏汲古阁刻清代修补印本《六十种曲》，断板情况较多，修版、补刻之页也不少。[4]其初印本没有总名称，在扉页上题"绣刻演剧十本"或"绣刻

---

[1]（清）余照辑：《铜板诗韵合璧》"序"，同治年间苏州善成堂刻本，第3b页。
[2]（清）余照辑：《铜板诗韵合璧》"例言"，同治年间苏州善成堂刻本，第1b页。
[3]（清）严辰纂：《桐乡县志》"凡例"，光绪十三年（1887）刻本，第15a–15b页。
[4] 马月华编著：《美国斯坦福大学图书馆藏中文古籍善本书志》，广西师范大学出版社2013年版，第206页。

某某记定本",康熙年间重印时,六套同时出齐[1],封面题"汲古阁订正,六十种曲,本衙藏板"[2]。

乾嘉年间,镇洋毕氏刻《续资治通鉴》,嘉庆六年(1801)桐乡冯集梧补刻,冯氏序云:"集梧于去岁买得原稿全部及不全板片,惜其未底于成,乃为补刻百十七卷,而二百二十卷之书居然完好。"[3]同治八年(1869),江苏官书局又重修板片印刷。[4]这部书的印刷从乾嘉年间一直到了同治年间,至少经过两次修板。

有的修板主要是进行增补,康熙五十年(1711)毛扆刻《西陂类稿》,卷末镌"常熟门人毛扆、侄孙怀金、外孙高岑校梓"[5]。康熙年间,宋至等又对其进行了增补。又如《小石山房丛书》,叶裕仁《石墩顾氏丛书后序》云:"(注:顾湘)尤嗜搜罗未刻之书,道光中刊有《小石山房丛书》四十余种。……兵燹而往,版毁十之一,原序亦失之。今翠岚之子崇福兄弟将补刊行于世。"[6]同治十一年(1872),潘欲仁《重刊九数通考引》云:"求者日众,而印本罕存。其从元孙承干,访诸穷乡僻壤,得其版十五六,而补刊其所阙,以存手泽,以应求者。"[7]嘉庆十七年(1812),王徐庠跋《嘉树山房集》云:"遭劫后,其文集与续集版片独存,惟外集缺若干页。先生曾孙绍声、绍曾爰为补刊,完竣,重复印行。"[8]这种补刊基本要遵循原先书板的样式进行刊刻。

修板中比较特别的是影刻补板,如道光年间吴学圃刊刻的《段氏说文注订》,遗憾的是后来板片散佚了。金兰跋云:"乙丑(同治四年,1865)冬,偶过射渎,乡人有抱椠求售者,视之乃先生所著《段氏说文注订》也。购归排勘,残缺孔多,旋于友人处假得初印本景钞补刊,用广流布。"[9]这

---

[1] 白撞雨:《翕居读书录》(二),石油工业出版社2009年版,第361页。
[2] 俞冰:《齐如山百舍斋藏善本知见录:全二册》(上),国家图书馆出版社2017年版,第78页。
[3] (清)毕沅撰:《续资治通鉴》"引",乾隆至嘉庆年间镇洋毕氏刻嘉庆六年(1801)冯集梧补刻本,第1b页。
[4] 谢冬荣编著:《文津识小录》,国家图书馆出版社2016年版,第157页。
[5] 马月华编著:《美国斯坦福大学图书馆藏中文古籍善本书志》,广西师范大学出版社2013年版,第180页。
[6] (清)叶裕仁撰:《归盦文稿》卷一,光绪八年(1882)刻本,第39a页。
[7] (清)屈曾发辑:《九数通考》卷首《重刊九数通考引》,清刻本,第1b页。
[8] (清)张士元撰:《嘉树山房集》"跋",嘉庆二十四年(1819)震泽张氏刻本,第1a页。
[9] (清)钮树玉撰:《段氏说文注订》"跋",道光年间吴学圃刻本,第1a页。

次修板比较特别，修板者借到了初印本，为了与原先书板保持统一，故而采用影抄的形式补刻。修补的痕迹体现为其中墨色较重、略显模糊的部分。

有的修补活动则说得比较隐晦，具体进行了哪些工作并不清楚。《宋范文正忠宣二公全集》识语云："道光十年（1830）五月七日，忠宣房裔孙玉琨自徐州来吴郡，瞻拜先祠，重加校阅。"[1]范玉琨之所以能够接近板片，是因为他属于范氏族人。范玉琨修补的是康熙年间范时崇刻本。范玉琨只提到了"校阅"，很有可能是仅对板片进行了整理。

修板的机缘很多时候是出于同乡的身份和为了乡邦文献的保存。明代昆山学者张大复的《梅花草堂集》是在崇祯年间刊刻的，到了雍正二年（1724），同是昆山人的汪中鹏对其进行了修板，故而卷端有"吴郡张大复著，后学汪中鹏补订"[2]字样。根据《（同治）苏州府志》所记载的汪中鹏的生平，他是一位热心于地方公益事业的人，"邑中善举，随所见闻，必竭力助成，孜孜不倦"[3]。因此，汪氏修订书板很有可能是将其作为地方公益事业来对待的。

修补者有的和作者是师友的关系，如康熙年间二弃草堂刻乾隆二十八年（1763）修补印本《己畦诗集》，是叶燮弟子沈德潜补刻的。沈德潜在《补刻己畦先生诗序》中说："旧时锓版，阅岁既久，渐多遗失，存者间有字画磨灭。今曾孙昭九、元孙叔蕃，访求原本，重为补刻，而先生诗集，焕然聿新。"[4]卷首的《重修参校姓氏》中罗列的参与人数多达28人。尽管重新修补后的诗集尚有一些漫漶之处，但是补刻者在补刻时严格按照了原书的格式、字体刊刻。又如徐氏文艺斋在光绪十六年（1890）刊刻了《五亩园小志》，民国十三年（1924）夏，昆山王德森在跋语中说："（注：同学诸子）遂索书板于先生故第，漫漶不堪收拾者十之七八，而是书之板只缺二十有四片，正叔（注：谢家福从孙）与诸君子集资补刊，以印行之。"[5]王德森与刊刻者谢家福也是师友的关系。

[1] （宋）范仲淹、范纯仁撰：《宋范文正忠宣二公全集》，道光十年（1830）岁寒堂刻本，扉页。
[2] （清）张大复撰：《梅花草堂集》，雍正二年（1724）汪中鹏修补本，卷端。
[3] （清）李铭皖修，（清）冯桂芬纂：《（同治）苏州府志》卷九十六，光绪九年（1883）江苏书局刻本，第16b页。
[4] （清）叶燮撰：《己畦诗集》"补刻己畦先生诗序"，乾隆二十八年（1763）修补重刻本，第2a-2b页。
[5] （清）凌泗撰，（清）谢家福辑：《五亩园小志题咏合刻》"书后"，民国十三年（1924）王德森修补本，第1a-1b页。

第四节　石印与铅印

一、石印

1. 书坊转型

光绪年间，石印技术的应用已经相当普遍，汪之昌在诗歌中说："传本麻沙盛（坊间多石印），游踪秉烛勤。"[1]苏州的振新书社富有开拓精神，对新的技术持开放的态度，在清末的苏州较早使用了石印技术。早在光绪十九年（1893），振新书社就应用石印技术出版了《清仪阁题跋》，这时使用的是石印中的影印技术。值得注意的是，振新书社石印的正是光绪十九年（1893）钱塘丁氏刻本。两者在同一年先后出版，这也证明了使用石印技术的出版速度之快。振新书社影印的一大特色便是对吴大澂著作的出版。[2]其影印出版了吴大澂的《说文古籀补》《吴篆论语》。

除了影印外，振新书社还石印了一些书籍。光绪年间，振新书社石印了《瓶水斋诗话》。[3]光绪三十四年（1908），振新书社石印了《六也曲谱初集》，采用了袖珍本写印的形式，版权页有"翻刻必究""光绪三十四年（1908）属苏州振新书社刊印""二集续出"字样，版心下有"怡庵主人

---

[1]（清）汪之昌撰：《青学斋集》卷三五《寓坐陆续成五律六首》，民国二十年（1931）新阳汪氏刻本，第16b页。

[2] 振新书社在民国七年（1918）出版的《吴大澂字说》，版权页有"原本影印，苏州振新书社发行"字样，有牌记"苏州振新书社影印"。实际上，这只是振新书社出版的"精印吴大澂墨迹二十种"的其中一种。通过振新书社影印的《吴大澂字说》版权页所附录的一份"苏州振新书社精印家藏善本书目"，可以发现振新书社的影印本还有《唐人小集》《中兴间气集》《白氏讽谏集》。

[3] 版权页有"苏州振新书社印行"字样。

制"字样。[1]这是编者张芬交给振新书社出版的。《清仪阁题跋》《六也曲谱初集》算是振新书社在清末对于石印技术的实践代表。民国年间，振新书社逐渐舍弃了传统的刊刻方式，开始大规模以石印技术出版书籍。从民国八年（1919）振新书社印刷的《说文古籀补》的版权页来看，振新书社采用了木版和石印相结合的出版技术，即一部书有木版和石印两种版本，如《缪篆分韵》《汉隶字源》。但是，振新书社石印的书籍未必全都是由其印刷的，根据民国八年（1919）振新书社出版的《篆文孝经》的版权页，此书在民国二年（1913）初版，印刷者为上海天南书局，总发行所才是振新书社。

除了振新书社外，清末苏州使用石印技术的还有文瑞楼。光绪二十年（1894），文瑞楼石印了《中外舆地汇钞》，这与振新书社使用石印技术在时间上相近。使用石印技术出版的书籍范围逐渐扩大，如苏州唐芸洲的《中外戏法图说》，其版权页有牌记"光绪乙未（二十一年，1895）夏石印，姑苏桃花仙馆臧本"[2]。这部书的出版，采用了石印中的影印技术。石印技术还用来出版新学书籍，如光绪二十九年（1903），苏州的困学书社石印了《东洋古今全史纪传》。

扫叶山房在清末也开始了印刷方式的转变，广泛使用石印技术。从现存的扫叶山房出版的书籍来看，扫叶山房石印本《小山诗余》是"宣统元年（1909）王乃昌石印本"，可见这是王乃昌找扫叶山房石印的。宣统三年（1911），扫叶山房又采用石印技术印刷了《宋七家词选》，此书有牌记"宣统三年（1911）石印""扫叶山房"，版心有"扫叶山房石印"字样。[3]后来扫叶山房逐渐改用石印技术出版书籍。

2. 学者与石印

苏州是清末较早接受石印技术的城市之一。根据潘钟瑞的日记，光绪十三年（1887），"沪上欲开机器书局，主其事者皆苏人"[4]。光绪十四年（1888），"饭后，吴吟摩来，出鸿文书局招股分印《守山阁丛书》样本，

---

[1]（清）张余苏校订：《六也曲谱初集》，光绪三十四年（1908）振新书社石印本，扉页、版心。
[2]（清）唐再丰撰：《中外戏法图说》，光绪二十一年（1895）石印本，扉页。
[3]（清）戈载编：《宋七家词选》，宣统三年（1911）扫叶山房石印本，扉页、版心。
[4]（清）潘钟瑞著，尧育飞整理：《潘钟瑞日记》（上），凤凰出版社2019年版，第433页。

因谈石印书籍之事,工省而价廉"[1]。尽管最早是在上海开办的机器书局,但是从主办者的身份都是苏州人及潘钟瑞对于石印书籍"工省而价廉"的评价可以看出,当时苏州对于石印技术已普遍接受。另外,常熟地区对于石印技术的接受程度,可以从徐兆玮的日记中看出,其中多有石印书籍的记载,如:"《稗史》精抄石印,甚是,但须先刊一精致之板式耳。"[2]

此外,由于石印中的影印技术可以复制原书,一些苏州学者采用影印技术保存书籍的原貌。光绪二十八年(1902)九月,蔡桐珍影印了其祖蔡复午的《西碛山房诗录》,卷端题"吴县蔡复午中来著,孙桐珍石印"[3],而卷端署名中出现"石印"一词还是比较特别的。蔡桐珍还设计了牌记"道光十二年(1832)五月男成辂谨刊于四川成都省城之寓庐,光绪二十八年(1902)九月孙桐珍石印原本"[4]。

江标和陆润庠也是石印技术的使用者。江标在光绪十四年(1888)以"元和师郦室"的名义石印了《鹤缘词》《红蕉词》;陆润庠在光绪二十三年(1897)石印了《元史译文证补》。除此之外,光绪二十三年(1897),元和胡祥鏻石印了《渐学庐丛书·第一集》,吴县的汪钟霖石印了《蒙学丛书》,版心下有"吴县汪氏校印"[5]字样。这些书籍都是由学者主持出版的,在实际操作中使用石印技术的并不是他们,但代表了他们对石印技术的认可。而且,光绪二十三年(1897)对于苏州的石印技术应用来说是一个特殊的年份,陆润庠、胡祥鏻、汪钟霖都在这一年使用石印技术出版了学术著作。此后,石印书籍渐成风气。光绪三十四年(1908),吴县蒋斧影印了《唐写本广韵残卷》;宣统三年(1911),吴县王仁俊影印了《唐写本开元律疏名例卷》。

最有代表性的学者是管斯骏,其一般采用刊刻的形式出版书籍。光绪十年(1884)管氏刊刻的《管注秋水轩尺牍》,版权页上印有"光绪十年(1884)七月苏城平江路管家园管氏刊印",版心下有"管可寿斋"字样,

---

[1] (清)潘钟瑞著,尧育飞整理:《潘钟瑞日记》(下),凤凰出版社2019年版,第520页。
[2] 徐兆玮著,李向东等标点:《徐兆玮日记》(二),黄山书社2013年版,第1054页。
[3] (清)蔡复午撰:《西碛山房诗录》卷上,光绪二十八年(1902)石印本,第1a页。
[4] (清)蔡复午撰:《西碛山房诗录》,光绪二十八年(1902)石印本,扉页。
[5] (清)汪钟霖编:《蒙学丛书》,光绪二十三年(1897)石印本,版心。

卷端题"吴县管斯骏秋初补注"。[1]其在光绪年间出版的《详图细解算学实在易》采用了石印技术，版心下有"管可寿斋"字样。管氏可能觉得新学书籍更适合用最新的石印技术印刷。[2]管斯骏采用石印技术的源起，可溯至管氏在光绪十年（1884）刊刻的《悼红吟》，版权页上印有"光绪十年（1884）七月苏城平江路管家园管氏开雕"，版心下有"管可寿斋"字样。[3]这是一部诗文总集，版权页另有识语云："是集系汇录海内诸君子邮赐之作，然洪乔善误，遗失恐多，兼有吟成未寄者，谅亦不少，万祈再录一通，速寄上海四马路文宜书局收交，当再续刊入集，以酬见爱之心也。此启。"[4]值得注意的是，管氏收信的地址并不是苏州，而是上海专门以石印技术出版书籍的文宜书局。由此可见，管氏欲出后集时已经不打算用雕版印刷，而想要采用石印；或者是由于《悼红吟》本身就是文宜书局刊刻的，故而直接邮寄到上海。清末苏州石印技术对于上海的依赖，主要表现为当时有些书籍是拿到上海印刷的。光绪年间石印本《古缘萃录》有牌记"澄兰主人辑录，付上海鸿文书局石印"[5]。位于苏州萧家巷的华英养正书馆编纂的《音注华英蒙学图说》，即在光绪二十七年（1901）由上海的顺成书局石印。

清末民国时期苏州的石印本书籍还有光绪十四年（1888）至十五年（1889）苏城府西吏库陆宅诗中有画馆石印本《石头记画谱》、光绪十九年（1893）苏城内玛瑙经房石印本《阴骘文图证》、民国六年（1917）苏州上艺斋石印本《朱柏庐先生治家格言》、民国六年（1917）苏州宫巷笪锦和纸号石印本《叶侍讲公哀挽汇录》。

二、铅印

根据俞樾的日记，同治八年（1869），"阅定望课卷"，课题中有"用西

---

[1]（清）许思湄撰，（清）娄世瑞注释，（清）管斯骏补注：《管注秋水轩尺牍》，光绪十年（1884）刻本，扉页、版心、卷端。
[2] 管斯骏和石印技术有所关联，光绪二十八年（1902）梦孔山房石印本《西学雕龙》题"吴县管斯骏秋初甫编辑"。
[3]（清）管斯骏撰：《悼红吟》，光绪十年（1884）刻本，扉页。
[4]（清）管斯骏撰：《悼红吟》，光绪十年（1884）刻本，扉页。
[5]（清）邵松年辑：《古缘萃录》，光绪三十年（1904）上海鸿文书局石印本，扉页。

法制造活字版议"[1]，可见同治年间苏州地区就已经兴起了对西方铅活字排印技术的讨论。

苏州地区早期的铅字印刷品，可以追溯到光绪十四年（1888）在苏州铅印的《新约全书》。这是现在所知的苏州较早的铅字印刷品，也可用来证明最开始铅印技术在苏州的使用可能与传教有关。其具体的印刷者已经不得而知，但可以确定的是最晚在光绪十四年（1888），苏州地区已经使用了铅印技术。[2]光绪十五年（1889），扫叶山房铅印了《小题才子文》。从时间上看，扫叶山房是苏州较早使用铅印技术的书坊。光绪二十七年（1901），苏州元邑小学堂铅印了《蒙学丛书初集》。这部书的版权页上印有"岁次辛丑（光绪二十八年，1902），苏州元邑小学堂刊行""翻刻必究"[3]。尽管这是一部铅印本，但采用了"刊行"的表述，说明当时对于铅印技术的表述还比较模糊。元邑小学堂只是编纂者，承担印刷工作的应该另有其人。[4]光绪二十八年（1902），苏州励学译社铅印了《万国地理统纪》。这是一部新学书籍，但并不清楚是由何人印刷的。宣统元年（1909），吴县铅印了《钱氏世系考》。在光绪年间便使用铅字排印书籍，透露出这一时期的苏州出版业开始逐渐摒弃传统的雕版印刷，采用铅字印刷。

铅活字在苏州逐渐普及的同时也出现了一些新兴的铅字排印者，如清末出版的《良方》，版心下有"苏城东中市红桥高义囗代印"[5]字样。这些新兴的出版机构一开始就使用了铅字印刷，一般使用"代印"的标记为出版者印刷书籍。萃成祥是这些新兴的出版机构中比较有名的，根据《吴

---

[1]（清）俞樾著，孙炜整理：《春在堂日记：曲园日记》，凤凰出版社2021年版，第115页。

[2] 再往前追溯，苏州人王彀编纂的《彀园丛书》在光绪六年（1880）至九年（1883）以铅印本的形式出版，其中的《蘅华馆诗录》版权页有"庚辰（光绪六年，1880）仲夏刊于天南遁窟"字样，《华阳散稿》版权页有"癸未（光绪九年，1883）仲春彀园老民刊于香海"字样。天南遁窟和香海应该并不在苏州。除此之外，光绪九年（1883），苏州的管家园管宅铅印了《香草集》。光绪二十三年（1897），长洲汪氏铅印了王韬的《彀园文录外编》。清末，苏州的玉检山房铅印了《四书便蒙》，但并不能确定具体的印刷时间。

[3]（清）汪钟霖编：《蒙学丛书初集》，光绪二十七年（1901）苏州元邑小学堂铅印本，扉页。

[4] 另一部手抄本《普通学歌诀》的版权页有"光绪辛丑年（二十七年，1901）苏州中西小学堂重铸铅印，上海正记书局发兑"字样。元邑小学堂即中西小学堂，由此可以推断这部书很有可能是拿到上海的正记书局铅印的。

[5]（清）佚名辑：《良方》，清末苏州铅印本，版心。

中保墓会十年报告录》,"支萃成祥排印各乡传单"[1]。可见其在清末就已经开始了铅字排印,而且不只是印刷书籍,也印刷传单等,在宣统二年(1910)还排印过《敕授文林郎季弟达庄行略》。清末,苏州城内进行铅字排印的店面还有苏州观东殷元顺刻字店,其曾经以铅字排印《雁来红丛报》。

清末,苏州的铅印本书籍还有宣统元年(1909)江苏学务公所铅印本《东国观学记》、宣统元年(1909)苏城左孝同铅印本《左文襄公诗文别集》、宣统三年(1911)苏城新明社铅印本《虎丘山志》。

民国时期的苏州观前街地区聚集了各种书局和书坊,销售新书、旧书,以铅字印刷品为主。其中,比较有名的利苏印书社,出版了《小谟觞馆骈文补注》《木渎小志》,版心下分别有"苏州观前利苏印书社承印""苏州观前街利苏印书社承印"字样。利苏印书社还印刷过《皖志列传稿》,书后有"《皖志列传稿》八册,丙子(民国二十五年,1936)重九日杀青,印刷者苏州利苏印书社(景德路),流通者国学会(苏州公园内)、苏州安徽同乡会(南显子巷),购取者国币六元"[2]。文学山房在清末也开始使用铅印技术,在光绪年间铅印了《家语证讹》,在宣统三年(1911)铅印了《国朝书画家笔录》。但是,文学山房没有走上铅印书籍的道路,后来依然采用雕版和活字印刷。

民国初年的苏州还有一些新兴的印刷公司。民国五年(1916)苏城启明孚记印刷公司铅印了《松筠集》;位于阊门内西中市的文新印刷公司在民国六年(1917)铅印了《天放楼文言》。

毛上珍是清末苏州有名的刻字店,刊刻过《听雨楼诗稿》《不慊斋漫存》《小不其山房集》《香雪斋诗钞》等书籍。其技术转型与振新书社形成了鲜明的对比,毛上珍的转型采用的是新式的铅印技术。毛上珍使用铅印技术最早

民国六年(1917)文新印刷公司铅印本《天放楼文言》书影

---

[1] 吴荫培编:《吴中保墓会十年报告录》"吴中保墓会出入报告录",民国十四年(1925)刻本,第21a页。
[2] 金天翮撰:《皖志列传稿》,民国二十五年(1936)铅印本,卷末。

源于其对传统活字印刷的实践。光绪二十一年（1895），毛上珍用木活字排印了《墨子间诂》。光绪三十年（1904），毛上珍又用木活字排印了《古今经世策论举隅》，卷末有"苏州毛上珍聚珍板印成"[1]字样。

毛上珍真正开始使用铅印技术是在宣统年间。对于毛上珍来说，宣统元年（1909）是一个具有特殊意义的年份，这一年毛上珍用铅活字排印了《左文襄公诗文别集》，这部书可以说是毛上珍铅印书籍的最早实践。其出版者是江苏按察使左孝同，他是左宗棠的季子，此书的卷末有"江山刘毓家校，苏城临顿路毛上珍排印"[2]字样。宣统二年（1910），毛上珍又相继排印了《韬厂蹈海录》《俭德堂读书随笔》。《韬厂蹈海录》卷一末有"苏城临顿路老毛上珍活字版摆印"字样，卷末印有"苏城临顿路老毛上珍活字版铅印"；[3]《俭德堂读书随笔》卷末有"苏城临顿路南首毛上珍排印"字样。[4]除此之外，毛上珍还铅印了《传教约章摘要十六款》《奏定研究印花税办法酌拟税则章程》《元宰必读书》，其出版时间也是清末。

毛上珍在使用铅印技术后，承接了来自苏州不同出版者的印刷业务，其中包括江苏存古学堂印刷的《艺概》，其版心下有"江苏存古学堂重印"字样，卷末有"江山刘毓家校，苏城毛上珍印"字样。[5]刘毓家数次出现在书籍校对者中，可见他与毛上珍有着密切的合作。根据邹福保在宣统二年（1910）刻本《宋范文正忠宣二公全集》序末署"可园存古学堂"，可知存古学堂在可园。存古学堂在光绪年间就开始铅印书籍，光绪三十四年（1908）印刷的《辟谬篇》的版权页有"光绪戊申（三十四年，1908）正月存古学堂印"字样，版心下有"存古学堂排印教务长讲义"字样。[6]存古学堂在宣统二年（1910）还出版过元和孙德谦的《诸子通考》，版心下有"江苏存古学堂排印"字样，卷端有"四益宧丛书"字样。[7]存古学堂显然并不具备这种铅印技术，实际上承担印刷工作的应该也是毛上珍这样的出版机构。

[1]（清）孙元兰辑：《古今经世策论举隅》卷八，光绪年间木活字本，第31b页。
[2]（清）左宗棠撰：《左文襄公诗文别集》卷末"跋"，宣统元年（1909）毛上珍铅印本，第15b页。
[3]（清）陆钟琦辑：《韬厂蹈海录》，宣统二年（1910）苏州老毛上珍铅印本，卷一末、卷四末。
[4]（清）刘庠撰：《俭德堂读书随笔》，宣统二年（1910）毛上珍铅印本，卷末。
[5]（清）刘熙载撰：《艺概》，江苏存古学堂铅印本，版心、卷末。
[6]（清）王仁俊撰：《辟谬篇》，光绪三十四年（1908）存古学堂铅印本，扉页、版心。
[7]（清）孙德谦撰：《诸子通考》，宣统二年（1910）存古学堂铅印本，版心、卷端。

民国时期，毛上珍刻字店顺利实现了转型，不再以刊刻的形式出版书籍，而是采用了最为流行的铅印。民国十八年（1929），毛上珍出版了《光福志》，版权页有"苏城临顿路毛上珍承印"字样。[1]同年，毛上珍铅印了《合肥诗话》，版权页有"苏城临顿路毛上珍承印"[2]字样。毛上珍还排印过《红楼梦竹枝词》，版心下有"苏州毛上珍承印"字样，根据其卷末落款"共和第一庚午岁暮邑后学王枢"，排印的时间是民国十九年（1930）。[3]毛上珍在民国时期还排印了《金刚经解义》，卷末有"苏州临顿路南毛上珍印刷所代印"[4]字样。通过上述毛上珍出版的铅印本识语可以发现，毛上珍已经从传统的刻字铺转变为现代印刷所。值得注意的是，毛上珍在民国年间还开设了分号——江苏印务局。民国二十年（1931）排印的《心经新疏》卷末有"苏州临顿路南毛上珍分号养育巷江苏印务局印"[5]字样。

　　光绪三十三年（1907），出现了一个名为"苏省刷印总局"的机构。关于苏省刷印总局所在的位置，有苏州和上海两种说法。现存的苏省刷印总局的铅印本都是在光绪三十三年（1907）出版的。在这一年，苏省刷印总局铅印了《海岳轩丛刻》《江苏师范学堂现行章程》。[6]除了上述铅印本外，光绪三十三年（1907）出版的《救济文牍》还有牌记"光绪丁未（三十三年，1907）季秋，苏省刷印局印"[7]，由此可知苏省刷印总局又称"苏省刷印局"。既然以"苏省"来命名，可见其应该是位于苏州。苏省刷印总局还以"苏省刷印局"的名义铅印了《抚郡农产考略》《救济日记》等书。这些书籍都是在光绪三十三年（1907）出版的。[8]除此之外，苏省刷印总局还以用石印技术影印手稿的形式出版了《春在堂尺牍》《曲园先生书札手

[1]（清）徐傅编，（清）王镛补辑：《光福志》，民国十八年（1929）毛上珍铅印本，扉页。
[2] 李家孚辑：《合肥诗话》，民国十八年（1929）铅印本，扉页。
[3]（清）卢先骆撰：《红楼梦竹枝词》"序"，民国十九年（1930）苏州毛上珍铅印本，第2a页。
[4]（清）徐槐廷撰：《金刚经解义》，民国毛上珍铅印本，卷末。
[5] 季新益撰：《心经新疏》卷末"印送本经第一次芳名及部数"，民国二十年（1931）毛上珍铅印本，第1b页。
[6]《海岳轩丛刻》有牌记"光绪丁未（三十三年，1907）孟夏之月，苏省刷印总局代印"；《江苏师范学堂现行章程》有牌记"光绪丁未（三十三年，1907）季春之月，苏省刷印总局代印"。
[7]（清）救济善会编：《救济文牍》，光绪三十三年（1907）铅印本，扉页。
[8]《抚郡农产考略》封面有"光绪丁未（三十三年，1907）年，苏省刷印局重印"字样。

稿》[1]，这说明苏省刷印总局同时具备了铅印和石印技术。根据《（民国）吴县志》的记载，"刷印局，在醋库巷。清宣统元年（1909）创置，专印官文书封件及本省政治官报"[2]。可见苏省刷印总局是官方出版机构，由此也可以确定其具体的位置和印刷品的种类。从时间上看，苏省刷印总局尽管是在宣统元年（1909）创立的，但是在光绪三十三年（1907）就已经开始了实际的印刷工作。现存的苏省刷印总局的出版物证明其印刷的范围不仅限于官文书封件、政治官报之类，也代为印刷私人著作或其他机构的文件。

另外，清末苏州的集群图书馆也曾以铅字印刷书籍，目前所见的集群图书馆出版物仅有宣统三年（1911）排印的《虎邱山志》，内封有牌记"宣统三年（1911）孟春集群图书馆印"[3]。

清末，苏州周边地区也开始使用铅印技术。真正在常熟实现铅印的出版机构是开文印刷所，其曾经铅印翁同龢的《瓶庐诗钞》。根据《瓶庐诗钞》的版权页，开文印刷所位于常熟县北市心，既是摆印处，又是总售处。早在光绪二十一年（1895），常熟就铅印了曾朴的《补后汉书艺文志考》。宣统二年（1910）至民国二年（1913），常熟的铸新印刷社铅印了殷之伊的《挹芬轩诗钞》。民国八年（1919），铸新印刷社印刷了《似山楼遗稿》，版心下有"静补斋排印"字样，卷末有"常熟铸新印刷社印"字样。[4]静补斋应该是其作者许孟娴的书斋。

光绪年间常熟开文印刷所铅印本《瓶庐诗钞》书影

光绪年间，上海出版业的兴盛，使得苏州地区的书籍出版有了更多的选择，将书籍拿到上海出版成为常见的出版方式。比如，常熟出版的《常昭合志》是拿到上海的

---

[1]《曲园先生书札手稿》有牌记"光绪丁未（三十三年，1907）季秋，苏省刷印局印"。
[2] 曹允源、李根源纂：《（民国）吴县志》卷三十，民国二十二年（1933）苏州文新公司铅印本，第1b页。
[3]（清）顾湄撰：《虎邱山志》，宣统三年（1911）集群图书馆铅印本，扉页。
[4]（清）许孟娴撰：《似山楼遗稿》，民国八年（1919）铸新印刷社铅印本，版心、卷末。

时中书局用铅活字印刷的。又如，光绪三十年（1904），常熟海虞文社铅印了孙景贤的《轰天雷》，但并不是在常熟印刷的，而是在上海四马路的大同印书局印刷发行的。这部小说在光绪三十四年（1908）再版。[1]

民国八年（1919）常熟铸新印刷社
铅印本《似山楼遗稿》书影

光绪三十年（1904）常熟海虞文社
铅印本《轰天雷》书影

---

[1] 根据版权页的信息，海虞文社位于常熟的醉尉街，并不是印刷出版机构。

第二章 刻工研究

第一节　刻工的生平与工作

作为江南地区的刻书中心，清代苏州的刻工不在少数。刻工直接影响到刻书，故而其生平及工作细节对于出版史的研究具有重要意义。清代刻工地位下降，导致刻工信息较少，故而本书主要利用刻本信息及史料记载制作清代苏州刻工情况表，以对清代苏州的刻工进行全面考察与研究。

一、刻工的生平

清代刻工在书籍上留名的数量要远低于宋、元、明三个朝代，这是刻工地位下降的表现。清代苏州刻工在印本上留名的仅占了一小部分，但是在一些刻本和史料中仍能看到他们的痕迹。我们现在知道的清代苏州刻工信息，主要是从印本上得到的。对于史料中记载的刻工，有的仅记录了名字，难以知晓其生平信息，如江标在日记中记载了一位名叫沈良玉的刻字者。[1]

绝大部分的刻工的生卒难以知晓，只在史料和刻本中偶见相关信息。乾隆五十六年（1791）刻本《两汉策要》后有"玩松山人穆大展，时年七十有三刻"篆字木记。[2]由此可知，刻工穆大展大约生于康熙五十七年（1718）。有一部文富堂本《易经体注会解合参》的封面有墨笔文字，提供了此书的刻工信息，第一则云："道光二十五年（1845）岁在乙巳，修文堂藏板，公元1846年梓，一九零四年十月一日，梓人八十岁重订装帙"。[3]由此可见，此书刊刻完成之后板片归修文堂所有，而刊刻者在光绪三十年（1904）的时候已经八十岁，大约生于道光四年（1824）。

---

[1]（清）江标著，黄政整理：《江标日记》（上），凤凰出版社2019年版，第177页。
[2]（清）钱泰吉撰，冯先思整理：《曝书杂记》卷上，中华书局2020年版，第43页。
[3]（清）来尔绳纂辑：《易经体注会解合参》，清文富堂刻本，封面。

清代苏州从事刻工职业的有底层的读书人。康熙七年（1668）刊刻的《凌烟阁功臣图》提供了刻工的身份信息，由苏州的刘源绘制，扉页有"吴门柱笏堂授梓"字样。佟彭年的序言云："越岁余，秋澄气爽，夜步柱笏堂，与刘子闲谭。"[1]可见柱笏堂并非书坊。此书有刻工以牌记留下的识语云："圭世儒业，家贫未就。苦心剞劂，将托于当代之善书画者，以售其末技。戊申（康熙七年，1668）秋，伴翁刘先生以《凌烟图》授梓。圭窃幸得附先生之后，庶几骥尾青云，荣施简末，以正当世知者，其毋哂焉。"[2]刊工的名字是朱圭，根据其自述，他由于家庭贫困而无法继续读书，于是选择了当刻工。朱圭主要与当时的书画家合作，将书画刊刻出版，以求流传于世。而且，朱圭以其高超的技艺被记载在地方文献中："吴郡专诸巷内有刻版者，姓朱名圭，字上如。雕刻书画，精细工致，无出其右。有河南画家刘源绘《凌烟阁功臣像》，上如雕刻，尤为绝伦。又南陵诗人金史字古良，择两汉至宋名人各图形像，题以乐府，名曰《无双谱》，传闻亦是上如雕刻。继而选入养心殿供事，凡大内字画俱出其手，后以效力授为鸿胪寺叙班。"[3]由此可见，朱圭最后确实凭借着高超的技艺改变了自己的命运。朱圭的案例具有一定的特殊性，他主要雕刻绘画作品，但也工于刻书。

康熙年间的另一位刻工邓明玑也有相当的水准。康熙三十八年（1699）顾氏秀野草堂刻本《昌黎先生诗集注》的"凡例"末镌有"吴郡邓明玑初骧开雕"。邓明玑，字初骧，《香域自求膺禅师内外集》中的《赠邓初骧》云"继述承先志，襟怀远大期"，"笔走银钩势，锋藏铁画奇"。[4]由此可见，邓氏绝非普通的刻工，他应该有着较高的文化修养和书法水平，故而刊刻出来的书籍质量较高。[5]

乾隆年间的穆大展是清代苏州以底层士人身份从事刻工职业的典型。穆大展镌刻过《长洲县志》《虎邱缀英志略》，留下"吴郡穆大展镌"痕迹，其中，《长洲县志》中还有"国学生穆大展镌"字样。穆大展的国学生

---

[1]（清）刘源绘：《凌烟阁功臣图》"序"，康熙七年（1668）柱笏堂刻本，第2a页。
[2]（清）刘源绘：《凌烟阁功臣图》"卷首"，康熙七年（1668）柱笏堂刊本，第14b页。
[3]（清）朱象贤撰：《闻见偶录》"刻板名手"，《丛书集成续编》第96册，第614页。
[4]（清）释敏膺撰：《香域自求膺禅师内外集》卷十《赠邓初骧》，康熙年间刻本，第29b页。
[5] 绝大多数刻工都是默默无闻的，穆大展和邓明玑这样的文士毕竟是少数。但凡在板片上留名的，一般都具有一定的文化水平和知名度。

身份使得其水平要高于其他刻工，他很有可能是一位仕途无望的底层士人。穆大展具有一定的文化修养，当时的词人尤维熊绘过《穆大展摄山玩松图》。穆大展和当时的学者之间有合作，乾隆三十三年（1768），蒋重光经姐堂刊刻《昭代词选》，由穆大展刻字。乾隆三十六年（1771），苏州本地的官员王廷言委托穆大展局刊刻了《参读礼志疑》。此书刊刻的缘起是汪氏"游吴，携之箧衍，友人王太守顾亭，慨然为之板行"[1]。

底层士人从事刻书工作主要是由于生活贫困，另一位苏州刻工的经历足以说明这一点："周岱，字鲁伯，号韭衫，初习剞劂业，比长，学史籀书，兼工篆刻，间为小诗，单词俪句，秀出侪辈。著有《青琼阁遗稿》二卷。"[2]周岱早年从事刻字的工作，后来才学习书法和篆刻，并且写诗，有著作流传。可以说，这是当时部分苏州刻工身份的表现。

清初苏州出版业的发达，吸引了外地的刻工到苏州谋生，他们有的已经在苏州定居。那些从外地到苏州从事刊刻工作的人员，主要来自南京和旌德。关于穆大展的籍贯，乾隆年间镌刻的《苏州府志》中留下的是"金陵穆大展镌"，这说明穆大展最初的籍贯应该是南京，他是后来才到苏州谋生的。《王氏家谱》的卷首有"监刊：吴县籍穆孔成字大展"[3]字样，可见穆孔成才是其名，穆氏的籍贯后来变成了吴县。嘉庆年间，吴县的吴志忠影刻的《孟子集注》卷末有"江宁周启友刻"[4]字样，而周启友也是从江宁到苏州从事刻书工作的。嘉庆、道光年间，苏州的刻字铺吴青霞斋的主人也是南京人，道光十二年（1832）刊本《大佛顶首楞严经》镌有"金陵吴学圃刻"[5]。又如另一位刻工邓元哲，从南京到昆山谋生，朱柏庐曾经提及："邓君元哲，自金陵来于昆，当过从余，见其恂恂修敕，类学者流，而事亲以孝行闻。诗歌不多见，亦当作此，盖当世士林之所或不能者，乃问其业，则剞劂也。昔人生不逢时，往往托身卑贱以自废，邓君之

---

[1] 张宝三：《美国芝加哥大学图书馆藏中文古籍善本书志·经部》（上），国家图书馆出版社2020年版，第385-387页。
[2]（清）翁广平纂辑：《（道光）平望志》卷八，光绪十二年（1886）刻本，第39b页。
[3]（清）王仲鏖纂修：《太原王氏家谱》卷首"修谱姓氏"，道光八年（1828）刻本，第31b页。
[4]（宋）朱熹集注：《孟子集注》卷十四，嘉庆十六年（1811）璜川吴志忠真意堂刻本，第17b页。
[5]（唐）释弥伽释伽、释般刺密帝译：《大佛顶首楞严经》，道光十二年（1832）刻本，卷末。

为此，吾不知其有感于心焉否。然迹其人，其于剸剧，固已远矣。"[1]

清初就已经有旌德的刻工到苏州工作。清初刻本《大佛顶首楞严经疏解蒙钞》有"旌邑刘启明刻""吴门袁雪敬写"字样。目录后刊"及门之士，资助铅椠，若毛晋、黄翼、何云者，一岁中相继捐馆。……明岁，余年八十，室人劝请流通法宝"[2]。由此可见，这是由旌德刻工刘启明刊刻的。佛经《重订会本法华玄义释签》卷末有"弟子程文济捐资助刻，愿台化流通，法嗣不绝，共字口万口千，正参王偕、受华孙房共对，吴门金之龙书，旌德刘金月刻"[3]字样。康熙年间刻本《周易通》卷末有"吴门张翰如书；旌邑刘子美刻"[4]二行。康熙年间，何焯找刻工刊刻书籍，留下记录："弟自书之，命旌德人程公莘开雕。缘一人独刻，故迟迟未毕也。再有商者，其中有一二配徐氏者，弟意欲改为配某氏，不知妥否，唯裁示，以便书成刷印装订也。"[5]由此可见，程氏也是旌德人，后来到苏州从事刻工的工作。康熙年间张弨刻本《音学五书》，后序云："张君弨与其二子叶增、叶箕，若二君者，亦儒林之罕觏者也，其工费则取诸鬻产之值而秋毫不借于人，又区区之素志也。"姓氏后刻有"旌德周希亨、瑾刻"。[6]由上可见，康熙年间到苏州刻书的旌德刻工较多，呈现出家族特征，刘启明、刘子美、刘金月应属同族。

乾隆年间的旌德刻工有汤士超，其曾刊刻沈德潜的《归愚诗钞》，卷末有"旌邑汤士超刻"[7]字样。乾隆年间沈氏刊刻的《经玩》，识语末镌有"吴门汤士超镌"[8]。从"旌邑"到"吴门"，可见其籍贯的转变。又有乾隆二十四年（1759）出版的《而庵说唐诗》自序末行镌有"旌邑刘永日刊"[9]。从康熙到乾隆年间，一直有旌德的刻工到苏州刻书。

---

[1]（清）朱用纯撰，（清）潘道根辑：《朱柏庐先生未刻稿》之《赠邓元哲序》，《清代诗文集汇编》104，第244页。

[2] 沈津：《伏枥集》，广西师范大学出版社2019年版，第450-452页。

[3]（唐）释湛然撰：《重订会本法华玄义释签》，清刻本，卷末。

[4] 沈津主编：《美国哈佛大学哈佛燕京图书馆藏中文善本书志》1，广西师范大学出版社2011年版，第34页。

[5]（清）何焯撰：《义门先生集》卷五，道光三十年（1850）姑苏刻本，第10a-10b页。

[6] 沈津主编：《美国哈佛大学哈佛燕京图书馆藏中文善本书志》1，广西师范大学出版社2011年版，第291页。

[7]（清）沈德潜撰：《归愚诗钞》卷五，乾隆年间刻本，第20b页。

[8]（清）沈淑撰：《经玩》识语，乾隆年间刻本，第1a页。

[9]（清）徐增撰：《而庵说唐诗》"自序"，康熙年间九诰堂刻本，第3b页。

战乱对苏州的刻工产生了影响，主要包括明清易代之际的战乱及咸丰年间的太平天国运动。明末清初，苏州的出版业遭到了一定程度的打击。发生在常熟的一次事件反映了清初苏州刻工的命运："王刻书，居北城，兵见其愿且贫，弗杀，掳其子去。越数日，王忽病死，岂数不容免耶。"[1]这里所说的"王刻书"应该是别人对该刻工的称呼，其职业应是刻工。尽管其死因是病死，但清兵掳走其子或是诱发疾病的主要原因。

清代刻工的消亡主要发生在太平天国运动时期。苏州刻工刘建扬在道光二十一年（1841）刊刻了陆陇其的《陆清献公日记》，卷末有"金陵吴楚翘写，苏州刘建扬刻"[2]字样。根据清代苏州的方志，刘建扬应该是昆山人，其身份是"民人"，在后来的战乱中殉难，被列入"忠节"中的"义民"。[3]根据《太仓州志》，刻工张燮臣在后来的战乱中也殉难了。[4]从刘建扬、张燮臣的事例可以看出，咸丰年间的太平天国运动所引发的战乱对苏州及其周边地区的出版业造成重大打击的表现便是刻工的消亡。

刻工也经历了清代文字狱的冲击，乾隆年间的刻工王景桓就经历过提审："提讯书铺王景桓供称：此书（注：尹嘉铨《近圣编》）系店内所刻，除三十七年（1772）刻就时彭绍谦印过十部外，余再无刷印流传。"[5]

二、刻工的工作

苏州有专门刊刻版画的刻工。褚人获刊刻的《隋唐演义》配有插图，聘请画家和刻工专门雕刻，其在发凡中说："兹集图像计五十页，为赵子同文所写，意景雅秀，又刊自王子祥宇、郑子予文之手，镂刻精工。"[6]褚人获提供了康熙年间刊刻版画的刻工名字。可惜的是，史料中缺乏对他们的详细记载。道光年间长洲顾氏刻本《吴郡名贤图传赞》有"张锦章镌"[7]字样。张锦章是此书插图的刻工。刻工王景桓也擅长刊刻插图，如

---

[1]（清）王孙兰撰：《海虞被兵记》，《虞阳说苑甲编》本，民国六年（1917）铅印本，第3a页。
[2] 谢冬荣编著：《文津识小录》，国家图书馆出版社2016年版，第240页。
[3]（清）李福沂等：《（光绪）昆新两县续修合志》卷二八，光绪六年（1880）刻本，第14a页。
[4]"同治初，寇平，省城设忠义局，采访死事者，悉予旌恤"，张燮臣名列其中。[（清）王祖畲纂：《太仓州志》卷八，民国八年（1919）刻本，第7b、9b页。]
[5] 上海书店出版社编：《清代文字狱档：增订本》，上海书店出版社2011年版，第376页。
[6]（清）褚人获撰：《四雪草堂重订通俗隋唐演义》"凡例"，康熙年间四雪草堂刻本，第1b页。
[7]（清）顾沅辑：《吴郡名贤图传赞》"图"，道光年间长洲顾氏刻本，第2a页。

方志中的插图,乾隆三十二年(1767)刻本《虎邱山志》卷首插图中有"王景桓恭镌"[1]字样。光绪三十年(1904)活字印本《重修常昭合志稿》中的地图,是由筀幼廷刊刻的。这些地图边框刻有"常熟筀欣赏幼廷刻""琴南筀幼廷刻""常熟欣赏斋筀幼廷刻"[2]。

清代苏州的刻工不只擅长雕刻板片,从事书籍刊刻,他们还会刻石。生活在康乾之际的刻工李士芳,其镌刻的字体秀雅,是当时苏州有名的刻工。乾隆四年(1739)翰林院编修沈慰祖撰写的《重修三泉亭文昌阁记》,就是由李士芳刻石的。[3]又如生活在乾嘉年间的刻工谭一夔,根据地方志,"《洞庭秦氏宗祠记》……时乾隆五十九年(1794)岁次甲寅九月廿日,金阊谭一夔刻石"[4];"《重修戴氏二贤祠记》,小楷,嘉庆十九年(1814)二月平江谭一夔镌并书"[5]。由此可见,谭氏也从事刻石的工作。另外,穆大展也"兼善刻石","挟技多从士大夫游"。[6]根据《吴郡西山访古记》《洞庭山金石》中的记载,穆大展镌刻过《重修茅君殿记》《宋氏义田碑记》等碑文。乾隆年间的刻工王景桓也刊刻过《粤西大中丞少司农长洲宋公传》《石经题名》。

根据对《明清以来苏州社会史碑刻集》的统计,苏州刻工中兼善刻石的还有不少,对其留下的题名列举如下:"吴郡张若迁镌"(乾隆三十二年,1767)、"姑苏张遇青镌字"(嘉庆三年,1798)、"邑人李滨镌"(嘉庆年间)、"谭一夔刻"(道光三年,1823)、"吴门汤晋苑镌"(道光年间)、"吴门程芝庭镌"(同治十一年,1872)、"长洲陈伯玉刻"(光绪年间)。[7]由此可见,这些刻工并不只是刊刻书籍,包括刻石在内的其他工作也在他们的能力范围内。

从刊刻的原理来看,刻书、刻石有着很大的相似性。碑刻上提及的其

---

[1] (清)顾诒禄纂:《虎邱山志》卷首"虎邱山全图",乾隆三十二年(1767)年刻本,第8b页。
[2] (清)郑钟祥修,(清)庞鸿文纂:《常昭合志稿》卷首"图",光绪三十年(1904)活字印本,第1b、2b、3b页。
[3] 李根源《吴郡西山访古记》卷五云:"吴郡李士芳刻石。"民国十五年(1926)铅印本,第13b页。
[4] 李根源撰:《洞庭山金石》卷一下,民国十八年(1929)刻本,第50b页。
[5] 李根源撰:《吴郡西山访古记》,民国十五年(1926)铅印本,第18a页。
[6] (清)彭元瑞撰:《恩余堂辑稿》卷一《赠苏州刻工穆大展序》,道光七年(1827)刻本,第36b页。
[7] 王国平、唐力行主编:《明清以来苏州社会史碑刻集》,苏州大学出版社1998年版,第104、177、190、414、437、521、631页。

他镌刻者，应该也有擅长刊刻书籍的，只不过很少能够找到他们刻书的线索。同治、光绪年间，无锡人唐仁斋、陈伯玉擅长刻石，他们长期居住在苏州，并且在卧龙街分别开设了汉贞阁、尊汉阁，"仁斋善鉴别，伯玉善镌刻"[1]。陈伯玉镌刻的《怀米山房吉金图法帖》几可乱真。上章提及活字本《补后汉书艺文志考》的雠校者是"长洲陈伯玉"，正是由于陈伯玉是无锡人，他也参与了文苑阁活字排印的工作。当时擅长镌刻的还有钱邦铭，"老于摹刻，时称苏城第一"[2]。

刻工还从事与刻印有关的其他工作。除了刻石外，穆大展还临摹牌匾，"里睦向无乡校，有之，自邑侯康公始。公于邑东支塘、梅李立两书院，于徐市、西周市立两书屋，题徐市书屋，曰智林，颜其堂曰翼教，皆系手书，其堂额托郡中穆姓刻字店临摹，今不可问矣"[3]。这里的穆姓刻字店应该就是穆大展的刻字店。许浩源是同治、光绪年间的刻工，他居住在平江路上。许浩源的业务范围还包括刻印请帖，《虎邱建筑费善后捐收支报告》中就有"付许浩源印请帖"[4]文字。除了刊刻书籍外，梓文阁还刊刻调查册、印章，根据《吴中保墓会十年报告录》，"支梓文阁刻调查册、印章等"[5]。此外，刻工还销售书籍，《缘督庐日记》中有陶升甫向叶昌炽售书的记载。

刻工从受雇于出版者从事刊刻到全面负责刻印，转变的主要标志便是独立开设店面从事刻印工作。这一转变实际上可以追溯到更早的清初。以刻工的名字来命名刻字店可以被看作重要的开端和标志。最有代表性的莫过于"穆大展刻字"，这一独特现象在道光年间的《吴门表隐》中受到关注，其被认为是"业有人名著名者"的代表。[6]穆大展店更为正式的称呼

---

[1] 曹允源、李根源纂：《吴县志》卷七十九"杂记二"，民国二十二年（1933）苏州文新公司铅印本，第40b-41a页。
[2] 赵诒翼等辑修：《赵氏家乘》卷十六"杂纪七"，民国七年（1918）刻本，第6b-7a页。
[3] （清）顾崇善纂：《（道光）里睦小志》卷上"乡校志"，《中国地方志集成·乡镇志专辑》第11册，第7页。
[4] 冷香阁办事同人辑：《虎邱建筑费善后捐收支报告》，民国十年（1921）苏州观西萃成祥印刷所铅印本，第12a页。
[5] 吴荫培编：《吴中保墓会十年报告录》"吴中保墓会出入报告录"，民国十四年（1925）刻本，第21a页。
[6] （清）顾震涛撰，甘兰经、吴雨窗、吴琴标点：《吴门表隐》"附集"，江苏古籍出版社1986年版，第347页。

是"穆大展局",乾隆年间刻本《玉芝堂文集》卷末有"吴门穆大展局刻"字样。[1]

从刻工的落款用词来看,他们从事的工作有更为细微的区别。大部分刻工所留下的"镌"字,表明他们只负责雕刻木板,而同治年间的刻工许文一则在《产宝》的卷末留下"苏城许文一刻印"字样。[2]这说明刻板和印刷都是由许氏负责的。刻工徐元圃刊刻过《(乾隆)震泽县志》,卷末有"吴郡徐元圃刻印装订"字样,可见徐氏不仅懂得刻字,还兼通印刷、装订。[3]

清代,苏州刻工之间有所合作。《王氏家谱》卷末有"监刊:吴县籍穆孔成字大展,郡城李枚字卜臣"[4]字样。可见该家谱由穆大展和李枚共同刊刻完成。根据《王氏家谱》中"三月十一日,往穆大展店,用白木板刻宋字"[5]的记载,穆大展是有专门的店面的,既然家谱是穆大展店刊刻的,那么李枚应该也是穆大展店中的刻工。穆大展也和苏州刻工许庆龙合作过,如乾隆五十六年(1791)张朝乐摹刻本《两汉策要》便是两人合刻的。

苏州刻工之间的大规模合作主要表现在康熙年间顾氏秀野草堂的刻书活动上,康熙三十八年(1699)顾氏秀野草堂刻本《昌黎先生诗集注》"凡例"末镌有"吴郡邓明玑初骧开雕"。刻工有曾唯圣、缪际生、邓子佩、顾有恒、邓玉宣、邓芃生、张公化、唐元吉、邛明。[6]邓明玑能够在"凡例"后镌刻自己的名字,说明他很有可能是这群刻工中的组织者,而其他的刻工的名字只能被刻在版心。再者,从姓名来看,这次刻工的组织体现出较为明显的家族特征,其中有四位邓氏家族人员。秀野草堂在康熙三十

---

[1] 沈津:《中国珍稀古籍善本书录》,广西师范大学出版社2006年版,第619页。
[2] 《产宝》版权页有"同治乙丑(四年,1865)仲夏,《福幼编》附,味余草堂重镌"字样。味余草堂是味余山人李棠(字棣珊)的书斋,其在同治四年(1865)"需次吴门",才在苏州刊刻了这部书。[(清)倪枝维撰,(清)许楗订正:《产宝》"序",同治年间刻本,第1b-2a页。]
[3] (清)陈和志修,(清)倪师孟、沈彤纂:《(乾隆)震泽县志》卷三八,乾隆十一年(1746)刻本,第11b页。
[4] 关于李氏的生平,史料中难觅踪迹。[(清)王仲鏊纂修:《太原王氏家谱》卷首,道光八年(1828)刻本,第31b页。]
[5] (清)王仲鏊纂修:《太原王氏家谱》卷末"修谱纪略",道光八年(1828)刻本,第19a页。
[6] 李文洁:《美国芝加哥大学图书馆藏中文古籍善本书志·集部》,国家图书馆出版社2019年版,第24页。

三年（1694）至五十九年（1720）刊刻的《元诗选》雇用的是同一批刻工，书中多镌刻工姓名，如公化、天渠、际生、邓贞、陈章、邓芃、邓仁、邓玉、天渠。这是一个以邓氏家族为中心的刻工组织。从刊刻时间上看，两部著作存在重合，几乎可被认定为是同时开工的。

另外，康熙三十五年（1696）刻本《两汉记》，书口下镌刻工姓名：邓臣、士玉、颖涵、齐口、子重、子珍、子佩、邓文、甘明、刘三吉、三吉、志远、世明、公佩、邓卿、洪甫、玉禾、大生、文式、邓伦采、子、王元、文、钦明。[1]康熙四十三年（1704）采山亭刻本《中晚唐诗叩弹集》的刻工有陈章、显玉、张玉、君甫、吕元贞、芮宇涵、陈茂园。[2]康熙年间纳兰性德刊刻的《通志堂经解》本《四书集编》的刻工有尔仁、公佩、张志、邓珍、邓顺、张玉、邓钦明、穆彩、本立、邓玉、朱士、邓明、子英、邓廷。这与邓氏刻工的刻书活动也有重合，说明这一时间段内他们同时参与了多项刊刻活动。

邓氏家族刻工的刊刻范围也涉及昆山地区。康熙四十七年（1708），徐氏花溪草堂刻本《李义山文集》的刻工有邓卜、邓玉、子玉、仁心、冰沾（冰占）、汇成、子升等。[3]这次刊刻活动中出现了多位邓氏刻工。除此之外，康熙年间刊刻的《憺园文集》，版心下有刻工：子佩、世明、祥卿、顾洪、汉英、德先、幼臣、卬九、周生、邓生、子英、邓格、伦采、颖涵、志伯、邓卿、公化、宪生、维伯、甘典、君侯、洪甫、甘彝、方明、甘明、钦明、志行、达三、巨甫、九上、子重、邓文、谦公、邓臣、世维、邓顺、邓三、子珍、士玉。其中，也有邓氏家族的多位刻工。

其他反映刻工之间合作的苏州刻本，还有康熙年间潘氏遂初堂刻本《类音》，刻工有吴志、九如、君直、天祥、仁九、天一、之山、顺甫、坤

---

[1] 沈津主编：《美国哈佛大学哈佛燕京图书馆藏中文善本书志》2，广西师范大学出版社2011年版，第362页。

[2] 沈津主编：《美国哈佛大学哈佛燕京图书馆藏中文善本书志》5，广西师范大学出版社2011年版，第2098页。

[3] 李文洁：《美国芝加哥大学图书馆藏中文古籍善本书志·集部》，国家图书馆出版社2019年版，第33-34页。另有刻工：元、上珍、大年、子千、公一、玉章、芃生、奕曾、奕成、晋占、伦采、邓采。（沈津主编：《美国哈佛大学哈佛燕京图书馆藏中文善本书志》4，广西师范大学出版社2011年版，第1407页。）

生、中山、亮臣。[1]

实际上，当时苏州刻书的时候，找的往往不是一两个刻工，一般是找一批刻工，以提高刊刻的效率。关于当时刻书的盛况，我们可以从金圣叹刻书的情形中有所了解："庚子（顺治十七年，1660）评唐才子诗，乃至键户，梓人满堂，书者腕脱，圣叹苦之。"[2]由此可见，当时写工、刻工同时在金圣叹家中工作。又比如，何焯刻书，"季方在出，月初闲起身，并老师程文一百二十册、墨选二十部附之，至都也，蒋生欲请老师全稿开雕。已另选佳手四五人，专候发样。乞二兄先为代请，如旧稿中别无改定之篇，先将目录寄下，以便一面写刻，徐俟全样之至，尤便也"[3]。由此可见，何焯和刻工保持着密切的联系，而且他召集了刻工中技艺高超的四五人刊刻。

方志等大型书籍的刊刻需要召集多名刻工。乾隆十二年（1747）刊刻的《吴江县志》，召集的刻工有张廷献、李咸怀、徐景占、李惠曾、蒋开文、曾加某、吴仲林、刘茂生、甘殿抡、张德荣、黄鸿客、李顺和、吴景西、姜林伯、稽时明、毕甫臣、田正甫、杜焕章、杜仁沛、周彩珍、曾豫章、周云佐、许尧三、曾红工、曾红千、吴省南、曾玉章、周厚征、蒋君城、张献策、黄弘容等至少三十一人。昆山的刻工在乾隆年间刊刻方志时也有过一次集聚，"庚午（乾隆十五年，1750）春，赖署昆邑孙公、署新邑潘公，俱欲其成，设法捐助数十金，登又何能局于三百之数，亟倩刻工四十余名，在舍剞劂，及秋，而《人物传》十余卷印样先完"[4]。这里值得注意的是刻工的数量，当时一共召集了四十余名刻工，这在当时算是比较多的了。尽管不能确定这些刻工是昆山当地的还是从其他地方招募的，但是从刻工的工作地点来看，他们都是在县衙中刊刻的。

苏州刻工的家族传承延续到了清末，徐元圃和其子徐稚圃是光绪、宣统年间有名的刻工。徐元圃为蒋氏刊刻《心矩斋丛书》时已经六十余岁。

---

[1] 沈津主编：《美国哈佛大学哈佛燕京图书馆藏中文善本书志》1，广西师范大学出版社 2011 年版，第 295 页。
[2] （清）徐增撰：《九诰堂集》卷二八《天下才子必读书序》，《清代诗文集汇编》41，第 367 页。
[3] （清）何焯撰：《义门先生集》卷五《与友人书》，道光三十年（1850）姑苏刻本，第 8a 页。
[4] （清）金吴澜、李福沂修，（清）任坤、朱成熙纂：《（光绪）昆新两县续修合志》卷末"旧序"，光绪六年（1880）刻本，第 1a 页。

徐稚圃在宣统元年（1909）刊刻了《语石》，卷末有"苏城徐元圃子稚圃刻印"[1]字样。又比如，同治六年（1867）刻本《裕后须知》书末镌有"苏城毛上珍子酉山刻印"[2]。毛上珍的儿子毛酉山从事的也是刻工的工作。由此可见，刻工的工作具有家族传承的特征。

从康熙到乾隆年间正是苏州刻工的兴盛期，与这一时期书业的兴盛同步。由刻工的家族化特征而进一步发展成的便是刻工组织：剞劂公所。这与同一时期书业形成书业组织崇德公所类似，都是苏州出版业规范化、规模化的体现。根据道光年间《吴门表隐》的记载，"剞劂公所在教场南，乾隆四年（1739），刻字同业公建"[3]。这样的组织在清代是比较罕见的，可惜的是史料中缺乏对其更为详细的记载。史料中的一条关于刻工埋葬场所的记载可能是这个组织效应的间接体现，即"丛冢一区为刻字匠丛葬之所，手民吁请保护，因周围种枣、梨以志其处"[4]。从"丛葬""吁请"可见刻工的团结和一致。

刻工与书坊之间的合作最多，如《初学检韵》版权页有"光绪壬午年（八年，1882）夏镌，大文堂藏板"[5]字样。刻工是刘瑞昶，刘瑞昶是光绪年间苏州的刻工，大文堂则是苏州的书坊。清末江苏官书局的兴起，使苏州的刻工有了更多的合作机会。光绪年间的刻工黄步云和江苏官书局合作密切，为其刊刻过《江苏海塘新志》《说文解字校录》。又根据光绪年间刊刻的《佛祖统系道景》卷末谢济雍的跋语中提及"丁卯（同治六年，1867）春刊舆图于省局"[6]，可知谢文翰斋与江苏官书局有所合作。

刻工与出资刊刻者之间保持着密切的联系，需要在刻书过程中进行沟通。在俞樾的日记中，可以看到诸多他与刻工交流的记载：同治八年（1869）二月，"以《庄子平议》三卷付刻工吴长禄开雕"[7]。除此之

---

[1] 叶昌炽撰：《语石》卷十，宣统元年（1909）刻本，第29b页。《（乾隆）震泽县志》卷末有"吴郡徐元圃刻印装订"字样。可见徐氏的工作包括刻印和装订。
[2] 谢冬荣编著：《文津识小录》，国家图书馆出版社2016年版，第242页。
[3] （清）顾震涛撰：《吴门表隐》卷四，江苏古籍出版社1986年版，第40页。
[4] 范君博编著，苏州市园林和绿化局编：《吴门园墅文献新编》（上），文汇出版社2019年版，第333页。
[5] （清）姚文登辑：《初学检韵》，光绪八年（1882）大文堂刻本，扉页。
[6] （清）释守一编：《佛祖统系道景》"后跋"，光绪六年（1880）苏州玛瑙经房善书局刻本，第1a页。
[7] （清）俞樾著，孙炜整理：《春在堂日记：曲园日记》，凤凰出版社2021年版，第103页。

外，他还要与出版者商定刊刻的版式，其日记记载："徐稚圃来，送承揽前定行款，以贵池《刘氏丛书》为蓝本，今嫌其太密，改用《艺风金石目》。"[1]由此可见，这一时期的行款设计存在着模仿的现象，中途可以修改，需要出版者和刻工进行沟通。[2]又如光绪年间翁同龢在书信中提及与刘博文斋往来的事务："刘博文刻甚快。晨交一纸，未审能刻否？纸张须吾自拣定，再刷耳。""刻板甚速，慰意；价亦甚廉。今送去画板一张，欲令刘博文照刻，可与一商耳。"[3]由此可见，出版者需要与刻工交流能否刊刻、纸张选定、刊刻要求等。

刻书的速度也能够反映刻工的工作情况，主要受书籍的字数、刻工的数量、刊刻的难度等影响。我们现在主要通过版本中出现的刻书起止时间知晓刻书的效率，见表2.1。

表 2.1 刊刻速度统计表

时期	书籍	版本	刊刻时长	刊刻速度/（页/天）	史料记载
康熙	《浒墅关志》二十卷（约400页）	康熙十二年（1673）刻本	约1个月（按30天计算）	13.30	"书成,图一卷二十,献之宁公,转请榷部陈公为镌板,计公慨然曰:是余责也。遂蠲俸若干两,付之剞劂氏,工阅月告竣。"
乾隆	《（乾隆）吴县志》一百一十二卷（2 105页）	乾隆十年（1745）刻本	6个月	11.69	"客岁自春徂夏，而草稿就，启局开雕，六阅月而剞劂成。"
乾隆	《（乾隆）吴江县志》五十八卷（841页）	乾隆十二年（1747）刻本	近1年（按300天计算）	2.80	"书成，付之剞劂。是役也，始于卯春，迄于冬底。"

---

[1] 叶昌炽撰：《缘督庐日记抄》卷十三，民国二十二年（1933）上海蟫隐庐石印本，第43b页。
[2] 清末苏州仿照他书格式刊刻的现象颇为常见，如俞樾在写给北方蒙的书信中说："（注：《东瀛诗选》）一切格式，均照拙书，而刊刻则宜加精。"此书也是在苏州刊刻的。[（清）俞樾著，张燕婴整理：《俞樾函札辑证》"致北方蒙"，凤凰出版社2014年版，第6页。]
[3] （清）翁同龢著，赵平整理：《翁同龢家书诠释》"致翁之缮"，凤凰出版社2017年版，第261、263页。

续表

时期	书籍	版本	刊刻时长	刊刻速度/(页/天)	史料记载
乾隆	《吴越所见书画录》六卷(686页)	乾隆四十一年（1776）陆氏怀烟阁刻本	1年多（按360天计算）	1.90	卷六末："时化是编于丙申（乾隆四十一年，1776）六月朔随书即托友人王鸣皋请名手开梓，酷暑严寒，未尝一日间断。至丁酉（乾隆四十二年，1777）七夕始竣事。""吴门汤士超镌。"
	《雍里顾氏族谱》十八卷(1 528页)	乾隆五十五年（1790）刻本	近3年（按1 095天计算）	1.39	"余甥相实手其增订族谱见示，请为序，辞之弗获，爰进相实而扣其详，乃知经营剞劂，三易寒暑，而工始竣，皆出其族父怀劬之力。"
	《王氏家谱》二十卷(1 911页)	乾隆三十八年（1773）刻本	约18个月（按540天计算）	3.53	"自壬辰（乾隆三十七年，1772）二月开雕，至癸巳（乾隆三十八年，1773）八月告竣。窃幸得承先志，刻成斯谱。"
咸丰至同治	《贞丰诗萃》五卷(208页)	咸丰十一年（1861）至同治三年（1864）仪一堂刻本	10个月	0.60	内封："咸丰辛酉（十一年，1861）孟冬开雕，同治甲子（三年，1864）仲秋工竣。"卷五后有"苏城徐元圃刻"。
同治	《吹网录》六卷(196页)	同治年间吴县叶氏家刻本	4个月	1.63	牌记："同治八年（1869）夏六月开雕，冬十月葳工，嘉兴唐翰题署。"
	《鸥波渔话》六卷(179页)	同治年间谢文翰斋刻本	5个月	1.19	牌记："同治八年（1869）十月开雕，九年（1870）二月葳工。嘉兴唐翰题署。"
光绪	《彭氏宗谱》十二卷(1 113页)	光绪九年（1883）刻本	近2年	1.52	牌记："光绪辛巳（七年，1881）开雕，癸未（光绪九年，1883）工竣。"
	《(光绪)平望续志》十二卷(173页)	光绪十三年（1887）刻本	近6个月	0.96	牌记："光绪丁亥（十三年，1887）所首夏开雕，季冬刊竟。"

续表

时期	书籍	版本	刊刻时长	刊刻速度（页/天）	史料记载
光绪	《六朝事迹编类》十四卷（160页）	光绪十三年（1887）刻本	5个月	1.06	扉页有"光绪十三年（1887）春正月刊，夏五月工完"字样
	《礼经校释》二十二卷（858页）	光绪十八年（1892）刻本	14个月	2.04	曹元弼《叙》："家君以为近得其正，命授梓人，至今年（光绪十八年，1892）正月刊成。"又曹元弼《礼经纂疏序》："《礼经校释》始于光绪九年（1883），成于十七年（1891）十有一月。"
	《（光绪）黎里续志》十六卷（444页）	光绪二十五年（1899）刻本	1年	1.21	牌记："光绪戊戌（二十四年，1898）闰三月开雕，越明年己亥（光绪二十五年，1899）三月竣工。"

通过表 2.1 可以发现，一般刊刻的时间在半年左右，最长的需要 2~3 年，刻工刊刻的速度也不一致，每天 0.6~13.3 页，以 1~2 页最多。究其原因，为受到多方面因素的影响。首先是资金的问题。同治九年（1870）正月，乌程汪曰桢序《吹网录》云："外孙陈通判德铭谋不朽其言，校而写于木。赀不足，则苏湖诸同人醵举之，而督刊参阅，雪明经浚之力最多。"[1] 由此可见，刊刻过程中还出现过资金不足的情况，这可能会对刊刻进度产生影响。其次是刊刻难度的问题。咸丰至同治年间刊刻的《贞丰诗萃》，由于为写刻，进度较慢。最后是受刊刻人数的影响。方志等体量较大的书籍一般会召集多名刻工同时刊刻，故而刊刻速度较快，如《浒墅关志》由于得到官员支持且书籍体量不大，故在 1 个月左右刻成；而《吴县志》平均每天只能刊刻 11 页多。

刻书的速度要低于活字排印的速度，这通过一些活字本的排印时间就能看出。光绪年间活字本《陈氏易说》扉页有"光绪乙未（二十一年，1895）季夏开印，中秋竣工"[2] 字样。《陈氏易说》耗时大约 2 个月，共有约 150 页，按照印刷 100 部计算，平均每天可印刷 250 页。这样的速度要

[1]（清）叶廷琯撰：《吹网录》"序"，同治八年（1869）至九年（1870）姑苏刻本，第 1a 页。
[2]（清）陈寿熊撰：《陈氏易说》，光绪年间活字本，扉页。

比刊刻快。

其他关于清代苏州刻工的情况还有一些工作细节的描述，如字数计算方式。刻工在刊刻的时候，为了统计工作量，会在版心下标记字数，如太仓张浩三在《汉魏六朝志墓金石例》的版心下使用草书字体计字。苏州刻工计字的一个重要方式则是苏州码子的使用。苏州码子的使用，使字数统计变得简明，其在光绪年间的刻书中得到了广泛运用。光绪九年（1883）蒋氏心矩斋刊刻的《札朴》，版心下有苏州码子记录字数；徐元圃刻的《校宋本新序》，在版框外右上方有苏州码子计页数。

另外，刻工在刊刻时留下的墨订能够反映刻工的工作进度和过程，通过这些墨订还能一窥刻字时的细节。这些墨订有的位于卷末标记刊刻者信息处，有的位于扉页的出版信息处。有的涉及书中内容，有的地方不完善，需要留出空间修改。潘钟瑞的《香禅精舍集》在刊刻的时候版权页有"香禅精舍集□"字样，卷端题"香禅精舍集，杂著弟□。"[1]方框为黑色墨订，这说明在刊刻的时候潘氏还没有确定书籍的排列顺序，但书籍还是被印刷出来了。

关于刻工在出版活动中的其他细节，史料中偶有记载。由于写样是在刻工的家中，有时也会造成损毁，如"光绪初年，洪生（注：徐洪生）先生将《培林堂集》副本付梓。梓人家遭回禄，副本毁"[2]。

三、写工及印刷者

清代，苏州有专门负责抄写的人，他们有的从事写样工作。有的写工水平比较高，如清初刊刻的《大佛顶首楞严经疏解蒙钞》，有"旌邑刘启明刻""吴门袁雪敬写"字样。[3]担任写工的是袁雪。"袁雪，字卧生，吴人。好学深思，精于篆刻，而尤于元朱文究心。吴伟业题其印谱，以为三桥后当为独步。雪为文氏两叶之甥，故能精文氏之学如是。"[4]林佶写录

---

[1] （清）潘钟瑞：《香禅精舍集》，光绪年间长洲潘氏香禅精舍刻本，扉页、卷端。
[2] （清）潘道根著，罗瑛整理：《潘道根日记》（下），凤凰出版社2016年版，第323页。
[3] 沈津：《伏枥集》，广西师范大学出版社2019年版，第447页。
[4] 曹允源、李根源纂：《（民国）吴县志》卷七五，民国二十二年（1933）苏州文新公司铅印本，第26b页。

刊刻《尧峰文钞》,"字画精楷,装潢灿然"[1]。有的刻工也能担任写工的工作,如对于刻工邓明玑,史料记载康熙年间长洲人李枢"邀陈勋集武、张星敏求、邓明玑初骧于书院缮写"[2]。又如道光九年(1829)刻本《皇华草笺注》,卷末有郑际昌跋语称"《皇华草诗注》既成,以道光己丑岁(九年,1829)刻于吴门",卷末署"上元吴仪写刻"。[3]吴仪是南京人,在苏州刻书。

乾隆、嘉庆年间,苏州最著名的写工是许翰屏。《(民国)吴县志》云:"许翰屏,吴人,以书法擅名乾嘉间。当时刻书之家均延其写样,如士礼居黄氏、享帚楼秦氏、平津馆孙氏、艺芸书舍汪氏及阳城张敦仁、全椒吴鼒诸人,所刻影宋本皆为翰屏手书。胡克家刻淳熙本《文选》,某氏刻宋椠《鱼玄机集》,皆翰屏影模上板,人称为绝技云。"[4]顾千里曾经"用昌皮纸浼翰屏精写,不加装订,但用夹板平铺,以便付梓"[5]。影刻书籍时,写样至关重要。许氏本身就是当时有名的书法家,其最擅长的就是影宋本的写样。而且,许翰屏为之写样的人员比较广泛,并不都是苏州人。其中,有名的苏州出版者有黄丕烈的士礼居、汪士钟的艺芸书舍。黄丕烈请了当时苏州城内技艺精湛的写工和刻工来影刻,《士礼居丛书》的写工有李福、许翰屏、陆损之、施南金等人。可以说,这一时期影刻本的兴盛与许翰屏有着密切的关系。

清代关于写工的记载比较少,有的写刻本是由学者亲自书写上板的。嘉庆十九年(1814)刻本《红雪山房诗钞》卷一后有"元和门人陆介眉谨写"[6]字样。道光十九年(1839)吴县金凤沼的少耕草堂刊刻的《正字略》,根据金凤沼的《重刻正字略序》,"属蔡君砚耘重为缮写,付诸剞劂"[7]。蔡君,即蔡如柏。道光二十一年(1841)刻本《碑版文广例》卷

---

[1] (清)惠周惕撰:《砚溪先生遗稿》卷下,民国二十九年(1940)铅印本,第5a页。
[2] (清)冯应榴辑注:《苏文忠诗合注》卷首"李跋",乾隆五十八年(1793)冯氏踵息斋刻本,第14b页。
[3] (清)陶澍撰,(清)郑际昌笺注:《皇华草笺注》,道光九年(1829)刻本,卷末。
[4] 曹允源、李根源纂:《(民国)吴县志》卷七十五上,民国二十二年(1933)苏州文新公司铅印本,第38b页。
[5] (清)徐康撰:《前尘梦影录》卷下,光绪年间元和江氏刻《灵鹣阁丛书》本,第4b页。
[6] (清)吴嵰撰:《红雪山房诗钞》卷一,嘉庆十九年(1814)刻本,第14b页。
[7] (清)金凤沼:《重刻正字略序》。[(清)王筠撰:《正字略》卷首"重刻正字略序",道光十九年(1839)吴县金凤沼少耕草堂刻本,第1a页。]

十末有"江元文校写"[1]字样。又如同治年间出版的《说文解字韵谱》,版权页有牌记"同治甲子(三年,1864)嘉平月吴县冯桂芬缩摹篆文上版"[2],可见是由冯桂芬手写上板的。这一时期的学者型写工还有许椪,光绪十四年(1888),顾文彬在家书中说:"从前见许山苓椪,写刻各书极精,记得有《六朝文絜》一本。"[3]

光绪、宣统年间的著名写工有金承熙,他曾经为蒋凤藻的《铁华馆丛书》写样。《(民国)吴县志》记载:"光宣间吴中诸生金承熙,字缉甫,为蒋香生书《铁花馆丛书》,摹率更体,不下翰屏,又善鉴别碑版,且精堪舆术。"[4]金承熙的身份是诸生,尤其擅长摹写欧体字。叶昌炽在《缘督庐日记》中记载了金承熙"旧为香生太守佣书,铁华馆影宋本皆出其手"[5]。这里所说的"铁华馆影宋本"应该就是《铁华馆丛书》。金氏还擅长缩抄,江标在日记中记载:"金缉夫近为人写《汉隶字源》,乃从明影宋抄本过临而减小者。"[6]

小说、家谱、方志等书籍的绘图也属于刊刻中的抄写工作。康熙四十年(1701)启贤堂刻本《扬州梦传奇》,第一幅图书口下有"鲍承勋子摹"字样,第二十四图上有"吴门顾士琦写"字样,下有"旌邑鲍承勋子摹"字样。[7]乾隆三十二年(1767)刻本《虎邱山志》卷前插图版心下有"吴门高君华绘塘,金阊史孟昭写山"[8]字样。道光四年(1824)刻本《苏州府志》插图后镌有"吴县朱敖绘,同里张遇尧刻"[9]。道光九年(1829)

---

[1] (清)王芑孙撰:《碑版文广例》卷十,道光二十一年(1841)刻本,第23b页。
[2] (宋)徐锴撰,(清)冯桂芬校订:《说文解字韵谱》,同治三年(1864)吴县冯桂芬刻本,扉页。
[3] (清)顾文彬著,苏州市档案局(馆)、苏州市过云楼文化研究会编:《过云楼家书:点校本》,文汇出版社2016年版,第148页。
[4] 曹允源、李根源纂:《(民国)吴县志》卷七十九,民国二十二年(1933)苏州文新公司铅印本,第40b页。
[5] 叶昌炽撰:《缘督庐日记抄》卷十五,民国二十二年(1933)上海蟫隐庐石印本,第28a页。
[6] (清)江标著,黄政整理:《江标日记》(上),凤凰出版社2019年版,第288页。
[7] 沈津主编:《美国哈佛大学哈佛燕京图书馆藏中文善本书志》5,广西师范大学出版社2011年版,第2256页。
[8] (清)顾诒禄纂:《虎邱山志》卷首"虎邱山全图",乾隆三十二年(1767)刻本,第8a-8b页。
[9] (清)宋如林修,(清)石韫玉纂:《(道光)苏州府志》"图",道光四年(1824)刻本,第19a页。

长洲顾沅刊本《吴郡五百名贤图传赞》中的人物图像是孔继尭画的。[1]宣统三年（1911）活字印本《太原王氏家谱》中的插图下有"绘图：东洞庭施芳洲字鹏年，常熟马寿字如松"[2]字样。

有的书籍则由不同的人写样，如光绪十二年（1886）扫叶山房出版的《分缮唐诗三百首注释》，既称"分缮"，版心下又有"吴煦录""徐汝金录""吴履平录""张杰录""陆寿慈书""桑伯寅书"等字样，是分工手书上板的。

清代苏州的刻工一般也会印刷，也有专门的印刷工来负责印刷工作。清代苏州有一位精于印刷的女性。"程月娥，行二，旧籍新安，今居杨庵汎。玉净花明，雏莺么凤。年才十五，因父死，无以偿逋负，堕入青楼，故酬对羞涩，而女工独娴，兼善刷印碑版坊刻，命作校书，实不负名矣。"[3]程月娥的经历说明从事印刷工作的并不一定全是男性，像程月娥这样的女性也会从事印刷工作。而且，记载中明确说到坊刻，这说明程月娥确实从事过印刷工作，而且专门印刷坊刻本。

刊刻书籍是一项需要密切合作的工作，刻工通常与印刷、装订的工人熟稔，采用合作的形式，如光绪年间的谢文翰斋和乐德林合作进行印刷、装订。正如刻工陶升甫云："一经动手，则写手、刻手皆齐集以待，势不能止。"[4]在这一过程中，刻工居于核心地位，所有的工作都是为了刊刻、印刷书籍。

---

[1]（清）顾沅辑：《吴郡五百名贤图传赞》"采辑姓氏"，道光年间长洲顾氏刻本，第1a页。
[2]（清）王仲鎏纂修：《太原王氏家谱》卷首"修谱姓氏"，道光八年（1828）刻本，第32b页。
[3]（清）箇中生撰：《吴门画舫续录》卷中，道光二年（1822）刻本，第3a页。按："杨庵汎"，疑应作"杨庵浜"。
[4]（清）俞樾著，张燕婴整理：《俞樾函札辑证》（上）"致北方蒙"，凤凰出版社2014年版，第10页。

第二节 刻工与刻字铺

苏州城内的书业经营分为两种类型：一种是编纂、刊刻、销售书籍的书坊，另一种则是专门刻书的刻字铺。由于清初以来苏州刻工从业方式的转变，刻字铺悄然兴起，但是刻字铺和书坊之间有着清楚的界限。书坊负责编纂、发行，而刻字铺的经营规模和范围远比书坊要小，其主要的业务是刻字，还包括印刷和装订，名气要小于书坊。从铺名上看，有的刻字铺并不以人名命名，而是以斋号命名。根据经营范围和性质，这些刻字铺也划入刻工的研究范畴。

苏州刻字铺常用店主姓氏加上堂号的形式来表述，如李鈊芳斋、谢文翰斋等。"局"是清代苏州书业中对刻字铺的一个特殊称谓，如"甘朝士局""吴门汤晋苑局""姑苏吴青霞斋局""苏城临顿路毛丽川局""苏城李渭璜局""常熟刘光德局"等。"局"字本身有商店、书坊之意，清代中后期兴起的各类书局就体现了"局"字的广泛应用。这里以喜墨斋、甘朝士刻字铺、青霞斋、博文斋为例，论述清代苏州刻工与刻字铺的经营。

一、张遇尧的喜墨斋

张遇尧的喜墨斋刻字铺是以斋号命名的。根据《太原王氏家谱》，"鉴刊：苏城张元揆，字遇尧"[1]，张元揆即张遇尧。又根据其刊刻的《元妙观志》，可知喜墨斋的位置在臬署附近，臬署即按察司。另外，《集验良方拔萃》版权页有"印送□□按察司前西喜墨斋刻字店"[2]字样，这部书是刻工陶升甫刊刻的，而陶升甫和喜墨斋之间的关系尚待进一步探究。喜墨

---

[1]（清）王仲鎏纂修：《太原王氏家谱》卷首"修谱姓氏"，道光八年（1828）刻本，第34a页。
[2]（清）恬素氏辑：《集验良方拔萃》，道光年间喜墨斋刻本，扉页。

斋刻字店的经营时间是嘉庆、道光年间，业务遍及吴江。

二、甘朝士刻字铺

甘朝士刻字铺是清代苏州颇具代表性的刻字铺，一般称为"甘朝士局"。道光十四年（1834）甘朝士铺刊刻的《江南催耕课稻编》，镌有"姑苏甘朝士铺刻"[1]。甘朝士是书坊主的名字。甘朝士局的经营始于乾隆末年。乾隆五十八年（1793），苏州甘朝士局刊刻的《北史演义》在目录后镌有"吴门甘朝士局刻"[2]。乾隆年间，甘朝士局刊刻了《集验良方》，这部书是由遵义人王恒主持刊刻的，其在乾隆五十三年（1788）写的序言中说："余询坊铺无此刻，因付剞劂以公诸世云。"[3]由此可知，出版者在出版的时候还会去询问书坊主此书的出版情况，以免重复刊刻。后来甘朝士局从苏州搬到了南通。同治二年（1863）吴门潘仪凤刻本《先文恭公自订年谱》，书末题"苏州甘朝士刻字铺，今移通州大圣桥堍"[4]。根据此书卷末潘仪凤的识语，"咸丰庚申（十年，1860）四月，吴门失守，仓猝不及携带，因再购板重镌，以垂不朽"[5]，可知识语的写作时间就是同治二年（1863）。根据识语所提供的信息，甘朝士局迁到通州的时间不晚于同治二年（1863），可能是在咸丰十年（1860），其迁到通州很有可能是因为战乱。

乾隆五十三年（1788）甘朝士刻字店刻本《集验良方》书影

甘朝士局的活动时间主要是在道光年间。甘朝士局刊刻过《图注脉诀辨真》，序言后有"甘朝士刻"字样，卷端

---

[1]（清）李彦章撰：《江南催耕课稻编》"目录"，道光十四年（1834）姑苏甘朝士铺刻本，第1b页。
[2]（清）杜纲编次，（清）许宝善批评，（清）谭载华校订：《北史演义》"目录"，乾隆五十八年（1793）吴门甘朝士局刻本，第8a页。
[3]（清）佚名纂：《集验良方》"序"，乾隆五十三年（1788）甘朝士刻字店刻本，第2b页。
[4]（清）潘世恩编：《先文恭公自订年谱》卷末，同治二年（1863）吴门潘氏刻本，第3b页。
[5]（清）潘世恩编：《先文恭公自订年谱》卷末，同治二年（1863）吴门潘氏刻本，第3b页。

题"古吴张青万、汪斗南同校"[1]，张、汪二人可能是此书的出版者。甘朝士局出版的《胎产心法》版权页有"道光己酉（二十九年，1849）重镌，卷内真字多作正字，系当时避讳之故，今仍照刊"，"板存苏州胥门内按察司前西间壁甘朝士刻字铺内，刷印装订，认明招牌，来者不误"。[2]这透露了甘朝士局当时在苏州的具体位置是胥门内的按察司附近。值得注意的是，这部书的序言作者落款是"道光己酉（二十九年，1849）仲秋，权江苏臬篆前苏松太观察使者固始吴其泰识于沧浪亭馆舍"[3]，可见正是凭借其地理上的优势，甘朝士局才得以刊刻此书，可能它平时也承担了按察司的刻书任务。

三、吴学圃的青霞斋

吴学圃是道光年间的有名刻工，其店名为"青霞斋"，又名"吴学圃局"，开设在阊门外的桐泾桥西，更具体的位置是在石屑街口。[4]青霞斋曾经为师林寺刊刻《了凡四训》，镌有"板存苏城师林寺""洞泾桥西吴青霞斋印"[5]。青霞斋还曾刊刻吴县学者高翔麟的《说文经典异字释》，卷末有"吴青霞斋局刻"[6]字样。道光元年（1821）刊刻的《词林正韵》，版心下有"翠薇花馆"字样，卷末有"阊门外桐泾桥西石屑街口吴学圃刊刻"[7]字样。

青霞斋可以说是道光年间苏州最为活跃的刻字铺之一。从青霞斋刊刻《段氏说文注订》及黄丕烈找其刊刻《荛言》来看，其刊刻技艺较高。道光年间，青霞斋还刊刻过《禊叙集言》（道光三年，1823）、《蔡氏月令》（道光四年，1824）、《藤花吟馆诗钞》（道光五年，1825）、《大涤山房诗

---

[1]（明）张世贤撰：《图注脉诀辨真》卷一，清刻本，第1a页。
[2]（清）阎纯玺撰：《胎产心法》，道光二十九年（1849）甘朝士刻本，扉页。
[3]（清）阎纯玺撰：《胎产心法》"跋"，道光二十九年（1849）甘朝士刻本，第2b页。
[4]《段氏说文注订》卷末有"吴郡阊门外洞泾桥西首青霞斋吴学圃局刻"字样。《沧浪亭志》卷末有"苏州阊门外桐泾桥西首青霞斋吴学圃刊刻"字样。《荛言》卷末有"阊门外桐泾桥西石屑街口吴学圃刊刻"字样。关于吴学圃，根据《吴氏大统宗谱》有"广园字学圃"，再无其他资料，不知其是不是刻字的吴学圃。
[5]（明）袁黄：《了凡四训》，清吴青霞斋刻本，扉页。
[6]（清）高翔麟：《说文经典异字释》卷十四，道光十八年（1838）吴青霞斋刻本，第50a页。
[7]（清）戈载撰：《词林正韵》，道光元年（1821）刻本，卷末。

录》（道光十四年，1834）、《易画轩诗录》（道光十五年，1835）、《河工器具图说》（道光十六年，1836）、《说文字通》（道光十八年，1838）、《碑版文广例》（道光二十一年，1841）、《石林居士建康集》（道光二十四年，1844）、《吴门治验录》（道光二十九年，1849）、《五湖渔庄图题词》（咸丰三年，1853）等书。其中，《吴门治验录》实际上是澄怀堂刻本，为青霞斋后印。

青霞斋可能是苏州书坊里少有的注重版权的刻字铺，青霞斋刻本《仪礼先易》的版权页有"道光丙午（二十六年，1846）仲秋初刊，校正无讹，翻刻必究""江村师敩书屋藏板"字样，版心下有"师敩书屋"字样。[1]因此，注重版权有可能并非青霞斋的主动要求，而是刊刻者"师敩书屋"提出的要求。青霞斋还刊刻过《段氏说文注订》，有牌记"同治五年（1866）丙寅碧螺山馆刊补"，卷末有"吴郡阊门外洞泾桥西首青霞斋吴学圃局刻"字样。[2]由于碧螺山馆是刊补，因此，其与青霞斋之间是否有合作关系尚待进一步考察。

但可以确定的是，青霞斋与当时的学者有合作，嘉庆至道光年间吴县戈氏刻本《翠薇花馆词》，为嘉庆二十三年（1818）初刻八卷，其后递有增刻，卷十七为道光十五年（1835）、道光十六年（1836）之作。卷首有嘉庆二十二年（1817）、嘉庆二十三年（1818）序，卷十末镌有"姑苏阊门外洞泾桥西石屑衖口东首吴学圃刊刻"[3]。嘉庆二十四年（1819）艺芸书舍刊本《昭德先生郡斋读书志》，内封有"吴门汪氏刊行，艺芸书舍藏版"字样，卷后有"苏州阊门外洞泾桥西吴青霞斋刊刻刷印"字样。[4]道光十五年（1835）苏州周缙刻本《检验合参》封面有"竹荸周氏藏板"字样，卷端印有"乙未（道光十五年，1835）九秋苏台周缙竹荸重刊"，卷末印有"江苏省城阊门外桐泾桥西首吴青霞斋刻字刷印"。[5]青霞斋刻本《秋室学古录》后有"苏州阊门外洞泾桥西首吴青霞吴学圃局刻"[6]字样。咸丰三年

---

[1]（清）吕仁杰撰：《仪礼先易》，道光二十六年（1846）刻本，扉页、版心。
[2]（清）钮树玉：《段氏说文注订》，道光三年（1823）钮氏非石居刻同治五年（1866）碧螺山馆重修本，扉页、卷末。
[3]（清）戈载：《翠薇花馆词》，嘉庆二十三年（1818）吴县戈氏家刻本，扉页、卷末。
[4]（宋）晁公武撰：《昭德先生郡斋读书志》，嘉庆二十四年（1819）刻本，扉页、卷末。
[5]（清）郎锦骐辑：《检验合参》，道光十五年（1835）周缙刻本，扉页、卷末。
[6]（清）余集撰：《秋室学古录》，道光年间刻本，卷末。

（1853）青霞斋刻本《太湖竹枝词》，封面有"咸丰癸丑（三年，1853）冬镌，石林园藏版"字样，卷末题"姑苏阊门外桐泾桥吴青霞斋刊"。[1]而且，青霞斋和官方机构也有合作，道光十六年（1836）南河节署刻本《河工器具图说》封面有"南河节署藏板"字样，卷末镌"姑苏阊门外洞泾桥西吴学圃局刻"。[2]道光十六年（1836），王国佐跋云："爰请任校勘之役，即付剞劂氏，公诸天下。"[3]因此，王国佐是负责直接与青霞斋对接的合作者。

道光十五年（1835）
周缙刻本《检验合参》书影

咸丰三年（1853）
青霞斋刻本《太湖竹枝词》书影

四、刘光德的博文斋

清代，常熟的刻书比较活跃。嘉庆五年（1800）刊刻的《天真阁集》镌有"刘光德博文斋镌"[4]，由此可知刘光德的刻字铺的店名为"博文斋"。博文斋的刻字活动最晚从乾隆末年就开始了，乾隆六十年（1795），博文斋刊刻了《（乾隆）常昭合志》。道光十八年（1838）昭文张氏刻本

---

[1]（清）叶承桂撰：《太湖竹枝词》，咸丰三年（1853）刻本，扉页、卷末。
[2]（清）麟庆撰：《河工器具图说》，道光十六年（1836）南河节署刻本，扉页、卷末。
[3]（清）麟庆撰：《河工器具图说》"跋"，道光十六年（1836）南河节署刻本，第2b页。
[4]（清）孙原湘：《天真阁集》卷二，嘉庆五年（1800）刻增修本，第20b页。

《鹿樵自叙年谱稿》卷末有"琴川博文斋刘宝成刊"[1]字样。这说明博文斋的经营持续到了道光年间。另外，光绪五年（1879）常熟刻经处刻本《佛说无量寿经》卷末有"常熟刘叔涵刊刻"字样。博文斋的特色在于，它是一个从乾隆末年延续到清末的以刘氏家族为主的刻字铺。

---

[1]（清）张大镛编：《鹿樵自叙年谱稿》卷上，道光年间刻本，第87b页。根据《(乾隆) 常昭合志》，文庙附近有博文斋。

第三节　刻工字体之变迁

字体是用来识别刻工的重要特征，能够体现刊刻的技艺和水平，而且带有明显的时代特征。本节主要分为匠体字和软字体两个部分，按照各自时代顺序选取具有代表性的刻工字体，其中，匠体字选取"蘇（苏）州"二字作为案例，软字体选取"東（东）吳（吴）"二字作为案例。

一、匠体字

1. 康熙至乾隆年间的匠体字

康熙至乾隆年间的刻工字体见表2.2。

表2.2　康熙至乾隆年间刻工匠体字表

刻工	蘇	州	字体来源
吳門劉萬傳	蘇	州	乾隆五十七年（1792）晖吉堂刻本《切问斋集》
姑蘇陳聖如	蘇	州	乾隆十一年（1746）刻本《绿杉野屋集》

刘万传的字体是乾隆年间苏州刻书字体的代表，从选取的"蘇州"二字可以发现其在刊刻时的字体特点。"蘇"字横画上的三角比较明显，而竖画起笔也带有三角，"禾"的竖画带钩。从总体上看，字体方正而趋向扁

平。陈圣如的字体比较有特色，虽然是匠体字，但是带有写刻本的风格，总体上呈现向右上方倾斜的状态。尤其是"蘇"字的横画，三角也比较明显，字与字间隔较小，可谓"见缝插针"。陈圣如刊刻的《绿杉野屋集》中其他比较有特色的字体见表2.3。

表 2.3　陈圣如字体表

刻工	代表字体	字体来源
陈圣如	朝 半 海 槙 薰	乾隆十一年（1746）刻本《绿杉野屋集》

陈圣如的字体横画基本上呈现向右上角倾斜的姿态，形成了一种独特的风格，而且节省了版面。字体的笔画也富有特色，如撇画、竖画写作短横，"半"字的点画写作撇、撇画写作竖弯钩，颇有书法韵味。

2. 嘉庆年间的匠体字

嘉庆年间的刻工字体见表2.4。

表 2.4　嘉庆年间刻工匠体字表

刻工	蘇	州	字体来源
張遇堯	蘇	州	嘉庆二十三年（1818）木渎周氏刻本《周易集解》
	蘇	州	道光二十一年（1841）吴江柳树芳刻本《华野郭公年谱》
	蘇	州	道光年间刻本《仲孙樊朱卷》
吳學圃	蘇	州	嘉庆二十五年（1820）晚香亭刻本《草亭先生诗集》

续表

刻工	蘇	州	字体来源
刘光德博文斋	蘇	州	嘉庆二年（1797）素修堂刻本《小湖田乐府》
	蘇	州	嘉庆五年（1800）刻增修本《天真阁集》

张遇尧的匠体字是嘉庆年间苏州刻书字体的代表，基本上延续了乾隆年间刻书的风格，字体扁平而笔画上稍有变化。从选取的"蘇州"二字与刘万传的字体对照来看，张遇尧的"蘇"字撇画更长，"禾"不带钩，最有特点的是张遇尧的捺画，与刘万传的区别较大。张遇尧的捺画结笔处拖得更长，带有弧度，而刘万传的捺画则不是很明显。从整体上看，张遇尧的字体较之刘万传更为扁平，这一点从"禾"的横画的位置就能看出。刘万传的"禾"的横画与"魚"的上横齐平，而张遇尧的则低于"魚"的上横，略高于"魚"中间的横画。

吴学圃刊刻的"蘇州"二字总体上与张遇尧的是比较接近的，只是在一些笔画上存在细微的差别，如吴学圃刊刻的"魚"底下的短撇较粗，并呈现出由左到右升高的姿态，而张遇尧刊刻的"魚"底下的四个短撇则基本处于同一水平线。常熟刘光德刊刻的两部书中的"蘇州"二字比较接近，变化不大。再看刘光德和张遇尧在嘉庆年间刊刻的字体（表2.5）。

表2.5　刘光德、张遇尧字体表

刻工	字体范例	字体来源
刘光德	吳 風 厵 坤 自 夔 行	嘉庆五年（1800）刻增修本《天真阁集》
张遇尧	縣 之 弘 象	嘉庆二十三年（1818）木渎周氏刻本《周易集解》

刘光德的字体总体上呈现出一种扁平的形态，笔画颇有特色，如"原""夢（梦）"等字。从整体版面来看，这种字体使排版较为紧凑。而张遇尧的笔画有的较粗，从整体上呈现出一种宏伟的形态，其中，"縣（县）""之"等字的笔画颇有特色。

3. 道光年间的匠体字

道光年间的刻工字体见表2.6。

嘉庆五年（1800）刻增修本《天真阁集》书影

表2.6 道光年间刻工匠体字表

刻工	蘇	州	字体来源
琴川郑永胜	蘇	州	道光年间琴川郑永胜刻本《琴川三志补记》
姑蘇甘朝士鋪	蘇	州	道光十四年（1834）姑苏甘朝士局刻本《江南催耕课稻编》
姑蘇蔣建隆	蘇	州	道光十五年（1835）胜溪草堂刻本《秋树读书楼遗集》
虞山博文斋刻寶成	蘇	州	道光十八年（1838）虞山博文斋刘氏刻本《鹿樵自叙年谱稿》
吳門王蘭坡	蘇	州	道光二十年（1840）华氏刻本《锡山文集》

续表

刻工	蘇	州	字体来源
張遇堯刊	蘇	州	道光年间刻本《穿山小识》
	蘇	州	道光三十年(1850)太仓徐氏刻本《徐秋士先生自订年谱》
文奎齋局	蘇	州	道光三十年(1850)刻本《义门先生集》

  道光年间的刻工字体主要以郑永胜、刘建扬、王兰坡、甘朝士等人的字体为代表，其中，郑永胜的字体与刘建扬、王兰坡、甘朝士的字体区别较大。从选取的"蘇州"二字来看，郑永胜之字结构紧凑，富有特点。"蘇"字中"魚"的一横可能是由于印刷问题而缺少一半，也有可能是由于刊刻的时候只刊刻了一半。捺画短且有弧度，横撇的起笔带有明显的三角符号，这是与其他刻工字体的不同之处。从郑永胜所刻的"州"字来看，两边高中间低，而其他刻工的字体基本持平。郑永胜刊刻的其他字如"之""文"的点画写成短竖，"永"字的点画写成长横，"更""文"的捺画起笔都带有短撇，见几位刻工的其他字体范例表（表2.7）。

  再看张遇尧道光年间刊刻《华野郭公年谱》中的"蘇州"二字，字体形态、笔画写法也有所变化。道光年间的字体更为轻快，不再扁平，而是偏于细长，捺画的写法也与嘉庆年间的不同。而张遇尧在道光年间刊刻《仲孙樊朱卷》时，字体又有所变化，如"州"字变得更为扁平，"蘇"字则和嘉庆年间刻的"蘇"字接近。张遇尧刊刻时，有的笔画带有细小的横画，如"八""内"，点画有时也写成横画，如"監（监）"。

  刘建扬、王兰坡、甘朝士三位刻工的字体比较一致，但一些细节之处也存在区别。刘建扬的字体总体上结构比较疏朗，尤其是"州"字的写法，明显与其他两位不同。刘建扬所写的"心""永"等字的笔画也比较有特点。而王兰坡的字体也颇有特点，总体上较其他两位刻工的字体瘦长一些。这一点从"蘇"字中"禾"的横画位置就能看出，其他几位刻工的横画基本上与"魚"中间的横画持平,而王兰坡的横画则与"魚"的上横齐平,这就使得字体呈现出拉长的效果。

甘朝士的"艹"中的横画是最长的,其刻的"蘇州"二字比较明显的特点是短撇较长,如"蘇""州"二字的撇点。甘朝士的字体在道光年间的苏州刻书中颇有特色,即使是同一书中的"吴"字,也有所差别。其他比较有特色的如"令"字的上点写成横画,下点写成竖画;"月"字的钩画有明显的弧度;等等。

太仓刻工张燮臣刊刻的"蘇州"二字,有的笔画较有特点,如"禾"的捺画被简化成了点,而"州"字结构紧凑,显得瘦长。张燮臣刊刻的《徐秋士先生自订年谱》中的"蘇州"二字则与其在道光年间刊刻的《穿山小识》中的不同,除了"禾"的捺画没有被写成点画外,"州"字上方的三角也更为明显。

道光年间虞山博文斋刊刻的"蘇州"二字较嘉庆年间也发生了较大的变化,如"禾"的撇画被写成了横画,字体结构总体上较为疏朗,呈现出扁平的形态,如"蘇"字的"田""禾"被横向拉长。

文奎斋刊刻的"州"字与虞山博文斋的"州"字比较接近,"蘇"字中"禾"的竖画结笔则出现缺口。文奎斋的"縣""教"等字的写法也较有特色。

表 2.7 道光年间刻工字体范例表

刻工	字体范例	字体来源
张遇尧	昭 八 監 丙	道光二十一年(1841)吴江柳树芳刻本《华野郭公年谱》
文奎斋	縣 教	道光三十年(1850)刻本《义门先生集》
甘朝士	吳 吳 令 園 熟 并 爲 寒 時 月	道光十四年(1834)姑苏甘朝士局刻本《江南催耕课稻编》

刻工	字体范例	字体来源
郑永胜	海永卽 虞更交 之故矣	道光年间琴川郑永胜刻本《琴川三志补记》
刘建扬	心 之 幾 永	道光十五年（1835）胜溪草堂刻本《秋树读书楼遗集》

4. 咸丰、同治年间的匠体字

咸丰、同治年间的刻工字体见表2.8。

表2.8 咸丰、同治年间刻工匠体字表

刻工	蘇	州	字体来源
玉峰陈锡甫	蘇	州	同治六年（1867）玉峰陈锡甫刻本《通隐堂诗存》
蘇城陶升甫	蘇	州	同治年间陶升甫刻本《陆陈二先生文钞》
	蘇	州	光绪二十五年（1899）刻《春在堂全书》本《俞樾集》
汤晋苑	蘇	州	同治二年（1863）吴县潘氏刻本《思补老人自订年谱》
	蘇	州	同治七年（1868）汤晋苑局刻本《仪礼正义》

续表

刻工	蘇	州	字体来源
許文一	蘇	州	同治年间刻本《丁有庚朱卷》

同治年间是苏州刻书的复兴期，这一时期的刻工以陶升甫、汤晋苑等人为代表。从选取的"蘇州"二字来看，昆山刻工陈锡甫的字体与其他两位刻工有所区别。陈锡甫刊刻的"蘇"字中的"魚"起笔较长，"州"字的点画近似。从陈铺甫、汤晋苑、陶升甫其他字体范例（表2.9）可以看出，陈锡甫刊刻的其他字如"濕（湿）""戶"等的一些笔画写法较有特点，总体上看比较方正，不像其他几位刻工所呈现出的扁平形态，如将"風（风）"字与陶升甫刊刻的对照，陈锡甫的显得较瘦，而陶升甫的显得较宽。

陶升甫的字体较为扁平。光绪年间，陶升甫所刻的"蘇州"二字风格与同治年间有所区别。从《陆陈二先生文钞》的字体来看，陶字总体上比较扁平，字与字紧凑，"將（将）""兩（两）"等字能够很好地反映出其字体风格。

汤晋苑的刊刻也较有特点，捺画细短，所选两部书中的"蘇州"二字字体极为接近。汤晋苑刊刻的《仪礼正义》中的其他字，如"東"字的捺画短而宽，竖画有写成悬针竖的；"畢（毕）"字较为方整；"西"字笔画的安排、"宿（宿）"字中"丙"的写法、"爵"字中"罒"的写法都比较有特点。

许文一的"蘇州"二字较有特色，如其捺画是短捺，而"州"字呈现出左高右低的形态，短的竖撇与第二个点之间呈现出相连的状态。

表2.9 咸丰、同治年间刻工字体范例表

刻工	字体范例	字体来源
陈锡甫	令 今 溼 風 炲 戶 處 歷 叟 久 兼	同治六年（1867）陈锡甫刻本《通隐堂诗存》

续表

刻工	字体范例	字体来源
汤晋苑	東彙荅而宿玄蔚	同治七年(1868)苏州汤晋苑局刻本《仪礼正义》
陶升甫	太風將雨之心	同治九年(1870)至光绪二年(1876)刻本《陆陈二先生文钞》

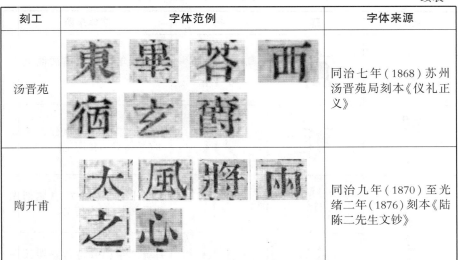

同治九年(1870)至光绪二年(1876)刻本《陆陈二先生文钞》书影

5. 光绪、宣统年间的匠体字

光绪、宣统年间的刻工字体见表2.10。

表 2.10　光绪、宣统年间刻工匠体字表

刻工	蘇	州	字体来源
太仓张浩三	蘇	州	光绪八年（1882）蟾波阁刻本《红楼梦散套》
苏城阊门内宋道桥西坞朱文瑞堂雕印	蘇	州	光绪十年（1884）枫江徐氏刻本《重刻劲节楼图记》
常熟刘光德	蘇	州	光绪十三年（1887）常熟刘光德局刻本《归宫詹集》
	蘇	州	宣统二年（1910）常熟瞿氏铁琴铜剑楼刻本《学古斋集》
苏城徐文艺斋	蘇	州	光绪十六年（1890）苏城徐文艺斋刻本《五亩园小志题咏合刻》
苏城许洽源平江路刻印	蘇	州	光绪十七年（1891）乌程庞氏刻本《笠东草堂遗稿》
郑文铭斋	蘇	州	光绪年间刻本《曹元忠朱卷》
	蘇	州	光绪年间刻本《陆清翰朱卷》
苏城徐元圃手辑图	蘇	州	宣统元年（1909）刻本《语石》

光绪年间是苏州刻书的兴盛期，这一时期涌现出较多的著名刻工。太仓张浩三刊刻的"蘇州"二字，结构较为紧凑，显得细长，尤其是"州"字每笔之间的空隙较小。从刻工的其他字体范例（表 2.11）可以看出，张浩三刊刻的"是""滨（深）"等字也较有特点。

常熟刘光德刊刻的"蘇州"二字的特点是撇画较长，而"州"字的三角比较明显。"禾"的横撇与张浩三的写法接近，只不过较短。其他如"古"字上方的竖画、"之""文"横捺的起笔、"形"字的"开"等较有特点，总体上撇画长而捺画短。

吴文焕斋的字体较有特色，其中，"禾"字的横撇变成了短横，而"州"字的上面基本处于同一水平线，字体也显得比较扁平。吴文焕斋的字体以扁平为主，其中"永""歷（历）""刊"等字较有特点，"永"字的横画较为平直，竖画较短；"歷"的竖弯钩较为扁长；"刊"字起笔的横画写成短撇。

徐文艺斋刊刻的"蘇州"二字的横画和竖画的粗细比较接近，"州"字的竖画较长，故而显得挺拔。徐文艺斋刊刻的如"旁"字的写法、"鼎"字的结笔较有特点。徐稚圃的字体比较扁平，"魚"的最下面四画皆在上半部分之下，而捺画脱离"禾"，奏刀轻快。

许浩源刊刻的"蘇州"二字总体上较扁，"州"字的竖撇弧度较大，与吴文焕斋的"州"字颇为接近。表 2.11 中许浩源的字体以扁平为主，"吴""守"等字具有代表性，其他如"以"字的结构安排，一为扁平，一为瘦长。

郑子兰刊刻的"蘇州"二字较为扁平，与许浩源的字体比较接近。而且即使是郑子兰在光绪年间刊刻的朱卷中的"蘇州"二字，在笔画上也存在差别。郑子兰刻书的字体差别较大，表 2.11 中所选的字体一为扁平，一为瘦长。通过两个"心"字的对比就能够发现，前者竖弯钩中的竖画较短，后者则较长；前者点画的位置基本与竖弯钩中的空白处相对，而后者则与竖弯钩的起笔相对，故而显得瘦长。其他如"吴""如"中"口"字的写法也体现出字体风格的不同。

表 2.11　光绪、宣统年间刻工字体范例表

刻工	字体范例	字体来源
张浩三	東 是 清 風 淡	光绪八年（1882）蟾波阁刻本《红楼梦散套》
吴文焕斋	永 吳 郡 歷 刊	光绪十年（1884）枫江徐氏刻本《重刻劲节楼图纪》
刘光德	古 交 苑 風 今 之 不 延 大 禹 魚 彤 窗 柔	光绪十三年（1887）常熟刘光德局刻本《归宫詹集》
郑子兰	吳 縣 歷 行 爲 爲 之 心 弼	光绪十八年（1892）吴县曹氏刻本《礼经校释》
	東 吳 心 清 夢 如 歲 風	光绪十五年（1889）刻本《鹊泉山馆集》
许浩源	吳 心 以 以 守 風 也	光绪十七年（1891）乌程庞氏刻本《笠东草堂遗稿》
徐文艺斋	宄 鼎 心	光绪十六年（1890）苏城徐文艺斋刻本《五亩园小志题咏合刻》
徐稚圃	發 永 永	宣统元年（1909）刻本《语石》

通过朱卷的刊刻能看出咸丰年间和光绪年间的字体差别。右边为咸丰年间的《袁清贺朱卷》与光绪年间的《陆清翰朱卷》中"清"字的写法对照。

《袁清贺朱卷》中的"清"字

《陆清翰朱卷》中的"清"字

通过"清"字的对比可以发现，咸丰年间的"清"字结构较为疏朗，三横之间保持了一定的间距，而光绪年间的"清"字则较为紧凑；前者左边三点中的前两点较为圆润，而后者显得较长；前者第三点的提尖到了"青"的第二道横，而后者则是到了"青"的第三道横；前者"円"上面的横画与竖画三角底部相连，故而显露三角，而后者则与三角符号的顶部相连，故而连接处呈现左高右低的坡度。

另外，关于苏州比较有名的刻字店谢文翰斋的字体，潘钟瑞在光绪十一年（1885）的日记中记载："拟刻叶蜕翁所辑《赏奇集》，谢店字样劣而多误，竟不能上板，姑排次之。"[1]由此可见，谢文翰斋的字样不佳且有不少错误。

宣统年间刻字的以刘光德局和徐稚圃为代表，两者都是家族传承式的。从总体上看，宣统年间的字体与光绪年间的差别不大。比较特别的是徐稚圃刊刻的《语石》，其中如"發（发）""永"的捺画都缺笔。

二、软体字

清代称写刻本字体为"软体字"，也称"活字"。软体字体受写工字体影响较大。顾文彬在同治年间的书信中提及对活字的看法，颇具典型性：同治十一年（1872），《可自怡斋试帖补注》"如欲刻活字，请颖叔先写样一纸，其大小以通行之适中为主，先寄我一看，再行付刻"[2]。同治十二年

---

[1]（清）潘钟瑞著，尧育飞整理：《潘钟瑞日记》（上），凤凰出版社2019年版，第289页。
[2]（清）顾文彬著，苏州市档案局（馆）、苏州市过云楼文化研究会编：《过云楼家书：点校本》，文汇出版社2016年版，第176页。

（1873），"活字之佳者胜于宋字，若不佳则不如宋字。然总以刻手佳方不走样，倘店中写手不佳，或仍托颖叔写样如何"[1]。由此可见，当时的写刻字体大小基本一致，有通行的大小规范，而且写工、刻工对刻本质量至关重要，如果不佳，还不如宋字。这里选取"東吳"二字作为不同时期刻工刊刻的软字体的对照（表 2.12）。

表 2.12　清代苏州刻工软体字表

刻工	東	吳	字体来源
李士芳	東東	吳	雍正年间扫叶山庄刻本《一瓢斋诗存》
	東	吳	乾隆年间扫叶山庄刻本《抱珠轩诗存》
張遇堯	東	吳	乾隆、嘉庆年间写刻本《独学庐全稿》
穆大展	東	吳	乾隆年间刻本《葆璞堂诗集》
	東	吳	乾隆二十七年（1762）刻本《三江水利纪略》
湯士超	東	吳	乾隆三十六年（1771）刻本《（乾隆）历城县志》
	東	吳	乾隆四十一年（1776）陆氏怀烟阁刻本《吴越所见书画录》
	東	吳	乾隆年间刻本《经玩》

---

[1]（清）顾文彬著，苏州市档案局（馆）、苏州市过云楼文化研究会编：《过云楼家书：点校本》，文汇出版社 2016 年版，第 243 页。

续表

刻工	東	吳	字体来源
張浩三	東	吳	嘉庆十七年（1812）刻本《汉魏六朝志墓金石例》
周宜和	東	吳	嘉庆二十五年（1820）会稽陈氏刻本《藤阿吟稿》
吳學圃	東	吳	道光十三年（1833）扬州阮氏文选楼刻本《揅经室诗录》
蘇城徐元圃	東	吳	咸丰十一年（1861）至同治三年（1864）仪一堂刻本《贞丰诗萃》

从表2.12中选取的清代苏州刻工的"東吳"二字字体可以看出，李士芳《一瓢斋诗存》与《抱珠轩诗存》中的"東吳"二字字体存在区别，而且即使是同样的"東"字，也存在将捺画写成点画的情况，而"吳"字的写法区别最大，尤其是"口"，《抱珠轩诗存》中的写法略扁。张遇尧的"東吳"二字较有特色，"東"字上面的横是最短的，而"吳"字中的一画被写成近似于"一"。穆大展的两种"東吳"二字较为接近，区别在于《葆璞堂诗集》中的"東吳"线条较粗，更为饱满，而《三江水利纪略》中的则较为瘦劲。穆大展的写刻本比较接近赵孟頫的字体。[1]汤士超在三种刻本中所刻的"東吳"二字各不相同，《（乾隆）历城县志》中的"東吳"二字较为方正，而《吳越所见书画录》中的"東吳"二字则笔画变化较大，"東"字的捺画被简写成点画，与"吳"字的点画较为接近，而且"吳"字的横画呈现出向右上角倾斜的姿态，竖画则向左下角倾斜；《经玩》中的

---

[1] 对于乾隆五十六年（1791）张朝乐刻本《两汉策要》，沈津认为："此为写刻本，体似赵孟頫，书法秀劲流转，字大悦目。刻手亦丝毫不失神理，摹刻精美。"（沈津主编：《美国哈佛大学哈佛燕京图书馆藏中文善本书志》5，广西师范大学出版社2011年版，第2077页。）

"東吳"与《(乾隆)历城县志》中的较为接近,差别在于"東"字写成了捺画,而"吳"字总体上线条较细。周宜和的"東吳"二字较为方正,"東"字的竖画被写成垂露竖。吴学圃的"東吳"二字的特点是横画和捺画都较长,如"東"字上的横画是最长的,而"吳"字的撇画也写得较长。张浩三刻的"東吳"二字与其他刻工的字体区别较大,这与写工有关,总体上呈现出向右上方倾斜的形态,笔画富于变化,较有笔力。

康熙年间的刻本中软体字比较常见,但是到了清末,软体字就比较鲜见了,反映出这门技艺的消亡,正如宣统年间邹福保重刻《宋范文正忠宣二公全集》的序言所说:"康熙本剞劂精工,俗谓之软体字,今求之梓人,盖无复有能书能刻者矣,故此本□作宋体字。"[1]根据邹氏所说,当时的刻工已经不能刊刻软体字了。光绪、宣统年间,宋体字已经完全取代了软体字。

再看几位刻工的其他软字体的特点(表2.13)。

表2.13 清代苏州刻工软字体范例表

刻工	字体范例	字体来源
李士芳	歷 芳 指 豆 川 隋	雍正年间扫叶山庄刻本《一瓢斋诗存》
穆大展	歷 縣 承 久 延 面	乾隆二十七年(1762)刻本《三江水利纪略》
穆大展	楊 延 處 廈 系 解 玉	乾隆三十年(1765)刻本《培远堂诗集》
	徑 明 玉 風 府 茂	乾隆三十七年(1765)刻本《葆璞堂诗集》

---

[1](宋)范仲淹著,(宋)范纯仁撰:《宋范文正忠宣二公全集》,宣统二年(1910)岁寒堂刻本,第2a页。

续表

刻工	字体范例	字体来源
汤士超	君 风 则 丽 谦 福 济 衣	乾隆年间刻本《经玩》
	物 义 立 近 於 立 立	乾隆四十一年（1776）刻本《吴越所见书画录》
张浩三	太 录 某 某 永	嘉庆十七年（1812）刻本《汉魏六朝志墓金石例》

　　李士芳的软体字镌刻精秀，笔画富于变化，较为瘦劲，如"应"字的"止"、"芳"字的"艹"、"指"字的"匕"等，都富于特色，颇有柳体风格。穆大展的写刻体则总体上偏于流利一路，接近赵体，字体较扁，其中，《葆璞堂诗集》与《培远堂诗集》的字体接近，而《三江水利纪略》的字体则有所区别，当中"县"字的写法、"处（处）"字的变化都较有特点。

乾隆三十七年（1772）刻本《葆璞堂诗集》书影　　乾隆三十年（1765）刻本《培远堂诗集》书影

　　汤士超在《经玩》《吴越所见书画录》中呈现出来的看似是两种字体，实则都本于赵体，其区别在于前者雍容典雅、笔画方正，而后者则是赵体的变体，笔画时见勾连，且富于变化，如"立"字。

张浩三刊刻的《汉魏六朝志墓金石例》笔画硬峭，除了总体上向右上方倾斜外，字与字的间隔较小，字体富于变化，如"永"字的右边写成竖弯钩，以及"某"字的字体有变化。

乾隆四十一年(1776)刻本　　　　　　嘉庆十七年(1812)刻本
《吴越所见书画录》书影　　　　　　《汉魏六朝志墓金石例》书影

光绪年间，毛上珍镌刻的最具代表性的书籍当属《香雪斋诗钞》，此书的版权页有"光绪十九年（1893）蕚桐溪严氏雕版"字样，卷末有严辰题诗云："今幸得佳儿，精椠寿佳作（刻仿宋板）。"另有"苏州毛上珍镌板"字样。[1]这部书雕刻精美，字体仿照宋版书字体，体现了毛上珍的高超技艺。

清代苏州刻工情况见表2.14。

表2.14　清代苏州刻工情况表

刻工	时期	地域	刻书	版本	说明
李秀芝	顺治至康熙	苏州[2]	《九大家诗选》	顺治十七年（1660）李秀芝刻本	扉页有"古吴李秀芝梓"字样

[1]（清）严辰:《香雪斋诗钞》，光绪十九年（1893）刻本，扉页、卷末。
[2] 按：清代苏州刻工在署名时多称"古吴""吴郡"等，无法确切得知其更为具体的籍贯，对于此种情况，概以"苏州"作为所属地域。

续表

刻工	时期	地域	刻书	版本	说明
刘汝洁	康熙	苏州	《吴县志》	康熙三十年（1691）刻本	扉页有"孙鸣庵先生纂辑,金阊刘汝洁梓"字样
邓明玑	康熙	苏州	《昌黎先生诗集注》	康熙三十八年（1699）长洲顾氏秀野草堂刻本	凡例后镌有"吴郡邓明玑初骧开雕",钤有"进呈御览"双龙戏珠圆形朱印
			《一鹤庵诗》	康熙年间吴郡邓明玑刻本	目录下镌有"吴郡邓明玑初骧绣梓",下书口镌有"泉石山房"
李士芳	康熙至乾隆	苏州	《韩文类谱》	雍正七年（1729）马氏小玲珑山馆依宋本《韩柳二先生年谱》刻本	卷一末有"吴郡李士芳镌"字样
			《斫桂山房诗存》	雍正十三年（1735）刻本	序后有"吴郡李士芳镌"字样
			《西圃草堂诗集》	乾隆十二年（1747）刻本	卷末有"李士芳刻"字样
			《一瓢斋诗存》	乾隆五十九年（1794）扫叶村庄刻本	版心下题"扫叶村庄",序言后有"吴郡李士芳镌"字样
			《抱珠轩诗存》	乾隆五十九年（1794）扫叶村庄刻本	序后有"吴郡李士芳镌"字样
程际生	康熙	苏州	《近思录集解》	康熙年间吴郡邵仁泓刻本	邵仁泓跋后有"吴门程际生镌"字样
李又韩子永瑞店	乾隆	苏州	《太湖备考》	乾隆十五年（1750）艺兰圃刻本	目录后有"吴门李又韩子永瑞店镌"字样
许翼周	乾隆	苏州	《唐人五言长律清丽集》	乾隆二十二年（1757）徐氏刻本	卷六末刻有"吴郡许翼周镌"

续表

刻工	时期	地域	刻书	版本	说明
张若迁	乾隆	苏州	《月满楼甄藻录》	乾隆二十八年(1763)刻本	根据"高校古文献资源库"
			《吴郡甫里志》	乾隆三十年(1765)刻本	序末有"吴郡张若迁刻"字样
			《春秋困学录》	乾隆三十一年(1766)刻本	自序末有"吴郡张若迁刻"字样
			《国朝诗正声集》	乾隆三十四年(1769)怀斯堂刻本	项章序末有"吴郡张若迁刻"字样
			《衔远楼诗稿》	乾隆三十九年(1774)素位堂刻本	彭启丰序后有"吴郡张若迁镌"字样
			《心斋十种》	乾隆五十年(1785)至五十五年(1790)震泽任氏刻本	卷末有"吴郡张若迁刻"字样
甘朝士	乾隆至道光	苏州	《集验良方》	乾隆年间刻本	版权页有"乾隆戊申(五十三年,1788)重镌,姑苏臬辕西首甘朝士刻字店印钉"字样
			《北史演义》	乾隆五十八年(1793)吴门甘朝士局刻本	目录后有"吴门甘朝士局刻"字样
			《江南催耕课稻编》	道光十四年(1834)姑苏甘朝士铺刻本	目录后有"姑苏甘朝士铺刻"字样
			《养默山房诗录》《诗录续存》	道光十九年(1839)刻本	根据"古籍刻工名录"
			《潘世恩自订年谱》	同治二年(1863)苏州甘朝士刻字铺刻本	根据"全国古籍普查登记基本数据库"

续表

刻工	时期	地域	刻书	版本	说明
陈圣如	乾隆	苏州	《绿杉野屋集》	乾隆十一年（1746）刻本	卷四末有"姑苏陈圣如刊刻"字样
			《先儒粹言》	乾隆十四年（1749）充安居刻本	马渭跋末行题"姑苏陈圣如刻"
郑天荣	乾隆	苏州	《吹万阁集》	乾隆三十三年（1768）刻本	序后镌有"娄门内张香桥郑天荣刻"
汤士超	乾隆	苏州	《经玩》	乾隆年间刻本	序后刻有"吴门汤士超镌"
			《历城县志》	乾隆三十六年（1771）刻本	"纂修姓氏"中有"办镌：监生吴邑汤士超恂辉"字样
			《吴越所见书画录》	乾隆四十一年（1776）刻本	卷末有"吴门汤士超镌"字样
穆大展	乾隆	苏州	《玉芝堂集》	乾隆年间刻本	卷一末有"吴门穆大展局刻字"字样
			《乾隆丙子科乡试蒋业晋朱卷》	乾隆二十一年（1756）刻本	卷末有"穆大展局刻"字样
			《三江水利纪略》	乾隆二十七年（1762）刻本	《三江水利图》后有"吴门穆大展局刻"字样
			《培远堂偶存稿》	乾隆三十年（1765）刻本	序后镌有"吴门穆大展局刻"
			《昭代词选》	乾隆三十二年（1767）经钼堂刻本	卷三十八末有"金陵穆大展刻字"字样
			《四书考辑要》	乾隆三十六年（1771）临桂陈氏培远堂刻本[1]	扉页镌有"姑苏近文斋镌""培远堂藏板"，版心镌有"培远堂"。"四书考辑要目"下镌有"吴门穆大展局刻"

[1] 张宝三认为卷端题名及陈宏谋序"盖皆书坊为借陈宏谋之名以射利，故加以伪作、改窜也。""疑即近文斋据培远堂加以重镌而有所改窜也。其名叶题'乾隆三十六年'恐不可据"。[张宝三：《美国芝加哥大学图书馆藏中文古籍善本书志·经部》（下），国家图书馆出版社2020年版，第667页。]

续表

刻工	时期	地域	刻书	版本	说明
穆大展	乾隆	苏州	《万言肆雅》	乾隆三十七年（1772）刻本	跋语末行有"近文斋穆大展刻"字样
			《葆璞堂文集》《诗集》	乾隆三十七年（1772）刻本	序后镌有"玩松山人孔成氏穆大展刻字"
			《两汉策要》	乾隆五十六年（1791）张朝乐摹刻本	吴门许庆龙、玩松子穆大展刻（根据"古籍刻工名录"）
王景桓	乾隆至嘉庆	苏州	《竹云题跋》	乾隆三十二年（1767）刻本	卷四末有"吴郡王景桓镌字"字样
			《义门读书记》	乾隆三十四年（1769）刻本	跋文后镌有"吴郡铁瓶巷王景桓镌"，封面题"石香斋藏版"
			《子史精华》	乾隆五十五年（1790）张松孙刻本	书尾镌有"江苏江宁王景桓刊"
			《春秋三传》	嘉庆十年（1805）刻本	卷末镌有"江宁王景桓董工"
			《存素堂文集》	嘉庆十二年（1807）扬州程邦瑞刻本	跋后镌有"秣陵陶士立缮写，江宁王景桓董刊"
			《续资治通鉴》	乾隆、嘉庆年间刻本	卷末镌有"江宁监生王景桓镌"
谭一夔	乾隆	苏州	《阴阳五要奇书》	乾隆五十五年（1790）姑苏乐真堂刻本	《阳明按索图》末行题"姑苏谭云龙子一夔刻"
刘万传	乾隆	苏州	《切问斋集》	乾隆五十七年（1792）晖吉堂刻本	封面题"切问斋集，乾隆壬子年（五十七年，1792）开雕，晖吉堂藏板"。卷十六末有"吴门刘万传刻字"字样
程郁文	乾隆	昆山	《五经揭要》	乾隆五十三年（1788）至五十七年（1792）许宝善自怡轩刻本	《五经揭要》卷六末有"昆山程郁文刻"字样

续表

刻工	时期	地域	刻书	版本	说明
刘光德	乾隆至宣统	常熟	《省吾堂四种》	乾隆年间常熟蒋氏省吾堂刻本	卷末镌有"常熟刘光德局刻"
			《十玉人传》附图	乾隆年间刻本	蒋一葵刻图。刻工：常熟刘光德（根据"古籍刻工名录"）
			《震川大全集》	嘉庆元年（1796）玉钥堂刻本	内封镌有"玉钥堂梓行"，每卷后有"常熟刘光德局镌"字样
			《小湖田乐府》	嘉庆二年（1797）素修堂刻本	卷五末有"常熟刘光德刻"字样
			《天真阁集》	嘉庆五年（1800）刻增修本	卷二末镌有"刘光德博文斋镌"，卷十六末镌有"常熟刘光德局镌"
			《归宫詹集》	嘉庆十年（1805）玉钥堂刻本	卷末有"常熟刘光德镌"字样
			《虞邑先民传略》	嘉庆二十年（1815）刻本	卷十六末镌有"刱厥氏刘光德"
			《鹿樵自叙年谱稿》	道光十八年（1838）虞山博文斋刘氏刻本	卷上末有"琴川博文斋刘宝成刊"字样，卷下末有"虞山博文斋刘宝成刊"字样
			《归宫詹集》	光绪十三年（1887）常熟刘光德刻本	卷末有"常熟刘光德镌"字样
			《学古斋集》	宣统二年（1910）常熟瞿氏铁琴铜剑楼刻本	卷末有"虞山刘光德局镌"字样
王敬文刻字铺（宝晋斋）	乾隆至道光	苏州	《信心应验录》	嘉庆六年（1801）刘氏净念堂刻本	版心有"净念堂"字样，封面题"信心应验录，净念堂敬刊"。左下题"板存苏州胥门内财帛司堂南首西察院大街，宝晋斋王敬文刻字铺。印订每部工本只取六百八十文"

续表

刻工	时期	地域	刻书	版本	说明
王敬文刻字铺（宝晋斋）	乾隆至道光	苏州	《秋蘋印草》	嘉庆二十一年（1816）刻本	姑苏三敬文镌（根据"古籍刻工名录"）
			《琵琶谱》	嘉庆二十四年（1819）刻本	卷下后有"吴门王敬文镌"字样
			《梅里志》	道光四年（1824）刻本	卷末有"吴门王敬文刻"字样
			《六朝唐赋约编》	咸丰二年（1852）传经书屋刻本	序后有"吴门王敬文刻"字样
张遇清	乾隆	苏州	《吴中女士诗钞》	乾隆五十四年（1789）至五十九年（1794）刻本	《爱兰诗钞》末有"吴门臬司前西张遇清刻"字样
张遇尧喜墨斋	嘉庆至道光	苏州	《独学庐全稿》	乾隆至嘉庆年间写刻本	《独学庐三稿》目录后有"吴门张遇尧刻"字样
			《周易集解》	嘉庆二十三年（1818）木渎周氏刻本	序后有"姑苏喜墨斋张遇尧局镌"字样
			《红楼梦传奇》	嘉庆、道光年间吴门张遇尧刻本	根据"全国古籍普查登记基本数据库"
			《苏州府志》	道光四年（1824）刻本	"修志姓名"后镌有"姑苏张鲈香刊"
			《绿野斋文集》	道光七年（1827）李廷锡刻本	目次末页镌有"苏州张鲈香刻"
			《魏公谭训》	道光十年（1830）刻本	卷末有"吴门张鲈香刻字"字样
			《元妙观志》	道光十二年（1832）刻本	《元妙观图》后镌有"臬署前喜墨斋刻字店镌"
			《道光庚子恩科乡试仲孙樊朱卷》	道光二十年（1840）刻本	卷末有"吴郡臬辕西刘喜墨斋刻"字样

续表

刻工	时期	地域	刻书	版本	说明
张遇尧喜墨斋	嘉庆至道光	苏州	《华野郭公年谱》	道光二十一年(1841)吴江柳树芳刻本	书末有"吴郡喜墨斋刻"字样
			《集验良方拔萃》	道光二十一年(1841)刻本	版权页有"印送□□按察司前西喜墨斋刻字店"字样
汪耀明	嘉庆	苏州	《古小赋钞》	嘉庆年间刻本	卷上、下目录后有"姑苏卫前汪耀明刻"字样
周宜和	嘉庆	苏州	《紫云仙馆试帖初集》	嘉庆年间刻本	卷中镌有"姑苏南仓桥爱莲室周宜和刻"
			《生香馆诗》	嘉庆二十四年(1819)刻本	卷上末有"长洲许翰屏仿宋书,周宜和董刊"字样
			《藤阿吟稿》	嘉庆二十五年(1820)会稽陈氏刻本	卷末有"姑苏葑门内南仓桥周宜和铺刻字"字样
王有耀斋	嘉庆	苏州	《历朝名媛诗词》	乾隆三十八年(1773)红树楼刻本	卷末镌有"有耀斋王凤仪刻字"
			《自远堂琴谱》	嘉庆七年(1802)学海堂刻本	跋后有"吴中有耀斋王凤仪刻字"字样
			《陶山诗录》	嘉庆十五年(1810)吴门有耀斋刻本	卷十二末有"吴门有耀斋王凤仪刻"字样
			《重订外科正宗》	清铁瓶里有耀斋局刻本	根据"全国古籍普查登记基本数据库"
吴学圃	嘉庆至道光	苏州	《荛言》	嘉庆年间刻本	卷末有"阊门外桐泾桥西石屑衕口吴学圃刊刻"字样
			《草亭先生诗集》	嘉庆二十五年(1820)晚香亭刻本	卷四末有"姑苏吴学圃刻"字样

续表

刻工	时期	地域	刻书	版本	说明
吴学圃	嘉庆至道光	苏州	《词林正韵》	道光元年(1821)翠薇花馆刻本	刻工:吴学圃,住在苏州阊门外桐泾桥西石屑衖口。
			《鸡峰普济方》	道光八年(1828)汪氏艺芸精舍影宋刻本	姑苏阊门外桐径桥西吴青霞斋刻
			《仪礼疏》	道光十年(1830)汪氏艺芸精舍影宋刻本	苏州阊门外洞泾桥西青霞斋刻字铺刻
			《大佛顶首楞严经》	道光十二年(1832)刻本	金陵吴学圃刻,菩萨芯苎祖定书(根据"古籍刻工名录")
			《揅经室诗录》	道光十三年(1833)扬州阮氏文选楼刻本	卷末有"姑苏吴学圃刊"字样
张浩三	嘉庆至同治	太仓	《汉魏六朝志墓金石例》	嘉庆十七年(1812)太仓张浩三刻本	内封有"昆山金滨南弓,太仓张浩三刊"字样
			《红楼梦散套》	光绪八年(1882)蟾波阁刻本	版心下题"蟾波阁",目录末题"太仓张浩三镌",封面有"荆石山民填词,绣像红楼梦散套,曲谱附,蟾波阁刊本"字样
王兰坡	道光至咸丰	苏州	《显考艺斋府君行述》	道光年间刻本	卷末有"吴门王兰坡刻"字样
			《三余杂志》	道光年间吴门王兰坡刻本	自序末镌有"吴门王兰坡刻"
			《古韵溯原》	道光十九年(1839)吴门亲仁堂刻本	内封有牌记"道光己亥(十九年,1839)孟春月亲仁堂开刊,吴门王兰坡刻",镌有"吴门王兰坡刊"

续表

刻工	时期	地域	刻书	版本	说明
王兰坡	道光至咸丰	苏州	《六书韵徵》	道光十九年（1839）吴门亲仁堂刻本	吴门王兰坡刻
			《锡山文集》	道光二十年（1840）华氏刻本	有牌记"道光庚子年（二十年，1840）亲仁堂开雕",序后镌有"吴门王兰坡刊"
			《左右修竹居诗钞》	咸丰八年（1858）刻本	吴门王兰坡刻印
郑永胜	道光	常熟	《琴川三志补记》	道光十一年（1831）刻本	卷末有"琴川郑永胜刻字"字样
俞竹筠	道光	苏州	《正字略》	道光十九年（1839）吴县金凤沼少耕草堂刻本	卷末有"吴郡俞竹筠刻"字样
张燮臣	道光	太仓	《穿山小识》	道光年间刻本	卷末镌有"太仓张燮臣刊"
			《忆山书屋遗稿》	道光年间刻本	卷末镌有"太仓张燮臣刻"
			《吴梅村先生年谱》	道光二十五年（1845）娄东张燮臣刻本	有"娄东南牌坊北张燮臣刻"字样
			《徐秋士先生自订年谱》	道光三十年（1850）太仓徐氏刻本	卷末有"张燮臣刻"字样
高振文斋	道光	苏州	《正字略》	道光年间高振文斋刻本	卷端题"少耕草堂校",卷末有"苏城高振文斋刻"字样
陆茂林	道光	苏州	《集验良方拔萃》	道光年间刻本	卷末有"吴郡陆茂林刻印"字样
文宝斋刻字店	道光	苏州	《绛囊撮要》	道光年间刻本	卷末有牌记"板在姑苏东城平江路青石桥文宝斋刻字店"

续表

刻工	时期	地域	刻书	版本	说明
张杏村	道光	苏州	《更生斋文续集》	道光二十九年（1849）刻本	目录后有"姑苏张杏村镌刻"字样
刘建扬	道光至咸丰	昆山	《陆清献公日记》	道光二十一年（1841）刻本	卷末有"金陵吴楚翘写，苏州刘建扬刻"字样
			《秋树读书楼遗集》	道光十五年（1835）胜溪草堂刻本	卷末有"金陵吴楚翘写，姑苏刘建扬刻"字样
文奎斋	道光至咸丰	苏州	《义门先生集》	道光三十年（1850）刻本	卷末有"姑苏葑门内南仓桥西文奎斋局刊"字样
			《楹联集帖》	咸丰七年（1857）姑苏文奎斋局刻本	根据"全国古籍普查登记基本数据库"
汤晋苑局	道光至咸丰	苏州	《铁箫庵文集》	道光五年（1825）观复斋刻本	目录后有"姑苏阊门内顾市巷东汤晋苑局刻"字样
			《还读斋诗稿》	道光七年（1827）刻本	卷末吴毓钧序后有"姑苏护龙街顾市巷内汤晋苑局刻"字样
			《三松自订年谱》	道光十年（1830）汤晋苑局刻本	根据"高校古文献资源库"
			《履园丛话》	道光十八年（1838）述德堂刻本	卷末有"姑苏阊门内顾市巷中汤晋苑刻印"字样
			《周孟侯先生全书》	道光二十七年（1847）汤晋苑刻光绪元年（1875）补刻本	总序后有"汤晋苑刻"字样
			《道光己酉科乡试汪培朱卷》	道光二十九年（1849）刻本	卷末有"汤晋苑局刻"字样
			《越中百咏》	道光二十九年（1849）刻本	苏州汤晋苑刻

续表

刻工	时期	地域	刻书	版本	说明
汤晋苑局	道光至咸丰	苏州	《颐道堂集》	嘉庆十二年(1807)刻道光增修本	铁保序后有"苏城阊门内顾市巷中汤晋苑刻印"字样
			《钦旌义庄录》	道光年间汤晋苑局刻本	根据"全国古籍普查登记基本数据库"
			《咸丰壬子科乡试刘和朱卷》	咸丰二年(1852)刻本	卷末有"苏城古市巷汤晋苑局刊"字样
			《染学斋诗集》	咸丰二年(1852)露萧草堂刻本	目录后有"吴门古市巷汤晋苑刻印"字样
			《红蕉馆遗稿》	咸丰二年(1852)汤晋苑局刻本	卷末有"古市巷汤晋苑刻"字样
			《思补老人自订年谱》	咸丰五年(1855)吴门潘仪凤刻本	卷末有"吴门汤晋苑局刊"字样
			《咸丰己未恩科补行乙卯科乡试袁清贺朱卷》	咸丰九年(1859)刻本	卷末有"苏城古市巷中汤晋苑局刊印"字样
			《咸丰己未科会试侯甲瀛朱卷》	咸丰九年(1859)刻本	卷末有"苏城古市巷汤晋苑局刊印"字样
			《仪礼正义》	咸丰二年(1852)苏州陆建瀛刻,同治七年(1868)苏州汤晋苑局刻本(修补递刻)	目录后有"苏州汤晋苑局刊印"字样
			《蒋氏清流支乡会试题名录》	苏城顾市巷汤晋苑局刻本	根据"高校古文献资源库"
詹文瑞	道光	吴县	《端溪砚史》	道光二十八年(1848)怀米山房刻本	卷末有"吴县詹文瑞刻"字样
张斌荣刻字店	道光	苏州	《绛囊撮要》	道光年间张斌荣刻字店印本	版权页有"板存苏州东城平江路张斌荣刻字店内,每本制钱四十五文"字样

续表

刻工	时期	地域	刻书	版本	说明
张艺芳刻字店	咸丰	苏州	《拔萃良方》	咸丰年间刻本	卷前有"咸丰庚申""苏州盘门内三多桥南首张艺芳刻字店刷印"字样
许文一	咸丰至同治	苏州	《郑氏笺考徵》	咸丰八年(1858)许文一刻本	内封背面镌有"戊午(咸丰八年,1858)孟春许文一样"
			《同治丁卯并补咸丰辛酉科乡试丁有庚朱卷》	咸丰十一年(1861)刻本	卷末有"苏城临顿路兵马司桥许文一刻印"字样
			《雪心宝训》	同治五年(1866)刻本	内封有"如有乐善,印送者纸料工价每本三十五文""板存吴郡临顿路兵马司桥许文一刻印"字样
			《产宝》	同治年间许文一刻本	卷末有"苏城许文一刻印"字样
翟文翰斋	咸丰	常熟	《四书训解参证》	咸丰二年(1852)刻本	琴川翟文翰斋
笪云台	同治	常熟	《战国策去毒》	同治九年(1870)六安求我斋重刻本	虞山笪云台刻
陶升甫	道光至同治	苏州	《治心编》《金刚经注》《心经注》	同治四年(1865)刻本	—
			《养鹤堂诗集》	同治五年(1866)阳夏刘氏刻本	苏州陶升甫刻
			《说文解字》	同治十三年(1874)苏城陶升甫摹刻阳湖孙氏校刻宋本	卷末有"同治甲戌(十三年,1874)苏城陶升甫摹刻"字样
			《陆陈二先生文钞》	同治年间安道书院刻本	版权页有"安道书院藏板"字样,卷末有"苏城陶升甫刻"字样

续表

刻工	时期	地域	刻书	版本	说明
陶升甫	道光至同治	苏州	《同治丁卯并补咸丰辛酉科乡试李国荣朱卷》	同治年间刻本	卷末有"元妙观西陶升甫刻"字样
			《石林奏议》	光绪十一年（1885）吴兴陆氏皕宋楼刻本	书前摹刻题记后印小字"苏城陶申甫摹钩宋本刻"
			《续考古图》	光绪十三年（1887）陆心源刻本	有"苏城陶升甫摹刻"字样
			《云烟过眼录》	光绪十三年（1887）陆氏十万卷楼刻本	卷末有"苏城陶申甫刻"字样
			《俞樾集》	光绪二十五年（1899）刻《春在堂全书》本	《宾萌外集》卷四后有"苏城陶升甫刻"字样
许浩源	同治至光绪	苏州	《孝经》	同治三年（1864）平江路许浩源刻字店刻本	根据"全国古籍普查登记基本数据库"
			《绛囊撮要》	同治七年（1868）平江路许浩源刻字店刻本	版权页有"板存苏城平江路许浩源刻字店内"字样
			《三吴翘秀集》	同治十二年（1873）刻本	有"平江路南许浩源镌"字样
			《笠东草堂遗稿》	光绪十七年（1891）乌程庞氏刻本	卷末有"苏城平江路许浩源刻印"字样
			《救急良方》	清末刻本	卷末有"版存苏城娄门内平江路积庆桥堍许浩源刻印"字样

续表

刻工	时期	地域	刻书	版本	说明
顾悦廷刻字店	同治	苏州	《胡文忠公遗集》	同治五年（1866）苏州顾悦廷刻字店刻本	内封面镌有"板存姑苏阊门内都亭桥东首桑叶巷口漱芳斋顾悦廷刻印"，背面镌有"同治五年（1866）十月重刊"
			《史鉴节要便读》《酿斋杂编》	同治六年（1867）刻本	姑苏顾悦廷刻印
			《勉戒切要录》	同治八年（1869）苏州顾悦廷刻字店刻本	根据"全国古籍普查登记基本数据库"
张梅珊（文宝斋）	同治	苏州	《舆图测法绘法条议图解》	同治四年（1865）刻本	卷末有"苏州城内临顿路中文宝斋张梅珊刻印"字样
朱锦安	同治	苏州	《金刚经旁解》	同治十三年（1874）刻本	卷前有"朱锦安重刻，冯黼堂印订"字样
陈锡甫	同治	昆山	《通隐堂诗存》	同治六年（1867）刻本	卷末有"玉峰陈锡甫镌刻"字样，有牌记"同治六年（1867）冬五百梅花草堂刊"
笪欣赏斋刻字局	同治	常熟	《身世金丹》	同治年间刻本	卷末有"常熟县南街笪欣赏斋刻字局"字样
韩文焕斋	光绪	苏州	《泰伯梅里志》	光绪二十三年（1897）刻本	目录末有"韩文焕斋安甫谨缮镌板印订"字样
近贤斋	光绪	常熟	《医林改错》	光绪十七年（1891）刻本	卷末有"常熟南门大街近贤斋刻"字样
毛文彬	光绪	常熟	《知止斋诗集》	光绪三年（1877）常熟毛文彬刻本	卷十六末有"常熟毛文彬刻书局"字样

续表

刻工	时期	地域	刻书	版本	说明
郑子兰 文铭斋	光绪	苏州	《礼经校释》	光绪十八(1892)年曹元弼刻本	卷末有"光绪十八年(1892)岁次壬辰正月刊成,郑文铭斋"字样。天津图书馆藏本卷末有"郑文铭斋□□"字样(按:□□为墨订)
			《笺经室丛书》	光绪十九年(1893)曹氏刻本	《荆州记》版权页有"光绪癸巳(十九年,1893)仲冬开雕"字样,卷末镌有"苏城曹胡徐巷东郑子兰刻印"
			《司马法古注》	光绪二十年(1894)苏城东吴曹氏笺经室刻本	版权页有"光绪甲午(二十年,1894)春,曹氏笺经室开雕"字样,卷末有"苏城曹胡徐巷东郑子兰刻印"字样
			《光绪甲午科乡试陆清翰朱卷》	光绪二十年(1894)刻本	卷末有"苏城内临顿路曹胡徐巷东郑子兰刻印"字样
			《光绪甲午科乡试欧阳保福朱卷》	光绪二十年(1894)刻本	卷末有"吴郡郑子兰刻字店印订"字样
			《烟村集》	光绪二十七年(1901)刻本	卷末有"苏城郑子兰刻印"字样
			《墨寿阁诗集》	光绪二十七年(1901)刻本	苏城郑子兰刻印
			《曹元忠朱卷》	光绪年间刻本	卷末有"苏城内临顿路曹胡徐巷东郑子兰刻印"字样
			《陆增炜朱卷》	光绪年间刻本	卷末有"苏城曹胡徐巷东郑子兰刻印"字样
			《玉溪生年谱会笺》	清末民初刻本	版心下有"求恕斋"字样,卷端题"吴兴刘承干参校",卷末有"苏城郑子兰刊印"字样

续表

刻工	时期	地域	刻书	版本	说明
郑子兰 文铭斋	光绪	苏州	《鹊泉山馆集》	光绪年间刻本	吴郡郑子兰刻印
			《寐叟乙卯稿》	民国六年(1917)四益宧写刻本	卷末有"苏文铭斋郑子兰刊,丁巳(民国六年,1917)首夏饶星舫写"字样
徐元圃	咸丰至光绪	苏州	《玉泾词》	咸丰四年(1854)蒋研诒写刻本	卷末有"苏城徐元圃局刻"字样
			《白氏讽谏》	光绪十九年(1893)影宋刻本	吴门徐元圃刻
			《唐中兴间气集》	光绪十九年(1893)武进费氏影刻本	吴门徐元圃刻,欧体写刻精工
			《新序》	光绪二十一年(1895)长洲蒋氏铁华馆影宋刻本	吴门徐元圃刻,蒋子遵缮录
徐稚圃	光绪至宣统	苏州	《语石》	宣统元年(1909)刻本	内封背面镌有"宣统己酉(元年,1909)三月刊成",旁钤"振新书社发行之证"。卷后有"苏城徐元圃子稚圃刻印"字样
毛上珍	同治至民国	苏州	《洞庭秦氏宗谱》	同治十二年(1873)刻本	"编校子姓"末镌有"苏城毛镒庭刻字","墓图"末镌有"古吴谭一夔刻"
			《江南乡试朱卷(光绪己丑恩科:章钰)》	光绪十五年(1889)刻本	卷末有"苏城毛上珍刻印"字样
			《香雪斋诗钞》	光绪十九年(1893)刻本	卷四末有"苏州毛上珍镌板"字样
			《先大夫(罗信南)行述》	光绪二十四年(1898)毛上珍刻本	卷末镌有"苏省临顿路毛上珍刻印"
			《风世韵语》	光绪年间刻本	吴郡毛上珍局刻印

续表

刻工	时期	地域	刻书	版本	说明
刘瑞昶	光绪	苏州	《初学检韵》	光绪八年(1882)刻本	版权页有"光绪壬午年(八年,1882)夏镌,大文堂藏板"字样,卷末有"姑苏刘瑞昶镌"字样
钮芳斋	光绪	苏州	《武庭诗草》	光绪三十二年(1906)刻本	苏州钮芳斋刻
汪少坡(六润斋)	光绪	苏州	《释名疏证》《补遗》《续释名》	光绪九年(1883)抚松馆刻本	卷末镌有"苏城中街路六润斋汪少坡刊"字样
吴文焕斋	光绪	苏州	《重刻劲节楼图纪》	光绪十年(1884)枫江徐氏刻本	卷末有"苏城胥门内来远桥西塊吴文焕斋雕印"字样
殷元顺刻字店	光绪	苏州	《雁来红丛报》	光绪年间铅印本	扉页有"总发行所苏州观东殷元顺刻字店"字样
黄步云	光绪	苏州	《说文解字校录》	光绪十一年(1885)江苏书局刻本	卷十五末有"吴郡黄步云镌"字样
			《江苏海塘新志》	光绪十六年(1890)刻本	卷末有"平江黄步云刊刻"字样
			《丰顺丁氏持静斋书目》	光绪二十年(1894)元和江标辑刻本	长沙曹笃光手录,黄步云镌刻
谢文翰斋	光绪	苏州	《枪炮算法》	光绪二年(1876)吴县冯氏校邠庐刻本	古吴胥门内谢文翰斋刻
			《楸花盦诗》	光绪九年(1883)刻本	卷末有"古吴郡庙西首谢文翰斋刻印"字样
			《津门征献诗》	光绪十二年(1886)刻本	卷八末有"苏城郡庙东首谢文翰斋刻印"字样
			《夏小正》	光绪十三年(1887)影宋刻本	宝章阁藏板,苏州梓人谢文翰刻,元和县庠生金承熙影写

续表

刻工	时期	地域	刻书	版本	说明
谢文翰斋	光绪	苏州	《苏邻遗诗》	光绪十四年(1888)刻本	卷末镌有"姑苏城内郡庙前谢文翰印订"
			《葵青居诗录》	光绪年间刻本	苏城郡庙西首谢文翰斋刻
徐文艺斋	光绪	苏州	《五亩园小志题咏合刻》	光绪十六年(1890)苏城徐文艺斋刻本	内封有牌记"桃坞望炊楼,苏城徐文艺斋精刊",版心下方题"企成印务局代印"
陶漱艺斋	光绪	苏州	《桐乡县志》	光绪十三年(1887)苏州陶漱艺斋刻本	内封有牌记"苏州陶漱艺斋开雕,青镇立志书院藏板"
			《铁琴铜剑楼藏书目录》	光绪二十四年(1898)刻本	有"漱艺斋刻字铺"字样
蔡文艺斋	光绪	常熟	《净土警语》	光绪六年(1880)刻本	卷末有"常熟蔡文艺斋刊刻"字样
俞少园	光绪	太仓	《徐秋士先生自订年谱》	光绪十九年(1893)太仓徐氏重刻本	卷末有"俞少园刻"字样
			《宝笏楼诗集》	宣统三年(1911)太仓俞少园刻本	卷末有"太仓俞少园刊"字样
周文墨斋刻字店	光绪	昆山	《妇婴至宝》	光绪十四年(1888)昆山周文墨斋刻字店刻本	内封印有"板存昆山城内周文墨斋刻字店"
冯有奎(艺魁斋)	光绪	苏州	《保婴易知录》	光绪二十九年(1903)王绍祖刻本	有"苏城冯有奎艺魁斋刻印"字样
陈海泉	清末民初	吴县	《娱亲雅言》	民国李根源刻本	卷末有"吴县陈海泉刻字"字样
			《青浦县续志》	民国二十三年(1934)苏州陈海泉刻本	扉页题"苏州葑门十全街陈海泉刻印"

第三章 抄书与抄本

第一节　抄书事迹的分析

抄书作为出版活动的重要组成部分，与印本的生产形成了鲜明的对比，将抄书纳入出版活动，对于出版史研究而言有着特殊的意义。从明代到清代，苏州的抄书活动保持了持续的繁荣，生产了大量的抄本，清代苏州的藏书家孙从添在《藏书记要》的"抄录"中对抄本进行了总结。

尽管清代苏州的印刷业已经相当繁荣，但抄书依然是书籍传播的重要方式。清代苏州抄书所涉及的阶层广泛，包括底层士人在内的普通抄书者的抄书活动对于清代苏州的抄本出版具有同样重要的意义。这些抄书者制作的抄本绝大多数并未流传下来，其抄书的事迹却在史料中有所记载。对抄书事迹的分析有助于我们认识清代苏州的抄书活动。根据史料，下面对抄书者的抄书事迹进行整理，见表 3.1。

表 3.1　清代苏州抄书事迹表

人物	籍贯	时期	抄书事迹
张隽	吴江	？—1663	张隽，字非仲，诸生。"楼居积书甚富，手录者千余卷，拥列左右。"（陆心源《明抄春秋纂言跋》）
叶树莲（一作叶树廉）	吴县	1619—1685	"叶树莲，字石君，东洞庭山人。侨居常熟。博学嗜古，藏书至数千卷。遇宋元抄本及名家收藏古帙，虽零落必重价购之。"[《(道光)苏州府志》]
叶乔	昆山	顺治年间（明末清初）	"乔原名汝闿，字迁于，庠生，性耽文史，钞书数万卷，寿八十六卒。"（《吴中叶氏族谱》）
迮灏	吴江	明末清初	"迮灏，字沧洲，号空斋，邑诸生。世居南传村。力学工文，夏日悬火帐中，彻夜观书，帐顶熏成墨色。手钞《史记》《汉书》《韩昌黎全集》，一笔不苟。"[《(道光)分湖小识》]

续表

人物	籍贯	时期	抄书事迹
徐秉义	昆山	1633—1711	"秉义通籍后,以兄弟并在华省,深怀谦退,杜门却扫,购求古书,或借稿本抄录。"[《(同治)苏州府志》]
褚人获	长洲	1635—1682	"褚人获,字学稼,笃子。太学生。……好学述古,尤熟史略。购得异书,矻矻手钞数十百种。"[《(乾隆)长洲县志》]
萧江声	常熟	顺治至康熙	"性嗜书,得秘本,辄手录。"[《(光绪)常昭合志稿》]
高培	常熟	清初	高培,字穉原,"为隐湖毛氏婿,凡汲古所藏秘本,假得之辄即钞写,精好令人不敢触手"。[《(光绪)常昭合志稿》]
时炳	太仓	康熙	"时炳,字用咸,原名来,偕行孙,九岁能文,十一岁补诸生。后以奏销罣误。其学务求根柢,先世藏书散佚,就人借钞,寒暑不辍,积成至百卷。"[《(嘉庆)直隶太仓州志》]
许潜	吴县	康熙	"遇异书,无力购买,辄诣借抄,手皲指瘃,未尝厌倦。"(《七十二峰足征集》卷六二)
朱禄骈	元和	康熙	朱禄骈,字简临。"世居元和之哇亭……闻朋游间有未见之本,则必召工借录,或手抄藏弆。"[《(乾隆)吴郡甫里志》]
范楫	常熟	康熙至雍正	范楫,字施宇。"手录古书最多。'[《(光绪)常昭合志稿》]
侯开国	嘉定(居昭文)	顺治至康熙	"侯开国,初名荣,字大年,泓子。少负轶才,受业陆元辅。经史子集,累朝典故,目营手钞,几忘寝食。"[《(嘉庆)直隶太仓州志》]
陈祖范	常熟	1676—1754	陈祖范,陈煌图孙,纂抄不倦,抄写过《尚书》《古灵先生文集》等书
李果	长洲	1679—1751	"果幼孤失学,不能通知六艺之旨、古今事物之变,食贫奉母三十余年,奔走衣食,藏书散失,恒借抄于友朋。"(《在亭丛稿》卷五)
钱枚	镇洋	1682—1752	钱枚,字方蔚,抄有《侨吴集》等书。

续表

人物	籍贯	时期	抄书事迹
王逸虬	吴江	乾隆	"王逸虬,字青滩。吴江人。诸生。家贫力学,于书无所不窥,借抄纂辑,绳头字册,多至百十卷。"[《(道光)苏州府志》]
蒋侯	常熟	乾隆	"蒋侯,字元康,常熟人,博学工诗,好异书,从人借钞,至老不倦。"[《(光绪)常昭合志稿》]
王兆槐	常熟	乾隆	王兆槐,鹤市人,诸生。"手录经史子集数百卷,精楷不苟。"(《鹤市志略》)
周杏芳	常熟	乾隆	周杏芳,字乾一,诸生。"遇秘钞旧本,必手自缮录。"[《(光绪)常昭合志稿》]
陆鹭	镇洋	乾隆	陆鹭,字绶书,廪生。"日坐一楼,手钞经史子集。纸塞窗户,人服其精能。"[《(民国)镇洋县志》]
张德荣	长洲	乾隆	"青芝子德荣,字充之,号伊蒿,县学生。家贫好学,平生嗜古书,手钞数百卷藏于家。顾承《感旧诗》有'讲席钞书不计贫,愚愚真是葛天民'句,盖少时尝问业焉。"(《吴中藏书先哲考略》)
赵齐峰	吴江	乾隆	赵齐峰,字岳青,赵基子,廪贡生。"好学,喜吟咏,手抄书不下数十种。"[《(道光)苏州府志》]
陈士林	常熟	乾隆	"陈士林,字杏村,常熟人。父之白,字心粹。好学敏记览,力行善事,惟恐人知。士林少从宗老祖范游,贫不能购书,恒手钞盈箧。登乾隆丁丑(二十二年,1757)进士。"[《(光绪)常昭合志稿》]
王式金	常熟	乾隆	"王式金,字声谷,号癸生。工制举业,好读书,诸子百家手抄成帙。"[《(乾隆)支溪小志》]
王嗣贤	常熟	乾隆	"王嗣贤,字继仁。工书法,喜抄录古书。"(《铁琴铜剑楼藏书目录》卷十二《童蒙训》)
余萧客	长洲	乾隆	"闻有异书,必借钞。"[《(嘉庆)吴门补乘》]
李锐	震泽	乾隆至嘉庆	"李锐,字扶九,号葭湄,县学生。由梅堰迁韭溪,性嗜学,于声韵、方言、六书之类辨析精当,搜罗金石文字甚富。尝论金石书舛讹最多者莫如都穆《金薤琳琅》,乃尽心校雠,手钞数十部。"[《(道光)平望志》]

续表

人物	籍贯	时期	抄书事迹
翁广平	吴江	1760—1842	"翁广平,字海琛,平望人。……年四十七岁,始补苏州府学生。性喜异书,手自钞录不倦。"[《(同治)苏州府志》]
董兆熊	吴江	1806—1858	"董兆熊,字敦临,号梦兰,故王姓,父贽于董,因承其氏。家同里镇,善诗,性慷慨,值里党急难,屡倾所蓄,家以是贫。尤爱钞书,斜行密字,每日可得数万言。"(《垂虹识小录》)
潘道根	新阳	1788—1858	"插架书满,皆手自校雠,闻善本异书,必借录副本,目肿腕脱,至老不休,人叹为不可及。"[《(光绪)昆新两县续修合志》]
沈启东	昆山	嘉庆	沈启东,字岱瞻。"家贫,课徒自给,节缩衣食以购书。力不能致,则假诸藏书家,手自缮录。"[《(道光)昆新两县志》]
杨引传	吴县	道光至同治	"杨引传,字薪圃,恩贡生,居甪直镇。庚申之乱,被刅不死,好饮酒,善词赋,手抄宋人诗数十巨帙。"[《(民国)吴县志》]
唐受祺	太仓	1841—1925	"唐受祺,字若钦,恩贡生……好搜辑乡先贤遗著,手钞陆桴亭先生遗书十数册。"(《乙亥志稿》)
严济和	昆山	道光至咸丰	"严济和,字雍如,旌孝汉钲五世孙。世居渡头里,年十八游庠,四应乡试不第。手钞儒先书盈尺。"[《(民国)昆新两县续补合志》]
李缃	昆山	同治至光绪	"李缃,字味之,号芸圃,昆庠贡生,改归新籍。……尝手钞《毛诗》及《三礼》注疏,端楷无一率笔。"[《(民国)昆新两县续补合志》]
赵诒翼	新阳	1854—1915	"发奋读儒先书,谢绝世缘,杜门著述,手钞书多至数十帙。蝇头细楷,始终如一,皆有关于名教者。"(《赵氏家乘》)
顾裕樑	昆山	光绪	"顾裕樑,字松轩,号叔擎。光绪壬午(八年,1882)补乙亥(光绪元年,1875)登极恩贡,品峻性亢,貌伟岸,为文陵忽一时,踏棘闱屡荐不售,栽培后进,著弟子录者百余人。平生服膺乡先贤顾炎武之学,手钞《日知录》十二册。"[《(民国)昆新两县续补合志》]

续表

人物	籍贯	时期	抄书事迹
武翰铭	太仓	光绪	"武翰铭,字伯和,诸生。武氏素研弈学,翰铭祖某尝延国手陈子仙于家为教授。翰铭承家学,益专心笃嗜,尝会萃古今弈谱数十种。遇罕见之本辄手钞之。"(《乙亥志稿》)

一、抄书数量与种类

抄书可以弥补印本收藏的不足,是积累藏书的重要方式。明代,苏州特别重视抄本的收藏,到了清代,通过抄书积累藏书的风气依然不减。那么,清代苏州学者的抄书数量是多少呢?

从整体上看,抄书的数量从数十卷到数万卷不等,而数百卷应该是比较常见的,有的史料只记载了抄录的种数,如褚人获抄录了百余种书籍。抄本的数量在一定程度上受抄书速度的影响,如董兆熊每天能抄写数万字。传记中为何会精确提及抄写的卷数呢?这些统计出自何人之手,是不是真实的呢?史料中记载的抄写书籍能够代表抄写人物的学术和阅读活动,而抄写的卷数应该来自亲属的统计。那么,数据的真实性值得怀疑。如果真如史料所载抄写了上千卷,为何现在难以见到呢?为何并未抄写那么多书籍的藏书家的抄本反而流传下来了呢?当然,这里面还涉及抄本流传的问题,清代苏州的抄本有一部分在流传中散佚了。已经失传的抄本会对分析抄本的数量产生影响,如《持静斋书目》中有《五国故事》,卷末有"乾隆丁酉(四十二年,1777)八月长洲金永龄鹤亭氏手钞"[1]字样。金永龄,号鹤亭,长洲人。又如常熟人吴卓信依据孙之骙抄本抄录了《天文大象赋》。[2]这两部抄本现在已经失传了。

抄写者抄写书籍的种类,一般与其阅读兴趣有关。清初常熟人王乃昭喜爱抄书,其抄写的元、明人的文集至少有二十多种。与王乃昭同样抄写别集的还有金侃,金侃曾经手抄宋元文集多种,包括《河南集》等。常熟

---

[1] (清)丁日昌著,张燕婴点校:《持静斋书目;持静斋藏书记要》,中华书局 2012 年版,第 135 页。
[2] (清)瞿镛编纂:《铁琴铜剑楼藏书目录》,上海古籍出版社 2000 年版,第 375 页。

人吴卓信醉心于地理之学，因此，其抄书也与这方面有关。太仓人武翰铭，素研弈学，遇罕见之本辄手抄之。常熟的王振声嗜好音韵之学，故抄写了《七音略》等书。有的学者抄书有其特殊的原因，如缪朝荃"凡乡先辈嘉言懿行手录成帙，曰吾以自镜也"[1]。由此可见，缪氏抄书属于有针对性地抄写，称为"抄纂"更为合适，其抄写"嘉言懿行"是用于个人阅读的。

清代苏州抄本中比较值得注意的是那些稀见书，书籍刻本的稀见会导致传抄现象的出现。宋代徐铉的《徐公文集》"世少刻本"，在康熙年间的苏州"竞相传写"。[2]又如"嘉定本《玉台新咏》向在汲古阁"，常熟学者多有传抄。[3]这种抄写不同于两位抄写者之间或者某个圈子内的抄写，而是在当时的社会呈现出多线复制的特点。藏书家收藏的秘本则要等多年以后才能抄写，《稽瑞》一书，陈揆"秘之十年，且要约不得借钞，始出示金吾，盖一见之难如此。未几，子准死，书尽散。《稽瑞》以值昂，无过问者。家芙川从其家传录一分，即此本也"[4]。张蓉镜是在陈揆去世后才借抄的。

清代抄书事迹中比较值得注意的还有对医书和地域文献的抄写。对于那些未在社会上流传的医学著作，学者家中一般存有抄本。乾隆年间吴中名医缪遵义的《温热朗照》没有刊刻，却有缪淞抄本。[5]清代苏州医书抄写的案例还有管庆祺抄写了《观物篇医说》《内经要论》送给亲属，徐寰后来借读，"爱不释手，为手抄全帙"[6]。咸丰年间医书的抄录比较流行，咸丰六年（1856），元和人陆嵩"从妇弟王子谦处借得《三家医案》"，由于"易案未见刊本"，因此，就抄写医案，"而孙案则录其刊本所无者"。抄写的时间"始祀灶日，迄新正九日录毕"。后来由于"懋儿学医"，陆嵩就

---

[1]（清）王祖畬《缪砚馨遗稿序》，转引自陈德弟、范凤书主编：《藏书文化论集》，天津古籍出版社2013年版，第349页。
[2] 陈先行、郭立暄编著：《上海图书馆善本题跋辑录》（下），上海辞书出版社2017年版，第544页。
[3] 陈先行、郭立暄编著：《上海图书馆善本题跋辑录》（下），上海辞书出版社2017年版，第766页。
[4]（清）张金吾著，郑永晓整理：《爱日精庐文稿》卷四，凤凰出版社2015年版，第71页。
[5] 苏州图书馆编著：《苏州图书馆藏善本题跋》，国家图书馆出版社2018年版，第183页。
[6] 陈先行、郭立暄编著：《上海图书馆善本题跋辑录》（上），上海辞书出版社2017年版，第368页。

"为之手录一通"。[1]徐康的侄子徐桢"所抄录书有十余册,皆极工整"[2]。尽管徐康没有说明他抄写的是什么书,但是从徐康题跋的书籍《瘟疫论》来看,徐桢抄写的很有可能是医书。

抄书者对于地方文献的抄写也颇为留心。光绪年间,常熟赵宗建旧山楼抄本《海虞别乘》跋云:"此书无善本,而抄者复讹之又讹,几至不能句读。 五日而毕此一本,头岑岑痛矣。"后来翁同龢又借阅赵氏抄本,"令抄胥录一本"。[3]可见,《海虞别乘》的抄本一部出自赵宗建,另一部出自翁同龢雇用的抄工。另一具有特色的是家谱、年谱等的抄写。家谱、年谱一般和其族人有着密切的关系。比如,道光十五年(1835),翁同书抄写了翁长庸编订的《蓼野年谱》。但是也不排除其他学者的抄写,如吴县潘志万在当时颇有名,他抄写《秀水朱氏家乘》的目的是"录而存之,以资考证"[4]。

二、抄书动机

清代苏州抄书活动兴盛,说明即使是在刻书业发达的苏州,抄书依然是士人获取书籍必不可少的途径。除了各类抄书事例外,藏书目录中抄本所占的比重也能说明这一点。在常熟人陈揆的《稽瑞楼书目》里,抄校本占了三分之一。尽管其中有前人的抄本,但是陈氏自己抄写的书籍仍不在少数。

抄本的数量不多,流通的范围也有限,具有很强的私密性。清代苏州抄书的动机主要分为藏书、保存文献或学习。

学者抄书最为主要的原因是无力购买,这一点在许濬的传记中体现得最为直接。但学者抄书也与书籍本身的流传程度有关,有的异书秘本流通范围小,确实需要抄写才能获取。"异书"指的是那些稀见书。根据史料记载,"异书""善本"往往和抄写相关联。这足以说明当时的抄写者对稀见

[1] 苏州图书馆编著:《苏州图书馆藏善本题跋》,国家图书馆出版社2018年版,第170页。
[2] 苏州图书馆编著:《苏州图书馆藏善本题跋》,国家图书馆出版社2018年版,第179页。
[3] 陈先行、郭立暄编著:《上海图书馆善本题跋辑录》(上),上海辞书出版社2017年版,第240-241页。
[4] 陈先行、郭立暄编著:《上海图书馆善本题跋辑录》(上),上海辞书出版社2017年版,第218页。

书的渴求，这种渴求成为生员抄书的一个重要动机。

除去嗜好藏书却无力购买书籍的抄书者，也有部分抄书者是出于学习目的而抄书的。这类抄书者抄写的书籍以常见书为主。陈璜，字瑷文，长洲甫里人，"上自《左》《国》《庄》《列》，下逮唐宋诸大家之文，皆手自抄录"[1]。陈氏早逝，这段抄书经历主要为其早年的学习经历。这也可作为清代学者早年学习经历的反映。

有的抄书者抄书则是为了刊刻书籍，乾隆六十年（1795）吴翌凤抄写的《世本》是沈清瑞辑录的，吴氏抄录副本"谋付剞劂"[2]。有的抄本的制作则源于辑佚。如乾隆四十一年（1776）吴翌凤抄写的《三楚新录》，是从《说海》中抄出的。[3]

抄书的动机还包括其他方面，如由于原本的问题而造成的，包括破损、质量不佳等，这种抄写便是出于原本稀少而进行复制，以避免散失。清初吴县人管鸿初抄本《里中医案》的底本是其曾祖在五十多年前抄写的，后来由于"凋落不堪，已成半废"[4]，管鸿初重新抄写并进行了增补。在道光七年（1827）徐鼎抄本《宿花龛诗草》中，徐鼎跋云："原本朽污不堪，余又闲居无聊，因而重录以备案头观玩。"[5]正是由于原本"朽污不堪"，徐鼎才重新抄写，以抄写本作为平时翻阅的副本。此外，原本质量问题也会导致重写。光绪年间，潘志万的伯祖购买到明抄本《浣花集》，但是由于讹字太多，"嘱族长小白先生校正重录"[6]。这种重录的抄本不同于简单的照抄，而是在抄写之前进行校勘。

抄书还是阅读的重要方式。金兰"字友芬，里中老学子也。嗜抄书，并辑先哲诗文。家贫，所入馆俸，尽费为书资。常训子弟：凡人多作文，不如多读书；多读，更不如多抄也。盖多抄则事迹熟而义理明，无他，心

[1]（清）彭方周修，（清）顾时鸿辑：《吴郡甫里志》卷二十一《陈子渭磻传》，乾隆三十年（1765）刻本，第65a页。
[2] 陈先行、郭立暄编著：《上海图书馆善本题跋辑录》（上），上海辞书出版社2017年版，第149页。
[3] 陈先行、郭立暄编著：《上海图书馆善本题跋辑录》（上），上海辞书出版社2017年版，第157页。
[4] 苏州图书馆编著：《苏州图书馆藏善本题跋》，国家图书馆出版社2018年版，第172页。
[5] 苏州图书馆编著：《苏州图书馆藏善本题跋》，国家图书馆出版社2018年版，第324页。按：徐鼎，字峙东，吴县人，乾隆四十四年（1779）副贡。
[6] 陈先行、郭立暄编著：《上海图书馆善本题跋辑录》（下），上海辞书出版社2017年版，第543页。

静故也。先后得书数十卷，海溢，漂散略尽"[1]。金兰对读书与抄书关系的认识在清代颇具典型性，他认为抄书可以让内心平静，因此，抄书是明义理的途径。即便家中有藏书，他也同样会抄写。"龚觐光，字升九，邑庠生，祖有成，任江西靖安教谕。家有藏书，恒手抄成诵。"[2]由此可见，抄写不仅有助于理解书籍的内容，还可以作为记忆的手段。乾隆三十七年（1772），陆时化借抄了《江村销夏录》。陆时化是镇洋人，"好古博雅，精于鉴别，而收藏之富甲于吴越间"[3]。由此可见，陆氏乐于收藏书画，故而其抄写《江村销夏录》和其爱收藏有关。除了有目的地学习外，抄书也是清人休闲的重要方式，如叶雺"无事，则帘阁据几，写山水、钞书为娱，别自号巢云散人"[4]。

抄写的书籍种类直接反映了读者的阅读兴趣，如陈士林抄写宋诗足见其对宋诗的喜爱。更为少见的是史料中有清人抄写某部书的记录，如"程心质，字在仁，徐市人。……尝手钞《管子》，缙不许，朴责之，泪涔涔下，钞不辍，所钞书存吴门顾承家"[5]。程氏因抄写《管子》而遭到了反对。又如太仓人凌士锡"于书无所不读，家所无即借抄，尝得《宋史》不全本，借抄全之，手为之茧，不倦"[6]。再如吴标"好读书，手抄九经，终身不辍"[7]。

如果我们把焦点转移到为何传记中会记载抄写书籍的种类甚至某一部书，就会发现这类书籍在抄写者的学习生涯中具有特殊的含义。他们抄写的这些书籍反映了其阅读兴趣之所在，如李玒抄写数十部《金薤琳琅》和其研究金石之学相关。有的书籍的记载是比较笼统的，如"宋人诗""儒先书"之说，而侯开国、陆鸢的抄书案例则是用来说明其治学之勤奋的。与

---

[1]（清）施若霖纂：《（道光）璜泾志稿》卷四，民国二十九年（1940）铅印本，第17a页。
[2]（清）王昶等纂修：《（嘉庆）直隶太仓州志》卷四一，嘉庆七年（1802）刻本，第18b页。
[3] 陈先行、郭立暄编著：《上海图书馆善本题跋辑录》（上），上海辞书出版社2017年版，第379页。
[4]（清）叶凤毛《中宪大夫来青公墓志》。[叶德辉纂修：《吴中叶氏族谱》卷六十上，宣统三年（1911）活字本，第86b-87a页。]
[5] 张镜寰修，丁祖荫纂：《（民国）重修常昭合志》卷二十，民国三十七年（1948）铅印本，第418a页。
[6]（清）沈起元撰：《敬亭文稿》卷八续集《候选知县凌君行状》，《清代诗文集汇编》257，第283页。
[7] 吴标，字四瞻，康熙五年（1666）举人。[（清）王昶等纂修：《（嘉庆）直隶太仓州志》卷三一，嘉庆七年（1802）刻本，第23a页。]

抄书有关的绝大部分事迹是针对具体的书而言的，抄写者抄书是出于研究的兴趣，抄书事迹反映出他们抄写的认真程度，可以用一丝不苟来形容。

值得注意的是，清人非常重视对经典著作的抄写和研读，这也说明这些在今天看来常见的书对于某些学者来说并不常见。他们抄写的书籍有的并非罕见之书，但他们还是选择抄写，这也能够反映出当时读者普遍的阅读兴趣，尤其是对乡贤著作的关注，如顾裕樑手抄《日知录》。他们抄写的书籍如今未必存于世，但是这些抄书的史料有两个方面的价值。一是为我们研究清代的抄本提供了版本判断的依据。现存的清代抄本中有的并未著录抄写者，这些史料可以作为判定抄写者的线索。二是为我们研究现存的同类清抄本提供了参照。尽管现存的同类清抄本未必都是他们抄写的，但是这些史料中所提及的抄写细节、抄写动机为我们的研究提供了参照，尤其是针对一些特殊抄本的研究，如棋谱。由此反观现存的清抄本棋谱，其抄写者极有可能是武翰铭这样的人。从抄书者的身份来看，上述案例中的抄书者基本上是生员，而且其抄书基本上是为了科举，抄写的绝大部分书籍与科举作文有关，或者将抄书作为一种书法训练。

三、著作抄传

抄写同时也是传播著作的重要方式，是一种特殊的"出版"。著作成书后如果没有刊刻，可能以抄本的形式在一定的范围内流传。吴兆宜笺注的《玉台新咏》有纪昀批注，为吴兆宜曾孙吴惠叔抄赠。同治年间，翁同书见到另一部抄本，"其行款、抄手及卷首印记"[1]皆相同。由此可以断定，吴惠叔在当时至少抄录了两部。又如松茂室红格抄本《脉药联珠》是龙柏编撰的，后来潘霨进行了增辑。松茂室抄本《脉药联珠》后有潘霨跋语，版心有"松茂室"[2]字样。这部医书比较特殊，并不是简单的抄本，可以等同于潘霨的稿本。潘钟瑞抄写了孙麟趾的《长啸轩诗稿》，而孙氏的弟子吴县曹沄在光绪九年（1883）也抄写了一部。由于没有出版，故而抄录了副本。

[1] 陈先行、郭立暄编著：《上海图书馆善本题跋辑录》（下），上海辞书出版社2017年版，第778页。
[2] 苏州图书馆编著：《苏州图书馆藏善本题跋》，国家图书馆出版社2018年版，第168页。

依赖抄写的书籍一般流传范围很小，比较隐秘而稀见。蒋彬蔚在乾隆年间经义斋刻本《日知录》的题跋中提到，其父曾经手抄沈氏评校本，由于黄汝成《日知录集释》未出，"故沈本甚秘"[1]。沈氏的评校本尚且如此，那些成书后依赖传抄的书籍流传范围的狭小就可想而知了。抄本种类中的当代著作，往往在家族内部或者友朋之间传抄。根据清代苏州人王元文的遗嘱，"自著诗文及纂述诸书，要锦城、荫长及邱氏弟兄三处，各倩人录一清本自存贮，然后将元本归还，十数种转换轮流钞得，数抄手一年半年中可以毕事。评阅诸书惟《文选》《韩文》可资诵习，雇录自可"[2]。这足以说明这些书籍仅仅在家族内部通过抄写传播，而且抄写的数量有限，这也就能解释为何有的书籍的流传范围极小。光绪二十七年（1901）顾肇熙抄本《紫石山房诗稿》，顾氏跋云："大伯祖诗词杂著稿四卷，藏横泾孔氏姑家。静如大表兄出示假读，既录副藏弆，仍以原稿还之。"[3]由此可见，这类没有刊刻的著作只有依托亲属才能抄录。

著作传抄有时需要机缘。一些编纂活动为著作传抄创造了条件，如康熙六十年（1721）施天骐在《吴都文粹序》中记载了其舅氏吴曔抄写《吴都文粹》的经过："宋中丞牧仲先生，延集当代钜公及一时选拔诸生，开馆修辑古今秘藏，东海乃出此书，以耀希有。予（注：吴曔）时挈两小僮，阴抄得之。"[4]又如道光十五年（1835）吴江柳树芳在《秋树读书楼遗集后序》中说："嘉庆辛未（十六年，1811）、壬申（十七年，1812）之间，亡友殷东溪续选《松陵诗征》，一时先辈遗稿汇集案头，因得读史丈赤崖《秋树读书楼遗集》十六卷，均系及身自定，执玩无厌。倩人写一副本藏诸家。"[5]正是由于殷东溪编纂《松陵诗征》的续集，柳树芳才得以见到《秋树读书楼遗集》并雇人抄写。

清代苏州的抄书对于保存著作也起到了关键的作用。康熙年间，杭允佳、盛符升编纂《昆山县志》，"未登梨枣，抄本绝少"[6]。雍正年间还流

---

[1] 苏州图书馆编著：《苏州图书馆藏善本题跋》，国家图书馆出版社2018年版，第224页。
[2] （清）王元文撰：《北溪诗文集》附录《北溪预嘱》，《清代诗文集汇编》377，第802—803页。
[3] 苏州图书馆编著：《苏州图书馆藏善本题跋》，国家图书馆出版社2018年版，第362页。
[4] （宋）郑虎臣撰：《吴都文粹》"序"，康熙六十年（1721）木活字本，第1a页。按：吴曔，字元朗，号西斋，太仓人。吴伟业之子。
[5] （清）柳树芳撰：《秋树读书楼遗集》"后序"，道光十六年（1836）胜溪草堂刻本，第1a页。
[6] 苏州图书馆编著：《苏州图书馆藏善本题跋》，国家图书馆出版社2018年版，第90页。

传有红格抄写原本。抄写先世、乡贤著作是清代苏州抄书的重要组成部分，嘉庆十二年（1807），吴县人葛祚增家抄写了《春秋集传》。根据葛氏题跋，张士俊去世后，其著作"散佚殆尽，仅存此书，因命儿辈录而藏之，欲以衍其一线之传云尔"[1]。这是葛氏命其儿辈抄写的，抄写的可能并不止一人。道光二十年（1840）季锡畴抄本《独赏编》《劳劳语》《洛如集》《拟古乐府》《花咏》，其作者都是常熟人。季锡畴跋云："古里瞿氏子雍明经以余喜搜访乡前辈著作，出以见示，亟录存十之一二。"[2]宣统元年（1909）叶振宗抄本《湖隐外史》，是抄录自族人藏本，作者叶绍袁是叶振宗的十世伯祖，族人藏本中有"有因忌讳而阙者，又有为钞胥所讹者"[3]。

但小范围的借抄著作，也容易造成著作的失传，如程庭鹭"旧有另编续集一卷，惜为友人借钞，辗转失去"[4]。对于有的作者来说，他们并不希望自己的著作以刊刻的方式流传，如盛敬"键户著书约数种，如《续高士传》《形胜要略》《读史汇考》《山斋纪事》之类，借钞者户屦恒满，而皆不授梓，曰：吾以自怡悦也"[5]。盛氏不刊刻著作，导致仅有《形胜要略》传世，绝大部分著作基本失传。

抄本的产生还与刊刻有关，有一定数量的抄本产生于刊刻环节。刊刻前的编纂、写样等都依赖抄写。因此，这部分抄本是为刊刻服务的。金璞跋清抄本《七十二峰散人诗草》云："试以《务滋堂集》所刊四集略为校对，其已刊诸首，此册中题目上有黑小点。惟编次错综……意者付刻之前经几次选抄，此册先经抄定，又经第二次抄选，因而有所删汰增补欤？"[6]尽管金璞是以推断的语气来表述的，但不可否认的是书籍刊刻之前确实要经过几次抄写环节，而且每个环节的作用、所产生的抄本面貌各不相同。

摘抄是著作产生的另一途径，摘抄的目的有很多，有的是为了编纂，有的是为了方便记忆。由摘抄而形成的一种著述形式便是选本，这在清代

[1] 苏州图书馆编著：《苏州图书馆藏善本题跋》，国家图书馆出版社2018年版，第10页。
[2] 周照东主编：《常熟图书馆古籍善本图录》，常熟图书馆2003年版，第136页。
[3] 苏州图书馆编著：《苏州图书馆藏善本题跋》，国家图书馆出版社2018年版，第104页。
[4] （清）仲沈洙纂：《（乾隆）盛湖志》卷十二，乾隆三十五年（1770）刻本，第37a页。
[5] （清）陆世仪撰：《桴亭先生集外文》之《盛寒溪六十寿序》，《清代诗文集汇编》36，第262页。
[6] 苏州图书馆编著：《苏州图书馆藏善本题跋》，国家图书馆出版社2018年版，第356页。

是比较普遍的。现存的由清代苏州学者摘抄而形成的选本如乾隆年间叶南抄本《青莲诗钞》，摘抄了李白的诗歌。元和人王炳燮抄写了《朱文公诗赋全集》。[1]这一类抄写的目的更多的是自学和阅读，当然有的选本也会经刊刻出版而广泛流传。叶裕仁跋潘道根稿本《徐村老农文近稿》云："此先生手钞本也，别有其甥范来琛所钞二本。……据鄙意选六十五首，嘱其重写清本一通。"[2]尽管不知道叶裕仁后来是否让其摘抄，但是其设想是属于摘抄的方法。同治三年（1864）翁韵兰抄写《杨东里先生题跋》是因为王振声"嘱翁韵兰摘录"《杨东里集》，摘抄的原因则是"读之而爱其题跋"。[3]这类摘抄本属于编纂，摘抄的部分体现了编纂者的理念，是清代诗文选本的重要组成部分。

由抄写而引发的另一类著述方式是抄纂，以丛书编纂为代表。赵诒琛在《峭帆楼丛书跋》中说："右书十有八种，为余所刻《峭帆楼丛书》也。余幼即爱书，视书如性命，自十余岁，每遇奇书，晨夕手钞，不辞厌倦。积三十年成百余册。"[4]由此可见，赵诒琛抄书而积累的书籍为其丛书编纂提供了丰富的材料。这同时涉及抄书动机中与著述有关的层面，清人抄书的一个非常重要的动机便是满足著述的需要。这一点在赵诒翼的事迹里有着微妙的表述："仲宣手钞书甚多，所著书亦不少。如《信义镇志续编》《星溪诗钞》《文钞》等各若干卷，皆有关于乡邦文献。"[5]记载中所说的抄书与著书实际上是有所关联的，乡邦文献的编纂离不开抄书积累的资料。

四、抄书者的身份

清代苏州的抄书活动区别于明代的一个重要特征便是抄书者中生员等下层士人群体扩大。从抄书者的身份来看，一般是藏书家或者底层士人。

---

［1］苏州图书馆编著：《苏州图书馆藏善本题跋》，国家图书馆出版社2018年版，第264、292页。

［2］苏州图书馆编著：《苏州图书馆藏善本题跋》，国家图书馆出版社2018年版，第364页。

［3］陈先行、郭立暄编著：《上海图书馆善本题跋辑录》（下），上海辞书出版社2017年版，第624页。

［4］赵诒琛等辑：《赵氏家乘》卷十《峭帆楼丛书跋》，民国八年（1919）刻本，第42a页。

［5］赵诒琛等辑：《赵氏家乘》卷十一《龚魏蔡三先贤合集序》，民国八年（1919）刻本，第29b页。

底层士人早年由于贫困无法购买书籍，只能通过抄书来获取。诸生是清代苏州抄书者中的主体，抄书是他们积累藏书的主要途径。即使是周锡瓒这样的大藏书家，他也只是乾隆三十年（1765）的副贡生。

　　生员群体如此热衷于抄书，与苏州浓厚的书籍文化氛围有关。苏州不同地区都有生员抄书的事迹，这些案例足以说明清代常熟、吴江、昆山等地抄书活动之兴盛。诸生群体热衷于抄书并非苏州出版衰落的体现，相反，如此大规模的下层士人参与到抄写书籍、传播书籍的活动中，正说明了当时文化的兴盛和书籍传播范围的扩大。他们抄写了大量书籍，凭借抄书而拥有了丰富的藏书。

　　这一时期的苏州可谓是藏书之渊薮，为借抄提供了条件。本是桐乡人的金檀在迁居到吴县后，居住在桃花坞的盍簪坊[1]，他通过借抄建立了文瑞楼藏书。在金檀的抄书圈里还有娄县人宋定国。仕途无望的诸生群体，通过抄写书籍、积累藏书参与到学术研究中，进而提高自己的声誉。常熟人陈揆就是在绝意仕途后才开始大量抄书的，他的稽瑞楼与张金吾的爱日精庐并称，而张金吾的身份也只是生员。

　　还有很多抄书者是隐而不彰的。王闻远的名气并不像黄丕烈等人那么大，但是当时与之结交的藏书家并不在少数。这为王闻远的借抄提供了条件，他的《孝慈堂书目》中收录了众多秘本名抄。因此，我们审视借抄这一行为背后的社会关系会发现，清代苏州的各个抄书圈子，其成员基本上是固定的，人数并不是很多。这个圈子的人员基本上属于同一群体，以诸生为主，他们家境贫寒，但是以藏书为嗜好。这并不排除有不同身份的人员参与，在一定程度上以借抄活动消除了身份的界限。不同的抄书圈子也有一定的交集，这一点体现在他们的藏书目录或题跋的版本来源上。

　　抄书者囊括了不少职业，其中，医者是比较特殊的抄书群体。无论是吴县的陆漻还是常熟的诸生孙从添，他们都精于医术。这是清代抄书所出现的独特现象，即抄书者以行医为生。除了陆漻、孙从添，后来的昆山人潘道根也隐于医，闻善本秘书，必借录副本。诸生徐康在同治五年

---

[1] 宋宾王跋《静修集》。（张元济：《涵芬楼烬余书录》，《张元济全集》第8卷，商务印书馆2010年版，第423页。）

（1866）也是"卖药市廛"[1]。再如，"李洽，号憩棠，嗣叔素愚后，事嗣母孝，与人无竞。善医家形家言，不轻试其术。手钞书数十卷藏于家"[2]。清代从医者成为抄书的重要主体，其职业本身就与医书等有关。

有的抄书者还是居住在苏州的官员，如"童叶庚，字松君，晚号松道人，亦号瞱巢，崇明籍。咸丰中官德清县知县，去任之日，人民涕泣跪送者逾郊三里，归隐吴门，卜居朱家园，终日以书画自娱。博学好古，手钞群籍，多海内孤本"[3]。组织抄写者也有特殊的身份，如清抄本《永嘉四灵诗》，根据蒋懋昭的跋语，"是编乃裱工陈君倩人所抄"[4]。由此可见，组织抄写者陈氏是裱工。

女子抄书是明清时期抄书活动中的特殊现象，在清代的苏州尤其常见。《春秋五礼例宗》的自序后题"海虞女士者香王诵莪录于欧白阁"，卷末题"道光戊子（八年，1828）孟秋日录毕，者香"[5]。常熟王诵莪抄写《春秋五礼例宗》在清代女子抄书中是个典型。

抄写者本身也具有一定的复杂性。有的抄本冠以某位抄书者的名字，但实际的抄写者并不是其本人。抄写者主要分为三种情况：一是抄书家亲自抄写；二是抄书家雇抄工抄写；三是抄书家请亲属或友朋抄写。这三种情况在清代苏州的抄书中都比较常见。

清代苏州的书肆存在借书的服务，对于那些无法购买的书籍，学者可以借回家抄写。因此，这种抄书的需求催生了当时社会上的抄书工作。这些抄工可能是学者家中的成员，也可能是社会上的散工，以专门为人抄书谋生。黄丕烈在学余书肆中见到了《菰中随笔》，"拟买而未许也，爰假归倩钞胥录此副本"[6]。

对于哪些抄本出自抄工之手，可以根据题跋或者字迹来判断。王闻远

---

[1] 缪荃孙、吴昌绶、董康撰，吴格整理点校：《嘉业堂藏书志》卷三《青囊杂纂袖珍方》，复旦大学出版社1997年版，第413页。

[2] （清）陈尚隆原纂，（清）陈树毂续纂：《（雍正）陈墓镇志》卷十，《中国地方志集成·乡镇志专辑》第6册，第342页。

[3] 曹允源、李根源纂：《（民国）吴县志》卷七九，民国二十二年（1933）苏州文新公司铅印本，第45a页。

[4] 陈先行、郭立暄编著：《上海图书馆善本题跋辑录》（下），上海辞书出版社2017年版，第796页。

[5] 王重民撰：《中国善本书提要》，上海古籍出版社1983年版，第25页。

[6] 傅增湘撰：《藏园群书经眼录》（三），中华书局2009年版，第657页。

龙池山房抄写的《吴下冢墓遗文》有王氏跋云："昆山叶文庄公家所藏秘本也。己丑（康熙四十八年，1709）岁凶，叶遂粥书于书贾，予介沈君寅若借观，如获球贝，即倩工钞之。"[1]由此可见，由于借阅的时间较短，只能雇用抄工抄写。有的抄工并不一定是苏州的抄工。光绪十三年（1887）常熟翁氏抄本《玉台新咏》，是翁同龢"假阁相国藏本，命胥录一通"[2]。尽管并未说明具体的地点，但抄工可能在北京。

  从现存的清代苏州的抄本来看，抄工抄写的抄本并不在少数。抄工与学者之间保持着密切的联系。谢恒，字行甫，长洲人，钱谦益在《教读谢君坟表》中记载了其生平。在黄丕烈的题跋里经常可见关于抄工的记载，比如，他"命抄胥照宋本补十三至二十四卷"[3]。咸丰年间，徐康借到毛氏尚友斋藏本《大涤洞天记》，"嘱抄胥沈某录出"[4]。徐康还进行了校对。再如咸丰六年（1856）胡珽琳琅秘室抄本《岁时广记》载"苏城吴保熙录"[5]，吴氏应该也是抄工。同治十年（1871），顾文彬让许锷抄录《书画谱》。[6]又如光绪年间苏州的抄工李厚甫，在光绪十四年（1888）主动找潘钟瑞抄书："钞书人李厚甫者，昔年曾为钞写，今屡次索钞，乃以近年散文稿付之。"[7]

  雇用抄工抄写书籍在当时比较普遍，除了现存抄本上的信息外，一些抄书事迹对此也有所反映："（注：朱禄骈）惟好购书，自经史子集以及释典、道藏、稗官、杂纪，靡不毕收，亦靡不博观而详说之。尤喜后出未刻诸种，每得一编，爱玩不释手。闻朋游间有未见之本，则必召工借录，或手抄藏弄。"[8]朱禄骈抄书的案例说明，当时抄工主要是为学者的抄书服务的。

[1] 陈先行编：《中国古籍稿钞校本图录·钞本》，上海书店出版社2000年版，第373页。
[2] 陈先行、郭立暄编著：《上海图书馆善本题跋辑录》（下），上海辞书出版社2017年版，第766页。
[3] 陈先行、郭立暄编著：《上海图书馆善本题跋辑录》（上），上海辞书出版社2017年版，第359页。
[4] 陈先行、郭立暄编著：《上海图书馆善本题跋辑录》（上），上海辞书出版社2017年版，第256页。
[5] 瞿启甲辑：《铁琴铜剑楼藏书题跋集录》，上海古籍出版社2019年版，第78页。
[6] （清）顾文彬著，苏州市档案局（馆）、苏州市过云楼文化研究会编：《过云楼家书：点校本》，文汇出版社2016年版，第97页。按：许锷，字达夫，布衣，善楷书。
[7] （清）潘钟瑞著，尧育飞整理：《潘钟瑞日记》（下），凤凰出版社2019年版，第549页。
[8] （清）彭方周修，（清）顾时鸿辑：《（乾隆）吴郡甫里志》卷二二《矢节庵传》，乾隆三十年（1765）刻本，第34b页。

有的抄写者是家仆，学者的僮仆中就有能承担抄写任务的，正如顾文彬在《望江南·怡园即事》中所说："怡园好，无事即顽仙，命仆钞书疏笔砚。"[1]翁方纲认为长洲何氏抄本《张右史文集》中的卷十二至卷十六、卷五十六至卷六十，由何焯家的小史所抄，其依据则是笔迹的比对："丙午（乾隆五十一年，1786）秋，见义门小楷《周颂》数幅，与此对之，是义门家塾所写无疑。"[2]道光年间，叶道芬在临洵官舍"令僮仆知书者录副邮寄"《岩下放言》。[3]这些抄胥是学者从事抄写等工作的得力助手，一般会跟随在学者身边。咸丰十年（1860）翁同书跋《山谷题跋》云："予从军日久，心绪恶劣……命童子抄之，因读一过。"[4]同治八年（1869），刘履芬抄校本《琴隐园诗集》，"令奴子李福为录副册"[5]。除了抄写外，奴仆还能从事汇编工作，"予（注：陆燿）读公之书，思公人品学术，向往有素。惟是智绌才疏，不能探本挈要，立说著书，每用内愧。然而机会所值，俄顷万变，随时酌剂，启请施行，往往获济。因命抄胥汇为一册，名曰《任城漫录》"[6]。

　　组织抄写者还会请亲属抄写。《汪水云诗钞》有叶树廉跋云："庚子（1660）之岁，借得孙天来抄本，命儿子時、疇对抄。"[7]由此可见，此书并非出自叶树廉之手，而是他让自己的两个儿子分工抄写的。康熙五十一年（1712）翁栻抄本《徐公文集》的题跋中说："有可抄者，或命子侄及孙，或自为之，亦仅得十六种。"[8]嘉庆二十四年（1819），黄廷鉴借爱日精庐藏本《广川画跋》，命儿子黄芝抄写。[9]又如咸丰七年（1857），长洲人马钊从吴江沈小垞处借到《淮南万毕术》后，"亟命藻儿别录副本"[10]。根据后

---

[1]（清）顾文彬撰：《眉绿楼词》之《跨鹤吹笙谱》，光绪十年（1884）刻本，第8a页。
[2] 叶启发撰，李军整理：《华鄂堂读书小识》，《二叶书录》，上海古籍出版社2014年版，第302页。
[3] 苏州图书馆编著：《苏州图书馆藏善本题跋》，国家图书出版社2018年版，第208页。
[4] 翁之憙撰，翁以钧整理：《常熟翁氏藏书志》上册，中华书局2022年版，第141页。
[5] 江澄波：《古刻名抄经眼录》，北京联合出版公司2020年版，第331页。
[6]（清）陆燿撰：《切问斋集》卷七《任城漫录序》，《清代诗文集汇编》352，第444页。
[7]（宋）汪元量撰：《汪水云诗钞》卷末"叶树廉跋"，顺治十七年（1660）抄本（国图），第1a页。
[8] 陈先行、郭立暄编著：《上海图书馆善本题跋辑录》（下），上海辞书出版社2017年版，第544页。
[9] 瞿启甲辑：《铁琴铜剑楼藏书题跋集录》，上海古籍出版社2019年版，第142页。
[10] 陈先行、郭立暄编著：《上海图书馆善本题跋辑录》（上），上海辞书出版社2017年版，第400页。

面陈奂的题跋,"既倩马君过录集本"[1],这说明是陈奂请马氏抄写的。

请友朋抄写在清代苏州的抄书活动中也比较常见。朱之赤虽然藏书,但是抄本是由他人代抄的。如朱之赤从顾辇处借阅《王光庵先生集》,"请汪子曾贻抄之"[2]。又比如,他从友人许聚处辗转借到《江月松风集》,"欲手录,未竟二篇,目昏中止。典衣得钱一佰,倩陈仲方书成"[3]。朱之赤抄写《穆参军集》,"倩谭兄扬仲程子竟日录之"[4]。汪曾贻、谭扬仲是朱之赤的友朋,而陈仲方则是朱之赤雇用的抄工。

又如雍正元年（1723）,何堂从沈芳处借得《石刻铺叙》,"倩人抄毕"[5]。宋宾王在乾隆年间抄写《许氏说文解字六书论正》,"顾子士瑶篆文,奈楷书者不得其人"[6]。可见宋氏是找顾氏抄写其中的篆文部分的。鱼元傅从友人处借到《三朝圣谕录》等书,"倩苏子南枝誉《圣朝》《笔记》二种,时新安曹子文猗寓余闲止,嘱写《漫钞》一弓,在己未（乾隆四年,1739）夏日也"[7]。居住在苏州松卧居的吴翌凤曾经在乾隆五十三年（1788）,"借张青芝所藏花山马氏刊本,命沈生煜抄出"[8]。在乾隆四十二年（1777）秋仲"偕青芝山堂张氏本丐海阳余一匏抄录"[9]。吴氏又曾在乾隆四十三年（1778）中元,"借陆孟庄家西宾本丐张宗兴令弟钞"[10]。又比如,清抄本《使金录》有吴翌凤跋云:"丞士李鹤俦从余友

---

[1] 陈先行、郭立暄编著:《上海图书馆善本题跋辑录》（上）,上海辞书出版社2017年版,第400页。
[2] （日）河田罴撰,杜泽逊等点校:《静嘉堂秘籍志》（下）,上海古籍出版社2017年版,第1782页。
[3] （日）河田罴撰,杜泽逊等点校:《静嘉堂秘籍志》（下）,上海古籍出版社2017年版,第1782页。
[4] 傅增湘撰:《藏园群书经眼录》（四）,中华书局2009年版,第937页。
[5] 陈先行、郭立暄编著:《上海图书馆善本题跋辑录》（上）,上海辞书出版社2017年版,第326页。
[6] 陈先行、郭立暄编著:《上海图书馆善本题跋辑录》（上）,上海辞书出版社2017年版,第74页。
[7] 陈先行、郭立暄编著:《上海图书馆善本题跋辑录》（上）,上海辞书出版社2017年版,第178页。
[8] 陈先行、郭立暄编著:《上海图书馆善本题跋辑录》（上）,上海辞书出版社2017年版,第196页。
[9] 傅增湘撰:《藏园群书经眼录》（三）,中华书局2009年版,第569页。
[10] 傅增湘撰:《藏园群书经眼录》（三）,中华书局2009年版,第593页。

林蠡艖游，工楷法，是卷嘱其手录。"[1]可见这是吴氏让李鹤俦抄写的。乾隆十八年（1753）曹炎抄本《对床夜语》，曹炎跋云："虞兄委余钞录，惜老眼昏花，涂鸦帝虎，开卷生憎，殊负委托主意。乾隆十八年（1753）长至后二日，曹炎志。"[2]常熟沈汝瑾的鸣坚白斋抄本《投笔集》，"或游日本，重金购之，假得，属爻周钞"[3]。

到了清末，这种托人抄录的现象依然存在，曹元忠在光绪二十四年（1898）季冬借到了汪氏振绮堂抄本《黑鞑事略》，"属及门族叔菽衡录写成帙"[4]。光绪年间，赵宗建借抄《灌园漫笔》，"属伯贤录存"[5]。赵宗建借李升兰藏本《刘宾客文集》，"属性禾侄抄补之"[6]。这是借到书之后托人抄录的行为。还有托人借书后抄录的，如高邮王念孙托陈奂借抄《淮南鸿烈解》。[7]黄丕烈也曾托友人从宋刻影抄《夷坚志》。[8]抄书赠人在当时也是非常普遍的。咸丰六年（1856），屠璨芝照着旧刻本《亢仓子》抄录后赠给陈奂。[9]

友朋抄写是明清抄书文化中的一种特殊现象，主持抄写者和实际抄写者之间一般是亲友的关系，这种抄写与雇用抄工的抄写不同，抄写这种行为是作为一种人际交流方式存在的，主持者与抄写者之间更多的是人情往来。

[1] 陈先行、郭立暄编著：《上海图书馆善本题跋辑录》（上），上海辞书出版社2017年版，第161页。
[2] 瞿启甲辑：《铁琴铜剑楼藏书题跋集录》，上海古籍出版社2019年版，第309-310页。
[3] 陈先行、郭立暄编著：《上海图书馆善本题跋辑录》（下），上海辞书出版社2017年版，第659页。
[4] 陈先行、郭立暄编著：《上海图书馆善本题跋辑录》（上），上海辞书出版社2017年版，第165页。
[5] 陈先行、郭立暄编著：《上海图书馆善本题跋辑录》（上），上海辞书出版社2017年版，第392页。
[6] 陈先行、郭立暄编著：《上海图书馆善本题跋辑录》（下），上海辞书出版社2017年版，第526页。
[7] 陈先行、郭立暄编著：《上海图书馆善本题跋辑录》（上），上海辞书出版社2017年版，第397页。
[8] 陈先行、郭立暄编著：《上海图书馆善本题跋辑录》（上），上海辞书出版社2017年版，第449页。
[9] 陈先行、郭立暄编著：《上海图书馆善本题跋辑录》（上），上海辞书出版社2017年版，第498页。

第二节 抄书的细节与规律

清代苏州作为抄书活动最为活跃的地区之一，其抄本生产具有典型性。以苏州的抄书活动为例，对抄书进行微观考察，总结抄书、抄本的规律与特征，能够更为直观地展现抄书作为出版活动之一的特殊性。

一、抄书

1. 抄写动机的复杂性

关于抄写的动机，上文已经述及，这里主要介绍一些比较特殊且复杂的抄写动机。有的抄本是因为遗失而重新抄写，如潘道根在日记中写道："此书余旧借邱云侣藏本写过，后遗失，今再写。"[1]有的抄本被作为礼物赠人，如潘道根"钞《日知录之余》竟日。以韩介孙师欲观，故写本赠之"[2]。有的抄本作为与他人交换之用。清代顾氏思适斋抄本《冲虚至德真经释文》，顾千里题识云："右《道藏》本，嘉庆庚申（五年，1800）倩手照抄，以易《半农先生易说》于士礼居。"[3]有的抄本承载了抄书者的家国之忧。翁心存抄本《火龙神器阵法》，翁同龢跋云："道光庚子（二十年，1840），海上兵事起，时承平久，民不知兵革，而戎器亦不修矣。……先公奉母家居，手无斧柯，常自嗟愤。寇退，从邑旧家假此书，手自钞写，盖有无穷之思焉。"[4]可见这部抄本承载了翁心存抵御外敌的愿望。抄书也不排除具有一定的偶然性，道光二十六年（1846），"怀宁邓守之来

---

[1]（清）潘道根著，罗瑛整理：《潘道根日记》（下），凤凰出版社2016年版，第331页。
[2]（清）潘道根著，罗瑛整理：《潘道根日记》（下），凤凰出版社2016年版，第422页。
[3] 江澄波：《古刻名抄经眼录》，北京联合出版公司2020年版，第215页。
[4] 翁之憙撰，翁以钧整理：《常熟翁氏藏书志》上册，中华书局2022年版，第251页。

虞，箧中有抄本《老子》"[1]，杨沂孙得以借抄。

对于写样过程中所产生的抄写，抄书用纸与著作稿纸之间的关联延伸到刻书领域，就是抄本的行格有时会和刻本的行格类似。康熙年间，顾嗣立秀野草堂刊刻《元诗选》，只刊刻了三集，共有三百家。"相传顾氏刻《元诗选》既成，夜梦古衣冠人数百拜谢之。"但是，顾嗣立自称见到四百余家，乾隆年间，"有有力者得其癸字已成之稿"，"刻附三集之后"。现存康熙年间顾氏秀野草堂写样待刻本，"字形、行款悉与顾氏原书相同"，"写样欲刻而未成"。[2]这里的写样正是在刻书过程中产生的。

2. 抄写顺序的复杂性

有的书籍并不是按照上、下卷顺序抄写的，而是先抄下卷，后抄上卷，如潘道根"写《识小录》下卷起"，其原因正如潘道根所说，"因先借得下卷，故先写也"。[3]

有的抄写则采用了抄写评点的方式。咸丰二年（1852），翁曾翰借潘祖荫的《宋四家词选》抄录。由于这部书在当时没有传本，潘祖荫视之为秘籍。潘氏"索之甚亟"，翁曾翰就"临评点于他本"[4]，因此，抄本内容比原本少了若干首。

3. 抄写者的复杂性

抄本的制作也存在合抄的现象，这主要针对卷帙较多的书籍。康熙三十年（1691）洞庭翁栻抄藏的《云韩堂绍陶录》，翁栻跋云："健庵徐司寇撰志于吾山，借得《绍陶录》发钞，余见其旨趣高逸，因命炳、揆两儿录得一本。"[5]可见这是翁氏之子翁炳、翁揆合作抄写的。康熙六十年（1721），宋宾王与钱枚、周诵芬、顾夏珍合作抄写了《秋崖先生小稿》八

---

[1] 陈先行、郭立暄编著：《上海图书馆善本题跋辑录》（上），上海辞书出版社2017年版，第488页。

[2] 王芑孙认为尽管《元诗选》四集"青浦席氏已有雕板，然席鄙陋村俗之夫耳，其刻书意在求利，匪惟刊校不精，妄多删替，其书亦迄不行于世，虽登板而所印无多，犹之乎未刻也"。[陈先行、郭立暄编著：《上海图书馆善本题跋辑录》（下），上海辞书出版社2017年版，第787页。]

[3] （清）潘道根著，罗瑛整理：《潘道根日记》（下），凤凰出版社2016年版，第390页。

[4] 陈先行、郭立暄编著：《上海图书馆善本题跋辑录》（下），上海辞书出版社2017年版，第833页。

[5] 瞿镛编纂：《铁琴铜剑楼藏书目录》，上海古籍出版社2000年版，第255页。

十三卷。[1]清士礼居抄本《三家宋版书目》，黄丕烈跋云："命阍人张泰手抄。张泰曾在京佣书，故字迹颇不恶云。"[2]黄丕烈令门仆张泰抄录首尾二种，又亲自抄录《述古堂宋版书目》八页。家族内部也存在合抄。翁曾源之父在贵州抄写了《黄太史精华录》五卷，八年之后的咸丰十年（1860），翁曾源抄写了剩下的三卷，纸张上有"翁氏借一瓻馆"字样。又如潘道根"写《顾谱》毕。承黄紫薇为代写一本，感极"[3]。可见此书的其中一本是由黄氏抄写的。又如顾承、顾廷熙抄写的《辛丑销夏记》《西畇寓目编》，根据顾麟士的题跋，前书的第一卷至第四卷是顾承抄写的，第五卷是顾廷熙抄写的；后书的初编、四编是顾承抄写的，二编、三编是顾廷熙抄写的。[4]但是，顾麟士未提及合作抄写的原因。

分工抄写后互相借抄，能够节省借书的时间。宋宾王跋《吴郡志》云："向者于康熙辛丑（六十年，1721）腊月八日，以映宋抄《皇朝编年》易得顾苍史所藏《吴都文粹》，时纠钱子方蔚、顾子夏珍，刻晷分抄，凡一十二日而成，拱手相贺，谓得难得之物，将彼此易抄，各有全书也。"[5]这样合作抄写后再彼此借抄，就能各有其书。

4. 抄写的过程与速度

关于抄书的细节，比较详细的要数彭士望在《长洲旧文学顾君生圹志》中记载的长洲人顾铧的抄书事迹："或力有所不能得，则手自抄写，穷日夜可尽百十纸。夜尝不寐，寐亦止尽数刻，而张灯披衣，往往达旦，手不释卷，不停钞，自以为愉快极，虽老至不知也。凡钞阅校雠，精审不讹一字，稍涉疑义，则画记之，举其释问析乃已。"[6]这里记载了顾氏晚年通宵达旦抄写书籍的事迹，如对于存在疑义的地方，顾氏会标记出来，每天可抄写百十张纸。《静嘉堂秘籍志》中著录了顾氏抄本《吴中故迹诗》。

抄写者抄写书籍时的年龄也是值得关注的问题，会对抄写活动产生影

---

[1] 瞿启甲辑：《铁琴铜剑楼藏书题跋集录》，上海古籍出版社 2019 年版，第 247 页。
[2] 江澄波：《古刻名抄经眼录》，北京联合出版公司 2020 年版，第 141 页。
[3] （清）潘道根撰，罗瑛整理：《潘道根日记》（下），凤凰出版社 2016 年版，第 407 页。
[4] 苏州图书馆编著：《苏州图书馆藏善本题跋》，国家图书出版社 2018 年版，第 192 页。
[5] 周书弢撰，赵嘉、王振伟、郭汉臣等标注：《弢翁古书经眼录标注》，上海古籍出版社 2021 年版，第 266 页。
[6] （清）彭士望撰：《耻躬堂文钞》卷九《长洲旧文学顾君生圹志》，咸丰二年（1852）重刻本，第 22a 页。

响。现在已知的清代苏州抄本的抄写者,年龄较大的有陈大经,他在七十二岁时抄写了《管公明十三篇》。根据陈大经的题记,这两部书都是其亲自手抄的。

抄本的制作背后隐藏了很多抄书故事,反映了抄书者之间的人际关系。道光二十六年(1846),元和管庆祺在体经堂抄写了《经典释文》,底本则是他用番饼三枚贿赂书贾延迟十天交付给买家而获得的,因而才得以用八昼夜的时间抄写完成。[1]

对于抄写所用的时间,明代的抄书记载中已经有所涉及。根据江标评价潘志万所言,"知硕庭近日抄书甚多而速,颇有老辈遗风也"[2],"多而速"是苏州学者抄书的重要特点。清代苏州的抄书者也偶尔记录抄写的具体时间,通过记载的时间和书籍的页数,大致可以推断出抄写的速度。表3.2所示的是几位抄书者抄书速度的统计。

表 3.2 抄书速度统计表

抄书者	时期	书籍	抄书时长	书籍页数	抄写速度/(页/天)	史料记载
叶树廉	顺治十八年(1661)	《旧唐书》	约6个月(按180天计算)	5276 页	29.30	叶石君题记云:"辛丑岁(顺治十八年,1661)三月十九日,借得钱遵王所藏至乐楼钞本校起,至九月初五日毕功。"(《铁琴铜剑楼藏书目录》)
陆贻典	康熙年间	《中原音韵》	5 天	73 页	14.60	"竭五日之力草率录此。"(《藏园群书经眼录》)

[1] 傅增湘撰:《藏园群书经眼录》(一),中华书局2009年版,第94页。
[2] (清)江标著,黄政整理:《江标日记》(上),凤凰出版社2019年版,第334页。

续表

抄书者	时期	书籍	抄书时长	书籍页数	抄写速度/（页/天）	史料记载
李崇系	康熙三十一年（1692）	《清河书画舫》	近2年（按720天计算）	2000多页	2.00~3.00	李崇系跋云："(《萨天锡集》《玉山草堂雅集》《玉山名胜集》）共二千余页，（汪苓友）属余录之。……余因借而录之，日课一两页，遇有俗冗疾病，每多间断，几及二载而成，笔墨之费，已费多金矣。"(《古刻名抄经眼录》)
谢浦泰	康熙六十一年（1722）	《唐诗四十名家集》	4个月	2235页	18.60	谢浦泰题识云："阅四月而告竣，所书二千二百三十五纸，分二十本。""皇清康熙六十一年岁次壬寅(1722)，娄东谢氏手抄藏于尚论堂。"(《古刻名抄经眼录》)
何堂	雍正六年（1728）	《啸堂集古录》	50天	103页	2.06	何堂影抄《啸堂集古录》，"五浃旬而告竟"(《上海图书馆善本题跋辑录》)
鱼元傅	乾隆年间	《黔书》	2个月	60页	1.00	"即假归，阅两月缮录此帙"。(《黔书》)
邵恩多	乾隆六十年（1795）	《也是园书目》	5个月	164页	1.09	"是册抄于旗蒙单阕之涂月，至次岁皋月始竟。"(《常熟图书馆古籍善本图录》)
张绍仁	乾隆至嘉庆年间	《苏学士集》	5天	239页	47.80	张绍仁跋云："尘事缪绕，五日始毕。讱庵居士张绍仁识于仁寿里之绿筠庐。"(《荛翁古书经眼录标注》)

续表

抄书者	时期	书籍	抄书时长	书籍页数	抄写速度/（页/天）	史料记载
盛大士	嘉庆年间	《读书敏求记》	2个月	230页	3.80	"余仿琴六校本，影钞两月而成。"（《蕴愫阁文集》）
翁心存	嘉庆十六年（1811）	《玉台新咏》	3个月	78页	0.87	翁心存题记云："嘉庆辛未（十六年，1811），余馆于山塘泾李氏，长夏无事，借得陈氏子准表兄藏本，手自影临，凡三阅月乃毕，颇自诩纤悉逼肖。"（《常熟翁氏藏书志》）
黄廷鉴	道光十八年（1838）	《意林》	30天	66页	2.20	"自残腊至今春，凡三旬而毕。"（《铁琴铜剑楼藏书题跋集录》）
瞿氏（瞿秉渊、瞿秉清）	咸丰年间	《岁时广记》	3个月	430页	4.80	胡珽跋云："咸丰七年丁巳（1857）冬仲，恬裕斋瞿氏欲借钞一部，阅三月而竣事。因新钞者字迹稍劣，余校过后以此本归瞿氏。"（《铁琴铜剑楼藏书题跋集录》）
翁同龢	光绪二十六年（1900）	《吴郡图经续记》	约15天	67页	4.00	"抄《吴郡续记》四页。"（《翁同龢日记》）

抄书速度受到多方面因素的影响，如书籍抄写的难度，如果是影抄，速度会慢一些，有时候还要算上校对的时间。另外，抄写者个人的身体状

况、外部环境等因素均会影响抄写的速度。通过上述统计可以发现，张绍仁的抄书速度最快，平均每天抄写47.8页，其次是叶万，平均每天抄写29.3页，再次便是谢浦泰，平均每天抄写18页。瞿氏、翁同龢抄书的速度基本一致，每天抄写约4页。

5. 抄书的地点

对于抄本的具体抄写地点，一般只能从抄写者的题记中得知，如康熙十二年（1673）王乃昭抄本《陆右丞蹈海录》是在金阊北濠寓楼抄写的。[1]金侃跋《安雅堂文集》云："壬申（康熙三十一年，1692）中秋，录于孺宜堂之东厢。"[2]孺宜堂在金侃家中。乾隆六年（1741）鱼元傅抄本《读画录》，"书于来鸥轩"[3]。由于作为诸生的抄写者要谋生，故而在书馆内抄写，如谢浦泰在王馆抄写《张右史文集》。[4]有的抄书地点则是在船上。潘道根抄本《菰中随笔》则是潘氏"咸丰癸丑（三年，1853）季冬十八日灯下从老坟桥回舟写毕"[5]。

抄本具有特殊性，较之刻本更容易突破地域的限制而促成不同地区书籍的传抄。因此，有的抄本并不是在苏州制作完成的，其抄写底本也不一定来自苏州的藏书家。抄本版心所标记的地点并不一定就是真实的抄写地点，也有可能是将稿纸带到别处抄写的。顾千里跋《萍洲可谈》《五代史阙文》云："乾隆丁未（五十二年，1787），从程氏蓉江寓馆抄得此二种。"[6]嘉庆六年（1801），常熟人邵恩多抄本《於陵子》"抄于浙东蕺山书院之清晖阁"[7]。顾沇艺海楼抄本《鉴止水斋书目》有跋云："长洲顾沇于道光己酉（二十九年，1849）三月客杭，从罗镜泉假录。"[8]又如吴

---

[1] 陈先行、郭立暄编著：《上海图书馆善本题跋辑录》（上），上海辞书出版社2017年版，第197页。

[2] （元）陈旅撰：《安雅堂文集》卷十，康熙三十一年（1692）金侃抄本（上图），第10b页。

[3] （清）周亮工撰：《读画录》卷末"鱼元傅跋"，乾隆六年（1741）鱼元傅抄本，第2a页。按：来鸥轩为乾隆三十一年（1766）鱼元傅撰写题跋的地点，根据题跋，王应奎从金陵购归后，鱼元傅借抄。

[4] 王文进著，柳向春整理：《文禄堂访书记》下册，中华书局2019年版，第361页。

[5] 陈先行、郭立暄编著：《上海图书馆善本题跋辑录》（上），上海辞书出版社2017年版，第411页。

[6] 翁之熹撰，翁以钧整理：《常熟翁氏藏书志》上册，中华书局2022年版，第107页。

[7] 陈先行、郭立暄编著：《上海图书馆善本题跋辑录》（上），上海辞书出版社2017年版，第394页。

[8] （清）丁日昌著，张燕婴点校：《持静斋书目》卷二，中华书局2012年版，第188页。

大澂抄写的《通鉴纲目前编辨误》，是吴大澂"戊辰（同治七年，1868）通籍后在北京时所书"[1]。以上材料明确说明是在杭州等地抄写完成的。尽管这类抄本的抄写地点并不在苏州，但其抄写者是苏州人，故仍然属于清代苏州抄书的研究范围。一些特殊的抄本制作者虽然不是苏州人，但是后来在苏州居住，比如，莫友芝是贵州独山人，后来居住在苏州光福山的铜井山，其子以"铜井山房"为号。又比如，原籍宝山的李同文，是道光十四年（1834）举人，后来移居到常熟，"素好聚书，见善本辄精楷传录，或手自点勘"[2]。

随着清末图书馆的兴起，借抄的形式发生改变，增加了从图书馆借阅抄写的形式。宣统元年（1909），丁国钧从江南图书馆抄录《靖康稗史七种》，从此流传开来。从图书馆借抄减少了与私人藏书者打交道的时间，抄写的地点也从书斋变成了图书馆。

6. 借抄的规则与时间

由于清代藏书的私密性，借抄需要建立在复杂的社会关系网络之上。抄本的制作一般是通过借抄来完成的，而借抄活动透露出复杂的社会关系和借抄之曲折艰难。清初的朱之赤和钦远游关系不错，但是朱氏"再三借抄（注：《江月松风集》），终靳不许"。后来钦氏下世，书归洞庭富家，朱氏的友人"许太学星瑞，与富家有连，得假抄此册"[3]。可见朱之赤借抄之曲折。

关于借抄的过程，宋宾王在谢浦泰抄本《周益公文忠集》的题记中有详细的记载：

> 春仲有书贾自郡来，言王声宏先生欲借校《吴都文粹》，余遂忻然与之偕往，盖欲问《益公集》消息也。足凡三及门，时值清和，暑长人困，逡巡郡邸，进退失据。乃就韦公祠，卜筊兆吉，复诣，得见先生，以《吴都文粹》赞，请观《益公全集》，目凡二十七种。时钱子方蔚馆于金闾，余即归携顾钞，往请补于先生。先生具述囊督学某公曾遣缮书者就舍，钞成而去。（书贾莘志伊云酬以十六金。）既而复请，

---

[1] 陈先行、郭立暄编著：《上海图书馆善本题跋辑录》（上），上海辞书出版社2017年版，第140页。

[2] （清）郑钟祥修，（清）庞鸿文纂：《常昭合志稿》卷四十，光绪三十年（1904）木活字本，第19b页。

[3] 张元济：《涵芬楼烬余书录》，《张元济全集》第8卷，商务印书馆2010年版，第432页。

许就校，乃见《省斋文稿》。……

　　钞对讫，再诣见，先生略无难色，但临行频嘱郑重。舟行，又借《别稿》《词科》《掖垣》《玉堂》《政府》五种归，盖六月将晦矣。七月二十日，顺风揭飒，亭午抵苏，冒暑入城，易《历官》《奏议》《奉诏》《承明》四种，还邸，日犹未衔山。旅客喧阗，喘吁挥汗，财货之外，别无所事事，而余心独喜无寐。……往返六阅月，先生每责期，与老人期戒，后乃纠诸从力，家贫，乏润笔资，乃为桐乡金子星轺先钞成焉。予复借于金，自十月下旬始，钞成于雍正元年（1723）三月，计三千六百十五页（注：《东湖丛记》作三千六百八十七页），页计字四百二十。是集也，钱子实总其成，订正舛错，费许心目。余因就卷中脱落疑讹处，另副开载，更竣缮本续校焉。……武陵存日，不独收藏甚富，而手钞秘本，充盈箧笥，尤喜人借抄。[1]

　　宋宾王在题跋中详细记载了到苏州向王声宏借抄《益公集》的过程，最开始是通过书贾的介绍，宋氏以《吴都文粹》作为交换。宋宾王抄写成功，离不开钱枚的帮助。其中还提及督学派抄工到王家抄写、王氏喜人借抄等清代苏州抄书的细节。宋宾王的这次借抄可谓曲折，既要往返于苏州和太仓之间、金阊住所和王家之间，还要时刻注意借书的期限，故而采取了合作抄写的方式。王氏也并非一次借书，宋宾王借抄四次才终于抄完。与宋氏同时借抄的还有金檀，后来宋宾王借抄的是金氏抄本。宋宾王还曾借文瑞楼收藏的《张光弼诗集》，"假手录出"[2]。这些都生动记载了当时抄书之艰难和借抄之曲折。

　　有的借抄还需花费钱财。道光九年（1829），陈奂抄写了《注管子》，关于借抄的过程，他在题跋中说："宋本原书近归山塘富商汪姓，借抄颇费周折。今出多金借录。"[3]可见陈氏花费钱财才得以借抄。凭借姻亲关系也可以借抄书籍。袁廷梼次子袁兆篪为黄丕烈之婿，因此，五砚楼和士礼居之间的借抄关系密切。袁廷梼曾经借抄黄丕烈收藏的《班马字类补遗》，

---

[1]（清）陆心源编，许静波点校：《皕宋楼藏书志》卷八十五，浙江古籍出版社2016年版，第1512-1513页。

[2] 陈先行、郭立暄编著：《上海图书馆善本题跋辑录》（下），上海辞书出版社2017年版，第615页。

[3] 陈先行、郭立暄编著：《上海图书馆善本题跋辑录》（上），上海辞书出版社2017年版，第361页。

而黄丕烈也在袁氏去世后才抄写到其珍藏的明抄本《静春堂诗集》。

借抄中的期限同样值得关注。黄丕烈向朱奂借抄《扬子法言》，"余于己酉（乾隆五十四年，1789）冬曾假归手录一本，而急还之，盖文游年老爱书，即欲售去，仍复不轻与人"[1]。可见某些借抄的期限是比较短暂的，这就需要借抄者在最短的时间内抄完。吴县人张思孝是嘉庆三年（1798）的岁贡，精抄秘籍数万种，但是在向他人借出书籍方面十分吝啬，吴翌凤向其借阅《绛云楼书目》后，张氏"疑有藏匿不返之意，索取甚急，几至面赤不顾"[2]。这足以说明当时借抄的规则和藏书家的心理。

7. 清代苏州的抄书圈

因借抄的书籍主要来源于友朋，这样的借抄在苏州形成了专门的抄书圈子。清初常熟的抄书活动延续了明代的风气，以钱谦益、钱谦贞、毛晋、毛扆、钱曾、叶奕、孙潜、陆贻典等人为代表的常熟地区的藏书家在抄书活动中异常活跃，并且将借抄的范围扩展到其他地区。根据现存题跋中的借抄记录，这几位常熟的抄书家是互相交流的。围绕在这些抄书家身边的，则是他们的子孙或友朋。毛晋的汲古阁在明末清初可谓是苏州的抄书中心，毛晋之子毛扆、孙毛绥福等也都抄书不辍。毛绥福在雍正八年（1730）抄写的《砚史》跋中说："锡园假儒珍侄大父手阅本录。"[3]可见借抄者与藏书者之间是亲戚关系。陆贻典是清初常熟地区的另一位抄书家，他和冯舒、叶树廉、毛扆、黄子羽等人都有书籍方面的交流。清初苏州的另一个抄书圈是以朱之赤为中心的，他的周围有姚昱初、陆绳仲、顾辇等人，朱之赤和钱曾也有书籍方面的交流。

清初，常熟和吴县的抄书圈也有交流，如叶奕和叶树廉，王乃昭和金俊明，孙潜和叶树廉，叶树廉与钱曾，张拱端与冯舒、叶树廉之间的互相借抄等。具体的抄本有长洲人何煌从常熟毛氏处抄写的《闲闲老人滏水文集》。[4]

清初，吴江、太仓、昆山等地的抄书活动虽没有吴县和常熟活跃，也没有形成规模较大的抄书圈，但偶有致力于抄书的学者。其后有昆山的徐

---

[1] 张元济：《涵芬楼烬余书录》，《张元济全集》第8卷，商务印书馆2010年版，第306页。
[2] 张元济：《涵芬楼烬余书录》，《张元济全集》第8卷，商务印书馆2010年版，第291页。
[3] 邓邦述撰，金晓东整理：《群碧楼善本书录：寒瘦山房鬻存善本书目》卷五，上海古籍出版社2014年版，第432页。
[4] 瞿镛编纂：《铁琴铜剑楼藏书目录》，上海古籍出版社2000年版，第607页。

乾学、徐秉义兄弟，可称清初昆山藏书的巨擘，但他们的藏书多是购买来的，其抄书事迹少有记载。

清初，苏州的藏书家与浙江地区以曹溶、朱彝尊等人为代表的藏书家建立了稳定的抄书关系。这种借抄的关系更为直观地体现在他们的藏书目录里。康熙年间在苏州城内行医的陆漻通过借抄来丰富藏书，编有《佳趣堂书目》，他与曹溶、朱彝尊之间互相借抄。此外，王闻远也和朱彝尊存在书籍方面的交流，"每得秘籍，必互相借钞"[1]。另外，明末清初的吴县人汤濩与金陵丁雄飞、黄虞稷结成了古欢社，十日一集。这是清初苏州抄书圈与南京藏书家之间的交流。而孙潜在抄写《五代史阙文》的题跋中说"借黄俞邰钞本一勘"[2]，这说明孙潜和古欢社成员之间也有交流。

借抄文化在乾隆、嘉庆年间的苏州达到鼎盛，最主要的影响因素便是藏书的规模和学术研究的需要。乾嘉学者对于古书有着极大的需求，因此，抄书成为获取书籍的重要途径。乾嘉时期学术繁荣，苏州成为重要的学术中心。这一时期，苏州的著名学者大多有抄书的经历。这得益于当时苏州借抄风气的流行。正如王芑孙在《题吴枚庵明经借书图》中所说："虽无千金市，幸可一瓻藉。"[3]乾嘉时期的苏州学者普遍热衷于抄写书籍以服务于学术研究。常熟人萧江声是这一时期的藏书家，他"性嗜书，得秘本辄手录，丹黄灿然，校勘精确"[4]。抄书活动涉及传统的经、史、子、集四部，地域则涉及吴县、长洲及其周边的常熟、吴江、昆山等地区。

乾嘉年间形成的另一个抄书圈子是以号称"藏书四友"的黄丕烈、周锡瓒、顾之逵、袁廷梼为中心的，还包括顾广圻、吴翌凤、张思孝、翁广平、陈塼、朱奂、余萧客等人。这一抄书圈子比较松散，除了黄丕烈、顾广圻、吴翌凤三人比较稳定外，其他的藏书家是游离于这一圈子的。

在这一时期的苏州地区，形成了错综复杂的借抄关系。尤其是在苏州城中，藏书家之间的借抄非常频繁。仅就这一时期的苏州城内而言，就汇集了吴翌凤、张位、黄丕烈、顾广圻等抄书名家。他们之间借抄的记录广

[1]（清）王闻远：《孝慈堂书目》"跋孝慈堂书目"，《丛书集成续编》第68册，第909页。
[2] 瞿镛编纂：《铁琴铜剑楼藏书目录》，上海古籍出版社2000年版，第244页。
[3]（清）王芑孙撰：《渊雅堂编年诗续稿》，嘉庆年间刻本，第4b页。
[4]（清）鱼翼撰：《海虞画苑略》，《丛书集成续编》第38册，第588页。

泛存在于抄本的题跋中。这一时期的苏州城内部形成了具有借抄关系的书籍交流群体，互相借抄而扩充藏书成为这一群体的共识。如果说藏书楼的公开孕育了现代图书馆的雏形，那么这种互相借抄的兴盛则从实质上推动了书籍的交流。

  这一时期的苏州抄书家与周边地区的藏书家有着广泛的交流，借抄便是最重要的途径。首先是苏州内部各个地区之间的抄书交流，这一点从抄写《北山小集》的过程就能够看出。黄丕烈得宋本《北山小集》，后归汪士钟。道光元年（1821），由于修志的需要，黄丕烈从汪氏处借得抄写一部。张金吾又借黄氏抄本抄写。[1]黄丕烈与张金吾的借抄，说明吴县与常熟藏书家之间的书籍交流。

  除了苏州的藏书家外，吴翌凤还和浙江地区的藏书家有着广泛的交流。值得注意的是，吴翌凤所拥有的这种借抄关系并不是单线的，他与苏州的其他藏书家所借抄的范围有所重合。以这一时期的黄丕烈等抄书家为例，黄氏与浙江地区的这些藏书家也存在着借抄的关系。因此，苏州抄书家与浙江藏书家之间形成的借抄关系是错综复杂的。

  嘉庆、道光年间，常熟地区逐渐形成了以张燮、张金吾、张蓉镜、张海鹏、陈揆、邵恩多为中心的抄书交流圈。张燮、张蓉镜和吴县的黄丕烈是书友，这说明此时苏州城中的抄书圈和常熟的抄书圈有所交集，这种交集其实从明末清初的钱曾等人就开始了，互相借抄可谓是两地书籍交流的重要形式。随着顾广圻、黄丕烈等吴县、长洲、元和的藏书家的消逝，抄书的中心从苏州城转移到了常熟。这是常熟继钱谦益、钱曾、毛晋等人形成抄书圈之后的又一次抄书兴盛。转移的标志之一就是邵恩多从士礼居传抄书籍，"邵君博学嗜古，所抄多绝无仅有之书"[2]。无论是藏书的数量还是质量，这几位常熟的抄书家在当时都堪称一流。对于这些藏书家来说，其收藏的书籍并非全部秘藏的，也会通过抄写的形式流传于外，比如，孙鋆抄写的《籀史》就是抄录自张金吾的爱日精庐藏本。

[1]　王重民撰：《中国善本书提要》，上海古籍出版社1983年版，第526页。
[2]　（宋）钱易撰：《南部新书》卷十，嘉庆十年（1805）张氏照旷阁刻《学津讨原》本，第18b页。

二、抄本

1. 清代苏州抄本有专用的印章或标识

苏州的抄书家在抄本上留下了自己的藏书印，这些抄本的藏书印绝大多数与藏书印章并无多大区别。抄本上有的用的是专门的抄书印章，这些印章的文字内容有的和抄写信息有关，是显著的抄写标识。

清代苏州抄书专用印章中比较独特的当属昆山叶讱斋的印章。昆山叶讱斋抄本《词林拾萃》，卷首有小铭云："一日不书，万事荒芜。管城勤劳，岂曰无余？聊蒐隽永，用代萱苏。虽小勿弃，以破尔愚。讱斋勒铭卷首。"[1]印章的内容体现了叶氏勤于抄书的精神。比较常见的还有带有斋号、姓名等信息的藏书印，如常熟陈鸿文抄录绛云楼本《鹿门集》，版心有"鸾啸斋藏本"字样，卷首钤有"古吴陈鸿""太邱氏书记"。[2]王嗣贤抄录宋本《童蒙训》，卷末钤有"生于虞山""嗣贤"[3]。王振声影宋抄本《律音义》，钤有"文村居士""播琴山馆"。[4]有的抄本则是手写斋号作为标识，如翁同龢跋《英华朝采》云："前后皆无图记，仅篆书首页署曰鼓瑟斋，疑是吾乡鲍叔冶先生手笔也。"[5]

王嗣贤印章

除了印章或者手写标识外，抄书稿纸也印有信息，盛宬是毛扆之妻陆氏的姑父，"最好数学，设有疑义，终夜兀坐而思，及旦又算焉"，盛氏手抄的《范围数》版心有"海虞盛氏树德堂绎"[6]字样。又如《默记》，"此邑中归氏所钞，即出钱本，板心有'江乡归氏藏本'六字"[7]。可见常熟归氏抄本用纸的特征之一便是版心印有"江乡归氏藏本"字样，这是其专门为抄书印制的。这些信息是鉴定抄本的重要标识。关于清代苏州抄本的用纸特征，下节有详细的论述。

---

[1]（清）潘道根著，罗瑛整理：《潘道根日记》（上），凤凰出版社2016年版，第12页。
[2] 瞿镛编纂：《铁琴铜剑楼藏书目录》，上海古籍出版社2000年版，第526页。
[3] 瞿镛编纂：《铁琴铜剑楼藏书目录》，上海古籍出版社2000年版，第336页。
[4] 周照东主编：《常熟图书馆古籍善本图录》，常熟图书馆2003年版，第91页。
[5] 翁之憙撰，翁以钧整理：《常熟翁氏藏书志》上册，中华书局2022年版，第113页。
[6] 傅增湘撰：《藏园群书经眼录》（三），中华书局2009年版，第522页。
[7] 瞿镛编纂：《铁琴铜剑楼藏书目录》，上海古籍出版社2000年版，第448页。

2. 抄本底本来源的复杂性

有的抄本是从刊刻底本抄录的,这种抄本颇为特殊,如姚氏咫进斋抄本《说文新附考》便是从刊刻底本抄录的。

抄本底本来源也具有多样性的特征,可能源于多个版本。道光年间,长洲龚文照抄本《唐刘宾客诗集》是从荇溪陈子雅藏本抄录的,而《补遗》则是从坊友《中唐十二家诗集》抄录的。潘道根抄写《东国史略》,"廿八日,写《东国史略》一卷毕,共六卷。九月初五钞毕,借别本补足第六卷所少十三页"[1]。可见潘氏抄本中第六卷所少的十三页是从别本抄录的。

3. 节抄本

节抄是因为时间仓促,如潘道根"写《龚氏日钞方》","前年借诸澜漕金家,今其人来索,因节录而返之"。[2]

有的节抄是因为书籍本身性质的特殊,如潘道根抄写《后汉书补注》,"借富山人惠氏《后汉书补注》,节写于书之眉间"[3],可以将补注的内容抄在《后汉书》上,而不用单独抄写《后汉书》原文了。

4. 抄本的改动

对于抄写过程中的错误,清代汲古阁影宋抄本《梅花衲》,用白粉涂去后改正。[4]而错误产生的原因,有的是行格用纸与原书不一致,如叶树廉跋云:"钞本每印现成格纸,钞写不□元书行款,往往宕落,多有脱谬。"[5]可见抄书所用的格纸如果与原书不一致,则会产生错误。因此,清代苏州抄书时要求抄写者按照原书的字数、行数等抄写,或者按照统一的格式抄写,而有的格式是以刻本为样式的。

抄写者的水平会对抄本产生影响,如康熙五年(1666)金俊明抄本《藏一话腴》,金俊明跋云:"原本乃不识字人所誊,讹舛特甚。南明改十之五六,余复正其二三。"[6]清代袁氏贞节堂抄本《五经异义纂》,卷尾袁廷梼题识曰:"乾隆五十八年(1793)五月,借抱经堂校本录。钞胥不

---

[1] (清)潘道根著,罗瑛整理:《潘道根日记》(上),凤凰出版社2016年版,第154页。
[2] (清)潘道根著,罗瑛整理:《潘道根日记》(下),凤凰出版社2016年版,第466页。
[3] (清)潘道根著,罗瑛整理:《潘道根日记》(下),凤凰出版社2016年版,第487页。
[4] 江澄波:《古刻名抄经眼录》,北京联合出版公司2020年版,第255页。
[5] 瞿启甲辑:《铁琴铜剑楼藏书题跋集录》,上海古籍出版社2019年版,第279页。
[6] (宋)陈郁撰:《藏一话腴》,康熙五年(1666)金俊明抄本,卷末。

知，悉依原本，间有从卢氏改增写正者，今以墨围志之。袁廷梼临校毕谨识。"[1]抄写者也会受到环境、心态的影响，康熙二十八年（1689）金侃抄本《一山文集》，金侃跋云："长夏暑气酷烈，瞌睡之余，笔墨缪误，亦复不少。"[2]

从稿本抄录的时候面临着辨识字迹的问题，顾莼抄写《唐书猎俎》，"原稿改抹颇多，因属人代抄一过，适稿既模糊，而抄手亦劣，遂令鲁鱼亥豕，不堪枚举，亲为校对一通"[3]。可见由于原稿的模糊和抄工的水平较低，抄写完成后顾莼又亲自进行了校对。常熟丁祖荫在抄写的《毅宗烈皇帝纪》跋中云："原稿行草极不易辨，寻绎考索，累旬月移录始完，其眉注之复出者，量为删除。"[4]这说明丁氏在抄写的时候对原稿进行了一定的改动，删除了眉注重复的部分。而且，在辨识字迹的过程中丁氏也遇到了困难，影响到了抄写的速度。

抄写过程中也会对原本进行改动。道光二十年（1840）抄本《增广圣宋高僧诗选前集》是吴江人孙灵琳"从王砚农征士假得，属吴善甫手抄"[5]。由此可见，吴善甫才是这部书的实际抄写者。吴氏在抄写时，"字之点画必欲一依宋本"，"但正其误谬"。可见其在抄写时对讹误进行了改正。除此之外，孙灵琳认为"原本续补篇什及摘句用朱笔"，"既已注明见某书，更不须朱墨之别"。[6]

5. 抄本字体与形制

抄本的艺术性体现在其书法水平上。清代苏州生产的抄本，从字体上看，有的书法水平比较高，这是由抄写者的水平决定的。这些抄写者本身就精于书法，如"马弘道字人伯，号退山，由长洲相城来虞，喜吟咏，善

---

[1] 沈津主编：《美国哈佛大学哈佛燕京图书馆藏中文善本书志》1，广西师范大学出版社2011年版，第229页。

[2] （元）李继本撰：《一山文集》卷末"金侃跋"，康熙二十八年（1689）金侃抄本（国图），第1a页。

[3] 陈先行、郭立暄编著：《上海图书馆善本题跋辑录》（上），上海辞书出版社2017年版，第227页。

[4] 陈先行、郭立暄编著：《上海图书馆善本题跋辑录》（上），上海辞书出版社2017年版，第199-200页。

[5] 陈先行、郭立暄编著：《上海图书馆善本题跋辑录》（下），上海辞书出版社2017年版，第782-783页。

[6] 陈先行、郭立暄编著：《上海图书馆善本题跋辑录》（下），上海辞书出版社2017年版，第783页。

写书，从人借录善本，护书如眼目。……写本累累，秀雅绝俗，非钞胥可比"[1]。乾隆年间常熟人王嗣贤"工书法，喜钞录古书"[2]。他抄写过《童蒙训》。吴大澂抄本《小学纂注》"精楷到底，墨采焕腾"[3]。

有的抄本字体则不佳，如瞿镛抄本《岁时广记》，胡珽认为"因新钞者字迹稍劣，余校过后以此本归瞿氏"[4]。其中提到新抄本的字体并不美观。而胡珽在咸丰六年（1856）托苏州抄工吴保熙抄写的《岁时广记》，字体则较好。

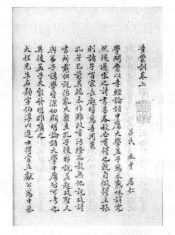 

清常熟王嗣贤抄本《童蒙训》书影　　咸丰六年(1856)胡珽琳琅秘室抄本
　　　　　　　　　　　　　　　　　　　　　《岁时广记》书影

在抄写过程中，抄写者也会注意保持原本的面貌。道光二十七年（1847），元和管庆祺在体经堂中抄写江声的《论语俟质》，这是从江声的玄孙江文炜处借抄的，底本是江沅抄本，并未刊刻。管氏在抄写时"行款字画及朱点句读悉依其式"[5]。这种严谨的抄写方式最大限度地保存了原本的面貌。

[1] 张镜寰修，丁祖荫纂：《（民国）重修常昭合志》卷二十，民国三十七年（1948）铅印本，第444a页。
[2] 瞿镛编纂：《铁琴铜剑楼藏书目录》，上海古籍出版社2000年版，第336页。
[3] 陈先行、郭立暄编著：《上海图书馆善本题跋辑录》（上），上海辞书出版社2017年版，第350页。
[4] 瞿启甲辑：《铁琴铜剑楼藏书题跋集录》，上海古籍出版社2019年版，第78页。
[5] 陈先行、郭立暄编著：《上海图书馆善本题跋辑录》（上），上海辞书出版社2017年版，第50页。

有的抄本形制比较特别,如道光六年(1826)翁岳封抄本《丁鹤年集》,翁心存跋云:"家雨松叔名岳封,家贫,授徒自给,兼为人佣书,淬掌厉勤,昕夕不懈,每见秘笈,辄录藏之。惜其皆作掌大小本,以便取携,尽失元书之旧耳。"[1]可见翁岳封抄本的开本较小,便于携带。

6. 抄书用纸

抄书用纸中较为特别的当属公文纸。顺治十五年(1658)叶裕抄本《因话录》所用纸张为公文纸,背面为田产、税收等资料信息。

抄书常用旧纸抄写,如黄丕烈"遂命门仆用旧纸影钞全帙(注:《蔡中郎文集》)"[2]。抄书家制作的抄本用纸之间存在着一定程度的关联,即抄写者在抄写不同书籍的时候,有时用的是同一类型的纸张。咸丰年间吴县钱国祥抄本《拥书楼诗钞》《长洲施君山先生稿》,钱氏跋云:"咸丰庚申(十年,1860),避地南泉,……惟旧钞李听雨先生诗集尚有余纸,因即录之于后。"[3]钱氏用的正是之前剩下的旧纸。因此,《拥书楼诗钞》《李听雨先生诗集》等书用的纸张是同一类型。

明清两代的抄书者都有清点抄本页数的习惯,这样可以确保抄本内容的完整,故而在抄本上留下了页数的标记。宋宾王抄本《清江碧嶂集》卷末有"雍正五年(1727)七月十日较钞顾侠君本,连序共廿七番"[4]字样。袁氏贞节堂抄本《窦氏联珠集》卷末有"共五十二叶"[5]字样。

---

[1] 翁之憙撰,翁以钧整理:《常熟翁氏藏书志》上册,中华书局2022年版,第163页。
[2] 瞿启甲辑:《铁琴铜剑楼藏书题跋集录》,上海古籍出版社2019年版,第194页。
[3] 苏州图书馆编著:《苏州图书馆藏善本题跋》,国家图书馆出版社2018年版,第401页。
[4] (元)杜本撰:《清江碧嶂集》,清宋宾王抄本(上图),第23a页。
[5] (唐)窦常撰:《窦氏联珠集》"跋",清袁氏贞节堂抄本(上图),第4b页。

第三节　清代苏州名家抄本的版本特征（一）

吴县、长洲、元和三县的抄书家是清代苏州抄书家的主体，这些抄书家靠着辛勤的抄写而成为苏州乃至全国抄书家群体中的典型。另外，常熟、昭文、吴江、太仓、昆山也涌现出不少专门抄书的藏书家。苏州藏书家抄书所用的纸张一般具有明显的特征，即在版心或其他地方印制文字。这些抄本的版本特征表现出明显的苏州地域特色，是抄本研究的核心。

一、吴县

1. 叶奕、叶裕

叶奕（1605—1665），字林宗，居于洞庭山，明末清初藏书家。他制作的抄本在清代得到了较高的评价。值得注意的是，叶奕的抄本并非全是自己抄就的，有的是由友人抄写的。《陵阳先生诗》就是友人马士弘为其所抄，"计八十三纸，虞山马士弘任卿甫为友人震泽叶林宗奕抄就。己丑岁（顺治六年，1649）长至前一日，志于南沙乡叶氏之宝稼轩"[1]。根据题记，马氏是在叶奕的宝稼轩中抄写的。叶奕抄本现存《金石录》《陶隐居集》《沈下贤文集》《李群玉诗集》等。

叶奕与钱曾互相借抄，钱曾的《读书敏求记》称叶奕"好奇书古帖，搜访不遗余力，每见友朋案头一帙，必假归躬自缮写，篝灯命笔，夜分不休，我两人购得秘本互相传录"[2]。

叶奕子叶裕，字仁祖，亦勤于抄书。现存顺治十五年（1658）叶仁祖

---

[1] 友人为藏书家抄写书籍在明清时期是常见的，冯己苍的友人姚君章就曾为其抄录《吕和叔文集》。（王重民撰：《中国善本书提要》，上海古籍出版社1983年版，第505、525页。）
[2] 傅增湘撰：《藏园群书经眼录》（一），中华书局2009年版，第90页。

顺治十五年（1658）叶裕抄本
《因话录》书影

抄本《因话录》，这部书是叶树廉委托其抄写的。

2. 金俊明、金侃

金俊明、金侃是父子抄书的典型。

金俊明（1602—1675），字孝章。其藏书处名"春闲草堂"，"平居缮录经籍秘本，以讫交游文稿凡数百种"[1]。朱彝尊《静志居诗话》云："平生好录异书，靡间寒暑，仲子侃亦陶继之，矮屋数椽，藏书满楔，皆父子手钞本也。"[2]金俊明抄写的书籍有《珩璜新论》等。

金侃（1634—1703），字亦陶，金俊明子。隐居不仕，佣书自给。杜门抄书，好抄写宋元人名集秘本，如《张蜕庵集》等。他六十岁后抄写过元人诗十九种及《元六家诗集》。[3]根据唐翰题跋金俊明抄本《国史经籍志》，唐氏曾得金侃手书元人诗文集三十余种。[4]

金侃在《剡源先生文集》的题跋中说："独好书，然家贫，授徒以糊口，安得有余资买书？势不得从友人借抄，所谓少好抄书，老而弥笃者矣。然亦用以耗壮心，送余年耳。非欲以矜博览，夸收藏也。"[5]金侃的自述透露出其抄书完全是由于无钱买书，而且其抄书活动持续到老年，抄书的目的并非矜夸收藏，而是打发时间，这与绝大多数抄书家不同。由于金侃以授徒为生，因此，其抄书的地点是在家塾，如康熙二十四年（1685）长至日金侃在珠泾馆斋抄完了《金台集》。[6]金侃和顾嗣立交往密切，他曾在康熙年间抄写了《傅与砺诗集》的前四卷，留在了顾嗣立的

---

[1]（清）汪琬撰：《钝翁续稿》卷二四《金孝章墓志铭》，康熙二十四年（1685）刻本，第8b 页。
[2]（清）朱彝尊著，黄君坦校点：《静志居诗话》（下），人民文学出版社 2006 年版，第 665- 666 页。
[3] 缪荃孙、吴昌绶、董康撰，吴格整理点校：《嘉业堂藏书志》，复旦大学出版社 2000 年版，第 1149 页。
[4] 陈先行、郭立暄编著：《上海图书馆善本题跋辑录》（上），上海辞书出版社 2017 年版，第 292 页。
[5] 傅增湘撰：《藏园群书经眼录》（四），中华书局 2009 年版，第 1089 页。
[6] 瞿镛编纂：《铁琴铜剑楼藏书目录》，上海古籍出版社 2000 年版，第 629 页。

秀野堂。[1]金侃抄本注重增补重编，康熙三十年（1691）金侃抄本《范德机诗》抄录的是金俊明的三次校定本，又根据杨翚、熊遽选本增补，编为十卷。

金侃抄本的用纸以无格纸张为主，从康熙年间金侃抄写的几部诗文集，如《金台集》《范德机诗》《穆参军集》《一山文集》来看，都是十一行二十一字。金侃抄本《金台集》，卷首钤有"金侃私印""亦陶"。[2]康熙三十年（1691）金侃抄本《范德机诗》，钤有"金侃之印""亦陶"。

康熙二十八年（1689）　　　康熙三十年（1691）　　　清金侃抄本《穆参军集》书影
金侃抄本《一山文集》书影　金侃抄本《范德机诗》书影

3. 陆漻

陆漻（1644—1727），字其清，精于医术，喜藏书。陆漻的出生年份与清朝的建立时间相同，其抄书经历更能展现清初苏州抄书活动的开展历程。根据《（乾隆）苏州府志》的记载，陆漻"博闻汲古，多藏书，手钞及千卷，有朱存理、钱榖之风"[3]。志书中将陆漻与朱存理、钱榖相提并论，可谓评价甚高。陆漻在《佳趣堂书目》的自序里详述了自己的抄书经历："自十五岁家贫失学，喜借书，昼夜钞写，严寒乏炭，屈足腹下，冷暖

---

[1] 傅增湘撰：《藏园群书经眼录》（四），中华书局2009年版，第1127页。
[2] 瞿镛编纂：《铁琴铜剑楼藏书目录》，上海古籍出版社2000年版，第629页。
[3] （清）宋如林修，（清）石韫玉纂：《（道光）苏州府志》卷一百五，道光四年（1824）刻本，第21a页。

交换，见者匿笑。钞书一叶，于古书肆易刻者五叶，购书归，端贮几上，揖而后藏。"[1]陆漻抄书及其与书肆之间的交易说明这一时期是可以用抄写的书籍换到刻本书页的，这也从侧面反映了当时书肆的抄书需求旺盛。陆氏抄本有康熙年间陆漻家抄本《蜕庵诗》。

4. 翁栻

翁栻（1651—?），字犹张，号南陔。"少从金耿庵先生游。……其于古书籍尤酷嗜，凡山中藏书家暨玉峰徐司寇家、苏城顾维岳、陆其清两家宋元钞本，皆乞借抄，字画端楷，题识岁月于后。"[2]翁栻抄本《玉山草堂雅集》是从苏州郡城的顾维岳处借抄的。[3]康熙年间，陈世倌奉命在苏州凤凰桥附近开设康熙字典局，延请翁栻董其事，翁氏抄本中如《徐公文集》也是在此抄录的。翁氏的《江月松风集》抄本题跋可以与朱之赤抄写此书的经历相印证，翁氏跋云："伯兄驾澄于金阊见之，倾囊得归，一时争相传写。"[4]后来朱之赤在题记中所说的"富户"，指的应该就是翁驾澄。翁氏的题跋揭示出此书在当时传抄的盛况。翁栻跋《东观集》云："《钜鹿东观集》，近世无有刻本，迂斋金亦陶夫子家藏有钞本，

康熙年间翁栻抄本《东观集》书影

计七卷，余因得假以手录之。"[5]可见翁栻还从金侃处借抄书籍。翁氏抄本有康熙二十五年（1686）抄本《江月松风集》《东观集》，邓邦述认为《东观集》"字体妍雅"[6]。

---

[1] （清）叶昌炽撰：《藏书纪事诗》卷四，广西师范大学出版社2021年版，第581页。
[2] （清）吴定璋辑：《七十二峰足征集》卷五十八，乾隆十年（1745）吴氏依绿园刻本，第12b-13a页。
[3] 李盛铎著，张玉范整理：《木犀轩藏书题记及书录》，北京大学出版社1985年版，第363页。
[4] （清）钱惟善撰：《江月松风集》，康熙二十五年（1686）抄本（国图），卷末。
[5] 邓邦述撰，金晓东整理：《群碧楼善本书录：寒瘦山房鬻存善本书目》，上海古籍出版社2014年版，第445页。
[6] 邓邦述撰，金晓东整理：《群碧楼善本书录：寒瘦山房鬻存善本书目》，上海古籍出版社2014年版，第445页。按：原跋作"字体妍美"。

5. 吴翌凤

吴翌凤（1742—1819），是生活在乾嘉时期的藏书家，祖籍安徽休宁，侨居在吴县。尽管他的身份是诸生，但是他在当时因藏书而声名卓著。吴翌凤藏书规模的扩充得益于辛勤的抄书，吴翌凤的抄书事迹如下：

> 吴翔凤（注：即吴翌凤）字伊仲，号枚庵，清吴县人。家贫而好书，与朱文游为莫逆交。手钞秘册几至千卷。居干将坊槐树巷。中岁尝主浏阳南台书院，旧藏书籍寄贮亲友所者，半皆散逸。其藏书印一曰"枚庵流览所及"，一曰"吴翔凤家藏"。[1]

> 伊仲本休宁商山人，侨居吴郡，补博士弟子员，博学工诗，家贫而好书，与朱文游为莫逆交，手钞秘册极多。予至金闾必为流连日夕，得佳本辄互相传录。[2]

根据记载，吴翌凤"先世新安人，高祖卢迁苏州，遂著籍焉。少好学，手钞书数千百卷，多藏书家未见者"[3]。吴翌凤对于抄书到了痴迷的程度，所抄书盈筐箧，见异书必手抄之，以致目眚，可谓是亲自抄书的典型。吴翌凤不仅和黄丕烈、朱奂等苏州的藏书家互相借抄，与吴骞、王芑孙、鲍廷博等亦有交往。吴骞曾说："手钞秘册极多。予至金闾必为流连日夕，得佳本辄互相传录。"严昌埙《吴枚庵借书图》诗云："案头群书稍借读，一一细楷阑乌丝。""君言手钞尚强半，出门恐饱蟫鱼饥。"[4]吴氏抄本的特色是所抄写之书多为秘籍，其曾借江藩藏本《宗玄先生文集》在求我斋中抄写。

吴翌凤与抄书有关的印章有"翌凤钞藏秘本""翌凤钞藏""翌凤钞书""古欢堂钞书""每爱奇书手自抄""吴枚庵校定本""枚庵流览所及""吴氏钞书""吴翌凤枚庵氏珍藏"。[5]吴翌凤与抄书有关的印章在清代苏州抄书家中为最多，这反映了其抄书的活跃。

关于吴氏抄写书籍的数量，鲍廷博在《游志续编》跋中说："枚庵书法

---

[1] 蒋镜寰撰：《吴中藏书先哲考略》，民国二十四年（1935）铅印本，第17b页。
[2] 吴骞语。[傅增湘撰：《藏园群书经眼录》（一），中华书局2009年版，第14页。]
[3] （清）宋如林修，（清）石韫玉纂：《（道光）苏州府志》卷一百二，道光年间刻本，第35b页。
[4] （清）叶昌炽撰：《藏书纪事诗》卷五，广西师范大学出版社2021年版，第1162页。
[5] 周书弢撰，赵嘉等标注：《弢翁古书经眼录标注》，上海古籍出版社2021年版，第74页；江澄波：《古刻名抄经眼录》，北京联合出版公司2020年版，第99页；瞿镛编纂：《铁琴铜剑楼藏书目录》，上海古籍出版社2000年版，第633页。

秀逸，手书秘册，几及千卷。"[1]吴翌凤抄书非常谨慎，按照原本的笔画追求形似。吴翌凤抄本《宝晋英光集》有吴氏跋云："是编为薄丈自昆所藏，今归维扬江氏，予从江氏借得录之。奈系幼稚初学作字者所抄，字迹仅存形似，摹拟久之，始克下笔。"[2]这则题跋同时反映出吴氏抄书之谨慎。吴翌凤抄写宋本《离骚集传》，采用了"对录"的形式，也对原书中的印章进行了摹写。吴氏抄本基本上出自亲自抄写，故而笔迹比较一致，变化比较大的则是《湖山类稿》《南唐近事》，以行书抄写。

吴翌凤抄本以秘籍为主，吴氏从友生处借抄《兰亭序考》，当时的藏书家没有收藏这部书，被认为是一部秘册。吴翌凤曾经抄写的书籍还有古欢堂抄本《欧阳先生文集》《北郭诗集》等。[3]现存吴翌凤抄本有《东观奏记》《疑砭录》《南唐近事》《述古堂书目》《离骚集传》等。尽管严昌埙在《吴枚庵借书图诗》中称吴氏所用的纸张为乌丝栏，但现存的吴氏抄本中乌丝栏抄本较为少见。吴氏抄本大多没有行格界栏，这些没有界栏的抄本纸幅大小有的比较接近，如《安禄山事迹》《乾道临安志》皆为28.2厘米×17.6厘米，而《北窗炙輠》为26.5厘米×17.8厘米，《述古堂书目》则为24.1厘米×15.5厘米。吴翌凤抄本中有行格的抄本如《疑砭录》，九行二十字，蓝格，白口，四周单边，其中一页版心下手写"枚庵钞本"。吴翌凤的书斋名为"古欢堂"，其在抄本中的出现形式是手写，如嘉庆二十年（1815）吴翌凤抄本《南唐近事》卷末有"嘉庆乙亥（二十年，1815）夏四月望日古欢堂借本钞"字样。

吴翌凤作为这一时期苏州藏书家的代表，在《古欢堂经籍略序》中说："迩年来传钞颇广，于吴则青芝堂张氏、滋兰堂朱氏、抱蜀轩王氏，于浙则抱经堂卢氏、知不足斋鲍氏、拜经楼吴氏，俱不吝以善本相饷。"[4]吴翌凤抄写的书籍一般都带有题识，表明抄本的底本来源，如他抄写的《疑砭录》后有"乾隆癸卯（四十八年，1783）季秋月传海虞刘希圣本"[5]。又如其

---

[1]（清）张金吾撰，柳向春整理：《爱日精庐藏书志》（上），上海古籍出版社2014年版，第240页。
[2] 王重民撰：《中国善本书提要》，上海古籍出版社1983年版，第523页。
[3] 李盛铎著，张玉范整理：《木犀轩藏书题记及书录》，北京大学出版社1985年版，第35页；瞿镛编纂：《铁琴铜剑楼藏书目录》，上海古籍出版社2000年版，第633页。
[4]（清）吴翌凤撰：《古欢堂经籍略》"序"，稿本（国图），第1b-2a页。
[5] 傅增湘撰：《藏园群书经眼录》（三），中华书局2009年版，第593页。

抄写的《湖山类稿》是"借张子充之抄本校录"[1]。吴翌凤所处的乾嘉时期是苏州抄书活动最为活跃的时期。吴翌凤在苏州的借抄圈中还包括严蔚,吴氏曾经向其借抄《南安弃守始末》。

乾隆四十七年(1782)　　　乾隆四十八年(1783)　　　嘉庆二十年(1815)
吴翌凤抄本《离骚集传》书影　吴翌凤抄本《疑砭录》书影　吴翌凤抄本《南唐近事》书影

6. 王闻远

王闻远(1663—1741),字声宏,号莲泾居士,诸生。居住在白莲桥下,与朱彝尊友善。

王闻远抄书主要使用"龙池山房"和"孝慈堂"两个堂号[2],现存的王闻远抄本有《孝慈堂书目》《湛然居士文集》等。《湛然居士文集》《孝慈堂书目》《吴下冢墓遗文》,半页十行,黑格,黑口,四周单边,版心下有"龙池山房秘本"字样,版框为18厘米×13.2厘米。其中,康熙年间抄写的《吴下冢墓遗文》,是找抄工抄写的。王闻远孝慈堂抄本则没有栏格,如《国朝名臣事略》《翰林杨仲弘诗》《说学斋稿》。王闻远稿本《山窗随笔》所用的纸张为黑框,无直格,版框为11.6厘米×21厘米。王闻远孝慈堂抄本《翰林杨仲弘诗》钤有"王莲泾抄书记"。

---

[1] 傅增湘撰:《藏园群书经眼录》(四),中华书局2009年版,第1070页。
[2] 北京师范大学图书馆藏有康熙、雍正年间四美堂王闻远抄本《三传辨疑》,则"四美堂"也是王闻远堂号。

清龙池山房抄本《孝慈堂书目》书影

清龙池山房抄本《湛然居士文集》书影

7. 黄丕烈

黄丕烈（1763—1825），字绍武，乾隆五十三年（1788）中举，是清代苏州藏书中的巨擘，其士礼居抄本增加了藏书的数量。黄丕烈士礼居抄本比较复杂，有的是托友人抄写的，如士礼居抄本《山窗余稿》，是嘉庆二十五年（1820）"借王迂楼藏本传录"，"倩友影写"。[1]有的是从浙江藏书家处借抄的，如士礼居抄本《郑桐庵笔记》是从陈鳣处借抄的，士礼居又曾以毛氏抄本重录《中州乐府》。[2]

士礼居抄本有的前后行格特征不一致，如士礼居影宋抄本《骆宾王文集》，卷一至卷五为乌丝栏，卷六至卷十则无行格。[3]有的士礼居抄本则未印制行格，如嘉庆十六年（1811）士礼居抄本《吴梅村先生诗集笺注》，十行二十一字，无行格。士礼居比较有特色的抄本还有道光三年（1823）抄本《铜壶漏箭制度》《准斋心制几漏图式》，主要是对插图的描摹。关于士礼居抄本的印章，士礼居抄本《庆湖遗老诗集》钤有"读未见书斋"[4]。

8. 袁廷梼

袁廷梼（1764—1810），字寿阶。袁廷梼的藏书楼名为"五砚楼"，袁氏五砚楼抄本《古刻丛钞》使用了"五砚楼"的名号。袁廷梼抄书用纸有

---

[1] 陈先行、郭立暄编著：《上海图书馆善本题跋辑录》（下），上海辞书出版社2017年版，第611—612页。
[2] 瞿镛编纂：《铁琴铜剑楼藏书目录》，上海古籍出版社2000年版，第673页。
[3] 江澄波：《古刻名抄经眼录》，北京联合出版公司2020年版，第222页。
[4] 江澄波：《古刻名抄经眼录》，北京联合出版公司2020年版，第248页。

时也使用"贞节堂"的名号,其抄写的《窦氏联珠集》为蓝格,版心下有"袁氏贞节堂钞本"字样。袁氏抄写的钱大昕的《唐石经考异》则是在左栏外印"贞节堂袁氏钞"[1]。袁廷梼善于学习黄丕烈的影抄之法,曾"仿士礼居黄氏影宋本钞录(注:《北山小集》),藏于五砚楼贞节堂"[2]。可见贞节堂在五砚楼中。袁氏抄书的案例不仅说明抄本上堂号与藏书楼之间的关系,还说明即使是用同一堂号,其位置也会发生变动。

袁廷梼一般在抄本上钤"贞节堂图书印""五砚楼"。[3] 袁氏贞节堂精抄本《仪礼》使用了绿格纸,钤有"五砚楼""廷梼之印""袁氏又恺""五砚楼袁氏收藏金石图书印"。[4]

贞节堂抄本有《北山小集》《太平寰宇记》《金石后录》《唐律纂例》《译语》《道藏阙经目录》《龙龛手鉴》《三朝北盟会编》《素问六气玄珠密语》《仙传外科集验秘方》《伤寒微旨》《济生方》《瑞竹堂经验方》《黄帝素问灵枢集注》《脚气治法总要》《博济方》《周易口诀义》《仙苑编珠》等。

道光五年(1825)袁氏贞节堂抄本
《北山小集》书影

清袁氏贞节堂抄本
《道藏阙经目录》书影

袁氏贞节堂抄本所用纸张特征见表3.3。

---

[1] 张元济:《涵芬楼烬余书录》,《张元济全集》第8卷,商务印书馆2010年版,第209页。
[2] (宋)程俱撰:《北山小集》卷末"题跋",道光五年(1825)袁氏贞节堂抄本(国图),第4a页。
[3] 周书弢撰,赵嘉等标注:《弢翁古书经眼录标注》,上海古籍出版社2021年版,第33页。
[4] 翁之憙撰,翁以钧整理:《常熟翁氏藏书志》上册,中华书局2022年版,第123页。

表 3.3　袁氏贞节堂抄本用纸特征表

行格	版式特征	抄本代表
九行	蓝格,白口,四周单边,版心下有"贞节堂袁氏钞本"字样	《译语》《唐律纂例》
九行	蓝格,蓝口,四周双边,版心下有"袁氏贞节堂钞本"字样	《金石后录》
十行	黑口,四周双边,版框外左下有"贞节堂袁氏钞本"字样	《北山小集》
十行	蓝格,蓝口,四周双边,版框外左下有"贞节堂袁氏钞本"字样	《太平寰宇记》
十行	蓝格,白口,四周双边,上、下卷末有"袁氏贞节堂钞本"字样	《道藏阙经目录》
十行	蓝格,四周双边,线口,单鱼尾。框高19.8厘米,宽13.7厘米,版心下刻有"袁氏贞节堂钞本"	《王经异义纂》

袁氏贞节堂抄本用纸有九行和十行的区别,尤以十行稿纸的用纸种类最多,不同行格的具体版式又有所区别。贞节堂抄本绝大多数为蓝格,而印制的文字主要有"贞节堂袁氏钞本""袁氏贞节堂钞本"两种。

9. 金檀

金檀(1765—约1826),字星轺,浙江桐乡人。后迁娄东,再迁至吴县。其藏书楼名"文瑞楼"。金檀抄写了不少宋元明时期的诗文集,如其曾抄写《宋人小集》六十八种。文瑞楼抄本所用纸张主要有两种:一种是十行,黑格,白口,左右双边,如金氏文瑞楼抄本《周益文忠公集》《存复斋文集》;一种是十一行,黑格,白口,左右双边,如金氏文瑞楼抄本《傅与砺诗集》《谥忠文古廉文集》《松筹堂集》《望云集》《逃虚子诗集》。

清金氏文瑞楼抄本《周益文忠公集》书影

对于金檀文瑞楼抄写的《南宋小集九家》,孙毓修认为"版心有题'团云轩'者,有题'含清书屋'者,均不可考,后乃知此即文瑞楼之别名"。由此孙氏总结出抄书用纸版格的规律:"印格抄书,往往板子尚在,而版心之字时时挖改","此《野处类稿》卷上之第十叶'文瑞楼'三字尚未改去,因知'团云''含清'皆是一家也"[1]。这也可以用来解释学者为何会在抄书用纸的版心使用不同的斋号。金檀刊刻过贝琼、高启诸集,其稿本《文瑞楼书目》"版格与两集差似"[2],这说明了著作抄书用纸与刻书的版格之间存在关联。

10. 顾广圻

顾广圻(1766—1835),字千里,号涧薲,别号思适居士,其藏书处为"思适斋"。顾广圻是苏州有名的校勘学家,"受业于吴县江声,颖敏博洽,通经学、小学,尤精校雠。孙星衍、张敦仁、黄丕烈、胡克家、秦恩复、吴鼒先后延主刻书,每一书刻竟,必综其所正定者,为考异或校勘记于后,人称精确"[3]。顾广圻得到了众多刻书家的赏识,负责书籍的校勘。

乾隆五十二年(1787)
顾广圻抄本《五代史阙文》书影

顾广圻从袁廷梼等人处借抄,顾广圻抄本《列子冲虚至德真经释文》就是从袁氏贞节堂《道藏》本抄录的。顾广圻思适斋抄本还有《续资治通鉴长编》《太常因革礼》等。思适斋抄本的特征是抄本上有顾广圻的批校,如乾隆五十二年(1787)顾广圻抄本《五代史阙文》,顾氏用冯知十藏抄本进行校勘。

11. 吴志忠

吴县木渎的璜川吴氏善于抄书,从吴铨、吴用仪到吴志忠,吴氏家族保持了抄书的传统。吴志忠,字有堂,号妙道人。吴英子,诸生。据《持静斋书目》记载,吴氏抄本有璜川吴氏探梅山房抄本《历代传国世次》。据陆鼎《探梅山房记》记载,探梅山房在梵门里。

---

[1] 陈先行、郭立暄编著:《上海图书馆善本题跋辑录》(下),上海辞书出版社2017年版,第759页。
[2] 陈先行、郭立暄编著:《上海图书馆善本题跋辑录》(上),上海辞书出版社2017年版,第282页。
[3] 范君博编著,苏州市园林和绿化局编:《吴门园墅文献新编》(上),文汇出版社2019年版,第51页。

12. 贝墉

贝墉（1780—1846），字既勤，"友汉居""千墨庵"为其藏书之所。贝墉在齐门构千墨庵藏书，其制作的抄本也带有千墨庵的名号，他抄写的书籍有《周秦刻石释音》《师子林纪胜集》《老子道德经解》《冬心先生诗集》《徐公文集》等。贝墉勤于抄书，抄纂有《千墨庵丛书》七种。贝氏抄本的用纸特征：嘉庆年间吴门贝墉千墨庵黑格抄本《三事忠告》，半页九行，白口单边，书口下方刻有"千墨庵丛书"[1]。除了千墨庵外，贝墉还使用"友汉居"的名号抄写书籍。贝墉友汉居抄本《徐公文集》，半页九行，蓝格，白口，四周双边，版心下有"友汉居贝氏钞本"字样。

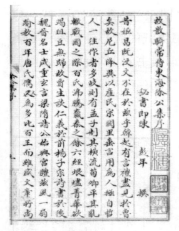

清贝氏友汉居抄本《徐公文集》书影

13. 蒋彬蔚

蒋彬蔚（1817—1873），字颂芬，咸丰六年（1856）进士。咸丰四年（1854），蒋彬蔚抄写《汉官谱》，"详加校订"，并仿《汉官仪图》《百官铎谱》"起例于左"。[2]抄本用纸为绿格，版框中有"清秘阁"字样，版心下有"大观草堂"字样。

14. 潘钟瑞、潘介祉、潘志万

潘钟瑞（1823—1890），字麟生，号香禅居士。为潘祖荫族兄。潘钟瑞抄本存世较少。潘钟瑞抄本《长啸轩诗稿》卷端有"同邑潘钟瑞麟生录"字样，为半页九行，蓝格，单鱼尾，四周双边。卷末潘钟瑞的识语提示抄写的地点是在"沪渎墨海书院寓斋"[3]。

潘介祉（1840—1891），原名潘念慈，字玉笋，号叔润，县庠生。其曾祖父为潘奕隽。其藏书楼为"渊古楼"。同治十三年（1874）潘介祉渊古楼抄本《北征录》《征刻唐宋秘本书目》，版心下有"渊古楼钞藏本"

---

[1] 江澄波：《古刻名抄经眼录》，北京联合出版公司2020年版，第127页。
[2] 苏州图书馆编著：《苏州图书馆藏善本题跋》，国家图书馆出版社2018年版，第112页。
[3]（清）孙麟趾撰：《长啸轩诗稿》"后跋"，清潘钟瑞抄本（上图），第2b页。

字样[1]。

潘志万（1849—1886），字子俣，号笏庵、硕庭，是岁贡生。他是潘介繁之子，潘介繁为潘介祉之兄。潘志万抄写的《辽金正史纲目》"未有刊本"，是从潘介祉的渊古楼借抄的。正是由于这种家族关系，潘志万才能抄写到罕见的藏书。潘志万还抄写过《投笔集》《衍极》等书。有的潘志万抄本卷端有"吴县潘志万手录"字样。潘志万《金石补编》稿本，黑格，白口，左右双边，双鱼尾，版框为18.9厘米×12.8厘米。版心下题"笏盦钞藏本"。潘志万抄本《衍极》的版心下也有"笏盦钞藏本"[2]字样。

15. 钱时霁

钱时霁，生卒年不详，字景开，号听默，浙江湖州人，居于苏州，清代的书商、藏书家，所开书肆为"萃古斋"。钱氏亦好抄书，其抄写的书称为"萃古斋抄本"。萃古斋抄本的用纸特征见表3.4。

表3.4　钱氏萃古斋抄本用纸特征表

行格版式	堂号信息	抄本代表
十行,黑格,左右双边,版心小黑口,单黑鱼尾,版框为19.8厘米×14.4厘米	版心下有"萃古斋钞本"字样	《习学记言序目》《类证普济本事方》
十行,黑格,黑口,左右双边	后半页左栏处下方记"萃古斋钞本"	《澹生堂书目》
十行,乌丝栏,版心白口,单鱼尾,四周单边,版框为17.8厘米×12.5厘米；十行,细黑口,左右双边	后半页左栏外下方记"萃古斋钞本"	《玉壶清话》《徐公文集》《金兰集》

钱氏萃古斋抄本的用纸主要是十行稿纸，多为黑格，在版心或左栏外下方印有"萃古斋钞本"。同样是十行稿纸，左栏下方记录斋号，也有黑口和白口之分。钱时霁有时也会记录抄本的底本来源，在《建炎以来朝野杂记》抄书识语中说："访之有年，得贮书楼蒋氏影宋刊钞本。"[3]

---

[1] 北京匡时国际拍卖有限公司：《过云楼藏书》，北京匡时拍卖有限公司2020年版，第22、53页。

[2] 北京匡时国际拍卖有限公司：《过云楼藏书》，北京匡时拍卖有限公司2020年版，第23页。

[3]（宋）李心传撰：《建炎以来朝野杂记》卷末"跋"，嘉庆六年（1801）萃古斋抄本，第1a页。

 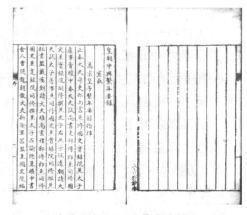

清钱氏萃古斋抄本《类证普济本事方》书影　　嘉庆六年(1801)萃古斋抄本《建炎以来朝野杂记》书影

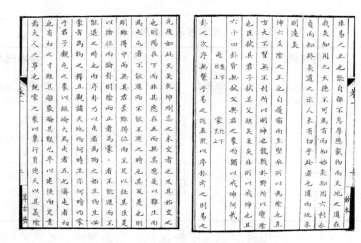

清萃古斋抄本《习学记言序目》书影

二、长洲

1. 张位、张德荣

吴县张位、张德荣父子嗜好抄书。张位,生卒年不详,字立人,号青芝,是何焯的弟子,住在苏州城东的葑溪。张位的堂号为"青芝山堂",故其抄本被称为"青芝山堂抄本"。李果的《青芝山堂饮酒记》云:"暇则钞宋元人小集。"[1]由此可见，张氏主要专注于抄写宋元别集。他抄写过《隐居集》《河南先生文集》《东莱吕太史文集》《补汉兵志》《历代钟鼎彝器款识法帖》《咸平集》《徂徕文集》《闲闲老人滏水文集》《归潜志》《麈史》等书。[2]根据题记，张氏抄写底本的来源有陆漻、吴翌凤等人的藏书。黄丕烈曾经评价张位抄本《桂林风土记》"书法工秀"[3]。

张位抄本大多没有界栏，如《闲闲老人滏水文集》，黄纸无格。张位使用青芝山堂的堂号抄书，有界栏的如《三山郑菊山先生清隽集》，九行十九字，白口，四周单边；又如《金石要例》半页十行，黑口，框外右下方镌有"青芝山堂钞书"。张位抄本所钤的印章，如《历代钟鼎彝器款识法帖》钤有"阳城张氏省训堂经籍记""吴郡张位图书""张位"[4]，《闲闲老人滏水文集》钤有"张位之印"[5]。

清张位抄本	清张位抄本	清张位抄本
《补汉兵志》书影	《东莱吕太史文集》书影	《三山郑菊山先生清隽集》书影

张位之子张德荣继承了张位的抄书传统。张德荣，字充之，号伊嵩，长洲县学生。"家贫力学，……平生好古书，手钞数百卷藏于家。……予

---

[1]（清）李果撰：《在亭丛稿》卷九《青芝山堂饮酒记》，《清代诗文集汇编》244，第514页。
[2] 王重民撰：《中国善本书提要》，上海古籍出版社1983年版，第317页。
[3]（清）黄丕烈撰，余鸣鸿、占旭东点校：《黄丕烈藏书题跋集》（上），上海古籍出版社2015年版，第137页。
[4] 周书弢撰，赵嘉等标注：《弢翁古书经眼录标注》，上海古籍出版社2021年版，第225页。
[5] 周书弢撰，赵嘉等标注：《弢翁古书经眼录标注》，上海古籍出版社2021年版，第319页。

（注：顾承）《感旧》诗云：讲席钞书不计贫，愚愚真是葛天民。"[1]张德荣抄写过《湛渊静语》《铁围山丛谈》《龙筋凤髓判》《蜀鉴》《建炎复辟记》等书。韩应陛注意到，张德荣抄书时避讳张位的"位"字，缺少末笔。[2]张德荣也使用青芝山堂的堂号，如《明皇十七事》《开天传信记》等。

2. 顾楗

顾楗（1703—1767），字肇声，号随庵。顾楗不仅热衷于刊刻书籍，还热衷于抄写书籍，是从清初向清中期抄书转变的过渡人物。顾楗曾抄写《东国史略》《大唐创业起居注》《翠寒集》等书。顾楗抄写的书籍框外左上方镌有"善耕顾氏文房"，这一做法与明代的朱承爵的"朱氏文房"和顾元庆的"顾氏文房"相似。善耕桥在白塔子桥北。[3]顾氏抄本的特征：善耕顾氏文房抄本《大唐创业起居注》，十行，黑格，白口，左右双边，版框外左上方有"善耕顾氏文房"字样。清初善耕顾氏影元抄本《方是闲居士小稿》，钤有"善耕顾氏"[4]。

3. 蒋杲

蒋杲（1683—1732），字子遵，号篁亭。康熙五十二年（1713）进士。家有贮书楼，一名"赐书楼"。康熙四十九年（1710）蒋杲抄本《谢宣城诗集》，是用没有界栏的纸张抄成的，卷末有蒋杲跋云："康熙庚寅（四十九年，1710）二月借义门师处校正《宣城诗集》，手录一册。香岩小隐蒋

清善耕顾氏文房抄本《大唐创业起居注》书影

康熙四十九年（1710）蒋杲抄本《谢宣城诗集》书影

---

[1]（清）顾承撰：《吴门耆旧记》卷一，同治十三年（1874）虞山顾氏刻《小石山房丛书》本，第1a页。
[2] 王文进著，柳向春整理：《文禄堂访书记》上册，中华书局2019年版，第243页。
[3] 曹允源、李根源纂：《（民国）吴县志》卷二五，民国二十二年（1933）苏州文新公司铅印本，第2b页。
[4] 江澄波：《古刻名抄经眼录》，北京联合出版公司2020年版，第254页。

呆。"[1]雍正年间蒋氏赐书楼抄本《皇甫持正集》框外有"赐书楼钞"[2]字样。

4. 张绍仁

张绍仁，生卒年不详，字学安，号切庵。张绍仁居住在乔司空巷，与黄丕烈交往密切。他抄写过《道德真经指归》，自言"今夏酷暑，不出户庭，奋勉钞成"[3]。这一时期与张绍仁交往的浙江藏书家有吴骞、陈鳣等人。嘉庆十五年（1810）张绍仁抄写的《砚笺》跋云："嘉庆庚午（十五年，1810）孟春，从海宁陈仲鱼丈借吴氏拜经楼所藏旧抄本传录，癸酉（嘉庆十八年，1813）正月廿又八日再借黄荛翁藏本抄补。"[4]

张绍仁抄本所用纸张一般没有行格，如嘉庆十五年（1810）张绍仁家抄本《砚笺》，九行十八字，无行格。张绍仁抄本一般钤有印章，如张绍仁抄补本《砚笺》钤有"切庵钞藏秘册""执经堂张氏藏书印""茂苑张绍仁学安家藏"[5]。张氏还抄有《苏学士集》十六卷，钤有"绍仁之印""切盦""绿筠庐""吴门张氏执经堂藏""吴郡张绍仁校""学安手校""吴郡张绍仁学安藏书"等印。[6]

嘉庆十五年（1810）张绍仁抄本《砚笺》书影

5. 顾沅

顾沅（1799—1851），字澧兰，号湘舟。顾沅抄本所用纸张主要有两种：一种是八行，黑格，黑口，四周单边，版心下有"艺海楼"字样，如顾沅艺海楼抄本《卧庵藏书画目》；另一种是八行，绿格，白口，左右双边，版心下有"艺海楼"字样，如顾沅艺海楼抄本《关中石刻汇编》《南岳小录》《益斋乱稿》。这两种纸张版心下的"艺海楼"三字的字体并不相同。

---

[1]（南北朝）谢朓撰：《谢宣城诗集》卷五，康熙四十九年（1710）蒋杲抄本（国图），第11b页。

[2] 沈津：《中国珍稀古籍善本书录》，广西师范大学2006年版，第366页。

[3]（清）叶昌炽撰：《藏书纪事诗》卷六，广西师范大学出版社2021年版，第762页。

[4] 傅增湘撰：《藏园群书经眼录》（三），中华书局2009年版，第544页。

[5] 周书弢撰，赵嘉等标注：《弢翁古书经眼录标注》，上海古籍出版社2021年版，第340页。

[6] 周书弢撰，赵嘉等标注：《弢翁古书经眼录标注》，上海古籍出版社2021年版，第323-324页。

顾沅艺海楼抄本有《卧庵藏书画目》《大唐类要》《关中石刻汇编》《益斋乱稿》《南岳小录》《颐山诗话》《戒子通录》《尚书讲义》《职官分纪》《司空表圣文集》《经幄管见》《宋文选》《石初集》《芦川归来集》《春秋五礼例宗》《明文海》《青霞集》。

清顾沅艺海楼抄本《卧庵藏书画目》书影

清顾沅艺海楼抄本《关中石刻汇编》书影

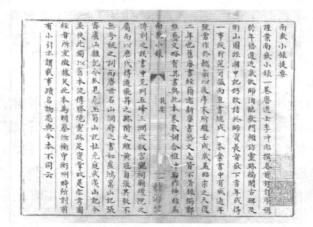
清顾沅艺海楼抄本《南岳小录》书影

6. 王颂蔚

王颂蔚（1848—1895），字芾卿，光绪六年（1880）进士。王颂蔚抄本有光绪年间抄本《崇祯遗录》、光绪二十一年（1895）抄本《野语秘汇》。从王颂蔚所用的稿纸来看，王颂蔚稿本《明史考证》所用纸张为红格，红口，四周单边，无鱼尾，版框为20厘米×13.5厘米，有的上半页右上方印有红字"锲不舍誃蘡录"。

7. 叶昌炽

叶昌炽（1849—1917），字兰裳，又字鞠裳，晚号缘督庐主人。叶昌炽抄本有《毛诗正义惠氏校本录存》《逃虚子集》等。叶氏抄书喜用绿格，如光绪二十二年（1896）抄本《逃虚子集》，半页十行，绿格。叶昌炽抄本有时版心下方镌有"五百经幢馆"，如《钝砚卮言》《隐湖倡和诗》《三吴旧语》等。叶昌炽五百经幢馆抄本《怀古堂诗选》二卷、《游黄山记》一卷，版心下有"五百经幢馆"字样，版框为18.9厘米×13.1厘米，蓝格，半页十行，行二十四字，白口，四周双边，单蓝鱼尾。[1]叶昌炽的《缘督庐日记》中有借抄上述书籍的记录，如借抄《逃虚子集》《钝砚卮言》等。

8. 章钰

章钰（1864—1937），字式之，一字孟坚，其藏书室名"四当斋"。章钰抄本主要是在清末民初抄写的，版心下有"算鹤量鲸室"字样。章钰所用纸张共有两种：一种是十三行二十二字，小蓝格，蓝口，左右双边，如《江左石刻文编》《四库全书简明目录校注》《客越志》《名迹录》等；另一种是十三行二十二字，小绿格，绿口，左右双边，如《黑鞑事略》《东三省地图说录》《补南唐艺文志》等。其抄本有的是出自抄工之手，如《黑鞑事

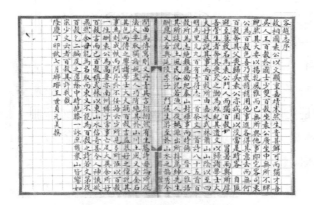

清末章钰算鹤量鲸室抄本《客越志》书影

光绪三十三年(1907)
章钰算鹤量鲸室抄本《名迹录》书影

[1] 苏州博物馆编著：《苏州博物馆藏古籍善本》，文物出版社2012年版，第302页。

略》是光绪二十一年（1895）章钰"饬胥录成"[1]。又如光绪三十三年（1907）冬月，章钰嘱马望屺抄写《名迹录》。

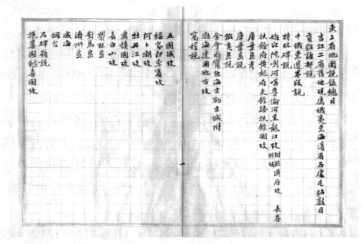

清末章钰算鹤量鲸室抄本《东三省地图说录》书影

三、元和

1. 惠栋

惠栋（1697—1758），字定宇，号松崖，惠氏斋号"红豆斋"，既用来刻书也用来抄书。钱大昕《惠先生栋传》："自幼笃志向学，家多藏书，日夜讲诵，……雅爱典籍，得一善本，倾囊弗惜，或借读手钞，校勘精审，于古书之真伪，了然若辨黑白。"[2]

惠栋红豆斋抄本有《绛帖平》《谈艺录》《金壶记》《复社姓氏目录前卷》《尚书大传注》等。即使是使用同一个斋号，惠栋红豆斋抄本用纸印制的文字也有区别。惠栋红豆斋抄本《谈艺录》框外左下镌有"红豆斋藏书钞本"[3]，而惠栋红豆斋抄本《尚书大传注》栏外有"红豆斋抄本"[4]

---

[1]（宋）彭大雅撰：《黑鞑事略》，清章钰算鹤量鲸室抄本（国图），扉页。
[2]（清）钱大昕撰，吕友仁校点：《潜研堂集·潜研堂文集》卷三十九《惠先生栋传》，上海古籍出版社1989年版，第698页。
[3] 周书弢撰，赵嘉等标注：《弢翁古书经眼录标注》，上海古籍出版社2021年版，第66页。
[4] 傅增湘撰：《藏园群书经眼录》（一），中华书局2009年版，第27页。

字样。这反映出不同时期印制的纸张有所区别。惠栋有"惠定宇手写本"[1]印章。

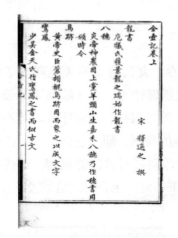
清惠栋红豆斋抄本《金壶记》书影

清惠栋红豆斋抄本《尚书大传注》书影

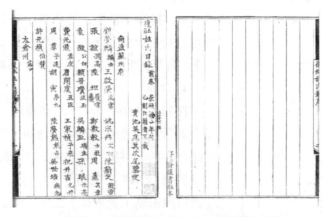
清惠栋红豆斋抄本《复社姓氏目录前卷》书影

惠栋抄本的用纸特征：《金壶记》，半页十一行，无直格，上下黑口，四周双边；《复社姓氏目录前卷》，半页十行，黑口，四周双边，版框外左下有"红豆斋藏书钞本"字样；《尚书大传注》，半页九行，黑口，四周双边，版框外下有"红豆斋抄本"字样。红豆斋抄本与红豆斋刻本版式之间有着密切的关联，红豆斋刻本《礼说》与抄本《金壶记》版式相近，二者

[1]（清）丁日昌著，张燕婴点校：《持静斋书目》卷二，中华书局2012年版，第113页。

唯一的区别在于刻本《礼说》有直格。而红豆斋刻本最常用的行格就是半页十行、十一行，如红豆斋刻本《渔洋山人自撰年谱注补》，半页十行，白口，四周双边；《半农先生集》，半页十一行，白口，左右双边。这些刻本与红豆斋的一些抄本行格相近。

2. 袁学澜

袁学澜（1804—1879），字文绮，号巢春。袁氏编纂的《吴郡岁华纪丽》是用《适园丛稿》稿纸抄写的，是袁氏适园抄本，其《续例言》云："今因随时采辑，随手抄录之稿，未经厘正，俟后重抄，当为序次，乃不至纂杂也。"[1]《适园丛稿》用纸正是其著作的稿纸，而"适园丛稿"正是其著作的统称。稿纸版心所印信息表明稿纸印刷者对著作的规划。这些抄书用纸有的最初是作为稿纸进行写作的，抄书的时候也会用到这些稿纸。

3. 管庆祺、管礼耕

管庆祺（1808—1871），字吉云，诸生，其室名"体经堂"。管庆祺抄本《观物篇医说》，半页十三行，黑格，左右双边。

管礼耕（1848—1887），字申季，县学恩贡生，管庆祺次子。管氏抄本的用纸特征，如元和管礼耕抄校本《人极衍义》，为半页九行，白口，绿格。[2]

4. 江标

江标（1860—1899），字建霞，号师邠，又自署笘誃，光绪十五年（1889）进士，清末苏州著名的藏书家、刻书家。江标抄本被称为"灵鹣阁抄本"。光绪年间江标灵鹣阁抄本《汲古阁未刻宋元人词》二十二种，是江氏在京城时从况周颐处借抄的。江标抄本还有《乐圃余稿》。江标所用的稿纸，如江标稿本《笘誃日记》，为十行，黑口，左右双边，版心下有"元和江氏笘誃写本"字样。

清江标稿本《笘誃日记》书影

---

[1] 王重民撰：《中国善本书提要》，上海古籍出版社1983年版，第199页。
[2] 江澄波：《古刻名抄经眼录》，北京联合出版公司2020年版，第156页。

第四节　清代苏州名家抄本的版本特征（二）

一、常熟

1. 钱谦贞、钱孙保、钱兴祖

钱谦贞（1593—1664）是钱谦益的从祖弟，建竹深堂藏书，其生活在明清之际，故有的抄本抄写于明代。其抄写的书籍有《唐风集》《元英集》等，版心有"竹深堂"字样。

钱谦贞长子钱孙保（1624—？），字求赤，一字容保，号匪庵，亦勤于抄书，曾经抄写《孔子家语》《经典释文》《周易注疏》《附释文互注礼部韵略》《贡举条式》等书。钱孙保的书法水平很高，潘祖荫在《滂喜斋藏书记》中说："此本（注：《王常宗集》）用笔古雅，极似钱求赤先生所书。"[1]

钱兴祖，生卒年不详，字孝修，钱孙保从子，有在兹阁藏书。钱兴祖曾经抄写《十六国春秋略》，版心有"在兹阁"字样，卷首有"钱印兴祖""希修"字样。[2]钱兴祖还用怀古堂绿格纸抄书。钱兴祖抄本还有《穷愁漫语》。[3]

2. 王乃昭

王乃昭（1608—？），字乃昭，"自号乐饥翁，又号懒髯，为童子师，善书法，每见一书，必手自钞写，至老不倦。金孝章赠以诗云：'平生苦爱属

---

[1]（清）潘祖荫著，潘宗周编：《滂喜斋藏书记》，上海古籍出版社2007年版，第100页。
[2] 瞿镛编纂：《铁琴铜剑楼藏书目录》，上海古籍出版社2000年版，第269页。
[3] 徐兆玮著，李向东等标点：《徐兆玮日记》（一），黄山书社2013年版，第467页。

康熙十二年（1673）王乃昭抄本《月屋漫稿》书影

奇书，见辄相夸得某某。不知老至况云疲，矻矻钞藏辰至酉。'"[1]。王乃昭在康熙元年（1662）抄写了《钓矶立谈》，在康熙十二年（1673）抄写了《月屋漫稿》。他还在七十岁时（康熙十六年，1677）抄写了《杜东原诗集》，在七十七岁（康熙二十三年，1684）时抄写了《白石翁诗》。王乃昭抄写的书籍还有《石田集》。[2]

王乃昭抄本一般不印制行格，如康熙十二年（1673）王乃昭抄本《月屋漫稿》，只钤有"王乃昭氏"印章，王氏抄写此书时已经六十六岁。康熙元年（1662）王乃昭抄本《钓矶立谈》，"校钞于东城书舍"[3]。可见王氏抄书的地点在东城书舍。

3. 陈煌图

陈煌图（1618—1654），字鸿文，崇祯十五年（1642）进士副榜。"嗜旧本书，遇秘本影写手钞，至老不倦，所藏书有'海虞陈氏永宝图书'及名字诸朱印。"[4]他和冯舒、钱谦益等人皆有交往。陈煌图曾借钱谦益藏本《鹿门集》抄写，抄本版心有"鸾啸斋藏本"字样。陈煌图抄本的印章，如《啸堂集古录》卷首末钤有"海虞陈氏永宝图书""陈鸿文图书记"。[5]

4. 钱曾

钱曾（1629—1701），字遵王，号也是翁，建书楼述古堂，另有也是园、莪匪楼。述古堂抄本是清初抄本的代表。孙从添《藏书记要》云："新抄冯己苍、冯定远、毛子晋、马人伯、陆敕先、钱遵王、毛斧季各家，俱

---

[1] 张镜寰修，丁祖荫纂：《（民国）重修常昭合志》卷二十，民国三十七年（1948）铅印本，第444a页。
[2] （清）江标著，黄政整理：《江标日记》（上），凤凰出版社2019年版，第151页。
[3] （宋）费枢撰：《钓矶立谈》，康熙元年（1662）王乃昭抄本（国图），第43b页。
[4] （清）郑钟祥修，（清）庞鸿文纂：《（光绪）常昭合志稿》，光绪三十年（1904）木活字本，第21a页。
[5] 瞿镛编纂：《铁琴铜剑楼藏书目录》，上海古籍出版社2000年版，第400页。

从好底本抄录。"[1]钱曾不仅结交太仓的吴伟业、顾湄,常熟的陆贻典、冯舒、冯班、毛扆,吴县的金俊明、叶奕、叶树廉,昆山的叶奕苞等人,还结识秀水的曹溶、嘉兴的冯文昌等藏书家,以互相抄录书籍。钱曾的《读书敏求记》中就有"内阁藏本,予从曹秋岳先生借录"[2]的记录。正是由于从各个地区广泛借抄,述古堂抄本的底本来源具有多样性。

现存的钱曾述古堂抄本有《广卓异记》《农书》《吕和叔文集》《歌诗编》《历代山陵考》《昌平山水记》等。钱曾述古堂抄本的用纸特征,可根据纸张的信息进行统计,见表3.5。

表 3.5 钱曾抄书用纸特征表

印制信息	位置	书籍	版式特征
钱遵王述古堂藏书	每卷末左栏外上方	《昌平山水记》	半页十二行,无行格,全幅22.9厘米×14.6厘米
		《吴越备史》	—
		《茶录》《教坊记》	无格,半页八行
		《历代纪元历》	半页十行,开花纸画格,左右双边
述古堂	版心下	《广卓异记》	黑格,半页十三行,白口,左右双边,中缝无鱼尾,版框为16.7厘米×14.7厘米
		《朱淑真断肠词》	半页八行,白口,蓝格,左右双边,版框为19.2厘米×13.7厘米
		《梅屋诗馀》	半页八行,白口,蓝格,左右双边,版框为19.2厘米×13.7厘米,钤有"钱曾之印""述古堂图书记"
虞山钱遵王藏书	末叶左栏外	《北边备对》	半页八行,白口,四周单边

---

[1] (清)孙从添撰:《藏书记要》,北京燕山出版社1999年版,第100页。
[2] (清)钱曾原著,管庭芬、章钰校证,傅增湘批注,冯惠民整理:《藏园批注读书敏求记校证》,中华书局2012年版,第62页。

续表

印制信息	位置	书籍	版式特征
虞山钱遵王述古堂藏书	格栏左角	《圭塘欸乃集》	—
虞山钱遵王也是园藏书	左栏线外	《九经三传沿革例》《唐秘书省正字先辈徐公钓矶文集》	—

通过表3.5可以发现，钱曾用"述古堂"和"也是园"两个堂号作为抄本的标识。钱曾抄本写有的信息并不一致，共有五种方式。述古堂抄本的行格，有半页八行、十行、十一行、十三行的，其中以十行的最为常见。即使写有的信息相同，抄本用纸的版式也并不一致，如版心下写有"述古堂"的抄本，有半页八行和半页十三行的区别，版框大小也不相同。钱曾抄本有的是出自同一人之手，尤其是那些类别相近的书籍，如《教坊记》"审其笔迹，与《茶录》等书似出一手"[1]。

清初述古堂抄本《昌平山水记》书影

清初述古堂抄本《北边备对》书影

钱曾述古堂抄本有的是没有行格的，这主要是由书的内容决定的，如《昌平山水记》多舆图，又如述古堂彩绘抄本《运河图》《黄河图》，用开花纸彩色绘制[2]，故而用没有界栏的纸张抄写。

[1] 瞿镛编纂：《铁琴铜剑楼藏书目录》，上海古籍出版社2000年版，第445页。
[2] 江澄波：《古刻名抄经眼录》，北京联合出版公司2020年版，第123页。

清代苏州名家抄本之间的对比，孙从添在《藏书记要》中比较了钱曾和叶树廉的抄本："叶石君抄本，校对精严，钱遵王书籍装饰虽华，不及也。"[1] 由此看来，叶树廉抄写的书籍校对精审，侧重于内容，而钱曾的抄本则更为注重装帧的豪华。

钱曾述古堂抄本的一大特色是制作了不少影抄本，如钱曾述古堂影宋写本《说文系传通释》《河南穆公集》《潜夫论》《吕和叔文集》《温庭筠诗集》《才调集》等。述古堂抄本制作精良，书法水平较高。

5. 叶树廉

叶树廉（1619—1686），字石君，又名叶万，是叶奕的从弟。叶氏的抄书活动主要发生在清初。叶树廉抄本有的使用了公文纸，用成化、弘治年间的户口册抄写书籍，如清初叶树廉抄本《大金国志》，顾椽说这是叶树廉从钱谦益藏本抄录的，"崇祯末年，纸价腾贵，故以册纸抄写"[2]。这种现象在清初比较普遍，汪之昌认为"国初犹以此等纸写书"[3]。"此等纸"指的便是明代嘉靖时的册籍纸。叶树廉用纸版框外有"朴学斋"三字。叶树廉的朴学斋抄本在当时与叶奕抄本享有同样的名气，受到藏书家的重视。叶树廉的抄本底本有的来自叶奕，如他曾借叶奕藏本《项斯诗集》抄写[4]；有的来自毛晋，如他曾从毛晋处借抄《石林居士建康集》。

叶树廉朴学斋抄本有《西事珥》《大乐律吕元声》《布衣陈先生存稿》《李君虞诗集》《语溪宗辅录》等。顺治九年（1652）叶树廉跋《南陵孙尚书大全文集》云："因性拙懒于钞誊，故所录皆草草云。"[5] 叶树廉朴学斋抄本最常用的纸张为半页十行，黑格，黑口，单黑鱼尾，左右双边，版框左下角印有"朴学斋"，版框为 19.6 厘米×14.2 厘米，如《西事珥》《布衣陈先生存稿》用的都是这种稿纸。又有九行格纸，如叶树廉抄本《石林居士建康集》。比较特殊的是顺治十七年（1660）抄本《汪水云诗钞》，这是叶树廉命其子叶畤、叶畴合抄的，为半页十行，无格。叶树廉抄本的印

---

[1]（清）孙从添撰：《藏书记要》，北京燕山出版社1999年版，第100页。
[2] 陈先行、郭立暄编著：《上海图书馆善本题跋辑录》（上），上海辞书出版社2017年版，第161页。
[3]（清）汪之昌撰：《青学斋集》卷二五《书因话录后》，《清代诗文集汇编》734，第328页。
[4] 王重民撰：《中国善本书提要》，上海古籍出版社1983年版，第509页。
[5] 瞿启甲辑：《铁琴铜剑楼藏书题跋集录》，上海古籍出版社2019年版，第241页。

章，如清初叶树廉抄本《石林居士建康集》，有"朴学斋""叶树廉印""石君"等。[1]

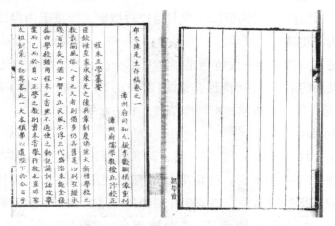

清初朴学斋黑格抄本《布衣陈先生存稿》书影

6. 曹炎

曹炎，生卒年不详，字彬侯，生活在康熙、雍正年间，"席氏（注：席玉照）客也"[2]。顾广圻认为"常熟嗜手抄者，陆敕先、冯定远为极盛，至彬侯殿之"[3]。孙淒《市肆蓄书歌为曹彬侯作》云："丛残断缺勤购买，犹秃千毫写万纸。"[4]由此可见曹氏在清初常熟抄书者中的地位。曹炎经常从汲古阁借抄书籍，《南部新书》《翠屏诗集》等皆从汲古阁藏本录出。曹炎抄本《翠屏诗集》，曹氏跋云："康熙五十八年己亥（1719）春日，假汲古阁本录出。"[5]《南部新书》钤有"每爱奇书手自抄"，这是曹炎的印章。这部书是曹氏借汲古阁藏本抄录的，对于书中的误字，他"不敢妄意拟议，是以依样胡卢"[6]。

曹炎抄本现存的主要有《思庵先生文粹》《归田诗话》《关尹子阐玄》

---

[1] 周照东主编：《常熟图书馆古籍善本图录》，常熟图书馆2003年版，第125页。
[2] （清）郑钟祥修，（清）庞鸿文纂：《（光绪）常昭合志稿》，光绪三十年（1904）木活字本，第29a页。
[3] （清）顾广圻著，黄明标点：《思适斋书跋》卷三《清河书画舫》，上海古籍出版社2007年版，第63页。
[4] 张镜寰修，丁祖荫纂：《（民国）重修常昭合志》卷二十，民国三十七年（1948）铅印本，第447a页。
[5] 王重民撰：《中国善本书提要》，上海古籍出版社1983年版，第549页。
[6] 王重民撰：《中国善本书提要》，上海古籍出版社1983年版，第117页。

《南部新书》《重修琴川志》《班马字类》《庚申外史》《武林旧事》《三家村老委谈》《刘宾客文集》《宋王黄州小畜集》《句曲外史贞居先生诗集》《对床夜语》《深雪偶谈》等书。从现存的抄本来看，曹炎抄本字体秀丽，书法水平较高，用的纸张没有边栏界行。曹炎抄本的印章，《枰桐先生文集》卷首有"曹炎之印""彬侯"[1]字样。曹炎抄本《关尹子阐玄》，钤有"曹炎印""彬侯"[2]。

乾隆四年（1739）曹炎抄本《关尹子阐玄》书影　　清曹炎抄本《思庵先生文粹》书影　　清曹炎抄本《归田诗话》书影

7. 孙潜

孙潜（1618—？），字潜夫，"与叶树莲善，亦喜藏书。手钞手校之本，世多流传者，有其姓名及'孙二酉珍藏'诸朱印"[3]。孙潜生活在清初，其抄书活动主要在顺治、康熙年间进行。孙潜与叶树廉等人熟稔。孙潜抄书关注地方文献，康熙年间孙潜抄本《杨氏南宫集》有孙氏跋云："于康熙壬戌（二十一年，1682）夏四月用败笔录出，予于顺治初年曾见此诗词钞本在黄六苍案头，为黄表侄冯又陈藏本，因借归欲录之，寻为事阻，未及也。叶石君转借去写出，遂将原本归之六苍。康熙甲寅（十三年，1674），借姚君陛杂书看之，见有五川古文词三十一首在其书中，乃亟为写一本藏

---

[1] 瞿镛编纂：《铁琴铜剑楼藏书目录》，上海古籍出版社2000年版，第574-575页。
[2] 瞿镛编纂：《铁琴铜剑楼藏书目录》，上海古籍出版社2000年版，第470页。
[3] （清）郑钟祥修，（清）庞鸿文纂：《（光绪）常昭合志稿》卷三十二，光绪三十年（1904）木活字本，第27b页。

清萧江声抄本
《河南穆先生文集》书影

道光十年（1830）黄廷鉴
抄本《李师师外传》书影

弄，遂从石君借诗词集录为此本。"[1]孙潜抄书一般是亲自抄写。孙氏抄本还有《五国故事》《张司业诗集》。[2]

8. 萧江声

萧江声，生卒年不详，字飞涛，号白沙，以诗画篆刻擅名邑中，勤于抄书，抄录有《南唐二主词》《简斋词》《阳春集》《何博士备论》《河南穆先生文集》等，其中三种词集都是在康熙五十四年（1715）抄写的。萧江声抄本传世较少，从《河南穆先生文集》来看，是用没有界栏的纸张抄写的，书法秀逸。

9. 黄廷鉴

黄廷鉴（1762—1842），字琴六，号拙经逸叟，诸生。"癖好古书，见善本必典衣以购，借钞宋元椠本，隆冬盛暑，不少间断。"[3]黄氏自言："余年始壮，从事丹铅，每喜手自抄写。"[4]黄廷鉴抄本有《开元天宝遗事》《介祉诗钞》《史外》《太平圣惠方》《三辅黄图》等。[5]黄氏抄本现存较少，有道光十年（1830）黄廷鉴抄本《李师师外传》，是从同邑萧氏处借抄的。盛大士记载了黄廷鉴抄写《读书敏求记》的过程："旧有吴兴赵氏椠板，近已罕靓。吾友黄琴六从诒经堂张氏藏本影钞，恭录钦定《四库全书》提要，弁于简首。又从邵阆仙借得吴门黄氏士礼居所藏述

---

[1] 苏州图书馆编著：《苏州图书馆藏善本题跋》，国家图书馆出版社2018年版，第312页。
[2] 瞿镛编纂：《铁琴铜剑楼藏书目录》，上海古籍出版社2000年版，第270、507页。
[3]（清）盛大士撰：《蕴愫阁文集》卷三《窈窕山房题壁记》，《清代诗文集汇编》501，第276页。
[4]（清）黄廷鉴撰：《第六弦溪文钞》卷三《书手抄中吴纪闻后》，光绪十年（1884）后知不足斋刻本，第31b页。
[5] 江澄波：《古刻名抄经眼录》，北京联合出版公司2020年版，第70页；瞿镛编纂：《铁琴铜剑楼藏书目录》，上海古籍出版社2000年版，第277、359页。

古原写之本，改正讹字，其遗脱者别为补遗一卷。"[1]可见黄廷鉴抄书喜欢将《四库全书》提要放在卷首，并且广借别本进行校勘。黄廷鉴抄本的印章，如黄廷鉴抄本《砚坑略》，有"琴六居士"[2]；黄廷鉴抄本《汉武故事》，有"黄琴六读书记""每爱奇书手自钞"[3]。黄廷鉴抄本多没有界栏，如黄廷鉴抄本《汉武故事》《李师师外传》。

10. 陈揆

陈揆（1780—1825），字子准，诸生，其藏书楼为"稽瑞楼"。陈揆抄本传世稀少，《虞邑遗文录》翁心存跋语云："道光丁未（二十七年，1847）、戊申（二十八年，1848）间，命仆杨春录其副。……子准目短视，作字细如蝇头，非予殆莫能辨识，然读之殊费目力，每终一卷，昏眩良久。"[4]又据翁同龢家书，"稽瑞楼《琴川志注》十卷，此本字如牛毛，另有头本三卷字较大，然只一下"[5]。光绪十年（1884）翁同龢刻本《稽瑞楼文草》有翁同龢批注云："子准丈目短视，观书若飞，所作字如牛毛。"[6]可见陈氏抄本字体极小。根据记载，陈揆抄本有稽瑞楼精抄本《李义山文集》。[7]又据翁心存日记，陈揆"摘抄经史诸书共十二册，又钞《郑氏联璧集》二卷，未装订"[8]。

11. 瞿氏家族

常熟的瞿氏家族与张氏家族鼎峙，保持了藏书、抄书的传统。瞿氏藏书是从瞿进思（1738—1793）开始的，但是瞿氏家族以抄书闻名则是始于瞿绍基（1772—1836）。瞿绍基子瞿镛（1794—1846）继承了家族的抄书传统。其后，瞿镛子瞿秉渊（1820—1886）、瞿秉清（1828—1877）亦传承藏书家风，勤于抄书。咸丰年间，王振声和瞿秉渊、瞿秉清兄弟互相借抄。瞿氏三代皆以"恬裕斋"为堂号抄书，称为"瞿氏恬裕斋抄本"。

---

[1]（清）盛大士撰：《蕴愫阁文集》卷七《读书敏求记跋》，《清代诗文集汇编》501，第326页。
[2] 周照东主编：《常熟图书馆古籍善本图录》，常熟图书2003年版，第101页。
[3] 周照东主编：《常熟图书馆古籍善本图录》，常熟图书2003年版，第107页。
[4] 翁之憙撰，翁以钧整理：《常熟翁氏藏书志》上册，中华书局2022年版，第276页。
[5]（清）翁同龢著，赵平整理：《翁同龢家书诠释》"致翁之缮"，凤凰出版社2017年版，第283页。
[6]（清）陈揆撰：《稽瑞楼文草》"陈君子准传"，光绪十年（1884）翁同龢刻本（国图），第1a页。
[7] 瞿镛编纂：《铁琴铜剑楼藏书目录》，上海古籍出版社2000年版，第519页。
[8]（清）翁心存著，张剑整理：《翁心存日记》第二册，中华书局2011年版，第467页。

恬裕斋抄本，所用纸张有十行，黑格，黑口，左右双边，版心下有"恬裕斋"字样，版框外左上有"海虞瞿氏藏本"字样，如瞿氏恬裕斋抄本《周书金氏注》《六帖补》《五行精纪》；又有十行，蓝格，白口，四周双边，如瞿氏恬裕斋抄本《研山堂诗草》。

瞿氏也制作过影抄本，如咸丰六年（1856）影宋抄本《袁氏通鉴纪事本末撮要》，十四行，白口，左右双边。瞿绍基抄本也有没有行格的，如咸丰七年（1857）瞿氏恬裕斋抄本《春秋穀梁疏》。

清海虞瞿氏恬裕斋抄本《六帖补》书影

清常熟瞿氏恬裕斋抄本《研山堂诗草》书影

清瞿氏恬裕斋抄本《周书金氏注》书影

咸丰六年（1856）瞿氏恬裕斋影宋抄本《袁氏通鉴纪事本末撮要》书影

恬裕斋抄本现存咸丰六年（1856）瞿氏恬裕斋影宋抄本《袁氏通鉴纪事本末撮要》、咸丰七年（1857）瞿氏恬裕斋抄本《春秋穀梁疏》、瞿氏恬裕斋抄本《周书金氏注》、瞿氏恬裕斋抄本《剡录》、道光三年（1823）瞿氏恬裕斋影元抄本《（宝祐）重修琴川志》、瞿氏恬裕斋抄本《五行精纪》、瞿氏恬裕斋抄本《考古编》、瞿氏恬裕斋抄本《六帖补》、瞿氏恬裕斋抄本《研山堂诗草》。

瞿启甲（1873—1940），字良士，铁琴铜剑楼第四代主人。瞿启甲铁琴铜剑楼抄本的特色在于影抄本的制作。所用纸张的主要特征见表3.6。

表 3.6　瞿氏铁琴铜剑楼抄本用纸特征表

行格	版式特征	抄本代表
八行	黑格,白口,左右双边,版心下有"海虞瞿氏铁琴铜剑楼影钞本"字样,版框外左下有"臣瞿启甲呈进"字样	《燕堂诗稿》《荀子考异》
九行	白口,左右双边,版心下有"海虞瞿氏铁琴铜剑楼影钞本"字样,版框外左下有"臣瞿启甲呈进"字样	《新纂香谱》
十行	白口,左右双边,版心下有"海虞瞿氏铁琴铜剑楼影钞本"字样,版框外左下有"臣瞿启甲呈进"字样	《紫山大全集》《抚云集》
十一行	白口,左右双边,版心下有"海虞瞿氏铁琴铜剑楼影钞本"字样,版框外左下有黑色墨订	《琴苑要录》《琴统》
十二行	白口,左右双边,版心下有"海虞瞿氏铁琴铜剑楼影钞本"字样,版框外左下有"臣瞿启甲呈进"字样	《山谷老人刀笔》

由表 3.6 可见，瞿氏铁琴铜剑楼抄本因抄录底本的不同，行格有所变化，但是纸张上印制的信息基本一致，不同之处在于，瞿氏铁琴铜剑楼影元抄本《张仲景注解伤寒百证歌》版心下的"海虞瞿氏铁琴铜剑楼影钞本"字样是在中间，瞿氏铁琴铜剑楼抄本《程氏续考古编》版心下的"海虞瞿氏铁琴铜剑楼影钞本"是在鱼尾之下，而其他的抄本都是在版心下方的右侧。铁琴铜剑楼抄本纸张上基本都有"臣瞿启甲呈进"字样，但《琴苑要录》《琴统》是墨订。

清瞿氏铁琴铜剑楼影元抄本
《张仲景注解伤寒百证歌》书影

清瞿氏铁琴铜剑楼抄本
《程氏续考古编》书影

12. 翁氏家族

翁心存（1791—1862），字二铭，常熟人，道光二年（1822）进士。翁心存抄本所用纸张为半页十行，蓝格，白口，左右双边，版心下有"陔华吟馆"字样，如道光二十八年（1848）翁氏陔华吟馆抄本《虞邑遗文录》《也是园藏书目》、清翁氏陔华吟馆抄本《稽瑞楼文草》《藏书记要》等；又有十行，无格，如翁心存陔华吟馆抄本《火龙神器阵法》。翁心存抄本中的《虞邑遗文录》《也是园藏书目》都是由仆人杨春抄写的。

翁心存抄本的印章，如影宋抄本《玉台新咏》，钤有"遂龛珍臧""陔华吟馆""翁心存字二铭号遂庵"[1]。嘉庆十六年（1811）翁心存抄本《贤良进卷》，藏印有"海虞翁氏陔华馆图书印""翁心存字二铭号遂庵""翁心存印""二铭"。

道光二十年(1840)翁心存陔华吟馆抄本《火龙神器阵法》书影

道光二十八年(1848)翁氏陔华吟馆抄本《也是园藏书目》书影

清翁心存陔华吟馆抄本《稽瑞楼文草》书影

翁心存早年影抄书籍，曾影抄宋本《玉台新咏》，翁心存题记云："嘉庆辛未（十六年，1811），余馆于山塘泾李氏，长夏无事，借得陈氏子准表兄藏本，手自影临，凡三阅月乃毕，颇自诩纤悉逼肖。"[2]可见其曾经从陈揆处借抄。嘉庆十六年（1811）翁心存抄本《贤良进卷》，翁氏跋云，"行款、字数一依旧抄本，惟目录、第一页元本每半页十行，次页前半页十

---

[1] 翁之憙撰，翁以钧整理：《常熟翁氏藏书志》上册，中华书局2022年版，第211页。
[2] 翁之憙撰，翁以钧整理：《常熟翁氏藏书志》上册，中华书局2022年版，第211页。

一行，后半页以下皆十二行，不知何以疏密参差，今均改作十二行，以归划一"，"因亟假归（注：孙小楼藏影宋旧抄本），手自影抄，未卒业，旋以茔先大夫奄弃，请程东野师续成之。自第四卷第五页以下，皆吾师笔也。吾友陈子准复传钞一本，孙氏闻之颇愠，亟索元本去"。[1]可见翁氏在影抄时统一作十二行抄写，第四卷第五页之后出自其师程氏手抄。

翁心存还为友朋雇用抄工抄书，同时自己也会抄写副本。道光二十九年（1849）翁心存题《毛诗要义》云："竹香从郁氏假得抄出清本，倩予为觅书手，依沈校传写一部。既抄寄之，予复欲照元本录其副，藏诸家塾。"[2]翁心存为官后有机会接触公藏书籍，曾从文溯阁抄写《西岩集》，"丙申（道光十六年，1836）秋八月，值曝书之期，心存率校官数人入视厥事，……爰属诸校官用牍尾纸草录家灵舒《西岩集》一卷携归，藏诸行笈。戊戌（道光十八年，1838）夏，乞养归田，乃命次儿同爵缮写成编"[3]。

翁心存的日记中记载了不少与抄书有关的事迹。翁心存注意培养儿辈的阅读兴趣："倪观察以《天机吟诀》钞本四册见示，堪舆家秘本也，从张地山少尹借抄者，五儿素嗜此术，亦命工传钞。"[4]日记中还有翁心存让人抄书的记载："清晨云亭来，以《毛诗要义》属伊分钞。"[5]"假俞莲士新得钞本《也是园书目》，命杨春录之。"[6]"云亭来，何竹香托钞《毛氏要义》成。"[7]又有他人赠送抄本的记录："清晨竹香遣仆徐彬来致馈贶，并以所钞《尚书要义》见赠。"[8]

翁同书（1810—1865），字祖庚，号药房，翁心存长子，道光二十年（1840）进士。翁同书抄本有《宝章待访录》，翁同书题记云："既爱其文，乃钞写短册，以供翻阅。"[9]可见翁同书抄本的开本较小。翁同书的次子翁曾源（1834—1887）亦抄书，咸丰十一年（1861）翁曾源抄本《今水

---

[1] 翁之憙撰，翁以钧整理：《常熟翁氏藏书志》上册，中华书局2022年版，第256-257页。
[2] 翁之憙撰，翁以钧整理：《常熟翁氏藏书志》上册，中华书局2022年版，第282页。
[3] 翁之憙撰，翁以钧整理：《常熟翁氏藏书志》上册，中华书局2022年版，第309页。
[4] （清）翁心存著，张剑整理：《翁心存日记》第二册，中华书局2011年版，第695页。
[5] （清）翁心存著，张剑整理：《翁心存日记》第二册，中华书局2011年版，第650页。
[6] （清）翁心存著，张剑整理：《翁心存日记》第二册，中华书局2011年版，第658页。
[7] （清）翁心存著，张剑整理：《翁心存日记》第二册，中华书局2011年版，第695页。
[8] （清）翁心存著，张剑整理：《翁心存日记》第二册，中华书局2011年版，第695-696页。
[9] 翁之憙撰，翁以钧整理：《常熟翁氏藏书志》上册，中华书局2022年版，第329页。

注》，翁同书跋云："刘星房丈借钞一本，后予书失去，乃假刘本重录。"[1]另外，还有咸丰十一年（1861）翁曾源抄本《水心镜》、光绪二年（1876）翁曾源抄稿本《宋诗纪事摘录》。

翁同龢（1830—1904），字声甫，号叔平，咸丰六年（1856）状元及第。翁同龢藏书丰富，亦善于抄书。根据记载，翁同龢曾经借抄《海角遗编》《笔梦》《过墟志感》。[2]翁同龢抄本现存《同治三年甲子科江南乡试录》《朝鲜纪事》《范忠贞公画壁集》《谱双》《打马图》《金丹心法口诀》《毛诗解》，光绪二十四年（1898）翁同龢抄本《两汉石续》，光绪二十七年（1901）翁同龢家抄本《许红桥先生文集》。

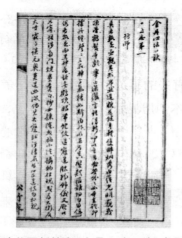
清翁同龢抄本《金丹心法口诀》书影

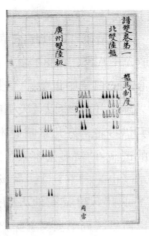
清翁同龢抄本《谱双》书影

翁同龢抄本的用纸特征：翁同龢抄本《同治三年甲子科江南乡试录》是用九行的小红格抄写的，版心下有"松竹斋"字样。《谱双》《打马图》也是用九行小红格抄写的，白口，四周双边，版心下有"四宝斋"字样，其中，《打马图》卷末版心下才出现"松竹斋"字样。而像《范忠贞公画壁集》则不是用小红格，而是用红格，版心下亦有"松竹斋"字样。在光绪年间翁同龢的信札中可以见到印刷红色稿纸的记载："送去红格交熟铺照刻

---

[1] 周照东主编：《常熟图书馆古籍善本图录》，常熟图书馆2003年版，第66页。
[2]（清）翁同龢著，翁万戈编，翁以钧校订：《翁同龢日记》第七卷，中西书局2012年版，第3298页。

一板，并照纸式长阔裁钉成本。每本一百叶，钉五本。"[1]翁氏抄本也有使用绿格的，如翁同龢抄本《金丹心法口诀》即是用绿格稿纸抄写的，版心下有"松竹斋"字样，根据翁氏跋语，此书为其弱冠时抄写，可知翁氏早年即已使用"松竹斋"的斋号抄录书籍。翁氏抄本有的用绿格，如光绪二十七年（1901）翁同龢家抄本《许红桥先生文集》，绿格，绿口，左右双边。翁同龢是在晚年抄写此书的。翁氏抄本有的没有界栏，如《两汉石续》仅目录页有格，其他页无格。

13. 赵宗建

赵宗建（1825—1900），字次侯，号非昔居士，居住在常熟北门外的报慈里，其藏书楼为旧山楼。赵宗建抄书用纸有以"非昔轩"为标识的，也有以"旧山楼"为标识的，光绪年间其向沈汝瑾借抄《灌园漫笔》，向叶廷琯借抄《瓶水斋杂俎》。赵宗建有的抄本是由他人抄写的，如《灌园漫笔》是"属伯贤录存"[2]。赵氏非昔轩抄本更为常见。赵氏非昔轩抄本有《灌园漫笔》《海虞别乘》，半页十行，左右双边，双鱼尾，版框为9.9厘米×18.2厘米，版心下有篆书"非昔轩钞书"。二者的区别在于《灌园漫笔》为黑格，《海虞别乘》为红格。

14. 周大辅

周大辅（1872—？），字左季，居住在白鸽峰畔，其室名"鸽峰草堂"。周氏嗜好抄写稀见书籍。周大辅的抄书活动主要集中在光绪至民国年间，现存的鸽峰草堂抄本多有明末清初的史料，如冯班的《钝吟老人遗稿》、冯舒的《海虞妖乱志》、屈大均的《安龙逸史》、徐世溥的《江变纪略》、赵鼎勋的《嘉定纪事》、沈鸣的《明史南都纪略》、史惇的《痛余杂录》等。由此可见其抄书的兴趣。周大辅还将自己抄录的书籍编纂成《鸽峰草堂丛钞七种》。根据现存的周大辅鸽峰草堂抄本，其用纸特征见表3.7。

---

[1]（清）翁同龢著，赵平整理：《翁同龢家书诠释》"致翁之缮"，凤凰出版社2017年版，第260页。

[2]（清）王初桐：《灌园漫笔》，清赵氏旧山楼抄本（上图），卷末。

表 3.7 周大辅抄书用纸特征表

行格版式	堂号信息	抄本代表	钤印
半页九行,红格,左右双边,版心黑口,单鱼尾,版框为16.5厘米×11.5厘米	下方篆书记"鸽峰草堂",左侧栏外有"常熟周左季家写本"字样	《干常侍易注疏证》《海虞妖乱志》《开元天宝遗事》《竹溪见闻志》《山阳草堂文集》《批本随园诗话》《宋明十一家词》	"周左季宣统纪元后所钞之书""鸽峰草堂钞传秘册""虞山周氏鸽峰草堂写本"
半页十一行,左右双栏,版心黑口,单鱼尾,版框为18.8厘米×13.7厘米	版心下有"鸽峰草堂藏书"字样	《岭表纪年》	"虞山周氏鸽峰草堂写本""周左季宣统纪元后所钞之书"
半页十二行,蓝格,单栏,版心黑口,版框为18.2厘米×13.8厘米	版心无字	《归闲述梦》	"大辅私印""周左季""虞山周氏鸽峰草堂写本"
半页十行,蓝格,左右双边,版心白口,单黑鱼尾,版框为19厘米×13.8厘米	版心下有"虞山周氏鸽峰草堂写本"字样	《查东山年谱》	"常熟周左季家钞本书"
半页十行,左右双边,版心黑口,单黑鱼尾,版框为17.4厘米×12.5厘米	版心下有"虞山周氏鸽峰草堂钞藏"字样	《海虞钱氏家藏》《郑桐庵笔记》《莆阳知稼翁集》	"虞山周氏鸽峰草堂写本""周左季宣统纪元后所钞之书"
半页十二行,红格,单栏,版心白口,双鱼尾,版框为18.1厘米×12.1厘米	版心下方记"鸽峰草堂钞传秘册"	《麈史》	"虞山周氏鸽峰草堂写本""鸽峰草堂钞传秘册""光绪庚子后所钞书"
半页十行,蓝格,版框为20.4厘米×14.8厘米	版心下方记"岁在柔兆执徐鸽峰草堂重录"	《晞发集》	"鸽峰草堂"
半页十行,无格,全幅为28.7厘米×17.9厘米	版心无字	《新刊张小山北曲联乐府》	"虞山周氏鸽峰草堂写本"

通过表 3.7 可以发现,周大辅抄书用纸类型多样,共有八种。从行格来看,有九行、十行、十一行、十二行四种类型,其中,十行的种类最

多。周氏抄本中最为常见的是半页九行的稿纸。每种用纸的版心所印内容也各不相同,但都含有"鸽峰草堂"四字。从抄书的时间上看,有的藏书印显示抄写时间,而"光绪庚子""宣统纪元"对于周大辅抄书来说,是两个重要的时间节点。钤有"光绪庚子"印章的抄本主要有十二行的,而钤有"宣统纪元"的抄本主要有九行、十行、十一行的。

二、昭文

1. 鱼翼、鱼元傅

鱼翼（1675—?）、鱼元傅（1704—1768）父子是清代昭文县抄书的代表。鱼翼,字振南,抄书甚多。鱼翼子鱼元傅继承了其父的抄书传统,自言"余少时偶见秘本,必手自抄写"[1]。黄廷鉴在《爱日精庐藏书志序》中认为,毛氏汲古阁、钱氏述古堂之后,能够继承抄书传统的是孙从添、鱼元傅、席鉴三人。鱼元傅抄本现存《黔书》《群芳董狐》《读画录》《岩下放言》等。其中,《黔书》,半页十行,单栏,白口,单黑鱼尾,版框为17厘米×12.5厘米;《群芳董狐》《古钱目》,半页十行,白口,左右双边;《岩下放言》《读画录》,半页九行,无行格;《海虞别乘》《三家村老委谈》

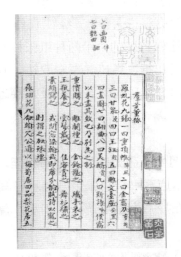

乾隆二年(1737)鱼元傅抄本《群芳董狐》书影

清鱼元傅抄本《岩下放言》书影

[1] 陈先行、郭立暄编著:《上海图书馆善本题跋辑录》,上海辞书出版社2017年版,第423页。

《家儿私语》也都没有界栏。鱼元傅闲止楼抄本版心下方镌有"闲止楼藏书"，如闲止楼抄本《古虞文录》。鱼元傅抄本《海虞别乘》卷端题"后学鱼元傅虞岩校钞"[1]。

鱼元傅抄本的印章，如鱼氏抄本《桐谱》，卷首有"鱼元傅印""虞岩"[2]字样。乾隆二年（1737）鱼元傅抄本《龚渊孟先生北征日记》有"鱼虞岩印""吴下阿傅"[3]字样。鱼元傅抄本《海虞别乘》有"小鱼""元傅"[4]字样。

2. 张光基、张海鹏

昭文张氏家族的藏书活动最早可以追溯到张仁美、张仁济，但是以抄书著称于世要从张光基开始。张光基（1738—1799），字南友，诸生，藏书之处名"照旷阁"。张光基抄写的书籍有《龙龛手镜》《新唐书纠谬》《颖滨先生诗集传》《东观奏记》《三辅黄图》等。

张光基之弟张海鹏（1755—1816），字若云，诸生。张海鹏见有秘本流传极少者，都会进行借抄。张海鹏照旷阁抄本现存《十七史经说》《十三经注疏作者姓氏

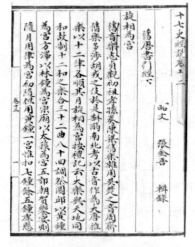

清照旷阁抄本《十七史经说》书影

表》等。《十七史经说》是张海鹏抄本中比较特殊的，用两种纸张抄写，其一半页十行，黑口，四周双边；其二半页九行，黑口，左右双边。其中，九行格纸与照旷阁刊本《易林》《学津讨原》《吴地记》等书版式接近，这也是照旷阁抄书、刻书最为常见的版式。

3. 张金吾

张金吾（1787—1829），字慎旃，号月霄，张光基子、张海鹏侄。年二十二补博士弟子员，绝意仕进，建爱日精庐藏书楼。张金吾继承了其父的藏书传统，抄书不辍。张金吾和张海鹏在抄书上也可谓一脉相承，曾经借

---

[1] 周照东主编：《常熟图书馆古籍善本图录》（上），常熟图书馆2003年版，第59页。
[2] 瞿镛编纂：《铁琴铜剑楼藏书目录》，上海古籍出版社2000年版，第404页。
[3] 周照东主编：《常熟图书馆古籍善本图录》，常熟图书馆2003年版，第46页。
[4] 周照东主编：《常熟图书馆古籍善本图录》，常熟图书馆2003年版，第59页。

抄张海鹏收藏的《续世说》《谗书》。[1]张海鹏、张金吾叔侄都是兼刻书与抄书于一体的藏书家。

张金吾抄本现存有诒经堂抄本《三礼疑义》、爱日精庐抄本《丞相魏公谭训》《奉天录》《重刊增广分门类林杂说》《嘉定镇江志》等。另据《江标日记》记载，江标曾"得爱日精庐阁抄本《大金德运图》一册，《陈塙盦文稿》一册"[2]。江标总结出张金吾爱日精庐抄本的特点："抄本皆出文澜阁，影抄本皆新从黄荛圃处所出，校本稍有可观。"[3]张金吾抄书的来源广泛，爱日精庐抄本有的从文澜阁藏书传抄，如《实宾录》；道光年间张金吾爱日精庐抄本《后村先生大全集》，从天一阁藏本抄写；爱日精庐抄本《班马字类》，从吴门黄氏士礼居抄本传录；张金吾还曾借抄其侄张承焕家藏本《玉山名胜集》。张金吾抄本的钤印：爱日精庐抄本《班马字类》《游志续编》钤有"爱日精庐藏书"[4]。

张金吾抄本的用纸特征：张金吾为编纂《续经解》而抄写的《三礼疑义》，半页十行，黑格，细黑口，四周双边，版心下有"诒经堂"字样，版框外左上角有"昭文张金吾写定续经解"字样；张金吾爱日精庐抄本《游志续编》《奉天录》《重刊增广分门类林杂说》《丞相魏公谭训》，半页十行，黑口，四周双边，单黑鱼尾，书口下有"爱日精庐汇抄秘册"字样，书耳内有"昭文张金吾藏书"字样，版框为19.4厘米×14.6厘米[5]；这几部抄本的字体比较接近，比较值得注意的是爱日精庐抄有两部《奉天录》，版式相同，字体亦相近。道光年间张氏爱日精庐抄本《尚书义粹》，黑格，半页十行，黑口，四周双边，版框为19.3厘米×14.7厘米；张氏爱日精庐抄本《丞相魏公谭训》，十行二十字，黑口，四周双边。有的爱日精庐抄本没有行格，如《中州启札》。从以上四种张金吾抄本的用纸特征来看，行格信息基本一致，主要区别在于纸张印制文字的不同。

---

[1]（清）张金吾撰，柳向春整理：《爱日精庐藏书志》（上），上海古籍出版社2014年版，第362、405页。
[2]（清）江标著，黄政整理：《江标日记》（上），凤凰出版社2019年版，第168页。
[3]（清）江标著，黄政整理：《江标日记》（下），凤凰出版社2019年版，第429页。
[4] 江澄波：《古刻名抄经眼录》，北京联合出版公司2020年版，第28页。
[5] 苏州博物馆编著：《苏州博物馆藏古籍善本》，文物出版社2012年版，第234页。

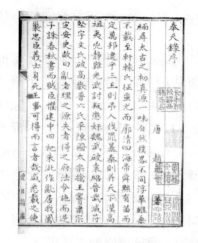

清张氏爱日精庐抄本《奉天录》书影

4. 张燮、张蓉镜

张燮（1753—1808），字子和，昭文人。其藏书处为小琅嬛福地，有"小琅嬛清秘精钞秘玩"印。张燮曾经抄写《骈体探珠》等书。《骈体探珠》钤有"张燮""莪友氏"印章。[１]

张蓉镜（1803—？），字芙川，一字伯元，张燮孙。藏书楼小琅嬛福地沿用自其祖辈张燮、父辈张定球。

张蓉镜小琅嬛福地抄本存世较多，有《营造法式》《麟台故事》《李群玉诗集》《碧云集》《五行精纪》《萧闲老人明秀集》《北山小集》《运使复斋郭公言行录》《诗说》《类编长安志》《重修琴川志》《国朝名臣事略》等。张蓉镜还曾从照旷阁借抄《续世说》。

张蓉镜抄本大多没有行格，如《桂亭砚铭》《诗说》等。张蓉镜抄本中有行格的如《北山小集》，半页十行，黑格，上黑口，下白口，四周双边；又如《营造法式》，半页十行，双栏，白口，双鱼尾。张蓉镜家抄本《重修琴川志》，半页十行，白口，四周双边，版框为27.8厘米×19.1厘米。张蓉镜抄本中比较特别的有《河南穆公集》，卷一是张蓉镜在十五岁时手抄的，卷二则是曾履谦手抄的。[２]

张蓉镜抄本的印章，《河南穆公集》钤有"琴川张氏小琅嬛仙馆藏书"

---

[１] 翁之意撰，翁以钧整理：《常熟翁氏藏书志》上册，中华书局2022年版，第124页。
[２] 按：《中国古籍善本书目》著录此书为张蓉镜、曾吟轩合抄，今查《海虞曾氏家谱》，曾履谦，字若祥，号吟轩。

"芙川""蓉镜私印""蓉镜珍藏"[1],《重修琴川志》钤有"张燮藏书""清河世家""小瑯嬛福地""蓉镜""虞山张蓉镜芙川信印"[2],《玄英先生诗集》钤有"小琅嬛福地缮抄珍藏"。

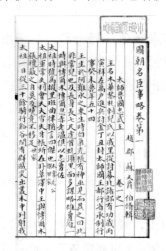
清张蓉镜影抄本《国朝名臣事略》书影

清张蓉镜家抄本《诗说》书影

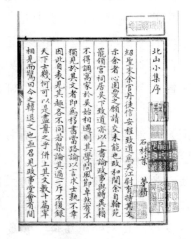
道光七年(1827)张蓉镜家抄本《北山小集》书影

清张蓉镜、曾吟轩抄本《河南穆公集》书影

张蓉镜抄本最大的特色是影抄本的制作。张蓉镜抄本有的是以张金吾影抄本为底本进行影抄的。道光年间,藏书家陈揆从苏州周氏购得《萧闲

---

[1] 翁之意撰,翁以钧整理:《常熟翁氏藏书志》上册,中华书局2022年版,第202页。
[2] 周照东主编:《常熟图书馆古籍善本图录》,常熟图书馆2003年版,第53页。

老人明秀集》,后来张金吾"以巨资倩名手影钞",张蓉镜又从影抄本"摹写"。张蓉镜在抄写过程中发现爱日精庐影抄本对书中"尧""恭"等金代讳字都进行了添补,"稍失本来面目"[1]。张蓉镜从张金吾爱日精庐影抄本抄写的还有《北山小集》等书。

张蓉镜对于抄补用纸也比较讲究,为了与原本保持一致,会采用染色纸。道光十七年(1837),张蓉镜从扬州得到明抄本《中兴两朝编年纲目》,"假爱日精庐所藏影宋本补全校正"。张蓉镜为了"与旧抄一色",用"染色纸"抄补。[2]

三、吴江

1. 尤世培

尤世培,生卒年不详,清初吴江柳胥村人,藏书家。柳胥村在明清时属于吴江。今可考者唯有尤氏之世系"苏郡西禧里思嘉桥支",尤国槐(字暮成,配俞氏)——尤永焕(字雍如,配廉氏)——尤世培(字顺法,配曹氏)——尤宗鈜(字□玉,配□)。[3]《(乾隆)苏州府志》卷十九《乡都》有云,望亭下有西禧村,"望亭,去县西北五十里,有汛。《图经续记》云:在吴县西境,吴先主所立,谓之御亭。隋置驿,唐改今名。盖孙吴时长洲未分,故在吴县境也"[4]。望亭与柳胥非一地,尤世培自称"柳胥人",则其后来或迁至柳胥。

中国国家图书馆现藏清抄本《菽园杂记》共有四册,用工整的楷书抄写,半页十二行,行二十一字,无行格。此书卷末有尤世培跋云:

> 右《菽园杂记》一十五卷,昆山陆文量先生所著也。按有明三百年间,朝野纪载不下千家,然或失之诬,或失之谀,或失之鄙俗,求如先生之文约词微、精简详核者,固不多得,且凡帝德庙谟、官箴吏

---

[1](金)蔡松年撰:《萧闲老人明秀集》卷末"萧闲老人明秀集注跋",道光四年(1824)张蓉镜家抄本(国图),第3b页。
[2] 王重民撰:《中国善本书提要》,上海古籍出版社1983年版,第106页。
[3](清)尤鼎等修,(清)尤云章纂:《尤氏闽浙苏常镇宗谱》卷四,乾隆四十八年(1783)遂初堂刻本,第11b页。
[4](清)雅尔哈善修,(清)习寯纂:《(乾隆)苏州府志》卷十九,乾隆十三年(1748)刻本,第8a页。

道、前言往行、节妇孝子、民风土俗、山经海志、药性物理、方言奇字，靡不毕具。王文恪公称其为撰述家第一，洵乎出其右者鲜矣。余从友人借得，读而喜之，乃参互考订，正误阙疑，手写一本，以备时时观览云。岁在元黓敦牂夏五月朔，柳胥尤世培书。[1]

通过跋语可知，此本为尤世培所抄，跋语言"有明三百年间"，则可推知其已处于清代。抄写的时间使用太岁纪年，"元黓敦牂"当作"玄黓敦牂"，对应的干支纪年为壬午，避"玄"字，可知其抄于康熙年间或康熙年间之后。此书经王士禛收藏，而王士禛卒于康熙五十年（1711），则尤氏抄书当在此前，自康熙元年（1662）至康熙五十年（1711）只有康熙四十一年（1702）为壬午年，故而可以确定这一抄本为康熙四十一年（1702）尤世培抄本。

清尤世培抄本《菽园杂记》书影

尤世培注重搜集乡邦文献，除了《菽园杂记》抄本外，今所见尤世培藏书尚有两种：其一为《乐圃余稿》十卷、《附录》一卷，宋朱长文撰，精抄本，现藏香港大学冯平山图书馆；其二为《北户录注》三卷，唐崔龟图撰，旧写本，《藏园群书经眼录》著录。其中，《乐圃余稿》，叶昌炽题记及翁绶琪识语皆言此书为"舜渔先生"手录。缪荃孙云"此本苏州尤世培舜渔手抄本"，"收藏有'世培之印''舜渔氏'两朱文联珠印"[2]，则"舜渔"亦为尤世培之字号。柳胥地近太湖，《风土记》云"舜渔泽之所也"，尤世培号"舜渔"或出于此。

尤世培喜抄书，笔法精绝，校勘精审，受到了较高的评价。叶昌炽云："舜渔先生笔法精绝，露轻□沈。假曲蹙峻，焚香摩挲，如对陶华阳

---

[1]（明）陆容撰：《菽园杂记》"跋"，清尤世培抄本（国图），第1a-1b页。
[2] 缪荃孙、吴昌绶、董康撰，吴格整理点校：《嘉业堂藏书志》，复旦大学出版社1997年版，第53页。

书，骨体甚峻峭也。"[1]缪荃孙云："字迹古雅，足可宝贵。"[2]尤世培所抄之书一般钤有"尤世培校正手录本"朱文长印，傅增湘即据此印断定旧写本《北户录注》为尤氏所抄。[3]香港大学冯平山图书馆藏《乐圃余稿》亦钤有此印，可能也出自尤氏手抄。尤世培抄本在后世流传极罕，故而翁绶琪评价其所抄《乐圃余稿》云："此为舜渔先生手录，亦希购之本矣。"[4]尤世培所用藏书印还有"舜渔""世培""柳胥""世培之印"等。

2. 徐釚

徐釚（1636—1708），字电发，诸生，积书数千卷。尽管史料中罕有徐氏抄书的记载，但是现存的徐氏抄本比较丰富。徐釚以印章"虹亭抄本"为标识，曾经抄写《名迹录》等书。他还从其他地区的学者处借抄，如徐釚跋《国史唯疑》云："辛丑（顺治十八年，1661）夏秋，偶客三山，从闽人高兆云客借抄。"[5]

徐釚抄本有《国史唯疑》《丰草亭诗》《南烬纪闻》《北狩见闻录》等。其中，《丰草亭诗》由徐氏辑录，半页十行二十一字，黑口，四周单边，版心下有"菊庄"字样。

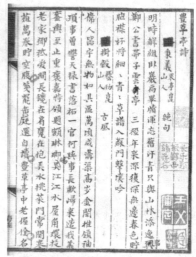

清徐氏菊庄抄本《丰草亭诗》书影

3. 杨复吉

杨复吉（1747—1820），字列欧，号慧楼，吴江震泽人，乾隆三十七年（1772）进士。杨复吉与浙江等地的藏书家交流密切，他曾经向姚舆借抄

---

[1] 饶宗颐：《香港大学冯平山图书馆善本目录》，《饶宗颐二十世纪学术文集》卷十，中国人民大学出版社2009年版，第606页。

[2] 缪荃孙、吴昌绶、董康撰，吴格整理点校：《嘉业堂藏书志》，复旦大学出版社1997年版，第53页。

[3] 傅增湘云："钤有'先世培校正手录本'朱印，即先氏写本。"[（清）莫友芝撰，傅增湘订补：《藏园订补郘亭知见传本书目》（一），中华书局2018年版，第396页。] 按：傅增湘著录尤氏藏书印章失误，"先世培校正手录本""先氏写本"，两"先"字皆当作"尤"。

[4] 饶宗颐：《香港大学冯平山图书馆善本目录》，《饶宗颐二十世纪学术文集》卷十，中国人民大学出版社2009年版，第606页。

[5] 陈先行、郭立暄编著：《上海图书馆善本题跋辑录》，上海辞书出版社2017年版，第166页。

《逌书》[1]，又曾"假海宁吴丈槎客藏本（注：《新旧唐书杂论》）读之"，"校正录副，用志赏析"[2]。乾隆五十九年（1794）秋，杨复吉请友人抄录了《人海记》。杨复吉的居所名"慧楼"。杨复吉的稿本《昭代丛书续编》版心下有"运南堂"[3]字样。

四、太仓

1. 谢浦泰

谢浦泰（1676—?），字心传，诸生。谢浦泰主要生活在康熙、雍正年间，与宋宾王互相借抄，谢浦泰抄写的《愿学斋文集》《柳待制文集》就是借宋氏藏本抄写的，而且有的采用了影抄的方式。

谢浦泰喜用题识的方式表明抄写信息，并且钤有诸多印章。谢浦泰抄书题识见表3.8。

表3.8 谢浦泰抄书题识表

书名	题识
《式斋先生文集》	"皇清雍正四年（1726）岁次丙午娄东谢氏抄藏于尚论堂。"
《忍庵集文稿》	卷端有"太仓黄与坚庭表著，同里谢浦泰心传抄"字样，卷末有"娄东浦泰心传氏于（本姓谢）雍正五年（1727）岁次丁未十二月十八日王馆中录讫识，一百五十页"字样
《张右史文集》	卷端有"太仓州浦泰心传氏手抄"字样，卷末有"时雍正己酉（七年，1729）春三月二十三日，太仓谢浦泰心传氏识于王馆之雨窗。时年五十四岁"字样
《柳待制文集》	"皇清雍正七年（1729）岁次己酉娄东谢氏手抄，藏于尚论堂""太仓谢浦泰手钞""余于己酉（雍正七年，1929）长夏，假宋蔚如兄家藏钞本，手自印写，通得五百三十四纸"[雍正七年（1729）闰七月七夕日，书于杏花小楼]

---

[1]（清）张金吾撰，柳向春整理：《爱日精庐藏书志》（上），上海古籍出版社2014年版，第407页。
[2] 王重民撰：《中国善本书提要》，上海古籍出版社1983年版，第151页。
[3] 傅增湘撰：《藏园群书经眼录》（三），中华书局2009年版，第791页。

续表

书名	题识
《黄文献公集》	"皇清雍正七年(1729)岁次己酉娄东谢氏手抄藏于尚论堂。"
《吴都文粹》	"向藏于吾娄吴西斋侍御家,奇货可居,凡抄者必出重资始得""余于上年辛亥(雍正九年,1731)季冬腊日假得印抄",中途因吴母去世而停滞,"至新春到馆,然后复理前事"

谢浦泰抄书的题识一般内容不多,主要记载抄写的时间、地点、经过、页数等基本信息,最多的应该是在尚论堂抄写的。谢浦泰抄本的印章,《张右史文集》钤有"抄书老更痴""生平心力尽于文""杏花小娄""昔字星躔今字薪传别字惺鏖亦字心禅"[1]等印,《柳待制文集》钤有"钞书老更痴"印,《吴都文粹》钤有"惺鏖校阅""抄书老更痴""娄东谢氏家藏"印[2]。谢浦泰抄校本《黄文献公集》钤有"浦泰之印""心传""尚论堂"[3]等印。

雍正七年(1729)谢浦泰抄本
《张右史文集》书影

谢浦泰曾经抄写《愿学斋文集》《周益公文忠集》等书。谢浦泰抄本现存《学蔀通辩》(雍正元年,1723)、《卢溪先生文集》(雍正四年,1726)、《思玄集》(雍正四年,1726)、《唐先生文集》(雍正四年,1726)、《忍庵集文稿》(雍正五年,1727)、《张右史文集》(雍正七年,1729)、《吴都文粹》(雍正十年,1732)等。《忍庵集文稿》与《张右史文集》的抄写时间间隔不久,二者所用的纸张特征一致,即有版框而无界栏,版框为17.1厘米×13.3厘米。谢浦泰手抄本《唐诗四十名家集》也是墨印版框,无行格。

2. 宋宾王

宋宾王(1690—1760),字蔚如,"治银为业,笃好诗书,稍闲,即吟

---

[1] 周书弢撰,赵嘉等标注:《弢翁古书经眼录标注》,上海古籍出版社2021年版,第315页。
[2] 周书弢撰,赵嘉等标注:《弢翁古书经眼录标注》,上海古籍出版社2021年版,第264页。
[3] 江澄波:《古刻名抄经眼录》,北京联合出版公司2020年版,第260页。

咏钞录不辍"[1]。宋氏好友王闻远的《金石契言》云:"起家市井,性嗜奇书,无力构弄,则百方丐钞。"[2]在清代苏州的抄书家中,宋宾王可以说是身份比较特殊的一位。他生活在市井中,却与当时的藏书家交往密切,遇到奇书都会想方设法抄写。宋宾王的藏书事迹如下:

> 初借书以读,赀稍余,则购书。已而书略备,而于僻书、未刻书尤好之重之,穷晷缮录,卒乃为里中书薮。士大夫求书及书肆所无,必如蔚如是访。蔚如初未从师,久乃通大义。于水利兴废、典故沿革、儒先语类、明季遗事尤珍重考核。昔年牧令修《镇洋县志》,顾行人引致纂修,实多所订正。[3]

由此可见,宋宾王抄写的都是稀见书,最终依靠抄书而成为著名藏书家。宋宾王可谓是从清初到清代中期在太仓乃至苏州地区极具代表性的抄书家,他与苏州及其他地区的藏书家建立了稳定的借抄关系,包括王闻远、金檀、谢浦泰、钱枚、王声宏、金元功等。宋宾王热衷于抄写宋元人的文集,曾经从王逸陶处借抄《宋人小集》[4],还抄写过《静修集》《松筹堂集》等书。宋宾王抄本还有雍正三年(1725)抄本《危太仆云林诗集》《说学斋稿》,雍正六年(1728)抄本《龟巢稿》。清抄本《许白云先生文集》卷三为宋宾王手抄。[5]宋宾王抄校本《四书字考》,原题"鹿城徐瓒中黄编,古东仓宋宾王补注"[6]。

由于宋宾王常到郡城借书,故而有的抄本是在他人家中抄写完成的。宋宾王与金檀之间有书籍的交流,如"雍正五年(1727)四月二十又三日于吴郡桃花坞之文瑞楼较元版《凫藻集》一次。娄水宋宾王记"[7]。宋宾王抄写的书籍钤有印章,如宋宾王抄本《贡礼部玩斋集》钤有"宋蔚如收藏"[8],宋宾王抄本《静修先生文集》卷首有"宋宾王印""蔚如氏

---

[1] (清)王昶等纂修:《(宣统)太仓州志》卷二一,民国八年(1919)刻本,第5a页。
[2] (清)蒋光煦撰:《东湖丛记》卷六,光绪年间江阴缪氏刻本,第3a页。
[3] (清)沈起元撰:《敬亭文稿》卷二《宋蔚如字体辨讹序》,《清代诗文集汇编》257,第107页。
[4] 瞿镛编纂:《铁琴铜剑楼藏书目录》,上海古籍出版社2000年版,第671页。
[5] 周叔弢撰,赵嘉等标注:《弢翁古书经眼录标注》,上海古籍出版社2021年版,第101页。
[6] 江澄波:《古刻名抄经眼录》,北京联合出版公司2020年版,第36页。
[7] (明)高启撰:《凫藻集》,雍正六年(1728)金氏文瑞楼抄本(国图),卷末。
[8] 瞿镛编纂:《铁琴铜剑楼藏书目录》,上海古籍出版社2000年版,第630页。

校"[1]字样。

3. 顾锡麒

顾锡麒，生卒年不详，字敦淳，其藏书楼为谀闻斋。顾锡麒抄本版心下有"谀闻斋"字样。顾锡麒抄本现存《平圃遗稿》《人海记》等。顾氏抄本用纸主要有两种类型：其一以顾氏谀闻斋抄本《平圃遗稿》为代表，红格十行，单栏，白口，单鱼尾，版心下方有"谀闻斋"字样，版框为22厘米×14.5厘米；其二以顾氏抄本《尚书疏义》为代表，黑格十行，黑口，单鱼尾，四周双边，版心下镌有"谀闻斋"，版框外左上方书耳镌有"太仓顾锡麒添补写定续经解"，版框为18.5厘米×13.3厘米。

五、昆山

1. 叶奕苞

叶奕苞（1629—1686），字九来，号二泉，别署群玉山樵，清初藏书家、金石学家。叶奕苞小有堂抄本的版心有"昆山叶氏小有堂钞"或"叶氏小有堂钞本"字样。叶奕苞抄本现存清初叶氏小有堂抄本《云间清啸集》《桂轩诗集》。从现存的两部抄本来看，小有堂所用的纸张为黄纸，上下黑口，黑格，半页十一行，版心有"叶氏小有堂钞本"[2]字样。

2. 徐乾学

徐乾学（1631—1694），字原一，号健庵，康熙九年（1670）进士。徐乾学是昆山藏书家中的代表人物，其抄书用纸版心有"传是楼"三字。徐乾学曾经抄写《南渡录》等书。现存的传是楼抄本较少，主要有抄本《周易要义》《归潜志》《姑溪居士文集》《文昌杂录》等。[3]从现存的《周易要义》《文昌杂录》来看，二者的版本特征比较一致，即行格为半页十一行，细黑口，左右双边，版心下有"传是楼"三字。唯一的差别在于二者的字体不同，分别出自两人之手。徐乾学刻书的行格也有与抄本的行格近

---

[1] 瞿镛编纂：《铁琴铜剑楼藏书目录》，上海古籍出版社2000年版，第614页。
[2] 周书弢撰，赵嘉等标注：《弢翁古书经眼录标注》，上海古籍出版社2021年版，第393页。
[3] 传是楼抄本的数量应该不在少数，根据《四库存目标注》，传是楼抄本还有《顾氏易解》《五代春秋》等书。根据黄丕烈的记载，传是楼抄本《五代春秋》"每叶二十二行，每行二十字"，其行格与现存抄本的行格一致。[杜泽逊撰：《四库存目标注》（二），上海古籍出版社2007年版，第501页。]

似的，如康熙年间徐氏传是楼刻本《秋笳集》，半页十一行，每行二十字。

清徐乾学传是楼抄本《文昌杂录》书影

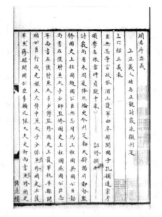
康熙年间徐乾学传是楼抄本《周易要义》书影

3. 潘道根

潘道根（1788—1858），字确潜，号徐村老农，居城内后市巷。潘道根是清代昆山抄书最为勤奋的学者之一，他的《隐求堂日记》记载了其抄书活动。通过《隐求堂日记》，我们不仅能知道潘氏抄写了哪些书籍，而且能知道其抄书的细节，如抄书的速度等。

潘道根的抄书活动主要是在道光至咸丰年间，现存的潘氏抄本数量较多，主要有道光二十六年（1846）抄本《揭文安公文粹》，道光年间抄本《伤寒贯珠集》，咸丰七年（1857）抄本《周易述补》《虞氏易义补正》《毛西河四书朱注辨正》《易堂问目》《诗词通韵》《历代建元表》《尽忠实录》《昆山县志》《金石古文》《医镜》《伤寒贯珠集》《曹乐山先生医案》《菰中随笔》《式斋先生文集》《改亭存稿》等书。咸丰五年（1855）二月十八日，潘道根还编有"手写书籍存目"[1]。

潘道根抄本主要以医书和地方文献为主。从所见的潘氏抄本来看，潘道根抄书用纸基本上没有边栏界格，纸张的大小也不一致。潘道根主要通过题跋等多种方式注明是其手抄。道光十年（1830）潘道根抄本《渑水燕谈录》卷端题"宋齐国王辟之圣涂著，后学潘道根确潜校并附注"；道光年间抄本《便产须知》前有潘道根写的《钞〈便产须知〉小序》，卷端题"饭香老人潘道根手钞"；咸丰八年（1858）抄本《算小学》卷末有"咸丰戊午

[1]（清）潘道根著，罗瑛整理：《潘道根日记》（下），凤凰出版社2016年版，第458-459页。

（八年，1858）六月八日晴窗徐郱七十一老人潘道根手钞记"字样。

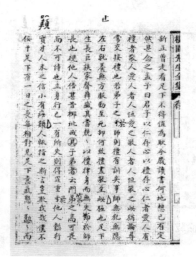

清潘道根抄本
《朱柏庐先生未刻稿》书影

比较特别的是潘氏在咸丰五年（1855）抄本《违竽集》前面一页下方写有"四勿轩钞本"。还有潘道根抄本《朱柏庐先生未刻稿》，是用小格稿纸抄成的，版心上有"杨园先生全集"字样，稿纸可能原本是用来抄写《杨园先生全集》的。潘道根抄书一般以行书抄写，《朱柏庐先生未刻稿》卷末偶有潘氏题识，如"道光壬寅（1842）仲冬廿四日灯下写此卷毕，饭香道根笔记，时年五十又五"[1]。潘道根的抄书速度较快，如他在咸丰五年（1855）抄写《违竽集》，从二月十三日到二月十四日，仅用两天即完成。[2]

[1]（清）朱用纯撰，（清）潘道根辑：《朱柏庐先生未刻稿》，《清代诗文集汇编》104，第244页。
[2]（清）潘道根著，罗瑛整理：《潘道根日记》（下），凤凰出版社2016年版，第458页。

第四章　书坊经营

第一节　书肆与书坊

一、书肆

清代苏州的书坊延续了明末的繁荣而略有衰退。书坊以营利为主要目的，具有明显的商业化特征。清代苏州城中的书坊主要有三个类别：其一是专门负责刻字的刻字铺，又称"局"，其营业范围是刊刻书籍，麾下聚集了一定数量的刻工，为出版者提供刻书服务，同时也印刷、销售书籍；其二是专门销售书籍的书肆，偶尔刊刻书籍；其三是专门出版书籍的书坊，同时销售和印刷书籍。这三类经营业态彼此关联，共同构成了清代苏州的书业。由于刻字铺的主要业务是刻字，因此，此处将其归入刻工的研究，而书坊和书肆则归入坊肆的研究。

清代的苏州可谓书肆云集，以至于清末学者叶德辉专门在《书林清话》中论述"吴门书坊之盛衰"。叶德辉根据的是黄丕烈的《士礼居藏书题跋记》。黄丕烈长期居住在苏州，因此，对于这些书肆非常熟悉。根据叶氏的统计，清代苏州的书坊主要有胥门经义斋胡鹤（字立群）、庙前（城隍庙）陶廷学子蕴辉、山塘萃古斋钱景凯、郡城学余堂、玄妙观前学山堂、府东敏求堂、玄妙观东闵师德堂、臬署前书坊玉照堂、臬署前文瑞堂、臬辕西中有堂、醋坊桥崇善堂、郡东王府基周姓墨古堂、阊门横街留耕堂、阊门书业堂、阊门文秀堂、金阊门外桐泾桥头芸芬堂、玄妙观前墨林居、紫阳阁朱秀成书坊、葑门大观局、遗经堂、酉山堂、本立堂、王府基书摊高姓、胡苇洲书肆，还有书友吕惟邦等人。

值得注意的是，叶氏还列举了苏州人在外地开设的书肆，如扬州艺古堂等。叶德辉认为这一时期的苏州"书肆之盛,比于京师"[1]。叶德辉所列举的主要是书肆,其中,属于书坊的如书业堂、文秀堂兼卖旧书。书肆的分布比较分散,主要集中在阊门附近和玄妙观附近。书肆的经营者有的具有较高的学识水平,如葑门的大观局是彭氏(号朗峰)和宋氏(号晓岩)联合开设的,两人都是诸生。萧山的李柯溪辞官后到苏州以贩书为业,甚至黄丕烈晚年也在玄妙观西开设滂喜园书籍铺。

关于清代苏州其他有名的书肆,我们可以通过一些史料得知其店主信息,如酉山堂主人为邵松岩(枕泉),以及韩应陛跋云"此书(注:蒋杲抄本《谢宣城诗集》)于咸丰七年(1857)八月得之苏州世经堂书友张姓"[2]。咸丰七年(1857)时,世经堂主人姓张;光绪十年(1884),有"抱经堂陈永和"[3],可见陈永和是光绪年间抱经堂的店主。

清代苏州著名的书肆有萃古斋,这是由钱听默开设的。"钱听默,湖州书估也,本苏州白堤人,设萃古斋书肆于城。……顾千里谓听默能视装订签题根脚上字,便知某家某人之物,每遇宋元精刻或名钞,辄盖一小印曰'白堤钱听默经眼'。"[4]钱听默对于书籍版本有着较强的鉴别能力,其与黄丕烈、顾广圻等苏州学者皆有交往。萃古斋主要销售书籍,清初处顺堂翻元刻本《诗人玉屑》,钤有"虎邱太子马头萃古斋书坊发兑印"[5]。萃古斋同时也刊刻书籍,如乾隆年间姑苏萃古斋出版了《说文解字》。萃古斋曾用汲古阁板片重印《中州集》《中州乐府》。更为特别的是,萃古斋还制作了一些抄本,这在清代苏州的坊肆中是很少见的,这便是有名的"萃古斋抄本"。可见钱氏的萃古斋是一个集销售书籍、刊刻书籍、抄写书籍于一体的书肆。

关于萃古斋及当时书肆的抄本,可以从清代苏州平民的学习典型钱近仁的经历中了解到更多的信息:"钱近仁,长洲人。其先世不可考,父母早丧,贫不能自存,寄食攻皮家,遂习其业。少长,与塾中儿游,渐能识

---

[1] 叶德辉著,漆永祥点校:《书林清话:外二种》卷九,北京联合出版公司2018年版,第310页。
[2] 邹百耐纂,石菲整理:《云间韩氏藏书题识汇录》,上海古籍出版社2013年版,第115页。
[3] (清)姚觐元著,董婧宸、董岑仕整理:《姚觐元日记》,凤凰出版社2022年版,第322页。
[4] 曹允源、李根源纂:《(民国)吴县志》卷七五,民国二十二年(1933)苏州文新公司铅印本,第47b页。
[5] 山东大学图书馆编撰:《山东大学图书馆古籍善本书目》,齐鲁书社2007年版,第444页。

字。工作外读书，日夜不辍。苦于无书，乃遍历书肆及古寺院，为之佣，不取值，因得借观群书。"[1]钱听默的萃古斋也抄写过《玉壶清话》等书。[2]这足以说明当时苏州的书肆和寺院都有抄书的需求，因此聘请抄工抄写。萃古斋正是当时苏州抄书的书肆之一。

与萃古斋齐名的是位于观前街的世经堂。其经营者是侯念椿，与钱听默一样，侯氏对于版本鉴别也有着很好的功底，"侯念椿，吴中书估，貌寝，身短而偻，人呼为侯驼子，设肆曰世经堂。多识簿录，旧钞旧刻，何年何人收藏，何省何处装订，写椠先后，题跋真赝，一见纸墨，辄能言之不爽。刘泖生辈皆与往还，搜遗猎忘，四方收藏家至吴门访古者，莫不造世经堂之肆"[3]。世经堂贩卖书籍，未抄写过书籍，但是偶尔出版书籍。

清代苏州书肆是藏书家经常光顾的地方，从中可以购买到珍稀的书籍。这在一些购书记录中有所反映。如孙原湘云："此本（注：《说文解字补义》）系张生伯元从张月霄假录副本，原本乃元时旧椠，月霄得之李氏书肆者也。"[4]这说明当时苏州的书肆很多是以人名来称呼的，而且能够买到元刻本等珍贵书籍。又比如，光绪年间，缪朝荃在苏州抱经堂书肆购买书籍："距今光绪己亥（二十五年，1899）已一百七十二年。余于苏州抱经堂书肆得之（注：《愿学斋文集》）。"[5]这是光绪年间在苏州书肆购买到抄本的记录，而且是清代苏州的抄本。又如"钟英谨案，此书（注：《吴江叶氏诗录》）向无刻本，余于前年在苏地某书肆得见此书抄本，如获至宝，遂购归珍藏"[6]。

苏州其他地区的书肆也偶见购书记录，如"仁和曹大经先生所刻《崇

---

[1]（清）宋如林修，（清）石韫玉纂：《（道光）苏州府志》卷一百四，道光年间刻本，第18b页。
[2]邓邦述撰，金晓东整理：《群碧楼善本书录：寒瘦山房鬻存善本书目》，上海古籍出版社2020年版，第534页。
[3]曹允源、李根源纂：《（民国）吴县志》卷七五，民国二十二年（1933）苏州文新公司铅印本，第47b-48a页。
[4]（清）孙原湘撰：《天真阁集》卷四三《跋说文解字补义》，嘉庆五年（1800）刻增修本，第11a页。
[5]（清）黄与坚撰：《愿学斋文集》卷首"附录"，娄东严瀛抄本（国图），第5b页。
[6]叶振宗辑，叶钟英补辑：《吴江叶氏诗录》卷四"兰潭公"（第二册），稿本（苏图），第11a页。

庆集》，合各种劝善书为一编，予（注：叶自庄）得之玉峰书肆"[1]。由此可见，昆山也有书肆，而且可以购买到杭州出版的善书。又如通过潘道根的日记可知，昆山有万元斋书坊。[2]

除了销售书籍，刊刻、抄写书籍外，书肆也有装订书籍的业务。这一点在太平军占领苏州的咸丰年间曾有记载，"余等自往安民局，将正册汇齐合成。有向在书肆者为之装订，因闻'赈济'二字，众皆踊跃。既成，诸人复将草底各片纸录作底册，不甚要紧矣。缮写诸人惟顾耕山茂才认识，可与叙谈。"[3]古籍的装订属于装裱的范畴，因此，装裱书籍应该是书肆普遍具备的业务。

清代的很多书肆都提供租赁的服务，苏州的书肆也不例外。乾隆年间苏州学者马学原的学习经历就与书肆租赁有关："马生学原，字抱和，又字天民。吴甘节里人也。年十五，来见余，执弟子礼。建昌吴照负人伦鉴，见而器之，许为黄叔度之亚也。生性恬颔，寡笑言，髫龀即嗜学，独不喜时文家言，每从书肆赁读，得异本即为钞藏，故于经传、子史、六书、音韵、金石、地志之书，靡不研覃通贯。"[4]租赁的原因与书价的昂贵、学者的贫困有关。苏州提供租赁的书籍也有"异本"，并不限制学者的抄写。

除了书肆、书坊外，苏州还有一类从事贩书的书贾，他们是专门负责销售书籍的。清代苏州比较有名的书贾有金顺甫等人。[5]他们与学者的关系更为密切。康熙年间吴县人黄中坚《补全通鉴纲目书后》中所记载的经历，足以说明书贾的神通广大。[6]书贾沈氏能够印刷到《通鉴纲目》的板片，来补全黄氏所缺。根据宋荦的《迎銮三纪》，康熙四十四年（1705）南巡，"驾幸苏州，驻跸行宫"，"命宋荦刻《御批资治通鉴纲目》"。[7]不能

---

[1]（清）叶自庄撰：《忆山书屋遗稿》之《跋闺门衍训后》，道光二十三年（1843）刻本，第42a页。

[2]（清）潘道根著，罗瑛整理：《潘道根日记》（上），凤凰出版社2016年版，第27、96页。

[3]（清）潘钟瑞著，尧育飞整理：《潘钟瑞日记》（上），凤凰出版社2019年版，第14页。

[4]（清）任兆麟撰：《有竹居集》卷十《马生学原墓志》，嘉庆二十四年（1819）两广节署刻本，第38a页。

[5] 周叔弢撰，赵嘉等标注：《弢翁古书经眼录标注》，上海古籍出版社2021年版，第62页。

[6] 黄中坚《补全通鉴纲目书后》："甲戌（康熙三十三年，1694）仲春，偶访之书贾沈姓者，竟得刷印，汇成全集。"[（清）黄中坚撰：《蓄斋集》卷十，康熙五十年（1711）黄氏棣华堂刻五十三年（1714）增修本，第10b页。]

[7] 张宝三：《美国芝加哥大学图书馆藏中文古籍善本书志·经部》，国家图书馆出版社2020年版，第735页。

确定的是书贾是否印刷的就是宋氏刻本。这类人员在黄丕烈的题跋中也被提及，他们一般采用上门销售等比较分散的经营方式。《知止斋诗集》中有《书估行（购求异书也）》云："春江三月书船开，《离骚》一篇酒一杯。"[1]

当然，有的书贾最后也会开店，如咸丰十一年（1861）王振声题识"今年有书贾列肆于周泾口，贩出城中残帙"[2]。可见这些书贾曾在周泾口开设书肆。有的书贾比较贫困，根据《丰备义仓全案四续编》的记载，姚子和从事书业，属于"贫民"，居住在"护龙街九十三号"。[3]

二、书坊

对于清代苏州书坊的数量，由于坊刻本众多，无法做到精确的统计，现根据版本上所见资料，整理成清代苏州书坊表（表4.1），主要包括刊刻、印刷书籍的书坊。

表4.1 清代苏州书坊表

年代及数量	书坊
顺治年间(4家)	大业堂、古吴三多斋、古吴郁郁堂、酉阳堂
康熙年间(25家)	怀颖堂、金阊存仁堂、金阊素政堂、金阊绿荫堂、步月楼、书业古讲堂、金阊文雅堂、金阊书业堂、金阊文业堂、苏州小西山房、姑苏三槐堂、宝翰楼、本立堂、嘉会堂、惟善堂、桐石山房、金阊同文堂、金阊同青堂、吴门书林、文越堂、文藻堂、文盛堂、天德堂、绿筠堂、观成堂
雍正年间(2家)	古吴越盛堂、怀新堂
乾隆年间(21家)	绿荫堂(金阊巽记)、金阊宝仁堂、金阊书业堂、金阊文宝堂、姑苏绿慎堂、金阊古讲堂、步月楼、留耕堂、文秀堂、函三堂、怀颖堂、学耕堂、文渊堂、文林堂、文粹堂、四美堂、扫叶山房、聚文堂、经锄堂、绿慎堂、金阊文业堂

[1]（清）翁心存撰：《知止斋诗集》卷二《书估行》，光绪三年（1877）刻本，第8b页。
[2] 江澄波：《古刻名抄经眼录》，北京联合出版公司2020年版，第9页。
[3] 潘灏芬辑：《长元吴丰备义仓全案四续编》卷五，民国六年（1917）刻本，第6a页。

续表

年代及数量	书坊
嘉庆年间（20家）	姑苏书北堂、姑苏来青阁春记、姑苏聚文堂、姑苏裕德坊、书业堂、苏州会文堂、金阊大业堂、金阊惟善堂、金阊经义堂、金阊留耕堂、姑苏裕德坊、金阊三槐堂、金阊函三堂、宝翰楼、东观阁、姑苏紫文阁、讲德堂、小酉山房、金阊拥万堂、裕文堂
道光年间（13家）	姑苏（金阊）经义堂、苏州文奎斋、书业堂、苏州会文堂、姑苏桐石山房、金阊步月楼、金阊三槐堂、金阊艺海堂、金阊传书斋、金阊富邺堂、扫叶山房、姑苏琴川阁、金阊绿荫堂
咸丰年间（5家）	金阊绿荫堂、桐石山房、来青阁、姑苏会文堂、苏州宝善堂
同治年间（15家）	姑苏书局、苏城传文斋、苏州绿荫堂、亦西斋、苏城麟玉山房、苏城得见斋、金阊小酉山房、姑苏怀德堂、扫叶山房、金阊同文堂、姑苏绿慎堂、桐石山房、苏州绿润堂、苏州纬文堂、金阊聚文堂
光绪年间（16家）	姑苏古香楼、姑苏崇德公所、姑苏来青阁、苏城玛瑙经房、开智书室、苏城江右同文公所、苏城怡文阁、苏州扫叶山房、苏州校经山房、苏州绿荫堂、苏城元妙观内得见斋、苏城内妙见阁、松下清斋、小酉山房、姑苏绿慎堂、大文堂

通过表4.1可以发现书坊经营的时代特征。我们没有统计到宣统年间书坊的相关信息。书坊数量较多的是康熙年间、乾隆年间、嘉庆年间、光绪年间四个时期，雍正、咸丰年间的书坊数量较之前代要少很多，其中如步月楼、扫叶山房、桐石山房等书坊的经营跨越多个时期。另外，道光十七年（1837）的一份《各书坊公禁淫书议单条约》恰好记载了当时苏州书坊的名称和数量，"书坊甚多，不及备载"，"计共书坊六十五号"。[1]六十五家应该包括卖书的书肆，文中列举的都是当时苏州最为重要的书坊，将其与统计表中的书坊对照后发现，酉山堂、兴贤堂、文渊堂、文林堂、三味堂五家书坊为现存版本所少见，可能有的属于书肆性质，而书业堂、桐石山房、步月楼、扫叶山房是这一时期最为重要的书坊。

明末已经营业的书坊如宝翰楼、绿荫堂、文盛堂、致和堂、同文堂、古吴郁郁堂、三槐堂王氏等，到了清代继续经营。金阊拥万堂到了清初还在刊刻书籍，顺治十七年（1660）刊刻了《明纪编年》；康熙三年（1664），拥万堂刊刻了王汝南的《治平通考会纂》。金阊大雅堂在万历年间就已经开始营业，在清初的时候重新印刷了刊刻于崇祯年间的《博物典

---

[1]（清）余治辑：《得壹录》卷十一，同治八年（1869）苏城得见斋刻本，第9b页。

汇》，直到康熙三十年（1691），金阊大雅堂还刊刻了《绘事备考》。这种延续最主要的体现就是书坊主后人对于堂号的继承，如清初的墨憨斋主人、山水邻主人都是冯梦龙的后人冯焴。[1]

对于那些从明代开始就已经营业的书坊来说，它们的优势在于可以印刷明代刊刻的板片。这些书坊到了清初还在营业，尽管可能已经易主，但是它们继承了明代遗留下来的板片。书坊的经营主要就是围绕板片展开的。古吴麟瑞堂是其中的典型案例，至少从万历年间开始，麟瑞堂就已经在苏州营业了。崇祯八年（1635），麟瑞堂刊刻了《新刻按鉴编纂开辟衍绎通俗志传》，到了清初，麟瑞堂又重新修板印刷。[2]这种修板体现出书籍在当时的受欢迎程度和书坊主的经营策略。

书坊可以通过购买板片来经营。对于那些有商业价值的板片，书坊会将其购买下来，这些板片一般有一定的年代，因此，书坊需要重新修板后再印刷。万历年间刊刻的《人子须知》在清初被苏州书坊文盛堂购得，并被重新修板后印刷发行。为了表明版权和引人注意，书名被改成了《重刊人子须知》，扉页也镌刻了"古吴文盛堂梓"[3]。又如书种堂，它也印刷过其他书坊刊刻的板片。《对类便读》的版权页有"程不匮先生编，叶简崖删订，苏州绿慎堂藏板"字样，版心下有"绿慎堂"字样，但是书中有"歙黄子明刻，书种堂藏板"字样。[4]可见这部书是绿慎堂刊刻的，而书种堂是得到板片后印刷的。

扫叶山房是清代苏州最为著名的书坊，其出版活动几乎涉及各个方面。要了解扫叶山房须先介绍席鉴。"席鉴，字玉照，藏书极富，于说部小集尤留心搜访。所刊书籍板心均有'扫叶山房'字。"[5]扫叶山房从创始之初就留意说部小集的出版。真正使扫叶山房成为书坊的则是席世臣，"席世臣，字邻哉，启寓玄孙，以商籍学生分校《四库全书》。乾隆丙午（五十一年，1786）赐举人。好古嗜学，家富藏书，所得善本多为梓行，尝刻宋辽金元别史，其友阮元序之。所刊书皆手自雠校，颜其室曰扫叶山房，刊

---

[1] 文革红：《清代前期通俗小说刊刻考论》，江西人民出版社2008年版，第48页。
[2] 俞冰：《齐如山百舍斋藏善本知见录：全二册》，国家图书馆出版社2017年版，第477页。
[3] （明）徐善继、徐善述撰：《重刊人子须知资孝地理心学统宗》，清古吴文盛堂刻本，扉页。
[4] （清）程锡类编：《对类便读》，清苏州绿慎堂刻本，扉页。
[5] （清）郑钟祥修，（清）庞鸿文纂：《（光绪）常昭合志稿》卷二十，光绪三十年（1904）木活字印本，第29a页。

板多有其字。后设书铺于苏州，即以所居室名之。子孙世仍其业（按：世臣先世由常熟徙居青浦之珠里，诸家书序、自序题名则均仍常熟籍云）。"[1]席世臣的扫叶山房是从常熟搬迁到苏州的，在苏州才正式设立店铺。扫叶山房在书业经营中特别重视板片的作用，以扩大自己的营业范围。扫叶山房出版过《千金方衍义》，版权页有"长洲张路玉著，扫叶山房藏版"字样，版心有"扫叶山房"字样，偶有"善成堂""五凤楼"[2]字样，这说明扫叶山房是修改板片后印刷的。

书业堂是除了扫叶山房外，名气最大的另一家书坊。《五代史》原先是汲古阁刊刻的，后来书业堂重新刊刻，书中有"古吴书业赵氏重镌"字样。这里提供了关于书业堂主人姓氏的重要信息。吴照《赵氏兄弟诗》云："然后各勤业，所业在诗书。雕镂广流布，通三江五湖。伯也手翻检，仲也捆载车。季也勤笔记，拮据忘朝哺。""然诺出肺腑，不以存殁殊。"注云："翁与浦二田交善，浦殁后，所镂书板为之流行，每岁计所值以归其子。三君遵行之。"[3]可见赵氏三兄弟分工合作经营书业堂。

咸丰年间的战乱，对苏州的书业造成了毁灭性的打击。从潘钟瑞的记载中可见当时书业的受破坏程度："余尝途遇一小长毛，年约十二三，手持袖珍书一套，镂版极精，上好棉纸，刷印装订亦工，楠木夹版袭之，彼特以为玩物，随便翻弄，时抛高而接取之，远堕涂泥，竟去不复顾。然则书之遭劫，甚矣！"[4]又比如"顾潮，字效韩，亭子头人。乾隆甲寅（五十九年，1794）举人，能古文。灏气流行，一以昌黎为圭则。家多书籍，虽经发逆，尚有遗存。（同治间出《礼器图考》求售，精细古质，连史纸本，长约尺六七寸，阔约尺余。）今散失无余。"[5]尤其是此前书业发达的阊门地区，在战乱后一度出现了书业萧条的局面。宣统元年（1909），兴化人李详在《与稽斋丛稿》的题跋中记载了同治年间苏州阊门贩书的景象："同治乙丑（四年，1865），先主簿君游苏州，时阊门内外冷摊骈集，所市皆残破书籍及零星什物

---

[1]（清）张镜寰修，丁祖荫纂：《重修常昭合志》卷二十，民国三十七年（1948）铅印本，第450a页。
[2]（唐）孙思邈撰，（清）张璐衍义：《千金方衍义》，清扫叶山房刻本，扉页。
[3]（清）吴照撰：《听雨斋诗集》卷九《赵氏兄弟诗：为书业堂赵裕尊敬尊南英兄弟作》，第7a-7b页。
[4]（清）潘钟瑞著，尧育飞整理：《潘钟瑞日记》（下），凤凰出版社2019年版，第716页。
[5]徐鬻先撰：《（民国）香山小志》"人物"，民国佛兰草堂抄本（苏图），第2b页。

而已。"[1]可见经过太平天国战乱，阊门地区的书业已经日趋萧条。

乾隆年间，苏州成立了由书坊组成的机构——崇德公所，这是当时的第一家书业组织。关于崇德公所，由于史料的缺乏，其具体的运营情况不甚明晰，只知道这个组织的运行一直持续到光绪年间。崇德公所不只是对苏州的书业有所管理，同时也出版书籍。光绪二十四年（1898）出版的《古文翼》有牌记"光绪戊戌（二十四年，1898）孟夏姑苏崇德公所重修"，版权页有"昆山唐介轩先生定本"字样，卷端题"海虞后学张承霖瑛如、钱宝汾仲孚、潘楣苑章、张承霓雨芗重校"。[2]这部书实际上在道光年间就已经出版了，崇德公所只是对原书的板片进行了修整。《古文翼》属于苏州的特色书籍，其编纂的起因是唐德宜"以坊刻古文鲜善本，悉心选录，成《古文翼》行世"[3]。因此，崇德公所出版《古文翼》恰好弥补了坊刻的不足。

崇德公所对一些书籍的出版进行了约束，但还是有书坊出版这些书籍。清代苏州书坊的出版物有的曾遭禁毁，比较有代表性的是《一夕话新集》版权页有"增订一夕话新集，金阊宝仁堂梓行"字样。卷一题"咄咄夫，嗤嗤子"，卷二题"咄咄夫偶拈"。[4]书中有笑话、谜语、酒令等，因涉及色情笑话而被禁。

另外，清代苏州还有一家崇德书院，在嘉庆六年（1801）出版过《新刻重校增补圆机活法诗学全书》。道光年间，崇德书院出版了《良朋汇集经验神方》。[5]崇德书院应该是崇德公所的别称，崇德书院出版的书籍数量

崇德公所刻书牌记

---

[1] 陈先行、郭立暄编著：《上海图书馆善本题跋辑录》，上海辞书出版社2017年版，第708页。
[2] （清）唐德宜编：《古文翼》，光绪二十四年（1898）崇德公所刻本，扉页、卷端。
[3] （清）金吴澜等修，（清）汪垄等纂：《（光绪）昆新两县续修合志》卷三一，光绪六年（1880）刻本，第17a页。
[4] （清）嗤嗤增订：《一夕话新集》，清金阊宝仁堂刻本，扉页、卷端。
[5] 《新刻重校增补圆机活法诗学全书》版权页有"嘉庆陆年（1801）仲冬镌，姑苏崇德书院重刊"字样；《良朋汇集经验神方》版权页有"道光甲申（四年，1824）冬镌，姑苏崇德书院梓行"字样。以"崇德书院"名义印刷的还有《种福堂公选良方》《重刻绣像说唐演义后传》（乾隆年间）、《飞龙传》（乾隆年间）、《四雪草堂重编隋唐演义》[乾隆五十八年（1793）]、《重刻褚石农坚瓠集》（清末）、《七家试帖辑注汇钞》[光绪六年（1880）]、《金匮心典》[光绪七年（1881）]、《尔雅注疏》[光绪九年（1883）]。这些书籍的出版时间从乾隆年间持续到光绪年间，但中间很少见到嘉庆年间至同治年间出版的书籍。从书籍的作者、种类上看，它们都具有苏州特色，应该也是苏州的崇德书院出版的。

较为可观,主要集中在乾隆和光绪年间,其他时间段(道光至同治年间)出版的书籍比较少见。《小题正鹄》有"姑苏崇德书院藏板"字样,《小题正鹄二集》有"李氏家塾课本,三馀堂藏板"字样。《小题正鹄三集》的版权页有"李氏家塾课本,文奎堂藏板"字样,有牌记"光绪丙戌年(十二年,1886)仲夏,姑苏崇德书院藏板"。[1]这部《小题正鹄》系列是作为李氏家塾的课本使用的,但实际上其使用范围并不仅限于李氏家塾,在当时的传播范围较广。从该书在苏州地区的藏板情况来看,藏板者各不相同,而且同时出现两位藏板者,其共同之处就是都出现了崇德书院,这说明这部书最早极有可能是由崇德书院刊刻的。崇德书院的经营持续到了光绪年间,其出版过《校订女四书笺注》,版权页有"光绪丁丑(三年,1877)刊于苏州崇德书院"[2]字样。光绪二年(1876)吴县潘遵祁的序言说:"坊友重谋剞劂,因为校正授之。"[3]这里透露出学者潘遵祁和书坊主有一定的交往,书坊主会邀请苏州的学者参与书籍的编纂等工作。

[1](清)李元庆编辑:《小题正鹄三集》,光绪三十二年(1906)崇德书院刻本,扉页。
[2](清)王相笺注:《校订女四书笺注》,光绪三年(1877)崇德书院刻本,扉页。
[3](清)王相笺注:《校订女四书笺注》"序",光绪三年(1877)崇德书院刻本,第1b页。

第二节　士人参与和书坊合作

一、士人参与

苏州书坊与士人的合作主要体现在两个方面：一是请士人撰稿，二是请士人承担编辑、校对的工作。稿源对于书坊来说至关重要，因此，书坊与士人保持着密切的联系。坊刻本的刻书识语一般都会提及书坊与士人的合作关系。

在稿源的获取方面，苏州书坊可谓不遗余力。书坊与学者保持着合作关系，书坊主会挑选那些值得出版的著作加以刊刻，而学者将自己的著作交给书坊刊刻也是非常普遍的。乾隆三十九年（1774）刊刻的《毛诗名物图说》，其作者是吴县人徐鼎。徐氏刊刻此书是由于"坊间请梓"[1]。也就是说，此书是由书坊刊行的。又比如，当时的书坊和诗人沈德潜也有合作，"会坊客屡请开雕，重却其意，因详加评炙，先以近时五科付之，名曰《卓雅》"[2]。可见当时的书坊主已经能够和上层士人打交道，邀请他们编纂、评点书籍。苏州的书坊和当地的官员也有联系，康熙二年（1663）吴门书林出版的《辟疆园杜诗注解》，是由苏州官员李壮出资刊刻的。[3] 康熙三十一年（1692），吴门书林还刊刻了《十种唐诗选》。

书坊出版的评点本更需要学者的参与。清初苏州评点之风盛行，评点者有金圣叹、毛纶、毛宗岗等人，其中最为有名的便是金圣叹评点的书

---

[1]（清）徐鼎撰：《毛诗名物图说》卷首《毛诗名物图说序》，乾隆三十九年（1774）刻本，第2b页。

[2]（清）沈德潜撰：《归愚文钞余集》卷三《卓雅集序》，《沈归愚诗文全集》，乾隆年间教忠堂刻本，第2b页。

[3] 李壮是任城人，在苏州任职。李壮序云："枣梨剞劂，余悉任焉"。[（清）顾宸注解：《辟疆园杜诗注解》"李序"，康熙二年（1663）吴门书林刻本，第5b页。]

籍，其中有的是应书坊主的要求评点的，如"刻王实甫《西厢》，应坊间请，止两月，皆从饮酒之隙，诸子迫促而成者也"[1]。金圣叹是清初苏州书坊的一块"金字招牌"，他评点的书籍在当时可谓风行海内。金圣叹的合作对象比较单一，他选择固定的一家书坊——贯华堂合作。正是因为这一选择，金圣叹的名字也就和贯华堂联系在了一起，贯华堂成了出版金圣叹评点本的权威。

贯华堂是位于阊门附近的一家书坊，其主人是韩住。金圣叹与贯华堂的合作始于明崇祯年间。[2]崇祯十四年（1641），金圣叹在《第五才子书施耐庵水浒传》的序言中说："吾既喜读《水浒》，十二岁便得贯华堂所藏古本。吾日夜手钞，谬自评释，历四五六七八月而其事方竣。即今此本是已。"[3]金圣叹以贯华堂的名义出版或批评的书籍还有《贯华堂选批唐才子诗甲集》《贯华堂评选杜诗》《贯华堂评论金云翘传》等。即使在金圣叹去世后，其著作在刊刻时仍冠以"贯华堂"的名号。赵时揖《贯华堂评选杜诗》序云："今岁客游吴门，询其故友，从邵悟非兰雪昆季暨金长文诸公处搜求遗稿，零星收辑，得若干篇，惧其久而湮也，亟授之梓。"[4]版心有"贯华堂真本"字样。可见当时所认定的"真本"正是贯华堂出版的。

随着金圣叹的去世，其评点的书籍在书坊中的出版似乎也有了阻力，从其最后评点的《天下才子必读书》来看，"间许其一出书成，即评《天下才子必读书》，将以完诸才子书。明年辛丑（顺治十八年，1661），《必读书》甫成，而圣叹挂吏议，故未有序。许诸子于囹圄中成之，未几，圣叹卒。诸子遂以无序书行。嗟乎，《天下才子必读书》，乃圣叹绝笔之书也。从此世不复见庄周、屈原、司马迁、杜甫四才子书矣。《必读书》，同学拮据刻之，兹周子雪客复刻之于白门"[5]。可见这部书是由其友朋捐资刊刻的，而后又在南京重刻。

当时刊刻金圣叹书籍的书坊，除了贯华堂外，还有四美堂、世德堂、

[1]（清）徐增撰：《九诰堂集》卷二八《天下才子必读书序》，《清代诗文集汇编》41，第367页。
[2]崇祯十四年（1641），韩住的贯华堂刊刻了《第五才子书水浒传》，扉页有"金阊贯华堂古本"字样。
[3]（元）施耐庵撰，（清）金人瑞评：《第五才子书施耐庵水浒传》卷一"序三"，清初刻本，第19b页。
[4]（清）赵时揖辑：《贯华堂评选杜诗》"序"，清刻本，第3b-4a页。
[5]（清）徐增撰：《九诰堂集》卷二八《天下才子必读书序》，《清代诗文集汇编》41，第367页。

书业堂等。清四美堂刻本《贯华堂第六才子书》，封面有"绣像真本，金圣叹先生批点，贯华堂第六才子书，四美堂梓"字样。[1]世德堂写刻本《贯华堂第六才子书》，封面有"圣叹先生评点，绣像第六才子书，世德堂藏板"[2]字样。此书又有金阊书业堂刻本。清初大魁堂刻本《四大奇书第一种》，清初毛宗岗评，封面有"金圣叹外书，毛声山评点三国志，绣像金批第一才子书，大魁堂藏版"[3]字样。乾隆十五年（1750）古吴三多斋刻本《贯华堂第六才子书》，封面有"绣像六才子书""圣叹先生评点""古吴三多斋梓""乾隆十五年（1750）新镌"字样。[4]金圣叹评点的书籍被当时的书坊争相出版，这足以说明其受欢迎的程度。但自始至终，与金圣叹合作的只有贯华堂，故而后来的书坊奉贯华堂本为正本。

书籍的刊刻与发行在雕版印刷时期是两个可以互相独立的环节。书坊与学者合作出版高质量的书籍，是其谋求发展的另一途径。书坊具有发行、销售的功能。康熙二十五年（1686），尤侗刊刻了《西堂诗文全集》，"坊人请以行世"[5]。这里所说的"请以行世"指的是由书坊印刷、销售。

宝翰楼的刊刻活动与周边地区的士人关系密切，如居住在梁溪的著名诗人顾贞观。平湖陆陇其的《四书大全》最先是在苏州刊刻的，扉页上镌有"嘉会堂藏板，宝翰楼梓行"[6]。康熙三十七年（1698），吴县的席永恂作为陆陇其的弟子在刊刻陆氏著作时"详加较定，捐资寿梓"[7]。陆氏的门人，太仓王前席则在序言中说："与秉蘅及伯氏汉翼重加校订，授诸书林。"[8]这里所说的书林，指的正是宝翰楼。门人席永恂、候铨、王前席

---

[1] 俞冰：《齐如山百舍斋藏善本知见录：全二册》，国家图书馆出版社2017年版，第391页。
[2] 白撞雨：《翕居读书录》，石油工业出版社2009年版，第135页。
[3] 俞冰：《齐如山百舍斋藏善本知见录：全二册》，国家图书馆出版社2017年版，第112页。
[4] 范邦瑾编著：《美国国会图书馆藏中文善本书续录》，上海古籍出版社2011年版，第365页。
[5] 李文洁：《美国芝加哥大学图书馆藏中文古籍善本书志·丛部》，国家图书馆出版社2020年版，第271页。按：坊人即书坊主，书坊主能够接触到尤侗这样的学者，表明了这一时期学者与书坊之间的关系和书坊的发行职能。
[6] 仇兆鳌《序》云："初刻于吴门，草本多所脱漏"，"重梓西浙"。沈津疑此本非刻于浙江，或许是书林据康熙四十一年（1702）陆氏刻本重镌的。[沈津主编：《美国哈佛大学哈佛燕京图书馆藏中文善本书志》1，广西师范大学出版社2011年版，第181页。]
[7] （宋）朱熹撰，（清）陆陇其纂辑：《四书大全》"席序"，康熙三十七年（1698）吴县席永恂太仓王前席刻本，第3b页。
[8] （宋）朱熹撰，（清）陆陇其纂辑：《四书大全》"王序"，康熙三十七年（1698）吴县席永恂太仓王前席刻本，第4a页。

三人主持了刊刻工作。康熙十七年（1678），宛陵的胡适佺在《四书体朱正宗约解序》中说："丁巳（康熙十六年，1677）春，金阊宝翰楼沈良玉，彬雅识时，慕道甚殷，请稿若渴，因与同乡著作哲士陈子滨人商订，共成此卷。"［1］值得注意的是，胡氏的序言写于金阊的宝翰楼。除此之外，宝翰楼在清初还为顾氏刊刻了《唐诗英华》。［2］

绿荫堂是活跃于康熙、乾隆年间的苏州书坊。康熙年间，绿荫堂出版了由聂先、曾王孙辑录的《百名家词钞》一百卷，扉页上有"金阊绿荫堂梓"字样，印有"征刻名媛词钞，瑶璋恳赐并发"的广告。［3］这则广告主要是征求名媛的词集，而绿荫堂为其刊刻发行。这次征求词集的活动伴随着刊刻，因此在"百名家词钞总目"的"初集六十名家"下有"随到随刻，未及次序"字样。［4］聂先在《例言》中也说："钞百名家词，而实不限以百家者，盖人各一集，便于单本独行，不妨随到随梓，随时随地，皆可刷印问世，次序后先，所不之论。"［5］这是聂先与绿荫堂的一次合作，合作的形式是向全国征集词集，随时刊刻。

从地域的角度看，由于吴县、长洲书坊的集中，吴江、昆山等地的作者也来这里刊刻。绿荫堂书坊在康熙七年（1668）和顾有孝、赵沄合作，出版了《江左三大家诗钞》，扉页有"绿荫堂梓"［6］字样。这在清初书坊纷纷出版小说、举业书的氛围中显得格外特殊。这部书是由吴江人顾有孝、赵沄编辑的，交给位于金阊的绿荫堂出版。这样的做法确实有其合理之处，正如顾有孝在《江左三大家诗钞叙》中所说："因与赵子山子谋付剞

---

［1］（清）胡士佺、陈涧辑：《四书体朱正宗约解》，康熙三十年（1691）宝翰楼刻本，第5a-5b页。可见此书的写作与宝翰楼主人沈良玉有着直接的关系，可谓是应沈氏约稿而写的。
［2］清初顾氏刻本《唐诗英华》扉页刻有"唐诗英华。吴江顾茂伦先生选。吴郡宝翰楼"。［沈津主编：《美国哈佛大学哈佛燕京图书馆藏中文善本书志》5，广西师范大学出版社2011年版，第2092页。］
［3］（清）聂先、曾王孙辑：《百名家词钞》，清金阊绿荫堂刻本，扉页。
［4］（清）聂先、曾王孙辑：《百名家词钞》，清金阊绿荫堂刻本，目录。
［5］（清）聂先、曾王孙辑：《百名家词钞》"例言"，清金阊绿荫堂刊本，第2b页。
［6］赵沄《凡例》云："天下钜公，屈指不下数家，将嗣辑以问世。""茂伦刻《骊珠集》成，近世能诗之家网罗无遗已。然编帙浩繁，每人不过三四首，以为未尽，复有《百名家英华》之选，既而又思三家之诗，《英华》未备也，故复为是刻。""宋子既庭与顾子茂伦即日有《三大家文钞》之刻，是刻特其先声。"［（清）顾有孝、赵沄编：《江左三大家诗钞》"凡例"，康熙七年（1668）金阊绿荫堂刊本，第1a-2a页。］

氏，传布通都大邑。"[1]借助于金阊绿荫堂的名气和所处的优越位置，确实可以促进书籍的广泛传播。

金坛人曹煜在康熙年间出版了《绣虎轩尺牍》，他在凡例中说："不佞原无灾木之意，因在娄江学舍，诸子相劝，偶出次集若干卷，为书林许子所梓。"[2]曹煜的著作是由金阊书林传万堂刊刻的，根据凡例所说，传万堂应该就是许姓书商所开的书坊。此时的曹氏身处娄江，也就是说需要将书籍拿到吴县或长洲出版。

丹阳学者姜文灿、吴荃与苏州的书坊保持着跨地域的联系。早在康熙二十三年（1684），他们就和书坊联合，出版了《诗经正解》。版心标注的"深柳堂"既表明了书籍的权威性，也是二人授权给书坊的标志。为了表明书籍的权威性，扉页上还有"侍御许青屿先生鉴定"[3]字样。根据葛筠的序言，此书是应坊客之请而编写的，"坊客"指的是童仲旭诸人，即出资刊刻此书的书坊业者。

书坊在书籍编辑成书过程中发挥了重要作用，他们会根据读者需求、市场行情等要求作者进行修订。康熙五十七年（1718），李沛霖刊刻《四书诸儒辑要》，他在序言中说："方议加增，而世之学者已苦其繁，惧其检阅之未便而购买之资费也。书贾力请芟削，益以总论序说为初学简易之门。"[4]这里所说的书贾正是三乐斋书坊，三乐斋请李氏删改此书作为初学者的门径，以更适应读者的需求，从而增加销量。乾隆三年（1738），三乐斋重刻此书，陈起鲲序云："适坊友过我，持《辑要》一书，属之增订。"[5]

举业书是清代书坊中的重点出版品，其编纂和来源依赖学者。尤其是对于科举范文的出版，更是需要书坊的主动出击。因此，对于当时炙手可热的范文，书坊也会花心思求购。一个典型的案例是章在兹，其经历反映

---

［1］（清）顾有孝、赵沄编：《江左三大家诗钞》"顾序"，康熙七年（1668）金阊绿荫堂刊本，第2a页。
［2］（清）曹煜撰，（清）许旭校订：《绣虎轩尺牍》"凡例"，康熙十七年（1678）传万堂刻本，第1b页。
［3］（清）吴荃、姜文灿辑订：《诗经正解》，康熙二十三年（1684）深柳堂刻本，扉页。
［4］（清）李沛霖参订：《四书诸儒辑要》卷首《四书诸儒辑要序》，康熙五十七年（1718）三乐斋刻本，第6a页。
［5］扉页有"三乐斋梓行，乾隆五年（1740）重镌"字样，钤有"三乐斋藏书"印。［（清）李沛霖参订：《四书诸儒辑要》"叙"，乾隆五年（1740）三乐斋重刻本，第2a页。］

了清代书坊举业书出版过程中的细节:"国朝辛卯(顺治八年,1651)、壬辰(顺治九年,1652)以后,清音选本行天下。每行卷房书出,各省贾人先纳直。坊间必待清音乃去。坊人具币聘,盛供给如待神明。有时序文既发,偶为婢仆所留,必厚馈剧谦而后得。选家之盛,自周介生、范文白以来,未有及清音者也。然在兹久困诸生,丁酉(顺治十四年,1657)始中副榜。"[1]由此可见,各省的书坊主对于吴县诸生章在兹的房书都非常关注,而且会专门求购。书坊会笼络学者求购范文,而且还会通过学者家中的奴仆等获取。因此,科举范文的出版来自学者的主动编纂或者书坊的求购,而且有的范文并不一定在本地区出版,也有可能被其他省的书坊主买去出版。

关于学者与书坊之间的联系,我们可以从何焯的书信中了解到:

> 前此刻诗文者皆受累,不无过虑耳,试质之老师,如不妨,则会场商之未晚。阊门近日火灾,宝翰楼书铺又烧去,坊间聘选,绝无其事,即无此亦萧索不堪,聘书事绝响矣。还当以学徒中求其人,书既流通,自有板头旧例,可渐助膏火也。……老师前稿久已刻完,而刷匠皆为扬州书局唤去,此时留家者甚不济,容俟续寄也。尊府族谱先刷到绵纸,已装十册;竹纸未装二十册,无好刷印匠,故不能十分如意也。板且付使者带去,块数不多,要再刷甚易也。二兄窗稿,沈店至今不出,使者往催三四次,竟不及待其完而后去,殊是可恨,患不知人,作付去无益,留弟案上。[2]

这段资料所提供的信息极为丰富:康熙年间阊门的大火将著名的书坊宝翰楼焚毁;何焯在书信中澄清,其与书坊并不是聘请的关系;苏州的刷印匠曾被扬州书局召去印刷;何焯在找刻字店刊刻书籍的时候遇到了店主拖延时间的情况。这些细节对于了解当时学者在出版中所扮演的角色至关重要,何焯在书信中所呈现的基本上是亲力亲为的形象,友朋也会托何氏在苏州刊刻家谱,刊刻好的家谱用棉纸和竹纸分别印刷。

根据何焯写给友人的信札,康熙年间苏州的书坊出现过一次危机。这

---

[1] (清)江之炜等纂修,(清)沈德潜等总裁:《(乾隆)元和县志》卷二四,乾隆五年(1740)刻本,第29b页。

[2] (清)何焯撰:《义门先生集》卷四《与友人书》,道光三十年(1850)姑苏刻本,第24a-24b页。

次危机与房书的过时有关。"吴下书坊,尽归穷饿,况房书已非其时,《鸣玉》决无刻理。闻之,欲商之当事。此公自来一毛不拔,以表其清,即使应承,亦归于写不成写、板不成板,如盲词唱本而后已。仆计此书一出,可以略挽风气,亦劝蒋子遵出赀刊刻,已于昨初三日发样,岁内必告成也。"[1] 由此可见,出版举业书,首先是找书坊出版,如果书坊不出版,则求助于官府,如果这两条路都走不通,就只能找人资助出版。这反映了康熙年间举业书出版所面临的困境,而资金短缺导致苏州书坊在举业书出版方面并不活跃。

何焯在康熙年间举业书的出版中扮演了重要角色。何焯在《与友人书》中介绍了《小题选》的出版情况:"弟《小题选》,岁内仅可刻成二百余首,必至来春始竣,即使刻完,亦必待老师诸文以为一集之心官元首,庶几使初学小生即窥寻六经风味也。凡有已订定者,专望二哥陆续付亮直处寄下。因刻工好手不过刘旭如一人,随到随刻,方足倚办也。……房书亦至来春方竣,学院科考必发行,当在弟《小题选》之前。小选有待,此无所待也。"[2] 这充分说明了何焯在编辑《小题选》中所做的具体工作。为何氏刻书的刻工是刘旭如,何氏对其刻书能力比较有信心。刊刻采用的是随到随刻的方式,而且书信中提及房书的出版,暗示其与何氏刻书构成竞争关系。

尽管何焯自称并未接受书坊的聘选,他的名气却通过书坊刊刻的书籍而得到提升。这与何氏早年的经历有关:"公少尝选定坊社时文以行世,是以薄海之内,五尺童子皆道之,而不知其为刘道原、洪野庐一辈,及其晚岁,益有见于儒者之大原。"[3] 何焯早年编纂的选本在当时非常流行。书坊在版权页上一般标注名人鉴定之类的,但是这些鉴定者有的并未实际参与书籍的编纂。这一风气在康熙至乾隆年间最为流行。根据后来学者的论述,"清康雍、乾嘉刻书必标题'某中丞鉴定'以示尊重"[4]。

学者对于举业书的编纂也有自己的想法,对于坊间的举业书并不全是认同。乾隆年间的吴江学者王元文认为,"窃见近日选家不出坊间,所刻制

---

[1] (清)何焯撰:《义门先生集》卷三《与徐亮直》,道光三十年(1850)刻本,第16b-17a页。
[2] (清)何焯撰:《义门先生集》卷五《与友人书》,道光三十年(1850)刻本,第1b页。
[3] (清)何焯撰:《义门先生集》"附录",道光三十年(1850)刻本,第8b页。
[4] 叶启发撰:《华鄂堂读书小识》,《二叶书录》,上海古籍出版社2014年版,第212页。

义简陋冗杂,大远前辈,后生肄业,无所准则"[1]。"至于近日,专趋苟简,坊间所刻,篇数太寡,所取又杂。"[2]针对这种局面,他提出了自己的设想:"取其精者约有一千五百余篇,分作六编,加以评注,行将次第付梓。讫后又将取《左》《国》《史》《汉》《文选》、唐宋诸家、《通鉴》《通考》诸书及汉魏至国朝诸家诗集,掇其菁英为简要本,以便学者诵习。欲于此后一二十年间为之。……思欲出箧中所藏,或能救正其一二。现在谋先刻《先正小题文》一编,其资取之前两年束修所余,不派及学侣。刻成后印行,倘有所赢,将省来岁束修以刻第二编。蝉联而下,希冀数年间六编悉刻。若果能六编悉刻行世,取其赢以刻书,谅亦无难。"[3]王元文的设想是用刊刻举业书的盈利所得来持续刊刻。他对举业书的出版有着自己的长远规划,即选取那些经典书籍中的篇章编纂成选本,以供读者研习。王氏所说的"先正",指的是当地的学者,这些学者的科举范文是具有苏州地域特色的选本。"先正小题文选,向有何义门《行远集》、汪遄喜《必自集》、王已山《课塾分编集》上,其于义法,详哉其言之。洵文章之正涂,初学发轫之藉也。他若陆清献、储在陆、黄际飞之本,皆为名选,各有绪论可采。而汪、王本行世最盛。原本漫漶已久,坊间屡刻,鲁鱼亥豕,其讹不一,承学之士苦焉。"[4]此序言里所列举的都是苏州当时富有特色的举业书。

二、书坊合作

如果说与士人合作是为了保证稿源和刊刻的质量,那么书坊之间的合作则是为了扩大出版的影响力。苏州书坊之间的合作在清代书坊的出版中显得格外突出,这源于苏州独特的出版生态。书坊合作的形式,主要有以

---

[1] （清）王元文撰：《北溪文稿》卷上《上方伯朗甫陆公书》，嘉庆十七年（1812）刻本，第28b页。
[2] （清）王元文撰：《北溪文稿》卷下《国朝小题文敬业编序》，嘉庆十七年（1812）刻本，第5b页。
[3] （清）王元文撰：《北溪文稿》卷上《上方伯朗甫陆公书》，嘉庆十七年（1812）刻本，第28b页。
[4] （清）王元文撰：《北溪诗文集》卷下《先正小题文敬业编序》，嘉庆十七年（1812）刻本，第1a页。

下三种。

1. 合作刊刻

这种合作方式主要体现在刊刻时将书籍分成两部分，书坊各自刊刻后合作印刷出版。

尽管是苏州地区书坊之间的合作，但是在合作的关系上似乎又划分出明显的阵营，主要有以"古吴"冠名的书坊（古吴派）和以"金阊"冠名的书坊（金阊派）。因此，我们看到书坊合作刊刻的时候表现出冠名的统一性。雍正三年（1725）刊刻的《李卓吾先生批评三国志》，扉页题"雍正乙巳（三年，1725）夏镌，李卓吾先生评，新订绣像三国志，古吴三槐堂、三乐斋、三才堂藏板"[1]。由此可见，这是当时古吴派书坊三槐堂、三乐斋、三才堂联合进行的一次刊刻活动。这种以地理划分出的阵营表现出苏州书坊在经营规模上的庞大，而且值得注意的是，从这三个书坊的命名上看，都是以"三"起首的，这更能表明他们之间存在着某种关联。

苏州书坊之间的合作表现在一起刊刻书籍上，如由苏州的书坊聚秀堂、光裕堂联合出版的《四书合参析疑》，扉页上题"古吴聚秀堂、光裕堂梓行""两大督学先生鉴定"[2]。尽管是两家书坊合作，版心上却只镌"聚秀堂"，这表明聚秀堂很有可能是这次出版活动的主导方。另外，致和堂和文盛堂都是康熙年间苏州有名的书坊，二者之间的合作形式多样，如在康熙二十五年（1686），文盛堂、致和堂合刊了《历朝赋楷》。

康熙二十九年（1690）孝友堂、赠言堂刻本《深柳堂汇辑书经大全正解》《深柳堂禹贡增删集注正解读本》，版心下刻"深柳堂"，扉页刻"尚书正解，丹阳吴荃荪右汇辑，冯朱两太史鉴定"。深柳堂是编纂者吴荃的室名。"《尚书》讲义，坊刻虽多，佳编绝少，本坊敦请先生参详同异，斟酌简繁，如集腋以为裘，似炼花而成蜜，通材见此，当令神智倍增；初学读之，不患疑团未释，诚说经之宝鉴，亦制义之金针也，识者见诸。金阊孝友、赠言堂梓行。"[3]这里提及金阊的孝友堂和赠言堂联合出版的举业书。而编者吴荃的凡例第一则记载了刊印始末："余年来键关萧寺，授徒糊

---

[1]（明）罗贯中撰，（明）李贽评：《李卓吾先生批评三国志》，雍正三年（1725）刻本，扉页。
[2] 张宝三：《美国芝加哥大学图书馆藏中文古籍善本书志·经部》，国家图书馆出版社2020年版，第612页。
[3] 沈津：《伏枥集》，广西师范大学出版社2019年版，第302、304页。

口……惟壁经为余专业，钩纂讨论，颇具苦心。坊客因《四书》一刻，谬为同人许可，力请是编问世。辞之不获，遂录付剞劂。"[1]这说明在此前吴氏就和金阊的书坊合作过。值得注意的是，吴氏并非居住在苏州，这也反映了苏州书坊到外地寻找书籍出版的情况。孝友堂和赠言堂联合出版的动机是什么？它们是如何分工的？关于这些问题，没有找到更为直接的证据。

苏州书坊之间的合作在康熙、乾隆年间最为常见，《听璎堂新选四六全书》内封有"康熙甲子（二十三年，1684）新编，吴门黄静御先生评释，一集仕林启隽，一集翰苑英华。金阊绿荫堂、文雅堂、宝翰楼梓"[2]字样。康熙三十年（1691）金阊大雅堂、五雅堂刻本《绘事备考》，扉页刻"绘事备考。三韩王星聚先生纂定。金阊大雅、五雅堂梓行"。[3]乾隆十七年（1752），苏州的书业堂和怀颖堂联合刊刻了《金批第一才子书》，版权页有"乾隆壬申年（十七年，1752）新镌，毛声山评三国志、金批第一才子书，姑苏书业堂、怀颖堂梓"[4]字样。

康熙二十三年（1684）刻本
《听璎堂新选四六全书》书影

乾隆十七年（1752）刻本
《金批第一才子书》书影

[1] 沈津：《伏枥集》，广西师范大学出版社2019年版，第303页。
[2] （清）黄始辑：《听璎堂新选四六全书》，康熙二十三年（1684）金阊绿荫堂、文雅堂、宝翰楼刻本，扉页。
[3] 沈津主编：《美国哈佛大学哈佛燕京图书馆藏中文善本书志》3，广西师范大学出版社2011年版，第1039页。
[4] （明）罗贯中撰，（清）毛宗岗评：《金批第一才子书》，乾隆十七年（1752）姑苏书业堂、怀颖堂刻本，扉页。

冠名"金阊"的书坊之间也有合作。康熙十八年（1679）刊刻的清代邹漪的《启祯野乘二集》，扉页有"金阊存仁堂、素政堂梓"[1]字样。存仁堂、素政堂的合作方式主要是分工刊刻。乾隆年间刊刻的《学耕五经》，扉页有"悉遵宋刊，点画无讹""金阊绿荫堂梓行"字样；《春秋》扉页有"金阊宝翰楼梓行"字样，卷三十末有"康熙戊子（四十七年，1708）孟冬日云间敬业堂华氏新镌"字样；《礼记》扉页有"金阊绿荫堂梓行"字样，卷末有"康熙戊寅（三十七年，1698）仲春日文靖公十九世孙李灿章重镌"字样。[2]由此可知，这些是由绿荫堂主持刊刻，而和宝翰楼合作刊刻完成的。绿荫堂和宝翰楼都是金阊派书坊。

2. 刊发分工

这种合作方式的含义是一方负责刊刻，另一方负责印刷和发行。以康熙年间的致和堂和文盛堂为例，清初致和堂负责刊刻《新刻出像点板时尚昆腔杂曲醉怡情》，而文盛堂则负责"发兑"。[3]

绿荫堂和上海的文瑞楼的合作体现了这种分工。苏州城里存在着板片的流通，谢文翰斋刻字铺刊刻的《伤寒论翼》的板片后来被同在苏州的绿荫堂获得，绿荫堂联合上海的文瑞楼一起印刷了这部书，其版权页有"苏州绿荫堂藏版，上海文瑞楼发行"[4]字样。绿荫堂和文瑞楼的合作还有《外科医案汇编》，版权页有"苏州绿荫堂藏版，上海文瑞楼发行"[5]字样。

绿荫堂与文瑞楼合作的书籍还有《温热经纬》，版权页有"苏州绿荫堂藏版，上海文瑞楼发行"字样，钤有"苏州绿荫堂福记精造书籍章"，版心下还有"绿荫堂"字样。这部书的印刷时间是在光绪年间，卷中有"苏城郡庙东首谢文翰斋刊印"[6]字样。为何绿荫堂要联合上海的文瑞楼呢？这

[1]（清）邹漪撰：《启祯野乘二集》，康熙十八年（1679）书林存仁堂、素政堂刻本，扉页。文革红认为天花藏主人即素政堂主人。明万历年间，金阊存仁堂陈怀轩刊刻《杜骗新书》，清初刻本《新镌批评绣像秘本定情人》，序题"素政堂主人题于天花藏"。（王重民撰：《中国善本书提要》，上海古籍出版社1983年版，第403页。）
[2] 沈津主编：《美国哈佛大学哈佛燕京图书馆藏中文善本书志》1，广西师范大学出版社2011年版，第15页。
[3]（清）柯琴撰：《伤寒论翼》，清苏州绿荫堂刻本，扉页。
[4]（清）菰芦钓叟编：《新刻出像点板时尚昆腔杂曲醉怡情》，清古吴致和堂刻本，扉页。
[5]（清）余景和编辑：《外科医案汇编》，清苏州绿荫堂刻本，扉页。
[6] 按：现存的一部《温热经纬》钤有"宁波又新街大西山房印造流通"，说明绿荫堂和宁波的书坊也有合作。[（清）王士雄撰：《温热经纬》，清苏州绿荫堂刻本，扉页、卷末。]

里的"发行"二字有着更为深刻的内涵，即借助文瑞楼在上海的地域优势开拓市场，增加销量。这种合作方式是板片由绿荫堂收藏，而发行的事务则由上海的文瑞楼负责，与之前《春秋左传》的印刷正好相反。

从现存的版本来看，绿荫堂福记的书业活动十分活跃。和上海的文瑞楼合作的主要就是福记，现存的《伤寒论释义》版权页上有"宣统元年（1909）孟春上海文瑞楼藏"[1]字样，钤有福记的印章。光绪十三年（1887）刊刻的《诗古微》版权页有"光绪丁亥（十三年，1887）重镌，梁溪浦氏藏版"[2]字样，也钤有福记的印章。可见此书是福记从梁溪印刷后带回苏州销售的。从时间点上看，至少到光绪十三年（1887），福记都还在经营。这与鉴记的时间有所重合，这就说明福记和鉴记在光绪年间是并存的，是绿荫堂的两家字号。

苏州的振新书社和上海的文瑞楼之间的合作在民国年间最为频繁，其中的代表如《唐才子诗集》的版权页上虽然有"苏州振新书社石印"[3]字样，但是书函的书签是"上海棋盘街文瑞楼印行"。

振新书社和文瑞楼之间的合作远不止此，现存的另一部《古文观止》版权页镌有"光绪戊申年（三十四年，1908）春三月苏城振新书社藏板"，钤有"苏州观西振新书社督造书籍"章，版心下仍镌有"文瑞楼"。[4]可见振新书社还得到过文瑞楼的板片来继续印刷。振新书社自己藏板印刷的书籍会钤有"苏州观西振新书社督造书籍"，如《卫生要术》的版权页有"苏州振新书社藏板"[5]字样，也钤有印章[6]。振新书社与上海书业合作出版的还有《骈体文钞》，这部书的版权页有"光绪壬午（八年，1882）刻于沪上"字样，钤有"苏州观西振新书社督造书籍"。[7]振新书社也会在用他人板片印刷的书籍上钤印，如《词选》的版权页有"同治十一年（1872）冬，会稽章氏重刊"字样，钤有"苏州观西振新书社督造书

---

[1]（清）李纘文撰：《伤寒论释义》，宣统元年（1909）文瑞楼刻本，扉页。
[2]（清）魏源撰：《诗古微》，光绪十三年（1887）刻本，扉页。
[3]（清）金人瑞选批：《唐才子诗集》，宣统年间苏州振新书社石印本，扉页。
[4]（清）吴乘权、吴大职辑：《古文观止》，光绪三十四年（1908）振新书社印本，扉页。
[5]（清）潘霨辑：《卫生要术》，咸丰八年（1858）刻民国苏州振新书社印本，扉页。
[6] 这种在书籍上钤印的形式在清末的苏州书坊中颇为流行，其表述一般都是"某某督造书籍"。除了振新书社外，绿荫堂、扫叶山房等书坊也会钤印。
[7] 另一部的版权页上有"光绪戊申（三十四年，1908）苏州振新书社藏版"字样。

籍"。[1]不管振新书社是得到板片后印刷的还是让他人代为印刷的，抑或是销售已经印刷好的书籍，可以确定的是板片并不是振新书社自己刊刻的。而书籍具体的印刷时间也并不一定是在同治年间。

  苏州的振新书社和上海的朝记书庄也有过合作。它们在民国十年（1921）的时候联合发行了《编目右台仙馆笔记》，其版权页有"上海朝记书庄、苏州振新书社发行"[2]字样。这部书初版于宣统二年（1910）十月，但是并不清楚此时的振新书社是否和上海的朝记书庄有合作。从民国十年（1921）的版权页来看，印刷者是位于上海四马路的朝记书庄，而发行所则是位于苏州观前街的振新书社和位于上海四马路的朝记书庄。另外，《缪篆分韵》《汉隶字源》版权页所标记的发行者是苏州振新书社，而发行所则有上海苏新书社、上海扫叶山房、上海西泠印社。又如，《戴南山文钞》《方望溪文钞》的版权页有"苏州振新书社发行"[3]字样，其所标记的总发行所是苏州观前街振新书社，而分发行所则有南京天一书局、上海徐家汇苏新书社。可见振新书社合作的范围较之清末逐渐扩大。

  振新书社和文学山房也有合作，《语石》的版权页有"发行所苏州护龙街文学山房"[4]字样。也就是说文学山房是发行者，而根据卷末的"苏城徐元圃子稚圃刻印"，这部书应该是徐氏为振新书社刊刻的。因此，文学山房是用振新书社的板片印刷的。

  3. 跨地域合作

  清代苏州书坊跨地域寻求合作，是其寻求突破的一个表现。这种合作能够为书坊的发展带来新的生机。这些书坊所跨的地域，近的有杭州、南京，远的则有泉州等地。

  跨地域合作的体现就是分号的开设。尽管在研究中将那些没有体现刊刻地点在苏州的书坊排除在外，但有的还是存在一定的疑问。有学者怀疑，康熙年间苏州的书坊聚锦堂，与同一时期南京的聚锦堂可能是一家。但由于聚锦堂的名号过于常见，我们很难确定它们之间是否存在关联。又

---

[1]（清）张惠言辑：《词选》，同治十一年（1872）刻苏州振新书社印本，扉页。
[2]（清）俞樾撰：《编目右台仙馆笔记》，民国十年（1921）刻本，扉页。
[3]（清）戴名世撰：《戴南山文钞》宣统二年（1910）铅印本，扉页；（清）方苞撰：《方望溪文钞》，宣统二年（1910）铅印本，扉页。
[4]（清）叶昌炽撰：《语石》，宣统元年（1909）刻本，扉页。

如，宝仁堂在康熙年间刊刻了《六书分类》，我们也不能确定此宝仁堂就是苏州的宝仁堂。再如苏州书坊三槐堂，海虞书坊三槐堂主人在天启年间刊刻了《侯鲭录》《雷公炮制药性解》，我们很难证明海虞的三槐堂与之是同一家书坊。唯一可以确定的是，书坊三多斋是金陵书坊三多斋在苏州开设的分号。

这种跨地域合作一直延续到清代，雍正十二年（1734）刊刻的《官板大字全像批评三国志》扉页镌有"郁郁堂、郁文堂梓"[1]。郁郁堂是苏州的书坊，而郁文堂是泉州的书坊。这是两家书坊之间的一次跨地域合作。[2] 郁郁堂与福建书坊的合作可以在《习医规格》的刊刻上再一次得到印证，尽管王重民先生怀疑其是翻刻本或是用建宁年间版本印刷的[3]，但郁郁堂与福建书坊之间有联系是事实。泉州的刊刻风格和书籍内容为苏州书坊的发展带来了新的风尚，在市场上也很容易引起读者的注意。

---

[1] （明）罗贯中撰，（清）金人瑞，（清）毛宗岗批点，（清）李渔评阅：《官板大字全像批评三国志》，雍正十二年（1734）郁郁堂、郁文堂刻本，扉页。
[2] 关于这次合作，一般认为书籍是在苏州刊刻的，其具体的运作机制尚待进一步考察。
[3] 《习医规格》扉页题"古吴郁郁堂藏板"，根据明崇祯年间刊刻的《三种秘窍全书》，郁郁堂的名号在崇祯年间就已经有了，尽管扉页上有"郁郁堂王公行梓行"字样，但是由于其并未标明具体的地点，因此不能确定是否就是后来苏州的郁郁堂。

第三节　书坊经营策略

一、书坊印章与销售

现存的清代苏州书坊销售的书籍上钤有一定数量的印章，这些印章在一定程度上反映了书坊与书籍之间的关系，这些印章主要分为两类：带有"发兑"字样的印章、带有"精造书籍"或"督造书籍"的印章。

1. "发兑"

"发兑"指的是批发、销售书籍，也就是说书坊扮演的一般不是刊刻者和出版者的角色，而是销售者的角色。清代苏州书坊"发兑"书籍时除了引进外地的版本外，也将目光瞄准苏州当地的家刻本。这些家刻本质量上乘，很容易引起读者的注意。尽管这些家刻本未必是这些书坊刊刻的，但是在上面镌刻上书坊的堂号对于提升书坊的知名度和增加销售种类大有裨益。

发兑标识一般是以钤印的形式进行的，但也有刊刻在版权页上的，发兑者有可能是刊刻者、印刷者或销售者。现在已知苏州较早发兑的书籍是康熙三十六年（1697）芸晖草堂刻本《箧衍集》，封面有"芸晖草堂藏板"字样，钤有朱印"姑苏阊门内吴趋坊徐河桥北塊宛委堂书铺发兑"。[1] 康熙三十六年（1697）蒋国祥刻本《箧衍集》，扉页钤有"姑苏阊门内吴趋坊徐河桥北塊宛委堂书铺发兑"印。[2] 这部书本来是禁书，《清代禁毁书目》著录，云："查此集系翰林院检计陈维崧辑，以国朝诸家之诗，分体编次，所选颇为精粹。内除钱谦益、屈大均等诗篇俱应抽毁外，其余各家，

---

[1]（清）陈维崧辑：《箧衍集》，康熙三十六年（1697）芸晖草堂刻本，扉页。
[2] 沈津主编：《美国哈佛大学哈佛燕京图书馆藏中文善本书志》5，广西师范大学出版社2011年版，第2146页。

尚无干碍，应请毋庸全毁。"[1]但是，宛委堂销售的这部是全本，并不存在抽毁的情况。康熙四十二年（1703）商丘宋氏刻本《江左十五子诗选》，封面钤有"姑苏阊门内吴趋坊徐河桥北堍宛委堂书铺发兑"[2]。这是批发、销售家刻本的实例。又如《李诗直解》本来是朱氏家的写刻本，现存版本的版权页却有"金阊斯雅堂发兑"[3]字样。

发兑的另一种形式是获取板片来印刷，即通常所说的"藏板"，如《池北偶谈》的内封题"文粹堂藏板"，钤有"阊门内后板厂北文粹堂书坊发兑"[4]。也就是说，文粹堂获取了板片，然后印刷、销售。当然文粹堂有时也仅仅是销售书籍，如乾隆三十二年（1767）诒燕楼刻本《国朝六家诗钞》扉页钤有"风流儒雅亦吾师""阊门内后板厂北文粹堂书坊发兑"[5]印。康熙年间绿荫堂的发兑标识也采用了镌刻、钤印两种形式。乾隆年间的三多斋也善于发兑书籍，三多斋发兑书籍不是钤印，而是采用了镌刻在板片上的方式。这也反映出三多斋可能已经获取了板片。苏州发兑书籍在康熙、乾隆年间和同治、光绪年间最为兴盛，间接反映出这几个时期书业的兴盛。

康熙年间刻本《池北偶谈》书影

印章具有广告宣传，宣示版权、销售信息等多种作用。《钦定钱录》钤有"苏州阊门内经义堂精选古今书籍发兑"[6]，除了表明这是经义堂出售的外，还提及了书坊的位置、销售书籍之精良。与之类似的是函三堂出版的《针灸大成》，版权页有"乾隆甲寅（五十九年，1794）春镌，姑苏函三

---

[1]（清）姚觐元辑：《清代禁毁书目四种》，光绪九年（1883）归安姚氏刻《咫进斋丛书》本，第32b页。
[2]（清）宋荦编：《江左十五子诗选》，康熙四十二年（1703）商丘宋氏宛委堂刻本，扉页。
[3]（清）朱筠鉴定，（清）沈寅、朱昆辑补：《李诗直解》，乾隆四十年（1775）刻本，扉页。
[4]（清）王士禛撰：《池北偶谈》，清文粹堂刻本，扉页。
[5] 沈津主编：《美国哈佛大学哈佛燕京图书馆藏中文善本书志》5，广西师范大学出版社2011年版，第1992页。
[6]（清）梁诗正撰：《钦定钱录》，清刻本，扉页。

堂藏板"字样，钤有"姑苏阊门内尚义桥贵衙底函三堂书坊发兑"。[1]现存的《大清律例新修统纂集成》上钤有"姑苏崇铭堂发兑"[2]。只不过"姑苏"的方位过于笼统。又如康熙十八年（1679）芥子园刻彩色套印本，扉页刻有"芥子园画传。绣水王安节摹古。李笠翁先生论定。本衙藏板"，右下角钤有"苏州文光堂书坊发兑"。[3]可见文光堂还销售南京出版的书籍。印章宣示版权的作用在"版权与竞争"部分有专门的论述。

有的书籍只带有出版者或发行者的印章。钤印的位置一般是在扉页（内封）上，也有在书签上钤印的。文会堂是苏州的一家书坊，最晚在嘉庆年间就已经开始营业了。其名字很容易和会文堂混淆。文会堂出版的《紫云仙馆试帖初集》版权页有"嘉庆庚辰（二十五年，1820）夏刊"字样，封面书签有"文会堂"字样，下钤"文会堂印"。[4]

书坊所钤印章与版权页上的信息形成了一种呼应的关系。康熙五十四年（1715）金阊绿筠堂刊刻的《离骚辩》钤有"绿筠堂"白文方印。[5]这枚印章应该是绿筠堂的专用售书章。而宝翰楼出版的《孝经类解》，版权页有"喻义斋藏本，宝翰楼梓行"，钤有"喻义斋"印章。[6]"喻义斋"与"喻义斋藏本"之间形成了一种呼应的关系。这是宝翰楼推出的特殊钤印本。尽管这是宝翰楼刊刻的，但名义上的出版者则是喻义斋。有的钤印与版权页信息看似并无关系，如《景岳全书》是嘉庆二十四年（1819）金阊书业堂刊刻的，钤有"敦义堂"印。[7]

清末苏州玛瑙经房出版的书籍种类丰富，以宗教类书籍为主，除此之外也销售旧书，玛瑙经房发兑的书籍以字帖和佛经为主。

玛瑙经房发兑印章

[1]（明）杨继洲纂，（清）章廷珪重修：《针灸大成》，清函三堂刻本，扉页。
[2]（清）陶东皋、陶晓筼增修：《大清律例新修统纂集成》，清刻本，扉页。
[3]沈津主编：《美国哈佛大学哈佛燕京图书馆藏中文善本书志》3，广西师范大学出版社2011年版，第1042页。
[4]（清）高敏辑：《紫云仙馆试帖初集》，嘉庆二十五年（1820）刻本，扉页。
[5]（清）朱冀撰：《离骚辩》，康熙年间绿筠堂刻本，扉页。
[6]（清）吴之禄撰：《孝经类解》，康熙三十二年（1693）宝翰楼刻本，扉页。
[7]（明）张介宾撰：《景岳全书》，嘉庆二十四年（1819）金阊书业堂刻本，扉页。

书坊印章见表 4.2。

表 4.2　书坊印章表

书籍	刻印信息	印章
《元诗选》	康熙年间长洲顾氏秀野草堂刻本	"宝翰楼发兑"
《明诗综》	康熙四十四年（1705）白莲泾刻本,封面有"白莲泾印行"字样	"姑苏阊门内官厅左间壁绿荫堂书坊发兑图章记"
《十三经字辨》	乾隆三十年（1765）刻本	"三多斋发兑"
《半农先生礼说》	扉页有"红豆斋藏板""翻刻必究"字样	"在姑苏虎邱右首萃古堂发兑"
《雅趣藏书》	清刻本	"承德堂发兑"
《小儿推拿广意》	清刻本,扉页有"秘传育婴要法,金阊绿慎堂藏板"字样	"姑苏东大街来青阁春记精造书籍章"
《三家医案合刻》	清刻本	"姑苏来青阁云记"
《幼学须知句解》	同治五年（1866）刻本	"苏州元妙观前大成坊巷东绿润堂发兑"
《说文新附考》	清末刻本,内封有"非石居藏版"字样	"苏州胥门内学士街倪经钮堂书坊发兑"
《语石》	宣统元年（1909）叶昌炽刻本	"振新书社发行"
《救劫宝经》	清末手抄本	"苏城圆妙观西玛瑙经房发兑"
《初拓滋蕙堂灵飞经》《王居士砖塔铭精拓本》	有正书局本	"苏城圆妙观西玛瑙经房发兑"
《淮南子》	光绪二年（1876）浙江书局刻本	"苏城圆妙观西玛瑙经房发兑"
《佛说长阿含经》	光绪十三年（1887）姑苏刻经处刻本	"苏省护龙街中玛瑙经房发兑"

续表

书籍	刻印信息	印章
《民事诉讼法各论表解》	民国元年（1912）铅印本	"苏城圆妙观西玛瑙经房发兑"
《复庵和尚华严纶贯》《华严普贤行愿忏仪》	清刻本	"苏城圆妙观西玛瑙经房发兑"

《元诗选》　　　康熙四十四年（1705）
"宝翰楼发兑"印　白莲泾刻本《明诗综》书影　　《半农先生礼说》书影　　《雅趣藏书》书影
　　　　　　　　　　　　　　　　　　红豆斋刻本　　　　　　　　　清刻本

2．"精造书籍"或"督造书籍"

在书籍上钤"精造书籍"或"督造书籍"印章的有校经山房、绿荫堂、扫叶山房等书坊。

（1）校经山房

光绪年间校经山房印刷的《增补麻衣相法全编》，版权页有"光绪十三年（1887）仲秋重镌，苏州校经山房旭记藏板"[1]字样。可见光绪年间苏州校经山房的字号是"旭记"，钤有"校经山房督造书籍"。此书的卷端题"金陵锦池唐鲤耀绣梓"。既然是重镌，为何会有唐鲤耀的标记呢？很有可能这并不是校经山房自己刊刻的，而仅仅是用唐氏的板片印刷

校经山房督造书籍印章

---

[1]（明）陆位崇编：《增补麻衣相法全编》，光绪十三年（1887）苏州校经山房刻本，扉页。

的。另外,《金石全例》的内封钤有"校经山房督造书籍"[1]。

（2）绿荫堂

绿荫堂在书籍上所钤的印章内容是书坊中最为丰富的。绿荫堂也会根据书籍设计专门的印章,如曾专门为《三家医案合刻》制作印章。印章内容宣传了书籍内容的精良,除了提示书后附录有《温热赘言》外,也表明这是绿荫堂销售的正版书籍。

由于绿荫堂的经营时间较长,故而其印章内容也有所不同。康熙年间绿荫堂出版的书籍钤有"绿荫堂"白文印章。到了清末,绿荫堂的标识从之前的印章变成了戳记,有"精造书籍"字样,其发兑可能并非简单的销售,而是类似于合作出版。绿荫堂的发兑书籍章有"苏州绿荫堂福记精造书籍章"等。这里"精造"的含义与"发兑"略有不同,说明绿荫堂是专门进行订制印刷的,并非进行简单的售卖。宣统元年（1909）上海文瑞楼出版的《伤寒论释义》就钤有"福记"的印章。

《绎史》印章

《战国策》印章

关于绿荫堂在苏州当地的分店,几乎在同一时期苏州出现了四家绿荫堂的字号,即绿荫堂在光绪年间的苏州至少有巽记、和记、鉴记、福记四家分号。最有代表性的是巽记,书业堂和绿荫堂都使用过这个字号。有的书籍版权页仅称"巽记",并不能够确定是哪一家。"鉴记"的印章最为常见,这一印章（"苏州绿荫堂鉴记精造书籍章"）的使用情况为除了用他人的板片印刷书籍外,绿荫堂还会在自己藏板印刷的书籍上钤章。在印章的形式设计上,绿荫堂和记的印章设计与鉴记基本一致。绿荫堂钤印见表4.3。

[1]（清）朱记荣辑:《金石全例》,清校经山房刻本,扉页。

表 4.3　绿荫堂钤印表

书籍	刻印信息	印章
《百名家词钞》	"金阊绿荫堂梓"	"绿荫堂"白文印章
《吴韦昭先生国语》	"苏州绿荫堂藏板"	"苏州绿荫堂鉴记精造书籍章"
《战国策》	"苏州绿荫堂藏板"	"苏州绿荫堂鉴记精造书籍章"及"荫"字章
《重订古文释义新编》	"光绪二十三年(1897)重镌,上海文瑞楼藏板"	"苏州绿荫堂鉴记精造书籍章"
《春秋左绣》	"光绪拾四年(1888)孟春校镌,上海文瑞楼藏板"	"苏州绿荫堂鉴记精造书籍章"
《绣像平妖传》	"光绪戊子(十四年,1888)重刊,苏州绿荫堂梓"	"苏州绿荫堂鉴记精造书籍章"
《绎史》	"同治七年(1868)夏五月",牌记云:"光绪十四年戊子(1888)孟秋之月,苏州绿荫堂和记主人依初印本重加校补,并正无讹。本堂主人谨识。"	"苏州绿荫堂和记精造书籍章"
《三家医案合刻》	"苏州绿荫堂藏板"	"原板无讹,后附《温热赘言》。苏州绿润堂发兑"
		"苏州绿荫堂福记精造书籍章"
《外科医案汇编》	"苏州绿荫堂藏版,上海文瑞楼发行"	"苏州绿荫堂福记精造书籍章"
《药性赋解》	"苏州绿荫堂藏板"	"苏州绿荫堂福记精造书籍章"
《伤寒贯珠集》	"尤在泾先生注,苏州绿荫堂藏板"	"苏州绿荫堂福记精造书籍章"
《小儿推拿广意》	"育婴第一善本,苏州绿荫堂藏板"。(清金阊同文堂刻本;清金阊绿慎堂刻本;清苏州绿荫堂刻本)	"苏州绿荫堂鉴记精造书籍章"
《春秋左传》	"光绪丁酉年(二十三年,1897)六月上海文瑞楼藏板"	"苏州绿荫堂鉴记精造书籍章"

续表

书籍	刻印信息	印章
《胎产金针》	上海文瑞楼刷印本	"苏州绿荫堂鉴记精造书籍章"
《图注难经脉诀》	"文瑞楼藏板"	"苏州绿荫堂鉴记精造书籍章"
《礼记读本》	"姑苏绿荫堂藏板"	"苏州绿荫堂鉴记精造书籍章"
《易林补遗注解》	"金阊绿荫堂藏板"	"苏州绿荫堂鉴记精造书籍章"
《永宁通书》	"苏州绿荫堂藏板"	"苏州绿荫堂鉴记精造书籍章"
《重订审视瑶函眼科大全》	"苏州绿荫堂藏板"	"苏州绿荫堂和记精造书籍章"
	"苏州绿荫堂藏板"	"苏州绿荫堂福记精造书籍章"
《诗法入门》	"金阊巽记重锓"	"苏州绿荫堂和记精造书籍章"
《如面谈新集》	"尺牍宝笺，堂藏板"[1]	"苏州绿荫堂鉴记精造书籍章"
《唐诗三百首注释》	"续选附后"	"苏州绿荫堂鉴记精造书籍章"
《伤寒贯珠集》	"苏州绿荫堂藏板"	"苏州绿荫堂福记精造书籍章"

（3）扫叶山房

扫叶山房钤盖的印章，在清末的苏州刻本上最为常见（表4.4）。

表4.4 扫叶山房钤印表

书籍	版权页信息	钤印或其他信息
《檀几丛书》	"吴门扫叶山房藏板"	"苏州扫叶山房永记精造书籍"
《吴医汇讲》	"乾隆壬子（五十七年，1792）岁新镌，唐笠山纂辑，凡属医门佳话，发前人所未发者，裒集成编，诸同学如有高论，并望光增"	"扫叶山房督造书籍"
《瀛奎律髓刊误》	"纪晓岚先生评，苏州扫叶山房刊"	"扫叶山房督造书籍"
《景岳全书》	"嘉庆二十四年（1819）夏镌，金阊书业堂藏板"	"扫叶山房督造书籍"
《三家医案合刻》	"扫叶山房藏板"	"扫叶山房督造书籍"

[1] 按："堂"字前空字。板片的收藏者无从得知，另外卷端题"书林刊行"，"书林"后也空字，说明收藏者得到板片之后只是挖改了原先的出版者，并未增补新的藏板者。

续表

书籍	版权页信息	钤印或其他信息
《临证指南医案》	"道光甲辰（二十四年，1844）仲冬苏州经鉏堂刊"	"扫叶山房督造书籍"
《绣像西游记真诠》	"咸丰二年（1852）新刊，竹西琅环书室藏板"	"扫叶山房督造书籍"
《金匮要略心典玉函经》	"辛酉（咸丰十一年，1861）仲春苏州萃芬书屋校刊"	钤有"扫叶山房督造书籍"，版心下有"养恬斋藏板"字样
《春秋左传》	"杜林合注，同治甲子（三年，1864）重镌，苏州扫叶山房藏板"	"苏州扫叶山房永记精造书籍"
《应酬汇选新集》	"光绪四年（1878）新镌，苏州扫叶山房藏板""书启备要，时令碎锦，古今帖式，对联雅集"	卷中有"奎照楼梓行"字样
《重刻时艺引阶合编》	"姑苏扫叶山房藏板""光绪六年（1880）庚辰仲春之月新镌"	"扫叶山房督造书籍"
《四书体注》	"光绪八年（1882）仲春重刻，上洋江左书林藏板"	"扫叶山房督造书籍"
《雷公炮制药性赋》	"光绪丁亥（十三年，1887）孟冬重刊，苏州扫叶山房藏板"	版心下有"群玉山房"字样
	"光绪丙午（三十二年，1906）孟春重刊，苏州扫叶山房藏版"	钤有"扫叶山房督造书籍"，版心下有"扫叶山房"字样，偶有"群玉山房"字样
《四书备旨》	"光绪十三年（1887）重刊，姑苏扫叶山房覆校正重刻印发兑"	"苏州扫叶山房永记精造书籍"
《新增幼学故事琼林》	"光绪戊子年（十四年，1888）孟夏镌，苏州扫叶山房校正无讹"	"扫叶山房督造书籍"
《增补麻衣相法全编》	"光绪廿三年（1897）仲秋重镌，苏州扫叶山房藏板"	"扫叶山房督造书籍"

续表

书籍	版权页信息	钤印或其他信息
《伤寒来苏集》	"慈溪柯韵伯先生原本,古吴叶天士批评,苏州扫叶山房藏板"	"扫叶山房督造书籍"
《图注难经脉诀》	"姑苏扫叶永记藏板"	"苏州扫叶山房永记精造书籍"
《诗韵集成》	"姑苏扫叶仁记藏板"	"扫叶山房督造书籍"
《小儿推拿广意》	"金阊同文堂藏板"	"扫叶山房督造书籍"

清末书坊中最善于发兑书籍的要数扫叶山房。不论是其出版的书籍还是发兑的书籍,扫叶山房钤的都是带有"扫叶山房督造书籍"内容的朱印。扫叶山房发兑的书籍有《金匮要略心典玉函经》《傅青主男科》等。[1] 通过这些发兑的书籍,可以发现扫叶山房与苏州萃芬书屋、校经山房之间的关联。值得注意的是,《金匮玉函经二注》的版权页有"道光戊戌(十八年,1838)春镌,吴郡经义斋藏版"字样,版心下同样镌有"养恬斋藏板"[2],这说明早在道光年间,养恬斋收藏的板片就已经被扫叶山房拿来印刷了。就书坊而言,尽管都是印刷别人的板片,但钤有类似"发兑"的印章能够产生不同的效果。

扫叶山房印章

扫叶山房钤盖的印章比较多样,但主要有"扫叶山房督造书籍""苏州扫叶山房永记精造书籍""苏州扫叶山房仁记精造书籍"三种类型。首先,"督造"与"精造"有区别。"督造书籍"这枚印章的使用时间主要是在光绪年间,表明书籍未必是扫叶山房刊刻的,表4.4中带有"督造"的,不少是其他刻书者出版的,扫叶山房仅印刷板片或加盖印章。钤有"精造"的书籍则一般是扫叶山房刊刻的。其次,扫叶山房的印章有字号区别,扫叶山房在苏州有不同的分号,因此,钤印也有所不同,具体来说有"永记"和"仁记"的区别。最后,同样是"扫叶山房督造书籍",印

[1]《傅青主男科》版权页有"光绪九年(1883)雕,元和朱记荣著"字样,识语原为"校经山房主人识",现在被改成了"扫叶山房主人识",旁边钤有"扫叶山房督造书籍"朱印。版心下页镌有"扫叶山房"。校经山房是上海的书坊。
[2](元)赵以德衍义,(清)周扬俊补注:《金匮玉函经二注》,道光十二年(1832)吴郡经义斋刻本,扉页。

章也有所区别。

通过以上分析我们可以发现，清代苏州书坊发兑的书籍以当地出版的为主，很少从外地批发销售。

二、销售书目

清代苏州书坊如来青阁、振新书社的销售书目，为我们了解其销售的书籍类型提供了资料。除了专门的销售书目外，有的销售书目被附录在书籍之后。如根据松下清斋出版的《字学臆参》及其所列举的书目，可知松下清斋是姚孟起开设的一家以出版字帖等书籍为特色的书坊。[1]

又如，振新书社出版的《语石》卷末有"振新书社书目"（"苏州观前大街"）："本社创设十余年，发售各省局刻家刊，珍藏木版精本书籍，早蒙海内外购阅，诸君称许，兹将本社自藏二十余种及石印二十余种目录载后，以供文学大家采择焉。"[2]

振新书社销售的书籍还是以振新书社刻本和苏州当地的书籍为主。振新书社是清末苏州书业中的翘楚，其经营者为邹章卿。[3]总发行所除了振新书社外，还有苏州国民书馆、上海苏新书社、上海扫叶山房。光绪年间的振新书社除了能够印刷家刻本外，也能够印刷官刻本。《江苏海塘新志》的版权页钤有

清末振新书社刻本《语石》附录"振新书社书目"书影

"苏州振新书社经印"朱印，这部书应该是由江苏书局刊刻的。又比如，江标刊刻的《灵鹣阁丛书》的版权页有"校刻于湖南使院"字样，江标是在任湖南学政时在湖南使院刊刻《灵鹣阁丛书》的，旁边镌有"苏州察院场振新书社经印"[4]。振新书社以前的印刷是将钤印作为标识，而对于

---

[1] 根据其出版的《劝孝戒淫》卷末署名得知，这部书的版权页有"板藏苏城桃坞姚氏松下清斋"字样，题写书名的是陆润庠。光绪七年（1881），姚孟起刊刻的《唐砖塔铭》版权页有"板藏姑苏桃坞姚氏松下清斋"字样。

[2] （清）叶昌炽撰：《语石》，宣统元年（1909）刻本，扉页。

[3] 民国八年（1919）振新书社出版的《篆文孝经》版权页有"本社主人邹章卿先生"等语。振新书社在清末民初之交成为苏州比较大的书坊，在民国八年（1919）出版的《说文偏旁考》的版权页上有"发行者吴县邹章卿"字样，邹氏应该就是振新书社的店主。

[4] （清）江标编：《灵鹣阁丛书》，光绪年间元和江氏湖南使院刻本，扉页。

《灵鹣阁丛书》则是在板片上镌刻文字后再印刷。通过振新书社影印的《吴大澂字说》版权页所附录的一份"苏州振新书社精印家藏善本书目"可以发现,振新书社印刷的书籍种类丰富,包括苏州有名的《灵鹣阁丛书》《春在堂丛书》《咫进斋丛书》《滂喜斋丛书》等。实际上,这些书籍并不是振新书社刊刻的,但是振新书社能够印刷到这些书籍销售。除了上述书籍之外,振新书社印刷的还有光绪四年(1878)敏德堂刻本《医学金针》[1],这些书籍都钤有"苏州观西振新书社督造书籍"。振新书社印刷的这些书籍的板片基本上都集中在苏州,绝大多数属于家刻。值得注意的是,振新书社在发兑《语石》时,还采用了钤"振新书社发兑"朱文方印的形式,而另一部《语石》还是钤最常见的"苏州观西振新书社督造书籍"印章。

《江刻书目三种》牌记
"灵鹣阁藏板,苏州振新书社经印"

"苏州察院场振新书社经印"印章

关于书坊的销售情况,还可以从一些史料记载的购买记录中得知。以绿荫堂和世经堂为例,绿荫堂不仅刊刻书籍,还销售旧书。同治六年(1867),江山刘履芬在绿荫堂买到了其先世校订的扫叶山房刻本《元史类编》。根据刘履芬的记载,绿荫堂位于阊门。而沈宝谦曾经在昼锦坊的绿荫堂书肆购书。[2]再如世经堂,咸丰八年(1858),韩应陛在玄妙观西的世经堂购买了清初抄本《籀史》。[3]

---

[1] 潘霨敏德堂刻本,有的是在湖北刊刻的。
[2] 苏州图书馆编著:《苏州图书馆藏善本题跋》,国家图书馆出版社2018年版,第48页。
[3] 陈先行、郭立暄编著:《上海图书馆善本题跋辑录》,上海辞书出版社2017年版,第299页。

三、苏州书坊的对外交流

1. 版本引进

尽管联合出版的案例比较少，但是印刷其他书坊刻好的板片是苏州书坊的另一种出版方式。这种出版方式最直接体现在书籍信息中的不一致上。道光年间的书坊令德堂印刷的《小题拾芥初编》的版权页有"道光戊戌（十八年，1838）春镌，元和宋清寿、吴县吴钟骏合编，令德堂藏板"[1]字样。另一部道光年间出版的《小题拾芥编》版权页有"道光壬辰（十二年，1832）春镌，文玉堂藏板"字样，但是版心镌有"聚文堂督刻"。[2]很显然，聚文堂才是板片的实际刊刻者，而文玉堂仅仅是印刷者。《小题拾芥编》是一部典型的苏版书籍，版权页有"元和宋清寿、吴县吴钟骏合选"[3]字样。

清初苏州书坊在江南地区具有相当高的地位，同时其他地区的书业也发展迅速。乾隆末年，苏州的书业开始由鼎盛走向衰落，此后一段时间的出版情况自然无法和康熙、乾隆时期相比。因此，从嘉庆年间开始，由于苏州当地书业资源的减少，苏州的书坊将目光投向外地的版本。从外地引进版本意味着苏版的原创力在逐渐丧失。引进版本如：道光元年（1821），苏州的经义堂出版了黄崇兰的《贡举考略》，但此书实际上在嘉庆九年（1804）就已经在泾县学署刊刻了。道光九年（1829），姑苏琴川阁出版了《四书会解》，版权页有"道光九年（1829）新镌，姑苏琴川阁藏板"字样，版心下有"还醇堂"字样。[4]这部书实际上在嘉庆五年（1800）就已经在利津出版了，琴川阁仅仅是印刷而已。四业堂刊刻的《类联新编》的版权页有"酬世锦囊四集，碧峰邹克襄辑，采摘名家，姑苏四业堂藏板"[5]字样。这是从雾阁引进出版的，编纂者是邹景扬，曾经由联墨堂出版。

现存《科名显报》的版权页有"道光庚戌年（三十年，1850）新镌，板

---

[1]（清）宋清寿、吴钟骏选：《小题拾芥初编》，道光三十年（1850）刻本，扉页。
[2]（清）宋清寿、吴钟骏选：《小题拾芥编》，道光十二年（1832）刻本，扉页。
[3]（清）宋清寿、吴钟骏选：《小题拾芥编》，道光十二年（1832）刻本，扉页。
[4]（清）綦沣辑：《四书会解》，道光九年（1829）苏州琴川阁刻本，扉页。
[5]（清）邹克襄辑：《类联新编》，清姑苏四业堂刻本，扉页。

存姑苏阊门内尚义桥贵弄中书业堂巽记发兑"字样。另外卷端题"古黟丛桂轩重辑，留耕堂捐梓"，卷中有"徽城乙照斋镌"字样。[1]可见这部书是安徽的书坊刊刻的，而书业堂只是重新进行了印刷。由此也可见书业堂与安徽书坊之间的关联。

嘉庆年间刻本《十子全书》书影

聚文堂是嘉庆年间苏州有名的书坊，其主人是王子兴。聚文堂最著名的便是刊刻了《十子全书》。其中，如《荀子笺释》，版权页有"嘉庆甲子（九年，1804）重镌，姑苏聚文堂藏板"字样，但是书中版心下有"嘉善谢氏藏板"字样，卷末偶有"江宁刘文奎刻字"字样。[2]谢氏即谢埔，家有安雅堂。又如《管子评注》，版心下有"花斋藏板"字样。可见聚文堂得到了嘉善谢氏、花斋的板片后进行了重新印刷。这是苏州书坊与外地交流的一个典型案例。但是，聚文堂在印刷的时候大多已经将版心变成了墨色，如《列子笺释》《文中子笺释》的版心就没有任何的信息。而其他能够表明原来刊刻者的还有《淮南子笺释》，其卷端有"武进庄逵吉校刊"[3]字样。既然这些书籍的版权页上都有"姑苏聚文堂藏板"字样，则可以说明这些板片后来都归聚文堂所有。

聚文堂出版的另一部大部头的书籍是《太平广记》，这部书的版权页有"嘉庆丙寅年（十一年，1806）重镌，天都黄晓峰校刊，姑苏聚文堂藏板"字样。[4]仅仅是"藏板"，这让人不得不怀疑这部书同样是用别人的板片印刷的。

道光年间的著名书坊步月楼出版过《周礼精华》，版权页有"道光壬辰年（十二年，1832）重刊，姑苏步月楼藏板"[5]字样，封面钤有书业堂的

[1]（清）淡友居士辑录，（清）涤凡居士增订：《科名显报》，道光三十年（1850）刻本，扉页、卷端。
[2]（唐）杨倞注，（清）谢埔辑校：《荀子笺释》，嘉庆九年（1804）姑苏聚文堂刻本，扉页、版心、卷末。
[3]（汉）刘安撰，（清）庄逵吉校释：《淮南子笺释》卷一，嘉庆九年（1804）姑苏聚文堂刻本，第1a页。
[4]（宋）李昉编：《太平广记》，嘉庆十一年（1806）姑苏聚文堂刻本，扉页。
[5]（清）陈龙标辑：《周礼精华》，道光十二年（1832）姑苏步月楼刻本，扉页。

销售印章。但是根据书中的"泉州涂门外后坂施大侃督刻"、卷端的"光趾堂藏板"字样，钤有书业堂印章的这部书并非步月楼刊刻的，而是用福建的板片印刷的。

这也引出了一个关键的问题：为何《周礼精华》上会同时有书业堂和步月楼的标识呢？书业堂、步月楼和这部书之间是什么样的关系呢？通过书业堂的印章我们可以发现，这部书实际上是书业堂到福建印刷后运回苏州销售的，步月楼在销售的过程中才加上了版权页。因此，书业堂扮演了跨地域寻求板片印刷书籍、批发书籍的角色，而步月楼实际上只是书籍的销售者。而且，我们由此可以推断，既然书业堂有这样的一个印章，其印刷、采购的书籍当不止这一种。

苏州亦西斋和其他的书坊一样，也引进现成的板片印刷。亦西斋印刷了乾隆五十五年（1790）张松孙刊刻的《子史精华》。而有的书籍版权页仅题"亦西斋"，但我们无法确定亦西斋是苏州的还是杭州的，如《诗韵集成》，封面有"同治丙寅年（五年，1866）镌，谨遵佩文韵府，增订诗韵集成，亦西斋藏板"[1]字样。

2. 开设分店

清代苏州书坊经营的另一策略便是开设分店，这体现了书坊的地区影响力。开设分店主要分为三种：一是外地书坊在苏州开设分店，二是苏州书坊到外地开设分店，三是苏州书坊在苏州当地开设分店。

早在清初的时候，外地的书商就已经到苏州开设店铺了。这一点在苏州周边的地区有所反映。"国初，龙游余氏开书肆于娄，刊《读本四书》，字画无讹，远近购买，是时吾州学究金绩号雪泉，主其家，实校雠之。故原本于朱子章句下必缀'金绩校正'四字，至今犹刊'雪泉原本'云。按：邑文学周缵虞元恭复为增订重刊，缵虞为唐东江好友，博学盛有著作，其家在新安乡，身后，其书尽漂没于雍正壬子（十年，1732）潮灾。"[2]这是福建的书商到太仓开设书肆的案例，我们在这里关注的是外地书坊到苏州之后的经营，他们懂得聘请当地的学者来校订书籍出版，以提高书籍的质量。《读本四书》可谓是清初书坊与学者合作出版的成功

---

[1] 美国埃默里大学神学院图书馆编，刘明整理：《美国埃默里大学神学院图书馆藏中文古籍目录》，国家图书馆出版社2016年版，第19页。

[2] （清）王昶纂修：《（嘉庆）直隶太仓州志》卷六十，嘉庆七年（1802）刻本，第15a页。

案例。

  同治年间的苏州书坊亦西斋是第一种类型的代表。亦西斋最早是在杭州开设书坊的，称为"武林亦西斋"，其主要的出版活动集中在道光年间。[1]到了咸丰、同治之交，亦西斋悄然兴起，称为"姑苏亦西斋""金阊亦西斋""苏阊亦西斋"。姑苏亦西斋的出版活动主要集中在同治年间，先后刊刻了《广群芳谱》《绎史》《医宗必读》《诗经》《目耕斋读本初集》等书。

  除了跨地域的批发和采购外，苏州地区内部也存在着书籍的交流，这种交流的体现便是现存版本上所钤的印章。咸丰三年（1853）出版的《绣像三国志演义》有牌记"癸丑（咸丰三年，1853）仲夏常熟顾氏小石山房刊"，钤有"常熟竹秀山庄精造书籍"。[2]这是常熟地区书籍流通的一个典型案例，但是竹秀山庄和顾氏的小石山房之间是什么关系呢？有关竹秀山庄的资料匮乏，但有以下两种可能：一种是竹秀山庄是和小石山房处于同一时期的书坊，其从小石山房采购了《绣像三国志演义》来销售，故而在上面钤印，这种钤印类似于发兑；另一种是竹秀山庄后来得到了小石山房的板片重新印刷，故而钤有印记，这种形式更接近于"精造"的含义。

  随着石印、铅印技术的出现和现代出版业的萌发，苏州有的书坊成为上海一些书坊的分发行所，以上海的国学扶轮社在宣统二年（1910）出版的《春酒堂文集》为例，其版权页所列举的"外埠分发行所"中就有苏州的振新书社，而且还钤有玄妙观"文恰福记书局"的销售章。[3]

[1] 武林亦西斋刊刻了《耐冷谭》［道光九年（1829）］、《明斋小识》［道光十四年（1834）刻，同治四年（1865）印，有"吴趋亦西斋"字样］。杭州亦西斋的经营持续到了光绪年间，在光绪七年（1881）刊刻了《昭代名人尺牍小传》，在光绪二十八年（1902）石印了《鉴撮》。有的亦西斋刻本没有明确说明出版地，如《批点七家诗选笺注》［咸丰八年（1858）亦西斋朱墨套印本］、《词综》［同治四年（1865）亦西斋刻本］、《湖海诗传》［同治四年（1865）亦西斋刻本］。

[2] （元）罗本撰，（清）毛宗岗评：《绣像三国志演义》，咸丰三年（1853）常熟顾氏小石山房刻本，扉页。

[3] 苏省元妙观前如意门口的文恰福记书局专卖新学教科书籍。这可以说是苏州出版业在经营的种类上发生的一个重要转折，即销售新学教科书。

3. "姑苏原板"与书籍销售

苏州出版的书籍在明、清两代被称为"苏刻"或"苏本"[1],正如之前所列举的著名堂号、书坊或书籍,其在其他地区都具有一定的影响力。因此,"姑苏原板"成为苏州和外地出版者吸引读者的"金字招牌"。这一点在清代书业中表现得尤为突出,既是苏州书坊的经营策略,又是苏州书业与外地交流的方式。"姑苏原板"书籍的作者须是苏州人或者其出版地在苏州。根据现存的版本,"姑苏原板"书籍见表4.5。

表4.5 "姑苏原板"书籍表

书名	版本	信息
《读杜心解》	雍正二年(1724)刻本	版权页有"姑苏原板"印章
《伤寒附翼》	清三多斋刻本	版权页有"第一善本,姑苏原板"字样,卷末有"三多斋藏板"字样
《神农本草备要医方合编》	清刻本	有"姑苏原本"字样
《拍案惊奇》	清刻本	版权页有"姑苏原本"字样
《龙图公案》	清四美堂刻本	封面题"姑苏原本,李卓吾先生评,绣像龙图公案,四美堂梓行",版心题"种书堂梓"
《五经标题文选合刻》	清刻本	版权页有"姑苏原板"字样
《人镜经》	清刻本	版权页有"姑苏原本"字样
《绣像东周列国全志》	清刻本	版权页有"姑苏原本"字样
《增补应世便书》	清刻本	版权页有"姑苏原本"字样
《绣像龙图公案》	清刻本	版权页有"姑苏原板"字样
《五经标题文选合刻》	光绪元年(1875)刻本	版权页有"姑苏原板""光绪元年(1875)新刊"字样

[1] 关于明代苏本的名称,较早的记载有洪武鄱阳李均度在《新刊欧阳文忠公集》的序言里提及"苏本遗脱甚多"。此时人们对苏本的评价并不是很高。苏刻的名声的好转是在嘉靖年间,这与嘉靖年间苏州书业的兴盛有关。嘉靖十六年(1537)南阳府郡斋刊刻的《王摩诘集》序言称"适有馈苏刻者,遂取以即工,故其精倍他刻云",这是出现"苏刻"二字的比较早的记载。正是根据苏刻来刊刻,所以才会"精倍他刻",可见苏刻的质量之高。[傅增湘:《藏园群书经眼录》(四),中华书局2009年版,第959、849页。]

续表

书名	版本	信息
《诗林切玉》	乾隆二十三年（1758）刻本	版权页有"乾隆二十三年（1758）新刊,盛世切韵指南,姑苏本衙藏板"字样,钤有"姑苏本衙藏板"朱印
《诗经体注图考大全》	清刻本	版权页有"姑苏原板"字样
《尚书读本》	清灵兰堂刻本	版权页有"姑苏原本,灵兰堂藏版"字样
《觉世经图说》	清刻本	卷端题"姑苏彭氏原本"
《龙文鞭影》	清刻本	版权页有"姑苏原板"字样
《神农本草备要医方合编》	清刻本	版权页有"姑苏原本较对无讹"字样
《医学心悟》	清刻本	内封有"祥兴堂梓"字样,钤有"姑苏原板"朱印
《绣像雷峰塔白蛇记传》	清刻本	版权页有"姑苏原本"字样
《第五才子书》	清刻本	版权页有"姑苏映雪堂原板"字样
《再生缘》	清刻本	版权页有"姑苏原本"字样
《制艺博钞》	清刻本	版权页有"姑苏原板"字样
《西游真诠》	清翰宝楼刻本	版权页有"绣像金圣叹加评西游真诠""翰宝楼板"字样,钤有"姑苏原本"印章
《四书体注》	道光二十一年（1841）刻本	版权页有"道光辛丑（二十一年,1841）重镌,苕溪范紫登先生参订,遵部颁发正韵,福文堂藏板"字样,钤有"姑苏原本"印章
《法家惊天雷》	清刻本	版权页有"姑苏书林"字样。另一部《惊天雷》的版权页有"法家新书,本朝律例并载,姑苏藏板"字样

通过表4.5可以发现，所谓的"姑苏原板"主要是一些小说、医书、举业书等，这些书籍在清代苏州比较流行，故而声名远播。为了表明是

"姑苏原板",书籍往往采用钤印或刊刻文字标识的方式,称为"姑苏原本""姑苏原板""姑苏本衙藏板",但是否真是苏州所刻,不得而知。有的"姑苏原板"则确实是用苏州的板片印刷的,如《西游真诠》钤有"姑苏原本"印章,《读杜心解》钤有"姑苏原板"印章。从时间上看,清代对"姑苏原板"的推崇从乾隆年间延续到了光绪年间,这种特殊的书籍销售现象反映了苏州在书籍出版上所保持的声誉。

4. 外地书坊批发

苏州书坊和外地书坊之间的交流是双向的,外地书坊也会发兑苏州出版的书籍。苏州坊刻本上所钤的印章可以为追踪这些书籍被销往何地提供线索。

雍正二年(1724)刻本《读杜心解》书影

(1)北京

书业堂是与苏州关系较为密切的书坊。这里的书业堂并不是苏州的书业堂,清代北京等地也有书业堂。北京书业堂的经营是跨地区的,它会选择好的板片印刷、销售。北京书业堂和苏州书坊的联系主要是在嘉庆、道光年间,其批发书籍的范围涵盖了苏、浙、闽等地。北京书业堂为批发的书籍重新设计标签,类似于将其打造成定制版的。现在所存的版本表明,北京书业堂至少从苏州的崇德书院、步月楼、书业堂、金阊会文堂批发过书籍,如崇德书院在嘉庆六年(1801)重刻的《诗学圆机活法大成》,封面书签题"书业堂",钤有"书业堂自在江浙苏闽拣选古今书籍发兑□"[1]。道光四年(1824)崇德书院出版的《良朋汇集经验神方》,封面书签钤有"书业堂自在江浙苏闽拣选古今书籍发兑□"[2]。又如步月楼出版的《周礼精华》书签上就印有"书业堂",并钤有"书业堂自在江浙苏闽拣选古今书籍发兑□"[3]。道光十八年(1838)金阊会文堂刻本《重订药

---

[1] (明)王世贞辑:《诗学圆机活法大成》,嘉庆六年(1801)崇德书院刻本,扉页。
[2] (清)孙伟编:《良朋汇集经验神方》,道光年间崇德书院刻本,扉页。
[3] (清)陈龙标辑:《周礼精华》,清步月楼刻本,扉页。

性赋解》封面钤有"书业堂自在江浙苏闽拣选古今书籍发兑图"[1]。比较特殊的是，北京书业堂还从苏州书业堂批发了书籍。道光年间，苏州书业堂出版了《增补春秋左传句解详注》，封面书签钤有"书业堂自在江浙苏闽拣选古今书籍发兑□"[2]。

除了北京书业堂外，从苏州书坊采购书籍的还有京城西合堂。乾隆年间金阊书业堂刻本《重刊礼记省度》的封面书签钤有"京城西合堂自在江苏拣选古今书籍发□记"[3]。

（2）山东

东昌府的书业德也是苏州书坊的批发商之一，其主要从金阊书业堂、苏州会文堂批发书籍。现存的《皇朝经世文编》，封面书签有"书业德……"字样。乾隆五十五年（1790）金阊书业堂刻本《重镌唐诗合解笺注》，封面书签有"书业成"字样，钤有"书业德自在江浙苏闽拣选古今书籍发兑"[4]。苏州会文堂印刷的《元亨疗马集》，封面书签钤有"书业德自在江浙苏闽拣选古今书籍发兑"[5]。除此之外，同治十一年（1872）苏州三益堂出版的《重订四书补注备旨附考》，封面书签有"三益堂"字样，钤有"周村，三益堂自在苏杭拣选古今书籍□□颜料徽墨□□"[6]。可见除了苏州有三益堂，周村也有三益堂。

（3）山西

山西是与苏州书坊联系紧密的另一地区。根据现存的书籍版本，山西的书坊主要有忻州郁文堂、晋泽集贤堂、谷邑文会堂、书业元记、锦府连升堂等。《四书典制类联音注》的封面书签钤有"忻州郁文堂书坊自在姑苏拣选古今书籍发客图印记"[7]。乾隆五十一年（1786）金阊书业堂刻本《字汇》，封面书签钤有"晋泽，集贤堂自在江苏拣选古今书籍发行记"[8]。乾隆年间金阊书业堂刻本《周礼注疏》，封面书签钤有"晋泽，

---

[1]（清）王晋三重订：《重订药性赋解》，金阊会文堂刻本，扉页。
[2]（清）韩葵重订：《增补春秋左传句解详注》，道光年间书业堂刻本，扉页。
[3]（清）彭颐撰：《重刊礼记省度》，乾隆年间金阊书业堂刻本，扉页。
[4]（清）王尧衢注：《重镌唐诗合解笺注》，乾隆五十五年（1790）刻本，扉页。
[5]（明）喻本元、喻本亨撰：《元亨疗马集》，清苏州会文堂刻本，扉页。
[6]（清）杜定基增订：《重订四书补注备旨附考》，清姑苏三益堂刻本，封面。
[7]（清）阎其渊辑：《四书典制类联音注》，清刻本，扉页。
[8]（明）梅膺祚编：《字汇》，乾隆五十一年（1786）金阊书业堂刻本，扉页。

集贤堂自在江苏拣选古今书籍发行"[1]。乾隆年间金阊书业堂刻本《尔雅注疏》，封面书签钤有"谷邑文会堂自在江浙苏闽拣选古今书籍发兑图"[2]。乾隆四十四年（1779）金阊书业堂刻本《重镌诗经娜嬛体注》，封面书签有"敦化堂"字样，钤有"介邑文……"。[3]《蕴愫阁文集》的书签有朱印，为"元、亨、利、贞"的顺序，钤有"谷邑文会堂德记自在江浙苏闽拣选古今书籍"。[4]《眼科大全》版权页有"姑苏聚文堂梓"字样，封面书签钤有"谷邑文会堂自在江浙苏闽拣选古今书籍发兑图"。[5] 道光二十年（1840）金阊桐石山房印刷的《春秋左传杜林合注》，封面书签有"文会堂"字样，钤有"文会""谷邑文会堂自在江浙苏闽拣选古今书籍发兑图"。[6]道光二十六年（1846）金阊书业堂刻本《易经体注会解合参》，封面书签钤有"书业元记自在江苏浙闽拣选古今书籍发行图书"[7]。

"谷邑文会堂德记自在江浙苏闽拣选古今书籍"印章

从扫叶山房批发书籍的还有锦府连升堂，扫叶山房出版的《诗经喈凤》的版权页有"苏州扫叶山房梓"字样，钤有"扫叶山房督造书籍"印章，而封面书签钤有"锦府，连升堂庄江浙拣选书籍发行"。[8]尽管版权页上带有明显的扫叶山房标志，但是此书的版心下有"三乐堂"字样。这说明这部书并不是扫叶山房刊刻的，而仅仅是其印刷的。但是，批发采购的书坊对这些并不在意。

关于山西从苏州贩书，在史料中也能找到相关依据，如《禀复抚宪夏县无删减经文板片由》载："卑职伏查夏县地方，素无书坊，民间所读经书，皆系小贩贩自他处，并闻山西一省，皆无刻板，大书坊其坊间所卖经

---

[1]（汉）郑玄注，（唐）贾公彦疏：《周礼注疏》，乾隆年间刻本，封面。
[2]（晋）郭璞注，（宋）邢昺疏：《尔雅注疏》，清金阊书业堂刻本，扉页。
[3]（清）范翔重订：《重镌诗经娜嬛体注》，乾隆四十四年（1779）金阊书业堂刻本，扉页。
[4]（清）盛大士撰：《蕴愫阁文集》，道光年间刻本，扉页。
[5]（明）傅仁宇撰：《眼科大全》，清姑苏聚文堂刻本，扉页。
[6]（晋）杜预注，（宋）林尧叟注：《春秋左传杜林合注》，道光二十年（1840）金阊桐石山房印本，扉页。
[7]（清）来尔绳纂辑：《易经体注会解合参》，道光二十六年（1846）金阊书业堂刻本，扉页。
[8]（清）陈抒孝撰：《诗经喈凤》，清苏州扫叶山房刻本，扉页。

史书籍内则贩自京师，外则贩自江浙、江西、湖广等处。"[1]尽管这里仅说"江浙"，但是应该包括苏州，这与印章中提及"江浙"保持了一致。

（4）东北地区

从苏州批发书籍的东北地区的书坊，主要有锦府□□昌记、盛京四合恒记、修文堂等。扫叶山房出版的《寄岳云斋诗》，版权页有"苏州扫叶山房梓"字样，封面书签钤有"锦府，□□昌记自在江苏拣选古今□□□□"。[2]同治年间扫叶山房出版的《春秋左传》，版权页有"杜林合注，同治甲子（三年，1864）重镌，苏州扫叶山房藏板"字样，封面书签钤有"盛京四合恒记自在江苏拣选古今书籍发行"。[3]清五云楼刻道光二十年（1840）金阊桐石山房印本《春秋左传杜林合注》，内封镌有"道光二十年（1840）季夏重刊，金阊桐石山房藏板"，版心下镌有"五云楼"，书衣题签钤木记"盛京文兴德自在江苏拣进古今书籍发行记"[4]。苏州出版的《紫阳课艺合选》上钤有"吉林源升庆记自在江苏拣选古今书籍发行"[5]。道光二十二年（1842）姑苏桐石山房出版的《周礼节训》，封面书签钤有"盛京，文兴德自在江苏拣选古今书籍发行记"[6]。

（5）江苏其他地区

苏州书坊的合作对象并不固定。以步月楼为例，除了北京书业堂外，崇文堂也从步月楼批发书籍。步月楼出版的《周礼精华》，封面书签有"崇文堂"字样，而崇文堂是南京的书坊。由此可见，步月楼与书业堂、崇文堂之间都有联系。光绪十二年（1886）江苏书局刻本《古文苑》，函套书签钤有"上洋江左斋拣督造古今书籍发行"[7]朱印。

除了上述地区外，还有河南，如道光十年（1830）金阊步月楼刻本《古唐诗合解》，封面有"怀庆府荫香堂自在江浙苏闽拣选古今书籍发

---

[1]（清）鲁九皋撰：《翠岩杂稿》卷二，光绪十七年（1891）刻《三余书屋丛书》本，第13a-13b页。
[2]（清）聂铣敏撰：《寄岳云斋诗》，清刻本，扉页。
[3]（晋）杜预、（宋）林尧叟撰：《春秋左传》，同治三年（1864）苏州扫叶山房刻本，封面。
[4]（晋）杜预、（宋）林尧叟撰：《春秋左传杜林合注》，清五云楼刻本道光二十年（1840）金阊桐石山房印本，扉页。
[5]（清）刘廷枚编：《紫阳课艺合选》，光绪八年（1882）刻本，封面。
[6]（清）黄叔琳撰：《周礼节训》，道光二十二年（1842）姑苏桐石山房刻本，封面。
[7]（宋）章樵注：《古文苑》，光绪十二年（1886）江苏书局刻本，扉页。

兑"[1]。另外，扫叶山房出版的某些书籍比较畅销，以至于同一种书籍有不同的书坊采购。扫叶山房印刷的《重订四书补注备旨附考》，版权页有"同治辛未年（十年，1871）春镌，姑苏扫叶山房藏板"字样，封面书签有"修文堂"字样；又有一部版权页有"同治甲子年（三年，1864）冬刊，姑苏扫叶山房藏板"字样，书签题"德万堂"。[2]有的书坊则不知是哪个地区的，如大文堂。金阊书业堂出版的《本草纲目》（乾隆四十九年，1784）、《重订济阴纲目》，版权页有"女科第一善本，金阊书业堂梓行"字样，有一部封面题"大文堂"，钤有"大文堂自在江浙苏闽拣选古今书籍发兑"，但是并不能确定大文堂具体位于何处。

外地书坊到苏州批发时，是直接采购已经印刷好的，还是委托苏州的书坊重新印刷呢？外地书坊能够用于表明信息的，一般是书籍的书签。这些书签一般是外地书坊购买书籍后重新贴上去的，或者是由苏州的书坊为其制作的。尽管都属于购买，但这两种形式还是存在细微的区别的：一为直接购买，一为订制购买。这就涉及外地书坊钤印中所提及的"拣选"的含义。这里的"拣选"接近于"批发"。现存的苏州刻本表明，外地书坊的批发、销售并不仅仅集中体现在书籍的书签上，也存在改换名目的现象。苏州出版的《古唐诗合解》，封面钤有"邺群聚元堂自在江浙苏闽拣选古今书籍发兑"[3]。聚元堂的位置在泊镇，位于河北泊头。现存版本中确实有清代泊镇聚元堂出版的《古唐诗合解》，而这正是从苏州引进的。通过对聚元堂和苏州出版的《古唐诗合解》进行对比，我们可以发现外地书坊确实曾从苏州书坊订购书籍，要不然不可能从版心抹去相关信息。又如与金阊书业堂关系比较密切的晋祁书业堂，道光二年（1822）晋祁书业堂出版的《易经体注会解合参》、道光三年（1823）晋祁书业堂出版的《诗经体注图考》、道光十五年（1835）晋祁书业堂出版的《诗经体注图考》，不论是出版者还是书籍本身，都显示出与金阊书业堂的关联。

而且，现存的一些苏版书籍，很有可能被改换过名目，如上文提及的修文堂是与苏州书坊有密切联系的一家外地书坊。其出版的书籍和苏州的出版物有所关联，比如，其出版的《注释水竹居赋》版权页有"元和盛观

---

[1] （清）王尧衢注：《古唐诗合解》，道光十年（1830）金阊步月楼刻本，封面。
[2] （明）邓林撰，（清）杜定基增订：《重订四书补注备旨附考》，清扫叶山房刻本，扉页。
[3] （清）王尧衢注：《古唐诗合解》，清刻本，扉页。

潮石卿著,修文堂藏板"[1]字样,而此书在苏州也十分流行,如扫叶山房就在光绪年间出版过。书业德和苏州的书坊之间也有交流,书业德出版的《小题正轨二集》的作者是松陵袁渔庄。[2]

通过上述梳理,我们可以知道苏州书坊所刊刻书籍到达的地区包括北京、山西、山东及东北等。通过这些外地书坊所钤的印章,我们可以发现他们采购书籍的地区主要为江苏、浙江、福建三地。而且,有的书坊的书籍采购地区仅是江苏,有的是江苏、浙江,绝大多数则是江苏、浙江、福建,而江苏地区的重点在苏州。

---

[1](清)盛观潮撰:《注释水竹居赋》,清刻本,扉页。
[2]版权页有"咸丰丁巳(七年,1857)春镌,书业德藏板"字样。

第四节　版权与竞争

随着印刷术在宋代出现第一个发展鼎盛期，版权意识也应运而生。纵观历代刊刻活动中关于版权的约定，版权的发展可谓极其缓慢。它只是存在于民间的约定俗成的一种散漫的认同，而且在现实中有很强的可操作性。尽管版权意识并未上升到法律的层面，现实中的出版行为却体现出对版权的保护。清代苏州的版权意识体现在三种关系上：版心与扉页的关系、藏板与梓行的关系、修板与版权的关系。

一、版心与扉页

对于苏州的书坊来说，书籍版权页和版心的信息不一致是常见的。那么，应该如何看待这种不一致呢？在绝大多数情况下，这种现象伴随的是板片的易主。这在清代苏州书坊中是经常发生的事情。郁郁堂书坊的板片在其他坊刻本中经常出现。康熙年间大业堂刻本《笺注第六才子书释解》，版心有"郁郁堂""大业堂"字样；康熙年间致和堂重刊本《增补笺注绘像第六才子西厢释解》，外封有"庆余堂"字样，版心有"郁郁堂"字样。由此可知其中部分是用郁郁堂的板片印刷的。书坊主的做法是对板片进行修复和重新利用，只需在扉页上标明现在版权的所有者就可以了。这种版心、扉页标识不统一的现象所导致的混乱使得读者不能确认书籍的版权所有者究竟是谁。

再以会文堂为例，其经营活动活跃在咸丰年间之前。《药性赋解》是清代苏州书坊中的畅销医书，姑苏绿润堂本版权页有"姑苏绿润堂梓"字样，版心下有"会文堂"字样。[1]我们可以发现，由于战乱对咸丰年间苏

---

[1]（清）王子接重订：《药性赋解》，清绿润堂刻本，扉页。

州书坊的破坏，板片散失，同治年间苏州书坊开始营业时，对这些板片进行了收集和重新印刷。因此，我们可以看到同治之后存在书坊对咸丰之前的板片重新进行印刷的现象。

无论是大业堂、郁郁堂还是会文堂，它们基本上处于同样的苏州出版生态链条上。这种地域内部的版权交易将各家书坊串联起来，表明了他们之间的关系。[1]

二、藏板与梓行

对于藏板和梓行的关系，我们可以归纳为两种：第一，藏板者是刊刻者，梓行者是印刷者；第二，梓行者是刊刻者，藏板者是印刷者。从版权的角度看，藏板表明了版权的归属，是版权意识的体现。因此，不论藏板者是刊刻者还是印刷者，都属于版权的所有者。以上所针对的主要是书坊自主出版的书籍，如果是学者委托书坊刊刻的书籍，那么板片一般归学者。

虽然没有明文规定，但是书坊和作者在实际出版中有着成熟的版权操作。对于书坊来说，书坊购买到了稿源，也就意味着版权从此归书坊所有，最为重要的体现就是将版权意识转化成对板片实物的占有。

除了刊刻书籍外，和出版密切相关的还有书板交易。书板的易主在雕版印刷的历史上具有重要的意义，它显示出了印刷者的变化，以及出版背后的商业经营。租赁或者购买同一时期书坊刊刻的板片是一种便捷的出版方式。板片对于书坊主来说，本身就是具有商业价值和版权价值的财产。苏州书坊内部的板片交易兴盛，主要体现在现存苏州坊刻本的扉页、版心所镌刻的书坊名称上。如康熙年间宝仁堂刊刻的《合刻天花藏才子前后集》，《玉娇梨》扉页有"益智堂藏板""宝仁堂重镌"字样，板片后来可能归益智堂所有。

又如苏州的书坊长春阁似乎是一家专门从事刊刻而后将板片租赁或者卖给其他书坊的特殊书坊。从现存版本来看，长春阁刊刻的书籍中几乎没有自己印刷的，基本上都是其他书坊用长春阁的板片印刷的。长春阁刊刻

---

[1] 苏州书坊的板片不只在苏州地区流通，有的也流通到外地，如雍正十三年（1735）课花书屋原刻《第七才子书》、芥子园后印本《芥子园绘像第七才子书》。

的《新编批评绣像后七国乐田演义》，扉页镌有"古吴遁世老人演辑，长春阁藏板"，而古吴崇文堂本、古吴陈长卿本、致和堂本都是长春阁版本的后印本；崇祯年间，长春阁刊刻了《列女演义》，后来"古吴三多斋梓"和"古吴陈长卿梓"都是将长春阁板片拿来印刷。由此可见，长春阁的板片基本上是在古吴派书坊内部流通的，而且同一时期的古吴派书坊在选择板片印刷时表现出一致性。前后至少三家书坊印刷同样的书籍，这不仅表明了这几家书坊之间有关联，还表明了书籍很畅销。当时的市场上同时出现这几家书坊印刷的书籍，其板片很有可能是作为书坊之间的公共财产，而这几家书坊都可以用自己的堂号来印刷书籍销售。

藏板和梓行之间的关系，具体表现为书坊与学者之间的关系。乾隆三十九年（1774）刊刻的《毛诗名物图说》初印本，扉页上有"遗经书屋藏板，近文斋刷行"[1]字样。徐鼎的序言是在清德堂的西斋写就的，而"遗经书屋"应该就是他的书斋名，"近文斋"是书坊的名字。由此可见，书籍刊刻完成后，书板仍然归著作者所有，而印刷、发行工作则由书坊完成。

三、修板与版权

修板在古代出版史上具有特殊的意义，涉及版权的归属问题。将研究的范围缩小到苏州后，苏州刊刻的板片是如何流通的，得到这些板片的人又是如何利用板片的，这些都是需要关注的问题。对于得到板片的学者来说，他们并不在意板片上所标注的刊刻者信息，一般不会刻意将其去除。即使板片并非自己所刊刻，但是通过对板片的重修，再加上自己的重修牌记，付之印刷，同样可以拥有对板片的所有权。版心是识别出版者的重要标识，印制版心、修板在某种程度上是将板片的所有权确定下来的行为。而且，这种不断累积刻书者、修板者标识的做法，使得板片具有重要的版本价值。有的修板活动只是增补了一些序言，并未对书板的内容进行实质性的修改。

苏州的板片一般是在苏州地区流通的。这些板片有的并不一定是在苏州刊刻的，周边地区的板片也会流入苏州。苏州与常熟、吴江等地保持着

---

[1] 张宝三：《美国芝加哥大学图书馆藏中文古籍善本书志·经部》（上），国家图书馆出版社2020年版，第297页。

板片上的流通。

　　板片不只在书坊中流通，在私人刻书中也同样盛行。板片作为重要的财物，尤其是那些具有重要文献价值和文物价值的板片，在清代的私人刻书中得到了充分的利用。其中，最值得注意的便是明代板片在清代的修板与印刷。明代的板片由于离清代最近，其价值首先被私人刻书注意到。最为常见的修板发生在家族内部，板片为继承来的，或者修板者与作者、刊刻者有着直接的关联。顺治年间，苏州的私人印刷中出现了利用明代的板片印刷的情况。顺治六年（1649），沈标对明崇祯年间刊刻的《弦索辨讹》进行了重新修板印刷。[1]沈标是《弦索辨讹》的作者沈宠绥之子，他在修板的时候增加了《续序》。沈标在序言中叙述了明清之际的战乱对于文献的破坏，并表明他也只是"捃拾散亡，校理前绪"[2]。沈标对修板的具体过程并未做过多的介绍，但是从其修板的目的来看，流传先辈著作是这一时期修板印刷的目的之一。

　　尽管汲古阁逐渐没落了，但它在清代的苏州依然产生了一定的影响。明末清初，社会动乱，板片得以流通。根据毛扆跋《春渚纪闻》，汲古阁刻本《春渚纪闻》的板片后来被变卖了。叶启勋认为，"毛氏当日恐秘册之失传，急于流布，值鼎革之际，板多他质，后得善本，无力校改印行"[3]。可见汲古阁在这一时期就开始变卖板片了。清人郑德懋的《汲古阁刻板存亡考》对汲古阁板片的流传情况进行了详尽的考察，其中，《十三经注疏》"板现存常熟小东门外东仓街席氏"，《十七史》"板现存于苏州扫叶山房"，《陆放翁全集》"板向存常熟张氏，今贮苏州紫阳书院中"。[4]根据《汲古阁刻板存亡考》，汲古阁的板片不只在苏州流传，也流传到了外地，如康熙二十五年（1686）钱士谧重修了明代汲古阁刊刻的《文选》并重新印刷，

---

[1] 明刻清印本《弦索辨讹》目录末题"松陵张培道、茂苑顾允升较镌"，有顺治六年（1649）沈标序。（王重民撰：《中国善本书提要》，上海古籍出版社1983年版，第702页。）

[2] （明）沈宠绥撰：《弦索辨讹》"续序"，崇祯十二年（1639）沈宠绥刻顺治六年（1649）沈标重修本，第3b页。

[3] 叶启勋撰：《拾经楼紬书录》，上海古籍出版社2020年版，第84页。

[4] 马月华编著：《美国斯坦福大学图书馆藏中文古籍善本书志》，广西师范大学出版社2013年版，第222页。明天启至崇祯年间毛氏汲古阁刻古松堂印本《诗词杂俎》，封面有"汲古阁原本，古松堂藏版"字样。郑德懋《汲古阁书板存亡考》云"《诗词杂俎》，板归扬州商家"。藏本题"汲古阁正本，吴门寒松堂藏板"，题款上钤有"寒松堂藏书记"。郑德懋所言"扬州商家"或即此本之古松堂。（范邦瑾编著：《美国国会图书馆藏中文善本书续录》，上海古籍出版社2011年版，第328页。）

卷端有"康熙丙寅（二十五年，1686）孟夏上元钱士谧重校"字样。

汲古阁的板片在清代苏州印刷的案例，比较典型的便是明末毛氏汲古阁刻清吴门寒松堂重印本《中州集》《唐四名家集》。关于吴门寒松堂并没有留下太多的信息，版权页上仅有"吴门寒松堂藏板"字样。根据《吴县志》，费誓在清初隐居于苏州，筑寒松堂。寒松堂可能是费誓的居所。汲古阁的板片有的被别的苏州书坊重新印刷，如天启五年（1625）毛氏绿君亭刻清文粹堂印本《苏米志林》。明崇祯年间毛氏汲古阁刻本《陆放翁全集六种》，版心下镌有"汲古阁"，到了清代，毛扆对其进行增刻，而后板片归常熟张氏所有，而虞山张氏诗礼堂印本的版心还镌有"汲古阁"，内封题"虞山诗礼堂"。[1]除了内容上的修改外，这种修板也反映了板片的流通情况。

利用明代板片的最为典型的修板活动是明徐氏东雅堂刻乾隆十一年（1746）洞庭东山王金增重修本《昌黎先生集》，版心下有"东雅堂"字样。早在崇祯十一年（1638），徐元俊就重修过一次，清初的冠山堂也修过。王金增序云："近岁流传善本，首称东雅堂徐氏刻，其板久不印行，间有缺失，其完者亦多灭裂漫漶。余近得之同里席凝辉，爰遵照原本补残订讹，复还旧观。"[2]王金增在修板时依据的正是原本书籍，因此，修板需要保持与原板的一致。又如万历三十三年（1605）博物斋刊刻的《六家诗名物疏》，扉页告白云："不佞亲授付梓，买者须认博物斋原板，幸无忽焉。"左下方题"同邑陈则舆识"。[3]由此可见，这是由常熟人陈则舆的博物斋刊刻的。后来，书板流传到范彦雍手中，他重新进行了修板。其告白云："此书久不印行，渐至刓失，今重加校补，遂为完者，须认博物斋原板勿误。"[4]尽管书板已经归范氏所有，但他还是使用了"博物斋"的名号。

修板者之所以能够进行修板的工作，在绝大多数情况下是因为板片已

---

[1] 马月华编著：《美国斯坦福大学图书馆中文古籍善本书志》，广西师范大学出版社2013年版，第220-221页。按：据别本可知"诗礼堂"下有"张氏藏板"字样。
[2] 李文洁：《美国芝加哥大学图书馆藏中文古籍善本书志·集部》，国家图书馆出版社2019年版，第23页。
[3] 张宝三：《美国芝加哥大学图书馆藏中文古籍善本书志·经部》（上），国家图书馆出版社2020年版，第288页。
[4] 张宝三：《美国芝加哥大学图书馆藏中文古籍善本书志·经部》（上），国家图书馆出版社2020年版，第292页。

经归其所有，或者是出于某种机缘能够接触到这些板片。康熙六十年（1721），苏州府学刊刻了《罗峰家训》《训蒙正则》，但是到了雍正元年（1723），姚德教就进行了增补的工作。由此可见，修板时间不一定会间隔太久，而且修板除了修正之外，还会进行增补。进行增补可能是由于板片有所损毁，如光绪二十三年（1897）常熟瞿氏铁琴铜剑楼补版增刻本《秋影楼诗集》。增补的另一种情况是在原板的基础上继续刊刻，这有别于对原板的修订，属于增刻，其代表如清初毛氏汲古阁、康熙年间陆贻典等递刻本《钝吟全集》。又如康熙年间徐乾学刊刻《秋笳集》，雍正四年（1726）吴振臣增修，封面有"秋笳集，吴江吴汉槎先生著，衍厚堂藏板"[1]字样。

四、禁止翻版的措施

禁止翻版是具有版权意识的重要体现。书籍遭到翻刻一事很少会被闹到官府。但是，清初的剧作家李渔在得知自己的作品被苏州书坊盗版后，"力恳苏松道孙公出示禁止，始寝其谋"[2]。苏州书坊三近堂刊刻的《无声戏合选》就可能是苏州书坊的盗版。其实不止苏州的书坊翻刻李渔的作品，杭州的书坊同样翻刻。李渔的做法是借助官府出示禁止，但这种做法只是权宜之计，并不能从根本上解决问题。

对于翻版的禁止出现在明万历、天启年间，苏州书坊在禁止翻版方面与同时期的其他书坊一致。禁止是以文字的方式呈现在书籍的扉页上的，从这些禁止文字的位置来看，它们一般和"藏板"的标注位置接近。也就是说，藏板与版权保护关系密切。值得注意的是，禁止文字仅提及翻刻的后果，如果是印刷原板，则并不会追究责任。

由于堂号的特殊性和刊刻版心堂号所产生的成本，在版心刊刻堂号等信息是保护版权最为有效的方法。明末汲古阁刻印的书籍在版心标注"汲古阁·毛氏正本"[3]字样，标注"正本"二字显然是为了防止被人翻刻。

[1] 沈津：《中国珍稀古籍善本书录》，广西师范大学出版社2006年版，第578页。
[2] 李渔在《与赵声伯文学书》中说"翻板者多"。[（清）李渔撰：《笠翁文集》卷三《与赵声伯文学书》，雍正八年（1730）芥子园刻本，第11a页。]
[3] 明末汲古阁刻本《中吴纪闻》，卷首第一页书口中缝有"汲古阁·毛氏正本"字样。

汲古阁刻书，一般都是根据宋本刊刻，如其刊刻的《六唐人集》，大题下均有"汲古阁毛晋据宋本考校"墨框方记。在宋元本已经变得稀缺的明末清初，在刻本上标注出自宋本这一具有广告性质的话语，不仅为销售图书进行了宣传，还在一定程度上保护了版权。

康熙年间，尽管姜文灿的深柳堂一直在印本的扉页上宣示版权，但还是受到翻刻的困扰。这从康熙十八年（1679）深柳堂刻本《四书大全说约合参正解》的凡例中可见："是编加工剞劂，所费不赀。闻有书林狡狯，欲俟梓成翻刻者，彼意止于射利，必至纸张滥恶，字句糊模，大为此书之蠹，良可恨也。倘蹈此辙，誓必鸣官究治，决不甘心以数载镂心刻骨听若辈败坏也。"[1]因此，尽管这部书是书坊刊刻的，但是在版心刊刻了"深柳堂"。深柳堂是姜文灿的别业，为了增强书籍的权威性，书坊在刊刻的时候冠以"深柳堂"三字，"以担保其品质并宣示著作者之权利以杜绝翻刻盗印"[2]。出于对翻刻的担忧，康熙二十九年（1690）孝友堂、赠言堂刻本《深柳堂汇辑书经大全正解》《深柳堂禹贡增删集注正解读本》除了在版心镌刻"深柳堂"外，还在版权页钤朱文印"翻刻千里必究"。[3]

这一时期的家刻也在书籍中宣示版权，禁止盗版。比较典型的当属《纳书楹曲谱凡例》："翻刻系俗人射利事，最足痛恨。贾者或幸其价之稍廉，而不知舛误错谬处不可胜计。况此谱不比他书，易于校雠，即在一板一眼，有失毫厘而谬千里者，知音之士，必能识别，则翻刻不究自息矣。"[4]"凡例"中提及了禁止盗版翻刻，与坊刻本在扉页上的宣示内容基本一致。

以印章的形式将禁止翻刻的文字钤在扉页上应该是苏州书坊的发明，最晚在康熙年间，这种钤印的方式就已经在苏州出现了，如康熙三十年

---

[1] 吴氏此书并未标明书坊是何家，但是《凡例》的第十则载："余年来从事笔耕，手录是编，专为课徒计也。一知半解，自问多惭，何敢辄以问世？而坊客敦迫再三，不得已，勉徇其请，然借此就正于有道，知四方高明之士必有以教我。"这段话与后来的金阊刻本如出一辙，因此怀疑吴氏与金阊的书坊一直保持着合作。（张宝三：《美国芝加哥大学图书馆藏中文古籍善本书志·经部》，国家图书馆出版社 2020 年版，第 594 页。）

[2] 葛筠《诗经正解序》："吾邑城南读书处，曰'深柳堂'，清池数亩，环以高柳，垂阴池畔，盛夏无暑气。深柳堂，姜氏别业也。"（张宝三：《美国芝加哥大学图书馆藏中文古籍善本书志·经部》，国家图书馆出版社 2020 年版，第 246、594 页。）

[3] 沈津主编：《美国哈佛大学哈佛燕京图书馆藏中文善本书志》1，广西师范大学出版社 2011 年版，第 73-74 页。

[4] （清）叶堂撰：《纳书楹曲谱》"凡例"，乾隆五十七年（1792）刻本，第 3a 页。

清康熙年间刻本《曹陶谢三家诗》书影

（1691）金阊大雅堂、五雅堂刻本《绘事备考》钤有"本斋藏板，翻刻千里必究"[1]印。书坊用钤印禁止翻版的方式在乾隆年间更为流行，比如，宝翰楼刊刻的《蔡虚斋订正四书蒙引》扉页有"荆溪真本""本衙藏版"字样，钤有"宝翰楼藏板"印。[2]《孔子家语》版权页有"汲古阁校，吴郡宝翰楼"字样，钤有"宝翰楼藏书记"。此书为汲古阁刻，清宝翰楼重刊。[3]《曹陶谢三家诗》内封镌有"绿荫堂发兑"，钤有"绿荫堂藏书"白文方印。[4]

又如著名的扫叶山房，其刊刻的《小学纂注》版权页有"光绪十四年（1888）仲夏，苏州扫叶山房刊"字样，钤有"扫叶山房督造书籍"。[5]书坊的印章一般会钤在版权页，尤其是像扫叶山房这样把钤印和刊刻的牌记放在一起的做法，更能给读者留下深刻的印象，有增强版权保护效果的作用。这种钤印的方式出现在清代中后期，尤其是在清末民初最为盛行。根据此书的"凡例"，"凡高论赐光，随到随镌，不分门类，不限卷数，不以渐次，补镌非止限此几卷，便为完书也。购阅者须认本堂原板，乃得卷以日增。若夫翻刻之本，焉能随补随翻，决非全集，愿诸公辨之。笠山谨识"[6]。这是在提醒翻刻者注意辨别相关信息，但是并未提供具体的刊刻者信息，因此，这部书的封面应该是后来先被剜改去原先的刊刻者，而后扫叶山房才在上面钤印的。

关于禁止翻版的声明，康熙二十三年（1684）刻本《诗经正解》钤有"翻印千里必究"[7]朱文长方印。康熙二十八年（1689）刻本《四书集注阐微直解》钤有"翻刻必究"[8]白文大方印。光绪七年（1881），姚孟起

---

[1] 沈津主编：《美国哈佛大学哈佛燕京图书馆藏中文善本书志》3，广西师范大学出版社2011年版，第1039页。

[2] （明）蔡清撰：《蔡虚斋订正四书蒙引》，清宝翰楼刻本，扉页。

[3] 王树田：《拥雪斋藏书志：全2册》（上），广西师范大学出版社2018年版，第329页。

[4] （清）卓尔堪编：《曹陶谢三家诗》，清康熙间刻本，扉页。

[5] （清）高愈撰：《重订小学纂注》，光绪十四年（1888）苏州扫叶山房刻本，扉页。

[6] （清）高愈纂注：《重订小学纂注》"凡例"，光绪三十一年（1905）上洋扫叶山房刻本，第1b页。

[7] （清）吴荃、姜文灿辑订：《诗经正解》，康熙二十三年（1684）刻本，扉页。

[8] （明）张居正直解：《四书集注阐微直解》，康熙二十八年（1689）刻本，扉页。

刊刻的《唐砖塔铭》钤有"□□所有，翻刻必究"[1]。康熙年间比较流行将钤印作为禁止盗版的声明。

由于书籍所产生的利益和书坊所具有的明显营利性，对版权的宣称主要集中在书坊。清初的书坊延续了明代在版权页上钤印圆形印章图案的做法，后来则不止使用椭圆形图案，也钤印文字。以苏州的书坊三乐斋为例，其于康熙年间刊刻的《四书诸儒辑要》，版心下镌有"三乐斋"，扉页题"古吴三乐斋梓行"，钤有"三乐斋藏板"白文方印，中间上方钤有红色圆形图案。[2] 雍正九年（1731）三乐斋刊刻的《四书经注合参》，钤有"三乐斋梓行""后学津梁"印。[3] 从在版权页上镌刻文字到在版心镌刻文字，再到钤图案和文字印，三乐斋可谓是版权保护的典范。

除了在扉页钤印文字外，有的书坊还采取了镌刻文字加钤印堂号的方式。康熙五十四年（1715）金阊绿筠堂刊刻的《离骚辩》，扉页上镌有"本衙藏板，翻刻必究"，并且钤有"绿筠堂"白文方印，版心下又镌有"绿筠堂"。[4] 三乐斋在康熙五十七年（1718）刊刻的《四书诸儒辑要》，扉页有"康熙五十七年（1718）新镌""都梁李岱云、李兆恒参订""古吴三乐斋梓行"字样，钤有"翻刻必究""三乐斋藏板"印，版心下有"三乐斋"字样。[5] "翻刻必究"文字和"三乐斋藏板"文字的位置相邻。版心镌刻斋名、梓行者，钤印藏板者，印制禁止翻版的文字，这些是苏州书坊采取的多重版权保护措施。

此外，值得一提的是书籍上的椭圆图案的设计。版权页上的椭圆印章是书坊独有的标识。这些椭圆印章最早可以追溯到明代中后期的坊刻本，如明末白雪斋刊刻的《吴骚合编》扉页就有这种椭圆图案。关于这种椭圆印章的作用，康熙年间石门吕氏天盖楼刻本《朱子语类》有朱文识语云："本坊发兑古书时文，俱系苏浙原板，纸张洁白，破损剔净，每部有圆章字

---

[1]（清）陆研北临：《唐砖塔铭》，光绪七年（1881）刻本，扉页。
[2] 张宝三：《美国芝加哥大学图书馆藏中文古籍善本书志·经部》（下），国家图书馆出版社2020年版，第624页。按：乾隆五年（1740），三乐斋重新刊刻此书。
[3] 张宝三：《美国芝加哥大学图书馆藏中文古籍善本书志·经部》（下），国家图书馆出版社2020年版，第640页。
[4]（清）朱冀撰：《离骚辩》，康熙四十五年（1706）绿筠堂刻本，扉页、版心。
[5] 沈津主编：《美国哈佛大学哈佛燕京图书馆藏中文善本书志》1，广西师范大学出版社2011年版，第203-204页。

号,伏冀海内高明垂鉴。□陵绿荫堂李苑文谨识,居北首朝南。"[1]可见这种圆章是作为书坊发兑的标识而存在的。正如前面所说,具有这种发兑标识的出版物不一定是书坊出版的,有可能发兑标识只是作为销售印章存在。这些椭圆印章的内容基本上以魁星形象为主,也涉及其他的形象创作。

清代苏州的一些书坊延续了这种钤盖椭圆印章的做法,主要集中在清初至清代中期,尤其体现在那些与科举有关的书籍上。康熙三十年(1691)金阊大雅堂、五雅堂刻本《绘事备考》所钤的是圆形麒麟及祥瑞图印。[2]这一时期其他地区的书坊印章,如清初金陵人瑞堂刻本《新刻钱希声先生四书课儿捷解》有圆形木记,绘制的是"一吹箫男子,临涛而立,山石花木其后,殿宇隐约云中"[3]。清初印章形象的创作比较具有个性,南京偏向于文人化的写意,苏州则偏向于民俗式的商业化。

《昭明文选》印章

清代印章的图像更多地延续了明代的魁星主题。乾隆五十九年(1794),函三堂出版的《针灸大成》扉页所钤的圆形图案形象为魁星握笔,四周是云纹。乾隆年间的一些家刻本同样钤有椭圆图案,这些图案应该也是书坊钤盖上去的,如乾隆三十七年(1772)叶氏海录轩刻本《昭明文选》[4],以及金阊书业堂刻本《重订济阴纲目》扉页的椭圆图案,均是魁星握笔形象,与《针灸大成》的魁星形象颇有相近之处。

《四书诸儒辑要》印章

值得注意的是,同一书坊不同时期的印章形象也会有所区别。三乐斋曾经在康熙五十七年(1718)和乾隆五年(1740)刊刻《四书诸儒辑要》,扉页都钤有印章,但形象有所区别。

---

[1] (宋)朱熹:《朱子语类》,康熙年间石门吕氏天盖楼刻本,扉页。
[2] 沈津主编:《美国哈佛大学哈佛燕京图书馆藏中文善本书志》3,广西师范大学出版社2011年版,第1039页。
[3] 沈津主编:《美国哈佛大学哈佛燕京图书馆藏中文善本书志》1,广西师范大学出版社2011年版,第172页。
[4] 王树田:《拥雪斋藏书志:全2册》(下),广西师范大学出版社2018年版,第603页。

嘉庆年间苏州书坊的印章形象基本上延续了康熙、乾隆年间的主题。嘉庆年间聚文堂刊刻的《十子全书》内封镌有"嘉庆甲子（二十一年，1816）重镌，姑苏聚文堂藏板"[1]，钤有椭圆图案，而嘉庆年间宏道堂刻本《十子全书》内封镌有"嘉庆甲子（二十一年，1816）重镌，宏道堂藏板"[2]，也钤有椭圆图案。尽管版权页上的藏板者不同，但是所钤的印章相同。通过对这两枚印章的观察可以发现其设计特点：印章边缘的线条共有两个，外圈较粗而内圈较细，有云彩图案，中间为魁星握笔形象，右上侧有北斗七星。这很有可能是聚文堂将板片租给宏道堂印刷的，但聚文堂还是钤盖了印章。由此可见，聚文堂有自己设计的商标图案。如果是这样，那么这种圆章就具有了版权保护的作用。

嘉庆年间聚文堂刻本《十子全书》圆印

嘉庆年间宏道堂刻本《十子全书》圆印

从苏州与其他地区的书坊印章对比来看，在不同时期，印章上的人物形象会有明显的区分。以《左绣》为例，道光五年（1825）崇文堂刻本《左绣》内封有"道光五年（1825）重镌，华川书屋藏板"[3]字样；姑苏步月楼重刊本《左绣》版权页有"华川书屋藏板，金阊步月楼重刊"[4]字样；光绪三十一年（1905）善成堂刻本《左绣》，内封镌有"光绪三十一年（1905）新镌，善成堂藏本"[5]。这三部由不同书坊出版的《左绣》都钤有圆印，但各不相同。比较特别的是崇文堂刻本圆形图案上有"圣贤□□，君子之书"字样。苏州与其他地区的印章的魁星形象基本是一致的，说明这一形象在当时很流行。

---

[1]（清）王子兴编：《十子全书》，嘉庆二十一年（1816）姑苏聚文堂印本，扉页。
[2]（清）王子兴编：《十子全书》，嘉庆二十一年（1816）宏道堂印本，扉页。
[3]（清）冯李骅评辑：《左绣》，道光五年（1825）崇文堂刻本，扉页。
[4]（清）冯李骅评辑：《左绣》，清金阊步月楼刻本，扉页。
[5]（清）冯李骅评辑：《左绣》，光绪三十一年（1905）善成堂刻本，扉页。

道光五年(1825)
崇文堂刻本《左绣》圆印

光绪三十一年(1905)
善成堂刻本《左绣》圆印

道光二十一年(1841)
刻本《四书体注》圆印

道光年间刻本《四书体注》的版权页有"道光辛丑（二十一年，1841）重镌，苕溪范紫登先生参订，遵部颁发正韵，福文堂藏板"[1]字样，图案形象也是魁星手握毛笔。崇文堂与福文堂的印章形象都是魁星握笔，右上侧有北斗七星，只不过北斗七星的形状是展开的，这与聚文堂的折叠式北斗七星不同。

咸丰年间苏州的坊刻本基本上还是以魁星形象为主的，步月楼出版的"精华"系列合称"四经精华"，版权页有"咸丰元年（1851）仲春镌，姑苏步月楼藏板"[2]字样，并且钤有"姑苏""原板"印章和圆形图案，图案的形象还是魁星手握毛笔。同治年间钤盖圆章的书坊有天德堂，同治六年（1867）天德堂印刷的《临证指南医案》上有椭圆图案，版权页上钤有"姑苏""原板"印章。另外，

同治年间刻本
《临证指南医案》圆印

《西游真诠》版权页有"绣像金圣叹加评西游真诠""翰宝楼板"字样，钤有"姑苏原本"印章和圆形图案。[3]这些圆章与"姑苏""原板"相结合，被看作重要的标识。对这些圆章进行对比后我们可以发现，它们在构思上很相似，魁星骑鳌而手举毛笔的形象存在于绝大多数刻本中，周边的星斗和云彩是基本一致的。天德堂印章的人物形象更为简洁，而且其朝向是左边，与之前的有所区别。

[1]（清）范翔参订：《四书体注》，道光二十一年（1841）福文堂刻本，扉页。
[2]（清）魏朝俊辑：《四经精华》，咸丰元年（1851）姑苏步月楼刻本，扉页。
[3]（清）陈士斌诠解：《西游真诠》，清翰宝楼刻本，扉页。

清代苏州禁止翻版的声明不只出现在坊刻本中，家刻本、活字本也受到坊刻本的影响，存在禁止翻刻的声明。如《坦庵词曲六种》，内封有"南湖享书堂藏板，翻刻必究"[1]字样。《半农先生礼说》，内封有"红豆斋藏板""翻刻必究"字样，钤有"在姑苏虎邱右首萃古堂发兑"。[2]可见红豆斋还专门设计了禁止翻版的印章。又如活字本《有竹石斋经句说》内封有"续集即出""本斋发兑，翻刻必究"字样。[3]它们在设计上也采用了钤印方式，更加醒目。同时，家刻本也设计了专门表明出版者的印章。康熙年间张氏怀嵩堂刻重订本《虎丘山志》，扉页镌"虎丘山志。伊人。金岘庵、张庸如重修。新绘万岁楼图景。吴门怀嵩堂藏版"，钤有"怀嵩堂图章"朱文方印。[4]康熙二十八年（1689）刻本《花聚庵诗集》，内封有"花聚庵藏板"，钤有"花聚菴"印。[5]乾隆三十七年（1772）长洲叶氏海录轩朱墨套印本《文选》，内封

清初南湖享书堂刻本
《坦庵词曲六种》书影

清红豆斋刻本
《半农先生礼说》书影

清活字本
《有竹石斋经句说》书影

"花聚庵"印章

[1]（明）徐石麒撰：《坦庵词曲六种》，清初南湖享书堂刻本，扉页。
[2]（清）惠士奇撰：《半农先生礼说》，清惠氏红豆斋刻本，扉页。
[3]（清）吴英撰：《有竹石斋经句说》，嘉庆年间活字本，扉页。
[4]沈津主编：《美国哈佛大学哈佛燕京图书馆藏中文善本书志》2，广西师范大学出版社2011年版，第632页。
[5]（清）李可汧撰：《花聚庵诗集》，康熙二十八年（1689）刻本，扉页。

镌有"海录轩藏板",钤有"海录轩""长洲叶氏图书"朱印。[1]这些做法显然是受到了坊刻本的启发。

清代苏州的家刻本注意保护版权的案例还有:乾隆十九年(1754),蒋良骥经过苏州,陈黄中"请出橐中金为剞劂费",也就是说蒋氏资助陈景云子陈黄中刊刻了《文道十书》四种,扉页上有椭圆牌记"朴茂斋藏板",并且标注了"以下续出"的书目,提醒读者持续关注。[2]"朴茂斋藏板"的印章正是在宣示版权。乾隆三十九年(1774)邃经书塾刻本《四书考正讹》,版心下镌有"邃经书塾",扉页有"邃经书屋藏板"字样,钤有"邃经书塾"朱文方印。[3]嘉庆年间苏州顾犍碧筠草堂本《笠泽丛书》的牌记前有刻书者的广告语,表明此书刊刻精美、严禁翻版,一旦坊间出现翻刻之本,必将千里追究。道光年间写刻本《试帖凤楼》扉页有"原板校正无讹",钤有"古桐华馆藏板"朱印,有牌记"道光丁酉年(十七年,1837)夏六月开雕"。[4]由此可见,以钤印来取代刊刻者信息是清代苏州在版权保护中的重要探索。钤印可以有效防止盗版,有利于读者进行辨识。

通过上述案例我们可以发现,清代苏州家刻本的扉页设计等深受坊刻本的影响,主要表现在钤印、禁止翻版说明、广告等形式上,最典型的是乾隆二十二年(1757)徐氏刻本《唐人五言长律清丽集》,其扉页刻"唐律清丽集。吴县徐商征、元和沈文声同辑。沈归愚先生定。丁丑(乾隆二十二年,1757)冬镌。是集专选唐五言长律,备场屋馆阁之用,评注详悉,校订无讹,翻刻必究",钤有"凤池染翰""苏城卧龙街北首庄家桥巷贞节坊徐宅藏板"印。[5]这些形式与这一时期的坊刻本的形式基本相同。

另外,还有一些特殊版本采用了特殊的版权保护措施,如姑苏扫烟堂刻本《修身齐家》卷前有扫烟堂的长篇告示,涉及对版权的保护:"今有奸徒假冒翻刻此书,但无周姓名印及丹炉记者可辩。"[6]这里明确提示购买

---

[1](梁)昭明太子编:《文选》,乾隆三十七年(1772)长洲叶氏海录轩朱墨套印本,扉页。
[2]李文洁:《美国芝加哥大学图书馆藏中文古籍善本书志·丛部》,国家图书馆出版社2020年版,第288页。
[3]张宝三:《美国芝加哥大学图书馆藏中文古籍善本书志·经部》(下),国家图书馆出版社2020年版,第671页。
[4](清)杨廷栋编撰:《试帖凤楼》,道光年间写刻本,扉页。
[5]沈津主编:《美国哈佛大学哈佛燕京图书馆藏中文善本书志》5,广西师范大学出版社2011年版,第2106-2107页。
[6](清)奄自叟撰:《修身齐家》,清姑苏扫烟堂刻本,扉页。

者如何辨别书籍的真伪。

晚清出版的一大进步便是家刻本方面的版权意识更为明确。光绪二十二年（1896）吴县王仁俊籀鄦诐刻本《格致古微》旁有红色印，内容为"连史元半，赛连一元。翻刻必究，石印严办"[1]。尽管这部书的出版得到过张之洞等人的资助，但还是属于王氏的籀鄦诐刻本。由于要拿到市场上出售，因此，王氏对这部书的版权格外重视。这也是少见的在私刻本中表明刻书后拿来销售的案例。王氏表明，无论他人是翻刻还是石印这本书，自己都会进行追究，这是针对当时已经出现的石印技术而言的，从王氏的措辞来看，石印的性质比翻刻更为恶劣。这是苏州在光绪末年防止盗版的典型案例。

石印、铅印技术在清末苏州普及的同时，版权保护也受到重视。振新书社在光绪年间就开始采用石印技术印刷书籍，如《六也曲谱初集》的版权页有"翻刻必究，光绪三十四年（1908）属苏州振新书社刊印，二集续出"字样[2]，卷末标注了"版权所有""每部四册，定价大洋壹元"[3]。版权信息在铅印本上更为完善，光绪年间常熟出版的《瓶庐诗钞》，除了列举编辑者、摆印处等信息外，还有"版权所有"的方形标识和"开文"印章。

五、翻刻现象

尽管古代的书坊在刻书识语上都明令禁止翻刻，但在实际的刊刻出版中，那些销量很好的书籍会被各家书坊争相翻刻。哪怕是同样位于苏州的书坊，这种翻刻也颇为常见。康熙年间，文盛堂重刻四雪草堂本《隋唐演义》，文盛堂和四雪草堂都是当时苏州的书坊。又比如，《花镜》的版权页有"园林雅课，金阊书业堂梓行"[4]字样。这部书是当时苏州的畅销书，书坊纷纷出版。对于书坊来说，禁止翻刻的时效性似乎仅仅体现在当代的书籍上，对于那些年代较远的书籍，版权的意义已经不复存在。

---

[1]（清）王仁俊撰：《格致古微》，光绪二十二年（1896）刻本，扉页。
[2]（清）翁同龢撰：《瓶庐诗钞》，光绪年间开文社铅印本，扉页。
[3] 张芬编：《六也曲谱初集》，光绪三十四年（1908）苏州振新书社石印本，扉页、卷末。
[4] 另一部《花镜》的版权页有"金阊文业堂梓行"字样。

版权保护在古代出版史中的发展是缓慢的。如果我们将目光聚焦到清代苏州的出版，就会发现这里的版权保护意识和行为与全国其他地区并无本质上的区别，基本上延续了宋、元、明三代的方式，在扉页上镌印"翻刻必究"的字样，但这并不能有效防止翻刻。康熙年间刊刻的《左氏条贯》扉页有"新镌原板，翻印必究"[1]字样。但是从现在此书的著录来看，分别出现了康熙五十一年（1712）致和堂刻本、聚古堂刻本。这说明它在康熙年间就已经被翻刻。

康熙年间褚人获的四雪草堂可谓是苏州小说出版的代表书坊，其刊刻的《隋唐演义》是当时书坊的畅销书，因此，翻刻者甚多。褚人获是比较早的具有小说版权保护意识的作者，其在发凡中说："倘有翻刻者，千里必究。"[2]但是根据现存的书籍版本来看，翻刻者并不在少数。如文盛堂的版本，版权页有"文盛堂梓行"字样，版心下有"四雪草堂"字样。[3]这主要有两种可能：其一是书坊在翻刻的时候连"四雪草堂"也原封不动地刊刻，以表明权威性；其二是文盛堂印刷的是四雪草堂刻本。但无论如何，这与褚人获的版权保护都是冲突的。

选择有潜在商业价值的书籍进行翻刻至关重要。对于书坊而言，它们主要考虑版本稀见或者销路好所带来的商业价值。那么，苏州的书坊翻刻的书籍主要有哪些呢？苏州的书坊会瞄准本地的出版者，如《历代神仙通鉴》一书，苏州的致和堂和林屋石楼都刊刻过；康熙年间，吴门聚锦堂刊刻了《增补白眉故事》，而雍正十三年（1735）素位堂对其进行了重刻。此外，苏州的书坊也密切关注外地的刊刻情况。

康熙二十二年（1683），书坊主叶继照从蒋景祁的天藜阁得到了《陈检讨词钞》的板片，既而撤去蒋氏原序，易之以余国柱的序，自称"金阊叶继照梓行"。尽管叶氏书坊在出版中有一些侵犯版权的行为，但他们依然为保护自己的版权而做出声明。清初叶瞻泉刊刻的《苣山文集》在封面上明确标明："先生撰著盈箧，拟锲《苣山全集》行世，屡更兵燹，半委灰烬，四方及门不忍湮坠失传，因窃取先生焚余仅存者授之剞氏，非先生志也。

---

[1] 张宝三：《美国芝加哥大学图书馆藏中文古籍善本书志·经部》（下），国家图书馆出版社2020年版，第442页。
[2] （清）没世农夫（褚人获）编：《隋唐演义》"四雪草堂重编隋唐演义发凡"，康熙年间褚人获四雪草堂刻本，第1b页。
[3] （清）没世农夫（褚人获）编：《隋唐演义》，清文盛堂刻本，扉页、版心。

各坊倘翻刻乱真，定行追治。"[1]

康熙二十九年（1690）孝友堂、赠言堂刻本《深柳堂汇辑书经大全正解》"凡例"第九则涉及书坊盗版："制义名选，如《录真》《文征》《韩选》诸书，真足主持风气，为一代指南。余自安固陋，退舍已久，而坊刻仍厕贱讳，真赝不辨自明。独《正解》一刻，遭翻板之劫，亥豕鲁鱼，贻误非浅。苦绵力不能追论，实用心瘝，兹编校雠既正，梨枣复工，倘利贾仍行翻盗，定当纠合同志，共剪蟊蠹，幸无更蹈覆辙。"[2]尽管深柳堂在印本的扉页上宣示版权，但还是一直被翻刻困扰。这从康熙十八年（1679）深柳堂刻本《四书大全说约合参正解》的"凡例"中可见："是编加工刳劂，所费不赀。闻有书林狡狯，欲俟梓成翻刻者，彼人止于射利，必至纸张滥恶，字句模糊，大为此书之蠹，良可恨也。倘蹈此辙，誓必鸣官究治，决不甘心以数载镂心刻骨听若辈败坏也。"[3]对于版权的拥有者来说，限于条件，他们追究的可能性比较小，大多数都是在书中进行严厉的警告。

如果书坊的行为属于翻刻，书坊也就不会大张旗鼓地宣称版权了。翻刻分为两种：一种是翻刻前代的版本，另一种是翻刻同时代的版本。清代苏州书业的一个特点便是部分书籍在某个时期或整个朝代的出版频率较高，而且是被不同的出版者刊刻，这除了反映出这部书在苏州属于畅销书之外，还说明了这些书坊对于版权的淡漠。尽管古代的书坊在扉页告白里一直宣称"翻版必究"，似乎表现出他们对版权的重视，但是我们很少看到因为翻版而引发的纠纷。坊刻本本身所具有的营利性使得书坊主对于翻版表现出格外的重视，但是对于家刻本而言，很少见到禁止翻版的告白。有的翻刻会有所改动，如顺治十四年（1657），王望如的醉耕堂翻刻贯华堂本《水浒传》，并将书名改为《评论出像水浒传》。王望如，字仕云，号桐庵老人，明末清初人。[4]王望如的醉耕堂并不是简单翻刻，而是在回末加上了王氏的总评。在康熙、乾隆年间比较畅销的《增补四书精绣图像人物备考》，由于作者是生活在明代的陈明卿，而且最初的刊刻者或者板片可能已

---

[1]（清）张自烈撰：《芑山文集》，清初刻本，扉页。
[2] 沈津：《伏枥集》，广西师范大学出版社2019年版，第304页。
[3]（清）吴荃撰：《四书大全说约合参正解》"凡例"，康熙十八年（1679）深柳堂刻本，第2a页。
[4] 马月华编著：《美国斯坦福大学图书馆藏中文古籍善本书志》，广西师范大学出版社2013年版，第127页。

经消失，其版权成了问题。时间、板片、作者、刊刻者对于版权所产生的影响，导致这样的书籍版权具备了公共的属性，可以任意出版。因此，苏州的书坊纷纷推出了自己的版本，主要有康熙五十四年（1715）吴郡绿荫堂刻本《陈明卿先生订正四书人物备考》、康熙五十六年（1717）古吴三乐斋刻本《增订龙门四书图像人物备考》、乾隆二十八年（1763）古吴聚秀堂刊本。又比如，到了光绪年间，扫叶山房出版的《医方集解》版权页有牌记"光绪丁亥（十三年，1887）姑苏扫叶山房仿原版鸠工重校刻"，钤有"扫叶山房督造书籍"，对于翻刻并无忌讳。[1]

  发生在苏州的一个与风俗有关的案例是关于历书的刊刻。这个案例的特殊之处在于，它反映了历书官板与私板之间的关系。根据《清嘉录》的记载，"吾乡新历，在阊胥一带书坊悬卖。有官板、私板之别。官板，例由理问厅署刊行；所谓私板，民间依样梓印，印成仍由理问厅署钤印，然后出售。闻诸父老云：里正送新历，始行于乡村，后沿于城中。张渔川有《咏时宪书庆清朝》词云：'珠殿颁初，书棚悬后，行行墨翠朱殷。须省数时，探节趋避多端。纵不识丁也买，开编春早又冬阑。随年换，糊窗帖绣，故纸抛残。'"[2]由于时宪书这类文本比较特殊，而且在民间的发行量巨大，官方出版有限，因此，官方给予了民间书坊一定的版权，即民间可以依样翻刻，但最后还是要经过理问厅署的审查和钤印才能公开售卖。这一点对于我们了解清代苏州地区版权情况的启示是，不同类型书籍的版权情况有所不同。

---

[1]（清）汪昂撰：《医方集解》，光绪十三年（1887）姑苏扫叶山房刻本，扉页。
[2]（清）顾禄撰：《清嘉录》，中华书局2008年版，第197页。

第五节　广告的形式

广告在古代被称为"告白"或"识语"。从宋代开始，书籍的刊刻就已经形成了成熟的广告写作模式，而且这种广告最为常见的还是出现在坊刻本上。书籍的扉页是刊刻者着重设计的板块，无论是版面的设计还是文字内容的撰写，都带有自我推销的性质。广义上的广告并不仅限于刻书的识语，还包括图案、印章、牌记等。刊发广告在明清时期已经成为书坊之间竞争的常规手段。那么，对于明清时期出版业繁荣的苏州，其坊刻本广告的写作又有哪些地域性的特点呢？

"续出书目"是书坊最为常用的一种广告手段，它能引起读者对书籍、书坊持续进行关注，使读者产生期待。这类广告的位置并不固定，隐藏在扉页、正文、目录、凡例等部分。康熙十二年（1673）刊刻的《新说生花梦奇传》扉页镌有"二集嗣出"，可谓是先向读者做的预告；清初由笔练阁主人编述的《五色石》是在苏州刊刻的，其第八卷回末评："笔练阁主人尚有新编传奇及评定《古志》，藏于笥中，当并请其行世，以公同好。"[1]这句隐藏在书中的广告语给读者介绍了笔练阁主人的新作，并且向读者承诺会刊刻出版。有的广告标注在目录和凡例中，如乾隆五十八年（1793）苏州甘朝士局刊刻的《北史演义》，其"凡例"载："南朝事实有与北朝相涉者，略见一二，余皆详载《南史演义》中，即行续出。"[2]清初叶瞻泉刊刻的《芑山文集》在目录后表明了续梓的卷第，"杂序五卷，卷之第五续梓""杂著四卷，卷之第四续梓""已上共三十二卷，内阙二卷，嗣出""已上共三十四卷，未梓，嗣刻""附录二卷，嗣刻"[3]。门人席仁的《芑山文集凡例》载："疏、序、杂著卷内有先生既脱稿偶逸者，有既镂版复漏

---

[1]（清）笔练阁主人编：《五色石》卷八，清初刻本，第41a页。
[2]（清）杜纲撰：《北史演义》"凡例"，乾隆五十八年（1793）刻本，第4a页。
[3]（清）张自烈：《芑山文集》"总目"，清初叶瞻泉刻本，第1b、2a、2b页。

者,今姑存原目于各卷,俟续梓出公同好。"[1]书坊的这种续出书目式的广告对家刻本、活字本也产生了影响,如康熙刻本《己畦集》内封刻有"二弃草堂"章,镌有"《原诗》内外篇,附诗集即出"。[2]嘉庆十年(1805)周氏易安书屋活字本《假年录》卷二末有"征得已刻未选印出诗目"[3]。

  书坊一般借助序言或者凡例的作者来对即将出版的新书进行宣传,这种广告则更为隐蔽,其主旨围绕版本的稀有和珍贵。如顺治年间素政堂刊本《新镌批评绣像玉娇梨小传》,《缘起》云:"近缘兵火,岌岌乎灰烬之余。客惧,不敢再秘,因得购而寿木。"[4]又如清初金阊绿荫堂刻本《九宫谱定》,鸳湖逸者《九宫谱定凡例》云:"九宫为南曲谱,北曲六宫谱失传,沈子旷独得秘本,嗣刻。"[5]广告所强调的正是一个"秘"字,从而引发读者的好奇。

  为了显示自己所刻版本的优越,势必要拿以前的版本来做对比,这也是古代书坊广告常见的写法。如《医宗必读》版权页有"云间李仕材著,金阊同文会梓行"[6]字样。卷前有刻书识语云:"第相传日久,以讹传讹,错误百出,竟有重刻数行者,有少刻数行者,或两方并为一方,或一方分为二方,如是种种,不可殚述,心甚恻然。壬辰(乾隆三十七年,1772)春,始获原刻全部,板虽不嘉而讹错则鲜。余不惮烦,以此校对,重而新之,不敢言尽善也,然视他本,则微有长云。瀛经主人谨跋。"[7]这显然是书坊主为自己所作的广告语,其中讲述了其他书坊翻版出现的各种问题,以及自己重新刊刻的经过。

  清代苏州书坊广告的书写,除了与其他版本做对比外,还会阐述书籍的编纂过程、书籍特色、书籍内容、书籍来源等。而暗示读者对象则几乎是明末以至清代书坊广告的一大特色,广告中的"下顾君子""读者""识者""海内名家"等所指的都是书坊所针对的读者,这表明了当时的书坊广告采用以读者为中心的写作模式。

[1] (清)张自烈撰:《芑山文集》"凡例",清初叶瞻泉刻本,第1b页。
[2] (清)叶燮撰:《己畦集》,康熙年间二弃草堂刻本,扉页。
[3] (清)周秉鉴辑:《假年录》卷二,嘉庆十年(1805)周氏易安书屋活字本,第25b页。
[4] (清)荑秋散人编次:《新镌批评绣像玉娇梨小传》"缘起",清初刻本,第2b页。
[5] 东山钓史、鸳湖逸者辑:《九宫谱定》"凡例",清初绿荫堂刻本,第2b页。
[6] (清)李中梓撰:《医宗必读》,清金阊亦西斋刻本,扉页。
[7] (清)李中梓撰:《医宗必读》,清金阊同文会刻本,卷首。

以下三则是康熙年间的苏州书坊广告：

> 稗词小史，世人无不尽嗜观，此书前刻成上下两截一书，贪图密细字迹，少页混世，怡害不小，谁不知买回者观一次便成两次，再熟一观，却不四次，况亲朋借看，岂不损滥。杖头微小，祝圣贤之字迹。诚为可戒，余不惜工资，名手写刻，精工好纸，分为前后集，构回多览数次，俱不致有损之弊。谨布。（康熙年间宝仁堂刻《合刻天花藏才子前后集》识语）[1]

> 《野乘初集》，业已不胫而走海内，乃积之又廿年，所见名贤碑版，文是天球弘宝，人如商鼎周彝，本坊特恳邹先生排缵成帙，授梓行世。较之前集，真为合璧，识此鉴诸。[康熙十八年（1679）书林存仁堂、素政堂刊本《启祯野乘二集》告白][2]

> 文选一书刻本甚多，率皆逐段注释，读者苦于断续，不易得其文义。兹以一应训注汇集每篇之后，考核详备，校雠更精，既便诵读，尤便参解，诚翰苑之骊珠，古学之津梁也。赠言堂主人谨识。（清康熙刻本《新刊文选考注》）[3]

需要指出的是，清代苏州书坊的广告数量较明代明显减少。宝仁堂的广告阐述了在刊刻方面的特色，将两节板改为前后集，更为注重书籍的保存和读者的阅读感受。存仁堂、素政堂的广告是对其书籍的宣传，而赠言堂的广告则是在说明书籍的优点。清代苏州书坊的广告基本上延续了明末以读者为中心的写作模式，在细节方面更为详尽。

书坊的广告语也会表现出相似的写作模式，尤其是同一书坊出版的系列书籍。康熙二十三年（1684）刻本《诗经正解》扉页的告白与康熙二十九年（1690）金阊书坊刻本《深柳堂汇辑书经大全正解》的告白有异曲同工之处。《诗经正解》扉页云："《毛诗》讲义，言人人殊，士子明经，茫无宗主，本坊敦请姜、吴两先生汇辑众说，融贯新裁，恪循功令之颁行，依傍紫阳之传注，无义不析，奚啻皎若列星？有蕴必宣，直可功同宝筏。操觚应制，固当奉为指南；诗苑词坛，亦宜遵为玉律。诚希世之奇珍，当窗

---

[1]（清）荑秋散人撰：《合刻天花藏才子前后集二种》，清宝仁堂刻本，扉页。
[2]（清）邹漪撰：《启祯野乘二集》，康熙十八年（1679）书林金阊存仁堂、素政堂刻本，扉页。
[3] 沈津主编：《美国哈佛大学哈佛燕京图书馆藏中文善本书志》5，广西师范大学出版社2011年版，第1996页。

之佳玩也。初学通材，各置一编于案头，其所裨益，良复不浅。"[1]这段告白无论是写法还是针对的对象，都与后来金阊孝友堂、赠言堂的告白如出一辙。康熙二十九年（1690）孝友堂、赠言堂刊刻的《深柳堂汇辑书经大全正解》，扉页左上有书坊告白："《尚书》讲义，坊刻虽多，佳编绝少，本坊敦请先生参详同异，斟酌简繁，如集腋以为裘，似炼花而成蜜，通材见此，当令神智倍增，初学读之，不患疑团未释，诚说经之宝鉴，亦制义之金针也，识者鉴诸。"[2]这段带有宣传性质的广告先对同行的坊刻进行了负面的评价，又对此书的权威性和阅读效果进行了叙述，最吸引读者的还是广告里所说的对于科举考试的帮助。这部书最初就是为科举考试而写作的。

清光霁堂刻本《诗经正解》书影

书坊撰写广告语的形式也影响了家刻本，家刻本的广告多出现在扉页上，有的由作者本人撰写。如康熙二十三年（1684）刊刻的《新定十二律京腔谱》，扉页有"京腔盛行，惜无曲谱，兹故选曲归律，定其腔板，更附《考正音韵大全》，重较《问奇一览》，汇成全帙，并付梓人。诚词坛之宝筏，而亦曲部之指南也"[3]字样。《新定宗北归音昆腔谱》内封云："予为

---

[1] 张宝三：《美国芝加哥大学图书馆藏中文古籍善本书志·经部》（上），国家图书馆出版社2020年版，第245页。

[2] 张宝三：《美国芝加哥大学图书馆藏中文古籍善本书志·经部》（上），国家图书馆出版社2020年版，第184页。

[3] （清）王正祥撰，（清）卢鸣銮、施铨订：《新定十二律京腔谱》，康熙二十三年（1684）停云室刻本，扉页。

分归五音，摘清曲体，配合曲格。重校昆腔板数，裁成允当，殊堪豁目赏心。"[1]"词坛之宝筏""曲部之指南""裁成允当""豁目赏心"等表明了作者的自信，同时对书籍加以宣传。

上述的"词坛之宝筏""曲部之指南"等词汇出自完整的一段广告语，被视为对书籍内容的集中概括，这也是书坊广告的另一种形式。这些评价一般比较简短，被镌刻在扉页的天头上，能够对读者产生足够的吸引力。[2]苏州书坊课花书屋刊刻的《快心编》，扉页上镌有"醒世奇观"[3]，这既表明其主旨在于醒世，又表明其内容的精彩。又如钓璜轩刻本《女仙外史》，内封上镌有"新大奇书"[4]。苏州修绠山房出版的《增补尺牍见心集》，版权页有"时令备载"字样。[5]

较有代表性的当属康熙五十四年（1715）金阊绿筠堂刊刻的《离骚辩》，扉页上镌有"别开生面""本衙藏板，翻刻必究"，版心下又镌有"绿筠堂"。"别开生面"是书坊所做的广告宣传，作者吴县人朱冀在序言中说《楚辞灯》"封题之上，高自标榜，有千百年眼之目"[6]。朱氏由于对《楚辞灯》有不同的见解，因而特意标明"别开生面"，正是针对《楚辞灯》而言的。乾隆十年（1745）受祉堂刻本《战国策选》，扉页镌有"战国策选。宜兴储同人先生评。翻刻必究。乾隆乙丑（十年，1745）新镌。受祉堂藏板"，并钤有"策经义而成文"朱文椭圆印、"古讲堂藏书"白文方印。[7]绿荫堂刊刻的《八宅明镜》，版权页有"第一善本""三元三要"

[1]（清）王正祥撰：《新定宗北归音昆腔谱》，康熙二十五年（1686）停云室刻本，扉页。
[2] 清代的这类广告基本沿袭了明代坊刻本的形式，如崇祯十五年（1642）大观堂刊刻的《增订二三场群书备考》扉页有"闱务秘笈""袁了凡先生手定""大观堂梓"字样。"闱务秘笈"四字对于准备科举考试的举子来说应该具有特别的吸引力。陈长卿刊刻的《宋李梅亭先生四六标准》扉页有"笺释细注""古吴陈长卿梓"字样。又如明代徐彦纯的《玉机微义》扉页上有"第一善本""步月楼藏板"字样。"第一善本"四个字显然出自步月楼的自我宣传。
[3]（清）天花才子编：《快心编》，清课花书屋刻本，扉页。
[4]（清）吕熊撰：《女仙外史》，康熙年间钓璜轩刻本，扉页。
[5] 这部书的刊刻时间并不清楚，修绠山房的性质也尚待探究。根据版权页所提供的信息，修绠山房应该是书坊，而关于尺牍写作的书籍在苏州也颇为流行。汪文芳的这部书在苏州颇为流行，又有金阊函三堂刻本《增补尺牍契券见心集》。
[6]（清）朱冀：《离骚辩》"离骚辩序"，康熙五十四年（1715）金阊绿筠堂刻本，第2a页。
[7] 沈津主编：《美国哈佛大学哈佛燕京图书馆藏中文善本书志》2，广西师范大学出版社2011年版，第393页。

"救害明镜""苏州绿荫堂梓"[1]字样。

苏州的书坊善于利用当地的名人效应,以此吸引读者的注意。康熙年间刊本《花幔楼批评写图小说生绡剪》,扉页镌有"圣叹外书"[2],而基于金圣叹在清初小说评点者中的地位,这样的标题很容易吸引读者。还有利用苏州书坊的效应的,如康熙年间刊刻的张竹坡评点的《皋鹤堂批评第一奇书金瓶梅》,扉页镌有"第一奇书金瓶梅,姑苏原板""皋鹤草堂梓行"[3]。"姑苏原板"有广告性质,所体现的正是苏州在书籍刊刻领域的权威性。

有的书坊还会在扉页上钤印,这也是广告的形式之一。拥万堂刊刻的《四书图史合考》,扉页镌有"金阊拥万堂梓行",钤有"读书破万卷,下笔如有神"印章。[4]引用杜甫的诗句来宣传,尽管和书籍的内容没有多大关系,却在暗示读者购书、读书。实际上,这种形式与清代苏州的家刻本颇有相似之处。如康熙四十四年(1705)秀野草堂刻本《诗林韶濩》,扉页钤有"别裁像体亲风雅"[5]印,引用的也是杜甫的诗句。又如康熙刻本《周易辨》的扉页刻有"周易辨,吴郡浦潜夫著,敬日堂梓行",并钤有"敬日堂印""羽翼先圣,津梁后学"印章。[6]康熙五十一年(1712)朱岳寿刻本《乐圃朱先生余稿》,扉页刻有"吴郡乐圃朱先生余稿,家藏正本,本衙雕版",扉页上钤有"风雅""《墨池编》即出""吴郡朱氏"三印。[7]乾隆二十八年(1763)叶氏二弃草堂刻本《己畦诗集》,扉页钤有"二弃草堂"印。[8]由此可见,家刻本钤印基本出现在康熙至乾隆年间,与坊刻本钤印的流行期基本一致。这些印章主要是出版者或作者的印章。这一时期的苏州也出现了进呈本,如泽存堂刻本《宋本广韵》钤有"进呈

---

[1] (清)箬冠道人:《八宅明镜》,清苏州绿荫堂刻本,扉页。
[2] (清)佚名撰:《花幔楼批评写图小说生绡剪》,康熙年间刊本,扉页。
[3] (明)笑笑生撰,(清)张竹坡评:《皋鹤堂批评第一奇书金瓶梅》,清刻本,扉页。
[4] (明)蔡清辑:《四书图史合考》,明末金阊拥万堂刻本,扉页。
[5] 沈津主编:《美国哈佛大学哈佛燕京图书馆藏中文善本书志》5,广西师范大学出版社2011年版,第2023页。按:"别裁像体亲风雅"应作"别裁伪体亲风雅"。
[6] 沈津主编:《美国哈佛大学哈佛燕京图书馆藏中文善本书志》1,广西师范大学出版社2011年版,第36页。
[7] 沈津主编:《美国哈佛大学哈佛燕京图书馆藏中文善本书志》4,广西师范大学出版社2011年版,第1446页。
[8] 沈津主编:《美国哈佛大学哈佛燕京图书馆藏中文善本书志》4,广西师范大学出版社2011年版,第1752页。

御览"圆印。还有的钤有"御览"双龙戏珠印,如乾隆二十九年(1764)陈氏刻本《陈司业集》。

在钤印这一点上,一些家刻本较之坊刻本毫不逊色。其印章都带有广告的性质,是在为书籍宣传。而且,这些印章的内容基本上与扉页上所刊刻的广告内容一致,如康熙二十八年(1689)刻本《四书集注阐微直解》,扉页刻有"四书集注合参说约直解阐微。昆山徐健庵先生订正。金阊养正堂藏板",又刻有"康熙二十八年(1689)镌经筵讲书""是书上纂大全,下备集注直解,较订详明,剞劂精工,诚后学之津梁,识者鉴""遵依监本字样,一字无讹"三处文字。[1]这三处文字基本上都属于广告,其中的"诚后学之津梁"和其他书籍印章中的内容颇为相近。

书坊刻本中的广告往往结合多种方式,如扉页天头概括语加广告,而有的广告则是征文广告。顺治十一年(1654),苏州酉阳堂刊刻《名家小品冰雪携二刻》,扉页镌有"懒仙闲最",有广告云:"初刻行世,谬蒙海内同人鉴赏,邮寄名稿,复汇成帙,伺将洪永大家迄至启祯诸公合刻,一代大观,凡有家藏遗集,幸勿秘笥,远付登梓是恳。"[2]这则征文广告回顾了初刻所取得的效果,并且向各地的藏书家发出邀请,即凡是收藏明代大家文集的都可以将文集邮寄到苏州的酉阳堂,酉阳堂将为其免费出版。《冰雪携》的编辑者是苏州的卫泳(字永叔,号兰心道人)。根据霍达的《序冰雪携》和李清的《冰雪携叙》,卫泳是苏州的隐士。《冰雪携》卷端题"吴下懒仙卫泳笺",扉页的"懒仙闲最"正是源于此。这种综合运用多种广告形式的做法使得书籍具有更强的商业性质。

有的书坊则采用了扉页概括语加钤印的广告形式。四德堂刻本《雅趣藏书》的扉页设计体现了一定的广告特质,有"绣像《西厢》时艺""《琵琶》

康熙四德堂刻本
《雅趣藏书》书影

---

[1] 沈津主编:《美国哈佛大学哈佛燕京图书馆藏中文善本书志》1,广西师范大学出版社2011年版,第156页。
[2] (明)卫泳辑:《名家小品冰雪携二刻》,顺治十一年(1654)酉阳室刻本,扉页。

文章嗣出"字样,还钤有钱书的印章"石城书屋印宝"。[1]这是清代苏州作者钤印本的典型案例,无疑对购买者产生了一定的吸引力。

受到坊刻本的影响,家刻本在某些方面发展出更为独特的广告形式,如比较特殊的一类是出现在书籍内容中,但和书籍销售无关,而是关于其他行业的,如《二香琴谱》中关于琴的广告。[2]

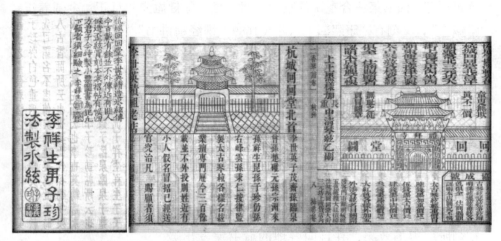

道光十三年(1833)蒋文勋梅花庵刻本《二香琴谱》书影

---

[1] (清)钱书撰:《雅趣藏书》,康熙年间刻朱墨套印本,扉页。
[2] (清)蒋文勋撰:《二香琴谱》卷一,道光十三年(1833)吴县蒋文勋梅花庵刻本,第7b、8a-8b页。

第五章 印本与类别

第一节　童蒙读物与举业书

一、童蒙读物

诗文选是清代苏州启蒙类读物中的畅销书，尤以《唐诗三百首》《千家诗》的出版频率最高。光绪年间，常熟夏氏的漱芳斋刊刻了《分缮唐诗三百首注释》。扫叶山房也致力于出版童蒙读物，如光绪十二年（1886）出版的《分缮唐诗三百首注释》与漱芳斋刻本不同，此书最早由漱芳斋写刻，扫叶山房改为匠体字后刊刻。绿荫堂也出版过《唐诗三百首》，卷中有"苏州绿荫堂书庄校刊"字样。

清代苏州出版的童蒙读物还有《百家姓考略》，金阊书业堂和金阊文远楼都出版过。[1] 对于在清代极具影响力的《千家诗》，书业堂出版了《新镌千家诗笺注》，版权页有"咏物唐诗""诸名家合选""姑苏书业堂梓行"字样，卷端题"古吴申屠襄憨文氏解，徐果念因氏梓"。[2] 同治年间，苏州书坊和兴堂刊刻了《重订千家诗韵对合刻》。

清代苏州地区编纂的诗歌选本以《古唐诗合解》最为流行，而且其影响可谓遍及全国。现存的苏州刻本有乾隆五十五年（1790）金阊书业堂刻本、嘉庆九年（1804）金阊函三堂刻本、道光二十一年（1841）苏州桐石山房刻本等。

---

[1]《百家姓考略》版权页有"金阊书业堂梓"字样。另一部的《百家姓考略》版权页有"王晋升先生纂，徐士业先生校，金阊文远楼梓"字样。
[2]（清）申屠襄注：《新镌千家诗笺注》，清姑苏书业堂刻本，扉页。

嘉庆九年（1804）金阊函三堂刻本《古唐诗合解》书影

《古文观止》是苏州比较流行的文选读物。光绪年间，苏州城内的书坊文瑞楼出版了《古文观止》。

除了上述的书籍外，《幼学须知》也是比较畅销的童蒙读物。这部书在乾隆年间就已经由京江钱元龙出版了。实际上，这部书的板片最初是在南京，后来流入苏州，来青阁以此板片印刷过《幼学须知句解》，版心保留了

清姑苏玉检山房刻本《四书便蒙》书影

"李光明家"字样。与《幼学须知》有关的苏州版本还有道光十八年（1838）苏州会文堂刻本、咸丰六年（1856）姑苏绿荫巽刻本、同治二年（1863）苏州扫叶山房刻本、同治五年（1866）绿润堂刻本。

书业堂出版的童蒙类书籍有《童子升阶》，绿润堂出版过《养蒙金针》，姑苏玉检山房出版过《四书便蒙》。

善书中也包括一些童蒙读物，用来传导观念。得见斋出版的童蒙读本具有明显的道德教化色彩，如道光年间苏城得见斋刻本《古文观止约选》，"是选皆有关人心世道，子弟读之，极为有

益，愿贤明父师共鉴之"[1]。这是余治编纂的，而且还请了乔松年、张肇辰作序。正如张肇辰在序言中所说，"使乡塾之师以是为之讲贯卒业焉，亦庶有裨于蒙养也"[2]。由此可见，这部书主要针对的就是童蒙。

得见斋还出版过《小学神童诗》，这部书的版心题《续神童诗》，以劝善为主。卷末云："右诗句句明白显浅，初学读之，可以培养性情，开豁心地，较之坊本旧刻《神童诗》似为有益，愿贤明父师共鉴之。苏城元妙观内得见斋印。"[3]这种出版风气的形成显然与玄妙观周围浓厚的宗教氛围有关。选在玄妙观周围刻印这些书籍，能使更多的读者接触到它们，尤其是广告中所提及的"贤明父师"之类的读者，用以教育子弟。这类教育和劝善相结合的书籍中最具代表性的当数得见斋出版的《小学千家诗》，封面的书签是由"怡园花史"题写的，版权页有"原本弁语"云："是选皆有关伦常日用之作，歌词显浅，更足启发童年，盖本古者小学教人之意，及程子欲作诗以教童子意而集成之，较旧刻《千家诗》似尤有意，愿海内贤明父师共鉴之。若能翻刻广传，更为造福无量。苏城元妙观得见斋藏板。"[4]

光绪元年（1875）刻本《重刊学堂日记》是得见斋出版的另一部童蒙善书。同治七年（1868），归安人吴云在序言中提及重刊此书的是无锡人余治，余治"足迹所至，辄举古今来福善祸淫之说，家喻而户晓之，思所以正人心，励风俗，以挽回劫运。人或有姗笑之者，莲村不顾也。先后刊刻各种劝善书，高已盈尺"[5]。咸丰三年（1853）春，"发逆东窜，金陵、扬、镇相继陷，沿江戒严，烽火日相望，居民流徙无定踪"[6]。同治年间苏州得见斋刊刻或印刷善书时正值时局动荡，而善书的出版正是为了劝人向善，挽救人心，得见斋在光绪年间重新印刷余氏的板片也正是出于这个目的。

与得见斋一样，玛瑙经房也重视出版那些面向儿童的启蒙类善书，姑

---

[1]（清）吴乘权、吴大职辑：《古文观止约选》，道光三十年（1850）苏城得见斋刻本，扉页。
[2]（清）吴乘权、吴大职辑：《古文观止约选》"序"，道光三十年（1850）苏城得见斋刻本，第1b-2a页。
[3]（清）佚名撰：《小学神童诗》，清苏城得见斋刻本，第29b页。
[4]（清）余治辑：《小学千家诗》，清苏城得见斋刻本，扉页。书中镌有"文德友藏板"，可见这部书最早的刊刻者应该是文德友，而得见斋是后来得到板片印刷的。
[5]（清）余治编：《重刊学堂日记》"序"，光绪元年（1875）姑苏得见斋刻本，第1a页。
[6]（清）余治编：《重刊学堂日记》"序"，光绪元年（1875）姑苏得见斋刻本，第1a页。

苏城玛瑙经房刻本《便蒙习论》，封面印有"有人督饬生徒，晚间照书抄写，不至虚行故事，更为有益，并启"[1]，简略介绍了这部书的阅读方法，即在教者的督促下在晚间抄写。这是一部典型的苏州善书，序言的作者居住在吴门天官坊。

清代苏州出版的童蒙类读物还有一些字书、文法之类的书籍，如光绪八年（1882）大文堂刻本《初学韵检》、金阊宝翰楼刻本《嵩秀字汇》、姑苏扫叶山房刻本《增补文成字汇》。乾隆六十年（1795）金阊函三堂刻本《启蒙学文正法》卷前有编者的表弟张六翮序云："因于课徒之余，手著小题文若干首。"[2]卷端题"杨永康久安手著，张六翮傅天评定"[3]。可见这是杨氏课徒时的产物。

除了上述的童蒙读物外，苏州还有其他比较有特色的童蒙读物。从这些书籍的序言中我们可以发现其传播过程：刚开始的时候仅在家塾流行，后刊刻出版。如乾隆五十三年（1788）任氏忠敏家塾刻本《述记》，《发例》云："是编原为家塾诵习之本，外间传出，遂为友人怂恿锓梓。"[4]光绪年间写刻本《宋元明诗三百首》序云："编成，家兄竹亭怂恿付雕，为弟侄辈读本计，并不敢借之问世云。"[5]又如《禹贡锥指节要》的用途是作为"家塾课童之本"[6]。通过上述案例我们可以发现，这些童蒙读物的流通范围从家塾流传到社会传播的变化。

关于清末苏州童蒙所用的教材，根据县令李超琼所说。他到三邑小学堂"察视蒙学"，发现"所读为时人所撰教科书，芜杂鄙陋"，"《四书五经》竟无置案头者"。[7]李超琼指的是清末苏州出现的一些新学类童蒙读物，这类读物主要普及科学知识。光绪二十六年（1900），苏州中西小学堂

---

[1]（清）佚名撰：《便蒙习论》，清苏城玛瑙经房刻本，扉页。
[2]（清）杨永康撰：《启蒙学文正法》"序"，乾隆六十年（1795）金阊函三堂刻本，第1b页。
[3]（清）杨永康：《启蒙学文正法》，乾隆六十年（1795）金阊函三堂刻本，第1a页。
[4]沈津主编：《美国哈佛大学哈佛燕京图书馆藏中文善本书志》3，广西师范大学出版社2011年版，第1153页。
[5]（清）冷昌言辑：《宋元明诗三百首》"序"，光绪元年（1875）虞山黄氏艺文堂刻本，第1a—1b页。
[6]（清）陈奂：《三百堂文集》卷上《禹贡锥指节要跋》，民国二十四年（1935）铅印本，第15b页。
[7]（清）李超琼：《李超琼日记：光绪二十四年四月—光绪三十一年二月》，古吴轩出版社2017年版，第385页。

刊刻了《普通学歌诀》，根据作者张一鹏的自叙，这部书是"及门诸子将付之梓"[1]，可见这是张一鹏的弟子以中西小学堂的名义刊刻的，而张氏的弟子很有可能就是在中西小学堂任教的。

光绪二十六年(1900)苏州中西小学堂刻本《普通学歌诀》书影

光绪年间开设的开智书室是一家新兴的出版机构，致力于出版启蒙类书籍，尽管出版的书籍比较新颖，但还是采用了传统的刊刻方式。其代表便是光绪二十八年（1902）刊刻的《便蒙丛书初二集》。这是一套具有苏州特色的童蒙类书籍，作者张一鹏、王季点等都是苏州人。这部丛书包括《识字贯通法》《文话便读》《蒙学修身书》《小学普通学读本》《小学历史读本》《普通学歌诀》《地理质学问答》《中国史要问答》《算学歌略》《天文歌略》《地理歌略》《教育文编》《理科新书》《十九世大事记略》《卫生学问答》《启蒙问答》《全体学问答》等。其中，光绪二十六年（1900）出版的《普通学歌诀》，张一鹏自叙云："脱略踳驳，诚知不免，而删烦就简，化散为聚，于初学良便。岁庚子（光绪二十六年，1900），及门诸子将付之梓。……士大夫方从事于科举之业，宁肯沈思冥索，为此上不褒嘉、下不传写之蒙书乎？"[2]

[1]（清）张一鹏撰：《普通字歌诀》"自叙"，光绪二十六年（1900）苏州中西小学堂刻本，第1b页。
[2]（清）张一鹏撰：《普通学歌诀》"自叙"，光绪二十六年（1900）苏州中西小学堂刻本，第1b页。

从书籍的种类来看，这部丛书的种类丰富，涵盖了识字、算学、天文等不同学科，适应了当时新式教育的需要。张一鹏可谓是清末苏州新式教育的践行者，开智书室编纂的这套《便蒙丛书初二集》正是与其创办新式学校的教育实践相配套的教材。据《（民国）吴县志》记载，"公立唐家巷两等小学堂开办独早，最得风气之先，其始由举人张一鹏、副贡蒋祖庚与三堂绅董筹商，呈领无忌公所旧屋，添建西式楼房，垫款开设。至次年，乃得官款补助。迨光绪二十八年（1902）冬，官款提入，三县小学堂县仅年贴百元，至是但称蒙学堂，洎三十年（1904）十月仍改为两等小学堂。后以经费不敷，于宣统元年（1909）停办"[1]。光绪二十八年（1902）是一个转折点，这一年开智书室刊刻了《便蒙丛书》，而张一鹏创办的两等小学堂也获得官款支持，改称"蒙学堂"，开智书室出版的书籍目前仅见《便蒙丛书》，堪称昙花一现，根据光绪二十六年（1900）王荫沂的《普通学歌诀序》，"近创学堂，教授生徒，法大学堂普通学门径作《源流论》《歌诀》二书，为塾中课本"[2]。可见这套丛书的出版确实是为蒙学堂量身打造的。根据"本学堂分设蒙学堂章程"，"钞书，无刻本者先钞后读，有刻本者先读后钞"[3]，可以略见当时学堂的教学方法。再来看另一位苏州人王季点。据《（民国）吴县志》记载，"王季点，琴希，游学毕业，工科举人，官农工商部主事"[4]。王季点还翻译过《小学理科新书》。从这些作者的身份可以看出，他们都有自己的教育理想，致力于新学教育。

文瑞楼也刊刻过《地球韵言》这样带有科学色彩的书，其编纂者张士瀛最初的目的就是将其作为小学堂的教材使用。此书版权页有"光绪辛丑（二十七年，1901）季冬月苏城文瑞楼藏板"字样，钤有"苏州振新书社督造书籍"章，可见这是振新书社委托文瑞楼印刷的。当时的学者对这部书评价较高，徐兆玮认为"《地球韵言》课蒙最佳"[5]。

---

[1] 曹允源、李根源纂：《（民国）吴县志》卷二八，民国二十二年（1933）苏州文新公司铅印本，第24b页。

[2] （清）张一鹏撰：《普通学歌诀》卷首《普通学歌诀序》，光绪二十六年（1900）刻本，第1b页。

[3] （清）张一鹏撰：《普通学歌诀》，光绪二十六年（1900）刻本，卷末。

[4] 曹允源、李根源纂：《（民国）吴县志》卷十五，民国二十二年（1933）苏州文新公司铅印本，第20b页。

[5] 徐兆玮著，李向东等标点：《徐兆玮日记》（一），黄山书社2013年版，第329页。

二、举业书

举业书是书坊得以营利的出版品，主要面向应试的士人。清代苏州参加科举的人数众多，因而对举业书的需求量比较大，这些举业书有的还被运往外地销售。清代苏州书坊在举业书出版上的一大特色就是形成了系列书籍。这些书籍在清代的苏州地区被反复刊刻、印刷，构成了完整的举业书系统，是清代苏州的畅销书。比较有名的主要有下面几类。

1. 应试经典

（1）"状元"系列

冠以"状元"名号的书籍，对应试者具有相当的吸引力。应试经典中的《尚书》《诗经》等儒家经典都曾被冠以"状元"的名号。

"状元"系列中最早出版的应该是姑苏同德堂在道光二十二年（1842）刊刻的《状元易经》。但这部书并不是在苏州首先出版的，现存版本中有道光二十年（1840）崇茂堂刻本。《状元易经》在苏州十分畅销，以至于苏州的很多书坊都相继推出不同版本，金阊会友堂、苏州尚古堂、苏州锦云阁都出版过此书。而且，尚古堂至少出版过两种不同版权页的《状元易经》。

《状元尚书》算是"状元"系列中出版得比较晚的。光绪十二年（1886），姑苏汇文轩出版了《状元尚书》，其前面多幅图用朱色印刷。《状元尚书》并不是在苏州首发的，早在光绪五年（1879），宜兴的文德堂就出版过了。除了汇文轩本外，苏州尚古堂、姑苏墨海堂也出版过《状元尚书》。

《状元诗经》现存比较早的是道光二十五年（1845）苏州桐石山房刻本。苏州地区出版《状元诗经》的还有金阊会友堂。

《状元四书》也是"状元"系列中的，现存版本中比较早的是道光四年（1824）正字斋出版的。直至道光二十年（1840），金阊艺海堂才在苏州出版《状元四书》。此外，苏州尚古堂也出版过《状元四书》。

通过"状元"系列举业书在苏州的出版情况我们可以发现，尚古堂是苏州书坊中最热衷于出版"状元"系列举业书的，除了《状元诗经》没有发现尚古堂的版本外，其他三种都曾经被尚古堂出版过。而且，这几部书的最早版本都不是在苏州出版的，这也是苏州书坊引进外地版本的策略体现。

（2）"监本"系列

"监本"系列举业书打着"监本"的旗号，以增强其权威性。从现存最早的版本来看，苏州较早出版"监本"系列举业书。苏州的函三堂在乾隆年间出版了《监本诗经》，这是苏州地区比较早的版本。其后，姑苏会文堂、古吴李氏、扫叶山房都出版过这部书。其中，扫叶山房出版的《监本诗经》版权页有"点画谨遵《康熙字典》，苏州扫叶山房梓行"[1]字样，版心下有"文奎堂"字样，表明了这些板片应该是文奎堂而非扫叶山房刊刻的。《监本诗经》在清代风靡全国，并不仅限于苏州。

乾隆四十七年（1782），姑苏丹山堂出版了《监本四书》。扫叶山房也出版过《监本四书》，其版权页有"悉遵《康熙字典》，校正无讹""苏州扫叶山房刊"字样，版心有"圣贤位次，望订《学》《庸》首页，俾蒙童展卷而知""板存古市巷汤晋苑"字样。[2]由此可见，此书是汤晋苑刊刻的，扫叶山房后来进行了印刷。

《监本易经》的出版时间略晚，直至嘉庆二十三年（1818）年才由金阊书业堂出版。同治二年（1863），姑苏裕文祥也印刷了《监本易经》。

《监本书经》最早由金阊文渊堂在道光六年（1826）出版，其后，姑苏翰墨林、姑苏裕文祥、扫叶山房都出版过。

《监本礼记》最早由金阊三槐堂在嘉庆三年（1798）出版。嘉庆年间，

光绪十七年（1891）
扫叶山房刻本《监本易经》书影

光绪十年（1884）
扫叶山房刻本《监本书经》书影

[1]（宋）朱熹集传：《监本诗经》，清苏州扫叶山房刻本，扉页。
[2]（宋）朱熹集注：《监本四书》，清苏州扫叶山房刻本，扉页、版心。

金阊多文堂、金阊书业堂都出版过此书。

扫叶山房热衷于出版"监本"系列举业书，至少出版过三部，而姑苏裕文祥、金阊书业堂则只出版过两部。"监本"系列举业书由苏州不同的书坊刊刻完成，可见书坊知道彼此的出版情况，以避免重复出版；抑或是在刚开始就进行了明确的分工。值得注意的是，并不是所有的"监本"系列举业书都标注了出版时间。这表明书坊很有可能是用别的板片印刷的，而非自己刊刻，从扫叶山房印刷的《监本诗经》《监本四书》带有别的书坊的标识能够看出这一点。

（3）"体注"系列

"体注"系列举业书的出版是清代书坊参与度最高的，绝大多数的版权页都有"苕溪范紫登先生参订"字样，范紫登即范翔。这一系列举业书的完整名称是"体注会解合参"、"体注大全合参"或"体注图考大全"。

嘉庆十三年（1808），姑苏聚文堂出版了《漱芳轩合纂四书体注》；嘉庆十八年（1813），金阊书业堂出版了《漱芳轩合纂四书体注》。嘉庆二十三年（1818），金阊书业堂出版了《四书体注》，版权页有"嘉庆戊寅年（二十三年，1818）镌，道光癸未（三年，1823），增补旁训，部颁正韵，金阊书业堂藏板"[1]字样。这部书是在嘉庆年间刊刻的，到了道光年间又得到了增补。

乾隆二十二年（1757），古吴三乐斋出版的《易经体注》是已知的比较早的版本。这部书在嘉庆、道光年间的苏州得到了广泛的出版，嘉庆二年（1797），文会堂出版了这部书；嘉庆三年（1798），金阊书业堂出版了《易经体注会解合参》，到了嘉庆十年（1805），书业堂重新出版这部书；嘉庆十五年（1810），聚文堂也出版了这部书。嘉庆二十二年（1817）冬，书业堂又重新出版。嘉庆二十二年（1817）金阊书业堂出版的《易经体注会解合参》，书中有"修文堂藏板"字样。金阊绿荫堂巽记、姑苏老桐石山房都在道光年间出版过这部书；姑苏文富堂、姑苏四宝堂都在道光二十五年（1845）出版了这部书。道光二十六年（1846）金阊书业堂巽记也出版了《易经体注会解合参》。值得注意的是，金阊宝翰楼出版的《易经体注会解合参》版权页有"来木臣先生纂辑，苕溪范紫登先生重订，金阊宝翰楼

---

[1]（清）范翔撰：《四书体注》，嘉庆二十三年（1818）金阊书业堂刻本，扉页。

藏板"字样，版心下镌有"友益斋"，卷中有"友益斋藏板"字样。[1]这足以说明宝翰楼印刷的是友益斋板。另一部《易经体注会解合参》的版权页有"道光壬午二年（1822）冬镌，金阊书业九房梓"字样，版心下有"扫叶山房"字样。[2]

"体注"系列举业书还有《诗经体注合参大全》，由姑苏绳武堂在同治六年（1867）出版。《诗经体注图考大全》是这部书的另一个名称，金阊书业堂在乾隆四十四年（1779）就已经出版了。乾隆二十二年（1757），古吴三乐斋出版了《诗经体注大全体要》；其后，金阊书业堂在嘉庆十年（1805）、嘉庆二十一年（1816）、嘉庆二十二年（1817）重新出版。《重镌诗经娜环体注》也属于"诗经体注"，乾隆四十四年（1779）由金阊书业堂出版。金阊绿荫堂在嘉庆和咸丰年间都曾刊刻此书。

《书经体注图考大全》最早是由金阊书业堂在乾隆五十八年（1793）出版的，版权页有"乾隆五十八年（1793）冬镌，苕溪范紫登先生参定，金阊书业堂藏板"字样及红印"钦定"二字，书中还有"泉城涂门外后坂施大侃督刻"字样。[3]以上说明这部书并非金阊书业堂刊刻的，而是从泉州地区引进的。金阊书业堂又在嘉庆二十一年（1816）、嘉庆二十二年（1817）重新印刷了这部书。姑苏老桐石山房在道光三十年（1850）也出版了这部书。

《书经体注大全合参》是《书经体注图考大全》的另一名称，二者并无实质的区别。乾隆四十三年（1778），姑苏三槐堂就出版了这部书，比金阊书业堂的出版时间还早。其后，姑苏老桐石山房、姑苏裕文祥都出版了这部书。

《书经体注娜环合参》是"书经体注"的另一名称。金阊书业堂在乾隆五十八年（1793）冬出版过，这与之前的《书经体注图考大全》是同一板片，只不过书名有所差异。金阊写韵楼在嘉庆七年（1802）也出版过这部书。

在苏州版本的《礼记体注大全合参》中，只有姑苏裕文祥标注了出版时间，即"同治癸亥年（二年，1863）重镌"，因此，该书最早的出版时间

---

[1]（清）来尔绳纂辑：《易经体注会解合参》，清金阊宝翰楼刻本，扉页、版心。
[2]（清）来尔绳纂辑：《易经体注会解合参》，道光二年（1822）金阊书业九房刻本，扉页。
[3]（清）范翔撰：《书经体注图考大全》，乾隆五十八年（1793）金阊书业堂刻本，扉页。

应该是在同治之前。姑苏会文堂、姑苏桐石山房、金阊绿荫堂巽记也都出版过这部书。

乾隆五十年（1785），金阊书业堂出版了《春秋体注大全合参》。未见其他书坊出版过这部书。

通过上述"体注"系列举业书的出版我们可以发现，"书经体注"是"体注"系列中书坊参与度最高的，从乾隆年间到同治年间，至少有十三家苏州书坊参与。金阊书业堂在"体注"系列举业书的出版中表现突出，主要体现在除了《书经体注大全合参》外，其他"体注"系列举业书的现存版本都有由书业堂出版的；而且，书业堂还变易书名印刷，在出版过程中采取了重复印刷的策略。扫叶山房在"体注"系列举业书的出版中则少有参与，其将主要精力放在"监本"系列举业书的出版上。从版本的来源上看，有的版本并非源于苏州当地，而是用福建等地的板片印刷的。在"体注"系列举业书中，"书经"和"易经"系列是出版最频繁的，而"春秋"系列的出版最少，这显示出读者的阅读取向。

（4）其他系列

道光七年（1827），苏州书坊步月楼出版了《诗经精华》《书经精华》等书。这些书籍最初是作为童蒙课本的，根据史料记载，"幼臣大父悟村嘉颖先生积学有重名，著《书经精华》《诗经精华》等书，为家塾蒙训善本，盛行于时云"[1]。最终这些书籍的作用逐步演化为与科举相关联。其中，《书经精华》版权页有"道光七年（1827）仲春镌，姑苏步月楼藏板"字样，版心下有"光甦堂镌"字样，而《诗经精华》版心下则无信息。我们至少可以断定《书经精华》用了光甦堂的板片印刷。咸丰年间的书坊姑苏会文堂热衷于出版科举用书，其在咸丰元年（1851）刊刻了《诗经精华》《易经精华》。可见这套"精华"类书籍在道光、咸丰年间也十分流行。

苏州张氏校刊的"旁训"系列也是清代苏州出版的特色书籍。乾隆二十一年（1756），苏州的映雪草堂刊刻了张大受增订的《诗经增订旁训》，扉页有"乾隆丙子年（二十一年，1756）重镌""吴郡张氏重校""吴郡映雪

---

[1]（清）谢章铤撰：《赌棋山庄词话》卷五，光绪十年（1884）陈宝琛南昌使廨刻《赌棋山庄全集》本，第3a页。

草堂藏板"字样，版心下有"匠门书屋"字样。[1]

咸丰元年（1851）姑苏会文堂刻本《诗经精华》书影

清代苏州还流行一套"学耕"系列的书籍，如《学耕春秋》版权页有"乾隆丙午年（五十一年，1786）新镌，金阊绿荫堂梓行"字样，但是版心下有"青莲书屋"字样，书签有"书业堂"字样。[2]可见板片不一定是金阊绿荫堂刊刻的。金阊绿荫堂还在乾隆六十年（1795）出版了《学耕易经》。参与"学耕"系列书籍出版的还有金阊宝翰楼，如乾隆五十一年（1786），金阊宝翰楼出版了《学耕春秋》。另外，《学耕四书》版权页有"乾隆丁未年（五十二年，1787）新镌，悉遵宋刊，点画无讹，金阊宝翰楼梓行"[3]字样。此书前面几页版心下有"学耕堂"字样，后面绝大多数版心有"亦园"字样。

"凤泉系列"是金阊书业堂推出的举业书系列。金阊书业堂在乾隆五十三年（1788）出版了《凤泉书经》《凤泉诗经》《凤泉易经》，在嘉庆七年（1802）出版了《凤泉礼记》，又在道光元年（1821）重刻了《凤泉书经》

---

[1] 沈津主编：《美国哈佛大学哈佛燕京图书馆藏中文善本书志》1，广西师范大学出版社2011年版，第88-89页。与之类似，《礼记读本》版权页有"嘉庆甲子年（九年，1804）春镌，吴郡张氏重校，金阊书业堂藏板"字样，版心下有"匠门书屋"字样。另一部的版权页有"乾隆丁未年（五十二年，1787）重镌，吴郡张氏校，金阊映雪草堂藏板"字样。
[2] （宋）胡安国：《学耕春秋》，乾隆五十一年（1786）刻本，封面、扉页、版心。
[3] （宋）朱熹集注：《学耕四书》，乾隆五十二年（1787）金阊宝翰楼刻本，扉页。

《凤泉诗经》。

由于科举的需要，苏州的书坊热衷于出版与"四书"有关的书籍。其中的代表如金阊书业堂在乾隆五十一年（1786）出版的《增补四书人物备考》，金阊函三堂在乾隆六十年（1795）出版的《四书典林》。道光九年（1829），姑苏步月楼印刷了《四书人物类典串珠音注》，这部书在嘉庆年间被禁，"嘉庆二十年（1815）三月，禁坊刻《四书典制类联》及《四书人物类典串珠》等书"[1]。此外，姑苏成文堂印刷了《紫阳四书》，清末交通益记图书馆出版了《四书集注》。

最为流行的当属《四书补注附考备旨》，这部在乾隆年间就已经风靡海内的书，在道光二十四年（1844）由金阊书业堂重新出版，在同治年间由苏州世经堂重新刊刻出版。扫叶山房在同治年间印刷的《重订四书补注备旨附考》，版权页有"同治辛未年（十年，1871）春镌，姑苏扫叶山房藏板"字样。封面书签有"修文堂"字样。另一部封面书签题"德万堂"，版权页有"同治甲子年（三年，1864）冬刊"字样。[2] 两个版本在时间上产生了差异，实际上是由于委托印刷的修文堂和德万堂在印刷时间上有所区别。有的书坊在印刷或销售这部书的时候，甚至在版权页留下了空白处，如姑苏三益堂出版的《四书补注附考备旨》，版权页有"壬申年冬镌，姑苏三益堂梓"[3]字样。"壬申"前缺少年号。到了光绪十三年（1887），扫叶山房又出版了《四书备旨》。除了上述的"四书"学著作外，金阊文雅堂出版过《四书绎注讲意》等书。姑苏讲德斋还印刷过《小四书》。

清代苏州的书坊还出版了富有地域特色的书籍。嘉庆十六年（1811），金阊书业堂出版了《增补春秋左传句解详注》，其作者是苏州人韩菼。道光年间，金阊书业堂重新印刷了这部书，金阊步月楼还在道光十年（1830）出版过《周礼节训》，此书又有道光二十二年（1842）姑苏桐石山房刻本、咸丰元年（1851）刻本。至少有三家书坊出版过这部书，可见这部书在当时的流行程度。

---

[1]（清）俞正燮撰：《癸巳存稿》卷十四，道光二十七（1847）至二十九年（1849）灵石杨氏刻《连筠簃丛书》本，第20a页。

[2]（清）杜定基增订：《重订四书补注备旨附考》，同治十年（1871）扫叶山房刻本，封面、扉页。

[3]（清）杜定基增订：《四书补注附考备旨》，清姑苏三益堂刻本，扉页。

2. 试帖诗和八股文

道光十年（1830）文渊堂刻本
《就正斋帖体诗注》书影

试帖是举业书的重要组成部分，苏州书坊出版的试帖数量比较多。道光十年（1830），文渊堂出版了《就正斋帖体详注》；光绪十四年（1888），鈚芳斋刊刻了《耕岩书屋试帖诗钞》。这些试帖一般采用诗歌的形式，其中有圈点吸引读者注意。根据《就正斋帖体诗注》的作者元和陈厚甫的自序，这些诗歌的创作来源于其和他人举办的"诗会"。

清代苏州出版的试帖还有吴县顾莼订选的《律赋必以集》。同治二年（1863）姑苏裕文祥出版了《海棠花馆七家诗补注》，到了同治十三年（1874），姑苏同文堂印刷了《批点七家诗试帖详注》。扫叶山房出版过《增注七家试帖汇选》《试帖最豁解》。同治年间的书坊墨海堂印刷过《排律初津》。

有的举业书刚开始是在家塾中作为课本使用的，之后才被刊刻流通。扫叶山房在光绪六年（1880）出版了《重刻时艺引阶合编》，冯芳缉在序言中说："坊间所售，要皆书贾射利，漫漶谬误，不可识别，读者苦之。"[1]这反映了光绪年间苏州书坊举业书的经营状况，即出于营利目的而造成的举业书质量不高。

苏州其他地区举业书的编纂也颇为兴盛。以镇洋为例，镇洋陆麟书编辑了《经艺拔萃》，杨廷栋编注了《试帖凤楼》，李锡赞编纂了《小题偶钞续集》。

在清代苏州出版的科举范文中，比较有特色的当属《汇刻考卷隽快新编》，这部书的卷端题"常熟翁遂盦先生鉴定"，五位编者的籍贯分别是当时的"常熟""昭文""苏州""昭文""长洲"，都是苏州本地的学者。其"例言"云："是集皆系近年院府州县暨书院考作，其不注名次者，缘他处邮寄之文未尽开明，故竟仿《拾芥编》绀雪斋例，概不刻出。……圈点大半出翁遂盦先生之手，眉批则俱系同人相拟，务求详密，欲初学一目了然

---

[1]（清）路德辑：《重刻时艺引阶合编》"序"，光绪六年（1880）扫叶山房刻本，第1b-2a页。

也；凡选本中已刻者不登，以免重见叠出；是集急欲告竣，开雕后，四方诸君子邮赠佳文不及编入者，俟刊二集中。"[1]通过这几条例言我们可以看出，《拾芥编》在苏州举业书的编纂中具有典范意义，为其他举业书所参考；卷端题名中的翁氏实际上承担了圈点的工作，其他人则进行评论，分工明确；这部书采用了征稿的形式，但是由于刊刻时间等，有的文稿未能刊出。

出版书院范文的风气在苏州颇为流行，以紫阳书院为例，苏州出版过《紫阳课艺合选》等书。俞樾《紫阳课艺序》云："顾念吴中为人文渊薮，虽遭兵乱，不乏好学能文之士。省会旧有紫阳、正谊两书院，今正谊改课经解诗赋，而以制艺课士者独紫阳耳。聚吴中群彦而课之于此，凡他省之来游于吴者，亦得与焉。"[2]紫阳书院保持了制艺课士的传统，故而清代苏州出版的制艺也以紫阳书院为最。另外，同治十三年（1874）苏城传文斋刊刻了李芝绶编纂的《游文书院课艺》。

除了书院范文外，还有其他类型的科举范文，如清初古吴大盛堂出版的《龙门必跃》。[3]此书的刊刻比较特别，"上论"字体近于写刻字体，偶有匠体字，"下论"字体为匠体字与软体字掺杂，后编则为软体字，上下论的版式也不一样，行间有圈点和评语，在书籍刊刻中少见。

清初古吴大盛堂刻本《龙门必跃》书影

光绪年间，苏州的小酉山房刊刻了《能与集》，《能与集》是当时苏州流行的举业书，为太仓人李锡瓒编选，"《能与集》为小试利器"[4]。除了书坊小酉山房外，史料中记载了当时刊刻此书的信息：龚文藻，字澹安，相城人，廪生。多有善举，"又好奖励后学，刻学塾应用书甚多（《芸

---

[1]（清）席振燧等编：《汇刻考卷隽快新编》"例言"，道光二十一年（1841）刻本，第1a-1b页。
[2]（清）俞樾撰：《春在堂杂文》卷一《紫阳课艺序》，光绪二十五年（1899）刻《春在堂全书》本，第21b页。
[3] 大盛堂是清初的一家书坊。除了《龙门必跃》外，还有清初古吴大盛堂刻本《庚补笺释批评唐诗直解》《庚订笺释批评古诗直解》《训蒙俗说》。
[4] 徐珂辑：《清稗类钞》"李氏兄弟之诗文"，民国六年（1917）商务印书馆排印本，第27页。

窗必览》《国朝咏物诗文迎合选》《能与集》等）"［1］。此书属于学塾用书，刊刻此书为龚氏奖励后学之举。

其他地区的举业书也在苏州书坊刊刻，并且这些科举范文是不能随便翻刻的。张泰交在《禁私刻示》中说："兹试毗陵、京口二郡，校阅榜示后，复于前茅卷中细加批评，得醇正典雅者若干篇，手自鉴定，付书业堂书铺剞劂颁行，俾诸生知所趋向。嗣后每试一郡，即候发刊。第恐不肖书贾私刻射利，改窜失真，合行出示严禁。为此示，仰生儒、坊刻人等知悉。凡考过府州，必候本院发刊试牍，方许颁行。如有私将生童考卷任意增改，擅自刊卖者，一经访获赝本，定提刊刻棍徒，从重究治，决不姑贷。"［2］这是张泰交在江南考试期间拟定的关于科举范文的出版规定。他将在毗陵、京口考试所得的科举范文拿到苏州的书业堂刊刻，说明了当时苏州书坊是科举范文刊刻的中心，而这条规定所针对的也主要是书坊。《禁私刻示》规定了出版举业书的要在考院发刊后才可以出版，而且不可以私自增改刊卖，否则会被惩罚。

对于苏州的举业书出版，乾隆年间吴县诗人张埙在《刻书》诗中进行了详细的描绘。《刻书》云："长兴兴雕印，递降价不昂。载船曰书客，摊门曰书坊。……近今盛说部，寓言多荒唐。幺么小文稿，无耻争雌黄。一一付刊刻，此恨填胸肠。安得喻流俗，水火驱灭亡。"［3］张埙在诗中不仅提及了书客、书坊及学者买书的情形，还对当时出版水平低下的说部、时文等进行了批判。

［1］ 曹允源、李根源纂：《（民国）吴县志》卷六八，民国二十二年（1933）苏州文新公司铅印本，第34a页。
［2］（清）张泰交撰：《受祜堂集》卷五《禁私刻示》，康熙四十五年（1706）刻本，第49a-49b页。
［3］（清）张埙撰：《竹叶庵文集》卷五《刻书》，乾隆五十一年（1786）刻本，第3a-3b页。

第二节 佛经与道经

一、佛经

1. 佛寺

清代苏州的佛寺也偶有刻书活动，根据现存的版本，主要有以下佛寺出版过书籍。

震泽祥符寺在康熙年间刊刻了《宗统编年》。据《（民国）吴县志》记载，"祥符寺即西竺寺，……在祥符寺巷"[1]。昭庆寺在同治十年（1871）刊刻了《释氏书启》。据《（民国）吴县志》记载，"昭庆寺在城东北隅大儒巷"[2]。吴青霞斋为师林寺刊刻过《了凡四训》，镌有"板存苏城师林寺"[3]。师林寺在光绪年间刊刻了《异方便净土传灯归元镜三祖实录》。[4]又据《（民国）吴县志》记载，"画禅寺在城东北隅，即狮子林寺"[5]。画禅寺在清代刊刻了《日课便蒙文赞类集》，《日课便蒙文赞类集附编》卷端题"京都静默寺沙门易水海宽注，江苏苏州府画禅寺沙门明诚重梓"[6]。尽管刊刻者是画禅寺的明诚，实际的出版地点却被印在了封

---

[1] 曹允源、李根源纂：《（民国）吴县志》卷三七，民国二十二年（1933）苏州文新公司铅印本，第2b页。
[2] 曹允源、李根源纂：《（民国）吴县志》卷三八，民国二十二年（1933）苏州文新公司铅印本，第17b页。
[3] （明）袁黄撰：《了凡四训》，道光年间吴青霞斋刻本，扉页。
[4] 另有道光十五年（1835）刊刻的《大方广佛华严经》，也是师林寺刻本，不知是不是苏州刊刻的。
[5] 曹允源、李根源纂：《（民国）吴县志》卷三八，民国二十二年（1933）苏州文新公司铅印本，第3b页。
[6] （清）释海宽注：《日课便蒙文赞类集附编》，清画禅寺刻本，第1a页。

面:"《日课便蒙文赞类集附编》,昭庆慧空经房印造。"[1]慧空经房是杭州专门印刷佛教经典的书坊。报恩寺在光绪二十五年(1899)刊刻了《苏州府报恩塔寺志》,据《(民国)吴县志》记载,"报恩寺在府治卧龙街之北,俗但谓之北寺"[2]。嘉庆二十二年(1817)平江娄门善庆庵刻本《彻悟禅师语录》,是贝墉"倩道友寂公长老手书,募资于知交刊板,板存善庆庵"[3]。善庆庵位于娄门附近。苏州的一些佛寺也藏有板片,会印刷佛经,如《大方广佛华严经》卷末有"姑苏圣恩寺藏板"[4]字样。圣恩寺位于光福。灵鹫寺也是苏州佛经重要的印刷之地,根据《金光明经》卷末"同治捌年(1869)己巳季夏,佛弟子雨香重刊,印送壹佰部,板存苏州灵鹫寺"[5],可知佛寺刊刻书籍后很有可能像灵鹫寺一样将板片带回寺庙保存。苏州其他地区也有刊刻佛经的,如清末刻的《大方广佛华严经》,其刊刻者是太仓的方丈比丘如清。[6]

上述佛寺基本上都在苏州城内,而且刊刻的书籍并不是很多。苏州其他地区的佛寺则少见刊刻活动。

2. 姑苏刻经处

尽管苏州佛寺的出版活动不是很活跃,但是清代的苏州出现了专门的佛经出版机构。光绪年间的姑苏刻经处是其中的典型代表。姑苏刻经处的刊刻活动始于同治年间,现存最早的姑苏刻经处出版物是刻于同治十二年(1873)的《天目中峰和尚信心铭辟义解》,这足以说明最晚在同治十二年(1873),姑苏刻经处就已经开始刻书了。姑苏刻经处的刻书活动主要集中在光绪年间。姑苏刻经处刊刻的绝大多数是佛经,但是有两部书格外特殊:一部是光绪三年(1877)刊刻的《四书小参》,这部书以佛解儒,另一部则是光绪九年(1883)刊刻的傅兰雅的《地理须知》,这是当时的新学书。《四书小参》的卷末有"净业学人韩古农、许灵虚施资敬刊"[7]字

---

[1] (清)释海宽注:《日课便蒙文赞类集附编》,清画禅寺刻本,扉页。
[2] 曹允源、李根源纂:《(民国)吴县志》卷三六,民国二十二年(1933)苏州文新公司铅印本,第3a页。
[3] 陈先行、郭立暄编著:《上海图书馆善本题跋辑录》,上海辞书出版社2017年版,第481页。
[4] (唐)释实叉难陀译:《大方广佛华严经》,清姑苏圣恩寺刻本,卷末。
[5] (唐)释昙无谶译:《金光明经》,同治八年(1869)苏州灵鹫寺刻本,卷末。
[6] 美国埃默里大学神学院图书馆,刘明整理:《美国埃默里大学神学院图书馆藏中文古籍目录》,国家图书馆出版社2016年版,第67页。
[7] (明)朱斯行撰:《四书小参》"四书问答",光绪三年(1877)姑苏刻经处刻本,第19b页。

样，说明这是韩古农、许灵虚两人刊刻的。根据光绪七年（1881）姑苏刻经处刻本《法华文句记》卷末的"钱唐福缘莲社许灵虚"[1]，可知许灵虚是杭州福缘莲社的成员，这部佛经主要是由杭州的许灵虚出资刊刻的。许灵虚是福缘莲社的主导人物，其还在姑苏刻经处刊刻了《万松老人从容录》，版权页有牌记"武林许氏重刊，福缘莲社藏板"[2]。可见许氏请姑苏刻经处刻好后，将板片存放在了杭州的福缘莲社。

光绪九年（1883），姑苏刻经处刊刻了《大智度论》，卷末有"吴门比丘若海、沙弥仁灿施资敬刻，序目记字三千二百五十七个，伏愿福基命位，各愿昌隆，智种灵苗，同希增秀。光绪九年（1883）仲冬姑苏刻经处识"[3]字样。卷末有捐资者的姓名和钱数。捐资者包括比丘、居士、信女，书中镌有"姑苏郡庙前西谢文翰斋刊刻"[4]。可见捐资者刊刻佛经时找了谢文翰斋。

光绪十三年（1887），姑苏刻经处刊刻了《佛说长阿含经》，卷末有"长阿含经功德名"[5]字样，捐赠者包括僧人和善男信女，地域包括扬州、淮阴等地。光绪七年（1881）姑苏刻经处刊刻的《中峰广录》，卷末有"海虞弟子翁曾荣及其眷属谨施净银壹百圆，愿身心安泰，妙理常圆。张念寂助六圆，刘善元四圆。三峰清凉寺比丘照尘集资五十圆。共刻《广录》从第十二卷之下至第三十卷，以兹妙善，普施含灵，同报佛恩，共传斯旨。光绪辛巳（七年，1881）秋孟，姑苏刻经处识"[6]字样。这是一部由常熟人翁曾荣和三峰清凉寺的和尚出资刊刻的佛经。通过上述案例我们可以发现，姑苏刻经处的业务承接范围并不仅限于苏州，它在江苏其他地区和浙江也有着较高的知名度。

3. 玛瑙经房

姑苏玛瑙经房是位于观前街的一家善书出版机构。玛瑙经房又称"玛瑙经坊"，如光绪四年（1878）刊刻的《吕祖醒心经》版权页有"光绪四年

---

[1]（唐）释湛然撰：《法华文句记》卷三十，光绪七年（1881）姑苏刻经处刻本，第55b页。
[2]（宋）正觉颂古，（元）行秀评唱：《万松老人从容录》，光绪七年（1881）姑苏刻经处刻本，扉页。
[3]（后秦）鸠摩罗什译：《大智度论》，光绪九年（1883）姑苏刻经处刻本，卷末。
[4]（后秦）鸠摩罗什译：《大智度论》，光绪九年（1883）姑苏刻经处刻本，卷末。
[5]（姚秦）竺佛念译：《佛说长阿含经》"长阿含经功德名"，光绪十三年（1887）姑苏刻经处刻本，第2a页。
[6]（元）释明本撰：《中峰广录》卷三十，清末姑苏刻经处刻本，第26b页。

（1878）仲春新镌，板存姑苏玛瑙经坊"[1]字样。最为著名的是杭州西湖之畔的玛瑙经房，位于弼教坊东首的石库门内。根据同治十二年（1873）玛瑙经房刊刻的《玄门日诵》，杭州玛瑙经房最晚在同治十二年（1873）的时候就已经在弼教坊了。关于苏杭两地玛瑙经房之间的关系，我们可以从光绪年间刊刻的经折装《大方便报恩忏法》中得知，其卷末镌有"仁和弟子乐兰敬书，钱唐弟子周堃恭校""板藏苏城玛瑙经房，流通印造各种经忏、善书、良方书籍发兑"[2]。值得注意的是，写工和校对者都是杭州人，这就不得不让人怀疑二者之间有所关联，而这部书应该也是在杭州刊刻的，玛瑙经房主要负责印刷流通。将玛瑙经房印造的经忏与同治十一年（1872）古杭里西湖玛瑙寺明台南房印刷的《慈悲灵感观音宝忏》对照来看，二者的装帧形式如出一辙，都是紫色封面，有典型的杭州风格，因此，苏州印刷的这些经忏应该也是从杭州来的。再者，另一条证据则是，杭州有玛瑙寺，玛瑙经房之名应该源于此。清末杭州玛瑙经房刊刻的经折装《佛说阿弥陀经》封面书签有"浙省玛瑙经房流通"字样，卷末有"古杭西湖玛瑙明台经房刻印流通"[3]字样，由此可知玛瑙经房实为玛瑙寺明台南房之简称。由此可以推断，位于苏州的玛瑙经房应该是杭州的分号。

苏州玛瑙经房是出版佛经、道书比较多的善书坊。玛瑙经房早在咸丰年间就已经开始出版佛经了。咸丰五年（1855），玛瑙经房出版了《瑜伽密部》。

玛瑙经房印造的经忏有《九幽忏》《慈悲三昧水忏》，《九幽忏》的版权页字体与其他的玛瑙经房刻本有所不同。又有光绪十二年（1886）玛瑙经房出版的《慈悲梁皇宝忏》，卷前有特殊的牌记，牌记上有"皇图永固，帝道遐昌。二仪交泰，六宇咸康。法轮常转，经教弘彰。群生蒙惠，万古垂光"字样，底座上有"苏城玛瑙经房藏板"字样。[4]这样的设计在清末宗教类书籍的牌记里别具一格。

玛瑙经房与苏州士人有所合作，体现在佛经、善书的编辑及序、跋的撰写上。光绪十七年（1891）玛瑙经房出版的《西方捷径指要》，就是由希安居士主持刊刻的，其在序言中说："予喜其便于课诵，因刊版印施，而并

[1]（唐）吕岩撰：《吕祖醒心经》，光绪四年（1878）姑苏玛瑙经房刻本，扉页。
[2]（清）佚名辑：《大方便报恩忏法》，光绪年间苏城玛瑙经房刻本，卷末。
[3]（吴）支谦译：《佛说阿弥陀经》，清末杭州玛瑙经房刻本，封面、卷末。
[4]（南北朝）萧衍撰：《慈悲梁皇宝忏》，光绪十二年（1886）玛瑙经房刻本，卷首。

刊《阿弥陀经》于后，万望见是编者发愿往生，勇猛精进。……光绪辛巳（七年，1881）四月八日，希安居士书于蛛隐斋之东轩。"[1]值得注意的是，这部书是有人出于祈愿目的而印刷的，卷末有"香庄女史求延己寿，印送壹百本"[2]字样。这也是一位信女因祈愿而印刷佛经的案例。因此，我们可以总结出以玛瑙经房为中心的书坊的善书出版流程，即刊刻者（希安居士）在捐资刊刻佛经的同时印刷一定数量的书籍，而后将板片存放在玛瑙经房，以供有需要的民众随意印刷、流通。这些板片因与"扬善"的宗教信仰相结合，便被弱化了版权属性，作为周边民众参与宗教活动的公共物品而存在。无论是刊刻者还是印刷者，对于他们来说，印刷书籍这一活动和印刷的书籍是作为自己与神明沟通的媒介而存在的。通过审视印刷者的身份和目的，我们发现印刷者以女性居多，而其目的也大致可以分为祈福、免灾、消病等。除此之外，玛瑙经房对自己的地理定位本身就带有提示的作用，提示读者玛瑙经房的周边有哪些宗教活动场所，这对于善男信女来说是一个特殊的标记。因此，当我们结合刊刻者、合作者及地理位置的标示后就可以发现，玛瑙经房的合作者多为就近选择。

玛瑙经房与苏州当地士人的另一种合作体现在手书上板上。光绪七年（1881）玛瑙经房出版的《金刚般若波罗蜜经》，卷前有"光绪七年（1881）春王正月佛弟子顾文彬敬书"，可见这部书是由顾文彬手书上板的。此书的封面书签有"苏省玛瑙经房流通"[3]字样。

光绪十二年（1886）玛瑙经房刊刻的《地藏菩萨本愿经》，封面书签题"苏省玛瑙经房流通"，版权页有"光绪十二年（1886）桂月，天台山日种敏曦较锲""苏州府护龙街玛瑙经房藏板流通"字样[4]，卷末敏曦的跋语却是写于光绪二十四年（1898）。卷末有捐资助刊信徒的名字："菩萨戒优婆夷陆童女法名澄然领捐敬刻《地藏菩萨本愿经》，乐助芳名开列于后……共印《地藏菩萨本愿经》百二十部，各愿过去先灵往生净土，现在眷属福慧庄严。"[5]由此可见，这部佛经的刊刻者也是当时苏州的女性，而且她们是出于祈愿的目的才刊刻佛经的。因此，这部书佛经实际上是在天台山

---

[1]（清）无为居士侣霞编：《西方捷径指要》"序"，光绪七年（1881）玛瑙经房刻本，第1a页。
[2]（清）无为居士侣霞编：《西方捷径指要》，光绪七年（1881）玛瑙经房刻本，卷末。
[3]（后秦）鸠摩罗什译：《金刚般若波罗蜜经》，光绪七年（1881）苏省玛瑙经房刻本，扉页。
[4]（唐）释实叉难陀译：《地藏菩萨本愿经》，光绪十二年（1886）玛瑙经房刻本，扉页。
[5]（唐）释实叉难陀译：《地藏菩萨本愿经》，光绪十二年（1886）玛瑙经房刻本，卷末。

刊刻的，后来玛瑙经房得到了板片。这部书在民国二十八年（1939）由法云印经会重新印刷了一次。

除了《地藏菩萨本愿经》外，《大佛顶首楞严经》的版权页也有"光绪二十四年（1898）春王月，天台山真觉寺日种敏曦较锲，苏城玛瑙经房藏板印造流通"字样。卷一后有"乐助芳名"，捐资者基本上都是台州人；末题"光绪二十四年（1898）春王月，天台山真觉寺比丘敏曦监梓"。[1]可见这部书的刊刻地也是台州，后来玛瑙经房得到了这些板片重新印刷。玛瑙经房印刷这部书的缘起是吴县的信女为祈福而印造，卷二、卷六、卷八末有"江南苏州府吴县三宝弟子周门曹氏同如领孙妙元助洋四十八元，为祈家门喜庆，长幼康宁，预入龙华胜会，早生兜率天宫""苏州府吴县信女王果泰助洋二十元，为求家门吉庆，福寿康宁""江南苏州府昭文县清信女陆门季氏同荷、庆男均助洋二十四元，惟求家门有庆，常逢吉事之欢，眷属安和，时获喜颜之聚"字样。[2]由此可见，苏州信女刊刻佛经祈福在清末已成风气。而且，这部佛经中还有江南其他地区如常州府、江宁府等地信女捐资助刊的记录。

玛瑙经房重刻的佛经还有光绪二十五年（1899）出版的《妙法莲华经》，卷末有"光绪戊戌（二十四年，1898）希安居士沐手恭校"字样，还附有"刊印姓氏"："奉佛信女嘉贞创施银洋伍拾圆，以此回向求生极乐世界……板藏苏城圆妙观西玛瑙经房刷印流通。"[3]这则关于刊刻的资料显示了刊刻目的和具体的刻印价格。通过此案例我们可以发现，希安居士在玛瑙经房的出版活动中非常活跃，他募资刊刻佛经并参与校对工作。另一位值得注意的是香庄女史，她至少两次出资刊刻佛经或印刷佛经。

玛瑙经房承担着为苏州佛寺、道观刊刻书籍的任务，这从光绪年间刊刻的《佛祖统系道景》中就可以看出，版权页有"光绪六年（1880）庚辰苏城各刹助资，南禅守一增编，玛瑙经房刷印""板藏苏城护龙大街中玛瑙

---

[1]（唐）释弥伽释伽译：《大佛顶首楞严经》卷一，光绪二十四年（1898）苏城玛瑙经房刻本，第19b页。
[2]（唐）释弥伽释伽译：《大佛顶首楞严经》卷二，光绪二十四年（1898）苏城玛瑙经房刻本，第20b、21b、22b页。
[3]（后秦）鸠摩罗什译：《妙法莲华经》卷末"刊印姓氏"，光绪二十五年（1899）玛瑙经房刻本，第1a页。

经房善书局印造"字样。[1]这部书可以说是南禅寺和玛瑙经房合作的产物。通过现存玛瑙经房出版书籍的一些印章，我们可以发现这些书的一个流向是寺庙。从光绪十二年（1886）玛瑙经房刊刻的《地藏菩萨本愿经》钤有"钮家巷真觉庵"印章来看，主要是面向寺庙的。另外，玛瑙经房印刷的《瑜伽密部》钤有"玉案山笀竹禅寺图记"。光绪十二年（1886）玛瑙经房出版的《慈悲梁皇宝忏》钤有"学士街龙兴寺""南龙兴寺""福林禅院"印章。光绪二十年（1894）玛瑙经房出版的《观世音菩萨普门品》钤有"慈悲溥济院"朱印。

　　光绪十二年（1886）玛瑙经房出版的《慈悲梁皇宝忏》卷末有"苏州灵鹫寺住持肖岩僧瑾施资敬刻《慈悲梁皇宝忏》全部，为荐先父思潘李公、先母王太安人，速脱幽途，转生净土，如已为人，转增胜福"[2]字样。此外，这部书的封面有"大九华山百岁官"字样，也就是说此书曾被百岁官收藏。《慈悲梁皇宝忏》在当时的苏州有着广泛的受众，翁心存记载："以清明节延普仁寺僧礼《梁皇忏》三日。"[3]

　　玛瑙经房刊刻的佛经不仅有线装，还有经折装，如光绪二十年（1894）刊刻的《观世音菩萨普门品》就是经折装。玛瑙经房出版的书籍，属于重刊性质的居多，如《金刚经句解易知》封面书签题"苏省玛瑙经房藏板"，版权页有"光绪丙子（二年，1876）吴下开雕"字样，实际上此书在乾隆年间就已经刊刻了。这也是玛瑙经房出版的书籍中比较少见的明确表明其刊刻地点在苏州的版本。此书卷前有光绪四年（1878）俞樾的《金刚经句解易知序》，其中提及刊刻此书的缘由："姚访梅观察得其书，喜其切近，乃属其妻弟张少渠大令重刊之于吴门。"[4]也就是说，此书的刊刻者是张豫立（字少渠）。又如玛瑙经房在光绪二十九年（1903）刊刻的《金光明忏斋天法仪》，也属于重刊。

4. 常熟刻经处

　　与姑苏刻经处形成对比的是常熟刻经处，常熟刻经处也是专门出版佛

---

[1]（清）释守一辑：《佛祖统系道景》，光绪六年（1880）苏城玛瑙经房刻本，扉页。
[2]（南北朝）萧衍集：《慈悲梁皇宝忏》卷三，光绪十二年（1886）玛瑙经房刻本，第26a页。
[3]（清）翁心存著，张剑整理：《翁心存日记》第二册，中华书局2011年版，第611页。
[4]（清）王泽洭注解：《金刚经句解易知》卷首《金刚经句解易知序》，光绪二年（1876）苏省玛瑙经房刻本，第2b页。

经的机构。现存最早的常熟刻经处出版物是在同治十年（1871）刊刻的《金光明最胜王经》《大乘三聚等五经》，说明最晚在同治一年（1871），常熟刻经处就已经开始刊刻活动了。常熟刻经处出版品的最晚出版时间是宣统元年（1909），这与姑苏刻经处出版活动的结束时间几乎一致，二者之间应该有着一定的关联。同样，常熟刻经处的出版活动也主要集中在光绪年间。常熟刻经处出版的佛经没有和姑苏刻经处重复的，似乎有意避免了与姑苏刻经处的重复出版。常熟刻经处在同治十年（1871）到光绪十四年（1888）的这段时间几乎处于密集出版的状态，出版的佛经种类和数量要远超姑苏刻经处。下面是姑苏刻经处与常熟刻经处出版佛经情况对照表（表 5.1）。

表 5.1 姑苏刻经处、常熟刻经处出版佛经情况对照表

时间	姑苏刻经处出版的佛经	常熟刻经处出版的佛经
同治十年（1871）	—	《金光明最胜王经》《大乘三聚等五经》《大乘三聚忏悔经》
同治十一年（1872）	—	《善女人传》《大乘造像功德经》《佛说菩萨念佛三昧经》
同治十二年（1873）	《天目中峰和尚信心铭辟义解》	—
光绪元年（1875）	—	—
光绪二年（1876）	—	《护法论》
光绪三年（1877）	《四书小参》《四书问答》	—
光绪四年（1878）	—	《大宝积经》
光绪五年（1879）	《虚空孕菩萨经》	《佛说阿弥陀经》《十住经》《大宝积经》《大般涅槃经》《大方广三戒经》《佛说大乘十法经》《佛说普门品经》

续表

时间	姑苏刻经处出版的佛经	常熟刻经处出版的佛经
光绪六年(1880)	—	《菩萨戒本经笺要律仪》《慧上菩萨问大善权经》《胜鬘师子吼一乘大方便广经》《净土警语》《禅林僧宝传》《佛说胞胎经》《佛说法镜经》《郁迦罗越问菩萨行经》《纪(幻)士仁贤经》《佛说决定毗尼经》《发觉净心经》《佛说优填王经》《佛说须摩提菩萨经》《佛说须摩提经》《佛说离垢施女经》《得无垢女经》《文殊师利所说不思议佛境界经》《佛说如幻三昧经》《善住意天子所问经》《善住意天子所问经》《太子刷护经》
光绪七年(1881)	《万松老人评唱天童觉和尚颂古从容庵录》《金光明经玄义》《妙法莲华经文句记》《天目中峰和尚广录》	《大慧普觉禅师宗门武库》《大方广佛华严经》
光绪八年(1882)	—	《拔陂菩萨经》《大方等大集月藏经》《大方等大集经》
光绪九年(1883)	《大智度论》	《大集须弥藏经》
光绪十年(1884)	—	《等目菩萨所问三昧经》
光绪十三年(1887)	《佛说长阿含经》	—
光绪十四年(1888)	—	《华严悬谈会玄记》《读诵佛母大孔雀明王经前启请法》《佛母大孔雀明王经》《杂阿含经》
宣统元年(1909)	—	《文殊师利佛土严净经》

5. 其他佛经出版者

苏州书坊绿润堂也出版过佛经，如其在同治五年（1866）刊刻了《写法切要》，版权页有"同治己巳年（八年，1869）镌，未经校阅，板旋姑苏绿润堂，元妙观前书坊"[1]字样，卷端题"邗沟少逸植弇编集并书"，这部佛经是由植弇编纂并亲自手书上板的。此书钤有"普陀同和佛经部出版

---

[1]（清）释少逸编辑：《写法切要》，同治五年（1866）绿润堂刻本，扉页。

流通""曹洞精舍藏书",可见这部书后来流入了佛寺。这部书的卷末有"捐刻法因集芳名列左"[1]字样,捐刻者主要是杭州、苏州、镇江的僧人、信士,其中杭州的最多。

咏霓社是光绪年间苏州城中的一个社会团体,也曾刊刻佛经。光绪二十五年(1899),咏霓社刊刻了《径中径又径征义》,版权页有"光绪己亥(二十五年,1899)仲秋开雕,板藏苏城咏霓社"字样,卷端有"娄东净业学人陆智性梓劝"字样。[2]

二、道经

1. 李朴与《性命圭旨》

李朴(?—1670),字天木,号紫中道人,吴县人。童年入朝真观为道士,著有《还丹宗旨》《火候宗源》等。其与施道渊同受丹法。《性命圭旨》作为道教重要的修炼书籍,在明代就已经刊刻,但流传较少。关于刊刻的缘起,根据康熙八年(1669)尤侗的序言及康熙九年(1670)李朴的序言所说,底本是殷惟一藏本,曹若济、周舆闲"欣然共赏",而钱羽振最终将其刊刻出版。李朴得以见到《性命圭旨》,正是由于曹若济、周舆闲二人"亟商取以镂刊之"[3],康熙年间宏道堂刻本从此在清代风靡。

2. 上真观的道书刊刻

苏州刻书的道观当以穹窿山上真观为代表,施道渊是清初苏州有名的道士,其在康熙年间刊刻了《太极灵宝祭炼玄科》《三十代天师虚靖真君语录》,施道渊对这两部书进行了校订。

3. 程芝秬与道经刊刻

程芝秬是清代苏州道书刊刻的代表人物,其生平见于《留溪外传·义侠部》。程芝秬,字祥禾,无锡人,"流寓吴门,游长洲学,为诸生中轻财

---

[1] (清)释少逸编辑:《写法切要》,同治五年(1866)绿润堂刻本,卷末。
[2] (清)张师诚辑,(清)徐槐廷注:《径中径又径征义》,光绪二十五年(1899)苏州咏霓社刻本,扉页、卷端。按:卷前有《径中径又径征义新刊序》。还有一部《咏霓社谜剩》,未见出版信息,应该也是咏霓社出资刊刻。
[3] 汪登伟校注:《性命圭旨校注》,中华书局2022年版,第341—343页。

尚义者","好道家言，刻道德□□□书行世"。[1]程芝秬颇具财力，故而能够刻书。传记中所提及的应该是《道德经》等书，除此之外，现存的《金丹真传》卷末有"广陵后学程芝秬重梓"[2]字样。因此，史料记载和版本实物中有两个问题：一是《金丹真传》卷末署名"广陵后学"，而程芝秬自称扬州人，与《留溪外传》所记不符，那么刊刻《金丹真传》等书的程芝秬与《留溪外传》中的程芝秬是不是同一人呢？二是程芝秬后来迁居苏州，故而其书很有可能是在苏州刊刻的，但真实的情况是否如此呢？

康熙年间刻本
《金丹真传》书影

根据《未庵初集后序》，程芝秬是曹峨眉的弟子，序言中称为"仪真程芝秬"[3]。从刊刻的书籍种类来看，二者所刊刻的都是道书，故而符合史料中的记载。现存程芝秬刊刻的书籍，除了《金丹真传》外，另有《规中指南》《悟真篇外集》二书，从字体和版式，以及德国柏林国家图书馆收藏的《金丹真传》与《规中指南》《悟真篇外集》合订一册来看，应该也是程芝秬刊刻的。

4.《太上感应篇》

《太上感应篇》是道书中的劝善之书，这和民间善书虽有重合，仍被归于道书。最晚在乾隆年间，《太上感应篇》就在苏州重新刊刻流传。彭定求的《重刻太上感应篇图经序》："葛君雨田，性喜劝世，前刻《功过格》一书，业已行世矣。兹复取《太上感应篇图经》一书重付剞劂，将使愚夫愚妇一展卷而了然心目之间。"[4]由此可见，尽管《太上感应篇》属于道家书籍，但是其面向的读者是"愚夫愚妇"。这部书引起了当时学者的注意，尤其是苏州的学者，如惠栋对《太上感应篇》进行了注释。

玛瑙经房在光绪二十年（1894）重刻了《太上感应篇》，卷末有"板藏

---

[1]（清）陈鼎：《留溪外传》卷八，光绪二十一年（1895）至二十三年（1897）武进盛氏恩惠斋刻宣统年间汇印《常州先哲遗书》本，第16a-16b页。按："□□□"处为原书墨订。
[2]（明）孙汝忠撰：《金丹真传》，康熙年间刻本，卷末。
[3]（清）翁叔元：《铁庵古文集》卷五《未庵初集后序》，稿本（上图），第26a页。
[4]（清）石韫玉撰：《独学庐四稿》卷六《重刻太上感应篇图经序》，康熙年间刻本，第26b页。

苏城玛瑙经房善书局，印造各种经忏、良方书籍发兑"[1]字样。值得注意的是，这里的种类和其他版本上所标记的种类相比，少了善书这一类。而封面上印有"敬惜字纸"的字样，正和善书中所提倡的相一致。这部《太上感应篇》的排版采用了版框之上加注解的形式。

5. 玛瑙经房的道书刊刻

玛瑙经房出版的绝大部分书籍都属于民间善书或佛经之类，道书不多。玛瑙经房出版的道书主要分为两类：一种是道书中的劝善之书，如《太上感应篇》；一种是道家修炼类的，如《玄关经》《玄妙镜》。

玛瑙经房的道书刊刻活动持续到了民国，现存比较晚的印本有民国三年（1914）刊刻的《玉皇宝忏》。又如民国五年（1916）印刷的《关圣帝君解冤真经》，卷前有《流通善书说》，其主要的出版目的是"消灾度厄，集福延年"[2]，卷末有"苏州玛瑙经房善书印行流通"字样。这本书的来源则是"中华民国五年（1916）五月初五日夜降，培元子笔录"，"上海飞鸾乐善坛胡善庆敬谨抄录"。[3]

由于上文已经对《太上感应篇》进行了论述，这里专门讨论玛瑙经房出版的道家修炼类书籍。这类书籍在清代苏州出版中比较少见，主要有以下几种。

一是《慧命经》《金仙证论》。这两部书是合刻的，版权页有牌记"同治九年（1870）岁在庚午仲秋栖崔山馆开雕"，镌有"板存苏城护龙街中玛瑙经房刷印流通"，卷端题"吴县后学栖崔再梓""后学栖鹤道人再梓"，但是卷末镌有"板存苏城玛瑙经房，印造各种经忏、善书、良方流通"。[4]可见尽管是栖鹤道人（潘露）主持刊刻的，但是板片存放在玛瑙经房。另外，其他版本的《金仙证论》卷端署"姑苏后学水行道人龚庆荣重梓"，可见龚庆荣也刊刻过此书。[5]

[1]（宋）李昌龄传：《太上感应篇》，光绪二十年（1894）苏城玛瑙经房刻本，卷末。
[2]（清）佚名撰：《关圣帝君解冤真经》"流通善书说"，民国五年（1916）刻本，第1b页。
[3]（清）佚名撰：《关圣帝君解冤真经》，民国五年（1916）刻本，卷末。
[4]（清）柳华阳撰注：《慧命经》《金仙证论》，同治九年（1870）苏城玛瑙经房刻本，扉页、卷端、卷末。
[5]《慧命经》《金仙证论》为道教伍柳派经典，值得一提的是，伍柳派的另一经典《天仙正理直论增注》在康熙年间的苏州流传有抄本，并且在苏州刊刻，板片存放在齐门内的老君堂，即老君堂本。

二是《潫性渊源》。封面书签有"镛汝题签",版权页有"光绪三十一年(1905)孟秋重刻,苏城玛瑙经房藏板"字样,卷端题"明一后学张则黄较阅,有缘后学洪道春重刊"。[1]洪道春是这部书的刊刻者。

三是《玄关经》《玄妙镜》。这两部书都是为李昌仁所著。光绪三十一年(1905),玛瑙经房出版了李昌仁的《玄关经》,版权页有"光绪三十一年(1905)孟秋重刊,苏城玛瑙经房藏板"[2]字样。光绪三十二年(1906),玛瑙经房重新刊刻了李昌仁的《玄妙镜》,封面书签题"苏州城中玛瑙经房藏板刷印",版权页题"光绪三十二年(1906)孟秋重刻,苏城玛瑙经房藏板"[3]。

通过以上分析我们可以发现,苏州的玛瑙经房在同治九年(1870)出版了《慧命经》《金仙证论》,在光绪二十九年(1903)刊刻了《九皇真经注解》,在光绪三十一年(1905)、三十二年(1906)又出版了《玄关经》《玄妙镜》。前面已经提及,苏州玛瑙经房的刊刻活动与杭州的玛瑙经房有关联,杭州的玛瑙经房也出版过《入火镜》等书,这与苏州的玛瑙经房可以说是相互补充。

清代苏州出版的其他道教类书籍还有光绪七年(1881)常熟抱芳阁刻本《历代仙史》、光绪十三年(1887)扫叶山房刻本《扫叶山房新镌绣像列仙传》、宣统三年(1911)苏州刻本《三圣经》。

[1](清)函谷子撰:《潫性渊源》,光绪三十一年(1905)苏城玛瑙经房刻本,扉页、卷端。
[2](清)李昌仁撰:《玄关经》,光绪三十一年(1905)苏城玛瑙经房刻本,扉页。
[3](清)李昌仁撰:《玄妙镜》,光绪三十二年(1906)苏城玛瑙经房刻本,扉页。

第三节　医书

苏州是清代重要的医学中心,以吴门医派为代表的中医流派著述丰富。由于医书与民众的日常生活息息相关,因此,苏州的书坊及私人致力于出版医书。清代苏州出版的医书主要分为以下几类。

一、综论类

清代苏州医书出版中最有特色的是专门以刊刻医书为主的书坊绿慎堂,绿慎堂出版过《详校万病回春》,苏州的会文堂也出版过这部书。金阊书业堂也出版了不少医书。嘉庆二十四年(1819),金阊书业堂出版了《景岳全书》。除此之外,同治年间,姑苏裕文祥印刷了《增订寿世保元》。金阊传万堂出版了《内经知要》。光绪九年(1883),常熟抱芳阁也刊刻了《内经知要》。

《增补医宗必读全书》是苏州医书中传播范围较广的,至少有金阊同文会和苏州绿荫堂出版过这部书。关于《增补医宗必读全书》在苏州的流传,有一则故事颇为有趣:

> 吴江黎里东栅外某氏墓庐半就倾圮,仅存破屋数间。一日,清晓薄雾,有谢天港书贾屈姓船经其地,见侧扉中有人招手,若欲买书者,遂泊岸侧。一叟面瘠而黄,蹒跚傍舷,问有医书乎?屈以《医宗必读》进。叟略一翻展,径携书入,顾屈少待,即取钱出付。良久不出,窥扉内有人隐几睡,呼询之,并述取值意,其人斥其妄,曰:此间除吾守舍外,久无居人,尔岂白日遇鬼耶?屈言叟形状,其人嘿然指迤西一屋,俾入视,则停棺一具,适所携书在棺上,书旁尘迹、掌印俨然。屈错愕手书归舱,呫呫而唾,遽促解维去,不逾月死。其伙伴疑团莫释,后复由此停船,叩前守舍人,知死者生前业医而技拙,为同道所

訾笑，无延诊者，怏郁而殁。后嗣无力营葬，寄厝于此。黄安涛《贤已编》。[1]

这则故事提到了《医宗必读》，虽属小说传闻，但足见这部书在当时书贾的销售范围之内，而且当读者问及医书的时候，售书者会首先向读者推荐。

二、医案医话类

道光十一年（1831），绿慎堂出版了《三家医案合刻》，扫叶山房也出版过这部书。这部书汇集了三位苏州名医的医案，可谓是富有特色的苏版书籍。其中，叶天士的《临证指南医案》在以苏州为中心的江南地区可谓十分流行。"叶天士《临证指南》盛行吴越间，市医浅学，奉若科律。然中多门弟子伪托，不皆出于天士，故纯驳互见，胶柱鼓瑟，贻误后来，识者病焉。"[2]现在所知的《临症指南医案》苏州版本有苏州五云楼刻本、扫叶山房刻本和经钼堂刻本。金阊三槐堂还出版了《续刻临症指南温热论》。除此之外，还有道光十一年（1831）贮春仙馆刊刻的吴氏《叶氏医效秘传》、光绪十二年（1886）常熟抱芳阁刻本《叶氏医案存真》、光绪十五年（1889）苏城六润斋刻本《徐批叶天士先生方案真本》。

三、方论类

1. 五官、咽喉、眼科类医书

玄妙观附近的积善局曾出版医书《仙传白喉忌表抉微》，卷末有"板存苏城元妙观后旧学前积善局"[3]字样。积善局是苏州城里的慈善机构，"在旧学前，清光绪二十年（1894）郡人吴韶生、宋治基等创建。先办义塾、惜字，继由吴文渠等集资，专办恤嫠、保婴、借本、牛痘、急救误吞洋烟洋火等善举，其经费赖同人随时捐助，别无恒产"[4]。此书的另一版

---

[1]（清）仲廷机纂：《（光绪）盛湖志补》卷四，民国十三年（1924）刻本，第7b-8a页。
[2]（清）吴庆坻撰：《补松庐文稿》卷一《吴鞠通医案序》，《清代诗文集汇编》770，第389页。
[3] 按：现存的版本中有《拯世维风集》，版心下镌有"积善局"，不知是不是苏州的积善局。
[4] 曹允源、李根源纂：《（民国）吴县志》卷三十，民国二十二年（1933）苏州文新公司铅印本，第14a页。

本封面书签有"不可轻弃"字样，有牌记"光绪辛卯（十二年，1891）冬席氏扫叶山房重校刊"，版心下有"扫叶山房补校刊"字样。[1]与《仙传白喉忌表抉微》同性质的医书还有扫叶山房在光绪年间出版的《咽喉治法抉微》。另外，苏州名医金宝鉴著有《烂喉痧辑要》《焦氏喉科秘珍》。[2]光绪二十七年（1901），毛上珍刻字铺刊刻了《重刻烂喉痧辑要》[3]；光绪三十年（1904），太仓会文斋刊刻了《烂喉痧辑要》；清末苏城毛上珍又铅印了《喉痧至论》。

《仙传白喉忌表抉微》的刊刻有着特殊的背景："二十八年（1902）壬寅春，喉痧威行，民多骤死，且传染甚速，问疾送殓，一触毒气即病，竟有阖家病殁者。苏医持白喉忌表之说，于是不问是否白喉，相率以表剂为戒。然表固死，不表亦死，迄无善法。至四月杪，至死者以百计，积善局代赊会棺木一空。"[4]光绪年间，苏州名医认为烂喉风应以清解为要，故而县令李超琼说："城中所刊布之《白喉忌表抉微》一书，实贻误不浅。"[5]

清代苏州流传最广的眼科类医书是《眼科大全》，曾被多家书坊出版，如苏州的来青阁、会文堂、书业堂。实际上，姑苏聚文堂在此前就已经刊刻过《重订眼科大全》，但是其中有的板片版心下镌有"汇源堂"，可见聚文堂有印刷之嫌。

苏州出版的眼科医书还有金阊耕读堂刻本《银海精微》。此外，艺海堂在咸丰七年（1857）重刻了《眼科神应方》。根据潘钟瑞的记载，光绪十四年（1888），"《程松崖眼科方》刻成"[6]。这部《程松崖眼科方》也是在苏州刊刻的。

2. 验方类医书

扫叶山房出版医书早在嘉庆年间就开始了，如在嘉庆年间印刷了叶桂

---

[1]（清）施稚桐撰：《仙传白喉忌表抉微》，光绪十七年（1891）扫叶山房刻本，扉页、版心。
[2]曹允源、李根源纂：《（民国）吴县志》卷五八上，民国二十二年（1933）苏州文新公司铅印本，第11a页。
[3]封面有"白喉风、烂喉痧，治法各别，此书主治烂喉痧，如遇白喉风，慎勿误会为要。聋道人识"字样，卷末有"印送问苏城内临顿路毛上珍刻字铺"字样。
[4]（清）赵诒翼纂：《信义志稿》卷十九，《中国地方志集成·乡镇志专辑》第8册，第491页。
[5]（清）李超琼：《李超琼日记：光绪二十四年四月—光绪三十一年二月》，古吴轩出版社2017年版，第253页。
[6]（清）潘钟瑞：《潘钟瑞日记》，凤凰出版社2019年版，第544页。

的《本事方释义》，卷末有嘉庆十八年（1813）叶桂曾孙叶钟的"后序"云："因念吴中必有藏弆其副本者，既闻城南顾西畴先生家有其书。先生亦淑府君之教而以医著名者。……从先生之孙大田假归钞录焉，但其所据本与坊刻迥异，因复从黄尧圃孝廉假得宋椠残本及他本参较同异，于是决然知是书之善而坊刻为不足据也。"[1]但是，扫叶山房仅仅在版权页对藏板情况进行了说明，此书的刊刻者尚待考察。扫叶山房在同治年间出版了《千金翼方》，在光绪十三年（1887）出版了《医方集解》，《医方集解》在乾隆年间又有三槐堂刻本。

姑苏聚文堂也出版过医书，如嘉庆十五年（1810）刊刻的《仙拈集》，卷前有"参阅助刻贤士"："马辉极，讳大枢；王植之，楷；温世昌，述周；张子元，俊仁；郭锡藩，复晋；温光南，含明；李石和，毓光；马荆山，奇珵；张子宜，俊义。"[2]作者在序言中说："一日，与诸友会饮于雨花台畔……（注：诸友）慨然输金付梓。"[3]可见此时作者和友人是在南京的，但书是被拿到苏州的聚文堂刊刻的。

书坊出版的医书，绝大部分是面向民众的普及读本。因此，书坊会挑选那些最为实用的医书出版。这种医学知识的普及早在乾隆、嘉庆年间就已经开始了，最具代表性的当数嘉庆年间在苏州刊刻的《葆寿集》。《葆寿集》是利用重刻《寿世编》的余资而将经验成方另行编纂的，实际上在此之前，《寿世编》在苏州地区也同样流行。《葆寿集》和《寿世编》有着微妙的关联。《葆寿编》版权页上已经标明"是集《寿世编》内保产、育婴、救急诸法，详明周密，又《葆寿集》六卷，括治内外要症，洵可为留心利济者之一助也"[4]。《葆寿集》的编纂可谓杂采群书，"于《寿世编》《种痘心法》二书外杂采他书者六万余言"，在书籍编纂将要完成的时候，"吴门刘泳泉先生出其枕秘验方见示，即欣付枣梨，公诸同好"。[5]刘泳泉宣称："倘四方有道君子雅怀利济，或惠示名方，或指正舛误，恳交坊友邮

---

[1]（宋）许叔微撰，（清）叶桂释义：《本事方释义》卷末"后序"，嘉庆年间扫叶山房刻本，第1a-1b页。
[2]（清）李文炳辑：《仙拈集》卷首《仙拈集助刻序》，嘉庆十五年（1810）聚文堂刻本，第2a页。
[3]（清）李文炳辑：《仙拈集》卷首《仙拈集助刻序》，嘉庆十五年（1810）聚文堂刻本，第1b页。
[4]（清）沈文龙辑：《葆寿集》，嘉庆年间刻本，扉页。
[5]（清）沈文龙辑：《葆寿集》"凡例"，嘉庆年间刻本，第2a、3a页。

寄，当即汇登续集，曷胜切望。"[1]程思乐在嘉庆二年（1797）的序言中说："勇于为善。"[2]又《葆寿集凡例》云："是书之辑，原期周急，故于膏丹丸散诸方凡可资治疗而济贫乏者，无不悉力搜罗，其修制之法，务加详密，使乐善之士，开卷了然，广其立德之途，慰我赠言之愿。"[3]也就是说，他们将医书的编纂与刊刻作为一种善行来对待。而且，编纂者期待的是这部书能够"舟车携带，流布四方，乡塾市肆，俱可于瞻礼之余，备缓急之用"[4]。可见这部书主要面向的就是民间读者。

嘉庆年间刻本《葆寿集》书影

刊刻医书作为行善之途径的观念促成了医书的出版，如《济急丹方》版权页有"道光十九年（1839）己亥重刻，上洋隐善姓藏板"[5]字样，这在藏板者中是比较独特的，即并未明确注明藏板者的姓名。但是，版权页的小字识语提供了更多的信息："板存苏州阊门内大街都亭西塊周哑子巷三槐堂刻字店便是。倘有善姓发心印送者，只取工料纸价。"[6]因此，板片实际存放的位置是三槐堂。三槐堂可谓是名副其实的书坊，它既销售书籍，也刻字。对于这种可以随意印刷的板片，我们称之为"带有公益性质

---

[1]（清）沈文龙辑：《葆寿集》"凡例"，嘉庆年间刻本，第3a页。
[2]（清）沈文龙辑：《葆寿集》"序"，嘉庆年间刻本，第1a页。
[3]（清）沈文龙辑：《葆寿集》"凡例"，嘉庆年间刻本，第1a页。
[4]（清）沈文龙辑：《葆寿集》"凡例"，嘉庆年间刻本，第3b页。
[5]（清）沈文龙辑：《济急丹方》，道光十九年（1839）刻本，扉页。按：上海中医药大学又藏有道光十九年（1839）苏州三槐堂刻本。
[6]（清）沈文龙辑：《济急丹方》，道光十九年（1839）刻本，扉页。

的板片",而验方医书的板片正属于这一类板片。《宁寿堂济急丹方》的编纂与《寿世编》《葆寿集》密切相关:"第思《寿世编》于施济丸散诸方殊未之及,而《葆寿集》卷帙稍繁,印送较费,兹于二书内摘其尤切要而可资济急者为三卷。"[1]可见《宁寿堂济急丹方》是从《寿世编》《葆寿集》中摘选而成的。其编纂者表明了公开流行此书的愿望:"倘乐善君子或广为布送,或翻刻流传,更增高论名方,以宏利济,实所切望。"[2]

道光年间出版的验方有道光四年(1824)姑苏崇德书院刊刻的《良朋汇集经验神方》、道光二十一年(1841)刻本《集验良方拔萃》。恬素氏在《集验良方拔萃》的自跋里对这部书的编辑特色进行了说明:"故将生平所亲自试验若干方和盘托出,其中之最神效者,方上刊三圈;得心应手者,二圈;见于他书并友人所传而未经亲试者,无圈。"[3]用这样的符号标记是在提醒读者书中药方的重要程度。到了同治年间,这种验方出版又一次兴盛起来。振新书社印刷得比较早的医书有同治五年(1866)刊刻的《增辑伤寒类方》。

得见斋的经营活动主要活跃于同治年间,除了善书外,还出版医书。这种善书和医书出版相结合的做法满足了下层民众的日常生活和宗教信仰方面的需要。同治八年(1869),得见斋出版了《经验良方》,版权页题"经验良方",版心题"经验百方"或"经验良方"。[4]同治八年(1869),得见斋还出版了《几希录良方合璧》。咸丰、同治年间苏州的兵乱,给出版业造成了致命的打击,很多医书的板片都在这场战乱中被焚毁。不少史料都提到了这些情形,正如《几希录良方合璧》序言中所言,"吴中向有《几希录》之刻……惜兵燹之后,板片无存。嘉兴张君惟善平日敦品好义,笃信是编,奉为圭臬

**同治八年(1869)
姑苏得见斋刻本
《几希录良方合璧》书影**

---

[1] (清)沈文龙辑:《济急丹方》"序",道光十九年(1839)刻本,第1a页。
[2] (清)沈文龙辑:《济急丹方》"凡例",道光十九年(1839)刻本,第1a页。
[3] (清)恬素氏编:《集验良方拔萃》卷首"自跋",道光二十一年(1841)刻本,第1b页。
[4] (清)佚名编:《经验良方》,同治八年(1869)得见斋刻本,扉页、版心。

者已久，深虑此书购觅无从，将就湮没也，乃慨然倡首捐资。更益以《集验良方》，作为《合璧》，谋付剞劂"[1]。因此，后来的出版者都致力于恢复之前医书的出版，使之重新流通。

光绪二年（1876），毛上珍刊刻了《丹桂应验良方》，这些药方都是针对日常生活中的常见病症的，是当时民众所需要的。[2]光绪年间位于桃花坞的谢氏望炊楼出版的医书较为有名，其光绪八年（1882）出版的《良方集腋》、光绪十一年（1885）出版的《灵芝益寿草》都是募资重刊。吴嘉洤《良方集腋跋》云：

> 同乡谢蕙庭上舍，潘功甫舍人表弟也。家世行善。蕙庭承其先志，孳孳不倦。患穷乡僻壤不能求医药，心窃悯之。因集古传良方试之有效者，辑为二卷行世，诚扶危济困之仁心也。板存吴中，汪星阶明府携其书刻之京师，将传四方，以利济民生，其不为循吏者几希。予得自坊间，阅之，皆世所不恒有之方也。间有所患，试之辄效。[3]

冯桂芬《良方集腋合璧序》云：

> 道光壬寅（二十二年，1842），刻《良方集腋》上下卷，以贻穷乡僻壤之无医者与夫贫不能求医、亟不及待医者，人试之辄验，以故不胫而走。数年间，翻刻至四五处，同志递有附益，君亦随时续辑，积十年又成帙。咸丰壬子（二年，1852）冬，并前书合刊之，曰：《良方集腋合璧》。既成，问序于余。余惟刻善书为善举之一，其弊也，高阁庋之，酱瓿覆之，尚不如刻方书，方书必有求之者，求之斯试之，数试而一效，是一帙活一人也，设千帙不遂活千人乎？吾闻之活千人者有封子孙，功莫大焉。[4]

可见谢元庆是本着行善的目的，担忧乡村难以获取医药而编纂医书的，而且医书很快传播到了北京。到了咸丰年间，《良方集腋》正式汇编为《良方集腋合璧》；到了光绪年间，谢氏又重新刊刻此书。

在书前的凡例中，编纂者认为"行世方书，原多善本，顾卷帙浩繁，不特乡曲购求匪易，抑且行箧携带维艰，兹刻仅上下两卷，检阅甚便，远

---

[1]（清）佚名辑：《几希录良方合璧》"序"，同治八年（1869）姑苏得见斋刻本，第1b-2a页。
[2]（清）金德鉴撰：《重刻烂喉痧辑要》，清毛上珍刻本，封面、卷末。
[3]（清）吴嘉洤撰：《仪宋堂文二集》卷五《良方集腋跋》，光绪五年（1879）刻本，第12a页。
[4]（清）冯桂芬撰：《显志堂稿》卷一《良方集腋合璧序》，光绪二年（1876）冯氏校邠庐刻本，第31a-31b页。

乡易致"[1]。由此可见，在书籍的设计上，编纂者已尽量压缩篇幅，采用小开本，以便于携带和翻阅，这充分考虑到了读者的阅读感受。除此之外，谢元庆的刊刻活动乃是一项公益事业，其在例言中表示："是集秘方，不敢独私，用授梓人，公诸海内，广期利济，同志如欲印送，不取板利，得遍流传，欣幸靡涯。"[2]因此，流传医方可以被看作向民众传授医学知识的重要途径。

清代不少官员也热衷于验方的刊刻，如道光年间出版的《医方择要》。根据道光九年（1829）苏州尚衣使者文祥的《医方择要弁言》，文祥"爰即旧录，重加增删，略分四门，剞劂印布，以公同好"，其刊刻书籍的目的是"于以救急，于以卫生"[3]。光绪十九年（1893），李超琼在胥门拜谒长江水师提督黄翼升，黄氏赠予李超琼自己刻的《长江图》《验方新编》。[4]

清末苏州的私人医疗机构也参与到医书的刊刻中，姑苏州的药堂也会出版验方，比较有特色的是光绪年间开设在临顿路上的鸿毊堂，其刊刻了《王鸿毊堂丸散膏丹总录》，版权页有"本堂开设苏州城内临顿路醋坊桥东堍朝西石库门内，定价划一，无折无扣，钱串七十银洋照时"[5]字样。书前有光绪八年（1882）鸿毊主人的序言，对此书的编纂进行了详细的介绍，说此书是由"同人悉心讨论"[6]编成的。

3. 妇幼科（附男科）类医书

清代苏州流行的妇科医书有《重订济阴纲目》。金阊书业堂、金阊天德堂都刊刻过此书，书坊常以"女科第一善本""妇人良方"来宣传此书。

清代苏州流行的产科医书有《产宝》《顺天易生编》《胎产心法》等书。同治年间，味余草堂刊刻了《产宝》，味余草堂是味余山人李棠（字棣珊）的书斋，其在同治四年（1865）"需次吴门"[7]，在苏州刊刻了这部书。光绪二年（1876），得见斋刊刻了《顺天易生编》，这部胎产类医书的

---

[1]（清）谢元庆辑：《良方集腋》"例言"，光绪八年（1882）苏州谢氏刻本，第4b页。
[2]（清）谢元庆辑：《良方集腋》"例言"，光绪八年（1882）苏州谢氏刻本，第4b页。
[3]（清）文祥辑：《医方择要》"弁言"，道光年间刻本，第1b页。
[4]（清）李超琼：《李超琼日记：元和—阳湖—元和》，江苏人民出版社2012年版，第149页。
[5]（清）佚名编：《王鸿毊堂丸散膏丹》，清末刻本，扉页。按："钱串七十银洋照时"，另一本作"概售国币，诚实无欺"。
[6]（清）佚名编：《王鸿毊堂丸散膏丹总录》"序"，清末刻本，第2b页。
[7]（清）倪枝维撰，（清）许楗订正：《产宝》"序"，同治四年（1865）刻本，第1b页。

作者是苏州人赵璧，赵氏在《顺天易生编原序》中说："好生者见之，宜为广布，有力者重刻通行，无力者手抄数册，口授数人。"[1]可见作者也希望这部书能够以各种形式流传，对版权问题并不在意，唯一的要求便是"凡重刻手抄，不必更改，尤不可增入方药，以相矛盾"[2]。赵璧在书前的凡例中指出："此原为妇人而设，识字者固一目了然，不识字者亦可令人口传，亦皆通晓。……与其看戏文、听小说，不如传闻此等有益。"[3]得见斋印刷这部书也是本着实用的目的。这部书卷末有"苏城得见斋刷印"[4]字样，可见此书也是得见斋从别处板片印刷而来的。得见斋还在同治八年（1869）刊刻了《达生编》。《达生编》在苏州出版的频率较高。同治七年（1868），许浩源在《绛囊撮要》刻书识语中说："后附《达生编》一卷，俾产家按方录用，便于检阅。虽于医家一道，未敢遽谓美备，而于荒陬僻壤，医药艰难之处，未必无小补云尔。"[5]可见刊刻者希望这部书能够在偏远的乡村发挥作用。除此之外，道光二十九年（1849），甘朝士局曾刊刻阎纯玺的《胎产心法》。光绪年间，谢文翰斋曾经为敬慎堂刊刻《胎产心法》，版心下有"敬慎堂"字样，卷端题"孙男玉方、麟生重刊"。

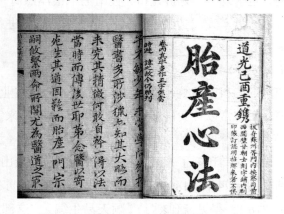

道光二十九年（1849）刻本《胎产心法》书影

除了将医书附录在善书之后外，玛瑙经房也出版了专门的医书，这些医书的出版可以被看作向普通民众传递基本医学知识的善举。《妇婴至宝》

---

[1]（明）赵璧撰：《顺天易生编》"序"，光绪二年（1876）得见斋刻本，第1a-1b页。
[2]（明）赵璧撰：《顺天易生编》"序"，光绪二年（1876）得见斋刻本，第1b页。
[3]（明）赵璧撰：《顺天易生编》"凡例"，光绪二年（1876）得见斋刻本，第4a页。
[4]（明）赵璧撰：《顺天易生编》，光绪二年（1876）得见斋刻本，第42a页。
[5]（清）佚名编：《绛囊撮要》，同治七年（1868）许浩源刻本，扉页。

的刊刻就被认为是行善之举。嘉庆年间程在新刻字店刊刻的《妇婴至宝》内封有"嘉庆庚午年（十五年，1810）重镌，麟庆堂藏板"字样，卷前褚廷璋序云："甫四载，而板已漫漶，月槎因发愿重镌，同时好善诸君子亦踊跃襄事"，卷端题"同善诸子重刊"。[1]光绪十八年（1892），玛瑙经房出版了《增订妇婴至宝》，封面书签题"妇婴至宝，松如题签"，版权页有"光绪十八年（1892）孟秋重校刻，苏城玛瑙经房藏板"字样。[2]光绪十八年（1892），苏州人陈恩梓在《重刻妇婴至宝序》中说此书为"居家必备之书"[3]。关于刊刻此书的缘起，陈恩梓在序言中说："是书流传既久，板多漫漶，吴郡玛瑙经房主人恐人之仓卒失检而不免以毫厘千里之谬也，商诸养性子，一见称善，愿助剞劂，爰取原书，细加雠校，并益以《求嗣说》及《保婴要诀》数则，较之旧刻，益臻美备。所望好善之士，广为宣布。"[4]由此可见，这部医书是在玛瑙经房主人的倡议之下，得到了苏州人养性子的赞助才得以刊刻的。这部书最早就是在苏州刊刻的，根据嘉庆元年（1796）长洲褚廷璋的《妇婴至宝原序》，"世传《妇婴至宝》一书，吾乡忾忾徐丈于乾隆十五年（1750）取亟斋居士《达生篇》请三农老人钱君加注，益以毓兰居士《种痘法》《稀痘方》，捐资刊刻，行世已久，寻缘原板为赵文山太守携去，无以应四方之求，徐丈令内侄黄子月槎于壬子岁（乾隆五十七年，1792）复事开雕，奈购者甚众，甫四载而板已漫漶，月槎因发愿重镌，同时好善诸君子亦踊跃襄事，并附《保命延生戒期》于后，以广流传"[5]。对此书进行纵向的考察可以发现，清末的玛瑙经房致力于恢复清代中期苏版书籍的原貌，并重新增订，使之完善。玛瑙经房的主人是十分具有销售眼光的，能够敏锐意识到这部书的流行程度，也许这得益于长洲人褚廷璋序言的记述。

桐石山房也出版过儿科医书，如《慈幼纲目新书》。另外，宣统年间苏城笪锦和出版的《保赤要言》序言中说此书"较之寻常劝善之书，尤为切

---

[1]（清）佚名撰：《增订妇婴至宝》"序"，嘉庆十五年（1810）麟庆堂刻本，第1b页。
[2]（清）佚名撰：《增订妇婴至宝》，光绪十八年（1892）苏城玛瑙经房刻本，扉页。
[3]（清）佚名撰：《增订妇婴至宝》，光绪十八年（1892）苏城玛瑙经房刻本，第1a-1b页。
[4]（清）佚名撰：《增订妇婴至宝》，光绪十八年（1892）苏城玛瑙经房刻本，第1b页。
[5]（清）佚名撰：《增订妇婴至宝》卷首《妇婴至宝原序》，光绪十八年（1892）苏城玛瑙经房刻本，第1a页。

要。是以同人等集资印送，以广流传"[1]。《保赤要言》前有"中华民国八年（1919）十一月嘉兴沈汝骥识"字样，卷端题"昆山王德森严士甫编辑"。[2]由此可证此书为后来所刻。

光绪十四年(1888)刻本《妇婴至宝》书影　　宣统二年(1910)刻本《保赤要言》书影

光绪五年（1879），苏州刊刻了《保赤汇编》。朱之榛《保赤汇编序》云："积善有庆，垂裕后昆，以《锡麟宝训》为第一；法宜调护，造于未形，以《达生篇》为第二；乳保乃育儿之本，以《产宝》为第三，《福幼篇》附焉；哑科臆断，贻害滋多，以《保婴易知录》为第四；脉微难见，虽《灵枢》《素问》不具其说，以《小儿药证直诀》为第五；知识初萌，首端志趣，闲邪存诚，芳躅可师，以《吕氏童蒙训》终焉。……愿人学以待时，不可急时名而不学，更不可以不名于时而妄行其学。学以为己，推而及物，爱之必有以教之，使无忝天地生成之德，是故二三君子汇刻其书，属序于予，而予引伸其意如此也。"[3]这部丛编类医书汇辑了《锡麟宝训》《达生篇》《产宝》等书。"积善"的观念使得刊刻者对这类实用医书格外重视，认为应当学习这类书籍，等待时机，并且推己及人。值得注意的是，《保赤汇编》中不仅包括医书，还包括启蒙类读物，可见编纂者不仅重

---

[1]（清）王德森撰：《保赤要言》"序"，宣统二年（1910）苏城笪锦和刻本，第1a页。
[2]（清）王德森撰：《保赤要言》卷一，民国八年（1919）刻本，第1a页。
[3]（清）朱之榛撰：《常慊慊斋文集》上《保赤汇编序》，民国九年（1920）东湖草堂刻本，第12a-13a页。

视身体的健康，还重视思想的启蒙。

苏州书坊刊刻的儿科医书的作者有的来自苏州周边地区，如嘉庆元年（1796）金阊惟善堂刻本《重订救偏琐言》，其作者是吴兴的费建中。

儿科医书《小儿推拿广意》在清代苏州广为流传，曾被多家书坊出版，至少有金阊同文堂、金阊书业堂、金阊绿慎堂、金阊绿荫堂、金阊三友堂等书坊出版过，出版时间则从道光年间到光绪年间，其在版权页上被宣传为"秘传育婴要法""育婴第一善本"。

光绪年间，苏州书坊校经山房重新刊刻了《傅青主男科》，根据校经山房主人的识语，"其板刻于广东，路远艰于购买，今本坊复加校勘，付诸梓人，以广其传。人之好善，谁不如我。苟能家置一编，对症用方，则利世济人之功，实非鲜浅焉"[1]。由此可见，校经山房刊刻这部书的目的是使民众能够解决现实中所遇到的疾病问题，而且和行善结合起来。

4. 温病（痧胀、霍乱、鼠疫）类医书

温病类医书主要有光绪六年（1880）扫叶山房刊刻的《瘟疫论补注》和光绪十七年（1891）出版的《痧症全书》。交通益记图书馆在清末还出版过《温热经纬》。

5. 伤寒金匮类医书

清代苏州出版的伤寒金匮类医书，其作者基本上是苏州名医。《伤寒贯珠集》是苏州名医尤在泾的著作，来青阁印刷过。根据书前嘉庆十五年（1810）朱陶性的序言，"兹细加校核，用活字版印成，以公同好云"[2]。这部书在嘉庆年间是用活字印刷的，即为嘉庆十五年（1810）苏州会文堂木活字印本《张仲景伤寒论贯珠集》，后来才改用雕版印刷。而且，出版此书的并非只有来青阁，还有绿荫堂。

清苏州绿荫堂刻本
《伤寒贯珠集》书影

除了《伤寒贯珠集》外，还有《伤寒来苏集》，它是慈溪柯琴撰写的医书，经过叶天士的批点，在清代苏州至少被绿慎堂、经义堂、扫叶

[1]（清）傅山撰：《傅青主男科》，光绪年间苏州校经山房刻本，扉页。
[2]（清）尤怡撰：《伤寒贯珠集》"序"，清苏州绿荫堂刻本，第1b页。

山房出版过。

伤寒金匮类医书还有康熙七年（1668）金阊书业堂出版的《伤寒兼症悉义》、康熙二十二年（1683）金阊天禄阁出版的《伤寒论三注》，以及金阊经义堂出版的明代学者戈维城的《正续伤寒补天石》、金阊绿荫堂出版的魏荔彤的《金匮玉函要略论注》。

振新书社在清末也出版医书，同治五年（1866）出版了《增辑伤寒类方》，版权页有"同治丙寅（五年，1866）冬刊，苏州振新书社藏板"字样[1]，钤有振新书社印章。

6. 外科（附伤科）类医书

清代苏州出版的外科医书有函三堂在乾隆五十九年（1794）出版的《针灸大成》，以及在乾隆六十年（1795）出版的《外科大成》。嘉庆十三年（1808），金阊三槐堂出版了《外科正宗》。嘉庆二十三年（1818），姑苏来青阁春记出版了《伤科补要》。光绪二年（1876），得见斋出版了《伤疡屡效方》。光绪三年（1877），华亭马金藻在《伤疡屡效方》序言中说："爰为之代集刻资。"[2]可见这部书是马氏代为刊刻的，这些板片储藏在得见斋。

四、本草类

清代苏州书业堂出版了不少本草类医书。乾隆四十八年（1783），金阊书业堂刊刻了《食物本草会纂》。乾隆四十九年（1784），金阊书业堂印刷了《本草纲目》《万方缄线》，还出版了苏州张璐的《本草逢原》。此外，金阊映雪堂出版了《本草从新》。嘉庆十五年（1810），武进薛氏刻《本草述》，光绪二年（1876）姑苏来青阁重印。光绪七年（1881），苏城江右同文公所刊刻了《增订本草备要》。

《重订药性赋解》是清代苏州比较流行的本草类医书，这部书得到了苏州名医的校订，多家书坊都出版过，如有乾隆五十年（1785）金阊传万堂刻本、道光十八年（1838）金阊会文堂刻本。其中一部《药性赋解》的版权页有"姑苏绿润堂梓"字样，但是版心下镌有"会文堂"。可见板片是会

---

[1]（清）潘霨增辑：《增辑伤寒类方》，同治五年（1866）刻本，扉页。
[2]（清）马金藻辑：《伤疡屡效方》"序"，光绪三年（1877）得见斋刻本，第2a页。

文堂刊刻的，而绿润堂只不过是重新印刷。

五、丛编类

嘉庆九年（1804），金阊书业堂出版了《合镌士材三书》，包括"诊家正眼""本草通元""病机沙篆"。金阊书业堂出版的丛编类医书还有康熙年间刊刻的《张氏医书七种》。

清代的丛编类医书还有《医学三书》，冯桂芬《邵步青医学三书序》云："君曾祖步青先生为薛一瓢征君高弟，从祖鲁瞻先生、从父春泉先生继之，至君凡四世，历百有余年，咸以医名，授受渊源有自来矣。步青先生著有《四时病机》《温毒病说》《重订万氏女科》三书，发挥经旨，无奥不显，酌古参今，易施于用。君之治疾授徒，得力于是书为多。以及门录副者众，经难独存，君喜先泽未坠，重加考订，补其残缺，将付梓以广其传。"[1]这三部书由于抄录者多，于是刊刻出版。

潘霨是清末苏州医书的重要出版者，出版过《韡园医学六种》，其中包括《伤寒论类方》《医学金针》《女科要略》《理瀹外治方要》等书。

---

[1]（清）冯桂芬撰：《显志堂稿》卷一《邵步青医学三书序》，光绪二年（1876）冯氏校邠庐刻本，第32b页。

第四节　善书

一、善书的编纂与印刷

善书是清代具有广泛读者基础的书籍，善书的出版最容易打破地域和阶层的限制，从而最大限度地实现不同地区不同群体的参与。苏州在清代中后期已经成为江南地区善书出版的中心。士农工商群体广泛参与了善书的出版，如"徐梦熊，字亦安。……好读《朱柏庐格言》，尝刊《阴骘文》《觉世经》《劝孝戒淫》等书分给后进"[1]。徐梦熊虽未中举，但广行善举，正是清代苏州刊刻善书者的代表。

清代苏州编纂了一些富有特色的善书，一般出自士人之手，他们在当地有着较高的威望。乾隆年间，昆山人顾本敬"见《小学斋神童诗》多识忠孝节义事，募资刊布，付塾师教之"[2]。顾本敬看重的是这部书中所体现的忠孝思想，所以将其刊刻，作为家塾的教材。再以《闺门衍训》为例，这部书最初的编纂框架和材料源于杭州刊刻的《崇庆集》。根据叶自庄所说："仁和曹大经先生所刻《崇庆集》，合各种劝善书为一编。予得之玉峰书肆。杏泉徐丈见而善之，取集中宋尚《宫女论语》、徐氏《妇德四箴》、陆氏《新妇谱》、陈氏查氏《新妇谱》，补数种，重加校勘行世。并附闺训数则，意以敦内行、饬闺仪，使睹是编者渐渍涵濡，各尽乎妇道女道之极，其用意可谓挚矣。"[3]《闺门衍训》的编纂是从《崇庆集》中选

---

[1] 曹允源、李根源纂：《(民国)吴县志》卷七十上，民国二十二年（1933）苏州文新公司铅印本，第44b页。
[2] （清）金吴澜等：《(光绪)昆新两县续修合志》，光绪六年（1880）刻本，第38a页。
[3] （清）叶自庄撰：《忆山书屋遗稿》之《跋闺门衍训后》，道光二十三年（1843）刻本，第42a页。

取与主题有关的部分，然后加以增补，其目标读者主要是女性，编纂目的是"敦内行、饬闺仪"。因此，各个地区的善书编纂有文本上的共同点，即主题和内容在一定程度上组合和重叠。《闺门衍训》本身所具有的家庭教育功能，体现了善书的编纂、刊刻经常与启蒙教育结合起来。

由于善书的特殊性，书坊尤其重视善书的出版。会文堂出版的具有代表性的书籍便是《敬信录》，其刻书识语云："此录原板在松江府西门外闻铺刻字店，四方印者甚广，板已模糊，今戊子岁（乾隆三十三年，1768）重敬录新镌，板存姑苏阊门吊桥东首越城内会文堂书坊。乐善君子发心印送者，其纸价装订工费每本制钱五十六文，另有样式。或自备纸料，刷印施送亦可。流通天下，感应甚速。"[1]由此可见，会文堂在刊刻此书之前对其出版情况进行了深入的调查。

《敬信录》不仅在城市流行，还在乡村逐渐流行开来。史料还记载有苏州读者与《敬信录》的故事："陈德心，字大坤，苏州农夫也。夏日纳凉，偶过村馆，见《敬信录》，乞塾师讲解，有省，沿街收拾字纸，彭二林居士闻之，招入文星阁，劝修念佛三昧。德心素不识字，奉教静笃，后渐能书。未几，为苏郡妙济堂司放生、掩埋等事，每见髑髅，频生嗟叹，悟世非常，于是念佛益勤，终身不娶。年六十九，身健如常。"[2]从这则故事中的陈德心来看，确实既体现了其"为下等人说法"的特点，也体现了会文堂刻本中宣传的"感应甚速"。

与《敬信录》类似的是在苏州刊刻的《信心应验录》。这部书汇辑了多种善书。由于其篇幅庞大，有的内容被单独抽出来印刷，如其中的《觉世真经注证》被易名为"科名捷径"。《信心应验录》中有《诵持〈觉世真经〉灵验记》："湖南刘乔松先生纂辑《信心应验录》一书……思欲广送同人，奈卷帙浩繁，刷印非易，谨择其纂辑《觉世真经注证》一卷，印送千部，为我辈有志科名者劝，因题其签曰《科名捷径》。"[3]可见其主要针对的是"有志科名者"。

属于汇编类的善书还有《元宰必读书》《丹桂籍》等，这些书都在苏州

---

[1]（清）周鼎臣辑：《敬信录》，清会文堂刻本，扉页。
[2]（清）彭希涑辑：《净土圣贤录续编》卷三，清刻本，第28a—28b页。
[3]（清）刘山英纂辑：《信心应验录》"诵持《觉世真经》灵验记"，光绪年间醉仙亭刻本，第14a页。

清苏城毛上珍刻本
《丹桂籍》书影

出版过。位于临顿路上的毛上珍丽记是从同治年间就开始营业的书坊，其经营一直持续到民国。毛上珍在同治年间的印书基本上和这一时期周边其他的书坊接近，多为善书之类，这从其刊刻的《丹桂籍》一书就能看出来。《丹桂籍》的版权页信息异常丰富，将这部书十次刊刻的地点都明确列举了出来，其中，"二刻吴江王氏"和苏州有关。除此之外，《丹桂籍》中还有"娄东赵松一先生校，苏城毛上珍丽记藏板""身体力行，慎勿亵秽"字样，镌有"王霁泉沐手募刊"，又有"同治六年（1867）丁卯秋八月，湖南衡水欧阳氏募刊"字样。[1]此书的实际主持刊刻者是欧阳氏，其"信因果报应之说"，"第原板在湘，且漶漫矣。爰集同志，鸠资翻刊"，并请当时的苏松太兵备道沈秉承写了序言。[2]此书卷前还有"太微仙君垂谕云：'若以善书传一人者，当十善；传十人者，当百善；传大富贵、大豪杰者，当千善；广布无穷，重刊不朽者，万万善'"[3]字样。可以说，这体现了善书刊刻的一个最为原始的信仰驱动力。此书另有"添良方一本，加钱壹百文"字样。这是和医书捆绑销售的一个案例。毛上珍的刻书识语云："此籍自闽省六刻，后至乾隆己酉（五十四年，1789），伯府尊始七刻于永顺府，八刻湘邑，同人募资九刻，今于同治六年（1867）八月，湖南衡山欧阳公第十刻，板存苏州城内临顿路毛上珍丽记刻字店内。"[4]毛上珍的识语清晰地表明了这部书在各个地区刊刻的谱系，由此可见善书的广泛传播。在苏州出版的还有《绣像丹桂籍》，《绣像丹桂籍》封面书签有"敬送堂"字样，内封有"精绘像注丹桂籍，金阊桐石山房敬刊"字样，版心下有"育德堂"字样。[5]

除了《丹桂籍》外，毛上珍还在同治五年（1866）刊刻了《种福编》。《种福编》的前半部分为劝善内容，后半部分为验方。《重刻种福编序》云：

[1]（清）颜正辑注：《丹桂籍》，清苏城毛上珍刻本，扉页。
[2]（清）颜正辑注：《丹桂籍》"丹桂籍跋"，清苏城毛上珍刻本，第1a-1b页。
[3]（清）颜正辑注：《丹桂籍》，清苏城毛上珍刻本，卷首。
[4]（清）颜正辑注：《丹桂籍》，清苏城毛上珍刻本，扉页。
[5]（清）颜正辑注：《丹桂籍》，清金阊桐石山房刻本，扉页、版心。

"友人张石农者,素性循良,好谈因果,自辛酉(咸丰十一年,1861)被难后,一家陷溺,三子流离,到处访寻,未有消息。后因得《种福编》一册,遂立愿抄传,以期神灵默佑,俾得骨肉重逢。乃抄录未及一年,而其子居然先后旋来。"[1]通过这篇序言我们可以发现,这类善书在民间得以承续的动力来源于民众相信通过虔诚的传抄可以得到神灵的庇佑。后来,传抄被更为便捷的印送取代。《种福编》卷末附录的"印送种福编灵验",对于读者而言,更是起到了加深这种观念的作用。其中提及这部书在苏州的传播情况:"苏州张源隆因误折左足,诸医不愈,焚香虔祷于白衣大士前,愿印送五百部,数日而愈。""苏州周魁,久困场屋,印送三百部,科场即第。"[2]

清代苏州出版的善书还有光绪十八年(1892)绿荫堂出版的《良言必读》,卷前有劝善文"善书不细玩,诚信怎能坚"[3]等语。光绪十八年(1892)定阳隐名氏在序言中对此书的阅读进行了指导:"《良言必读》一书,虽词意俚浅,而其启发人之善心,惩创人之逸志,固有合于经训之旨,而非若《阴骘》善书、演义小说之可一例视也。夫一乡一邑之中为士者少,为农工商贾者多;富而好学者少,贫而废读者多,诚使为人师者于童子入塾之始,兼以是书教之,熟读成诵。"[4]其中指出了《良言必读》合于儒家经训,与《阴骘文》、演义小说有所区别,而且其针对的读者主要是众多的"农工商贾",甚至还可以作为童蒙教材。

二、青霞斋的善书出版

青霞斋是清代中期苏州重要的善书出版者,其出版的善书有《感应篇直讲》等。《感应篇直讲》是清代苏州流行的善书,惠栋此前编纂过《太上感应篇笺注》,但是由于太过艰深,《太上感应篇笺注》不如《感应篇直讲》便于普及。[5]扫叶山房刻本《感应篇直讲》前的刻书识语梳理了此书

---

[1] (清)佚名编:《种福编》,同治五年(1866)苏城毛上珍刻本,第1a页。
[2] (清)佚名编:《种福编》,同治五年(1866)苏城毛上珍刻本,第52a-52b页。
[3] (清)佚名辑:《良言必读》"序",光绪十八年(1892)绿荫堂刻本,扉页。
[4] (清)佚名辑:《良言必读》"序",光绪十八年(1892)绿荫堂刻本,第1b-2a页。
[5] 倪文蔚《感应篇直讲序》云:"惠氏栋有《感应篇注》,援据经典,博赡精深,又非浅人所能索解,而于劝善之旨似不明,是编所载,平实近人,无高远难行之论,虽间有隐怪之事,原本传记,信而可征。"[(清)倪文蔚撰:《两强勉斋文存》卷上《感应篇直讲序》,光绪十一年(1885)羊城节署刻本,第17b页。]

在各地的刊刻过程，在苏州的出版过程是这样的："道光壬辰（十二年，1832），苏郡刘君子纲又重刻于孝善堂，我吴始得盛行。书出而印者沓至，板渐漠糊，故扫叶庄书坊又重刻此板。其校勘不遗余力，至十数过而不倦，并印送最多者，浙宁马君心谦也。……字数不多而易于流通，故此本为《感应篇》中无上第一好本子也。道光辛丑年（二十一年，1841）秋月，吴县徐馨惠峰沐手拜题。苏州阊门内扫叶庄书坊刷印装订。"[1]卷末有跋云："辛丑（道光二十一年，1841）秋，扫叶庄又重刻，而印者有增无减，及今又将漠糊，故复重刻此板以应印者。时在道光辛丑（二十一年，1841）孟秋之月也。"[2]通过对《感应篇直讲》在苏州刊刻过程的梳理，可知此书在苏州的盛行程度。没过多久，苏州就有了第五刻，另一部《感应篇直讲》版权页有"道光癸卯（二十三年，1843）孟夏吴郡第五刻，板存苏州阊门外上塘桐泾桥西吴青霞斋刻字店刷印装订"[3]字样。卷前刻书识语与第四刻基本一致，只不过将"扫叶书庄"改成了"青霞斋主人"，将落款改成了"道光丁酉年（十七年，1837）二月初三日焚香沐手拜题"，将题识者的名字隐去了。[4]此书后面还附有不同的印刷者，主要是苏州和杭州的印刷者，其中，印刷量比较大的达到了千部之多，如"胥江程市隐居敬送壹千部，道光甲辰（二十四年，1844）孟春程氏印送壹千部"[5]。

道光二十三年（1843）吴青霞斋刻本《感应篇直讲》书影

到了道光二十八年（1848），《感应篇直讲》的印刷已经到了"第八副"。其扉页有"道光戊申（二十八年，1848）九月吴郡第八副，每本重纸四十八文，后附灵验录六十六文"[6]字样。这也属于善书和医书一起销售的案例，这种销售方式有很大的灵活性，为读者提供了个性化的订制书籍。版

[1]（清）佚名撰：《感应篇直讲》，清扫叶山房刻本，扉页。
[2]（清）佚名撰：《感应篇直讲》，清扫叶山房刻本，卷末。
[3]（清）佚名撰：《感应篇直讲》，道光二十三年（1843）吴青霞斋刻本，扉页。
[4]（清）佚名撰：《感应篇直讲》，道光二十三年（1843）吴青霞斋刻本，扉页。
[5]（清）佚名撰：《感应篇直讲》，道光二十三年（1843）吴青霞斋刻本，卷末。
[6]（清）佚名撰：《感应篇直讲》，道光二十八年（1848）刻本，扉页。

权页的"板存苏州阊门外上塘桐泾桥西吴青霞斋刻字店刷印装订"信息与之前的并无区别,而卷前的刻书识语则被改成了"今江西傅君黼堂重刻第八副矣",卷末有《感应篇直讲第八刻跋》云:"黼堂数年前来吴郡,得青霞斋印本读之,欢喜无量。每归里门,辄印数百本携赠乡党,比年或附人转寄,则非青霞斋本,而为书肆翻刻者,中多错误,以致镠镠难读,殊失劝导之意。今秋,黼堂至吴,访诸青霞斋,则板经七刻,字亦渐有漫漶,乃谋重付剞劂。……道光戊申年(二十八年,1848)九秋江西临川县黼堂傅纶绪敬跋。"[1]由此可见,继青霞斋第七刻后,苏州的很多书坊都对青霞斋本进行了翻刻。而且,傅纶绪的跋语为我们了解这些善书在其他地区的传播提供了非常重要的资料,即在苏州寓居的人印刷后带回了自己的家乡。

根据傅纶绪的记述,第八刻也是青霞斋刊刻的,得到了傅氏的赞助。第八刻卷末有"善书总目,吴青霞斋谨识"字样,为我们了解道光年间苏州书坊青霞斋的刻书、销售书目提供了弥足珍贵的资料。其书目有"《感应篇》《白衣大士》(折本)、《感应篇汇编》《大士圣像》(单张)、《感应篇直讲》(第八刻)、《文昌帝君》《感应篇赘言》《关圣帝君》《感应篇训蒙浅解》《本尊地藏菩萨》《金刚经如说》《关夫子训》《径中径又径》《文帝日训》《归元镜》《消灾增福良方》《高王观音经》(大板、小板)、《云栖大师》《灶君灵签》《莲池大师》《柳真君劝孝歌》《保身立命要决》(单张)、《入佛问答》《天元五歌》《活阎罗断案》《地理述要》《敬信录》《集验良方》《暗室灯》《难产屡试神验良方》(折本)、《造福编》《说文经典字释》《念佛镜》《说文字通》《龙舒净土文》《痧喉论》《宝善编》《玉皇宝训》(附吕祖降乩)、《家训》《勿点淫戏》(串客戏)"[2]。再来对照道光年间的另一份苏州书坊三径堂流通善书局刊刻的善书书目,道光十二年(1832)刻本《净土警语》卷末有"苏州胥门外小日晖桥北堍下岸三径堂流通善书局刷印装订发兑各种经书文集总目:《华严经》(晋译)、《华严经》(唐译)、《华严行愿品》《妙法莲华经》《法华纶贯》《法华会义》《大般涅槃经》《首楞严经》

---

[1] (清)佚名撰:《感应篇直讲》卷末《感应篇直讲第八刻跋》,道光二十八年(1848)刻本,第1a-1b页。
[2] (清)佚名撰:《感应篇直讲》卷末《善书总目》,道光二十八年(1848)吴青霞斋刻本,第1a-2a页。

《楞严经长水疏》《万善同归集》《莲宗宝鉴》《乐邦文类》《省庵法师遗书》《归元镜》《龙舒净土文》《净土晨钟》《西归直指》《华严念佛三昧论·一乘决疑论》《万善先资》《慈心宝鉴》《卫生集》《吾与集》《仁术编》《牛戒汇钞》《放生规约》《灶觚录》《灶君签》《辟火珠》《救荒良方》《节饮集说》《胎产秘书》《妇婴至宝》"[1]。这两份书目为我们了解清代苏州出版过的善书种类提供了重要的参考。

青霞斋的书目有以下特点：第一，青霞斋印刷的书籍形式多样，既包括现线装本，也包括折本、单张的画像等。第二，尽管名称为"善书"，但是包括了其他的书籍，如医书、风水书。因此，青霞斋所说的"善书"并非劝善之书，而是接近于好书，这与三径堂流通善书局基本一致。一些书目也为二者所共有，如《归元镜》《龙舒净土文》。这显示出当时苏州书坊在出版、销售书籍上的一致。同时，吴青霞斋比三径堂流通善书局又多出了《说文经典字释》《说文字通》《勿点淫戏》等书，囊括的范围更广。第三，现存的青霞斋刻本中除了《感应篇直讲》外，并未见到其他版本的善书。既然青霞斋刊刻的《感应篇直讲》出现在这份书目里，说明其他书籍应该也有青霞斋刊刻的，只不过后来失传了。现存的善书《造福编》在道光年间的苏州被重新刊刻过，很有可能就是吴青霞斋刊刻的。三径堂流通善书局的情况基本上也是这样，但是其可以印刷、装订、销售，而且书目的种类更为丰富。

三、得见斋的善书出版

同治年间，以玄妙观为中心的观前街地区集聚了众多书坊，成为新的刻书中心。得见斋是一家位于玄妙观的书坊，它所刻印的书籍以善书、宗教类书籍和蒙学类书籍为主。得见斋出版的《杨大真人劝孝文》，封面印有"敬惜字纸，慎勿亵渎"，卷末镌有"姑苏元妙观得见斋善书坊"，表明了自己的经营定位，即位于姑苏元妙观的一家"善书坊"。[2]

得见斋真正开始出版书籍是在咸丰年间，咸丰六年（1856）得见斋出版的《感应篇直讲》是得见斋现存版本中最早的，此书封面印有识语："凡

[1]（清）释行策撰：《净土警语》，道光十二年（1832）刻本，卷末。
[2]（清）杨大真人撰：《杨大真人劝孝文》，清末得见斋刻本，扉页。

我同人，须各置一本，日日看之，看之不休，自然看得出其中味道，晓得了其中滋味。自然不要看戏看会、听堂名听说书，忙里偷闲，秃要看此《感应篇直讲》矣。如此爱看了，自然而然会依了他行起来了，依了他行，行之久远，如穿衣吃饭，一口不斗名，不望报，自然而然当至寿考，世泽绵长，诸事亨通矣。"[1]在这段识语里，刊刻者将诵读这部书的方法和准则讲得清楚明白，并且讲述了这样做所带来的福泽。

为了适应当时民众的宗教信仰需要，得见斋还印刷了"功过格"，如《戒淫功过格》。得见斋出版的善书还有《好生救劫编》《三圣宝训》《棘闱劝戒录》。

得见斋不仅刊刻善书，还印刷、销售其他善书。得见斋出版善书，与浙江地区有所交流。同治九年（1870）得见斋重刻本《敬信录约编》卷末有"印送姓氏：浙宁慈北罗只佩，印送五十部；浙宁慈北陈英祥，印送五十部；浙宁慈北陈鹤年为妻厉氏患重病，当即虔诚许送此书，其病即愈，印送叁百部"[2]字样。由此可见，这部书本是宁波慈溪的人士为解除病灾而刊刻的，后来得见斋的主人也印刷了用来销售，并在版权页上进行了标记。

除了浙江地区外，得见斋更多的是与苏州周边地区的合作。光绪年间得见斋刊刻的《庶几堂今乐初二集》的主要刊刻者有"秀水王葆壎、王宾鹭捐刻""待鹤斋同人代刻""待鹤斋郑氏捐刻""锡山李氏捐刻""浙西金粟庵主人捐刻""望炊楼捐刻""浙西敦善行堂沈捐刻""锡山云轩氏捐刻""浙西小梦橡馆严捐刻"[3]。由此可见，其刊刻者主要来自无锡、秀水等周边地区。

将各种善书汇编到一起后刊刻的善书出版模式在清代比较流行。有的善书具有异乎寻常的凝聚力。《同善录》是清代苏州流行的善书，附录有"镌刻印施敬信录灵验"，很多善书都会附录这样的内容。镌刻印施的人来自不同地区。其中，苏州的有洞庭吴东藩、苏州汪麟书、吴县陆九思、洞庭陈通侯、吴县张德培、长洲彭珑等，他们都是清代苏州致力于刊刻、印刷《同善录》的代表，并且有灵验之事发生。《同善录》又名《敬信录》，

---

[1]（清）佚名撰：《感应篇直讲》，咸丰六年（1856）得见斋刻本，扉页。
[2]（清）何天衢撰：《敬信录约编》，同治九年（1870）得见斋刻本，卷末。
[3] 俞冰：《齐如山百舍斋藏善本知见录：全二册》，国家图书馆出版社2017年版，第364页。

编纂者为周心耕，成书后"远近风动，印施者踵接，二十余年间，凡六易板"[1]。关于这部书在苏州的流传情况，有"第五刻板俱存苏州……又增订为第六刻，丙申（乾隆四十一年，1776），心耕先生没，嗣君厚田亟订第七刻，己亥有复成第八刻，板俱存苏州阊门杨铺"[2]。由此可见，苏州频繁刊刻此书，并且将板片存放在刻字铺内。《同善录》最早的版本在苏州出现，后来在江南地区流行，包括苏州所属的镇洋，"乾隆三十三年（1768）戊子，镇洋善士照周氏第四刻，板分刊为五刻，存板于镇洋县刘河镇"[3]。

《敬信录》在江苏、浙江地区广泛流行。《重刊敬信录序》云："《敬信录》之刊，昉于具区周心耕父子，板凡六七易，大司马长洲彭公序之綦详。既而刊于东瓯梁氏、西泠章氏汪氏，则板盖八九易矣。云间许农部父子相继募刊，并一再为序，且请于节相尹文端公，序以广其传。故江介浙汜之人，无不知持奉斯录者。"[4]从流行地区来看，除了苏州外，还有"东瓯""西泠""云间"等。其流行的原因则是"斯录虽杂出二氏之书与一切因果报应之事，亦第为下等人说法耳"[5]。

其实，早在同治五年（1866），得见斋就印刷了《敬信录》的版权页有"同治□□□，敬信录，姑苏圆妙观得见斋刷印"字样，卷前有同治五年（1866）归安吴云的序言，卷末有"同治四年（1865）中秋晦斋余治谨题于吴门之得见斋"字样。[6]另一部《增订敬信录》的版权页有"同治四年（1865）新镌，苏城元妙观得见斋藏板"[7]字样，前有同治五年（1866）吴云的序，云："是书为庄君茂春所刻，庄君与莲村为道义交，亦好善士也。"[8]

吴云与得见斋之间的关系颇为微妙，吴云的序言为无锡人余治所写，

---

[1]（清）周鼎臣辑：《增订敬信录》，乾隆年间刻本，卷末。
[2]（清）周鼎臣辑：《增订敬信录》，乾隆年间刻本，卷末。
[3]（清）周鼎臣辑：《增订敬信录》，乾隆年间刻本，卷末。
[4]（清）沈叔埏撰：《颐彩堂文集》卷六《重刊敬信录序》，嘉庆二十三年（1818）沈维鐈刻本，第22a-22b页。
[5]（清）沈叔埏撰：《颐彩堂文集》卷六《重刊敬信录序》，嘉庆二十三年（1818）沈维鐈刻本，第22b页。
[6] 余治很有可能是得见斋的主人，而归安人吴云也居住在苏州，和余治一起从事编辑出版善书的工作。得见斋出版了余治的《庶几堂今乐》[光绪六年（1880）得见斋刻本]、《尊小学斋文集》[光绪九年（1883）得见斋刻本]。
[7]（清）周鼎臣辑：《增订敬信录》，同治四年（1865）得见斋刻本，扉页。
[8]（清）周鼎臣辑：《增订敬信录》"序"，同治五年（1866）得见斋刻本，第2b页。

得见斋在同治八年（1869）刊刻了余治的《得壹录》，版权页有"同治己巳（八年，1869）秋八月，苏城得见斋藏板，退樸吴云署检"[1]字样。由此可见，余治与得见斋之间的合作关系从同治年间一直延续到光绪年间，而余治所辑录的善书很有可能是由得见斋刊刻出版的。同治八年（1869）冯桂芬为《得壹录》所写的序言则表明，这部书是由多人捐资刊刻而成的。[2]吴云和苏州佛经等书籍的刊刻关系密切，如同治四年（1865）出版的《治心编》版权页有"同治四年（1865）九月重刊，归安吴云署检"[3]字样。

同治八年(1869)得见斋刻本《得壹录》书影

得见斋的经营活动从同治年间延续到光绪年间，刚开始就面向了下层民众。除了善书和医书外，得见斋还出版了一些具有情节性的宝卷。宝卷是苏州书坊的特色出版物，严格来说，很多宝卷也属于善书，如得见斋刻本《妙英宝卷》，同治五年（1866）出版的《希奇宝卷》《惜谷宝卷》。得见斋的宝卷印刷和上海有所联系，这从同治八年（1869）得见斋出版的《立愿宝卷》中就可以看出。这部书的版权页有"同治己巳（八年，1869）仲春镌，上海翼化堂藏板，苏城元妙观得见斋刷印"[4]字样。《立愿宝卷》最早是在同治十三年（1874）由湖州最乐堂书坊刊刻的，翼化堂得到了板片，而得见斋对翼化堂的板片重新进行了印刷。

这些宝卷其实也是民众日常生活尤其是民间信仰的一部分，而得见斋占据了地理优势，这些书籍被放在玄妙观内销售。对于一些民众而言，它们是宗教活动的附属品。这一点从得见斋印刷的《三茅真君宝卷》中可以看出，其版权页上的识语详细阐述了这部书的出版目的和使用流程："此卷字字朴实，苦心点化，乃有益世道之书，凡烧香信士，务要多请几本回去，传送四方亲友，时时宣诵，则烧香功德，格外加倍矣。""请此卷去

---

[1]（清）余治撰：《得壹录》，同治八年（1869）得见斋刻本，扉页。
[2]（清）余治撰：《得壹录》"序"，同治八年（1869）得见斋刻本，第1a-2b页。
[3]（清）余治撰：《治心编》，同治四年（1865）刻本，扉页。
[4]（清）佚名撰：《立愿宝卷》，同治八年（1869）刻本，扉页。

光绪三年（1877）得见斋刻本
《三茅真君宝卷》书影

者，必须十分敬重，将新布包好，清香供奉，可以驱邪镇宅，发福消灾。光绪叁年（1877）孟春重刊，苏州元妙观内得见斋藏板。"[1]通过这两段简短的识语可以看出，得见斋与玄妙观相互依存，玄妙观提供了宗教活动场所，而得见斋则附属于玄妙观，刊刻、印刷一些善书在前来烧香的信士中间流通。光绪三十三年（1907），位于道前街的鈖芳斋重刻了《三茅真君宣化度世宝卷》。这些宝卷被得见斋赋予了特殊的含义：只要举行版权页所提及的仪式，就能达到"驱邪镇宅，发福消灾"的目的。

善书一般与敬惜字纸、免费印刷有所关联。得见斋出版的《感应篇直讲》版权页上有"感应善书，凡有字书账簿，切勿经妇女夹花样鞋样，秽触字纸，罪孽至重"[2]字样。这是敬惜字纸的提示。得见斋出版的《杨大真人劝孝文》封面印有"敬惜字纸，慎勿亵渎"字样，刊刻者还表明："倘有仁人君子刷印施送，自备纸张，不取板金。"[3]

四、姑苏玛瑙经房的善书出版

姑苏玛瑙经房的识语表明了其经营范围主要是善书、经忏和良方。这在姑苏玛瑙经房刻本的卷末标识中有所提及，光绪十六年（1890）姑苏玛瑙经房出版的《妙英宝卷》卷末也镌有"板藏苏城护龙街中玛瑙经房，印造各种经忏、善书、良方书籍发兑"[4]。而姑苏玛瑙经房刊刻的《日诵诸经》，版权页有"孟秋月镌""皇图巩固，帝道遐昌，佛日增辉，法轮常转"字样，卷末有"板藏姑苏玛瑙经房印造，释道经忏、各种良方善书发

---

[1]（清）佚名撰：《三茅真君宝卷》，清得见斋刻本，扉页。
[2]（清）佚名撰：《太上感应篇直讲》，咸丰六年（1856）得见斋刻本，扉页。
[3]（清）杨大真人撰：《杨大真人劝孝文》，清得见斋刻本，扉页。
[4] 郭腊梅主编：《苏州戏曲博物馆藏宝卷提要》，国家图书馆出版社2018年版，第123页。

兑"字样。[1]由此可见，姑苏玛瑙经房的印刷范围也包括道教经书。

现存最早的姑苏玛瑙经房印本当属同治七年（1868）刊刻的《劝戒近录》。除此之外，同治七年（1868）姑苏玛瑙经房还刊刻了《武帝灵签》，这足以证明在同治年间姑苏玛瑙经房就已经开始经营了，而且其在版权页上用"发行"来表明与后来的"藏板""刷印"等有所不同。对于苏州的出版业来说，同治七年（1868）是一个重要时间节点，在这一年，经历过太平天国战乱的苏州城，其出版业也开始迎来了复苏。姑苏玛瑙经房印刷的兴盛期是在光绪年间，现存的绝大多数书籍应该都是在光绪年间印刷的。宣统年间，姑苏玛瑙经房还刊刻了《看破世界》，镇海周祖道序言云："将三教善书经典、圣贤仙佛浅近之语选集一卷，名曰《看破世界》。""凡仁人君子，若能将此书讲解，使愚夫愚妇易晓，高声善读，朗吟诗歌，如晨钟暮鼓，无不惊醒梦中人也。此书实暗室之明灯，渡人之宝筏也。"[2]光绪二十八年（1902）孟冬月蛟川味素子的序言认为此书是"修仙学佛之根基"[3]。

养性子在姑苏玛瑙经房刊刻的《安乐铭》跋语中指出了这些善书刊刻的一个流程，正可以印证之前一些序言中的隐晦说法："《安乐铭》一书，初锓于金陵，再刻于申江，其板一毁兵燹，一遭回禄。今文三告堂主人见此书而善之，谓足以化导人心，挽回世俗。……遂发心解囊，重付剞劂。……是板告成，存于玛瑙经房，流传不朽。……养性子谨跋。"[4]经历过太平天国战乱的清代江南地区，亟须刻印善书来敦励风俗，故而刊刻好的善书板片存放在姑苏玛瑙经房以供印刷流通。

姑苏玛瑙经房出版的善书有的是由他人出资刊刻的。光绪年间，姑苏玛瑙经房印刷的《重修明圣经注释》，版权页有"光绪十九年（1893）夏五月淮南刘氏重刻""板藏苏城护龙大街中玛瑙经房善书局印造"字样[5]，卷前有玛瑙经房识语云："《重刻明圣经》系皖省刘军门长春同阁栋梁、王慰椿捐俸重梓增刊，张王二圣圣像并宝诰灵签与襄阳仁义堂、汉阳萧氏、广东省城原刻本汇纂校准无讹，维特诵者鉴之。光绪十九年（1893）九月

---

[1]（清）佚名辑：《日诵诸经》，光绪年间玛瑙经房刻本，扉页、卷末。
[2] 周祖道辑：《看破世界》"序文"，宣统年间玛瑙经房刻本，第2b页。
[3] 周祖道辑：《看破世界》，宣统年间玛瑙经房刻本，第3b页。
[4]（清）王正朋辑：《安乐铭》卷末"跋语"，清末玛瑙经房刻本，第1a页。
[5]（清）佚名撰：《重修明圣经注释》，光绪年间玛瑙经房刻本，扉页。

苏城玛瑙经房谨记。"[1]卷末有"板存苏城护龙街中玛瑙经房刷印流通"[2]字样。由此可见，此书是在姑苏玛瑙经房刊刻的，后来板片也留在了姑苏玛瑙经房。实际上，根据王槐庆堂的识语，此书在光绪九年（1883）就已经刊刻完成了。出资刊刻的是安徽人刘长春、阎栋梁、王慰椿。

姑苏玛瑙经房的刻书识语一般位于版权页、卷末等处，但是《家庭讲话》的版心有"苏省玛瑙经房"字样，这在姑苏玛瑙经房出版的书籍中是一个特例。这部书钤有"陈天盛瑞记字号"印章，很有可能是由这家书店销售的。姑苏玛瑙经房获取板片后重新印刷的有《阴骘文图证》，此书版权页有"光绪癸巳（十九年，1893）春，苏城内玛瑙经房印行流通"字样，版心下有"待鹤斋重刊"字样。[3]可以证明，此书是姑苏玛瑙经房得到了道光年间的板片后重新印刷的。

姑苏玛瑙经房合作的对象主要是寺庙。姑苏玛瑙经房和常州天宁寺合作密切，姑苏玛瑙经房刻本有的钤有"天宁寺"朱印，主要是在寺庙流通。姑苏玛瑙经房刊刻的《禅门日诵诸经》，版权页有"乙卯（民国四年，1915）小春重镌，江苏常州天宁寺原本""苏州玛瑙经房印行流通"[4]字样。姑苏玛瑙经房刊刻佛经供寺庙使用，而寺庙也为姑苏玛瑙经房提供佛经原本刊刻。光绪二十六年（1900）常州府天宁寺刻本《禅门日诵》，卷末有"板存江苏常州府天宁寺，住持清镕经刊"。另有"敬送灵验"："嘉兴吴门陈氏，身病无嗣，诵咒不辍，并送大士经一千二百卷，病痊，生一子，官户部侍郎。"[5]可见原本是在天宁寺刊刻的，并且在苏州流行，姑苏玛瑙经房仅是刊刻。

光绪二十八年（1902）刊刻的《莲宗辑要》，版权页有"天台山万年寺退居成莲募刊，光绪二十八年（1902）正月，苏城观西玛瑙经房藏板"[6]字样。可见姑苏玛瑙经房和天台山万年寺之间也有合作。这部书早在乾隆

---

[1]（清）佚名撰：《重修明圣经注释》，光绪年间玛瑙经房刻本，扉页。
[2]（清）佚名撰：《重修明圣经注释》，光绪年间玛瑙经房刻本，卷末。
[3]（清）许光清集证，（清）费丹旭绘图：《阴骘文图证》，光绪十九年（1893）玛瑙经房刻本，扉页、版心。
[4]（清）佚名撰：《禅门日诵诸经》，光绪年间玛瑙经房刻本，扉页。
[5]（清）释宏亮辑：《禅门日诵》，光绪二十六年（1900）常州府天宁寺刻本，卷末。
[6]（清）达净辑：《莲宗辑要》，光绪二十八年（1902）苏城玛瑙经房刻本，扉页。

年间就已经成书了，姑苏玛瑙经房的版本属于重刻。天台山为何不找离其更近的杭州书坊刊刻而到苏州刊刻，是一个值得注意的问题。

离姑苏玛瑙经房最近的是位于苏州的南禅寺，玛瑙经房与南禅寺合作的书籍是光绪年间刊刻的《诸家宗派》，其版权页有"光绪癸未（九年，1883）孟春杪刻，集云堂主人辑藏""姑苏玛瑙经房印售"[1]字样。这是少有的玛瑙经房在版权页印有销售字样的识语。根据卷首光绪九年（1883）古月头陀的序言，可知这部书的编辑者正是南禅寺的僧人。其编辑的缘起则是"迩来经坊虽已有本，惜乎错乱不齐，不能使查阅者一目了然"[2]。

姑苏玛瑙经房重刻的书籍，有的在苏州地区已经流传许久。姑苏玛瑙经房在光绪三十年（1904）春刊刻了《玉历钞传》，觉迷道人的识语云："有好善者出资，重刊此书。"[3]通过同治十年（1871）余治的《重刊玉历钞传序》所说"是书板片久罹兵燹，发愿重刊，将以分布四方"[4]可知，得见斋的主人余治也曾刊刻此书。根据卷末同治七年（1868）曾国藩和彭正心的跋语，此书在同治年间也出版过，从时间上看，二者相距三年之久，应该不是同一板片。彭正心在跋语中说："（注：曾国藩）命亟为印送，以广善念。"[5]可见士大夫对这类善书非常重视，将其作为使民众向善的重要载体。

临顿路上毛传书刻字部刊刻过《玉历钞传警世》，为"寓居济宁州直隶宛平县弟子潘文焕暨女王门潘氏捐印"，"姑苏临顿路南首毛传书刻字部印"。[6]这部书的刊刻时间是道光十五年（1835），在其后的咸丰五年（1855），苏州扫叶山房又重新刊刻了此书。《玉历钞传警世序》云："夫是书之作，其大旨足与吾儒之六籍、佛氏之三乘相发明矣。虽在上智之人，

---

[1] 此书钤有"何久道捐"印章。按：尽管版权页表明是在光绪九年（1883）刊刻的，但是书中的《雍正训释》末题"时维光绪十四年（1888）季夏，吴郡南禅住持臣僧守一恭录"，结合卷末的《付刻印订用款记后》，《雍正训释》当为后来所增刻。
[2] （清）释守一辑：《诸家宗派》"缘起"，光绪年间姑苏玛瑙经房刻本，第2b页。
[3] （清）澹痴道人授，（清）勿迷道人述：《玉历钞传》"序"，光绪三十年（1904）玛瑙经房刻本，第2b页。
[4] （清）澹痴道人授，（清）勿迷道人述：《玉历钞传》卷首《重刊玉历钞传序》，光绪三十年（1904）玛瑙经房刻本，第4b页。
[5] （清）澹痴道人授，（清）勿迷道人述：《玉历钞传》，光绪三十年（1904）玛瑙经房刻本，卷末。
[6] （清）澹痴道人授，（清）勿迷道人述：《玉历钞传》，道光十五年（1835）毛传书刻本，卷末。

固不待鉴于此而始为善，而中材下愚，须得由此而洗心涤虑。其有功于世，岂顾问哉。向亭金君，乐善君子也，因镂版以广其传。"[1]可见从道光年间到咸丰、同治年间，这部书由于与儒家、佛家相印证且适应"中材下愚"的阅读需求而在苏州被刊刻。

值得注意的是，尽管姑苏玛瑙经房刻本的刊刻时间是光绪三十年（1904），但是卷末所附录的"光绪丁未三十三年（1907）四月徽州歙北善川郑惠民谨志"[2]表明这部书实际的印刷时间是光绪三十三年（1907），而印刷者郑惠民居住在嘉兴县，其在苏州印刷了一定数量的《玉历钞传》，并在板片上说明了自己印刷的原因，其一是"生子不肖，日务游惰"，"叩许印送《玉历钞传》五十部，以求挽回"；其二是"光绪丁未年（三十三年，1907），元宵起病，延至数旬，未见转机，仰天祷告，愿再印送，以求即愈，由此汗解，勿药有喜，因感神佑，故□印送《玉历钞传》一百本，以广流传"。[3]根据郑氏的自述，他"本籍贯徽州，现移住于嘉兴县新篁镇"[4]，而其在苏州印刷此书可表明姑苏玛瑙经房印刷板片的影响力已至周边区域。

善书局与民众之间的联系建立在以宗教信仰为基础的善书刊刻上。姑苏玛瑙经房在光绪十二年（1886）刊刻的《地狱变相》，其卷首题为"东岳大帝跋"，提及"今吴子柔恒与王勤子以《玉历钞传因果》绘以图像，较寻常印本更上一层"[5]。卷末提及"《玉历钞传》自宋至今，传播已久，各善士增广翻刻不少，从中信奉与不信奉，受福受殃，亦难胜数，盖是书乃上帝传世度人，因暗室明灯、孽河宝筏也。兹吴柔恒求资先人冥福，虔心增刊因果绣像□十□条，续于原本，梦验、现报等及求己堂、三养草堂所刊，后蒙幽明教主降乩谕序，名《玉历钞传警世全书绣像》，以圣训格言因

---

[1]（清）陈本直撰：《覆瓿杂著》之《玉历钞传警世序》，同治十二年（1873）刻本，第37b页。
[2]（清）澹痴道人授，（清）勿迷道人述：《玉历钞传》，光绪三十年（1904）玛瑙经房刻本，卷末。
[3]（清）澹痴道人授，（清）勿迷道人述：《玉历钞传》，光绪三十年（1904）玛瑙经房刻本，卷末。
[4]（清）澹痴道人授，（清）勿迷道人述：《玉历钞传》，光绪三十年（1904）玛瑙经房刻本，卷末。
[5]（清）澹痴道人授，（清）勿迷道人述：《地狱变相》"东岳大帝跋"，光绪十二年（1886）玛瑙经房刻本，第3a-3b页。

果至此全耳。铨代付雕,因述其巅末。古吴王晌铨谨识"[1]。这种刊刻书籍的活动是在宗教活动中完成的,降乩的序言表示了对吴氏的肯定,而吴氏编辑、刊刻善书也是为了祈福。

更能体现姑苏玛瑙经房面向下层民众的则是光绪二十八年(1902)刊刻的《敬灶全书》。早在光绪十三年(1887),同在苏州的扫叶山房就已经出版过《敬灶全书》,可见其在苏州颇为流行。此后,玛瑙经房再次印刷。由此我们可以总结出:在苏州存在着一些为民众或学者所共同需要的书籍,这些书籍被刊刻完成后,其板片会通过各种方式以其他的名义印刷。民国八年(1919),姑苏玛瑙经房将《敬灶全书》重新刊刻出版,足见这部书在民间的受欢迎程度。

姑苏玛瑙经房也印刷了一些宝卷,如光绪二十五年(1899)印刷的《还乡宝卷》,其中一部封面有读者写给徐泳潼的一段话:"庚申年(注:此年份难以确定),莲花蓬。看书劝善消灾难,用罢转送或回还。"[2]由此可知这部书给予读者的暗示及读者是如何对待这部书的作用的。姑苏玛瑙经房在宣统元年(1909)印刷了《目连三世宝卷》。光绪三年(1877),杭州玛瑙经房也刊刻了《目连卷》。光绪二十四年(1898),姑苏玛瑙经房印刷了《刘香宝卷》。《刘香宝卷全集》书中有"玛瑙寺经房印造流通"字样,卷末有"杭城里西湖玛瑙寺明台经房印造流通,今移居大街弼教坊"字样。[3]可见苏州的玛瑙经房与杭州的玛瑙寺经房在宝卷出版上有重合。而且,在宝卷的出版上,姑苏玛瑙经房与得见斋也颇有重合,比如,对于《妙英宝卷》,得见斋出版过,姑苏玛瑙经房在光绪十六年(1890)对其进行了重刊。

姑苏玛瑙经房出版的宝卷还有《香山宝卷》《潘公免灾宝卷》《回文宝卷》《普陀宝卷》《卖花宝卷》《回郎宝卷》等。这些宝卷带有很强的故事情节性,通俗易懂,主要面向的是下层民众。

清末江南各地区在宝卷出版上建立起了联系。同治十年(1871),湖州府长兴县县令赵定邦在《潘公免灾宝卷》的序言中说:"友人自吴门来,携有《立愿宝卷》一书,寓庄论于俚俗,得惩戒之真源,专为愚夫愚妇痛下

---

[1] (清)澹痴道人授,(清)勿迷道人述:《地狱变相》,光绪十二年(1886)玛瑙经房刻本,卷末。
[2] (清)佚名撰:《还乡宝卷》,光绪二十五年(1899)玛瑙经房刻本,扉页。
[3] (清)道修简修,(清)余治编:《刘香宝卷》,光绪年间杭州玛瑙寺刻本,卷末。

针砭，而其中辨别隐微，剖析邪正，实与儒书相表里。……太夫人平日好善，笃信善书，见有切近善本，必刊印公世，因发愿命邦将是书印送于卷，乃甫商诸书肆，而疾遂霍然。……书板向存苏沪，篇首无序。"[1] 通过赵定邦的序言可知，苏州、湖州、上海等地的宝卷存在着地域性的流通，包括书板和书籍，而且这些宝卷的读者有的是官员的亲属，他们热衷于刊刻宝卷，或为祈福免灾，或为广积善行。

光绪十九年（1893）
苏城玛瑙经房刻本《回郎宝卷》书影

光绪二十年（1894）
苏城玛瑙经房刻本《普陀宝卷》书影

光绪二十四年（1898）
苏城玛瑙经房刻本《刘香宝卷》书影

光绪年间苏城玛瑙经房刻本
《潘公免灾宝卷》书影

[1]（清）潘沂撰：《潘公免灾宝卷》"序"，光绪二十五年（1899）玛瑙经房刻本，第1a-2b页。

五、善书与药方

姑苏玛瑙经房善于将善书与药方捆绑销售。玛瑙经房刊刻的《安乐铭》，卷末识语云："复增海上仙方，惟冀同志君子乐善刷印，以传而广之，使人人置之案头，平日熟记，遇有染恙，亦可共传。"[1]这也是在以善书的形式向民众普及医药知识。

姑苏玛瑙经房出版的《敬灶全书》的封面颇为奇特，书签题"慎勿秽亵，吴祖昌题"，整个版面印刷了一些外科药方中"虽不值分文而神妙无穷"的药物，刊刻者认为"惟此类往往顷刻难觅，务望乐善君子，预为采取以备乡里急需，亦未始非一善云尔"。而至于为何要把这些药物印刷在封面上，其解释说："谨摘录数味于卷首，以便随时采择焉。"[2]由此可见，将药物印刷在封面上的目的主要是引起读者的注意，而这些读者中主要包括"乐善君子"。将药物与行善结合起来，实际上也为人们的日常生活和医药救治提供了基本的知识。

值得注意的是，这种劝善之书与药方相结合的案例并不是姑苏玛瑙经房的发明，其在清代中后期十分流行。《玉历钞传》后也附录有《经验良方序》："世传方书不一，附刊《玉历》中者为最验，且所用皆价廉工省之物。今年春，诸君子重锓是板，属予校雠，见四殿章句中，载'家有良方，秘不传世，应入合大地狱'。因念予所藏秘方数十种，可不出而寿世，以重取戾乎？因请于诸君子并刊之，至方中药物，间有不能猝办者，倘有心人预为蓄聚，则更予所尸祝者也。照今居士识。"[3]由此可见，善书中附录药方乃是一种传统，而且善书中"家有良方，秘不传世，应入合大地狱"的观念所产生的影响就是将药方附录在善书后行世。

再如《感应篇直讲》卷末附录了"劝戒鸦片烟八条"和戒烟药方。光绪年间，苏州还出版了扫除鸦片烟的书籍，如扫烟堂出版的《修身齐家》（又名《辩克洋烟传经释易义》），其版权页有"光绪甲申（十年，1884）仲

---

[1]（清）王正朋辑：《安乐铭》，清末苏城玛瑙经房刻本，卷末。
[2]（清）佚名撰：《敬灶全书》，清苏城玛瑙经房刻本，扉页。
[3]（清）澹痴道人授，（清）勿迷道人述：《玉历钞传》附《经验良方》"序"，光绪三十年（1904）玛瑙经房刻本，第1a页。

春,姑苏颜家巷扫烟堂藏板""随药敬送,假冒无此""凡各分局有石碑宪示为凭""寄售各号有刊板小告示为凭。今有奸徒假冒翻刻此书,但无周姓名印可辨"[1]字样。这部书应该是戒除鸦片时的附赠品,而且还会被分发给其他地区的机构。将戒烟药方附在善书后并非偶然为之,而是当时社会上有此需求。

值得一提的是,除了善书外,其他种类的书籍后也会附有一些药方,如《丰豫庄本书》附有"便农药方"。这是当时书籍出版的一大特色,这种内容编排主要面向的是下层民众。

---

[1] (清)佚名撰:《修身齐家》,光绪十年(1884)姑苏扫烟堂刻本,扉页。

第五节　小说、戏曲与诗文集

一、小说

小说可谓是苏州书坊最具代表性的出版品，小说出版的兴盛期是在清初至清代中期。顺治、康熙年间苏州书坊的小说出版延续了明代的辉煌，尽管有的出版者并未明确表明出版地是苏州，但现在的研究者认为，顺治、康熙年间酌玄亭刊本《谐道人第一种快书闪电窗》《谐道人第二种快书照世杯》、东吴赤绿山房刊本《新镌绣像小说吴江雪》等都是由苏州的书坊出版的。再如姑苏如莲居士编的《反唐前后合传》《绣像说唐后传演义》《薛仁贵征东全传》，也被认为在苏州出版过。清初苏州出版的小说还有稼史轩刊刻的《醒梦骈言》，齐如山认为"全为蒲留仙繙为文言""惟图画太草率"[1]。这也说明了苏州出版的白话小说对于文言小说创作的影响。

这一时期，苏州书坊出版小说的一大特点便是评点本的兴盛，以金圣叹、毛宗岗等为代表的评点者编纂的书籍在苏州出版，使得清初苏州小说出版声名大振。书坊争相出版的盛况带来了小说版本的多样化，以顺治元年（1644）长洲刻本《四大奇书第一种》为例，封面题"圣叹外书，绿荫巽金批第一才子书，本堂藏板，毛声山先生评点"[2]。出版这部书的并不只有绿荫堂巽记，研究者认为，乾隆年间聚锦堂本、醉耕堂本和绿荫堂巽记本都属于一个版本系统。[3]这在一定程度上反映了这部书在坊间的受欢迎程度。

---

[1] 沈津主编：《美国哈佛大学哈佛燕京图书馆藏中文善本书志》3，广西师范大学出版社2011年版，第1177页。

[2]（元）罗本撰，（清）杭永年评定，（清）毛宗岗评：《四大奇书第一种》，顺治元年（1644）长洲刻本，扉页。

[3] 白撞雨：《翕居读书录》，石油工业出版社2009年版，第124页。

康熙、乾隆年间是苏州小说出版的兴盛期。康熙年间四雪草堂刻本《新刻钟伯敬先生批评封神演义》的最早刻本为明金阊舒载阳刻本[1]，这说明到了清初，苏州的书坊还在翻刻明代苏州书坊出版的小说。这一时期的书坊争相出版小说，如清吴郡宝翰楼刻本《今古奇观》、乾隆五十一年（1786）金阊书业堂刻本《增补绘像山海经广注》。姑苏琅琊阁出版过《绣像三国志演义》。嘉庆六年（1801），金阊三槐堂出版了《绣像东周列国全志》。同治十一年（1872），金阊小酉山房出版了《绣像东周列国志》。

苏州书坊对于书籍刊刻有着明确的定位，即适应市民阶层的阅读需求，因而出版的书籍表现出崇尚奇异、迎合读者的特点。小说是所有文体中最受市民阶层欢迎的。因此，顺治、康熙年间以出版艳情小说为主要方向的"啸花轩"现象是明代中期到明末苏州市民文化在清初书坊出版领域的一次集中呈现。啸花轩摒弃了之前书坊在刊刻门类上过于宽泛的特点，逐步走上了集中刊刻艳情小说的专业化出版之路。而且，即使是啸花轩这样高产的书坊，也存在翻刻的现象，啸花轩后来翻刻了小说《新刻世无匹奇传》，即《生花梦二集》。

嘉庆、道光年间，苏州书坊的小说出版开始走向衰落，这一段时期比较有代表性的是道光二十七年（1847）程世德堂出版的《东西汉演义》，包括《西汉演义传》《东汉演义传》。除此之外，绿慎堂还印刷过通俗小说《说唐后传》，步月楼刊刻了小说《聊斋志异附注》。

到了光绪年间，苏州小说出版中比较有代表性的书坊便是红叶山房。光绪十四年（1888）在清末苏州小说出版中是颇为特殊的一年，这一年红叶山房出版了《续四才子》《双飞凤全传》，同年，绿荫堂出版了《绣像平妖传》。除此之外，就再未见到红叶山房的出版品。

二、戏曲

从明代开始，苏州的戏曲出版就呈现出繁荣的景象。清代的苏州是全国的戏曲中心，集结了一大批戏曲作家。由于戏曲所具有的市民化、通俗化等特征，书坊也热衷于出版戏曲类书籍。钱德苍根据玩花主人旧本增删

[1] 俞冰：《齐如山百舍斋藏善本知见录：全二册》，国家图书馆出版社2017年版，第478页。

改订，于乾隆二十八年（1763）至三十九年（1774）陆续编成《缀白裘》，并由他在苏州开设的宝仁堂刊行。比较有代表性的版本还有乾隆四十七年（1782）金阊学耕堂梓行的《补订时尚昆腔缀白裘》。[1]

清末苏州的恒志书社还出版了一批带有苏州地域特色的山歌唱本。根据现存的《芦棵做亲》封面，其为"苏州郡庙前西首，恒志书社印"[2]，可见恒志书社的位置在郡庙附近。恒志书社还刊刻了《采桑山歌》《后私情》《游春山歌》《合欢情》《新人歌》《闹新房》等，这些唱本的封面花哨，使用了不同颜色的纸，还带有装饰图案，其中，《采桑山歌》《新人歌》《闹新房》的封面题"改良新出，花界口缘"，《后私情》《游春山歌》《合欢情》的封面题"新刻抄本"，出版者则题"苏城恒志书社发行"或"恒志书社"。《十二月想郎》内封有"新刻抄本，十二月想郎，恒志书社"字样；《杨柳青》内封有"花界口传，恒志书社发兑""闲书出门，概不退换"字样；《苏州烟花女子告阴状》内封有"恒志书社发行""闲书出门，概不退换"字样。[3]这些唱本之前以口头或抄本的形式在底层民众中流传，内容俚俗，甚至掺杂有一些色情的片段，恒志书社将其刊刻出版，正满足了民众的阅读需求。恒志书社出版的这批唱本并没有标注具体的出版时间，大约是在清末、民国时期。除此之外，恒志书社还刊刻了《北河栏杆》唱本，封面题"苏城恒志书社发行"，封面图案与前面的几种相同，应该是恒志书社为这些唱本专门设计的，卷末有"翻印必究，敬惜字纸"字样。[4]由此可见，恒志书社的出版特色就是从民间挖掘唱本抄本，然后刊刻流通。

恒志书社刊刻这类唱本的传统在苏州早已有之，同治年间出版的唱本《武松杀嫂》封面有"日新堂"字样，《十欢郎》封面有"姑苏""月思堂"字样，《红绣鞋》封面有"同治元年（1862）梓""月盛堂"字样。这些唱本应该是同治年间苏州出版的。

清代苏州出版的比较有名的弹词有嘉庆十三年（1808）姑苏醒愚阁刊刻的《明史弹词》。

[1] 美国埃默里大学神学院图书馆编，刘明整理：《美国埃默里大学神学院图书馆藏中文古籍目录》，国家图书馆出版社2016年版，第142页。
[2] （清）佚名撰：《芦棵做亲》，清末恒志书社刻本，扉页。
[3] （清）佚名编：《恒志书社唱本汇集》，清末民初苏州恒志书社刻本，扉页。
[4] （清）佚名撰：《北河栏杆》，清末苏城恒志书社刻本，卷末。

三、小说与戏曲的查禁

康熙年间,苏州对于淫词小说、戏曲的禁止,使得苏州书坊遭受了一次打击。针对淫词小说、戏曲,无论是其编者、刊者还是售卖者都要受到处罚。江苏巡抚汤斌制定了一些惩罚措施:"若仍前编刻淫词小说、戏曲,坏乱人心、伤败风俗者,许人据实出首,将书板立行焚毁,其编次者、刊刻者、发卖者一并重责,枷号通衢,仍追原工价勒限另刻古书一部,完日发落。"[1]汤斌的查禁涉及出版的各个环节,包括编者、刊刻者、售卖者,查禁的书籍主要包括淫词、小说、戏曲,惩罚的措施除了将板片焚毁、枷号通衢外,还要刊刻一部古书。刊刻古书这一点在当时是非常独特的,其规定比较详细,要求按照原工价的标准来刊刻。因此,我们有理由推测,现存的清代苏州出版的古书中有些是当时因为刊刻禁书遭到处罚而被勒令刊刻的。

而且,汤斌还对这类书籍的出版、内容、危害等进行了更为严厉的批判。

> 江苏坊贾惟知射利,专结一种无品无学、希图苟得之徒编纂小说传奇,宣淫诲诈,备极秽亵,污人耳目,绣像镂板,极巧穷工,游侠无行,与年少志趣未定之人,血气淫荡,淫邪之念日生,奸伪之习滋甚,风俗凌替,莫能救正,深可痛恨,合行严禁。[2]

> 吴中坊贾编纂小说传奇,绣像镂板,宣淫诲诈,败坏人心,遂有射利之徒,诵习演唱,街坊场集,引诱愚众,听观如堵,长淫邪之念,滋奸伪之习。风俗凌替,并宜救正。[3]

在官府看来,这类书籍的编纂者本身就是无品无学的人,凭借着猎奇的内容和雕版的精工来炫人耳目,这一切都是利益在驱使。官府针对的主要是小说、传奇,以及由此产生的"诵习演唱"传播。这些书籍的流传对于风俗产生了不可挽回的危害。

---

[1] 曹允源、李根源纂:《(民国)吴县志》卷五二下,民国二十二年(1933)苏州文新公司铅印本,第7a页。

[2] 曹允源、李根源纂:《(民国)吴县志》卷五二下,民国二十二年(1933)苏州文新公司铅印本,第6b-7a页。

[3] (清)顾诒禄纂:《(乾隆)长洲县志》卷十,乾隆十八年(1753)刻本,第5a页。

这种禁毁显然会给书坊带来一定的损失，并且使其在出版经营的方向上面临新的调整，苏州府也为此给书坊制定了规划。

> 仰书坊人等知悉，除"十三经""二十一史"及《性理》《通鉴纲目》等书外，如宋元明以来大儒注解经学之书及理学、经济、文集、语录，未经刊板或板籍毁失者，照依原式，另行翻刻，不得听信狂妄后生轻易增删，致失古人著述意旨。今当修明正学之时，此等书出，远近购之者众，其行广而且久，尔等计利亦当出此。[1]

苏州府对于书业的规划是全面的，不仅查禁违规书目，还对书坊的出版行为进行了干预。这在清代是罕见的。对书坊的出版规划主要体现在应该出版什么书和怎样出版这些书的问题上。经史之类的儒书和举业书是出版的热点。由于科举的需要，这类书籍销量大增，而且出版时不能任意增删。对于那些难懂的古书，则是建议请学者编纂选本。这样的出版规划直接引致了道光年间到光绪年间这些书籍在苏州地区的广泛出版，官方允许"另行翻刻"，本章第一节所列举的苏州书坊出版的系列举业书正是其直接体现。

家规族规与官府的命令基本一致。清代苏州最典型的是《雍里顾氏族谱》规定："莫看无益书。读书人喜看小说传奇，自误非浅，即如《西厢》，淫书也；《水浒》，盗书也。少年子弟乐此忘疲，纵不奉为步趋，而人品心术，有不日沦污下者乎？又有论时文近《西厢》，古文近《水浒》，居然自负为知言，误人尤甚，所谓不登大雅之堂，皆由此种强作解人耳。"[2]甚至有的家谱直接援引官府的条文，如《申氏世谱》中提及官府对于《玉蜻蜓》的禁止："现据申启等呈，称街坊近有弹唱人等，殊属不敬，本府严行查逐外合，并通晓各书铺，务销毁旧板。弹词家亦不许更唱《玉蜻蜓故事》，如有抗违，一经觉察，一并重处不贷。"[3]家规族规与官府规定互为补充，对读者进行了约束。

这种道德约束产生了一些购买禁书而后将其焚毁的个人行为，比如，

---

[1] 曹允源、李根源纂：《(民国)吴县志》卷五二下，民国二十二年（1933）苏州文新公司铅印本，第7a页。

[2] (清)顾登等纂：《雍里顾氏族谱》卷十五《无益箴说》，乾隆五十五年（1790）刻本，第32b页。

[3] (清)申祖璠纂修：《申氏世谱》卷八，道光二十一年（1841）赐闲堂刻本，第38b页。

吴江人凌淦"好蓄典籍,购毁淫书,家故饶,坐是窘乏,然不以此自挫"[1]。又如乾隆年间的昆山人顾本敬"延讲乡约,查毁淫书,剀切晓谕,罔弗实心任事"[2]。还有一些民间组织也参与到查毁禁书的行动中来,如芹香堂义塾。"长元学芹香堂义塾惜字创始于道光初年,主其事者比部马君学易、孝廉王君熙源,凡旧家子弟之无力者,皆得入塾读书。又时察功课之勤惰,而奖责之,并及担收字纸、焚毁淫书诸善举,历有年所。"[3]在当时,焚毁淫书被认为一种善举而被大力表彰,参与者以义塾中子弟为主,更具有示范的作用。

道光年间的苏州查禁淫词小说,"道光十九年(1839)十一月三十日,署抚部院裕谦出示严禁九条,足正人心,以厚风俗。……一淫书不准售卖,亦不准外省书贾兑换"[4]。这一条措施从规定上来看是相当严格的,既反映了苏州书坊出版淫词小说的情况,又杜绝苏州出版的这些禁书流入外地。正如后来江苏巡抚丁日昌出台的更为深刻的总结:"淫词小说,久干例禁,乃近来书贾射利,往往镂板流传,扬波扇焰。《水浒》《西厢》等书,几于家置一编,人怀一箧,原其著造之始,大率少年浮薄,以绮腻为风流;乡曲武豪,借放纵为任侠。而愚民鲜识,遂以犯上作乱之事,视为寻常。地方官漠不经心,方以为盗案奸情,纷歧叠出,殊不知忠孝廉节之事,千百人教之而未见为功;奸盗诈伪之书,一二人导之而立萌其祸。风俗与人心相为表里。近来兵戈浩劫,未尝非此等逾闲荡检之说默酿其殃。"[5]这里深刻剖析了这些书籍对于人心风俗的破坏,并且将其与后来的祸乱联系到了一起。

因此,苏州府采取了一定的措施来查禁这些书籍,嘉庆、道光年间以后,苏州小说、戏曲等通俗文学的衰微与这些查禁有一定的关联。

若不严行禁毁,流毒伊于何底,合亟将应禁书目札饬,札到该司,

---

[1] (清)费善庆纂:《垂虹识小录》卷六,民国年间抄本,第24b页。
[2] (清)金吴澜等:《(光绪)昆新两县续修合志》,光绪六年(1880)刻本,第38a页。
[3] 曹允源、李根源纂:《(民国)吴县志》卷三十,民国二十二年(1933)苏州文新公司铅印本,第13a页。
[4] (清)顾震涛撰,甘兰经、吴雨窗、吴琴标点:《吴门表隐》,江苏古籍出版社1986年版,第356-357页。
[5] 曹允源、李根源纂:《(民国)吴县志》卷五二下,民国二十二年(1933)苏州文新公司铅印本,第16a页。

即于现在书局附设销毁淫词小说局,并严饬府县明定限期,谕令各书铺将已刷陈本及未印板片,一律赴局呈缴,由局酌给成本,汇齐销毁。此系为风俗人心起见,切勿视为迂阔之言。本部院将以办理此事之认真与否,辨守令之优绌焉。[1]

苏州府采取的查禁措施是极为严厉的,首先开列禁书目录,然后在书局内专门设立"销毁淫词小说局",这是清代少见的专门的禁书机构。具体的施行依赖于告知书铺,将板片和印本上缴,然后官方补偿成本,最有特色是它直接和地方官员的政绩考核挂钩。

焚毁淫书的行为在同治年间的苏州依然存在。同治七年(1868),莫友芝"往火神庙观焚淫词小说,中丞所严禁也,以书局主之"[2]。焚毁的地点是苏州城内的火神庙,比较特别的是其由江苏官书局主持。由江苏官书局主持颇有深意,因为江苏官书局出版的绝大部分书籍都出自官方的规划。

四、诗文集

康熙至嘉庆年间是苏州高质量家刻本出现的高峰期。这一时期刻书所取得的成就与苏州的藏书、学术等方面关系密切。长洲顾崧龄刊刻的《曾南丰全集》,可谓是其中的代表。根据顾氏所说,"屺瞻何太史焯每慨藏书家务博而不求精,故即近代通行之书,多所是正,而先生集亦尝假昆山传是楼大小字二宋本相参手定"[3]。由此可见,苏州的藏书量、学术研究氛围,对于提高书籍质量起到了关键的作用。这一时期的苏州是乾嘉考据学的中心,集中了惠栋等一大批清代一流学者,他们校订书籍,为苏州出版书籍提供了重要参考。

家族刻书是推动清代苏州出版业走向繁荣的重要因素。为使家族著作流传而产生的责任感使得一些重要的书籍在清代得以出版,尤其是明代的诗文集。康熙十年(1671)至十四年(1675),归庄、归玠等人校刻了其祖

---

[1] 曹允源、李根源纂:《(民国)吴县志》卷五二下,民国二十二年(1933)苏州文新公司铅印本,第16b页。

[2] (清)莫友芝:《莫友芝日记》,凤凰出版社2018年版,第246页。

[3] (宋)曾巩撰:《南丰先生元丰类稿》"南丰文集跋",康熙五十六年(1717)顾崧龄刻本,第1a页。

归有光的《震川先生文集》。这次刊刻属于重刻，进行了重新编辑。其后，归氏家族对归有光的文集多有增补，如光绪十三年（1887）归兆丰跋《归宫詹集》："幸太仆《大全集》购获残板，为从弟彭福刻完。"[1]光绪年间是苏州学术著作出版的兴盛期，吴县蒋清翊的双唐碑馆便是家刻的代表，光绪年间刊刻的《唐王子安集注》是蒋清翊的著作。此书卷末有"未刊著述总目""未脱稿""已刻入徐氏丛书"字样。[2]

除了出版家族著作外，清代苏州书坊还热衷于刊刻前代诗文集，尤其是与苏州有关的地方文献。其中的代表如康熙年间震泽徐氏刻本《苏学士文集》，题"震泽徐惇孝念修、徐惇复七来同校"[3]。

清代的刻书家还包括潘氏家族的成员。潘祖荫是其中的代表，潘祖荫"所刻书几及百种，尤留心金石文字"[4]。这样的刻书数量在当时是比较多的。潘氏家族还出版了不少词集，光绪二十一年（1895）刘炳照在写给潘桐笙的信里提及潘氏赠给他的《香禅精舍集》，并说："嘉道以来，吴中词家最夥，贵族尤称竞爽。除同志赠读外，他如顺之先生《香雪草堂词》、子绣先生《香隐庵词》、时轩先生《箬红词》、星斋先生《鹦鹉帘栊词》、绂庭先生《秋碧词》《睡香花室词》，均经刊行，如蒙留意索赠，以慰饥渴之私，不敢请耳，固所愿也。"[5]由于嘉庆、道光年间苏州词坛的兴盛，词集的刊刻也比较多。刘炳照只是知道这些词集已经刊行，但是难以寻求，就托潘氏寻觅这些苏州词人的词集。

地方官府对苏州的诗文集出版也有所干预，这主要体现在对诗文的查禁上。清代苏州的书籍查禁在清初就开始了，最明显的就是对钱谦益等人著作的禁毁，以及由此产生的避讳。一个典型的案例就是在方志的编纂中，"吾邑（注：常熟）适为钱谦益原籍，从前志书内叙述故事，欲使文理贯串，多有涉及该故员之语，既奉删除文告，即经两县将旧志板片发学，凡有钱谦益诗文及事实书目处，概行铲削，由此旧志内文词遂多断续不

---

[1]（清）归允肃撰：《归宫詹集》卷四"跋后"，光绪十三年（1887）刻本，第1a页。
[2]（唐）王勃撰，（清）蒋清翊注：《唐王子安集注》，光绪九年（1883）蒋氏双唐碑馆刻本，扉页、卷末。
[3] 王重民撰：《中国善本书提要》，上海古籍出版社1983年版，第513页。
[4] 曹允源、李根源纂：《（民国）吴县志》卷六六下，民国二十二年（1933）苏州文新公司铅印本，第39b页。
[5] 苏州市档案馆编：《贵潘友朋信札》第一卷，古吴轩出版社2020年版，第157-158页。

接，修辑愈不可缓"[1]。当时会对涉及钱谦益的地方进行修改，甚至一些书籍也遭到禁毁。因此，苏州凡是涉及钱谦益的书籍，一般会产生版本上的区别。[2]

清代苏州禁毁书籍主要是在顺治到乾隆年间，禁书多为与明代有关的书籍。其中尤以钱谦益的著作最具代表性。康熙年间，钱谦益的著作如《投笔集》等遭到禁毁。尽管如此，在康熙年间，无锡邹镃还是刊刻了钱谦益的《牧斋有学集》。邹镃很有可能是在无锡刊刻的，之所以能够得到这部著作是由于邹氏家有"子弟为（注：钱曾）及门"[3]。邹氏能够刊刻牧斋著作，至少说明康熙年间对钱谦益的著作禁毁力度并不大。

清代苏州诗文集出版中涉及"文字狱"的莫过于钱谦益等人的诗文集，由此产生的影响是一些书籍中凡是涉及钱谦益等人的地方，都很有可能被剜改，如康熙十年（1671）至十四年（1675）家刻本《震川先生集》卷内钱谦益字样被墨笔涂去。乾隆四十四年（1779）十一月，闵鹗元上奏"各省郡邑志书内如有登载应销各书名目及悖妄著书人诗文者，一概俱行铲削"。乾隆下令："钱谦益、屈大均、金堡等所撰诗文，久经饬禁，以裨世教而正人心，今各省郡邑志书往往于名胜古迹编入伊等诗文，而人物、艺文内并载其生平事实及所著书目，自应逐加删削，以杜谬妄。"[4]

由钱谦益书籍的遭禁而引发的是对于吴伟业等人书籍的禁毁，幸运的是，吴伟业的书籍在当时得到了正名，乾隆四十年（1775）刻后印本《吴诗集览》扉页刊有"吴诗集览。乾隆四十年（1775）春镌。凌云亭藏版"，另有木记，刊有"江宁布政使奉督、抚二宪饬发四库馆查办违碍书籍条款。一吴伟业梅村集曾奉有御题，其《绥寇纪略》等书，亦并无违碍字句。现在外省，一体拟毁，盖缘与钱谦益并称江左三家，曾有合选诗集，是以牵连，并及此类，应核定声明，毋庸毁销。其《江左三家诗》《岭南三

---

[1]（清）郑钟祥修，（清）庞鸿文纂：《常昭合志稿》卷末"总叙"，光绪三十年（1904）木活字本，第17b页。

[2]"乾隆志常熟人物，国朝首列钱谦益，后又铲去。故今坊间有未铲、已铲二本。道光志无钱谦益传，从已铲本也。"[（清）李铭皖修，（清）冯桂芬纂：《（同治）苏州府志》卷一百，光绪九年（1883）江苏书局刻本，第1a页。]

[3]（清）钱谦益：《有学集》卷首《有学集序》，康熙年间无锡邹氏刻本，第3b页。

[4]（清）郑钟祥修，（清）庞鸿文纂：《常昭合志稿》卷末"总叙"，光绪三十年（1904）木活字本，第17a-17b页。

顺治十八年(1661)陆贻典、毛表刻本《寄巢诗》书影

家诗》内,如吴伟业、梁佩兰等诗选,亦并抽出存留。直隶省于乾隆四十六年(1781)四月十七日准咨"[1]。通过上述木记我们可以发现,吴伟业书籍的禁毁是受到钱谦益的牵连,而后来的江宁布政使所公布的查办结果,使吴伟业的诗集可以在当时的苏州得到公开出版。

其他涉及文字狱的诗文,又如《明人尺牍选》中的墨订,这些墨订代表了当时这些诗文的敏感。苏州刊刻的《寄巢诗》中多处有墨订,在一首名为《次和子晋拟范石湖田园杂兴之三十四首》的诗歌中竟出现了九处墨订,所涉及的都是当时较为敏感的内容。

光绪七年(1881)常熟抱芳阁刻本《明人尺牍选》书影

再如冯己苍的《怀旧集》就曾被当时的县令诬陷。《怀旧集》卷末有鹤汀题跋云:"己苍,余之故友也。少有豪气,暮年经世变,为酷吏所杀。其诗文有伊侄窦伯为之搜集,伊弟定远与余为世外交,皆好古博雅之士也。己苍当鼎革之时,旧交零落,而追念之,因有此集。罗织者以为罪状而按之,遂死。"[2]翁同龢《怀旧集》题识云:"邑志云,己苍构衅于邑令,指

[1] 沈津主编:《美国哈佛大学哈佛燕京图书馆藏中文善本书志》4,广西师范大学出版社2011年版,第1682页。
[2] 鹤汀题识。[(明)冯舒辑:《怀旧集》,顺治四年(1647)冯舒刻本﹝国图﹞,卷末。]

所著《怀旧集》为讪谤，曲杀之。令检此集，亦不见所谓讪谤者。正当流布，以白其诬。"[1]通过以上两段清代人在不同时期版本《怀旧集》上所写的题识我们可以看出，当时《怀旧集》的出版为冯舒招来了杀身之祸。

  对苏州书籍出版产生影响的另一个案件是吕留良案。康熙四十年（1701）琴川书屋刻本《三鱼堂文集》载"琴川及门席氏汉翼、汉廷伯仲复加审定，出帑付梓，遂得告成"，卷端下题"门人常熟席永恂、前席校"。嘉会堂印刷琴川书屋版时，与吕留良相关的文字被挖去。[2]

  与苏州有关的还有戴名世"《南山集》案"，张伯行的奏折记载："诬臣与进士方苞友善，延请在署著书，已非朝夕。昨刑部行文查提方苞并《南山集》刻板，并未差一员一役提孥，且《南山集》刻板藏于苏州宝翰楼沈明玉家印行，方苞著书伯行署内，张伯行岂得讳曰不知等语。"[3]何焯在书信中提及："宝翰楼主人昨又提往扬州矣，前番止于县中拘唤，取保候质，今则老命不知如何。"[4]这里涉及沈氏的宝翰楼。宝翰楼曾经藏板并印刷《南山集》，因而受到牵连。另外，沈德潜的《国朝诗别裁集》原板在乾隆四十一年（1776）被销毁。这些都是清代"文字狱"对苏州书籍出版产生的影响，尤其是在板片印刷的时候，印刷者会将其中的违禁文字挖去，这就造成了版本的差异。

---

[1] 翁同龢题识。[（明）冯舒辑：《怀旧集》，光绪三年（1877）吴县潘祖荫刻本（国图），封面。]
[2] 马月华编著：《美国斯坦福大学图书馆中文古籍善本书志》，广西师范大学出版社2013年版，第178页。
[3] （清）张伯行撰：《正谊堂文集》卷二《与噶礼会书》，同治至光绪年间刻《正谊堂全书》本，第10a页。
[4] （清）何焯撰：《义门先生集》卷五《与友人书》，道光三十年（1850）姑苏刻本，第10a页。

第六节 丛书

一、苏州丛书出版的分期

苏州地区大型丛书的刊刻从明代就已经开始了,到了明末的汲古阁,这种大型丛书的编刻更为普遍。但对于某些丛书而言,其刊刻地并不在苏州,只是书板后来被带到苏州继续印刷、发行。毕沅的《经训堂丛书》虽然扉页题有"经训堂藏板""灵岩山馆刊""灵岩山馆藏板",但并不是在苏州刊刻的,而是在陕西。如《乐游联唱集》题"西安节署藏板"[1],这部书从乾隆四十六年(1781)到五十五年(1790)陆续刊刻完成,而毕沅先后任职陕西十年,经训堂、灵岩山馆皆为其在陕西的室名。

顺治到乾隆年间,苏州的丛书出版一度陷入沉寂。这一时期有零星的丛书出版,但规模并不大。丛书编纂的一个方面是对唐宋文献的整理,苏州对于唐诗刊刻的执着一直延续到清代。席启㝢在康熙四十一年(1702)的《席刻唐人百家诗》序言记载,历经三十年才刻成二百八十卷。[2]出版家似乎对丛书的出版并不感兴趣,况且在顺治到乾隆年间,明代出版的丛书已经能够满足读者的需要;到了乾隆年间,《四库全书》这套大型丛书的编纂也使丛书编纂成为"鸡肋"。但是,《四库全书》的编纂也给刻书家带来了启发。丛书走向繁荣则要从乾隆年间开始,尤其是嘉庆年间。出现这两个截然不同的阶段则是受到藏书思想等多方面的影响。

从乾隆末年到嘉庆年间,苏州的丛书编纂悄然复兴,其中颇有进行学术总结的意味。最终在嘉庆年间,苏州的丛书刊刻取得了突破性进展。长

---

[1](清)毕沅编:《经训堂丛书》,乾隆、嘉庆年间镇洋毕氏刻汇印本,扉页。
[2]傅增湘撰:《藏园群书经眼录》(四),中华书局2009年版,第1220页。按:此书共三百二十六卷。

洲吴翌凤先后编纂了《艺海汇编》《古香楼汇丛》《秘册汇丛》等丛书，但是《秘册汇丛》并未刊行，其序云："闻见单行之本未能镂板者，随所见闻，不惜馆谷，辄购得之。"[1]乾隆年间，任兆麟刊刻了《三代两汉遗书》《心斋十种》。嘉庆八年（1803），黄丕烈读未见书斋刊刻了《士礼居丛书》。嘉庆二十三年（1818），顾禄刊刻了《颐素堂丛书》。道光、咸丰年间的藏书家也刊刻了一些丛书，这一时期的学者对于丛书有着自己的规划，如《七姬咏林》版心下有"千墨庵丛书"字样。

苏州丛书的出版以太平天国兴起的咸丰年间为分水岭，如果说前期的丛书出版是进行学术总结、发掘古本，那么同治、光绪年间的丛书出版则是为了恢复被战乱损毁的书籍。

光绪年间是苏州丛书编纂与出版的一个黄金期。这一时期出版的有徐士恺的《观自得斋丛书》，其中的《大瓠堂诗录》有牌记"光绪壬辰（十八年，1892）仲夏石埭徐氏观自得斋校刊"，版心下有"观自得斋徐氏校刊"字样，卷末镌有"光绪十有七年（1891）岁在辛卯孟冬月石埭徐士恺新校刊"。[2]光绪年间谢家福出版的《望炊楼丛书》是由徐文艺斋刊刻的，收录了五种苏州地方文献，后来经过其孙补刊印行，后又经文学山房重印。除此之外，还有长洲蒋凤藻刊刻的《心矩斋丛书》《铁华馆丛书》。《心矩斋丛书》版心下有"心矩斋校本"字样。《心矩斋丛书》以近著为主，随收随刻，是委托叶昌炽刊刻的。

二、丛书出版的三种模式

1. 影刻丛书

张士俊在康熙四十九年（1710）刊刻的《泽存堂五种》，是清代苏州地区影刻丛书的先驱。出现影刻本丛书，当是源于对宋元本的渴求。影刻本丛书满足了读者一窥宋元本的愿望，推动了学术研究的发展。由于影刻本的费时费工，影刻本丛书收录的种类一般并不多，而且刊刻的时间跨度较大，采用了陆续刊刻最后汇辑成书的方式。《泽存堂五种》包括《广韵》《玉篇》等小学类书籍，显示了其编纂的学术取向，即重视实学和训诂，这

---

[1] 叶启发撰：《华鄂堂读书小识》，上海古籍出版社2014年版，第272页。
[2]（清）孙周撰：《大瓠堂诗录》，光绪十八年（1892）观自得斋刻本，扉页、卷末。

对于乾嘉的学术发展产生了影响。但顾千里认为，"泽存堂刻各书每每改窜，当更不免失真"[1]。由此可见，泽存堂在刊刻时并非严格地影刻，而是对文字进行了改动。正如张士俊在《群经音辨》题跋中所说，尽管其书以南宋本为底本，但是又以诸多抄本为参照改动文字，并非对南宋本的忠实影刻。对于其中的《佩觽》，当时学者争论是否源于宋版。丁杰认为其中六页颇有差异，"余则字形肥瘠、边阑粗细皆相吻合，即剥蚀处亦无丝豪之异"[2]。可见张士俊翻刻宋本的活动在当时引起了争议。但张士俊刊刻的底本确实源于宋版，并且在刊刻的时候保持了字体和边栏等原貌。叶德辉在《书林清话》中给予了高度的评价："张士俊《泽存堂五种》，摹仿宋刻，极肖极精。"[3]叶德辉所说的应该是《泽存堂五种》在字体上对于宋刻的模仿。

嘉庆年间是清代苏州丛书出版的繁荣期，以吴县的黄丕烈和昭文的张海鹏为代表。黄丕烈是清代藏书家中公开藏书的先行者，《士礼居丛书》正是在张士俊的影响下刊刻的。黄氏刊刻的《士礼居丛书》以宋元本为底本，也采用了影刻的方式。黄丕烈与张海鹏都将刊刻丛书作为公开藏书的方式。与张海鹏不同的是，黄丕烈采取的是先刊刻后汇纂的形式，而张海鹏则采用了统一刊刻的形式。从嘉庆五年（1800）刊刻《国语》开始，黄丕烈刊刻书籍的活动持续到了道光四年（1824）。《士礼居丛书》可以被看作先前刻书的总结。这与丛书本身的特性有关，既可以陆续刊刻，也可以统一刊刻。

蒋凤藻在光绪九年（1883）至十一年（1885）刊刻的《铁华馆丛书》是晚清影刻本丛书的代表，光绪五年（1879），蒋凤藻就说："余拟刊丛书，搜罗秘本骨董。"[4]《铁华馆丛书》"专影刻古本，藉广流传"[5]，也是受到张士俊《泽存堂五种》的影响，《群经音辨》《佩觽》《字鉴》更是直接

---

[1]（清）顾广圻撰，黄明标点：《思适斋书跋》，上海古籍出版社2007年版，第16页。
[2] 陈先行、郭立暄编著：《上海图书馆善本题跋辑录》（上），上海辞书出版社2017年版，第87页。
[3] 叶德辉著，漆永祥点校：《书林清话：外二种》卷九，北京联合出版公司2018年版，第297页。
[4] 陈先行、郭立暄编著：《上海图书馆善本题跋辑录》（上），上海辞书出版社2017年版，第460页。
[5] 吴格、眭骏整理：《续修四库全书总目提要·丛书部》，中华书局、国家图书馆出版社2010年版，第371页。

以泽存堂刻本为底本影刻,而其中的《文子》《列子》直接据宋本影刻。这些影刻本丛书的刊刻得益于写工、刻工技艺的高超。

2. 汇集板片印刷丛书

清代有的丛书将之前刊刻的板片重新汇集印刷。清代乾嘉年间的任兆麟居住在莲泾,热衷于刊刻书籍。震泽任氏家刻本《心斋十种》内封题"王西庄、卢抱经、钱竹汀三先生鉴,心斋十种"[1]。乾隆五十七年（1792）,任兆麟在《逸书》的题跋里记载他的书斋是"养正书塾"[2]。《心斋十种》中的《夏小正注》《四民月令》版心下镌"忠敏家塾",《石鼓文》版心下镌"同川书院",《文章始》内封题"武原家祠藏本",版心下镌"经笥堂"。[3]这些都是任氏家刻汇印本,镌刻的不同地点表明这些书籍并不是在同一时期刊刻的。值得注意的是,这些藏板地点并非都是在任氏家中,其中,"同川义学在秕字圩,乾隆十二年（1747）创建,置朱姓地三亩,为屋二十间。二十九年,里人王士增葺,知县沈名掞记学,名同川书院"[4]。可见,同川书院是吴江的一处义学。其中的"经笥堂","在南秘圩,修职郎任德成所居"[5]。

同治、光绪年间苏州丛书出版的繁荣在一定程度上恢复了被战乱破坏的书籍流通。经过同治年间的图书积累和恢复,潘祖荫在同治六年（1867）至光绪九年（1883）陆续刊刻了多种书籍,在光绪十年（1884）"以旧所刻诸书汇为《滂喜斋丛书》四集"[6],其后又汇刻《功顺堂丛书》。《滂喜斋丛书》采用了当时流行的分集（函）形式,延续了张海鹏关注近代著作、汇集旧刻为丛书的方式。其中,有的是在北京刊刻的,如潘祖荫的《攀古楼彝器款识》是同治十一年（1872）"京师潘祖荫滂喜斋"刻本。因此,《滂喜斋丛书》是潘氏以旧刻汇辑而成的大型丛书。潘祖荫的《功顺堂丛书》则采用了整体刊刻的形式。汇辑旧刻编成丛书的方式具有灵活性,是对旧刻的整理。叶昌炽在《缘督庐日记》中有光绪十年

---

[1]（清）任兆麟撰:《心斋十种》,乾隆年间任兆麟刻本,扉页。
[2] 傅增湘撰:《藏园群书经眼录》（四）,中华书局 2009 年版,第 918 页。
[3] 李文洁:《美国芝加哥大学图书馆藏中文古籍善本书志·丛部》,国家图书馆出版社 2019 年版,第 302 页。
[4]（清）费善庆纂:《垂虹识小录》卷一,民国年间抄本,第 9a 页。
[5]（清）周之祯纂,（清）阎登云修:《同里志》卷五,民国六年（1917）铅印本,第 3b 页。
[6]（清）杨钟羲撰:《雪桥诗话续集》卷八,民国六年（1917）刻本,第 37b 页。

（1884）潘祖荫赠书的记录："郑盦丈赠《滂喜斋丛书》一部，较前所赠多。四集中有《日本金石表》，颇资考证。"[1]在此前一年的五月，潘祖荫就曾经赠予《滂喜斋丛书》，可见潘祖荫实际整理丛书的时间最早是光绪十年（1884）的前一年，而潘祖荫刚开始整理的丛书也并不是四集。实际上，潘祖荫汇辑丛书采取了分集汇辑的方式，最早在同治（1872）十一年汇刊成第一函，直至光绪九年（1883）汇辑成四函。

尽管《滂喜斋丛书》中有的是在北京刊刻的，但也会和苏州产生关联。滂喜斋所刻的《士礼居藏书题跋记》版权页有"滂喜斋刻，光绪十年（1884）三月"字样，又有"苏州振新书社经印"字样。[2]又比如，《周氏词辨》的版权页有"光绪戊寅（四年，1878）刊版"字样，应该不是在苏州刊刻的，但是钤有"苏州振新书社经印"，可见振新书社是将其在外地印刷后带回苏州销售的。[3]

3. 规划刊刻丛书

张海鹏是嘉庆年间常熟卓有成就的刻书家，其最突出的成就便是编纂、刊刻了多种大型丛书。关于张海鹏的刻书成就，《（光绪）常昭合志稿》中有专门的记载：

> 海鹏字若云，一字子瑜，诸生。治经之暇，以剞劂古书为己任。毛氏《津逮秘书》十五集，版久漫漶，取而汰益之，刊为二十集，名曰《学津讨源》。又以《太平御览》为类书冠，得影宋钞本详加覆勘，重刻之。又择四部中有关实学而传本将绝者，梓《墨海金壶》七百余卷。又刻明人及时贤撰述为《借月山房汇钞》十六集。又辑《金帚编》。尝谓藏书不如读书，读书不如刻书。读书益己，刻书益人。[4]

石韫玉在《墨海金壶序》中也说："常熟张君若云，先收毛氏汲古丛残之籍，汇为《学津讨源》一书，镂板行世矣。既又广搜四部，博采九流，得古书之可以附庸六籍者一百十五种，都为一集，名之曰《墨海金壶》。剞劂既竣，未及行世而若云遽归道山。"[5]张海鹏是这一繁荣期内丛书刊刻

---

[1] （清）叶昌炽撰：《缘督庐日记》卷三，民国二十二年（1933）上海蟬隐庐石印本，第18b页。
[2] （清）黄丕烈撰：《士礼居藏书题跋记》，光绪年间滂喜斋刻本，扉页。
[3] （清）周济编：《周氏词辨》，光绪四年（1878）刻本，扉页。
[4] （清）郑钟祥修，（清）庞鸿文纂：《常昭合志稿》卷三二，光绪三十年（1904）木活字本，第21a页。
[5] （清）石韫玉撰：《独学庐四稿》卷六《墨海金壶序》，康熙年间刻本，第6b-7a页。

的先驱。但与其说是先驱，倒不如说是丛书出版的复兴者。在丛书的编纂上，张海鹏要比黄丕烈更为系统，他对丛书的刊刻有着系统的规划。张海鹏编纂的丛书的代表便是《学津讨原》《墨海金壶》《借月山房汇钞》。这三部丛书代表了张海鹏为丛书出版所提供的三种范式。

丛书的出版可以视为藏书的大规模公开流传，其编纂者一般都是藏书家，这对于藏书家来说意味着藏书思想的转变。张海鹏认为，"藏书不如读书，读书不如刻书，读书只以为己，刻书可以泽人。上以寿作者之精神，下以惠后来之沾溉"[1]。张海鹏的丛书出版理念正是来源于此，藏书、读书、刻书的层次划分明确，将刻书定位为藏书的终点，将丛书的出版与作者、读者关联起来，意味着藏书思想从私人阅读到公开流传的转变。正是受刻书理念的驱动，张海鹏有了大规模刊刻丛书的举动。因此，张海鹏的丛书编纂是连续性的大规模出版，刊刻丛书成了一项事业，正如黄廷鉴所说："迨梨枣役兴，手一编，丹铅左右，恒彻晓了无倦容。"[2]从"梨枣役兴"四字就可以看出张海鹏刊刻丛书的规模之大，这是张海鹏与黄丕烈在丛书出版流程上的重要区别。

张海鹏的这种刊刻丛书以公开藏书的思想实际上植根于当时苏州刊刻书籍以公开藏书的风气。清代苏州丛书的编刻与藏书密不可分，这一时期，苏州涌现出一批致力于编刻丛书的藏书家，他们将自己的藏书公开流传。但有的刊刻丛书计划并未实现，如陈揆谋划编纂的《稽瑞楼丛书》就因陈氏的逝世而中止。沈懋德的孙子沈中坚，字致五，号飚生，"刻《学》《庸》《论语》善本及名医、劝善等书，亦近百种"[3]。沈中坚的刻书活动承接了沈懋德的刻书传统，更接近于公益事业的性质。从其刻书的种类来看，刊刻儒家书籍、医书、劝善类书籍都是为了促进教育的发展，发挥书籍教化民众的功能，以及推广医书所带来的实用效果。

傅增湘认为张海鹏编纂的丛书属于赓续而成，而张海鹏的丛书刊刻显然是受到了同是常熟人的毛晋的刻书精神的感召，毛晋在明末刊刻过《津逮秘书》《汲古阁丛书》等大型丛书。张海鹏的《学津讨原》始于嘉庆七年

---

[1]（清）黄廷鉴撰：《第六弦溪文钞》卷四《朝议大夫张君行状》，光绪十年（1884）后知不足斋刻本，第12b页。

[2]（清）黄廷鉴撰：《第六弦溪文钞》卷四《朝议大夫张君行状》，光绪十年（1884）后知不足斋刻本，第13a—13b页。

[3]（清）费善庆纂：《垂虹识小录》卷六，民国年间抄本（国图），第26a页。

（1802），最终在嘉庆十年（1805）刻成。《学津讨原》是在《津逮秘书》的基础上增订而成的，而且是在毛氏板片的基础上加以增删，广为二十集。张海鹏编纂的《学津讨原》是在当时乾嘉学派的影响下对丛书编纂的一次革新，它摒弃了汲古阁《津逮秘书》的书画跋尾、诗话之类的书籍，而增之以有裨经史的实用之书，反映了当时编纂丛书以服务于经史研究的特点。每书之后，附有提要或跋尾，起到了指导读者阅读的作用。

《墨海金壶》是张海鹏自主编纂丛书的开始，始于嘉庆十七年（1812），在嘉庆二十二年（1817）刊刻完成，"未及行世而海鹏没，其犹子蔼亭为印行之"[1]。可见张海鹏采用的是整体刊刻完成后再印行的方式。《墨海金壶》收录范围甚广，可惜的是相传此书仅印百部，后板毁于火。

如果往更远追溯的话，张海鹏刊刻的《借月山房汇钞》则是受到了《百川学海》的影响。张海鹏编纂的这部丛书主要针对的是明清的著作，而清代的著作主要分为"脱稿而未及行世""编刻而流传未广"两种情况。[2]《借月山房汇钞》可以被看作《学津讨原》的延展，将收书的时间延至清代。《借月山房汇钞》的收书标准是"论必雅而不俚，事必信而可考，言必实而可施诸用"[3]。从论雅、事信、言实三个层面确立收书标准，可谓是张海鹏丛书编纂的总结。

从《学津讨原》到《借月山房汇钞》，张海鹏刊刻丛书的活动从修补、增订旧本到自主编纂刊刻，从关注古书到留心当代著作。而且，《四库全书》为张海鹏编纂丛书提供了便利，张海鹏编纂的《学津讨原》《墨海金壶》都有抄录自《四库全书》的书籍。因此，这两部丛书都可被看作是在《四库全书》的影响下编纂而成的。这一时期苏州丛书的编纂深受《四库全书》的影响，尤其是丛书的编纂和抄书密不可分，太仓人赵兆熙在扬州任职的时候，从文汇阁抄书，编成《思补过斋丛书》九十二种。

黄丕烈的《士礼居丛书》和张海鹏的《学津讨原》等丛书代表了两种截然不同的丛书出版模式。黄丕烈重视保存原本的面貌，分批次出版单行

[1] 吴格、眭骏整理：《续修四库全书总目提要·丛书部》，中华书局、国家图书馆出版社2010年版，第277页。
[2] 张海鹏辑：《借月山房汇钞》卷首《借月山房汇钞序》，嘉庆年间虞山张氏刻本，第1a页。
[3] 张海鹏辑：《借月山房汇钞》卷首《借月山房汇钞序》，嘉庆年间虞山张氏刻本，第1b页。

本，最后将板片整理汇辑，编成丛书；而张海鹏则采用了先编纂而后整体刊刻的出版模式。黄丕烈重视古本的出版，张海鹏则重视明清著作的发行。从对后世的影响和传播情况来看，张海鹏编纂的丛书更具有延续性，道光年间《墨海金壶》被金山钱熙祚修补为《守山阁丛书》；《借月山房汇钞》被上海陈璜重编为《泽古斋丛钞》，被金山钱熙祚增补为《指海》。这些都足以证明张海鹏所编丛书的持续生命力。

三、不同地区的丛书刊刻

1. 常熟

在清代苏州丛书的刊刻中，常熟的表现最为突出。乾隆年间，蒋光弼刊刻了《省吾堂四种》。省吾堂是蒋光弼的堂号，蒋光弼是常熟人，生活在乾隆、嘉庆年间。以上两部丛书是蒋光弼委托常熟的刘光德刊刻的。[1] 以"省吾堂"给丛书命名，使得丛书的编纂富有地域特色。

常熟的鲍廷爵也是丛书的编纂者，姚觐元在日记中提及，"抱芳，鲍生，名廷爵，字奂甫，赠所刻《篆诀辨释》及翻《积古斋钟鼎款识》，皆不甚精"[2]。抱芳阁鲍廷爵编纂的《后知不足斋丛书》可谓是清末丛书的代表。潘祖同在《鲍叔衡后知不足斋丛书序》中说："鲍君叔衡旧亦歉产，世居常熟，代有闻人。景企前徽，博采旁搜，竭数十载之力，积书百余种，或原编重辑，或影本摹刊，或得自旧传，或成于时彦。网罗荟萃，必薪有裨于实学。并附以有韵之文，将陆续辑为《后知不足斋丛书》四编，而先以二十五种汇为初集，寿诸枣梨。"[3] 可见鲍氏《后知不足斋丛书》的编纂来源比较丰富，一共有一百多种，后来先出二十五种作为初集。

清代常熟还编纂了一些地方文献丛书，有的是以抄本的形式流传的，如清抄本《虞阳说汇》，收书三十八种，是菰村渔父辑录的；清抄本《海虞

---

[1] 张宝三：《美国芝加哥大学图书馆藏中文古籍善本书志·经部》，国家图书馆出版社2020年版，第70页。

[2] （清）姚觐元著，董婧宸、董岑仕整理：《姚觐元日记》，凤凰出版社2022年版，第251页。按：鲍廷爵刻书堂号名"抱芳阁"。

[3] 关于《后知不足斋丛书》的刊刻地点，潘祖同在序言中说其与鲍氏是在上海相遇，鲍氏邀自己作序的。[（清）潘祖同撰：《竹山堂文剩》之《鲍叔衡后知不足斋丛书序》，光绪二十五年（1899）吴县潘氏岁可堂刻本，第8b页。]

杂志》收书二十五种。另外，清末的徐兆玮也曾打算刊刻丛书："近日拟汇刻《文学掌故丛编》，皆取零星小种之有裨国闻、资谈助者。"[1]

2. 吴江

嘉庆年间丛书编纂的大家当属吴江人杨复吉。嘉庆十三年（1808），他在张潮《昭代丛书》的基础上最终编成了《广昭代丛书》。由于刊刻费用巨大，直到道光十三年（1833）才由吴江沈懋德的世楷堂刊刻。《昭代丛书》与《学津讨原》同样属于增订性质的丛书。《广昭代丛书》可谓是清代苏州丛书中的佼佼者，其编纂的时间从乾隆三十八年（1773）一直持续到嘉庆二十一年（1816），耗时四十四年，编成六十帙二百五十卷。杨复吉编纂完成后，限于财力，仅刊刻了其中的部分书籍。

《昭代丛书》分为新编、续编、广编、埤编、别编。《昭代丛书别编》后还有"参阅姓氏""参校姓氏""及门"[2]。版心下有"世楷堂"字样。《昭代丛书》规模庞大，真正致力于丛书刊刻的则是吴江人沈懋德。沈懋德是吴江人，家境富有，除了刊刻《昭代丛书》外，他还续辑了一百余种。沈懋德和鲍廷博有所交往，有志于刊刻文献。沈懋德是"国学生，候选布政司经历"，"家有田万余亩"，有财力刊刻书籍。[3]

清代苏州一些生员出资刊刻丛书成为特殊现象。"柳树芳，字湄生，号古查，居大胜村，例贡生。父玉堂，道光甲申（四年，1824）大水，尝出粟以赈，乡里赖以全活甚众。树芳承之，益以力善闻于时。生伉爽，多贤豪长者交。友朋有缓急，如疾厄在己，然不欲为无名，施必宛转令人可受。喜刻先哲遗书。从子清源，诸生，好学工诗。并时能善用其财者，有沈懋德所刻《昭代丛书》《国朝文征》《国朝古文汇钞》《蛾术编》，凡数千卷。"[4]由此可见，吴江的柳树芳虽然是例贡生，但是热衷于刊刻乡邦文献。诸生是下层士人的一部分，由于他们身份特殊，因此参与刻书就格外引人注目。清代的这些监生参与书籍的出版，作为私刻的一部分，一方面表明了刻书者主体的扩大，不再局限于官刻、书坊及著名学者，另一方面表明了这一群体希望通过刻书参与到苏州的风雅文化中来。刻书这一行为

---

[1] 徐兆玮著，李向东等标点：《徐兆玮日记》（一），黄山书社2013年版，第408页。
[2] 傅增湘撰：《藏园群书经眼录》（三），中华书局2009年版，第798页。
[3]（清）陶煦辑：《（光绪）周庄镇志》卷四，光绪六年（1880）刻本，第46b页。
[4]（清）李铭皖修，（清）冯桂芬纂：《（同治）苏州府志》卷一百七，光绪九年（1883）江苏书局刻本，第10a页。

本身在清代的苏州就已经具备了丰富的内涵，不只是出版行为，还是融合了商业、交际、文化等多种元素的社会行为。

3. 太仓

太仓的丛书编纂有光绪年间缪朝荃编刻的《东仓书库丛刻》，由陆润庠署检。其中一种《清抱居剩稿》，有牌记"东仓书库丛刻之□□□"[1]。此书在印刷的时候还没有确定具体的编目。

4. 昆山

赵氏家族是清末昆山刊刻丛书的代表。赵元益最早在光绪年间刊刻的是《高斋丛刻》《新阳赵氏丛刊》，后来由于板片被焚毁，其子赵诒琛在刊刻《峭帆楼丛书》时选择将《高斋丛刻》中的部分书籍刻入。对于这两套丛书之间的关联，赵诒琛在《高斋丛刻跋》中进行了详细的记述：

> 右书十有四种，我先父所刻也。先父平生无他好，所好者惟书。每遇名校旧钞或罕见本，倾囊购致之。光绪间择善本付梓，名《高斋丛刻》。高斋者，吾高祖考读书之室也，以是名之，殆寓继述之志耳。板藏沪寓，癸丑（1913）夏乱，随室庐俱烬。虽系天命，而余之不克宝守，不得辞其咎矣。今余刻《峭帆楼丛书》，择前刻小种，重授剞劂，而全书之刻力有未逮，乃以总目冠首，援《游志续编》载前编目例也。世有藏弃《丛刻》印本者，幸勿珍秘，慨付梓人，则前哲遗著赖以流播，是余所深望也夫。丁巳（1917）仲春，诒琛谨识。[2]

值得注意的是，限于财力，赵诒琛仅刊刻了《高斋丛刻》中的几种。但是，他列举了《高斋丛刻》的目录，希望珍藏有《高斋丛刻》印本的人能够继续刊刻。

四、晚清丛书刊刻与图书市场

类丛类丛书的出版，使得丛书的类别特色更为突出。康熙年间刊刻的《泽存堂五种》就是专门汇辑声韵之书，光绪十三年（1887）长洲张氏仪许庐刊刻的袖珍本《许学丛书》（三集）、光绪年间雷氏家刻本《雷刻四种》则是专门汇辑了乾嘉之后研究《说文解字》的著作。这种小类别丛书

[1] 按："□□□"处未刻字。[（清）毕庭杰撰：《清抱居剩稿》，《东仓书库丛刻》本，扉页]。
[2] 赵诒琛等辑：《赵氏家乘》卷十《高斋丛刻跋》，民国八年（1919）刻本，第42a页。

的编纂方便了学者的研究。正如叶昌炽在《许学丛书序》中所指出的，"坊肆贸利，场屋馈贫。统五百四十部，缉为长篇；累数千百万言，缩于短幅。将冠以配屦，移盾以就矛"[1]。可见这类精审的经学类丛书，是对当时市场上流行的粗制滥造的丛书的一种抵制。

至于经学方面，最具代表性的经学类丛书当属道光十年（1830）重刊的《璜川吴氏经学丛书》。光绪年间朱记荣的《孙溪朱氏经学初编》则是受到了吴志忠丛书编纂的影响。这种集中经学著作出版的做法展现了清代在经学方面所取得的成就，但是王先谦认为《璜川吴氏经学丛书》"采本朝为多，犹杂厕前代"[2]，朱记荣编纂的丛书实际上是对阮元《皇清经解》之后数十年（嘉庆至光绪年间）经学书籍的增广和补充，都是清代学者的著作，目的在于"章明国朝经学"[3]。吴志忠和朱记荣编纂的经学丛书都属于私人编纂的丛书，与《皇清经解》之类的官方编纂丛书不同，其规模较小。两部丛书各收书十三种，都很有特色，其中多有稀见著作，而且多有苏州学者的经学著作。

这一类经学丛书可被视为专门性的资料汇纂，而它们出现在当时的苏州市场上是极为特殊的现象，其针对的读者更加专门。值得注意的是，朱记荣热衷于丛书的出版，他除了编纂《槐庐丛书》《孙溪朱氏经学丛书》外，还编纂了《行素草堂金石丛书》，重刻了《平津馆丛书》。朱记荣编纂的《槐庐丛书》，"大半取蒋氏《别下斋》，庄氏《珍艺宧》，茆氏《十种古逸书》，孙氏《平津馆》《岱南阁》诸丛书"[4]，可见朱记荣善于从其他丛书中获取版本，选择那些清人考据之书出版。由于朱记荣是在上海开设书肆的，因而其刊刻的丛书与市场的关系更为密切。专门丛书正是朱记荣针对市场需求而编纂的。朱记荣编纂的《校经山房丛书》是在上海出版的，延续了《槐庐丛书》的内容，实际上是"取章寿康《式训堂丛书》旧版"

---

[1]（清）叶昌炽撰：《奇觚庼文集》卷上《许学丛书序》，民国十年（1921）刻本，第8b页。
[2]（清）王先谦撰：《虚受堂文集》卷四《存素堂汇刻经学丛书序》，光绪二十六年（1900）刻本，第18a页。
[3]（清）王先谦撰：《虚受堂文集》卷四《存素堂汇刻经学丛书序》，光绪二十六年（1900）刻本，第18b页。
[4] 吴格、眭骏整理：《续修四库全书总目提要·丛书部》，中华书局、国家图书馆出版社2010年版，第359页。

"第一、第三两集,易名为《校经山房丛书》"。[1]

集部类丛书的代表当属康熙年间席启㝢编纂的《唐诗百名家集》。从徐献忠、毛晋到席启㝢,再到光绪年间江标影宋刻本《唐人五十家小集》,唐诗的刊刻在苏州地区成为一种风气。

除了以上的私人刻书外,嘉庆九年(1804)姑苏聚文堂刊刻的《十子全书》当为书坊编纂丛书的代表。书坊主王子兴编纂的这部丛书包括《荀子》《扬子》《庄子》等周秦以来诸子之书。由于聚文堂是当时的书坊,故而其商业化特色也更加明显,除了冠名"十子"的名目外,刊刻周秦以来诸子书也是针对乾隆、嘉庆时期子学研究兴盛而谋划的。

丛书的出版满足了读者对于书籍的渴求,而苏州地区丛书的出版主要集中在晚清时期,这一时期的丛书出版无论是在质量上还是在数量上都达到了前所未有的高度。受到苏州图书市场的影响,出版大型丛书成为这一时期的出版风尚。正如蒋凤藻希望自己刊刻的《心矩斋丛书》"读书藏书者亦能共赏,即穷乡僻壤有此一部,亦可略具梗概"[2],其面向的读者包括读书人和藏书家,丛书的刊刻延伸到了乡村的藏书,有力地促进了藏书的普及。这种以丛书出版来促进藏书发展和知识普及的方式在清末苏州的图书市场中很是普及。

实际上,丛书出版的这种针对偏远地区藏书、读书需求的特质在乾隆年间的苏州就已经出现了,乾隆年间任兆麟出版的《心斋十种》是由任氏忠敏家塾刊刻的,褚寅亮在序言中说:"穷乡僻邑,购书为难,有此一书,可佐旁通。"[3]我们由此可以推知,《心斋十种》所针对的主要是以忠敏家塾为中心的周边乡村地区的图书市场,这些地区由于刻书、书肆较少,书籍难以购买,而丛书的编纂则满足了这些地区获取书籍的需要。因此,常熟、吴江等地区的图书市场没有吴县、长洲等地发达,但是丛书的刊刻比较兴盛,这种以丛书的出版来打开当地市场、促进书籍流通的方式正是为了替代单行本的流通,最大限度地满足民众的需求。而有的丛书虽然刻

---

[1] 吴格、眭骏整理:《续修四库全书总目提要·丛书部》,中华书局、国家图书馆出版社2010年版,第361页。

[2] (清)蒋凤藻撰:《心矩斋尺牍》,《吴中文献小丛书》本,江苏省立苏州图书馆1941年版,第52页。

[3] 吴格、眭骏整理:《续修四库全书总目提要·丛书部》,中华书局、国家图书馆出版社2010年版,第255页。

成,但是流传范围很小,光绪年间长洲蒋氏刊刻的《心矩斋丛书》刻成后流传甚少,直到民国十四年(1925)文学山房获得板片后才又印行。

光绪年间学古堂刊刻的《学古堂日记》是由学古堂出版的,内容为书院高才生读经、史、算学诸书的笔记,这种丛书的出版模式已经具备了出版规划。以往的丛书所出版的基本上是前人著作,而《学古堂日记》刊刻的则是当代人的著作。学古堂摒弃了之前刊刻书院科举范文的模式,代之以用丛书的方式刊刻学术笔记,这不能不说是一种创新。

影刻丛书的出版则适应了当时读者对于宋元版的需求,尽管影刻丛书并非严格的复制,但是由于其字体的相似、纸墨的优良、刊刻的精审,产生了重要的艺术价值和文献价值,尤其是影刻本以丛书的形式出现在图书市场上,更具有规模化的效应,受到了读者的青睐。

分集出版的方式有效缩短了丛书出版的周期,使丛书的编纂更为灵活,已经编纂好的图书可以尽快印刷、流通。道光年间,顾沅编纂的《赐砚堂丛书》旨在纠正当时"谈艺者往往密于考古,疏于援今"的倾向,对于保存近代文献起到了重要作用。赵怀玉认为,《赐砚堂丛书》"能于近时诸刻之外树一帜",主要体现在"采择之谨严""表彰之周匝"。[1]根据赵怀玉的序言,顾沅"取家藏插架,共得百种",但是现存的《赐砚堂丛书》仅有四集四十种。《赐砚堂丛书》是苏州地区较早采用分集刊刻的丛书之一。分集刊刻的形式既可以促进丛书的出版,又可以起到分类的作用。其后的《滂喜斋丛书》《功顺堂丛书》等大型丛书都广泛采用了分集刊刻的形式。

这种分集刊刻的形式在同治、光绪年间的苏州逐渐流行。光绪年间常熟鲍廷爵刊刻的《后知不足斋丛书》是常熟地区丛书刊刻的代表,这部丛书共有二十五种。从同治十三年(1874)开始刊刻,到光绪十年(1884)刻成四集,后又增刻四集,总共八集,最后汇辑成丛书。这种随刻随印的形式尽管可以使书籍最快出现在市场上,但也使得丛书出版的"刻书年月,前后次序,颇不一律",出现了一定程度的混乱。[2]鲍廷爵《后知不足斋

---

[1](清)赵怀玉撰:《亦有生斋文续集》卷四《赐砚堂丛书序》,道光十二年(1832)刻本,第5a页。
[2]吴格、眭骏整理:《续修四库全书总目提要·丛书部》,中华书局、国家图书馆出版社2010年版,第271页。

丛书》的同光年间常熟鲍氏刻本（五十六种）共有八函，前四函［光绪八年（1882）至十年（1884）］与后四函［同治十一年（1872）至光绪十五年（1889）］，随刻随印，后乃汇辑成丛书。又如潘祖荫的《滂喜斋丛书》"随刻随印，故初印之本，目次各有不同，后乃汇为四集"[1]。这种方式对于书籍市场也造成了一定的干扰，也就是说，前面刊刻印刷的单行本与后来汇辑成书的丛书本之间存在内容上的重叠，以及因丛书不是整体印刷、流通而造成的丛书收藏不完整的情况。同时，这也增加了读者辨识书籍的难度。事实上，丛书的修板印刷，较之单行本更为复杂。

　　丛书除了重新刊刻外，还可以汇集版刻进行印刷。道光年间出版的《玲珑山馆丛刊》，其中，《五经文字》等书版源于维扬马氏。因此，丛书本与之前马氏刊刻的单行本都得以在当时的市场上流通。而对丛书的补版也会造成丛书流通的差异，顾湘《小石山房丛书》在道光年间刊刻，后历经兵火，同治八年（1869）其子顾崇福、顾康福补刊，同治十三年（1874）刊刻行世。同治年间补刊道光本共有四十一种六十四卷，而同治十三年（1874）虞山顾氏刊本则有四十一种五十八卷。[2]根据叶裕仁《石墩顾氏丛书后序》，"顾君翠岚，为吾乡季菘耘先生高弟。喜蓄古印，精篆刻，尤嗜搜罗未刻之书。道光中刻有《小石山房丛书》四十余种，菘耘先生序而传之。……兵燹而往，板毁十之一，原序亦失之。今翠岚哲嗣崇福兄弟将补刊行世。……况萃数十人之精神所寓，汇为一大部，较单行本尤易传世，此丛书之刻故贵其多，而不厌其杂者也"[3]。

---

[1] 吴格、眭骏整理：《续修四库全书总目提要·丛书部》，中华书局、国家图书馆出版社2010年版，第332页。
[2] 吴格、眭骏整理：《续修四库全书总目提要·丛书部》，中华书局、国家图书馆出版社2010年版，第317–318页。
[3] 叶裕仁撰：《归盦文稿》卷一《石墩顾氏丛书后序》，光绪八年（1882）蒋铭勋刻本，第39a–39b页。

第六章　出版与城市

第一节　清代苏州出版与城市经济

出版与城市之间的关系，尤其是出版对城市的影响在清代尤为突出。清代苏州抄书与印书所构成的出版文化对苏州城市的影响，主要体现在对苏州市场经济的贡献及对苏州城市格局的塑造上。书籍的市场经济指的是与书籍生产、流通过程有关的经济元素，而城市格局的塑造主要指的是出版意义上的城市地理空间。因此，本章主要将书籍史与经济学、地理学相结合，考察清代苏州出版业对于城市所产生的影响。

一、出版成本的分析

现存书籍版本所附录的费用开支，是我们了解清代苏州刻书费用的重要资料。刻书成本构成在清代苏州出版的书籍中有较为详细的记载。这些文献主要包括方志、家谱、佛经、善书等类型，由于资金来源的特殊性，费用的具体花销要向社会公开。下面以《王氏家谱》《松陵陆氏宗谱》《平江盛氏家乘初稿》《吴氏支谱》《良方集腋》《陈氏世谱》《平原陆氏宗谱》《国朝三邑诸生谱》《诸家宗派》九部书为例，分别制作了其成本构成表（表6.1—表6.9），其中《平江盛氏家乘初稿》《平原陆氏宗谱》为活字印刷，其余为雕版印刷。

表6.1　《王氏家谱》刊印费用表[1]

总项	分项	价格	数量	开支	费用
刻工字数价值	刻字	每百七十文	大小字共十九万六百四十九个	—	一百四十五千五百五十一文
	墓图	每图三百五十文	二十个	—	
	修补	每工一百八十二文	二十八工	—	

[1]（清）王仲鎏、王仲鉴纂修：《王氏家谱》卷末"纪略"，道光六年（1826）刻本，第53a-53b、68a-68b页。按：表6.1—表6.9的内容节录自各书，保留原书数字表述方式，如数字的大小写等。

续表

总项	分项	价格	数量	开支	费用
刻字数	刻字	每百七十文	大小字共计四十九万三千二百五十三个	三百四十五千二百七十七文	三百八十四千九百零三文
	墓图	每张三百五十文	十九张	六千六百五十文	
	翻刻	每页二百文	十二页	二千四百文	
	修补	每工一百八十二文	一百六十八工	三十千五百七十六文	
印谱	大纸	每张合钱两个八毫	应用大纸三百四十张（合每张一裁六），每部共计二千零四十页	九百五十二文	共合钱一千九百零一文。共印好装订一百部（每部除领价一千四百文，净贴钱五百文），计贴钱五十千文。不加装订四十部（每部计钱一千四百文），计钱五十六千文。（存入化陇池，后有领谱者，此项即入化陇池公账）共计印一百四十号
	印工	每一百页二十三文	—	每部钱四百六十九文	
	钉工	每本十四文	—	二百八十文	
	布套		两个	二百文	

表 6.2 《松陵陆氏宗谱》修谱费用细账[1]

项目	数量	开支
绘像	—	肆伯捌拾文
刻谱格子板	两块	陆伯肆拾文
刻谱面板子	一块	肆伯贰拾文
刻谱面签小印子	—	叁伯文
刷印	—	陆伯陆拾文
装订谱套	四部	壹千贰伯文
纸张连添	两共	壹仟壹伯拾柒文
—	—	肆仟捌伯拾柒文

[1]（清）陆维钰纂修：《松陵陆氏宗谱》卷末"捐输"，道光二十六年（1846）刻本，第 7b 页。

表 6.3 《平江盛氏家乘初稿》"征信录"[1]

项目	数量	开支
连四纸	三十一扛	洋一百九十五元九角三
刊采访公启	—	洋二元
摆印谱页	—	一千四百三十页
刻像赞祠墓图	十九页	—
刻世系图	二十三页	—
开局、完工折席三大吉,散谱花红喜钱	—	三百九十元
租薛宅公所房金	—	三十三元
湖滨自抄支谱纸笔	—	洋三元,钱一千二百文
墨屑	—	十三元
连四纸力	—	九百五十文
草稿纸	—	六百文
刻匠茶叶、烟油、茶水、火纸、信力等项,金鉴手付	—	三十七千五百七十六文
添连四纸	七刀	三元
刊封面条签	—	五百六十文

表 6.4 《吴氏支谱》"刻印工料细账"[2]

项目	价格	数量	开支	说明
写刻	每百大钱一百六十文	共字二十三万九千八百七十二	三百八十三千七百九十五文	扯大小字打空做边
挂线	—	共字九千八百五十二	三十一千五百廿六文	目录、例跋双算
挖嵌修补	每工二百四十文	计六十工	十四千四百文	—
刻封面方签	—	—	一千四百文	—
刷印样本	—	六卷三部	工纸洋三元	—

[1] (清) 盛钟岐纂修:《平江盛氏家乘初稿》卷末"征信录",同治十三年(1874)十贤祠木活字印本,第 14a-15b 页。
[2] (清) 吴艾生纂修:《吴氏支谱》卷十二"刻印工料细账",光绪八年(1882)刻本,第 1a-1b 页。

续表

项目	价格	数量	开支	说明
五层板架	—	两座	洋五元	—
漆油	—	—	洋一元	—
赛连纸价	每部四角	八十部	三十二元	—
刷印并墨	每部一角四分	八十部	十一元二角	—
装订	每部一角六分	八十部	十二元八角	绢包角
银杏夹板并带	每副一角五分	八十副	十二元	—
开工、完工喜封酒席	—	—	洋八元	—
酬散工总喜酒	—	—	洋六元	—
总计			洋九十一元，钱四百三十一千一百廿一文	—

表 6.5 《良方集腋》刻书成本表[1]

项目	价格	数量	开支	说明
刊资	每字一文七毫		二百一十千三百七十文	《良方集腋》二卷，凡五万二千四百十八字，《良方合璧》二卷，凡四万六千三百六十三字，《妇婴至宝》六卷，凡二万四千九百六十六字。……输资者：众善，洋一百五十元；吴氏，洋一百元；凌氏、毛氏，钱五十千文。工余印书核讫
内序跋、目录及中缝所载书名	每字倍算	凡九千二百九十三字	十七千四百六十四文	
鱼尾	—	四百九十作九百八十字		
封签、图格、修补、酒钱	—	—	十七千六百十五文	

---

[1]（清）谢元庆辑：《良方集腋》，光绪八年（1882）苏州谢氏望炊楼刻本，扉页。

表 6.6 《陈氏世谱》"刻印细账"[1]

项目	价格	数量	开支	说明
刻字	每百字大小通算钱壹百捌拾文	玖万捌千五百陆拾玖个	壹百柒拾柒千肆百念肆文	诰敕新添者及目录、新序、新跋、宗支挂线图，一字作二字算
刻墓图	—	陆拾贰幅	英洋肆拾元	连绘图写字。……图后字每百仍作钱壹百捌拾文
刻祠堂图	—	—	英洋叁元	—
刻空格板、封面签条	—	空格板三块	英洋贰元	—
刷印用香墨（诰敕用朱磦红花刷印）	—	—	每部工料钱捌百拾五文	现印捌拾贰部，共钱陆拾陆千捌百叁拾文
纸用加重汀州毛边				
装订用绢包角				
部面用加料古色毛边纸				
签条用硾笺料半纸				
杉木板架箱	—	两只	英洋柒元贰角	—
银杏全清夹板并黄扁带	每副钱壹百念陆文	—	—	—
夹板外另加青布袋	每个工料钱捌拾文	—	—	—
点见谱板	—	二百二十块	—	—

[1]（清）陈宗浩修：《陈氏世谱》"刻印细账"，光绪十六年（1890）刻本，第1a—2a页。

表 6.7 《平原陆氏宗谱》"修谱收支数"[1]

项目	价格	数量	开支	说明
抄写谱稿	—	一部	笔资洋壹拾肆元捌角	—
连史纸、赛连纸	—	拾叁件	洋壹百贰拾伍元陆角	出样用
摆工	每张叁角叁分	伍百贰拾玖张	洋壹百柒拾肆元伍角柒分	—
印订面线工料等	—	贰百部（每部陆本）	洋壹百元	—
总酬	—	—	洋壹拾元	—
做书箱工料等	—	—	洋陆元肆角叁分	—
续添序文所订工料	—	—	洋叁元陆角叁分	—

表 6.8 《国朝三邑诸生谱》"收付清单"[2]

项目	价格	数量	开支	说明
刻公启连刷印	—	贰千张	约共玖元	合银一百十七元（时价前后通扯一千零五十文）
公禀公函、四学告示、缮写底稿、笔墨纸张等费	—	—	约共拾元	
分送公启、邮资信力、轿役工食杂用	—	—	约共柒元	
刻字	—	八万二千六十	计钱一百二十三千九十文，合银一百十七元。（时价前后通扯一千零五十文）	
刷印	—	五百五十部	一百六十五元	—
板架	—	—	四元	—
总计			共付三百十二元，不敷两元	—

[1]（清）陆增炜纂修:《平原陆氏宗谱》卷二十"修谱收支数"，光绪三十二年（1906）活字印本，第 29b-30a 页。

[2]（清）钱国祥辑:《国朝三邑诸生谱》卷末"收付清单"，光绪三十二年（1906）刻本，第 2a-2b 页。

表 6.9 《诸家宗派》"付刻印订用款"[1]

项目	价格	数量	开支
刻封面题签、挂线图		一页	五百文
刻行书序文	每字二个八	三百十五字	八百八十二文
写刻宋字	每字一个七	一万零三百字	十七千五百十文
刻圈	三圈折一字	二百三十一个	一百零八文
印订	—	一百二十本	一千文
总计		—	贰拾伍千文

1. 刻字与板片

本节会涉及不同时期的货币换算，而各个时期的换算并不一致，如道光十一年（1831）时，每洋银一饼，易大钱 930 文。[2] 为方便起见，还是按照一银元换算成 1 000 文来计算。

刊刻书籍的成本，主要来自刻字的费用，刻字最重要的原材料则是木材。根据方志的记载，苏州的一些树木可以用来做雕版的板片，但是其价格有所差异。最常见的木材是乌桕和楮，"楮，俗呼谷汁，可描金，又一种雕板"，"乌桕，质松，亦可雕板"。[3] 根据俞樾写给北方蒙的信，雕版所用的材质又有白板和梨板之分。[4] 苏州有"白查"即白木，"木理白腻，最宜雕刻作图章、印版之用"。[5] 光绪八年（1882）谢氏望炊楼出版的《良方集腋》"板用梨木"[6]。刻书成本中很少涉及雕版所用木材的价格，仅有《松陵陆氏宗谱》中提及两块刻谱格子板需要 640 文，一块刻谱面板子需要 420 文，尽管这不是木材本身的价格，而是刻好格子等内容的板片的价格，但是可以估计每块木材的价格应该在 300 文左右。

---

[1]（清）释守一辑：《诸家宗派》卷末"付刻印订用款记后"，光绪九年（1883）玛瑙经房刻本，第 4a-4b 页。
[2]（清）江标著，黄政整理：《江标日记》（下），凤凰出版社 2019 年版，第 681 页。
[3]（清）汤斌修，（清）孙珮纂：《（康熙）吴县志》卷二十，康熙三十年（1691）刻本，第 5b 页。
[4]（清）俞樾著，张燕婴整理：《俞樾函札辑证》（上）"致北方蒙"，凤凰出版社 2014 年版，第 6 页。
[5] 曹允源、李根源纂：《（民国）吴县志》卷五十，民国二十二年（1933）苏州文新公司铅印本，第 18a 页。
[6]（清）谢元庆辑：《良方集腋》，光绪八年（1882）苏州谢氏望炊楼刻本，扉页。

刻字费用又分为诸多类别，这涉及刻字的技术含量。根据字体的大小，刻字可以分为刻大字、刻中字、刻小字，三种的价格也不一样。其中，大字、小字在书籍中使用得较少，最多的还是中字。当然，按照习惯，大字有的时候指的是中字。一般来说，字体越大，刻字价格也就越高。

关于每类字体的价格，乾隆年间的《王氏家谱》记载，"三月十一日，往穆大展店，用白木板刻宋字，讲价中字每百八分，小字每百六分，抄写样稿毕，送阅勘正，然后付梓"[1]。也就是说，中字每字 0.8 文，小字每字 0.6 文，平均每字 0.7 文。这个价格代表了乾隆年间刻字的一般价格。

在计算价格的时候，是按照不同类型字体进行计算的，但史料中有时是合并记载的。道光年间刊刻的《王氏家谱》记载了两次修谱刊刻的费用情况，第一次是"刻工字数价值"，第二次则包括"刻字数"等费用。这两次刊刻家谱的费用以第二次的记载最为详细。从刻字的价格来看，两次的价格都是每百字 70 文，平均每字 0.7 文。这是大字和小字平均下来的费用，与乾隆年间的刻字价格一致，可见乾隆到道光年间的刻字价格比较稳定。

刻字费用在同治年间发生了改变。根据冯桂芬的记载，他所处的同治年间，刻字的价格是"每字约一文半"[2]。这比乾隆年间刻字的价格翻了一番。但由于可以讲价，不同地区、不同时期、不同刻字店的费用都会有所不同。通常所说的刻字价格指的是白板的价格。再来对照光绪年间不同时期的刻字费用：光绪五年（1879）常熟刻经处刻本《佛说无量寿经》卷上末有"《佛说无量寿经》卷上计字捌千柒百伍拾叁个，折足卡钱拾贰千玖百玖拾玖文"[3]字样。卷下末有"《佛说无量寿经》卷下计字玖千肆百叁拾壹个，折足卡钱拾肆千零伍文"[4]字样。刻字价格为平均每字 1.48 文。光绪五年（1879）姑苏刻经处刊刻的《法华文句记》，卷末有"钱唐福缘莲社许灵虚施钱一千二十六千八百六十二文，敬刊此《法华文句记》，连

---

[1]（清）王仲鎏、王仲鉴纂修：《王氏家谱》卷末"纪略"，道光六年（1826）刻本，第 14a 页。
[2]（清）冯桂芬撰：《显志堂稿》卷十二《袁胥台父子家书跋》，光绪二年（1876）冯氏校邠庐刻本，第 21b 页。
[3]（三国）释康僧铠译：《佛说无量寿经》卷上，光绪五年（1879）常熟刻经处刻本，第 23b 页。
[4]（三国）释康僧铠译：《佛说无量寿经》卷下，光绪五年（1879）常熟刻经处刻本，第 24b 页。

圈计字六十四万一千七百八十六个"[1]字样。平均每字的价格是1.6文。光绪八年（1882）刊刻的《吴氏支谱》，刻字价格为平均每字1.6文。光绪八年（1882）刊刻的《良方集腋》，刻字价格为每字1.7文。光绪十六年（1890）刊刻的《陈氏世谱》，刻字价格为每字1.8文。光绪二十五年（1899），苏州的咏霓社刊刻的《径中径又径征义》中有关刻书的经济史资料记载："序四篇目录一页，加算又三圈作一，共合四万三百三十字，计钱六十四千五百二十八文。"[2]刻字价格为平均每字1.6文。光绪三十二年（1906）刊刻的《国朝三邑诸生谱》刻字82 060个，费用计钱123 090文，平均每字1.5文。上述刻字的平均每字价格为1.48文、1.6文、1.6文、1.7文、1.8文、1.6文、1.5文，可见同治、光绪年间的刻字价格远高于乾隆年间，从清代中期到清末，苏州的刻字价格呈现出增长的趋势。光绪八年（1882）的三个刻书价格也基本一致，差距为0.1文；同样是藏稜斋刊刻的书籍，《径中径又径征义》的刻字价格是平均每字1.6文，而谢氏望炊楼刻字的价格则到了1.7文，较之略高0.1文。而且，这一时期吴县、长洲等地刻字的价格比上海地区要低一些，常熟刻字的价格则要比吴县、长洲等地略低一些。

  影响刻字价格的因素主要是刻字难度。除了大小字价格的区别外，板片的材质也会影响价格。根据光绪八年（1882）俞樾的信札，"弟处有熟识之刻工陶升甫，人甚妥当。弟之各书，皆其所刻，大约刻白板则每百字不过一百六十文，刻梨版则每百字须二百文，似较上海刻资稍廉"[3]。可见由于板片材质的不同，刻字费用也有区别，其价格是每字1.6文（白板）或2文（梨板）。

  另外，影响刻字价格的还有刻字的类型，包括封面、插图、字体、刻圈等。一是封面的价格。《松陵陆氏宗谱》刻谱面签小印子，计300文；《吴氏支谱》刻封面方签，计1 400文；《诸家宗派》刻封面题签、挂线图一页，计500文。封面的内容不同，价格自然也不同。二是插图的价格。家

---

[1]（明）释湛然撰：《法华文句记》卷三十，光绪七年（1881）姑苏刻经处刻本，第55b页。
[2]（清）张师诚辑，（清）徐槐廷征义：《径中径又径征义》卷末"功德人名"，光绪二十五年（1899）苏州咏霓社刻本，第1b页。
[3]（清）俞樾著，张燕婴整理：《俞樾函札辑证》（上）"致北方蒙"，凤凰出版社2014年版，第6页。

谱中一般有不少墓图。《王氏家谱》的墓图，每图350文；《陈氏世谱》刻墓图62幅，英洋40元，每图约64文。从道光年间到光绪年间，刻墓图的价格有明显的降低。三是修补的价格。《王氏家谱》的修补，每工182文；《吴氏支谱》的挖嵌修补，每工240文。修补的价格到了光绪年间有所增加。四是翻刻的价格。道光年间第二次刊刻的《王氏家谱》还增加了一项翻刻的费用，每页200文。五是序、跋等的价格。《良方集腋》内序、跋、目录及中缝所载书名，每字倍算，也就是每字3.4文；《陈氏廿谱》诰敕、目录、新序、新跋、宗支挂线图一字作二字算，也就是每字3.6文；《诸家宗派》刻行书序文，每字2.8文。六是鱼尾的价格，《良方集腋》鱼尾，490个作980字，平均每个鱼尾3.4文。七是刻圈的价格，《诸家宗派》三圈折一字，平均每个圈0.467文。

活字印刷的成本要低于刻书的成本，这可以从光绪三十一年（1905）顾炳寰为《补篱遗稿》写的序言中看出："戚友恐日久稿佚，共谋梓行。苦无巨款，赖殷芝阶（注：殷树森）先生引为己任，付之排印。"[1]可见刊刻需要巨款，而用活字排印的价格要低一些。石印书籍的价格，根据徐兆玮的记载，"钱辑五书来，拟石印六开《常昭赋役全书》五百部，计洋一百二十元，字以杭州《经世报》大小为率"[2]。平均每部的成本为0.24元。

2. 印刷

无论抄写还是刊印，最重要的原材料都是纸、墨。由于墨的用量和价格在史料中记载较少，如《平江盛氏家乘初稿》记载墨屑花费洋13元。这里主要关注纸张。

苏州出版所用的纸张，一般都是清代盛行的竹纸，除此之外也有棉纸。有的抄本所用的纸张是旧纸，如黄丕烈"用旧纸委门仆张泰影摹（注：《孙尚书大全文集》）"[3]。抄本的封面用纸则比较讲究，孙从添《藏书记要》第五则《装订》云："钱遵王述古堂装订，书面用自造五色笺纸，或用洋笺书面，虽装订华美，却未尽善。不若毛斧季汲古阁装订书面

---

[1]（清）姚福均撰：《补篱遗稿》"序"，光绪三十一年（1905）活字本，第1b页。
[2] 徐兆玮著，李向东等标点：《徐兆玮日记》（一），黄山书社2013年版，第15页。
[3]（清）黄丕烈撰，余鸣鸿、占旭东点校：《黄丕烈藏书题跋集》（上），上海古籍出版社2015年版，第481页。

用宋笺、藏经纸、宣德纸、染雅色自制古色纸更佳。""惟毛氏汲古阁用伏天糊裱，厚衬料，压平伏。"[1]可见清代初期钱曾、毛扆等人制作的抄本封面用的都是"五色笺纸""自制古色纸"等比较有特色的纸张。

　　清代苏州的坊刻本在很多情况下会给读者提供多样化的纸张印刷选择，坊刻本的识语等提供了诸多关于清代苏州印刷用纸的信息。康熙十八年（1679）深柳堂刻本《四书大全说约合参正解》的例言中说翻刻此书的"纸张滥恶"[2]。可见有的盗版的坊刻本纸张质量较差。清初汲古阁印书最常用的是毛太纸，"毛氏所用纸，岁从江西特造之，厚者曰毛边，薄者曰毛太，至今犹沿其名不绝"[3]。可见江西是清初苏州重要的印刷纸张供应地。

　　对于嘉庆十六年（1811）黄丕烈士礼居抄本《吴梅村先生诗集笺注》，根据书中纸号印章可知其用的纸张为荆川太史纸。道光年间刊刻的《感应篇直讲》版权页有"每本重纸四十八文"[4]字样，这说明当时印刷所用的是重纸，重纸即重料纸张。同样是道光年间出版的《普济应验良方》，"每本白纸布面制钱一百廿八文，毛太纸皮纸面六十四文"[5]。可见毛太纸的价格是白纸的五折。道光年间出版的《济急丹方》版权页有"竹纸每本五十六文，太史每本七十七文"[6]字样。太史纸的价格较高，印刷同样的书籍，太史纸的价格要比竹纸高21文，可见竹纸的价格是太史纸的七折左右。

　　对于印本用纸而言，朱士嘉的《官书局书目汇编》所统计的同治、光绪年间江苏书局印书用纸基本上涵盖了清代苏州出版用纸的类型，主要包括赛连纸、连史纸、毛边纸、毛太纸、料半纸，而前两种最常见。其中，有的书籍用两种纸张印刷。同治年间毛上珍印刷的《丹桂籍》"用杭连四纸，每部连套计工料钱四百六十文，毛太纸每部连套计工料钱三百六十文"[7]，这说明杭连四纸在当时是质量比较好的纸张，每部要比毛太纸贵

---

[1]（清）孙从添：《藏书记要》，北京燕山出版社2008年版，第103页。
[2]张宝三：《美国芝加哥大学图书馆藏中文古籍善本书志·经部》（下），国家图书馆出版社2020年版，第594页。
[3]张镜寰修，丁祖荫纂：《重修常昭合志》卷二十，民国三十七年（1948）铅印本，第443a页。
[4]（清）佚名撰：《感应篇直讲》，道光二十八年（1848）吴青霞斋刻本，扉页。
[5]（清）德轩氏编：《普济应验良方》，嘉庆五年（1800）金阊绿荫堂印本，扉页。
[6]（清）沈元龙辑：《济急丹方》，道光十九年（1839）刻本，扉页。
[7]（清）佚名编：《丹桂籍》卷首，同治年间毛上珍刻本，第4b页。

100文。《集验良方拔萃》版权页有"棉纸每本八十，竹纸每本七扣"字样[1]，可见竹纸的价格是棉纸的七折。

光绪二十二年（1896）吴县王仁俊籀鄦誃刻本《格致古微》旁有红色印"连史元半，赛连一元。翻刻必究，石印严办"[2]。可见连史纸的价格高于赛连纸。家刻本也会根据纸张定价，如《赵氏家乘》中说："《野古集》近始印订，兹送上连史纸者六部，毛太纸者十部。"[3]

从民国十年（1921）印刷的《编目右台仙馆笔记》版权页可以得知，清末、民国时期苏州书籍印刷用的纸张有两种："连史，价洋壹元陆角；洋纸，价洋壹元贰角"。[4]又如振新书社印刷的《戴南山文钞》《方望溪文钞》版权页上载有振新书社用不同纸张印刷的书籍，分别用连史纸和洋纸印刷的有《戴南山文钞》《方望溪文钞》《王烟客诗文集》《五朝诗学津梁》，而《尤西堂全集》《唐才子诗集》《徐大总统诗集》则用连史纸印刷。从价格来看，用连史纸印刷的价格要高于用洋纸印刷，基本上要高4角或6角。

由上述材料可知，印书识语提供了当时印刷书籍的纸张类型信息，如毛太纸、太史纸、重纸、竹纸、杭连四纸、白纸等，毛太纸是价格相对较低的纸张，杭连四纸、太史纸则是比较高档的纸张。对印刷纸张的区分体现了对成本、质量的考量。清末的唐海平认为："至于纸张，用连史纸成本重而经久，用有光纸则成本轻而不耐久，故印行旧书者多二成连史，八成有光。"[5]用有光纸考虑的主要是降低成本、增加销量；用连史纸是为了提高书籍印刷质量，以便于长久保存。

毛太纸在清代苏州使用得比较普遍，一般有店铺出售。《王氏家谱》卷末的"修谱出钱数"记载有"三十七两八钱，买同德毛太十二块"[6]。"同德"应该是当时苏州的纸号。根据这一记载，一块毛太纸的价格大约在3.1两。《王氏家谱》还记载了每张大纸的价格是0.28两。《松陵陆氏宗

---

[1]（清）恬素氏辑：《集验良方拔萃》，道光二十一年（1841）喜墨斋刻本，扉页。
[2]（清）王仁俊撰：《格致古微》，光绪二十二年（1896）刻本，扉页。
[3] 赵诒琛等辑：《赵氏家乘》卷十"致仲宣二侄书"，民国八年（1919）刻本，第13b页。
[4]（清）俞樾撰：《编目右台仙馆笔记》，民国十年（1921）振新书社印本，扉页。
[5] 徐兆玮著，李向东等标点：《徐兆玮日记》（二），黄山书社2013年版，第1104页。
[6]（清）王仲鏊、王仲鉴纂修：《王氏家谱》卷末"修谱出钱"，道光六年（1826）刻本，第40a页。

谱》记载用添连四纸七刀,洋 3 元,平均每刀 428.5 文。《平原陆氏宗谱》用连史纸、赛连纸 30 件,共洋 125.6 元,平均每件 9.66 元。

关于印工的费用,《王氏家谱》记载印工费用每百页 23 文。有的印刷费用是和纸张价格合算的,《吴氏支谱》印刷样本,工纸洋 3 元;有的印刷费用是与用墨合算的,《吴氏支谱》印刷并墨,每部 1.4 角。关于活字本的摆工,《平原陆氏宗谱》每张 3.3 角。《平原陆氏宗谱》印订面线工料等,共 200 部,每部 6 本,共洋 100 元,平均每本 83.3 文。《国朝三邑诸生谱》印刷 550 部,共用 165 元,平均每部 0.3 元。

《王氏家谱》记载订工费用每本 14 文。《吴氏支谱》装订每部 1.6 角,绢包角;《诸家宗派》印订 120 本,共用 1 000 文,平均每本 8.3 文。又根据俞樾写给戴湘的信札,《全书》共 10 部,"每部一百四十本,外加装钉钱一元,计十元"[1]。但是,后来俞樾在写给丁立诚的信中又说:"又止十部,印工颇不乐从事。兄前年去年均纠印《全书》,每部纸张、刷印、装订八元,今年加入《杂文六编》,而纸价又昂贵,恐须九元方可。然非三十部亦不能开印。"[2] 二者在每部的成本上有所矛盾,其原因在于写给戴湘信中提及的是销售价,而写给丁立诚信中提及的是成本价。如果每部的装订钱是 1 元的话,那么平均每本的装订费用是每本 7 文。随着时间的推移,订工的费用呈现出递减的趋势,清末装订书籍的费用基本上是每本 7 文或 8 文。由此可以进行一些估算,如光绪十一年(1885),"午后,绿润堂书铺友来,付以装书洋一洋五百"[3]。可惜的是,江标并未说明装订书籍的册数。如果按照俞樾所说的装订每本需要 7 文来算的话,江标可能一共装订了约 214 本。

最后,关于印刷的数量,根据《徐兆玮日记》提及的,沈镜明想要印刷王氏板片的数量是百部,而本节表格统计的家谱等文献印刷的数量大致有 80 部、100 部、200 部、550 部。可见较为理想的数量大约在百部。又据俞樾所言,"拙刻《全书》印行之本无存者,即坊间亦告罄,颇有欲购者,总以集资为难,无人刷印。吴下有人拟出六十元印十部,然亦嫌太少,难

---

[1] (清)俞樾著,张燕婴整理:《俞樾函札辑证》(上)"致戴湘",凤凰出版社 2014 年版,第 44 页。
[2] (清)俞樾著,张燕婴整理:《俞樾函札辑证》(上)"致丁立诚",凤凰出版社 2014 年版,第 51 页。
[3] (清)江标著,黄政整理:《江标日记》(上),凤凰出版社 2019 年版,第 143 页。

以开印"[1]。可见印刷数量太少则难以开工。俞樾认为，大型丛书较为理想的印刷数量是至少 30 部。

不同情况下书籍印刷的数量有所差异，雕版可以随时刷印，每次印刷的数量也各不相同。对于有特殊用途的书籍，如方志，有时要印刷一些给官府审阅，如乾隆年间的《昆山新阳合志》"刷印数十本，缴呈当事"[2]。"数十本"并不是很多，一般用于赠送等，或者类似于试印本、征求意见本。

有的书籍在刻成之后会印刷一些样书，用来分送给友朋，如何焯刊刻的举业书，"墨选、房书选俱于今日书成，封面序文皆弟所自写，心绪不宁，久疏临帖，字甚劣也。有房书样本六十部，二十部送老师，十部送二兄，十部送立侯世兄，十部送大山兄，十部送绹兄"[3]。从何焯的记载可知当时举业书印刷的样本数量大约是 60 部。从叶廷琯写给潘馥的信札也可以了解当时书籍的交流情况："《贝子木诗集》顷已刊成，所惜刻资无余，助印甚少，是以刷印不多。今具印本八部送上，奉烦转呈敏翁，另二部谨呈雅鉴。"[4]由此可见，当时叶廷琯刊刻的《贝子木诗集》由于资金短缺，只印刷了少量。有的举业书，如顾氏刊刻的"《可自怡斋试帖》已订成六十部，一百廿本"[5]。

特殊刻本的印刷数量也值得探究。第一类是家谱刻本，一般印刷数量在百部左右。由于家谱的特殊性，为了防止其流入他人之手，印刷的数量可能会根据需要分发的族人数量而定，如乾隆五十八年（1793）刊刻的《洞庭东蔡氏宗谱》卷末记载，"新谱告成，共装三百部。一付本支子姓二百九十四部，一付西蔡支二十二世孙名宏缙字通侯一部，一付德清支二十四世孙名之定字□□一部，一付旸坞支二十三世孙名士毅字乾若一部，一付存湘潭万有号二十五世孙融昌一部，一付存长沙清华斋二十三世孙琰一

---

[1] （清）俞樾著，张燕婴整理：《俞樾函札辑证》（上）"致戴湘"，凤凰出版社 2014 年版，第 43 页。
[2] （清）顾登纂，（清）张予介修：《昆山新阳合志》卷末"修志述"，乾隆十六年（1751）刻本，第 2a 页。
[3] （清）何焯撰：《义门先生集》卷五《与友人书》，道光三十年（1850）姑苏刻本，第 8a 页。
[4] 苏州市档案馆编：《贵潘友朋信札》第一卷，古吴轩出版社 2020 年版，第 126 页。
[5] （清）顾承著，苏州市档案局（馆）、苏州市过云楼文化研究会编：《顾承信札》，文汇出版社 2018 年版，第 200 页。

部，一付存公祭账箱一部"[1]。这对家谱的流向进行了明确的记载。

活字本家谱的印刷数量较少。根据道光八年（1828）排印的《洞庭煦巷徐氏宗谱》卷四"领谱字号"，"仁字号共镌二十三部"，"义字号共镌三十二部"，一共印刷了五十五部。[2]光绪二十三年（1897）活字本《砂山王氏宗谱》"凡例"云："议用集珍板刷印，共订六十五部。给发各支，图书为记，以杜私授。工料每部若干，议定不二。"[3]可见活字本家谱的印刷数量一般不会超过百部。其他活字本印刷的数量，如乾隆五十八年（1793）周氏易安书屋活字印本《甫里逸诗》"印一百部，五十分送四方，五十待售"[4]。此外，冯桂芬用活字排印了五百部《通隐堂集》。[5]

第二类是善书、医书。清代存在捐资印刷书籍的行为，一般为个人少量印刷的模式。比较典型的如道光二十一年（1841）刻本《集验良方拔萃》的卷末刻有印刷者的姓名和印刷数量："湖州府归安县双林镇，八十本；孙恬安，十五本；孙云樵，二十本；无名氏，十本；晓堂书屋，六十四本；无名氏，七十本；吕聚兴号，五十本；曹香圃，四十本。"[6]由此可见，这部书的影响力到达了周边地区，个人和书坊都有印刷，数量最多不超过一百本。

又如，道光年间扫叶山房出版的《感应篇直讲》版权页有"道光辛丑（二十一年，1841）秋月吴郡第四刻，板存苏州象贤堂，每本纸费工价钱叁拾柒文""晋省忻州西张村禄寿堂敬送"字样。又有一部卷末印有"晋阳谷邑豫庆堂、三槐堂、衍庆堂敬送壹千五百部"。[7]可见苏州书籍传播到了山西地区，而且印刷数量达到了1 500部之多。

道光二十九年（1849）甘朝士刻本《胎产心法》卷末附有印刷者的姓名："江苏按经厅李慈寿印送二十部，江苏按司厅陈惟和印送二十部，苏州

---

[1]（清）蔡森等辑：《洞庭东蔡氏宗谱》"编号备查"，乾隆五十八年（1793）刻本，第7b页。
[2]（清）徐源济纂修：《洞庭煦巷徐氏宗谱》卷四"领谱字号"，道光八年（1828）木活字印本，第66a、68a页。
[3]（清）王玉台修：《砂山王氏宗谱》卷一，光绪二十三年（1897）活字本，第5a页。
[4]（清）周秉鉴辑：《甫里逸诗》卷首"甫里逸诗上卷姓氏目录"，乾隆五十八年（1793）周氏易安书屋活字印本，第1b页。
[5]（清）冯桂芬撰：《显志堂稿》卷二《梵隐堂诗存序》，光绪二年（1876）冯氏校邠庐刻本，第5a页。
[6]（清）恬素氏辑：《集验良方拔萃》，道光二十一年（1841）刻本，卷末。
[7]（清）佚名撰：《感应篇直讲》，道光二十一年（1841）刻本，扉页、卷末。

府照厅胡容本印送二十部，长洲县捕厅郑兴堂印送二十部，长洲县右堂郭继贤印送二十部，元和县捕厅梁元辰印送二十部，吴县水利厅沈炳印送二十部，吴县捕厅屠衡印送二十部，长洲县粮厅张庆荣印送二十部……唐晓峰男春波、孙有余印送十部祁保家门吉庆，庄庆仁保母延年益寿印送十部，家门吉庆。"[1]甘朝士局靠近按察司，会和当时的官府人员打交道。印送者基本是当时苏州的各级官府人员，印送的数量以20部居多，同时也有出于祈保家门吉庆、延年益寿的目的而印送的。

同治年间刊刻的《丹桂籍》的板片是存放在毛上珍刻字铺内的，我们通过现存的版本记录可以看到印刷记录："同治九年（1870）七月，无名氏敬送五十部；同治九年（1870）秋月，欧阳积福又敬送五十部……同治十年（1871）七月，无名氏敬送一百部；同治十二年（1873）七月，六一氏敬送四百部；光绪二年（1876）七月，六一氏敬送二百部，众善士敬送一百部。"[2]通过这份印刷记录，我们可以看到这部书的印刷时间从同治九年（1870）持续到了光绪二年（1876），至于之后有没有人再印刷就无从得知了。这部书应该就是光绪二年（1876）印刷的书籍中的其中一部，每次印刷都在上面留下印刷者和印刷的部数，这种类似"光荣榜"的做法，不仅可以表彰印刷者，还能激励后来者不断印刷。另一部同治六年（1867）刊刻于常熟的《丹桂籍》，卷首也有"印送芳名"字样，印刷者基本上都是常熟当地的，也有徽州、满洲的，有的仅有室名或别称，印刷的数量在4—50部。

光绪十二年（1886），玛瑙经房刊刻的《地藏菩萨本愿经》卷末有捐资助刊信徒的名字："共印《地藏菩萨本愿经》百二十部，各愿过去先灵往生净土，现在眷属福慧庄严。"[3]光绪年间刊刻的《重刻劲节楼图记》卷末有"印送姓氏"："是书蒙陈绥甫公祖助资重刻，工既竣，愧乏力印送。……如诸君子不弃寒微，玉成其美，无论多寡，助资刷印，俾得广为传播，以垂久远。""板存苏城平江路安节局家子春族弟处，每部工料洋八

---

[1]（清）阎纯玺撰：《胎产心法》卷末"姓氏"，道光二十九年（1849）甘朝士刻本，第1a-2a页。
[2]（清）佚名编：《丹桂籍》卷末"姓氏"，同治年间毛上珍刻本，第95b页。
[3]（唐）释实叉难陀译：《地藏菩萨本愿经》，光绪十二年（1886）玛瑙经房刻本，卷末。

分,倘茲印百部,可得壹百拾部。"[1]其所列举的印刷信息见表6.10。

表6.10 《重刻劲节楼图记》印刷信息表

地域	印刷者	印刷数量/部
吴县	鲍遵祥	110
	陈荫棠、叶子晋	27
海昌	陈炳泰	110
长洲	徐宗德	110
	徐德原	83
	潘钟瑞	27
山阴	王维新	27
	谢恩爵	27
	邵竹君、王友琴	27
仁和	许豫斋	110
	许爵廷、孙载之	27
	方蘅夫、魏毕仲、樊梦龄	40
	许慎斋、戴仲勋	13
	戴少岩	27
江阴	江阴盐局	27
不确定地点	勤馀氏	27
	司叔弼、王醴泉、王极庵、陆莲叔	56
	不书名	27
钱塘、婺源	钱塘诸西樵、婺源董少仙	27
江宁、大兴	江宁袁锦棠、大兴胡莘农	27
黔南、桐乡	黔南谭理堂、桐乡蔡莲甫	27

通过表6.10可知,印刷百部的可得110部,捐资印刷者主要来自吴县、长洲、海昌、山阴、仁和等地,共印刷983部,其中以印刷27部的为多。

铅印本和石印本的印刷数量较活字本要多一些。清末毛上珍铅印的《元宰必读书》,"徽州程善基祈病愈,敬送贰佰本"[2]。而之前提及的石

---

[1] (清)徐德原辑:《重刻劲节楼图记》卷末"印送姓氏",光绪十年(1884)枫江徐氏刻本,第1a-1b页。
[2] (清)彭定求撰:《元宰必读书》,清末苏城临顿路毛上珍排印本,卷末。

印本《常昭赋役全书》印刷了500部，数量也不少。

对于善书而言，捐资印刷的部数有其特殊的含义，同治年间刊刻的《金刚经旁解》卷末对此有所揭示："此系公举乐施善事，各出本心，倘有从中阴隐射利，或私取分文者，则功德反成罪业矣，戒之。十部为一愿，一百部为一大愿。""经版原以济世，非以牟利，经手印卖者沾利，已属不少，宜出天良，自后不得再增毫厘。"[1]光绪十三年（1887）姑苏刻经处刊刻的《佛说长阿含经》和其他宗教类书籍一样，也有着特殊的意义。关于这一点，光绪九年（1883）紫清道人的跋语里说得比较详细："刊板既竣，装订全备，先以十部缴呈金阙，焚送大殿，颁布三曹，印送此经者以百部，准消免一家之劫害，印送二十部，可免本身之劫，信受奉行，亦消免一身之劫，印送五百部，可消一方之灾，务在虔敬，遵行勿怠。"[2]因此，我们可以看到，善书印刷的部数一般是10的倍数，并且这些善书不能用来贩售，而其他的书籍则没有这种讲究。同治年间常熟刻本《身世金丹》则提供了更多关于印刷数量的信息："前板自道光己亥（十九年，1839）起至咸丰辛亥（元年，1851），共印过壹万贰千余本。后咸丰二年（1825）重刻板，至十年分止，共印过贰千五百余本。"[3]这里统计的是总共的印刷数量，可见善书板片印刷的数量较多，可达12 000多本。

3. 其他费用

抄写是抄本出版和印本出版中都有的环节，抄工与写工的价格有所区别，但都是按字计酬。翁同龢在信札中曾表示："钞胥已付头本，可即撤回。但既有成言，不可中止，当另以他种书抵之。如已讫手，钱可计现钞字数算。"[4]无论是抄写者还是雇佣者，都需要计算字统计，对于有的书籍而言，不太可能去逐字统计，应该会根据行格进行大致测算。

乾隆年间的抄书价格可以通过一次特殊的抄书活动得知，"今乙丑（嘉庆十年，1765）冬，香严令钞胥别写清本，以此为笔资，易余四金去，持

---

[1]（清）汤荦召辑注：《金刚经旁解》，同治十三年（1874）刻本，卷末。
[2]（姚秦）竺佛念译：《佛说长阿含经》，光绪十三年（1887）姑苏刻经处刻本，卷末。
[3]（清）杨奎辑：《身世金丹》，同治年间常熟刻本，第77b页。
[4]（清）翁同龢著，赵平整理：《翁同龢家书诠释》"致翁之缮"，凤凰出版社2017年版，第283页。

赠钞手"[1]。周锡瓒令抄工抄写《舆地广记》三十卷，而后向黄丕烈要得四两，支付给抄工，抄本也归黄丕烈所有。此书大约有367页，按照每半页13行24字来计算，平均每百字的费用约为1.74文。又如嘉庆十六年（1811）黄氏士礼居抄本《吴梅村先生诗集笺注》封面有"通计五册，共四百九十六叶，纸价四百文，钞资四千文"[2]字样。平均每页的纸张价格为0.8文，按照每半页10行21字计算，每百字需要1.92文。由于实际的字数少于计算的字数，故而每百字的价格可能要稍高一些，在2文左右。这也是乾隆、嘉庆年间苏州抄书的大致价格。嘉庆十七年（1812），顾千里借平津馆藏本《淮南天文训补注》二卷抄写，"费白金一两"[3]。按照半页10行21字计算，每百字需要1.45文。

影抄的价格在抄书中是最高的。乾隆、嘉庆年间，顾千里影抄《淮南鸿烈解》二十一卷花费了"四十金"[4]。按照此书340 000字来计算，每百字需要11.76文。这应该是乾隆、嘉庆年间影抄书籍比较确切的价格了。孙原湘有诗云："尧翁见书重故人，裹以缥缃弄珍橐。影钞已费蚓与蛇，元椠何嫌凫续凫。"[5]影抄能够最大限度地对书籍进行复制，但因其技艺的复杂和成本的高昂，在当时的抄写数量并不是很多。即使是像陈揆这样的藏书家，其收藏的影抄本也一共只有23种。这当然也与需要影抄的宋元本数量有关。

对于光绪年间苏州抄工的价格，如光绪十四年（1888），潘钟瑞"返馆，校谢刻字店送来写样。李厚甫来，属钞件皆竣，计字数一万二千，赠以润笔五百文"[6]。每百字大约4文。又根据《翁同龢日记》，"钞胥写《海角遗编》二卷，酬二元，字多讹"[7]。巧合的是，到了宣统年间，丁

---

[1]（清）黄丕烈撰，余鸣鸿、占旭东点校：《黄丕烈藏书题跋集》（上），上海古籍出版社2015年版，第105页。

[2]（清）吴伟业撰，（清）程穆衡笺注：《吴梅村先生诗集笺注》，嘉庆十六年（1811）黄氏士礼居抄本（国图），封面。

[3] 傅增湘撰：《藏园群书经眼录》（三），中华书局2009年版，第557页。

[4] 傅增湘撰：《藏园群书经眼录》（三），中华书局2009年版，第554页。

[5]（清）孙原湘撰：《天真阁集》卷二九，嘉庆五年（1800）刻增修本，第7a页。

[6]（清）潘钟瑞撰，尧育飞整理：《潘钟瑞日记》（下），凤凰出版社2019年版，第553页。

[7]（清）翁同龢著，翁万戈编：《翁同龢日记》（第七卷），中西书局2012年版，第3303页。"《海角遗编》收到，今付去四元，以二元酬刻手，二元酬钞胥也。钞胥不识行书，又文理颇逊，故开卷谬误满纸，当细校耳。"[（清）翁同龢著，赵平整理：《翁同龢家书诠释》"致翁之缮"，凤凰出版社2017年版，第275页。]

祖荫在写给徐兆玮的信里说:"《七峰遗编》已抄竣,计四万字。润笔两元已付去矣。"[1]可见光绪年间与宣统年间两次抄写此书的价格一致,都是每百字5文。

刻本中关于抄写费用的记录较少,活字本中有所提及,其中《平江盛氏家乘初稿》的湖滨自抄支谱纸笔费,洋3元,钱1 200文;《平原陆氏宗谱》抄写谱稿,笔资洋14.8元,共有529张。由于前者包含了纸笔,相比而言,后者更有参照意义,平均抄写每页需要27.97文,而每页按照22行26字来计算,大约有572字,每抄写百字大约需要4.89文。这是光绪三十二年(1906)的抄写价格。

通过上述分析可知,乾隆、嘉庆年间苏州抄书的价格在每百字2文左右,光绪、宣统年间苏州抄书的价格在每百字4—5文。从清代中期到清末,苏州的抄书价格呈现出一定的增长趋势。

板片交易也会产生费用。板片交易费用主要包括购买或租赁板片所产生的费用。购买板片的费用基本上是参照刊刻的总价来确定的。同治十一年(1872)冬钱塘吴宗麟补刻《说文解字注》的识语云:"是版之半本苏州金氏物,客岁先公以三百缗得之。"[2]《说文解字注》大约有880页,按照双面刻板,约有440块板片。按照220块板片的价格是200 000文计算,平均每块909文。根据姚觐元的记载:"《金史详校》版片,刻价二百五十金,欲以二百金售去而无受主,余则因自己书版已多,刷印不易,故不敢留。"[3]可见板片有时会降价出售,但是由于市场狭小,购买者较少。《金史详校》约有762页,双面刻的话有381块,按照总价250两计算,平均每块656文;按照售价200两计算,每块524文,比同治年间的价格略低。租赁板片的费用也同样参照刻书总价来提成确定。宣统二年(1910),徐兆玮与王南来函云:"沈镜明欲向尊藏《柳南诗文钞》及《海虞诗苑》二种各印百部,板价提一成,希示复。前闻人言,《柳南随笔》旧板在盛族某人家,确否?"[4]这里的板价正是租赁板片所产生的费用。王南来复函云:"板价一成与先严作主时不合,去年曾讲二成,先严必欲三成,故缓至

---

[1] 徐兆玮著,李向东等标点:《徐兆玮日记》(二),黄山书社2013年版,第1100页。
[2] (清)段玉裁撰:《说文解字注》"序二",同治六年(1867)苏州保息局刻本,第1a页。
[3] (清)姚觐元著,董婧宸、董岑仕整理:《姚觐元日记》,凤凰出版社2022年版,第366页。
[4] 徐兆玮著,李向东等标点:《徐兆玮日记》(二),黄山书社2013年版,第1109页。

如今。刻下未识能二成否?《随续笔》板毁之久矣,钞本家藏尚有。"[1]可见沈镜明出的板价是一成,而王氏要求的板价是二成。

雕版完成后的,板片还需要专门的木架来存放。根据翁同龢写给翁曾荣的家书,"置书板之木架托士吉在书局做最妙。每一架五百文,约费十千耳。谱百余叶,诗四百余叶,两面刻约三百块板。每架可置廿余板"[2]。可见当时的书局便可制作这种木架。根据翁同龢提供的信息,这种木架每个可以存放20多块板片,每个木架的价格为500文。而根据上述家谱成本的统计,《吴氏支谱》的两座五层板架需要洋5元,平均每座也是500文。而《陈氏世谱》的两座杉木板架则需要7.2元,平均每座350文,其价格低于500文可能与板架的材质和层数有关。此外,涉及木材的还有夹板,《吴氏支谱》所用的银杏夹板并带,每副1.5角;《陈氏世谱》所用的银杏全清夹板并黄扁带,每副126文。当时清代苏州的刻书业对各类木材的消耗较大,这在一定程度上促进了木材的销售。

另外,还有布套的制作。《王氏家谱》有布套2个,计钱200文,平均每个100文;《松陵陆氏宗谱》装订谱套三部,后添一部,共计四部,计足钱1 200文,平均每部300文;《陈氏世谱》在夹板外另加青布袋,每个工料钱80文。

刻书过程中还会产生其他费用。以方志的纂修、刊刻为例,乾隆年间刻本《昆山新阳合志》列举了"编纂、书籍、设局、董事、经费"等事项,其中"经费"包括"纸张饭食、丹铅膏火,以至剞劂刷印"[3],所有这些都构成了刻书的成本。《平江盛氏家乘初稿》的费用还包括开局完工折席三大吉、散谱花红喜钱,另有刻匠茶叶、烟油、茶水、火纸、信力等项,共计钱37 576文。《吴氏支谱》的刻工饭食,开工和散工的时候都要提供,总共花费洋14元。《平原陆氏宗谱》总酬洋10元。《国朝三邑诸生谱》分送公启、邮赀信力、轿役工食杂用,约共7元。又如李超琼在苏州排印族谱,"是日用活字板摆印族谱,匠人来开工,仅用龙板印喜条四张而去。喜席则

---

[1] 与沈镜明,"柳南著述板价须二成,望从速定见"。[徐兆玮著,李向东等标点:《徐兆玮日记》(二),黄山书社2013年版,第1109页。]
[2] (清)翁同龢著,赵平整理:《翁同龢家书诠释》"致翁曾荣",凤凰出版社2017年版,第75页。
[3] (清)顾登纂,(清)张予介修:《(乾隆)昆山新阳合志》卷首"议",乾隆六十年(1795)刻本,第2a-2b页。

折给两桌焉"[1]。可见当时也需要提供刻工饭食。这类杂费根据情况而有所区别。

4. 刻书总价的分析

刊印的经济问题主要是指刊刻、印刷、装订及板片交易产生的资金流动。关于刻书总价，翁同龢在写给翁曾荣的家书中说："亦须寻一善算者抽算数字，抽一卷算之，并将原开刻价全数算之方可付给。书不完，总不可先付也。"[2]刻书之前，刻工会将费用计算好并报给刊刻者，其中，最主要的费用还是刊刻的字数。翁同龢认为应该将全书刻完之后再交付全部的费用。俞樾也在写给北方蒙的信札里说："刻资已属刻工开具清账，每卷字数亦分别开载。"[3]可见刊刻之前开具账目清单是当时通行的做法，清单中还包括了每卷的字数。

而潘钟瑞则采用了按件计酬的方式，与之合作最为密切的是谢文翰斋。光绪十五年（1889），"谢文翰来，《金石跋尾》新刻及去年刻者，共得五十七页，付与刻资而去"[4]。《金石跋尾》不止57页，说明潘钟瑞是分期支付刻资的。这与潘钟瑞在光绪年间的经济状况有关，其拖欠谢济雍不少刻资，尤其是在光绪十年（1884）时，潘钟瑞可谓陷入了债务危机，根据潘钟瑞的日记，"傍晚，得江西伟兄信，惠余英蚨拾陆。适谢济雍索刻书价，絮聒不已，即以付之，然所欠尚多"[5]。"谢济荣之镌字、乐德林之印订，两边书债交迫而来。"[6]潘氏刻书所拖欠的费用，主要有谢文翰的刊刻费和乐德林的印订费。

关于出版的总费用，有的书籍版本或史料提供了大致的来源情况。对于康熙二十五年（1686）《苏州织造局志》的刊刻，"孙子以其书献之抚宪大中丞汤公鉴定，织造祁公捐赀，以佐剞劂，刊为全书"[7]。资金源于俸

---

[1]（清）李超琼著：《李超琼日记：元和—阳湖—元和》（上），江苏人民出版社2012年版，第244页。
[2]（清）翁同龢著，赵平整理：《翁同龢家书诠释》"致翁曾荣"，凤凰出版社2017年版，第75页。
[3]（清）俞樾著，张燕婴整理：《俞樾函札辑证》（上）"致北方蒙"，凤凰出版社2014年版，第11页。
[4]（清）潘钟瑞，尧育飞整理：《潘钟瑞日记》（下），凤凰出版社2019年版，第575页。
[5]（清）潘钟瑞著，尧育飞整理：《潘钟瑞日记》（上），凤凰出版社2019年版，第189页。
[6]（清）潘钟瑞著，尧育飞整理：《潘钟瑞日记》（上），凤凰出版社2019年版，第190页。
[7]（清）孙珮辑：《苏州织造局志》卷首"序"，康熙二十五年（1686）刻本，第6b页。

禄。可惜的是，相关史料没有说明具体捐助了多少。关于方志刻书资金的来源，级别越高的行政单位出版的方志，官府出资的可能性越大，而那些镇志之类的，其情况就比较复杂。光绪八年（1882）出版《周庄镇志》，并非由官府出资，而是使用了募集的捐款。根据光绪八年（1882）陶煦在"凡例"中所说："适前年筹助豫赈，镇中举行茶捐，继复移助晋赈、直赈，赈事竣，因请于钱太守卿銶，以此款为刊刻镇志及他善举之用，俟敷用即议撤，太守许之，遂于庚辰（光绪六年，1880）冬杪付梓。"[1]资金虽然源于捐款，但是要经过官方的许可。刊刻者也会向官员募集资金，如宋宾王曾想刊刻《许氏说文解字六书论正》，写信给在直藩任职的沈桂轩说"得三百金即可包刊行世"[2]。这部书共有24卷，平均每卷的成本在12.5两。

即使是为友朋刻书，对刻书成本也会有所考虑。正如何焯在书信中所说的："揖翠刻书之事，昨罗山行已布其略于汉瞻兄，若底稿校勘费心，则愚与少章尚恐力不能给，如张汉瞻、沈召臣之属，尚须邀一二人入局，供给修脯，亦必稍优于囗。但对刻样、写样字画之人，今不敢预露，且俟底稿发下，然后定局。太费则非所以体贴朋友，太省又难于集事也。"[3]可见刻书的成本太高会使出版者产生顾虑，成本太低又难以完成刊刻。

乾隆年间，昭文知县康基田"割俸五十两开雕院课"[4]，这里的"院刻"指的是正修书院的课艺。乾隆十二年（1747）刊刻《吴江县志》"约费千余金，赖诸绅士量力共襄，余亦分俸以助，而不觉有感于心也"[5]。可见由于县志的内容较多，所需要的刊刻费用也相应增加，其费用主要来自吴江士绅的捐资。《吴江县志》共58卷，如果按照花费1 000两计算，平均每卷的成本在17.24两。乾隆五十七年（1792）《虎阜志》的刊刻曾得到周凤岐的捐助："延请顾太学禄百先生编纂成书，俾与前代诸志并传焉。予承

---

[1]（清）陶煦纂：《周庄镇志》卷首"凡例"，光绪八年（1882）元和陶氏仪一堂刻本，第4a页。
[2] 陈先行、郭立暄编著：《上海图书馆善本题跋辑录》（上），上海辞书出版社2017年版，第74页。
[3]（清）何焯撰：《义门先生集》卷三《与徐亮直》，道光三十年（1850）姑苏刻本，第13b页。
[4]（清）顾镇编辑：《（乾隆）支溪小志》卷二，乾隆五十三年（1788）刻本，第3a页。
[5]（清）丁元正修，（清）倪师孟、沈彤纂：《（乾隆）吴江县志》卷首《修吴江县志序》，乾隆十二年（1747）刻本，第1b页。

乏此邑，既割俸以助剞劂，复述其缘起以告同人。乾隆丁亥（三十二年，1767）二月永嘉周凤岐书。"[1]有的资金则是源于当地的学者，如乾隆六十年（1795）刻本《长元节孝祠志》，"爰次第其未成之书，付诸剞劂氏，其刻资俱潘君念熙任之。煦惟敬述先君子之言及所闻于汪君大绅者序之，亦以传信也"[2]。

再看道光年间《吴门公祠崇祀先贤姓氏录》中关于刻书费用的记录：

> 一付刻字一万玖千柒伯零，序一道，又付重刻字壹千玖伯零，改写十九页，挖籤四工。第三次重刻改刻字叁千肆伯零，序一道，挖籤七工，及酬抄录，共足钱贰拾伍千玖伯陆拾文。[3]

这里关于刻书费用的记载比较模糊，仅记载了总费用，但其提供的每部的工料价格颇具参考价值，按照现存的《吴门公祠崇祀先贤姓氏录》，全书共计101页，平均每页的刊刻成本是257文。按照每部售价100文，平均每页的价格将近0.9文。

同治四年（1865），潘氏家族重新刊刻家谱，"伟如捐刻谱费烟台平银三百两。此项列收甲子（同治三年，1864）、乙丑（同治四年，1865）收支总册，易洋四百二十七元。谱板毁于庚申之乱，同治丁卯（六年，1867）、戊辰（七年，1868）、己巳（八年，1869）至庚午（九年，1870），计历四年，全行重刻，计板价、刻工共用洋九百七十六元，又钱一千二百七十四文"[4]。这里记载了刊刻家谱用时及板价、刻工费用。同治年间刊刻的《归氏世谱》载："右板计刻工经费柒百千文，每部刷印纸张装潢核价贰千文。"[5]《归氏世谱》共有20卷，平均每卷需要35元。由于700元包括全部的刊刻经费，故而每卷的价格较高。同治年间刻本《丹桂籍》卷末有"捐刻各衔（并印送贰百部）"："欧阳积福，捐银捌拾两；梁庆猷、张荣桃、钟盈樊、叶达松，以上各捐银拾两；熊光明、涂有桂、陈时若、吴拔

---

[1] （清）陆肇域，（清）任兆麟编纂：《虎阜志》卷十"旧序"，乾隆五十七年（1792）西溪别墅刻本，第50a页。
[2] （清）汪缙辑：《长元节孝祠志》卷首《长元节孝祠志序》，乾隆六十年（1795）刻本，第4b-5a页。
[3] （清）顾元恺等辑：《吴门公祠崇祀先贤姓氏录》，道光年间刻本，第94b页。
[4] （清）潘志晖等纂修：《大阜潘氏支谱附编》卷一"义庄纪事"，民国十六年（1927）铅印本，第12a页。
[5] （清）归令望纂修：《归氏世谱》，同治八年（1869）刻光绪十四年（1888）增刻本，卷末。

先、张献交、谭安定、滕玖琳、张全胜,以上各捐银伍两;王有明,捐银肆两。"[1]总共捐银156两。《丹桂籍》共有12卷,平均每卷需要13两。当然,其中还包括了印刷200部的费用。

光绪年间,俞樾在写给北方蒙的信中说:"弟约计此书刻成,约略须七八百元光景。"[2]如果按照《东瀛诗选》正编四十卷、《补遗》四卷来计算,平均每卷所需要的费用在15.9—18.18元。根据俞樾在其他信札中透露的刻资情况,如"今年又刻《曲园杂纂》五十卷……同乡中退楼、筱舫诸公各助刻三卷,每卷以六洋为率""弟今年新刻《游艺录》六卷,刻资越卅六英洋,而见在又于马医巷西头筑屋三十楹"[3],每卷的价格是5元或6元。又如"拙著《诸子平议》在吴市开雕……然每卷刻资止须洋蚨八枚"[4],可见每卷需要8元。再如"近来又成《茶香室三钞》三十卷……而朴计非洋蚨三百不能集事"[5]。平均每卷需要10元。俞樾在写给丁日昌的信札中说,《金石萃编》"版见在上海道署","阁下何不移置书局中,觅初印善本,将所缺叶翻刻补全,计其费不及二百千"。[6]可见补全所缺的书板大约需要200元。又根据徐兆玮的记载,光绪二十九年(1903)"《茝桂题襟集》已刻成,即寄陆枝珊校雠,并嘱其付刊工洋拾元,交学福堂转致"[7]。可见学福堂与刻工联系密切。《茝桂题襟集》共2卷,平均每卷的费用为5元。光绪年间刊刻书籍,每卷的费用是5元或6元。

再看光绪年间玛瑙经房刻书的价格。光绪十二年(1886),玛瑙经房刊刻了《地藏菩萨本愿经》二卷,"尼圆明、周钧甫各助洋一元,贞女陈同德助洋三元,刘周氏助洋六元,丁陆氏、陆张氏、嵇冯氏、周贺氏、张倪氏

---

[1](清)佚名编:《丹桂籍》卷末"捐刻各衔",同治年间毛上珍刻本,第95a-95b页。
[2](清)俞樾著,张燕婴整理:《俞樾函札辑证》(上)"致北方蒙",凤凰出版社2014年版,第10页。
[3](清)俞樾著,张燕婴整理:《俞樾函札辑证》(上)"致陈方瀛",凤凰出版社2014年版,第15页。
[4](清)俞樾著,张燕婴整理:《俞樾函札辑证》(上)"致陆心源",凤凰出版社2014年版,第202页。
[5](清)俞樾著,张燕婴整理:《俞樾函札辑证》(上)"致陆心源",凤凰出版社2014年版,第202页。
[6](清)俞樾著,张燕婴整理:《俞樾函札辑证》(上)"致丁日昌",凤凰出版社2014年版,第57页。
[7]徐兆玮著,李向东等标点:《徐兆玮日记》(一),黄山书社2013年版,第425页。

各助洋一元"[1]。共捐刻资 16 元，平均每卷需要刻资 8 元。当然，这是在 16 元全部用于刊刻的情况下。光绪二十五年（1899）玛瑙经房重刻的《妙法莲华经》附录有"刊印姓氏"："奉佛信女嘉贞创施银洋伍拾圆以此回向求生极乐世界，晚翠居士施银洋壹拾圆，逸休居士施银洋壹拾圆，德薰女史施银洋贰拾圆，香庄女史施银洋壹拾圆，信女妙通施银洋贰角，栖忍居士施银洋壹圆，希安居士施银洋玖拾捌圆捌角。共收洋贰百圆，计刻资连印壹百贰拾部，共付洋贰百圆。"[2]平均每卷 28.57 元。由于 200 元中包括了印刷费用，故而每卷的刊刻价格应该低于 28.57 元。

光绪二十五年（1899）苏州上艺斋出版的《未园集略》卷末有"未园集略捐货助刊姓名录""共计银币捌百肆拾圆"[3]字样。这笔费用可能包括了刊刻、印刷等。再如宣统年间苏州的丰备义仓刊刻"义仓全案三编刻工，支钱捌百叁拾玖千捌百文"[4]。

通过上述分析，我们可以总结出清代苏州各个时期的刊刻成本：康熙、雍正年间，每卷的成本大约是 12.5 两；乾隆年间，每卷的成本大约是 17.24 两；道光年间，每卷的成本大约是 25 两；同治年间，每卷的成本大约是 13 两；光绪年间，每卷的成本大约是 8 元（约合 4 两）。受制于卷数、成本构成等，以上仅是每个时期大致的成本。总的来看，平均每卷的刊刻成本大约是 14 两。

二、书价与经济

书价是影响出版的另一重要因素，这里研究的书价主要是指清代苏州出版的书籍的售价。但对于清代苏州书价的研究，也应参照其他朝代的书籍版本在清代的价格及清代除苏州外其他地区出版的书籍的价格。关于清代苏州书价，资料较少，下面是根据史料记载和版本实物制作的清代苏州及个别其他地区书价表（表 6.11）。

---

[1]（唐）释实叉难陀译：《地藏菩萨本愿经》，光绪十二年（1886）玛瑙经房刻本，卷末。
[2]（后秦）鸠摩罗什译：《妙法莲华经》卷末"刊印姓氏"，光绪二十五年（1899）苏城玛瑙经房刻本，第 1a 页。
[3] 沈修撰：《未园集略》卷末"未园集略捐资助刊姓名录"，民国二十三年（1934）上艺斋石印本，第 1a 页。
[4]（清）潘祖谦辑：《长元吴丰备义仓全案三续编》卷十二，宣统三年（1911）刻本，第 18b 页。

表 6.11 清代苏州及个别其他地区书价表[1]

时期	书名	册数	版本	价格	地区	依据
康熙五十四年(1715)	《二妙集》	—	旧抄本	3钱	苏州	《铁琴铜剑楼藏书目录》
康熙年间	《范围数》	—	盛氏抄本	5两	常熟	《藏园群书经眼录》
乾隆五十八年(1793)	《甫里逸诗》	2册	乾隆五十八年(1793)周氏易安书屋活字印本	纹银2钱	苏州	"姓氏目录"后有"印一百部,五十分送四方,五十待售。纹银贰钱"字样
嘉庆十五年(1810)	《妇婴至宝》	1册	嘉庆十五年(1810)刻本	每本纸价29文	苏州	内封有"嘉庆庚午年(十五年,1810)重镌,麟庆堂藏板""此第三刻,板存姑苏临顿小日晖桥程在新刻字店内,善士刷印,每本纸价二十九文"字样
嘉庆十八年(1813)	《四书古今训释》	6册	嘉庆十八年(1813)长洲宋氏浮溪草堂刻本	每部工价纹银6钱	苏州	内封有"浮溪草堂藏板"字样,钤有"每部工价纹银六钱"
嘉庆年间	《增订敬信录》	—	嘉庆年间京都琉璃厂文馨斋刻本	每部纸张、装订工价纹银2钱2分	北京	—

[1] 表中"地区"一栏,对于有的只知在苏州,而难以详细知晓具体在何地的情况,则以"苏州"标记。另外,表格中偶有涉及几处其他地区的书价作为参照。

续表

时期	书名	册数	版本	价格	地区	依据
道光三年（1823）	《普济应验良方》	1册	道光三年（1823）刻本	每本白纸布面制钱128文，毛太纸皮纸面64文	苏州	版权页有"板存姑苏阊门越城内绿荫堂书坊，每本白纸布面制钱一伯廿八文，毛太纸皮纸面六十四文"字样
道光十四年（1834）	《绛囊撮要》	1册	道光年间刻本	每本45文	苏州	版权页有"板存苏州东城平江路张斌荣刻字店内，每本制钱四十五文"字样。此书又有道光十四年（1834）吴文奎斋刻本
道光二十一年（1841）	《感应篇直讲》	1册	道光二十一年（1841）扫叶山房刻本	每本纸费工价钱37文	苏州	版权页有"道光辛丑（二十一年，1841）秋月吴郡第四刻，板存苏州象贤堂，每本纸费工价钱叁拾柒文"字样
	《集验良方拔萃》	1册	道光二十一年（1841）刻本	"印送□□按察司前西喜墨斋刻字店，棉纸每本八十，竹纸每本七扣"，喜墨斋还在后面用小字进行了说明："癸卯年增刻二十余页，每本外加钱十六文，竹纸仍七折"	苏州	版权页有"道光辛丑年（二十一年，1841）镌，拔萃良方，板存姑苏阊门外南城脚下新安桐油会馆内"字样

续表

时期	书名	册数	版本	价格	地区	依据
道光二十五年(1845)	《伊川击壤集》	—	宋刻本	张蓉镜"以精钞《营造法式》同其易换","作价洋钱二十元,合足钱二十八千文"	常熟	《铁琴铜剑楼藏书题跋集录》
道光二十六年(1846)	《仪礼先易》	—	道光二十六年（1846）吴青霞斋刻本	每部定价制钱300	苏州	版权页有"道光丙午（二十六年,1846）仲秋初刊,校正无讹,翻刻必究""江村师敖书屋藏板""每部定价制钱叁百"字样
道光年间	《十七史》	—	汲古阁刻本	汲古阁《十七史》一部,番蚨14圆	苏州	《翁心存日记》
道光年间	《钦定钱录》	2册	清刻本	纹银4两	苏州	钤有"苏州阊门内经义堂精选古今书籍发兑""板存武英殿,每部纹银四两"
咸丰三年（1853）	《贤弈琐词》	—	—	8文	昆山	《潘道根日记》
咸丰五年（1855）	《钦定春秋汇说》	24册	京板	洋4元	苏州	《王韬日记新编》
咸丰五年（1855）	《西域同文志各国字样》	—	京板	洋8元	苏州	《王韬日记新编》
咸丰五年（1855）	《八旗满洲氏族通谱》	26册	京板	洋4元	苏州	《王韬日记新编》

续表

时期	书名	册数	版本	价格	地区	依据
咸丰五年（1855）	《廿一史》	—	—	400元	苏州	《王韬日记新编》
咸丰八年（1858）	《三礼图》	—	宋版	"估人索直二百金，不能购也。"	—	《翁心存日记》
同治五年（1866）	《种福编》	1册	同治五年（1866）刻本	每本毛太纸64文，绵纸每本加价20文	苏州	同治五年（1866）刻本《种福编》扉页有牌记"板在苏城临顿路毛上珍丽记刻字老店，每本市毛太纸陆拾肆文，绵纸每本加价贰拾文"字样
同治六年（1867）	《陈书》	4册	北监本	7角	太仓	《莫友芝日记》
	《说文古语考》	1册	—	1角		
	《平播全书》	6册	—	4角		
	《大唐创业起居注》	1册	—	1角		
	《焦氏经籍志》	1册	—	1角		
	《十家古文》	40册	—	2元6角	常熟	《莫友芝日记》
	《仪礼详校》	2册	—	6角		
	《庄子》	4册	中都本	8角		
	《礼记释文》	4册	抚本	8角		
	《管》《韩》	8册	赵刻	1元3角		
	《姜白石集》	2册	—	4角		
	《袖海楼杂著》《岁时考补》《日知录刊误》等	—	—	4角		
	《柳文音训》	8册	明本	1元2角		
	《刘静修集》	残本3册	—	—		

续表

时期	书名	册数	版本	价格	地区	依据
	《崇古文诀》	12册	—	0.5元	苏州	《莫友芝日记》
	《四书》	—	仿宋	8角		
	《通鉴地理通释》	4册	—	5角		
	《回溪史韵》	5册	—	2元		
	《骈雅训纂》	8册	—	2元		
	《山谷内集注》	4册	影宋	3元		
同治六年（1867）	《丹桂籍》	2册	同治六年（1867）刻本	毛上珍刻书识语云："用杭连四纸，每部连套计工料钱四百六十文，毛太纸每部连套计工料钱三百六十文，如欲就板刷印亦可。凡乐善君子印送者，请认明本斋招牌，庶不致误。"	苏州	毛上珍刻书识语云："此籍自闽省六刻，后至乾隆己酉（五十四年1789），伯府尊始七刻于永顺府，八刻湘邑，同人募资九刻，今于同治六年（1867）八月，湖南衡山欧阳公第十刻，板存苏州城内临顿路毛上珍丽记刻字店内"
		1册	常熟沈氏刻本	每部工价钱180文	常熟	扉页有"用重毛太纸印订，每部工价钱壹伯捌拾文"
同治十年（1871）	《二十四史》	—	广东翻刻殿板	一百数十金	广东	《过云楼家书》
	《大观录》	16册	抄本	"保三寄来抄本《大观录》两本，共十六本"，"索实价十六元"	苏州	《过云楼家书》

续表

时期	书名	册数	版本	价格	地区	依据
同治十一年（1872）	《御批通鉴辑览》	—	浙江书局刻本	16 000文	杭州	《过云楼家书》
同治十二年（1873）	《三吴翘秀集》	—	—	每部制钱三百	苏州	版权页另有"同治癸酉（十二年，1873）春日镌，续集嗣出"字样
同治十三年（1874）	《画人姓氏录》	八册	—	6元	苏州	《过云楼家书》
光绪二年（1876）	《丹桂应验良方》	—	光绪二年（1876）毛上珍刻本	每本柒拾贰文，棉纸加廿八	苏州	版权页有"光绪丙子年（二年，1876）重刊，板存苏城内临顿路毛上珍丽记"字样
光绪五年（1879）	《刺疔捷法》	1册	光绪年间刻本	70文	苏州	光绪年间刻本《刺疔捷法》扉页钤有"板存苏城马医科申祠对门石库门内，连史每本计足制钱七十文"
	《朱乐圃余稿》	3册	清初尤舜渔抄本	叶昌炽"购尤舜渔手钞《朱乐圃余稿》三册，价洋六元"	苏州	《缘督庐日记抄》
光绪八年（1882）	《紫阳课艺合选》	—	光绪八年（1882）刻本	每部实洋2角8分	苏州	扉页上有"吴县刘淑涛先生合选，山长□□□先生鉴定"，牌记有"光绪壬午（八年，1882）孟夏校印"
	《过云楼书画记》	4册	光绪八年（1882）刻本	每部3元	苏州	光绪八年（1882）刻本《过云楼书画记》扉页印有"每部龙银叁圆"

续表

时期	书名	册数	版本	价格	地区	依据
光绪九年（1883）	《水经注》	—	明刻本	番银8饼	苏州	《姚觐元日记》
	《柳子厚集》	—	明刻本	2饼金	苏州	《姚觐元日记》
光绪十年（1884）	《棠阴比事》	—	朱述之重刻宋本	一元二角"亦太昂矣"	苏州	《姚觐元日记》
	《求是堂丛书》	40册	—	25元	上海	《姚觐元日记》
	《东坡乐府》	残本1册	精抄本	洋蚨7角	苏州	《姚觐元日记》
	《魏郑公谏录》	1册	乾隆十七年（1752）鄂文端刻本	直钱50	苏州	《姚觐元日记》
	《三巴眷古录》	1册	白纸初印	直钱200	苏州	《姚觐元日记》
	《士礼居丛书》内小品十种	—	—	廿元（皂皂购得，"可谓贵矣"。）	苏州	《姚觐元日记》
	《明右史略》	—	—	"思义贾人来谈书价，《明右史略》直六元，元板《文选》直八元，付之而去"	苏州	《姚觐元日记》
	《文选》	—	元板			
	《丛书》	4函，连夹板	—	2元6角	苏州	《潘钟瑞日记》
	《叶选诗》	10册	—	8角		
	《闲门》《船庵集》	4册	—	5角		
	《有真意斋文》	2册	—	2角		
	《陔兰书屋诗》	2册	—	3角		
	《说文古本考》	8册	—	7角		
	《丛书》二部，余各乙部	—	—	7元7角		

续表

时期	书名	册数	版本	价格	地区	依据
光绪十一年（1885）	《衍极》《宣和北苑贡茶录》《南唐书》	—	旧抄本	2元余	苏州	《江标日记》
	《说文校录》	—	—	1 800文	苏州	《潘钟瑞日记》
光绪十二年（1886）	《滂喜斋丛书》一部、《平津原刻说文》一部	—	—	4元5角	苏州	《江标日记》
光绪十四年（1888）	《琳琅秘室丛书》	24册	会稽董氏活字版重印	16番蚨	苏州	《姚觐元日记》
光绪十七年（1891）	《医林改错》	1册	光绪十七年（1891）刻本	每部60文	常熟	《医林改错》扉页有"光绪十七年（1891）重刊，常熟三峰寺藏板""印订用重毛太，每部六十文。南门大街近贤斋刷印"字样
光绪二十年（1894）	《晋书校文》	2册	光绪二十年（1894）丁国钧木活字印本	6角	苏州	版权页有定价"每部实洋陆角"
光绪二十四年（1898）	《汉隶字原》（汲古阁初印）、《松陵唱和集》《香祖笔记》（初印）	—	—	4元	苏州	《徐兆玮日记》
光绪二十七年（1901）	《知止堂文集》	2册	—	2角	苏州	《徐兆玮日记》
	《录异记》	1册	—	4角	苏州	《徐兆玮日记》
	《耕禄稿》《许彦周诗话》《厚德录》	1册	—	3角	苏州	《徐兆玮日记》
	《静学斋偶志》	2册	—	3角	苏州	《徐兆玮日记》

续表

时期	书名	册数	版本	价格	地区	依据
光绪二十七年（1901）	《午梦堂诗钞》	1册	—	3角	苏州	《徐兆玮日记》
	《经钜堂杂志》	1册	—	3角	苏州	《徐兆玮日记》
	《新年杂咏》	1册	—	2角	苏州	《徐兆玮日记》
	《至圣林庙碑录》	1册	—	1角	苏州	《徐兆玮日记》
	《浙江诗课解经录浙江考卷》	1册	—	1角	苏州	《徐兆玮日记》
	《麟洲遗集》	10种1册	—	4角	苏州	《徐兆玮日记》
	抄补《诚斋杂记》《甘泽谣本事诗》《五色线》	1册	—	4角	苏州	《徐兆玮日记》
	《本朝名家诗钞小传》	2册	—	4角	苏州	《徐兆玮日记》
	《班兰台集》	2册	明刻本	3角	苏州	《徐兆玮日记》
	《胭脂录》	1册	—	2角	苏州	《徐兆玮日记》
	《南车草》	1册	—	3角	苏州	《徐兆玮日记》
	《盛明百家诗》	2册	—	4角	苏州	《徐兆玮日记》
	《研秋斋杂著》	1册	—	3角	苏州	《徐兆玮日记》
	《天瘦阁诗话》	1册	—	1角	苏州	《徐兆玮日记》
	《因鸣集》《西林纂》	2册	—	1角	苏州	《徐兆玮日记》
	《壑舟园初稿》	1册	—	1角	苏州	《徐兆玮日记》
	《诗经疑问》	—	吴翌凤抄本	索价3两，太昂	北京	《徐兆玮日记》

续表

时期	书名	册数	版本	价格	地区	依据
光绪三十年（1904）	《唐文粹选》《钞尔雅新疏》	20册、1册	—	3元2角	苏州	《翁同龢日记》
	《金汤十二筹》	—	—	"以十元购得《金汤》（《金汤十二筹》）钞本"	常熟	《翁同龢日记》
光绪三十二年（1906）	《有学集》《苏学士集》	—	—	"《有学集》索十二元，予连宋牧仲所刻《苏学士集》许十元"	常熟	《徐兆玮日记》
民国元年（1912）	《瓶庐诗钞》	2册	民国元年（1912）常熟开文印刷所铅字印本	1元2角	常熟	版权页有"连史纸精印，每部全贰册。售洋壹元贰角"字样

清代苏州最常见的书籍交易是从书坊、书摊购买，或者委托书坊刷印。除此之外，更多的则是私人之间的交易，私人的书籍交易价格有时并不受市场的约束。书贾与购买者之间的交易并不一定需要金钱，盛守的孙子就曾用盛氏手抄的《范围数》"与书贾易时艺"[1]。需要注意的是，尽管一些书籍标明了价格，但是仅仅收取纸张的费用，其目的是使书籍广泛流通。这类书籍以善书居多，道光十二年（1832）刻本《净土警语》卷末印有"佛经善书，贵乎流通。流通必使长久，若概施送，不可常继，得者易，或忽而不读，是以只取纸本印钉工价，贮资续印，便于远在他省寄资转请，以冀永远流通，庶使请者慎重。三径堂谨识"[2]。

清代苏州不同时期的书价有所区别。嘉庆年间的书价：嘉庆十五年（1810）刻本《妇婴至宝》二卷（1册），每本纸价二十九文，平均每卷

---

[1] 傅增湘撰：《藏园群书经眼录》（三），中华书局2009年版，第523页。
[2]（清）释行策撰：《净土警语》卷末"总目"，道光十二年（1832）刻本，第4b页。

14.5 文；嘉庆十八年（1813）长洲宋氏浮溪草堂刻本《四书古今训释》十九卷（6册），每部工价纹银六钱，平均每卷 31 文。

道光年间的书价：道光十四年（1834）刻本《绛囊撮要》不分卷（1册），每本制钱四十五文；道光二十一年（1841）扫叶山房刻本《感应篇直讲》一卷（1册），每本纸费工价钱三十七文，平均每卷 37 文。再结合道光年间的其他刻本来看，基本上平均每卷的价格在 30 文。

同治年间的书价：同治十二年（1873）刻本《三吴翘秀集》三卷，每部制钱三百，平均每卷 100 文。值得注意的是，同治六年（1867），毛上珍和常熟的沈氏分别刊刻了《丹桂籍》，苏州毛上珍刻本共有 2 册，最低价格为 360 文，常熟沈宅刻本的价格是 180 文。二者书名相同，但内容有多少之分。毛上珍刻本的每册页数明显多于沈宅刻本，价格比沈宅刻本便宜。印刷在扉页上的价格并不一定是实际销售价格，尤其是在书籍流通后。常熟沈氏刻本封面上墨笔写有"计足钱壹佰卅文"，售价比扉页上的定价还低了 50 文。

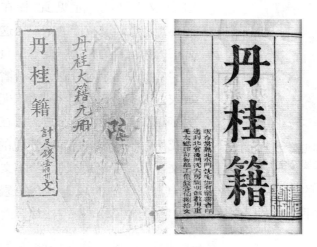

同治六年(1867)常熟沈宅刻本《丹桂籍》书影

光绪年间的书价：光绪二年（1876）毛上珍刻本《丹桂应验良方》"每本柒拾贰文，棉纸加廿八"[1]。光绪十年（1884）刻本《重刻劲节楼图

---

[1]（清）佚名辑：《丹桂应验良方》，光绪二年（1876）毛上珍刻本，扉页。

记》"每部工料洋八分"[1]。光绪十六年（1890）刻本《陈氏世谱》"每部工料钱捌百拾五文"[2]。官方的书价颇具参考意义，潘钟瑞在光绪十一年（1885）"向书局购得钮匪石树玉《说文校录》（注：30 卷）一部，价一千八百文"[3]，平均每卷的价格是 60 文。江标在光绪十二年（1886）"过怀德堂书肆，得《滂熹斋丛书》一部（注：八十一卷）、平津原刻《说文》一部（注：三十二卷），共价洋四元五角"[4]。平均每卷 19.91 文，这样的价格已经相当低了。光绪三十二年（1906）刊刻的《国朝三邑诸生谱》平均每部的印刷费用是 0.3 元，而定价为每部 1 元。光绪年间有关书价的特殊案例是光绪十四年（1888）昆山周文墨斋刻字店刊刻的《妇婴至宝》，扉页有"光绪戊子年（十四年，1888）季夏重镌，每部定价重毛太纸印订工钱八十四文"[5]字样。另一部周文墨斋刻本《增订妇婴至宝》扉页上镌有"己卯年（光绪五年，1879）每本减价八十四文，重毛太每本壹百文"[6]。可见此书在光绪五年（1879）出现过减价的情况，这很有可能与此书的销售目的有关。此书扉页钤有朱文印章"本拟带至金陵分送，因晋省旱荒，又复成灾，改交桃花坞谢宅代售作账"，可见是为了赈济山西的灾荒，故而放在苏州城内的桃花坞谢宅销售。扉页上所说的"减价八十四文"指的应该是减价至 84 文。从光绪五年（1879）的 100 文到光绪十四年（1888）的 84 文，书价在逐渐降低。

光绪年间昆山周文墨斋刻本
《增订妇婴至宝》书影

从地域书价的对比来看，清初葵锦堂刻本《医门法律》六卷扉页钤有

---

[1]（清）徐德原辑：《重刻劲节楼图记》卷末"印送姓氏"，光绪十年（1884）枫江徐氏刻本，第 1b 页。
[2]（清）陈宗浩修：《陈氏世谱》"刻印细账"，光绪十六年（1890）刻本，第 1b 页。
[3]（清）潘钟瑞著，尧育飞整理：《潘钟瑞日记》（上），凤凰出版社 2019 年版，第 271 页。
[4]（清）江标著，黄政整理：《江标日记》（上），凤凰出版社 2019 年版，第 153 页。
[5]（清）徐忕杠辑：《妇婴至宝》，光绪十四年（1888）昆山城内周文墨斋刻字店刻本，扉页。
[6]（清）徐忕杠辑：《妇婴至宝》，光绪十四年（1888）昆山城内周文墨斋刻字店刻本，扉页。

"价纹壹两贰钱不折"[1]木记。这样的定价基本高于后世的价格。嘉庆年间京都琉璃厂文馨斋刻本《增订敬信录》每部纹银二钱二分,由于是善书,价格不是很高,与苏州地区的书价基本一致。其他地区出版的书籍在苏州的售价,如道光年间《钦定钱录》(十六卷)钤有"板存武英殿,每部纹银四两",平均每卷的价格达到了 250 文,远高于道光年间的苏州书价。某些书籍在苏州的售价也明显高于其他地区,如《画人姓氏录》,顾文彬在家书中说:"未知苏中书坊有此书否?实价若干?""何以苏中反贵耶?"[2]此书在苏州的书坊出售时价格要高于浙江地区。

纸张类型不仅会影响成本,还会影响书价。对于纸张的区分主要是考虑到书籍保存、读者购买等因素。道光三年(1823)刻本《普济应验良方》八卷(2 册),每本白纸布面制钱 128 文、毛太纸皮纸面 64 文,平均每卷的价格分别是 16 文和 32 文,白纸布面的价格是毛太纸皮纸面的 2 倍。道光二十一年(1841)喜墨斋刻字店刻本《集验良方拔萃》,"棉纸每本八十,竹纸每本七扣"[3]。棉纸本的价格是竹纸本的 1.42 倍。喜墨斋还用小字进行了说明:"癸卯年(道光二十三年,1843)增刻二十余页,每本外加钱十六文,竹纸仍七折。"[4]这是对后来增刻所带来的价格变动的一个说明,但同时也透露出平均每页大约需要 0.8 文。道光年间刻印的《感应篇直讲》版权页有"每本纸费工价钱叁拾柒文"[5]字样。又一部《感应篇直讲》版权页有"道光戊申(二十八年,1848)九月吴郡第八副,每本重纸四十八文,后附灵验录六十六文"[6]字样。虽是同一时期印刷的书籍,但是价格有区别,除了因为第二部的内容增多导致价格升高外,还因为第二部使用了重纸印刷。同治六年(1867)刻本《丹桂籍》四卷,毛上珍刻书识语云:"用杭连四纸,每部连套计工料钱四百六十文,毛太纸每部连套计工料钱三百六十文。"[7]由此可见,两种纸张平均每卷的价格分别为

---

[1] 沈津主编:《美国哈佛大学哈佛燕京图书馆藏中文善本书志》3,广西师范大学出版社 2011 年版,第 958 页。
[2] (清)顾文彬,苏州市档案局(馆)、苏州市过云楼文化研究会编:《过云楼家书:点校本》,文汇出版社 2016 年版,第 394、398 页。
[3] (清)恬素氏辑:《集验良方拔萃》,道光二十一年(1841)喜墨斋刻字店刻本,扉页。
[4] (清)恬素氏辑:《集验良方拔萃》,道光二十一年(1841)喜墨斋刻字店刻本,扉页。
[5] (清)佚名撰:《感应篇直讲》,道光二十一年(1841)吴青霞斋刻本,扉页。
[6] (清)佚名撰:《感应篇直讲》,道光二十八年(1848)刻本,扉页。
[7] (清)佚名编:《丹桂籍》卷首,同治六年(1867)毛上珍刻本,第 4b 页。

115文、90文，杭连四纸的价格是毛太纸价格的1.2倍。当然，由于加上了封套，每卷的均价要偏高。

书价受到市场状况的影响，主要表现为抄本与刻本，清代版本与前代版本，活字本、铅印本与刻本之间的关系对书价的影响。先说清代的抄本，由于抄本的稀缺及特殊，多数学者还是倾向于购买抄本，当然这也需要建立在抄本质量较高的基础上，如顾千里认为《元和郡县图志》"新刻不如此钞本远甚"[1]。相较于新刻，顾氏更倾向于抄本。这种对于抄本的态度决定了某些抄本的价格明显高于清代苏州的新刻本，有的精抄本甚至可以与宋刻本价格相当。道光二十五年（1845），张蓉镜用精抄本《营造法式》（三十四卷）易换宋刻本《伊川击壤集》二十卷，作价洋钱二十元，合足钱二十八千文。精抄本的价格达到了平均每卷823.52文。翁同龢在光绪年间"以十元购得《金汤》（注：《金汤十二筹》十二卷）钞本"，平均每卷416.6文。由于此书比较少见，故而价格较高。光绪八年（1882），清初尤舜渔抄本《朱乐圃余稿》3册，价洋3元；光绪二十七年（1901），吴翌凤抄本《诗经疑问》在北京卖到了3两，徐兆玮认为过于昂贵。光绪年间王颂蔚在世经堂的购书记录为"光绪己卯（五年，1879）闰月，以饼金收之世经堂"[2]。王颂蔚购买的是抄本《归愚集》十卷，平均每卷100文，在抄本中已经相对比较便宜。有的手抄本由于比较稀见，而且在私人之间交易，故而价格较高。翁同龢在题记中记载，抄本《许红桥先生文集》的后三册"在古里村瞿元炳家，索直贵，还之"[3]。

从抄本的价格与抄工的工价对比来看，有的抄本的价格反而要低于抄工的价格。同治十年（1871），顾文彬在家书中算过这么一笔账，"保三寄来抄本《大观录》两本，共十六本"，"索实价十六元"，"此书（注：《大观录》）共二十卷，分为十六本，每本甚厚，惜有讹字，而字尚不恶，每本合洋一元，尚不为贵，若雇人抄录，断乎不肯也"[4]。平均每卷的价格为1元，而如果是雇人抄录再加上纸墨钱，即使是按照半页260字，每本30

---

[1] 瞿镛编纂：《铁琴铜剑楼藏书目录》，上海古籍出版社2000年版，第278页。
[2] （清）王颂蔚撰：《写礼庼遗著》卷四《古书经眼录》，咸丰五年（1855）刻本，第30a页。
[3] （清）许朝撰：《许红桥先生文集》，光绪二十七年（1901）翁同龢家抄本（国图），"目录"后题记跋。
[4] （清）顾文彬著，苏州市档案局（馆）、苏州市过云楼文化研究会编：《过云楼家书：点校本》，文汇出版社2016年版，第48、49页。

页,每百字5文来计算,大约每卷也需要780文,远高于抄本的价格。至于为何有的抄本价格低廉,最主要的原因是抄本没有被书贾意识到其价值故而未能卖出高价。徐兆玮在日记中记载:"天禄阁购得《谷城山馆文集》《后乐集》二书。《后乐集》系抄本,《爱日精庐藏书志》所著录,稽瑞楼亦曾藏之,今流落贾人手,一钱不值矣。"[1]可想而知,尽管陈揆的稽瑞楼曾经收藏此书,但是徐兆玮买到的价格并不高。光绪年间,苏州精抄本《东坡乐府》残本一册也只卖到洋蚨7角(约合350文),由于这是在苏州的善书店中购买的,故而价格较低。

再看前代的刻本。宋元刻本在苏州地区的书价一般要远高于清代苏州的出版物。咸丰八年(1858),宋版《三礼图》的价格是200两;光绪十年(1884),元版《文选》的价格是200元。相对而言,宋版书的价格远高于元版书。价格相对较低的是明刻本。道光年间,汲古阁刻本《十七史》的价格是40元;同治六年(1867),《柳文音训》(8册)的价格是1.2元;光绪八年(1882),刻本《紫阳课艺合选》每部实洋2角8分;光绪九年(1883),明刻本《水经注》的价格是8元,明刻本《柳子厚集》的价格是2元;光绪二十七年(1901),明刻本《班兰台集》(2册)的价格是3角。

在经历了咸丰年间的战乱后,苏州地区的旧书也变得昂贵。根据丁士良的《家塾藏书记》,价格的升高主要与咸丰年间战乱对书籍的破坏有关,旧书变得罕见,因而书贾提高了销售价格。

> 慨自兵燹以来,名家旧族蘦落殆尽,凡旧藏之宋元古椠,一经飘瞥,都化烟云。他散弃衢市者,论每本之值无过一钱,或不幸出贩夫贾竖之手,为裹盐豉、包烟草用者不知凡几,是则书之一大厄也。今负郭人家,犹能道之,乡郊之外,岩谷之间,环顾数百里内不被兵革者诚无几何,经书估之穷搜极索,一二稍稍得之,然且居奇益甚,索值孔厚,而所谓宋元古椠者,亦弗能一寓目焉。若惟是迁延少待,恐过此以往,较诸今日之所为而其难且倍也。[2]

由于战乱,从藏书之家散出的珍贵书籍遭到了损坏。书贾搜集旧书,然后提高价格。宋元版书籍变得极为稀少,难以见到。

[1] 徐兆玮著,李向东等标点:《徐兆玮日记》(一),黄山书社2013年版,第71页。
[2] (清)丁士涵纂修:《丁氏宗谱》卷二三《家塾藏书记》,光绪十六年(1890)刻本,第32b页。

最后看一些特殊的版本的价格，如活字本、铅印本的价格。乾隆五十八年（1793）周氏易安书屋活字印本《甫里逸诗》二卷（2册），纹银2钱，平均每卷100文。由于印量稀少及使用了特殊的印刷技术，再加上是私宅印刷销售，活字本平均每卷的价格要远高于刻本的价格。光绪二十年（1894）丁国钧木活字印本《晋书校文》五卷，版权页有定价"每部实洋陆角"[1]，平均每卷60文。民国元年（1912）常熟开文印刷所铅字印本《瓶庐诗钞》六卷，版权页有"连史纸精印，每部全贰册，售洋壹元贰角"[2]。

书籍成本与售价之间的关系对于出版能否盈利至关重要。上文提及道光年间刊刻的《吴门公祠崇祀先贤姓氏录》，共计101页，平均每页的刊刻成本是257文，售价则是"每部工料制钱壹伯文"[3]，平均每页近0.9文。刻书总价是25 960文。也就是说，这本书至少要销售超过将近260部，才能盈利。再看一些家谱，由于其不以营利为目的，故而对成本的考虑较少，道光年间《王氏家谱》"共印好装钉一百部（每部除领价一千四百文，净贴钱五百文），计贴钱五十千文。不加装钉四十部（每部计钱一千四百文），计钱五十六千文"[4]。每部计钱1 400文，此书一共约1911页，每页的价格近0.73文。140部家谱可以获得106 000文的收入，但是对于384 903文的成本而言，由于印量少、不能随意印刷，所以收入并不高。光绪二十五年（1899），苏州的咏霓社刊刻了《径中径又径征义》，"印订连史纸二十五部（每部一角六分），毛太纸四百部（每部一角）"[5]。如果全部卖出，总共可以获得44元。

对于家刻本而言，其价格变动较大，一般高于成本。以光绪年间俞樾印刷《春在堂全书》为例，"乃属刷印数十部（《春在堂全书》），于僚友中代为销售，每部钉一百本，装六夹板，定价十二洋钱。……拟以数十部奉托代销，有轮船带费，拟每部十金"[6]。前面已经提及，每部的成本是8

---

[1] 丁国钧撰：《晋书校友》，光绪二十年（1894）木活字印本；扉页。
[2] （清）翁同龢撰：《瓶庐诗钞》，清末常熟开文印刷所铅印本，扉页。
[3] （清）顾元恺等辑：《吴门公祠崇祀先贤姓氏录》，道光年间刻本，第94b页。
[4] （清）王仲鎏、王仲鉴纂修：《王氏家谱》卷末，道光六年（1826）刻本，第68a-68b页。
[5] （清）张师诚辑，（清）徐槐廷征义：《径中径又径征义》卷末"功德人名"，光绪二十五年（1899）苏州咏霓社刻本，第1b页。
[6] （清）俞樾著，张燕婴整理：《俞樾函札辑证》（上）"致陆心源"，凤凰出版社2014年版，第202页。

元,而售价则有 10 元和 12 元之分,每部的利润在 2—4 元。按照每部 8 元来算,平均每本的成本是 57 文;按照售价每部 10 元来算,平均每本的价格是 71 文;按照每本 12 元(每部 100 本或 120 本)来算,平均每本的价格是 100—120 文。

官方书价的制定,可以江苏书局刊刻《续资治通鉴》二百二十卷为例。通过方保之写给潘氏的信札,我们可以发现此书的出版情况:"敝局《资治通鉴》业已刊成,在手刷印,弟等人有二部,如有爱者,请为留意,正月内准可订成。丁中丞定价五十金,向弟辈买,其价较为便宜。"[1]关于江苏书局刊刻《资治通鉴》的始末,"于时方议开江苏书局,抚部(注:丁日昌)遂遣员入都,收此初印之本,重事剞劂……方成四十许卷,会有言胡板尚存鄱阳者,亟命人买之,而所阙之板适符所锓之数。……独山莫子偲友芝在抚部幕中,劝抚部于刻成时,求明代旧墨,加以金薄,入以麝齐之香"[2]。《续资治通鉴》是江苏书局刊刻的精品书籍,其中,有的板片是购买鄱阳胡氏板后印刷的。此书的价格定为 50 两,平均每卷 227.2 文,比较昂贵。但是如果直接向方保之购买,则会便宜一些。

读者对于书籍也有一个基本的价格估计。光绪年间,江标在写给叶昌炽的信里说,"《滂憙斋》闻廉价印售","《滂憙斋书》如价在五番以内者(稍多亦可),乞代购一部"。[3]也就是说,江标所能接受的《滂喜斋丛书》的价格是 5 元左右。根据光绪十二年(1886)江标在怀德堂的购买记录,《滂喜斋丛书》加上平津馆刊刻的《说文解字》,总共花费 4.5 元,明显低于江标此前预估的价格。

---

[1] 苏州市档案馆编:《贵潘友朋信札》第一卷,古吴轩出版社 2020 年版,第 125 页。
[2] 谢冬荣编著:《文津识小录》,国家图书馆出版社 2016 年版,第 139 页。
[3] (清)江标著,黄政辑:《江标集》,凤凰出版社 2018 年版,第 42 页。

第二节　清代苏州出版与城市地理空间

如果将清代苏州的出版活动与地理空间相结合，可以发现清代苏州的出版活动在促进城市交流上所发挥的作用主要体现在内部交流和外部交流两个方面，其中内部交流指的是苏州城内，以及苏州城与常熟、吴江等地的交流。而出版活动主要分为抄书、刊印、销售与藏书三大环节，这三大环节与内部交流、外部交流之间相互交叉。

一、纸张与纸厂

纸张是出版最为重要的原材料之一，纸张来源问题涉及出版过程中的地理空间。清代苏州的版本上偶有纸厂的印记，纸厂作为城市产业之一，在日常生活中扮演着特殊的角色，其中，纸张的产地、纸铺的位置与城市地理空间更是密切相关。这些纸厂的印记内容丰富，但是由于纸厂印记的偶然性和翻阅获取的不易，要想对其进行全面了解几乎是不可能的，而且书籍刊刻、抄写的时间并不代表纸张的使用时间，尤其是那些后印本会出现更为复杂的时间问题。以下是对不同时期纸厂标识的归类和分析。

1. 康熙至乾隆年间的纸号

由于印刷时纸张被裁割，故而有的纸号不是很完整，只能看到其花纹图案，如康熙年间出版的《憺园文集》纸号就呈现出这种形态。通过部分图案我们可以发现其中的墨字为"名""记"二字。由此可以推断，其完整的文字应该是纸店的字号"某某记"之类的。这种难以识别的纸号片段在古书用纸中极为常见。

康熙年间刻本《憺园文集》纸号

康熙五十年（1711）刊刻的《蓄斋集》纸号也呈现出不完整的状态。将分散在各处的标识进行拼凑后可以发现，其字号中带有"隆"字。

康熙年间的出版用纸标识，可谓各具特色。康熙二十八年（1689）刊刻的《具区志》，为"魁顺号本厂荆川太史纸"。其他墨记的文字则不明显，其中一字可能是"安"，使用的纸张则是"荆川太史纸"。由此可知，纸厂的名字是"魁顺号"。

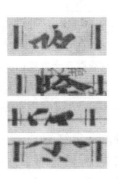

康熙五十年（1711）刻本《蓄斋集》纸号

康熙二十八年（1689）刻本《具区志》纸号

康熙二十九年（1690）出版的《百城烟水》纸号为"仁风号"，同一页出现的墨记显然是"风"字，应该与"仁风号"有关。此书另一页出现的纸号下方有"熊王星"三字，极有可能是纸店经营者的名字。

康熙六十年（1721）刻本《中山传信录》纸号为"日盛号"。通过对比印章我们可以发现，尽管文字都是"日盛号"，但是在图案上有所区别，应该是不同的印章。

康熙二十九年（1690）刻本《百城烟水》纸号　　康熙六十年（1721）刻本《中山传信录》纸号

康熙年间苏州书籍用的纸张来自魁顺号、仁凤号、日盛号等纸厂。

关于乾隆年间的纸号，惠氏红豆斋刻本《半农先生集》在纸背有纸号，经过翻转处理后可见文字"本号□厂荆川太史纸"，可见其使用的是荆川太史纸，而荆川太史纸在这一时期的苏州比较流行。但是，纸号的名字无法得知。乾隆十八年（1753）刻本《长洲县志》的纸号是"兆源字号选料洁白荆川毛太"，可见纸厂是兆源字号。

乾隆年间惠氏红豆斋刻本《半农先生集》纸号　　乾隆十八年（1753）刻本《长洲县志》纸号

乾隆年间出版的《东山郑氏世谱》的纸号为"邱大"。比较特别的是，印章上的文字并不相同，左边的是"邱。邱大"，右边的是"邱大。大"，而其中一枚墨迹应该是"大"字。这与"熊王星"类似，都是以人名命名的纸号。

乾隆年间刻本《东山郑氏世谱》纸号

除了上述的纸厂标识外,乾隆十三年(1748),毛德基刊刻了沈青崖的《毛诗明辨录》,这部书卷六钤有"叶荣丰号"纸厂印记。乾隆年间出版的《昭明文选集评》卷中有一页带有纸厂印章"祥顺忠记督造各色"。《阴阳五要奇书》其中一部《郭氏元经》钤有"兰,裕盛字号",是造纸者的印章。[1]

最晚在乾隆年间,福建地区生产的纸张就已经用于苏州地区的出版物中了。乾隆十三年(1748)刻本《苏州府志》出现了不同的纸号,其中有"成记本厂""怀德佑记""福建熊长源号本厂精制□□各色名纸"。

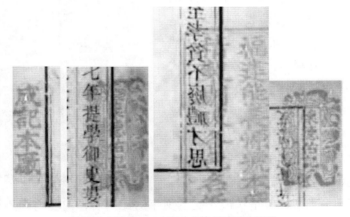

乾隆十三年(1748)刻本《苏州府志》纸号

---

[1] 张宝三:《美国芝加哥大学图书馆藏中文古籍善本书志·经部》(上),国家图书馆出版社2020年版,第264-266页。

2. 嘉庆至咸丰年间的纸号

嘉庆七年（1802）刻本《河东薛氏宗谱》，纸号是"同泰"。同样是在嘉庆七年（1802）出版的《颍川陈氏近谱》，其中有纸号"怡丰字号"。根据其中的墨迹，可以发现有一字为"丰"字，应该与纸号的名称"怡丰字号"有关。嘉庆十五年（1810）姑苏聚文堂刻本《仙拈集》中有"李日新"纸号。嘉庆十五年（1810）真意堂活字本《有竹石斋经句说》的纸号标识为上图下章，纸号是"岁新魁记"，上方图案左侧还有"上上扇料"四字，可见其纸张用途。同样是嘉庆年间吴志忠真意堂排印的《真意堂丛书》，其所用的纸张上有朱印"云泰号纸"，这四个字周边有花纹。

嘉庆七年（1802）刻本　　嘉庆十五年（1810）真意堂　　嘉庆七年（1802）刻本
《河东薛氏宗谱》纸号　　活字本《有竹石斋经句说》纸号　　《颍川陈氏近谱》纸号

嘉庆年间出版的《嘉树山房集》的纸号不是很完整，仅能发现其大致是"建。名""八太"，而且是两枚不同的印章。这种上方圆印、下方方印的形式在之后苏州出版用纸中经常出现。

嘉庆十年（1805）出版的《井福堂文稿》的纸号标识则更为明晰，其文字大致是"建。洁白毛太名纸"。这枚印章的设计形式与《嘉树山房集》

嘉庆年间刻本《嘉树山房集》纸号

中的纸厂印章类似，但是从最左侧的文字对比来看，内容与之不同。嘉庆二十三年（1818）木渎周氏刻本《周易集解》的纸号也是"福建""上料""太鹿"，这一印章与其他印章也有所不同。通过这些案例我们可以发现，嘉庆年间福建地区生产的纸张在苏州出版中得到了广泛的应用，而且供纸的纸厂不止一家。

比较完整的福建地区纸厂的字号标识出现在嘉庆二年（1797）刻本《常昭合志》中，纸号为"建，洁白毛六八太名纸发行"，又有纸号"福建，安和顺号本厂加重督造洁白毛六八太名纸发行"。其中所透露出的信息是，纸厂的名字是"安和顺号"，经营的纸张是"洁白毛六八太名纸"。可见福建地区的纸张最晚在嘉庆初年就已经在常熟地区流行了。另外，嘉庆年间吴郡铁瓶巷王凤仪刻本《紫阳书院课艺》有"福建天和号加重漆白名纸"印章。可见除了安和顺号外，还有天和号纸厂的纸在苏州流行。

嘉庆年间刻本　　嘉庆二十三年(1818)刻本　　嘉庆二年(1797)刻本
《嘉树山房集》纸号　《周易集解》纸号　　　　《常昭合志》纸号

纸厂标识上方的圆印对于了解纸厂的来源至关重要，比较可惜的是，上面提及的纸厂纸号上方的圆印基本不完整，内容难以辨别。比较清晰的是嘉庆十六年（1811）刻本《素修堂诗集》，纸号是"魁"字号。除此之外，还有"温"字号，如嘉庆二十五年（1820）刻本《吴门补乘》纸号为

嘉庆十六年(1811)刻本　嘉庆二十五年(1820)刻本
《素修堂诗集》纸号　　《吴门补乘》纸号

"温。福建。顺号。自造选料加重毛太"。

关于道光年间书籍的纸号,道光二年(1822)金阊步月楼刻本《陈检讨集》中有纸厂印记"则,德顺江记"。道光五年(1825)金阊步月楼刻本《昆新两县志》,纸号为"曾三新号加工精造"。又如道光十二年(1832)金阊步月楼刻本《左绣》有纸张印记"亨""建武""建造上□名纸发行"。金阊步月楼在道光年间使用的纸张源于不同的纸号。

道光二十八年(1848)刻本《元和唯亭志》,纸号为"星。福建。廖魁顺亨记,本厂监造各色名纸发行"。尽管方印上也是圆形印章,但是这一枚印章比较小,而且是单线圆圈,离方形印章的距离也较远。廖魁顺亨记是福建比较有名的纸厂。

道光二年(1822)刻本　　道光十二年(1832)刻本　　道光二十八年(1848)刻本
《陈检讨集》纸号　　　　　《左绣》纸号　　　　　　《元和唯亭志》纸号

道光、咸丰年间瞿氏恬裕斋抄本《六帖补》有纸号"仁丰字号",与之前的"仁风号"可能是一家纸厂。

3. 同治至宣统年间的纸号

同治年间比较常见的纸张依然是福建地区生产的。同治年间出版的《九数通考》,纸号为"福建。厂加重督。洁白毛六。太名纸发"。同治年间绿润堂出版的《养蒙金针》卷中有一页钤有纸厂印章"柏,福建,唐咏亨号加工督造上料名纸发行",可见绿润堂所用的纸张来自福建的唐咏亨号。同治年间常熟刻本《身世金丹》,钤有纸厂"柏""福建,仁元号……

同治年间刻本
《九数通考》纸号

加重洁白毛太……名纸"。可见常熟使用了福建仁元号纸厂的纸张。

同治八年（1869）群玉斋活字本《儒林外史》的纸号尽管略有残缺，但是仍可以看出是人物图像的标识，绘制的应该是童子形象，上方有"加口"字样。

光绪年间苏州使用的纸张多带有纸号的标识，尤其是在一些家谱中。光绪二年（1876）活字本《王氏三沙全谱》的纸号是"加乾。上上扇料。中和字号"。与之较为接近的是光绪二十三年（1897）活字本《砂山王氏宗谱》，其纸号为"顶上扇料，日新和号"。

同治八年(1869)群玉斋活字本《儒林外史》纸号　　光绪二年(1876)活字本《王氏三沙全谱》纸号　　光绪二十三年(1897)活字本《砂山王氏宗谱》纸号

"中和字号"和"日新和号"的纸张标识比较有特色，从文字中的"加乾。上上扇料"可以看出其纸张的特色。而且，标识的设计都采用了上图下章的形式，上面的图案都是人形北斗图像。与之类似的是光绪六年（1880）出版的《沈文肃公政书》的纸号，提到了"上上扇料"。尽管标识残缺，但

光绪六年(1880)刻本《沈文肃公政书》纸号　　光绪三十二年(1906)活字本《平原陆氏宗谱》纸号

依然可以看出其所采用的是上图下文的形式。另外，光绪三十二年（1906）活字本《平原陆氏宗谱》的纸号是"明记，豫丰恒"。

光绪八年(1882)刻本
《归盦文稿》纸号

光绪年间,福建生产的纸张在苏州地区得到了更为广泛的应用。光绪八年(1882)刻本《归盦文稿》纸号虽然残缺,但是仍可以辨识出"福建。加重督造洁。毛鹿名纸发"字样。其中,纸号上方也是蓝色图像,将其与《包山郑氏族谱》中的蓝色图像进行比对可以发现,二者并不相同。

又比如,光绪十五年(1889)扫叶山房出版的《伤寒真方歌括》,其中一页有纸厂印章,此印章有一"长"字,与另一部带经堂出版的《排律初津》中所钤的纸厂印记相同,《排律初津》不仅有"长"字圆圈,还有"福建,厂…洁白…太名"等字。

从常熟地区的用纸中,我们可以发现福建生产的纸张。光绪十八年(1892)常熟出版的活字本《范氏历代宗谱》纸号为"柏。福建。恒元同记本厂加工督造洁白毛六八太名纸发行"。圆形"柏"字是纸号的重要标识。通过印章文字我们也可以发现其纸厂名字是"恒元同记",其生产的纸张类型是"洁白毛六八太名纸"。这些纸张绝大多数是由福建生产的,而其在苏州地区的纸店则从福建批发、销售纸张,"柏"字可能是苏州纸店的标识。

光绪二十四年(1898)出版的《包山郑氏族谱》,纸厂标识除了方形文字章外,上方还有蓝色图像章。红色章为"□建,色名纸"字样。这枚图

光绪十八年(1892)活字本
《范氏历代宗谱》纸号

光绪二十四年(1898)刻本
《包山郑氏族谱》纸号

像应该不是福建纸厂的标识，或许是苏州的纸店加盖的。从其图像的内容来看，与"中和字号"的图像设计颇为接近，都出现了北斗的形象。

除了上面提及的"柏"字，还有"经""忠"等字。光绪八年（1882）刻本《吴氏支谱》有"经"字圆圈，为"福建。□号本厂督造□六八□发行"。光绪年间出版的《行素堂目睹书录》，纸号是"忠"字号。尽管文字残缺，但是其文字内容的写法与其他福建纸厂基本类似。

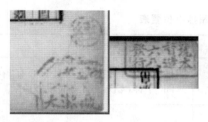 

光绪八年（1882）刻本《吴氏支谱》纸号　　光绪年间刻本《行素堂目睹书录》纸号

值得注意的是，光绪九年（1883）刻本《苏州府志》中的纸号的第二枚印章内容较多，可以辨识的有"福建。彭祥升号精造上料"。尽管纸厂都是"彭祥升"，但是圆章的文字出现了"经""松""柏"三字。

光绪九年（1883）刻本《苏州府志》纸号

关于宣统年间书籍的纸号，如宣统三年（1911）活字印本《太原王氏家谱》中有纸号标识"文盛"。

通过以上对不同时期纸厂标识的分析我们可以发现，清代苏州不同时期的出版物都有各自的纸号。康熙到乾隆年间，纸厂的标识较多，且富于变化，从嘉庆年间开始，福建地区的纸张在苏州得到了大规模的应用，而且源于福建地区不同的纸店。这些纸张被运输到了苏州的纸店，用来抄书或印书。

宣统三年（1911）活字印本《太原王氏家谱》纸号

二、抄书的地理空间考察

对于清代苏州的借抄，从抄书活动比较兴盛的乾隆、嘉庆年间来看，抄书者一般在自己的书斋或藏书楼里抄写。下面根据学者抄书的题识及书斋、藏书楼的位置信息，列表6.12。

表6.12 清代苏州抄书位置表

抄书者	斋堂	位置	出处
钱兴祖 （1213—1279）	在兹阁	—	旧抄本《十六国春秋》每页版心有"在兹阁"字样（《铁琴铜剑楼藏书目录》）
尤侗 （1618—1704）	亦园	葑门新造桥	《吴门园墅文献》
金侃 （1635—1703）	珠泾馆斋	—	金侃抄本《金台集》，"乙丑（康熙二十四年，1685）长至日录于珠泾馆斋"（《铁琴铜剑楼藏书目录》）
何焯 （1661—1722）	赍砚斋	金狮子巷	《（民国）吴县志》
惠周惕 （生卒年不详）	红豆书庄	城东南冷香溪之北	《（民国）吴县志》
王闻远 （1663—1741）	率真书屋	—	王莲泾题识《龟巢稿》："岁丙午（雍正四年，1726）冬至前三日，第二次校毕于率真书屋之南窗。"（《铁琴铜剑楼藏书目录》）
顾嗣协 （1663—1711）	依园	闾邱坊巷南	《（民国）吴县志》
顾嗣立 （1665—1722）	秀野园	乘鲤坊	《（民国）吴县志》
张位 （生卒年不详）	青芝小堂	葑溪	《（民国）吴县志》
顾氏 （1534—1610）	—	碧凤坊	碧凤坊顾氏藏书（《铁琴铜剑楼藏书目录》）

续表

抄书者	斋堂	位置	出处
李松云 （生卒年不详）	文选阁	—	《杨盈川集》旧为李松云藏书，版心有"文选阁"字样（《铁琴铜剑楼藏书目录》）
周绍衣 （生卒年不详）	—	上津桥	"周绍衣，长洲人，忠介公裔，居吴门上津桥，家多藏书"（《吴兔床日记》）
王鸣盛 （1722—1798）	颐志堂	阊门外洞泾桥	《（民国）吴县志》
吴翌凤 （1742—1819）	卧松居	—	"余传此本于青芝张氏，阅八年矣。……三月二十八日吴翌凤书于卧松居"（《铁琴铜剑楼藏书题跋集录》）
顾之逵 （1752—1797）	小读书堆	城南	《（民国）吴县志》
石韫玉 （1756—1837）	五柳园	金狮巷	《（民国）吴县志》
江藩 （1761—1831）	—	渌水桥	光绪十一年（1885），"江郑堂侨居阊门外之渌水桥，与枚庵为藏书友"（《江标日记》）
袁廷梼 （1762—1809）	五砚楼	寺浜之东南	《北山小集》跋云："道光五年（1825）春三月仿士礼居黄氏影宋本钞录藏于五砚楼，贞节堂袁识。"（《铁琴铜剑楼藏书题跋集录》）寺浜之东南即五砚楼（《江标日记》）
黄丕烈 （1763—1825）	士礼居	"瘦羊云甍圃尚有玄孙住昭明巷，即其老屋，又云甍圃自员峤巷出屋迁居察院巷，即开滂喜园书坊于门前"（《江标日记》）	《楚国文宪公雪楼程先生文集》，"嘉庆□年三月十二日，借周香严所藏刻本影写于士礼居"（《铁琴铜剑楼藏书题跋集录》）
张绍仁 （生卒年不详）	绿筠庐	仁寿里	张绍仁抄本《苏学士集》十六卷，跋云："尘事缪绕，五日始毕。切庵居士张绍仁识于仁寿里之绿筠庐。"（《荛翁古书经眼录标注》）

续表

抄书者	斋堂	位置	出处
陈塼 (生卒年不详)	西畇草堂	—	黄丕烈跋《麟台故事》,"后归于西畇草堂,遂倩余友胡荨洲转假影录一册"(《铁琴铜剑楼藏书目录》)
金檀 (1765—约1826)	文瑞楼	桃花坞	《吴中藏书先哲考略》
顾千里 (1766—1835)	思适斋	枫桥	《江标日记》
陈奂 (1786—1863)	扫叶庄	南园俞家桥	《(民国)吴县志》
袁学澜 (1804—1879)	双塔影园	官太尉桥西	《(民国)吴县志》
潘遵祁 (1808—1892)	—	西花梅巷	《(民国)吴县志》
周星诒 (1833—1904)	窳櫎	镇抚司前	《(民国)吴县志》
江标 (1860—1899)	—	临顿路悬桥巷故居	江标居所在"苏州城内临顿路悬桥巷"(《江标集》)

从抄书者居住的地点来看,抄书作为增加藏书的重要途径,和藏书楼、书斋联系在一起。从微观的地理位置来看,抄书地点一般是在书斋。尽管有的抄本标注了地点,但是实际抄写的位置并不一定是版心所标识的地点。因此,抄书者题跋所记载的地点更具有可信性。举例来说,金侃的抄本很少印制信息,他在题跋中说抄写于珠泾馆斋。从王闻远抄书的题识来看,他是在率真书屋中抄写的,而王闻远抄本版心标识的是孝慈堂或龙池山房,此外,王闻远家中还有四美轩。又如吴翌凤抄书的地点是在卧松居。黄丕烈的抄书地点最为复杂,其在题识中明确说到是在悬桥巷的士礼居抄写的。黄丕烈后搬迁,嘉庆元年(1796),其居住在"王洗马巷新居"[1]。黄丕烈抄书的地点还有读未见书斋,李德经就在读未见书斋为黄丕烈抄书。李德经在《中州乐府》的跋语中说:"余应文选局之募,佣书于

---

[1] 瞿启甲辑:《铁琴铜剑楼藏书题跋集录》,上海古籍出版社2019年版,第191页。

读未见书斋。……嘉庆戊辰（十三年，1808）冬尹传李德经识。"[1]抄写者在书斋中抄写，然后将抄本放在藏书楼中保存。

同样，常熟、昆山等地内部也存在着抄书活动的地理空间变动。嘉庆至咸丰年间是常熟藏书、抄书的兴盛期。常熟的抄书者如瞿氏、张氏等家族之间也有所交流。咸丰四年（1854），季锡畴在恬裕斋阅读爱日精庐抄本《丞相魏公谭训》，而在瞿氏的藏书题跋中也能经常见到松云居士在铁琴铜剑楼校书的题识。咸丰七年（1857），恬裕斋主人从邑中张氏处抄录《春秋谷梁疏》。瞿氏的铁琴铜剑楼是当时常熟抄本制作和收藏的中心，接纳友朋在此校书、抄书。

抄书活动在地理空间上将苏州和周边地区联系起来。以常熟为例，常熟藏书家与吴县、长洲等地藏书家之间互相借抄，使江南地区的两大藏书中心建立起地理空间的联系。抄书者对于地理空间的认知是将其与藏书楼的位置结合起来的，比较典型的有张金吾从黄丕烈藏宋本影抄《碧云集》[2]，常熟恬裕斋主人从郡中汪氏处借抄《袁氏通鉴纪事本末撮要》[3]，瞿氏从黄丕烈处借抄《宋太宗实录》《石林奏议》。这三则抄书案例所反映的是苏州书籍向外输出的路线，而且瞿氏抄书与张氏抄书的来源都有黄丕烈的藏书。除此之外，也有向其他地区抄书的，如王闻远抄本《翰林杨仲弘诗》，"此集假娄东宋蔚如善本影写"[4]。这是吴县藏书家向太仓藏书家借抄的。

抄书活动所建立起来的书籍交流路线，有多种实现的方式，包括寄纸张请对方抄写、借书抄写、上门抄写等。藏书家之间的借抄活动、书籍的印刷和销售，使苏州与江南其他地区之间建立起了紧密的联系。借抄与印刷的路径也基本重合，主要包括苏州与杭州、上海、常州、嘉兴、南京等地的书籍交流。这种交流的高峰出现在乾隆、嘉庆年间，以黄丕烈、吴翌凤、顾广圻为代表的苏州藏书家与杭州等地的藏书家交流密切，吴江的杨复吉等人也与浙江的藏书家交往密切[5]，常熟的张氏从钱塘何元锡处借抄

---

[1] 瞿启甲辑：《铁琴铜剑楼藏书题跋集录》，上海古籍出版社2019年版，第301页。
[2] 瞿镛编纂：《铁琴铜剑楼藏书目录》，上海古籍出版社2000年版，第520页。
[3] 瞿启甲辑：《铁琴铜剑楼藏书题跋集录》，上海古籍出版社2019年版，第53页。
[4] 瞿镛编纂：《铁琴铜剑楼藏书目录》，上海古籍出版社2000年版，第620页。
[5] 乾隆五十一年（1786），松陵杨复吉借抄鲍氏知不足斋藏本《困学斋杂录》。（瞿启甲辑：《铁琴铜剑楼藏书题跋集录》，上海古籍出版社2019年版，第171页。）

《舆地纪胜》[1]。借抄过程中所产生的书籍的寄还、纸墨的消耗、抄工的雇佣活动都促进了城市之间的交流，正如《翁心存日记》中所记载，"何竹芗寄来红丝阑格，托钞《毛诗要义》"[2]，"得何竹芗同年川沙复函，云欲钞《周易要义》相赠"[3]。

藏书家也会亲自到苏州搜罗书籍。外地的学者到了苏州，除了到书肆之外，便是到苏州当地的藏书家家中。乾隆五十年（1785），海宁的藏书家吴骞到了苏州后，就去吴翌凤家中拜访。[4]乾隆五十二年（1787），吴骞到苏州的周五郎巷拜访陆贯夫。[5]乾隆六十年（1795），吴骞"访竹汀宫詹于紫阳书院"[6]。嘉庆十年（1805），吴骞"偕简庄过尧圃，遍观所藏书籍"[7]。抄书、藏书影响了外地学者对于苏州地理空间的认知，因为他们拜访的都是苏州有名的藏书家住所。

三、刻书的地理空间考察

刻书是清代苏州出版活动的主体，涉及的事务较多，但最主要的还是板片，根据板片的位置，我们可以将其与地理空间联系起来。清代苏州刻本中关于具体位置的信息，体现在版权页、版心等标识上。这涉及出版者所在的具体位置，这些位置一般都富有地域特色，对于了解苏州的出版分布至关重要。这些地点可分为不同的类型，以板片的贮藏地为中心，主要涉及书坊、刻字铺、私宅、官府四个地方。其中，书坊和私宅的板片收藏数量最多，分布范围也最广。

1. 书坊与刻字铺

苏州刻书业在全国出版地图上所占据的位置可以用胡应麟的话来概括："今海内书，凡聚之地有四，燕市也、金陵也、阊阖也、临安也。"[8]

[1] 瞿镛编纂：《铁琴铜剑楼藏书目录》，上海古籍出版社2000年版，第279页。
[2] （清）翁心存著，张剑整理：《翁心存日记》第二册，中华书局2011年版，第647页。
[3] （清）翁心存著，张剑整理：《翁心存日记》第二册，中华书局2011年版，第685页。
[4] （清）吴骞著，张昊苏、杨洪升整理：《吴兔床日记》，凤凰出版社2015年版，第44页。
[5] （清）吴骞著，张昊苏、杨洪升整理：《吴兔床日记》，凤凰出版社2015年版，第56页。
[6] （清）吴骞著，张昊苏、杨洪升整理：《吴兔床日记》，凤凰出版社2015年版，第107页。
[7] （清）吴骞著，张昊苏、杨洪升整理：《吴兔床日记》，凤凰出版社2015年版，第181页。
[8] （明）胡应麟撰：《少室山房笔丛》，上海书店出版社2001年版，第41页。

在胡应麟看来，苏州、北京、南京、杭州是全国的出版中心。这当然也包括书坊刻书。在刻书方面，清代苏州基本维持了明代的地位，依然是重要的出版中心。

清代苏州书坊在地理位置上呈现出聚集式发展的特点。胡应麟指出，"凡姑苏书肆多在阊门内外及吴县前，书多精整，然率其地梓也"[1]。这针对的主要就是坊刻。阊门内外和吴县前两处地点构成了明清苏州坊刻的基本格局。

"本衙藏板"是明清刻本中经常出现的刻书标识，但是对于"本衙"到底是哪里存在一定的争议。日本学者鸟居久晴认为"在地方州县的城市里，不专营书籍而兼营书籍的出版、出售及碑帖、笔墨之类的店"或"中国学者的著述多数也是自费出版"。[2]实际上，这些书坊正是集刊刻、销售于一体的。我们通常认为"本衙"指的是书籍作者的书斋，即凡是标有"本衙藏板"的一般为作者出版。最有名的啸花轩刊本基本上都是带有"本衙藏板"标识的，一般认为是啸花轩自刻。又如康熙年间刊本《花幔楼批评写图小说生绡剪》，扉页镌有"圣叹外书，花幔楼主人评点，绣像生绡剪，本衙藏板"[3]，其刊刻者正是花幔楼；康熙十二年（1673）刻本《新说生花梦奇传》，卷端题"古吴娥川主人编次，古吴青门逸史点评"，扉页镌有"二集嗣出，本衙藏板"[4]，其出版者正是古吴娥川主人，而且作者的署名就已经表明了其所处的地域。

书坊有固定的经营场所，一般在闹市。这是坊刻区别于家刻、官刻的重要特点。清代的苏州包括吴县、长洲、元和、吴江、昆山、常熟、昭文及新阳。苏州的书坊主要集中在吴县和长洲的繁华街市，那里人口最为集中，水路交通便利，逐步发展成书坊聚集之地。关于这些书坊所在的地点，书坊一般用"古吴""金阊""姑苏""苏城""吴郡""吴门"等表示。尽管这些词语所指代的具体地点一般比较模糊，但是这几个名称正代表了苏州书坊的方位和布局。如果与书坊的具体位置结合起来，就可以发现这些名称的使用有着特定的内涵，所代表的正是书坊的聚集地。通过这些书

---

[1]（明）胡应麟撰：《少室山房笔丛》，上海书店出版社2001年版，第42页。
[2] 黄霖、王国安编译：《日本研究〈金瓶梅〉论文集》，齐鲁书社1989年版，第41页。
[3] 花幔楼主人评点：《花幔楼批评写图小说生绡剪》，康熙年间刻本，扉页。
[4]（清）娥川主人编次，（清）青门逸史点评：《新说生花梦奇传》，康熙十二年（1673）刻本，扉页。

坊刻书的扉页我们可以发现，冠以"金阊"的书坊不会再冠以"古吴"，而冠以"古吴"的书坊也不会再冠以"金阊"。

（1）古吴

以"古吴"冠名的书坊比较常见，其地点一般是在吴县前，如康熙年间致和堂刊《新刻出像点板时尚昆腔杂曲醉怡情》，扉页有"古吴致和堂梓"[1]字样；清前期刊《琵琶记》，扉页有"古吴致和堂"[2]字样。致和堂是苏州有名的书坊，但是外地以"致和堂"的名义刊刻书籍的并不在少数，其中难免有偶然重复的。因此，在书坊名称前冠以"古吴"，能够与其他书坊进行区分。其他以"古吴"命名的书坊还有古吴郁郁堂、古吴梵香阁、古吴崇文堂等。

（2）金阊

冠以"金阊"二字的书坊一般集中在阊门一带，这是明清时期苏州坊刻最为发达的地区，该地区集中了众多的书坊，如清初金阊载道堂刊《传奇翻水浒记》，顺治八年（1651）载道堂刊《新世鸿勋》。由于阊门内外书坊规模的庞大及由此带来的名气，冠以"金阊"二字本身就是利用这种规模效应的体现。而且，由于规模巨大，"金阊书林"声名鹊起。

书业堂的名字早在万历年间就已经在苏州出现了，如书业堂刊刻了汤显祖的《邯郸记》，扉页上镌"吴郡书业堂梓行"[3]，这说明书业堂位于苏州。真正让"书业堂"三个字在苏州书坊乃至全国书坊中大放光彩的则是在乾隆、嘉庆年间。这一时期的书业堂位于阊门，其刻书的扉页上一般有"金阊书业堂梓行"字样，如《重镌绣像后西游记》《新评龙图神断公案》；或者镌有"金阊书业堂藏板"，如《仪礼章句》。其他以"金阊"冠名的还有金阊宝仁堂、金阊黄金书屋、金阊拥万堂等。

尽管阊门附近的书坊形成了一定的规模，但并不是所有在阊门地区的书坊都会冠以"金阊"二字。清初课花书屋刊刻的《快心编》，扉页镌有"醒世奇观，四桥居士评点，新镌快心编全传，课花书屋藏板"[4]。而雍正十三年（1735）课花书屋刊刻的《绘像第七才子书》，书中题"雍正乙卯

---

[1]（清）菰芦钓叟编：《新刻出像点板时尚昆腔杂曲醉怡情》，清古吴致和堂刻本，扉页。
[2]（元）高明撰：《琵琶记》，清古吴致和堂刻本，扉页。
[3]（明）汤显祖撰：《邯郸记》，明万历年间刻清乾隆二十六年（1761）书业堂重修本，扉页。
[4]（清）天花才子编辑：《快心编》，清初课花书屋刻本，扉页。

（十三年，1735）春日七旬灌叟程自莘氏较刊于吴门之课花书屋""苏州阊门外上津桥下塘西山庙前藏板"[1]。由此可知，课花书屋的主人是程自莘，而其书板存放位置就在西山庙附近。尽管书板存放的位置不一定是课花书屋所在的位置，但是从"四桥居士"很可能就是课花书屋主人本人来看，藏板地与课花书屋重合的可能性更大一些。

（3）吴郡（吴门）

冠以"吴郡"的有宝翰楼，是一家位于阊门的书坊。宝翰楼是明末清初人尤云鹗的书坊，主要活跃于康熙年间的苏州。尤云鹗是戴名世的门人[2]，康熙年间出版的戴名世的《忧患集偶钞》署"受业尤云鹗编次"[3]。顾贞观编选的《积书岩宋诗选》也是由宝翰楼刊刻的，而辅助刊刻者则是张纯修。宝翰楼在扉页上一般镌有"宝翰楼梓行"，如康熙年间刊刻的《忧患集偶抄》《孑遗录》扉页有"宝翰楼梓行"字样。康熙三十年（1691）刊刻的《四书体朱正宗约解》对宝翰楼的位置进行了说明，扉页上所镌刻的"吴郡宝翰楼梓"表明了这是一家位于苏州的书坊，而且序言的版心也镌刻了"宝翰楼藏板"字样。

宝翰楼刊刻的《苏文忠公全集》扉页有"陈明卿太史订正""金阊宝翰楼藏板"字样。由此可知，宝翰楼虽然在阊门，但是同时使用了"吴郡""金阊"来冠名。

（4）姑苏

康熙年间稼史轩刊刻的《定鼎奇闻》扉页上镌有"姑苏稼史轩梓"。这部书脱胎于《剿闯小说》，因在当时有所忌讳而遭到禁毁。[4]除此之外，乾隆元年（1736），苏州刊刻了《新编说唱孙行者大闹天宫》，扉页有"姑

---

[1]（元）高明撰：《绘像第七才子书》，雍正十三年（1735）课花书屋刻本，扉页。
[2] 瞿冕良的《中国古籍版刻辞典》认为宝翰楼是明末清初人尤云鹗的书坊，始创于明万历年间，至清道光年间犹存。同样，能够表明宝翰楼位于苏州的还有康熙二十五年（1686）刊刻的《增订广舆记》，其扉页镌有"吴郡宝翰楼"。瞿氏认为，宝翰楼的运营一直延续到道光年间，他的依据应该是清代陈厚耀的《春秋世祖谱》是在道光二十年（1840）由宝翰楼刊刻的。
[3] 尤氏的跋语写于康熙四十年（1701），尤氏在跋语中说："乃检平日所藏钞本百余篇，在先生集中仅五之一，为刊而布之，余俟后有定本，再锓诸板。"[（清）戴名世撰：《潜虚先生文集》"尤序"，光绪十八年（1892）活字本，第1a页。]
[4] 稼史轩本有足本和节本之分。(沈津主编：《美国哈佛大学哈佛燕京图书馆藏中文善本书志》3，广西师范大学出版社2011年版，第1176页。)

苏王君甫发行"字样。这是苏州刊刻者中少有的知道姓名的案例。[1]

（5）苏城

清末的苏州刻字铺、书坊经常冠以"苏城"的名号。位于桃花坞的徐氏文艺斋在光绪十六年（1890）刊刻了《五亩园小志》，扉页有"桃坞望炊楼本""苏城徐文艺斋精刊"字样。

光绪元年（1875）刻本《余孝惠先生年谱》，书末镌有"苏城临顿路中藏棱斋刻"[2]。由此可以发现，凡是冠以"苏城"的书坊，一般不在阊门附近，而是分散在苏州城的各个角落，尤其是集中在临顿路、玄妙观一带。这也是清代苏州书坊版图的一次变迁。

值得注意的是，书坊冠名并不是一成不变的，以三槐堂为例，明代的三槐堂以"金阊"冠名，其刊刻了《增补四书精绣图像人物备考》，到了清代，苏州的三槐堂才称"古吴"，如乾隆八年（1743），古吴三槐堂刊刻了李沛霖辑录的《书经释义》。而且，即使是这样，清代的三槐堂也并不一直称"古吴"，有时也称"姑苏"，道光年间也称"金阊"，如《增删卜易》版权页有"道光戊子年（八年，1828）春镌，金阊三槐堂藏板"[3]字样。康熙年间刊本《类书纂要》题"姑苏三槐堂"。由此我们可以有两种推测，康熙年间的三槐堂一度以"姑苏"冠名，直到雍正年间才以"古吴"冠名；抑或是"姑苏"与"古吴"是相近的表述，二者代表同一阵营的书坊。

刻字铺和书坊是对城市格局塑造产生重大影响的书业机构，这主要体现在二者的选址、经营等方面。从书坊和刻字铺的板片收藏来看，那些板片绝大多数属于私人财产，其中少部分属于寄存。根据清代苏州版本上的线索，笔者对清代苏州部分书坊和刻字铺的地点进行了统计（表 6.13、表 6.14），又在绘制的地图上标注了清代苏州部分书坊和刻字铺的地理位置。[4]

---

[1] 有两个问题值得注意：第一，扉页仅提到发行，并未说到刊刻，说明这部书未必是王君甫刊刻的；第二，王君甫所经营的是否属于书坊尚待考察。
[2] 谢冬荣编：《文津识小录》，国家图书馆出版社 2016 年版，第 239 页。
[3] 野鹤老人撰，（清）李文辉增删：《增删卜易》，道光八年（1828）金阊三槐堂刻本，扉页。
[4] 为便于区分，在标记地点时，表 6.13 中代表书坊地点的序号不加圆圈，表 6.14 中代表刻字铺位置的序号加上圆圈。

表 6.13　清代苏州书坊地点表

序号	名称	地点	经营时间	依据
1	宛委堂	阊门内吴趋坊徐河桥北堍	康熙年间	康熙三十六年(1697)刻本《箧衍集》,钤有"姑苏阊门内吴趋坊徐河桥北堍宛委堂书铺发兑"
2	绿荫堂	阊门内官廨左间壁	康熙年间	康熙四十四年(1705)白莲泾刻本《明诗综》,钤有"姑苏阊门内官廨左间壁绿荫堂书坊发兑图章记"
3	斯雅堂	阊门内水关桥	康熙年间	康熙刻本《东岩草堂评订唐诗鼓吹》,钤有"苏州阊门内水关桥斯雅堂书坊精选古今书籍发兑黄氏印"
4	函三堂	阊门内尚义桥贵徛底	乾隆年间	乾隆五十九年(1794)函三堂刻本《针灸大成》,钤有方形印章"姑苏阊门内尚义桥贵徛底函三堂书坊发兑"
5	姚清华斋	阊门内护龙街大关帝庙北首	乾隆年间	乾隆三十九年(1774)至四十一年(1776)清华斋刻本《古文断》,《后集》卷十八末刻有"姑苏阊门内护龙街大关帝庙北首姚清华斋藏板"
6	三槐堂	阊门外鸭蛋桥南	乾隆年间	清刻本《敬信录》卷首有"此录乾隆己亥(四十四年,1779)第八刻,板存姑苏阊门外鸭蛋桥南三槐堂书坊"字样
7	宝翰楼	阊门内第一家	乾隆、嘉庆年间	嘉庆年间刻本《葆寿集》版权页有"嘉庆甲戌(十九年,1814)孟夏重修""原板向存姑苏阊门内第一家宝翰楼书坊,今重修板存阊门内横街文星堂书坊"字样
8	文星堂	阊门内横街	嘉庆年间	嘉庆年间刻本《葆寿集》版权页有"嘉庆甲戌(十九年,1814)孟夏重修""原板向存姑苏阊门内第一家宝翰楼书坊,今重修板存阊门内横街文星堂书坊"字样
9	经钼堂	胥门内学士街	嘉庆年间	嘉庆十二年(1807)吴兴倪氏经钼堂刻本《不碍轩读律》,有"苏州胥门内学士街经钼堂书坊附刊送"字样。嘉庆年间刻本《说文新附考》,钤有"苏州胥门内学士街倪经钼堂书坊发兑"

续表

序号	名称	地点	经营时间	依据
10	三径堂流通善书局	胥门外小日晖桥北堍下岸	道光年间	道光十二年（1832）刻本《净土警语》，卷末有"苏州胥门外小日晖桥北堍下岸三径堂流通善书局刷印装钉发兑各种经书文集总目"字样
11	书业堂巽记	阊门内尚义桥贵弄	道光年间	道光三十年（1850）刻本《科名显报》，版权页有"道光庚戌年（三十年，1850）新镌，板存姑苏阊门内尚义桥贵弄中书业堂巽记发兑"
12	会文堂	阊门吊桥东首越城内	嘉庆至咸丰年间	清刻本《敬信录》，扉页有"板存姑苏阊门吊桥东首越城内会文堂书坊"字样
13	来青阁	姑苏东大街	嘉庆至光绪年间	清末苏州来青阁刻本《幼学须知句解》，版权页有"姑苏东大街来青阁藏板"字样
14	艺海堂	阊门内横街里水关桥	道光至咸丰年间	咸丰七年（1857）刻本《眼科神应方》，版权页有"咸丰七年（1857）重刻，板存苏州阊门内横街里水关桥艺海堂书坊"
15	世经堂	察院场	同治年间	同治八年（1869）刻本《四书补注附考备旨》，版权页有"苏城圆妙观前察院场世经堂藏板"字样
16	绿润堂	元妙观前大成坊巷东	同治年间	同治五年（1866）绿润堂刻本《幼学须知句解》，版权页有"苏州元妙观前大成坊巷东绿润堂发兑"字样；同治八年（1869）刻本《写法切要》，内封有"同治己巳年（八年，1869）镌，未经校阅，板旋姑苏绿润堂，元妙观前书坊"字样
17	江苏书局	杨家巷	同治至光绪年间	同治七年（1868），"还上经四桥至申衙前，雨止，登岸，入新开书局。局屋新赁之毕氏，即秋帆尚书灵岩山馆也"（《莫友芝日记》）

续表

序号	名称	地点	经营时间	依据
18	玛瑙经房	圆妙观西,察院巷口	光绪年间	现存的一张玛瑙经房的发票(孙乐君),显示其位置在"圆妙观西,察院巷口";光绪十七年(1891)刻本《西方捷径指要》,卷末有"板藏苏城护龙街中禅兴寺桥南大关帝庙北,玛瑙经房印造各种经忏书籍善书良方流通"字样;光绪二十五年(1899)玛瑙经房刻本《妙法莲华经》,卷末有"板藏苏城圆妙观西玛瑙经房刷印流通"字样
19	松下清斋	马大箓巷西口	光绪年间	光绪十七年(1891)刻本《字学臆参》,扉页有"苏州姚氏松下清斋发行,发行所苏州城内马大箓巷西口"字样
20	经义堂	阊门内	乾隆至道光年间	乾隆五十二年(1787)刻本《钦定钱录》,钤有"苏州阊门内经义堂精选古今书籍发兑"
21	绿荫堂	昼锦坊	同治、光绪年间	沈宝谦跋顺治十五年(1658)刻本《通鉴纪事本末》云:"得诸昼锦坊绿荫堂书肆。"
22	交通益记图书馆	观前大街	清末至民国	清末刻本《四书集注》,版权页有"开设苏州观前大街交通益记图书馆藏板"字样
23	恒志书社	城内中街	清末	清末恒志书社刻本《芦窠做亲》,扉页有"苏州郡庙前西首,恒志书社印"字样;清末民初苏州恒志书社刻本《恒志书社唱本汇集》,扉页有"恒志书社藏板"字样
24	文学山房	嘉鱼坊西;护龙街中	光绪至民国年间	清末民初文学山房木活字本《古今伪书考》;版权页有"苏州嘉鱼坊西文学山房发行"字样;同治年间苏州文学山房刻本《零锦词》版权页有"苏州护龙街中文学山房印行"字样

表 6.14 清代苏州刻字铺位置表

序号	名称	地点	经营时间	依据
1	郑天荣	娄门内张香桥	乾隆年间	乾隆五年(1740)刻本《吹万阁集》,序后镌有"娄门内张香桥郑天荣刻"
2	甘朝士刻字店	姑苏臬辕西首	乾隆至同治年间	乾隆五十三年(1788)刻本《集验良方》,版权页有"乾隆戊申(五十三年,1788)重镌,姑苏臬辕西首甘朝士刻字店印订"字样
3	姚清华斋	阊门内护龙街大关帝庙北首	乾隆至同治年间	乾隆四十三年(1778)刻本《三字经》,版权页有"乾隆戊戌(四十三年,1778)新镌,姑苏阊门内护龙街大关帝庙北首姚清华斋藏板"字样
4	王景桓	铁瓶巷	乾隆、嘉庆年间	乾隆三十四年(1769)刻本《义门读书记》,跋文后镌有"吴郡铁瓶巷王景桓镌"
5	程在新刻字店	临顿小日晖桥	嘉庆年间	嘉庆十五年(1810)刻本《妇婴至宝》,扉页有"此第三刻,板存姑苏临顿小日晖桥程在新刻字店内,善士刷印,每本纸价二十九文"字样
6	汪耀明	卫前	嘉庆年间	嘉庆年间刻本《古小赋钞》,卷上下目录后有"姑苏卫前汪耀明刻"字样
7	周宜和铺	南仓桥爱莲室	嘉庆年间	嘉庆二十五年(1820)会稽陈氏刻本《藤阿吟稿》,卷末有"姑苏葑门内南仓桥周宜和铺刻字"字样;嘉庆年间刻本《印须又续集》,卷四末有"姑苏葑门内南苍桥爱莲室周宜和刊刻"字样;嘉庆二十五年(1820)至道光八年(1828)刻本《紫云仙馆试帖初集》,序后镌有"姑苏南仓桥爱莲室周宜和刻"
8	王敬文刻字铺(宝晋斋)	胥门内财帛司堂南首西察院大街	嘉庆年间	嘉庆六年(1801)净念堂刻本《信心应验录》,扉页有"板存苏州胥门内财帛司堂南首西察院大街宝晋斋王敬文刻字铺"字样
9	三槐堂刻字店	阊门内大街□亭西塊周哑子巷	嘉庆年间	嘉庆三年(1798)刻本《济急丹方》,版权页有"板存苏州阊门内大街□亭西塊周哑子巷三槐堂刻字店便是。倘有善姓发心印送者,只取工料纸价"字样

续表

序号	名称	地点	经营时间	依据
10	张金彪局	胥门内	嘉庆、道光年间	道光元年(1821)刻本《伤寒补亡论存》,卷二十后有"吴郡胥门内张金彪局刻"字样
11	吴学圃、青霞斋	阊门外桐泾桥西石屑衖口	道光年间	《妇婴至宝》,卷末有"姑苏阊门外桐泾桥西石屑衖口吴学圃刊印订"字样;《词林正韵》,卷末有"阊门外桐泾桥西石屑衖口吴学圃刊刻"字样;道光四年(1824)刻本《段氏说文注订》,卷末有"吴郡阊门外洞泾桥西首青霞斋吴学圃局刻"字样
12	张斌荣刻字店	平江路中张家巷	道光年间	道光二年(1822)刻本《天绘阁诗稿》,为吴郡张斌荣刻印,其住在平江路中张家巷里。《绛囊撮要》版权页有"板存苏州东城平江路张斌荣刻字店内"字样
13	喜墨斋刻字店	按察司前西	道光年间	道光年间刻《元妙观志》,镌有"臬署前喜墨斋刻字店镌";道光年间刻本《集验拔萃良方》,版权页有"印送□□按察司前西喜墨斋刻字店"字样;道光年间刻本《道光庚子恩科乡试仲孙樊朱卷》,卷末有"吴郡臬辕西刘喜墨斋刻"字样
14	文宝斋刻字店	平江路青石桥	道光年间	道光年间刻本《绛囊撮要》卷末有牌记云:"板在姑苏东城平江路青石桥文宝斋刻字店,每本竹纸工价钱。"
15	毛上珍刻字铺、毛传书刻字部	临顿路南青龙桥	嘉庆至民国年间	嘉庆十五年(1810)刻本《妇婴至宝》,有"板在姑苏临顿路南青龙桥毛上珍刻字铺刷印便是"字样;光绪三十二年(1906)苏城毛上珍刻本《苏州府长元吴三邑诸生谱》,卷末有"苏城临顿路南首毛上珍刻印"字样;清末苏州毛传书刻本《玉历钞传警世》,有"姑苏临顿路南首毛传书刻字部印"字样;宣统二年(1910)铅印本《俭德堂读书随笔》卷末有"苏城临顿路南首毛上珍排印"字样

续表

序号	名称	地点	经营时间	依据
16	文奎斋	南仓桥西	道光至咸丰年间	道光三十年(1850)刻本《义门先生集》,卷末有"姑苏葑门内南仓桥西文奎斋局刊"字样
17	陶升甫	元妙观西;中街路	道光至同治年间	道光二十一年(1841)刻本《集验良方拔萃》,镌有"苏城中街路陶升甫刻印";同治年间刻本《同治丁卯并补咸丰辛酉科乡试李国荣朱卷》,卷末有"元妙观西陶升甫刻"字样
18	汤晋苑局	阊门内顾市巷东	嘉庆至同治年间	嘉庆十二年(1807)刻道光增修本《颐道堂集》,序末有"苏城阊门内顾市巷中汤晋苑刻印"字样;咸丰年间刻本《咸丰己未恩科补行乙卯科乡试袁清贺朱卷》,卷末有"苏城古市巷中汤晋苑局刊印"字样;道光五年(1825)观复斋刻本《铁箫庵文集》,目录后有"姑苏阊门内顾市巷东汤晋苑局刻"字样
19	张艺芳刻字店	盘门内三多桥南首	咸丰年间	咸丰年间刻本《拔萃良方》,扉页有"咸丰庚申(十年,1860)""苏州盘门内三多桥南首张艺芳刻字店刷印"字样
20	许文一	临顿路兵马司桥	咸丰、同治年间	同治五年(1866)刻本《雪心宝训》,扉页有"同治五年丙寅(1866)冬月刊,板存吴郡临顿路兵马司桥许文一刻印"字样
21	文宝斋	临顿路中	同治年间	同治四年(1865)江苏省舆图总局刻本《苏省舆图测法绘法条议图解》,卷末有"苏州城内临顿路中文宝斋张梅珊刻印"字样
22	许浩源	娄门内平江路积庆桥堍;平江路南	同治年间	同治年间刻本《救急良方》,卷末有"板存苏城娄门内平江路积庆桥堍许浩源刻印"字样;《三吴翘秀集》,镌有"平江路南许浩源镌"

续表

序号	名称	地点	经营时间	依据
23	顾悦廷（漱芳斋）	阊门内大街桑叶巷口；阊门内接驾桥；阊门内都亭桥东首桑叶巷口	同治年间	同治五年（1866）刻本《胡文忠公遗集》，扉页有"板存姑苏阊门内都亭桥东首桑叶巷口漱芳斋顾悦廷刻印"字样；同治六年（1867）漱芳斋写刻本《了凡四训》，扉页有"同治丁卯年（六年，1867）仲夏重镌，漱芳斋藏板"字样，有牌记"如有乐善仕商赐顾者，板存苏城阊门内大街桑叶巷口漱芳斋刻书铺，刷印不误。悦庭谨识"；同治年间尊道堂刻本《徐澍溪先生慎疾刍言》，卷末有"姑苏阊门内接驾桥漱芳斋刻字店刻印"字样
24	谢文翰斋	郡庙前西；郡庙前东	光绪年间	光绪六年（1880）刻本《古红梅阁集》，卷末有"苏城内道前街西谢文翰刻"字样；光绪九年（1883）敬慎堂刻本《胎产心法》，卷末有"姑苏郡庙前西谢文翰斋刻印"字样；光绪九年（1883）中江李氏刻本《潜书》，卷末有"苏城郡庙前东谢文翰斋刻印"字样；光绪年间刻本《香禅精舍集》，卷一后有"古吴胥门内谢文翰刻印"字样，《苏台记》后有"苏城郡庙西首谢文翰斋刻印"字样，"石刻"后有"郡庙东谢文翰刻印"字样
25	李钅出芳斋	胥门内道前街枭辕东首	光绪年间	光绪十一年（1885）刻本《哀生阁集》，版权页有"苏州道前街李钅出芳斋藏板"字样，卷末有"姑苏胥门内道前街钅出芳斋李登鳌刊印"字样；光绪十四年（1888）刻本《耕岩书屋试帖诗钞》，有"胥门内道前街李钅出芳斋"字样；光绪十五年（1889）刻本《江南乡试朱卷》，卷末有"苏城胥门内道前街枭辕东首李钅出芳斋刻字店"字样
26	郑子兰	曹胡徐巷东	光绪年间	光绪十九年（1893）刻本《荆州记》，卷末有"苏城曹胡徐巷东郑子兰刻印"字样

续表

序号	名称	地点	经营时间	依据
27	藏棱斋	仓米巷	光绪年间	光绪二十五年(1899)苏州咏霓社刻本《径中径又径征义》,卷末有"苏城仓米巷藏棱斋刻字"字样
28	六润斋汪少坡	中街路	光绪年间	光绪间刻本《释名疏证》《补遗》《续释名》,卷末镌有"苏城中街路六润斋汪少坡刊"
29	吴文焕斋	胥门内来远桥西堍	光绪年间	光绪十年(1884)刻本《重刻劲节楼图纪》,卷末有"苏城胥门内来远桥西堍吴文焕斋雕印"字样
30	梓文阁	胥门内养育巷中	光绪年间	光绪年间刻本《韵香阁诗草》《师竹轩诗集》《冷香楼诗稿》(《上元李氏家集》)、《紫佩轩诗稿》《医故》(《书带草堂丛书》之六),卷末有"姑苏胥门内养育巷中梓文阁刻印"或"平江胥门内养育巷中梓文阁刻印"字样
31	上艺斋	临顿路	光绪年间	光绪二十五年(1899)刻本《未园集略》,有"苏州临顿路上艺斋承印"字样
32	艺林斋	临顿路南	光绪年间	光绪三十二年(1906)临顿路南艺林斋刻本《爔香楼杂剧》
33	冯记艺魁斋	胥门内司前街中	光绪年间	光绪二十八年(1902)刻本《集验良方》,卷末有"苏城胥门内司前街中冯记艺魁斋印"字样
34	黄文治	太平桥	光绪年间	光绪九年(1883)刻本《马培之先生评外科症治全生》,卷末有"苏城太平桥黄文治刻字印订"字样
35	陈海泉	葑门十全街	清末民国	民国六年(1917)刻本《青浦县续志》,内封有"苏州葑门十全街陈海泉刻印"字样;民国七年(1918)刻本《娱亲雅言》,卷末有"吴县陈海泉刻字"字样

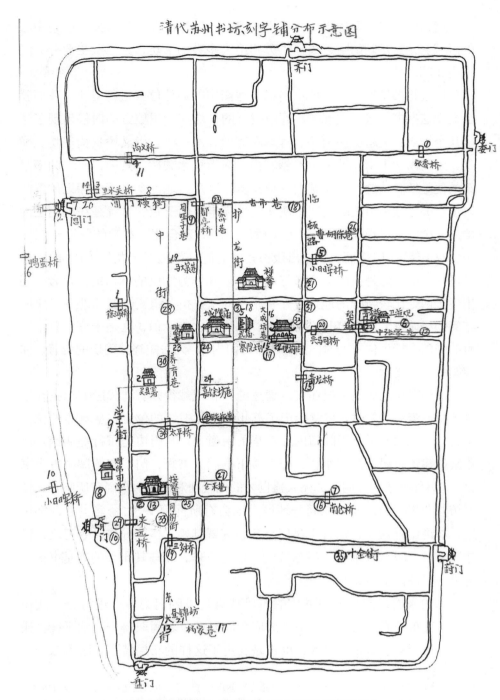

清代苏州书坊、刻字铺分布示意图（方慧勤绘）

清初到乾隆、嘉庆年间，苏州书坊主要分布在以阊门和吴县前为中心的区域。尤其是阊门附近集聚了苏州绝大多数的书坊，其位置主要分为阊门内和阊门外。

通过将书坊所标识的地点名称与地图中的具体位置进行对比，我们就会发现这些书坊选址的规律。阊门附近的书坊在标识位置的时候出现了这样几个地点：吴趋坊徐河桥、官廨左间壁、水关桥、尚义桥贵衙底坊、横街、胥门内学士街、吊桥东首越城内、横街里水关桥。其中，出现频率最高的便是桥名，这与苏州城内桥梁众多，以及当地民众以桥来标记位置的习惯有关，这种习惯的典型体现便是乾隆年间函三堂的位置是在阊门之内的尚义桥附近。根据史料，"尚义桥，在旧浒溪仓北，本朝乾隆五十二年（1787）修"[1]。而函三堂出版书籍的时间是乾隆五十九年（1794）。由此可知，函三堂是在尚义桥修好之后才以其作为定位的标识的。再者，还出现了两处比较特殊的地点，即官廨左间壁、护龙街大关帝庙北首。康熙年间的绿荫堂选址在苏州府署隔壁，并且以之为标识，这是十分特别的。有的书坊在标识位置的时候只标注"阊门内"，无法知晓其确切的位置，如宝翰楼、经义堂。

清初书坊的周边情况还可以通过绘画和记载得知。清代画家徐扬在绘制《姑苏繁华图》时，特意标记了苏州大雅堂书坊的位置。从具体的位置来看，大雅堂书坊位于阊门内最繁华的街道上，其周边是布行等店铺。大雅堂的建筑布局是两层小楼，楼上楼下摆满了书籍，门口有招牌"古今书籍"。另外一条关于明代苏州人盛世才的记载则对书坊的布局有所暗示，即书坊并非相邻的，即使在同一地区，也会有所间隔。"太仓盛世才，字于斯，本昆山陆氏子，幼育于吴门盛氏，遂冒其姓。盛业匠作，令习之，世才以为耻。居邻书肆。"[2]盛氏的工作是匠作，而与其比邻的则是书肆。这进一步佐证了书肆的布局。

总的来看，清初苏州书坊的布局特点是以阊门为中心进行分散式布局，这种布局能够在书坊的集聚效应和同行竞争之间取得一定的平衡。康熙年间流行的书坊联合出版，也正是利用了这样的布局特点。康熙二十二

---

[1]（清）宋如林修，（清）石韫玉纂：《（道光）苏州府志》卷二九，道光年间刻本，第11b页。
[2]（清）金吴澜等修，（清）汪堃等纂：《（光绪）昆新两县续修合志》卷五二，光绪六年（1880）刻本，第38a页。

年（1683）金阊绿荫堂、文雅堂、宝翰楼联合刊刻了《听嘤堂新选四六全书》，从已知的绿荫堂、宝翰楼的位置来看，它们并不相邻，这样进行联合出版能够有效提升自身在书坊林立的阊门地区的影响力。

尽管乾隆、嘉庆年间的书坊还是以阊门为中心，但是书坊的分布已经呈现出向其他地区转移的趋势，最有名的便是黄丕烈晚年在观前街开设书铺。姚清华斋的地址定在护龙街大关帝庙北首，大关帝庙作为民众活动之地，周边人流较多，选址在此有利于书籍的销售，且这个位置与阊门有一定的距离，靠近玄妙观附近，基本位于苏州城的正中心。同治十一年（1872），姑苏姚清华斋出版了《白门新柳记》，说明其在咸丰年间的战乱中没有倒闭，并且经营到了同治年间。另外，相似情况还有位于胥门学士街的经钮堂、位于姑苏东大街的来青阁。

两部出版于康熙、乾隆年间的书籍上留下的销售印章也能佐证这一时期书坊位置的变化。康熙三十三年（1694）至五十九年（1720）顾氏秀野草堂刻本《元诗选》，钤有"遗稿天留""□□□□□□大街东鹦哥巷内"[1]。乾隆年间刻本《网师园唐诗笺》，钤有"圆妙□□□院巷中□□□宝记发□书坊"朱印。[2]销售这两部书的书坊存在于康熙、乾隆同时或者之后，尽管有的字模糊不清，但残存的信息仍显示出其位置是在玄妙观附近。

这一时期的苏州书坊采用分店式经营模式，书坊的分店式经营使得苏州城内遍布书坊。像绿荫堂这样的书坊在嘉庆年间至少有和记等字号，这些字号打着绿荫堂的旗号，类似于现在加盟式的经营，分布在苏州城内不同的区域。尽管并不知道这些字号具体的位置，但是这种经营给城内片区的读者带来了方便。

阊门外是比较特殊的区域，虽然在城外，但是依然聚集了不少的出版者。阊门外主要分为两个区域：一是从阊门到虎邱的山塘街一带，清初处顺堂翻元刻本《诗人玉屑》钤有"虎邱太子马头萃古斋书坊发兑印"[3]。

---

[1] 沈津主编：《美国哈佛大学哈佛燕京图书馆藏中文善本书志》5，广西师范大学出版社2011年版，第2114页。按：康熙三十七年（1698）顾氏依园刻本《石湖居士诗集》中钤有印章"姑苏顾府发兑，住大街东鹦哥巷内"，似可补其不足。

[2] 沈津主编：《美国哈佛大学哈佛燕京图书馆藏中文善本书志》5，广西师范大学出版社2011年版，第2107页。

[3] 山东大学图书馆编撰：《山东大学图书馆古籍善本书目》，齐鲁书社2007年版，第444页。

可见钱听默的萃古斋就在太子马头附近。二是阊门外的洞泾桥和小日晖桥附近，如三径堂就位于小日晖桥附近。

清末，由于咸丰年间的战乱，阊门一带的书坊遭到了毁灭性打击，不少书坊、刻字铺在这场战乱中消亡了，而没有消亡的则辗转到其他城市继续谋生，谋生路线基本上是向北迁徙，嘉庆年间在苏州活跃一时的姑苏聚文堂，就北迁到了山东。[1]在经历过战火的阊门附近，书坊大多开始衰微。随着苏州商业中心的转移，书坊也开始在观前街地区重新集聚。观前街地区的书坊基本上开始运营于同治年间，彼时以玄妙观、临顿路为中心的书坊布局逐渐形成。这一时期作为书坊标识的最常见的地点便是玄妙观、观前街、护龙街。玛瑙经房将位置标识为"苏城护龙街中禅兴寺桥南大关帝庙北"，这是对玛瑙经房地理位置的精确表述。从宗教场所上看，玛瑙经房周边至少有禅兴寺和大关帝庙两处最近的场所。玛瑙经房以善书出版闻名，这也与其出版宗教类书籍的特点契合，平时往来的善男信女会出资购买书籍或者印刷书籍，体现了玛瑙经房选址的地理优势。由于这一地区位于苏州城的最中心，故而书坊之间呈现出密集分布的特点，这与清代初期、中期分散分布的格局不同，因此，在这一时期的观前街地区，书坊之间的竞争也格外激烈。

再看刻字铺的位置。由于顺治至康熙年间有关刻工位置史料的缺乏，故而研究的重点主要在乾隆至光绪年间。这一时期又可以分为乾隆至咸丰年间、同治至宣统年间两个时间段。

乾隆至咸丰年间，刻字铺的分布呈现出较之书坊更为分散的特点，分布于娄门、阊门、胥门、观前街等片区，这与刻工的居住条件及工作环境有关。郑天荣是乾隆年间的刻工，居住在娄门附近，从方位上来说，这在已知的刻工中比较少见。位置的标识还是以桥梁居多，这与书坊的标识习惯一致，标注得也更为精确，如"南仓桥爱莲室"；也有几家是以巷名标识的，如"阊门内大街□亭西堍周哑子巷""阊门外桐泾桥西石屑衖口""平江路中张家巷"。当然也出现了几家比较特别的刻字铺，如姑苏臬辕西首甘朝士刻字铺、胥门内财帛司堂南首西察院大街宝晋斋、按察司前西喜墨斋。这几家都位于官府附近，较之书坊分布得更为密集。王敬文是乾隆至

---

[1] 嘉庆九年（1804）姑苏聚文堂刻本《通鉴纲目》，钤有"姑苏聚文堂今在东昌发兑古今书籍名人法帖端砚"。

嘉庆年间的刻工，其店名为"王敬文刻字铺"，斋号为"宝晋斋"。从位置上看，王敬文刻字铺更接近于胥门，位于财帛司堂南首西察院大街。按察司与财帛司都位于胥门附近，这一地区府署密集，刻字铺在此选址能够方便官府的出版活动，甘朝士刊刻的书籍中出现众多的官府人员就是最为直接的证明。同样，有的刻字铺仅标识"胥门内"，我们无法知晓其确切的位置。阊门外的刻字铺，集中在洞泾桥附近，最有名的当数吴青霞斋，位于桐泾桥西石屑街口。

同治至宣统年间的刻字铺较之前呈现出集中分布的特点，主要集中在以观前街、玄妙观为中心的地区。一条史料则揭示了刻工居住地点的集中，即"寥巷居手民，王村虚墓右"[1]。可见清末苏州的刻工集中居住在寥巷。从位置标识来看，最常出现的便是"临顿路""玄妙观"，但还是桥梁居多。比较特别的标识有两处："胥门内道前街枭辕东首""郡庙前西（东）"。李鈊芳斋是这一时期将刻字铺开设在官府周边的代表。

如果仔细考察清末刻字铺的位置，我们就会发现胥门内的这些书坊、刻字铺围绕在以郡庙为中心的地区。谢文翰斋是开设在胥门附近的刻字铺，其在光绪二年（1876）刊刻的《显志堂稿》镌有"古吴胥门内谢文翰斋刻"[2]。郡庙是苏州民众的聚集地，周边地区商业繁荣，无论是书坊的知名度还是读者的购买力，都有利于书坊的经营。因此，谢文翰斋就多以"郡庙前东""郡庙东首"为标识来告知读者刻字铺的具体位置。[3]值得注意的是，谢文翰斋在表述具体位置的时候出现了矛盾之处，其刊刻的《香禅精舍集》镌有"苏城郡庙西首谢文翰斋刻印"，卷末又镌有"郡庙东谢文翰刻印"[4]，在同一部书中出现了矛盾之处。根据现存刻本的刊刻时间，从光绪九年（1883）到光绪十七年（1891），谢文翰斋都是在郡庙东首的，但是到了刊刻《香禅精舍集》《说文辨疑》的时候就变成了"郡庙西首""郡庙东"并存。因此，极有可能是在刊刻《香禅精舍集》时，谢文翰

---

[1]（清）凌泗撰，（清）谢家福辑：《五亩园小志》"桃坞百咏"，光绪十六年（1890）刻本，第13a页。

[2]（清）冯桂芬撰：《显志堂稿》卷十二，光绪二年（1876）冯氏校邠庐刻本，第53b页。

[3] 光绪十二年（1886）刻本《津门征献诗》，书末题"苏城郡庙东首谢文翰斋刻印"；光绪十四年（1888）出版的《苏邻遗诗》，镌有"姑苏城内郡庙前谢文翰印订"；光绪十七年（1891）刊刻的《彭刚直公奏稿》《彭刚直公诗集》，镌有"苏城郡庙东谢文翰刻"；光绪二十年（1894）出版的《中俄界约觐注》，卷七后镌有"苏城郡庙东首谢文翰斋刻印"。

[4]（清）潘钟瑞撰：《香禅精舍集》，光绪年间刻本，第21b（卷三）、61b（卷十八）页。

斋的经营位置发生了变化。其实，早在同治年间就开始经营的谢文翰斋关于位置的表述并不是以郡庙为中心的，同治八年（1869）至同治九年（1870）刊刻的《吹网录》《鸥陂渔话》，镌刻的是"姑苏城内珠明寺西谢文翰斋镌刻刷印"[1]，可见其是以"珠明寺"为参照物的。这意味着谢文翰斋更换过地址，但都是在郡庙附近。从时间上看，光绪二年（1876）左右是一个分界点，在此之前，谢文翰斋位于郡庙西首，因此选择"珠明寺""古吴胥门内""郡庙西首"作为参照物，此后就搬到了"郡庙东首"。谢文翰斋还刊刻过《古红梅阁集》，卷末有"苏城内道前街西谢文翰刻印"[2]字样，这是谢文翰斋对自身位置的另一种定位。谢文翰斋对地理位置的界定即临近郡庙。由此可以总结出清代中后期苏州书坊布局的一个特点，即靠近庙宇等处，因为这些地方是民众参加社会活动或进行宗教活动的重要场所，人流量大，非常有利于书籍的销售。

从书坊与刻字铺的关系来看，书坊很少与刻字铺集聚在一起。这与刻工居住的环境有关，如有的是私宅，而非专门的店铺。从汪耀明、周宜和、陶升甫、郑子兰等人的刻字铺来看，它们的分布相对比较分散，与书坊所表现出的集聚效应不同。这应该与刻字铺的经营有关，书坊需要集聚在一起，形成市场规模，掌握最新的书籍出版动态，尤其是选址在繁华的闹市，读者较易购买。而刻字铺并不需要这些，他们很有可能是因宅设铺，具有随机性，同时减小行业之间的竞争。而且，这些刻工、刻字铺、刻字局与苏州当地的学者保持了很好的合作关系。学者出版学术著作时，一般会直接去找刻字铺，而很少考虑那些大量出版举业书、小说之类书籍的书坊。像苏州大雅堂书坊这样的空间并不适合刊刻书籍，因此，坊刻本可能并不是在书坊之内刊刻的，而是被拿到那些专门的刻字铺刊刻的。刻字铺的位置大多在苏州的街巷之内，空间要比街道上的书坊空间大得多。

苏州刻工承接刊刻书籍的范围不局限于吴县、长洲等地，还包括周边地区。汤士超不仅承接吴县、长洲等地的刊刻业务，还承接常熟的刊刻业务，《经玩》就是常熟沈氏找汤士超刊刻的。[3]徐元圃印刷的《受恒受渐

---

[1]（清）叶廷琯撰：《吹网录》"目"，同治八年（1869）刻本，第2b页；（清）叶廷琯撰：《鸥陂渔话》"目"，同治八年（1869）至九年（1870）刻本，第2b页。
[2]（清）刘履芬撰：《古红梅阁集》，光绪六年（1880）刻本，卷末。
[3] 张宝三：《美国芝加哥大学图书馆藏中文古籍善本书志·经部》（下），国家图书馆出版社2020年版，第719页。

斋集》卷末有"板藏盛泽新街本宅，苏城徐元圃刷印"[1]字样，可见与其他刻工一样，徐元圃的刊刻范围也延伸到了吴江。从徐元圃和汤士超分别为吴江和常熟地区刊刻书籍可知，吴江、常熟等地的刻工较少，一般是找吴县、长洲等地的刻工来刻书。郑子兰是光绪年间苏州有名的刻工，他居住在苏州城内的曹胡徐巷内。由于郑子兰在刻书行业享有盛誉，外地的出版者也会将书籍拿到苏州刊刻。清末民初有名的藏书家、刻书家刘承干就曾让苏州的郑子兰刊刻《玉溪生年谱会笺》。

2. 私宅

对于私宅藏板而言，藏板的具体地点被标注在书籍的扉页上，这使购买者得以追溯板片具体的收藏地点。版权页上还有"本堂藏板"或"本宅藏板"字样，这里的"本堂""本宅"一般指的是作者家中。

有的刻本扉页明确标记了私宅的地点。佛经《重订会本法华玄义释签》，版权页有"板藏苏州府东夏侯桥管衙即中室"[2]字样。乾隆三十年（1765）刻本《江浙十二家诗选》，扉页有"吴门幽兰巷本衙藏板"[3]字样。道光八年（1828）刻本《潘丰豫庄课农区种法》，卷末有"道光八年（1828）戊子秋八月刊行，版存苏城临顿路钮家巷潘宅"[4]字样。道光钱泳自刻本《履园丛话》，钤有"常熟南门外翁家庄梅花溪上钱富经堂藏板"[5]。又如光绪八年（1882）刻本《过云楼书画记》，有牌记"苏州阊门内铁瓶巷本斋刊行"[6]。私宅在印本上标注位置信息是为了让更

光绪八年（1882）刻本《过云楼书画记》牌记

多的人知道板片藏在何处，方便读者寻找私人印刷和藏板者销售书籍。

板片在私宅中存放的位置更为具体，如轩、斋等场所。现在看来，这

---

[1]（清）沈日富撰：《受恒受渐斋集》，光绪十三年（1887）刻本，卷末。
[2]（明）释湛然撰：《重订会本法华玄义释签》，清刻本，扉页。
[3] 沈津主编：《美国哈佛大学哈佛燕京图书馆藏中文善本书志》5，广西师范大学出版社2011年版，第2173页。
[4]（清）潘曾沂辑：《潘丰豫庄课农区种法》，道光八年（1828）刻本，第7b页。
[5]（清）钱泳撰：《履园丛话》，道光年间钱泳自刻本，扉页。
[6]（清）顾文彬撰：《过云楼书画记》"跋"，光绪八年（1882）刻本，第1b页。

些地点有的已经不能知道具体位于哪里了,如康熙二十九年(1690)刻本《百城烟水》版权页有"影翠轩藏板"字样,卷前有"康熙庚午(二十九年,1690)长至日,长洲张大纯书于影翠轩"[1]字样,可知影翠轩是张大纯的居所,书板存放在张大纯家中。但是影翠轩具体位于何地已无史料记载。能够确定位置的比较有名的私宅有黄丕烈的士礼居、顾文彬的过云楼、邹幼耕的宝华山房等。这些私宅的刻书与抄书地点有所重合,如顾广圻的思适斋、黄丕烈的读未见书斋等。当然,这些私宅有不同的命名方式。

有以"斋"命名的。乾隆年间,吴江严蔚的二酉斋刊刻了《诗考异补》,版心下镌有"二酉斋"。严蔚的藏书处名为"二酉斋"。二酉斋在吴江的城东[2],卢文弨在《吴江严豹人二酉斋记》中说:"于所居之右得爽垲洁静可以为精舍者三楹,乃迁廿年已来之所著录庋阁其中。"[3]乾隆五十二年(1787),严氏的二酉斋又刊刻了《春秋内传古注辑存》,扉页有"二酉斋藏板"字样,钤有"外传古注辑存续出"[4]。又如蒋凤藻的心矩斋,"在药市街"[5]。

有以"堂"命名的,如吴江的宁远堂。顺治年间顾氏宁远堂刻本《唐诗英华》,钱谦益序云:"先出七言今体,镂版行世。"凡例云:"友人乐其备美,合谋之梓。"末署"吴江顾有孝茂伦氏识于宁远堂"。[6]康熙年间写刻本《范忠宣公集补编》,版心下有"岁寒堂"字样。根据《(道光)苏州府志》,岁寒堂是苏州范氏的家庙。乾隆二十四年(1759)出版的《而庵说唐诗》自序是在"上津里下塘之兰若"写的,而版心下有"文茂堂"字样。乾隆五十五年(1790)出版的《阴阳五要奇书》版权页有"板藏姑苏胥门外乐真堂"字样。其中,《三白宝海》版权页有"乾隆庚戌年(五十

---

[1] (清)张大纯:《百城烟水》"序",康熙二十九年(1690)刻本,第3b-4a页。
[2] 钱大昕有《严豹人移居城东次西庄韵》。[(清)钱大昕撰:《潜研堂诗续集》卷六,光绪十年(1884)长沙龙氏家塾重刻《潜研堂全书》本,第1b页。]
[3] (清)卢文弨撰:《抱经堂文集》卷二十五《吴江严豹人二酉斋记》,嘉庆二年(1797)刻本,第1b-2a页。
[4] (清)严蔚撰:《春秋内传古注辑存》,乾隆年间二酉斋刻本,扉页。
[5] 曹允源、李根源纂:《(民国)吴县志》卷七九,民国二十二年(1933)苏州文新公司铅印本,第59b页。
[6] 范邦瑾编著:《美国国会图书馆藏中文善本书续录》,上海古籍出版社2011年版,第343页。

年，1790）镌，乐真堂藏板"字样。《元经》等书的版心下刻有"乐真堂"[1]，结合卷端题"古吴顾鹤庭吾庐重梓"可知，乐真堂是顾鹤庭的书斋。[2]

比较特殊的堂号还有石氏的清素堂，其特殊之处在于，从乾隆年间一直到光绪年间，石氏家族都以清素堂的名义刊刻书籍。而且，清素堂也是少有的出版戏曲的私宅，在乾隆三十五年（1770）刊刻了《锦香亭》《天灯记》等。[3]嘉庆七年（1802）吴县潘氏三松堂刊本《说文蠡笺》，扉页有"三松堂藏板"[4]字样。三松堂是潘奕隽的居所。嘉庆二十三年（1818）南清河苏氏刻本《周易通义》，板存姑苏阊门刘家滨荆乐堂。

有以"草堂"命名的。最有代表性的是顾嗣立的秀野草堂，秀野草堂刊刻的书籍质量上乘。《昌黎先生诗集注》版心下有"秀野草堂"[5]字样。康熙三十三年（1694）至五十九年（1720）刊刻的《元诗选》，版心下正面镌有"秀野草堂"，初集封面有"长洲顾侠君选，元百家诗集，秀野草堂藏版"字样，二集封面有"长洲顾侠君诠次，元诗选二集，秀野草堂藏版"字样。[6]这里明确表示板片是藏在秀野草堂的。根据《（道光）苏州府志》，"秀野园在依园东，有秀野草堂名最著"[7]。顾嗣立是在家塾中刊刻书籍的，其云："遂刻家塾，以质诸世之君子。"[8]实际上，"秀野草堂"并不是只有顾嗣立在使用，从万历末年到顺治初年，顾予咸以"秀野草堂"的名义刊刻了《昌谷集》（万历末年刻）、《八又集》（顺治年间刻）。

---

[1]（明）江之栋辑，（清）顾鹤庭重辑：《阴阳五要奇书》，乾隆五十五年（1790）顾氏乐真堂刻本，扉页、版心。

[2] 值得注意的是，只有《郭氏元经》《八宅明镜》的版权页出现了"翠筠山房"的字样，而《八宅明镜》的版心偶有"乐真堂"字样，说明这是翠筠山房后来印刷的乐真堂板。翠筠山房是另一家书坊，其出版过一定数量的书籍。

[3] 乾隆六十年（1795），清素堂刊刻了《传家宝训》《同音集》；光绪二十一年（1895），吴门石氏刊刻了《桃坞百绝》。有人认为石氏属于金阊书林，但其实是家刻。

[4] 张宝三：《美国芝加哥大学图书馆藏中文古籍善本书志·经部》（下），国家图书馆出版社2020年版，第760页。

[5] 北京匡时拍卖有限公司：《过云楼藏书》，北京匡时拍卖有限公司2020年版，第16页。

[6] 初集《元诗选总目录》首行下注："先编百家，全集续出。"二集、三集目录下注："共计百家，全集续出。"（马月华编著：《美国斯坦福大学图书馆中文古籍善本书志》，广西师范大学出版社2013年版，第197页。）

[7]（清）宋如林修，（清）石韫玉纂：《（道光）苏州府志》卷四七，道光年间刻本，第15b页。

[8] 李文洁：《美国芝加哥大学图书馆藏中文古籍善本书志·集部》，国家图书馆出版社2019年版，第24页。

顾嗣立《温飞卿诗集笺注》跋云："昔先考功令山阴，时邑人曾君名益……先考功谓其用心良苦，特鸠工剞劂，流传一时。"[1]又如娑罗草堂，康熙三十七年（1698）顾嗣立刻本《娑罗草堂诗》，封面有"吴门顾侠君选"字样，版心有"娑罗草堂"字样。顾嗣立跋云："天都吴子绮园，以《娑罗草堂诗》见示，且嘱余为选定。……校勘既成，刻诸吴下。"[2]

比较有名的还有顾楗的碧筠草堂，其曾刊刻《笠泽丛书》。黄丕烈记顾楗故居为"东城骑龙巷"[3]，附近有善耕桥。乾隆四十七年（1782）徐氏花溪草堂刻本《李义山文集》扉页有"花溪草堂藏板"[4]字样。徐炯序云："友人以其适于时用也，请亟行之。余不获已，遂以授剞劂。"序末题"书于花溪别墅"。[5]徐炯曾于郡城花溪筑春晖堂迎母居之。还有五百梅花草堂在同治六年（1867）出版的《通隐堂诗存》，有牌记"同治六年（1867）冬，五百梅花草堂刊"[6]，五百梅花草堂在白马涧的通济庵。

有以"馆"命名的。乾隆年间出版的《西京职官印录》有"乾隆甲戌（十九年，1754）□□邓尉徐氏开雕"字样，版心下有"怀新馆"[7]字样。怀新馆正是其作者徐坚的书斋，还印有《怀新馆石语印谱》。同治年间刊刻的《说文新附考》有牌记"同治戊辰（七年，1868）夏碧螺山馆刊补非石居原板，莫友芝署"[8]。由此可见，这是碧螺山馆在得到非石居的板片进行修补后才印刷的。碧螺山馆是苏州人金兰的堂号，金氏自号碧螺山人，有《碧螺山馆诗钞》。光绪年间吴县双唐碑馆刊刻的《古清凉传》版心下有"吴县蒋氏双唐碑馆刊本"字样，双唐碑馆是蒋清翊的书斋，"蒋清翊，字敬臣，藏唐张希古高延福墓志，颜所居曰双唐碑馆"[9]。

---

[1]（唐）温庭筠撰，（清）顾嗣立续注：《温飞卿诗集笺注》"跋温飞卿诗集后"，康熙三十六年（1697）刻本，第1a页。
[2]范邦瑾编著：《美国国会图书馆藏中文善本书续录》，上海古籍出版社2011年版，第349页。
[3]（清）黄丕烈撰，余鸣鸿、占旭东点校：《黄丕烈藏书题跋集》，上海古籍出版社2015年版，第156页。
[4]李文洁：《美国芝加哥大学图书馆藏中文古籍善本书志·集部》，国家图书馆出版社2019年版，第33页。
[5]李文洁：《美国芝加哥大学图书馆藏中文古籍善本书志·集部》，国家图书馆出版社2019年版，第33-34页。
[6]（清）释祖观撰：《通隐堂诗存》，同治六年（1867）五百梅花草堂刻本，扉页。
[7]（清）徐坚辑：《西京职官印录》，乾隆十九年（1754）徐氏刻本，扉页、版心。
[8]（清）钮树玉撰：《说文新附考》，同治年间碧螺山馆补刻本，扉页。
[9]曹允源、李根源纂：《（民国）吴县志》卷七九，民国二十二年（1933）苏州文新公司铅印本，第53b页。

有以"书屋"命名的。乾隆四年（1739），吴氏的潢川书屋出版了任时懋的《四书自刻录》，而在乾隆五十五年（1790），任氏"授经于潢川之遂初园"[1]。吴成佐、吴元涛都请求刊刻此书，潢川书屋正是吴氏的书斋，书籍的刊刻是由吴成佐出资的。乾隆六十年（1795）刻本《清素堂诗集》扉页有"白雪书屋藏板"[2]。张大受匠门书屋"在长元学官之东"[3]。

有以"阁"命名的。清刻本《中州全韵》版心有"此宜阁"字样，封面有"昭文周少霞增校，新订中州全韵，此宜阁藏板"[4]字样。根据《（同治）苏州府志》，"此宜阁，周子商庭犟所建，即雪龛居士鹪隐居别业"[5]。

有以"楼"命名的。位于桃花坞的望炊楼曾在光绪十一年（1885）出版《灵芝益寿草》，望炊楼为谢家福所居之地，即栖鹤旧址，谢家福编纂有《望炊楼丛书》。

有以"居"命名的。黄丕烈的士礼居在道光元年（1821）刊刻了《夏小正戴氏传》。又如嘉庆年间刊刻的《百宋一廛赋注》，版权页有"嘉庆乙丑（十年，1805）秋九月吴郡黄氏士礼居刊行"[6]字样。

有以"山房"命名的。宝华山房在光绪五年（1879）刊刻了《仓颉篇校证》，在光绪六年（1880）刊刻了《道乡公文集》，其具体的位置在嘉鱼坊西，是邹幼耕的书斋。还有怀米山房，其刊刻过《端溪砚史》，卷端题"怀米山房重刊"。"怀米山房在盘门汲水桥，曹秋舫载奎所居，秋舫尝刻

---

[1] 扉页题"潢川书屋藏版"，卷首有《校勘门人姓氏》。[张宝三著：《美国芝加哥大学图书馆藏中文古籍善本书志·经部》（下），国家图书馆出版社2020年版，第655页。]
[2] 范邦瑾编著：《美国国会图书馆藏中文善本书续录》，上海古籍出版社2011年版，第308页。
[3] 曹允源、李根源纂：《（民国）吴县志》卷三九下，民国二十二年（1933）苏州文新公司铅印本，第14a页。
[4] 俞冰：《齐如山百舍斋藏善本知见录：全二册》（上），国家图书馆出版社2017年版，第64页。
[5] （清）李铭皖修，（清）冯桂芬纂：《（同治）苏州府志》卷四八，光绪九年（1883）江苏书局刻本，第20b页。
[6] 黄丕烈在嘉庆年间刊刻的书籍使用了"读未见书斋""士礼居""学耕堂"作为标识。根据《吴中先哲藏书考略》，黄丕烈"斋名之见于题跋者曰百宋一廛，曰读未见书斋，曰陶陶室，曰求古居，曰听松轩，曰陶复斋，曰养恬书屋，曰红椒山馆，曰太白楼，曰石泉古舍，曰联吟西馆，曰学耕堂，曰见复居，曰悬桥小隐，曰学圃堂，曰仪宋堂，曰小菱芦等，又有学山海居，则其藏词曲之所也"。[蒋镜寰辑：《吴中藏书先哲考略》，民国十九年（1930）铅印本，第18a页。]用"学耕堂"作为标识的比较少见，如有嘉庆十年（1805）吴门黄丕烈学耕堂刻本《船山诗草选》。

《怀米山房金石图》于石。"[1]

有以"别墅"命名的。如《虎阜志》版权页有"乾隆壬子（五十七年，1792）春镌，嘉定钱竹汀先生鉴阅，长洲陆肇域、震泽任兆麟编纂，西溪别墅藏板"[2]字样。根据《（道光）苏州府志》，"西溪别墅，在虎邱山下塘，甫里先生祠之侧，先生三十四世孙肇域所筑"[3]。因此，板片是存放在编纂者陆肇域家中的。

有以"訡"命名的。光绪年间，王仁俊的著作刊刻颇具代表性，《仓颉篇辑补斠证》版权页有"光绪丙午（三十二年，1906）十二月吴县王氏刊于籀鄦訡"字样。

有以"榭"命名的。嘉庆十九年（1814）严荣沧浪吟榭刻本《吴梅村诗集笺注》版权页有"沧浪吟榭刊板"字样，可见刊刻者居住在沧浪吟榭。

有以"家塾"命名的。光绪二十四年（1898）瞿氏家塾本《铁琴铜剑楼藏书目录》前有牌记"常熟瞿氏刊于罟里家塾"[4]。

有以"盦"命名的。道光三年（1823），吴门百花盦刊刻了李福的《子仙文钞》。

还有一些存放板片的特殊场所，如客栈。光绪年间刊刻的《程松崖先生应验眼科良方》版权页有"光绪丙戌（十二年，1886）仲夏重刻"字样，卷末有"板存苏城内张广桥同益祥栈"字样。[5]也就是说，板片是存放在一家客栈内的。有的板片则被收藏在店铺内，如姑苏扫烟堂刻本《修身齐家》扉页有"板存苏城临顿路中朱同三山戒烟丸药老店""光绪甲申（十年，1884）仲春，姑苏渡僧桥扫烟堂藏板"[6]字样。

对于家谱这类文献而言，其藏板的地点一般是祠堂。如《重修东山郑

---

[1] 曹允源、李根源纂：《（民国）吴县志》卷三九上，民国二十二年（1933）苏州文新公司铅印本，第45b页。
[2] （清）陆肇域、任兆麟撰：《虎阜志》，乾隆五十七年（1792）西溪别墅刻本，扉页。
[3] 曹允源、李根源纂：《（民国）吴县志》卷三九下，民国二十二年（1933）苏州文新公司铅印本，第15b页。
[4] 韦力撰：《芷兰斋书跋三集》，国家图书馆出版社2014年版，第216页。
[5] （明）程玠撰：《程松崖先生应验眼科良方》，光绪年间刻本，扉页。
[6] （清）奄自叟撰：《修身齐家》，清姑苏扫烟堂刻本，扉页。

氏世谱》版权页有"敦伦堂藏板"[1]字样，又如《包山郑氏族谱》版权页有"光绪戊戌（二十四年，1898）孟冬开雕，姑苏谢文翰刻，宗祠藏板"[2]字样。这些家谱都是找当地的刻字铺刊刻的，刊刻完成之后，刊刻者将板片放在宗祠中保存。存放在祠堂中的家谱还需要时常检查，如《彭氏宗谱》，"梓既竣，命儿曹藏版于家庙，务以时检校，无使阙损焉"[3]。《吴氏支谱》明确说："新谱刷印后，将板片送祠内收藏。"[4]将板片放在祠堂内保存与家谱的纂修及祠堂的性质有关。还是以《吴氏支谱》为例，"刊刻刷印后，板片藏于洞泾家祠，嗣后每年各支将生卒婚葬详细开送，前例已列此条，惟送藏谱家既非一处，付祠丁转交，亦虑有遗忘，兹拟径送丁香巷树经堂及申衙前古处堂两处汇存，以凭陆续添注"[5]。祠堂是宗族活动的公共场所，可以妥善保存板片。更重要的是，这里相当于一个信息的中转站和收集站，汇集家族最新的信息，以便下次续修。

存放在祠堂中的家谱板片，如果要印刷的话，也有一定的流程。关于具体的流程，可以将《吴中叶氏族谱》的规定作为典型案例来看待："原谱藏板吉由巷老宅，今并新板移贮谏议公专祠，示公也。欲得谱者，须先期致明郡城族长，预备纸张、刷印、装钉诸费，候类齐四五十部，乃便刷印。印就，一听族长公同编号钤记发行，断不可妄领妄发，以开射利之门。"[6]由此可见，将家谱的板片转移到祠堂的目的就是表明板片是家族的公共财产。如果要印刷的话，要提前通知族长，准备纸张，等等。从这段记载也能看出，家谱的印刷和流通比较严格，不能私自印刷，还要钤印编号，以杜绝用家谱来盈利。

除了家谱的板片外，家族祠堂中也会存放家族名人著作的板片，如："近元和邹侍讲福保乃取家藏康熙本《范文正全集》及《忠宣集》，刊诸郡

---

[1]（清）郑茂协纂修，（清）郑启俊续修：《重修东山郑氏世谱》，乾隆五十八年（1793）敦伦堂刻本，扉页。
[2]（清）郑谋纂：《包山郑氏族谱》，光绪二十四年（1898）刻本，扉页。
[3] 彭文杰、彭钟岱纂修：《彭氏宗谱》卷首《续修宗谱序》，民国十一年（1922）刻本，第4b页。
[4]（清）吴艾生等纂修：《吴氏支谱》卷十二"再续例"，光绪八年（1882）刻本，第1a页。
[5]（清）吴艾生等纂修：《吴氏支谱》卷十二"续例"，光绪八年（1882）刻本，第4a页。
[6] 叶德辉等纂修：《吴中叶氏族谱》卷二，宣统三年（1911）木活字印本，第36b页。

城存古学堂，而归其版于文正家祠。"[1]邹福保将板片存放在范氏家祠中的做法颇有意义。

另外，还有以"义庄"的名义出版的书籍，这些书籍大多是家谱。光绪十四年（1888），苏州的丰裕义庄刊刻了《陆氏蓟门支谱》，其版心下有"丰裕义庄"字样，丰裕义庄是蓟门的陆氏家族创办的。只有陆姓族人才可以拥有这部家谱，根据陆锦烺的识语，"是编刊刻工竣，凡我支姓，每房给发一部，兄弟异居者，亦分给之，非蓟门支裔，概不给发。成书匪易，务谨收藏。其有应添入者，亦望随时增注，下届续修，缴庄更换。光绪十四年（1888）岁次戊子口月，锦烺谨启"[2]。可见这部家谱的流通范围仅限于蓟门陆氏支裔，陆锦烺希望族人可以随时在家谱上修订，等到下次续修时可以拿着这部书到丰裕义庄更换新的家谱。清代苏州地区义庄收藏板片的案例还有《陶氏家谱》《范文正公全集》(《宋范文正忠宣二公全集》)。

苏州城内的出版地以书坊、私宅为主，而城外以私宅为主。阊门外是比较特殊的区域，这里作为阊门地区书坊的延伸，虽然在城外，但是聚集了不少的出版者。这里的藏板私宅主要有课花书屋（雍正年间）、江孚吉的青莲斋（嘉庆年间）、汪士钟的艺芸书舍（乾隆至道光年间）等。雍正年间课花书屋刻本《芥子园绘像第七才子书》，镌有"苏州阊门外上津桥下塘西山庙前藏板"[3]。可见课花书屋就在阊门外上津桥下塘西山庙前。青莲斋位于阊门外的上塘街。[4]艺芸书舍是汪士钟的藏书之所，"在阊门外山塘"，"堂宇轩敞，树石萧森"。[5]汪氏以艺芸书舍的名义刊刻或抄写书籍。[6]

---

[1] 曹元忠撰：《笺经室遗集》卷十二《宋椠残本范文正公集跋》，民国三十年（1941）吴县王氏学礼斋铅印本，第5b页。

[2] (清)陆锦烺修：《陆氏蓟门支谱》，光绪十四年（1888）丰裕义庄刻本，扉页。

[3] (元)高明撰，(清)毛纶评：《芥子园绘像第七才子书》，雍正年间课花书屋刻本，扉页。

[4] 江孚吉的青莲斋在乾隆年间刊刻了《说庄》，在嘉庆十年（1805）和嘉庆十一年（1806）分别刊刻了《古州杂纪》和《负亲避火图题词》。

[5] 曹允源、李根源纂：《(民国)吴县志》卷三九下，民国二十二年（1933）苏州文新公司铅印本，第20b页。

[6] 比较有名的有汪氏艺芸书舍抄本《新注朱淑真断肠诗集》《蜀梼杌》《吴越备史》《咸淳遗事》。乾隆五十五年（1790），汪氏艺芸书舍刊刻了《苏州府学明伦堂匾额录》；嘉庆二十一年（1816），艺芸书舍刊刻了《孝经注疏》；嘉庆二十四年（1819），艺芸书舍刊刻了《昭德先生郡斋读书志》；道光八年（1828），艺芸书舍刊刻了《诗说》《鸡峰普济方》；道光十年（1830），艺芸书舍刊刻了《礼仪疏》。

总的来说，私宅刻书、藏板的流通性一般要比书坊差一些，无论是刻书还是板片贮藏，都具有明显的私人属性，尤其是板片的贮藏，存放在私宅中，外人难以接触。康熙十三年（1674）至十四年（1675）刻本《钝翁前后类稿》有汪琬自撰《凡例》，"吾本不沽名，亦非牟利，托兴诗文，止以自娱，即使锓诸梨枣，不过就正同志，聊免缮写之劳耳。若曰攘臂利名之途，则愿退避三舍矣。版当庋置皆山阁，戒勿任意刷印，以招不情之谤"[1]。汪琬所说的刻书的目的仅仅是代替抄写，而非谋利，板片则存放在皆山阁中，不能任意印刷。

3. 官府

属于官府机构的藏板场所种类较多，根据现存的苏州版本，主要有以下几个。

苏州藩署。苏州藩署在嘉庆年间刊刻了《荒政辑要》。嘉庆二十年（1815），阿尔邦阿在姑苏官廨刊刻了《挹绿轩诗稿》。光绪十四年（1888），苏州藩署刊刻了《有不为斋随笔》。这说明藩署有刊刻、藏板的传统。

苏州织造署。道光年间出版的《医方择要》，版权页有"道光己丑（九年，1829）夏五月刊，板藏织署"[2]字样。其刊刻者是文祥。文祥是长白人，在道光六年（1826）任职于苏州织造署。

姑苏按察司。道光十一年（1831），姑苏按察司刊刻了《便事良言》。

江苏学政署。光绪元年（1875），江苏学政署重刻《儒门法语》，林天龄《儒门法语跋》云："岁甲戌（同治十三年，1874），视学吴中，莅公故里，向书肆购《儒门法语》，已无刊本。"[3]

清代苏州官方收藏板片的还有"铎署"，如《清溪草堂文》内封有"板藏弇山铎署"[4]字样。

清代苏州书院也藏有板片，这在版本实物上有明确的标识，如光绪玉山书院刻本《观复堂稿》，又如潞河书院刻本《孝经精义》。对于板片具体

---

[1] 沈津主编：《美国哈佛大学哈佛燕京图书馆藏中文善本书志》4，广西师范大学出版社2011年版，第1718页。
[2] （清）文祥辑：《医方择要》，道光九年（1829）刻本，扉页。
[3] （清）彭定求撰：《儒门法语》卷末《儒门法语跋》，光绪元年（1875）江苏学政署刻本，第1a页。按：此书内封有"光绪乙亥年（元年，1875），江苏学政署重镌"字样。
[4] （清）蒋锡震撰：《清溪草堂文》，光绪九年（1883）刻本，扉页。

收藏在书院的何处，史料中鲜有记载，而光绪年间出版的《苏州府长元吴三邑诸生谱》可以提供一定的线索，此书的内封有"版存艳学洒扫所"[1]字样。

又如《海塘纪略》版权页有"娄东书院藏板"字样，而直隶太仓州知州宋楚望序云："付之剞劂，使吾民不忘是塘之所自也。"[2]板片收藏在娄东书院中。根据《（宣统）太仓州志》，"娄东书院在文庙西，乾隆十七年（1752）知州宋楚望、镇洋县知县冷时松建"[3]。再如亭林书院，《唐市征献录》版权页有"唐市征献录原编，光绪己亥（二十五年，1899）中秋雕，板藏亭林书院"[4]字样。亭林书院在常熟唐墅的从善局西偏，创设于光绪十八年（1892）。清代藏有板片的书院还有禊湖书院，《（嘉庆）黎里志》版权页有"嘉庆乙丑（十年，1805）春镌禊湖书院藏板"[5]字样。根据这部书的记载，"黎川学舍，一名禊湖书院，在镇之南染字圩，康熙五十四年（1715）里人陈时夏等创建"[6]。可见禊湖书院的位置在黎里，故而刊刻当地的志书。通过上述三个书院的案例我们可以发现，这些藏有板片的书院都位于常熟、太仓、吴江等地，它们刊刻书籍并藏有板片，所出版的书籍一般是地方文献。

清末苏州最重要的官府藏板之地是江苏官书局。江苏官书局是服务于苏州地方出版事业的专门机构，在清廷平定太平天国战乱后设立，由李鸿章创办。"官书局在燕家巷内杨家园，清同治四年（1865）巡抚李鸿章创建，刊刻经史子集有用之书，嘉惠士林，与江宁、扬州、杭州、武昌各局同时举办。"[7]

苏州官书坊是光绪年间苏州的官方出版机构，但是史料中对其记载得较少，其创办和经营情况并不清楚。现在所知的仅仅是其在光绪二十四年

---

[1]（清）钱国祥纂辑：《苏州府长元吴三邑诸生谱》，光绪三十二年（1906）刻本，扉页。
[2]范邦瑾编著：《美国国会图书馆藏中文善本书续录》，上海古籍出版社2011年版，第68页。
[3]（清）王祖畬纂：《（宣统）太仓州志》卷九，民国八年（1919）刻本，第1a页。
[4]（清）倪赐辑：《唐市征献录》，光绪二十五年（1899）刻本，扉页。
[5]（清）徐达源纂：《（光绪）黎里志》，嘉庆十年（1805）吴江徐达源孚远堂刻本，扉页。
[6]（清）徐达源纂：《（嘉庆）黎里志》卷三，嘉庆十年（1805）吴江徐达源孚远堂刻本，第1a页。
[7]曹允源、李根源纂：《（民国）吴县志》卷三十，民国二十二年（1933）苏州文新公司铅印本，第1b页。又"同治甲子（三年，1864），寇平，今合肥李爵相抚江苏，延纂苏省《昭忠录》，方伯应宝时开书局，重刊典籍，延司总校，多所考正"。（清）李福沂修：《（光绪）昆新两县续修合志》卷三四，光绪六年（1880）刻本，第29a页。］

（1898）出版过《十三经注疏校勘记》，版权页有"光绪二十四年（1898）刊毕，苏州官书坊藏板"[1]字样。而且，苏州官书坊只印刷过这一部书籍。实际上，苏州官书坊正是江苏官书局的别称。根据光绪二十五年（1899）苏州书局（江苏官书局）刊刻的《仪礼章句》卷末有光绪二十五年（1899）江苏官书坊识语可知，江苏书局也称"江苏官书坊"，自然也可称"苏州官书坊"。同治年间，苏州有一家叫"姑苏书局"的出版机构，其性质属于坊刻还是官书局尚待考察。同治七年（1868），姑苏书局刊刻了《牧民忠告》，版权页有"同治七年（1868）二月，姑苏书局开雕"[2]字样。

江苏官书局也称"苏州书局"，这在记载中常被提及，如冯桂芬《明纪序》称"苏州书局补刻《通鉴》《续通鉴》"[3]，汪之昌说"上年苏州书局重刻《五代会要》"[4]。《通鉴》《续通鉴》《五代会要》都是由苏州书局刊刻的。苏州书局绝非江苏官书局的口头简称，江苏官书局确实以"苏州书局"的名义刊刻过书籍。早在同治年间，江苏官书局就以"苏州书局"的名义出版了《仪礼正义》［同治七年（1868）］、《通鉴外纪》［同治九年（1870）］。光绪年间，江苏官书局又以"苏州书局"的名义出版了《国朝著述未刊书目》《桐凤集》《读礼通考》《金文最》《金文雅》《南宋文录录》《仪礼章句》。

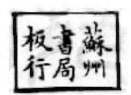

苏州书局刻书牌记

江苏官书局主要由官府出资经营，但也面临着资金困境："后来苏杭局分列，挂名襄校人数十。岁拨厘金有万余，止供薪水书难刻。刻书之资借卖书，平价那得曾侯如。"[5]可见官府的资金仅供薪水的发放，而刻书的费用则通过卖书来补充。随着清末社会思想的巨大变革，江苏官书局最终走向衰落。叶德辉说："（注：钮树玉《说文新附考》）今本板片存江苏官书局中，有同治中修补之板。自学堂兴而经费绌，江浙官书局皆裁撤，板

---

[1]（清）阮元撰：《十三经注疏校勘记》，光绪二十四年（1898）苏州官书坊刻本，扉页。
[2]（元）张养浩撰：《牧民忠告》，同治七年（1868）姑苏书局刻本，扉页。
[3]（清）冯桂芬撰：《显志堂稿》卷一《明纪序》，光绪二年（1876）冯氏校邠庐刻本，第5b页。
[4]（清）汪之昌撰：《青学斋集》卷二二《仪顾堂题跋卷四新刻五代会要跋》，民国二十年（1931）新阳汪氏刻本，第2b页。
[5]（清）朱培源撰：《介石山房遗诗》卷一《官书局》，宣统二年（1910）刻本，第24a页。

亦束之高阁，天下言旧学者求一新印书不可，而况原板初印者。"[1]叶德辉的题跋写于光绪三十四年（1908），可见江苏官书局在此时已经裁撤，原因是学堂兴起和经费不足。

清代刊刻书籍的机构还有"义仓"，最典型的是丰备义仓，其刊刻过《长元吴丰备义仓全案三续编》，版权页有"宣统三年（1911）三月开雕，本仓藏版"[2]字样。"丰备义仓，在平江路庆历桥，旧在巡抚都御史署内。清道光十五年（1835）巡抚侍郎林则徐重建，咸丰十年（1860）毁。同治五年（1866），郡人冯桂芬、潘遵祁重建今所。"[3]

还有的板片存放在苏州的寺庙中。顺治年间，杨昌龄任苏州司理，谋刻《礼记说义纂订》，后因官司缠身，其事遂中废。后来在康熙十四年（1675）才刊刻完成。书中有《参正校助姓氏》，倡议集资者包括梁铉、慕天颜、解几贞、房廷祯等人。尽管不能确定此书是在苏州刊刻的，但是书板在苏州的莲华庵寄存过。此书扉页题"本衙校刻"，钤有"板暂寄金阊莲华庵许人税印""澹宁堂"等印。[4]根据记载，"莲华庵在西南隅，又名大圣庵，宋端平间僧性弥建。先是法镜禅师结茅诵《妙法莲花经》，感应人天，因以莲花名庵"[5]。同治年间刊刻的《金刚经旁解》扉页有"姑苏饮马桥武庙藏版"[6]字样。可见武庙也藏有板片。

各类祠堂中也藏有板片，最具代表性的是嘉庆四年（1799）苏州的江孝子祠刊刻的《道德真源》。根据《（道光）苏州府志》，"江孝子祠在渌水桥东，祀孝子国正"[7]。江孝子祠建于乾隆年间，具体的位置在"新造桥下塘"[8]。

[1] 陈先行、郭立暄编著：《上海图书馆善本题跋辑录》（上），上海辞书出版社2017年版，第81页。
[2] （清）潘祖谦辑：《长元吴丰备义仓全案三续编》，宣统三年（1911）刻本，扉页。
[3] 曹允源、李根源纂：《（民国）吴县志》卷三十一，民国二十二年（1933）苏州文新公司铅印本，第2b页。关于丰备义仓，其刊刻的《丰备义仓全案四续编》，版权页有"　年　月开雕，本仓藏板"字样。
[4] 张宝三：《美国芝加哥大学图书馆藏中文古籍善本书志·经部》（上），国家图书馆出版社2020年版，第364-366页。
[5] （清）汤斌修，（清）孙珮纂：《（康熙）吴县志》卷三三，康熙三十年（1691）刻本，第52b页。
[6] （清）汤輋召辑注：《金刚经旁解》，同治十三年（1874）刻本，扉页。
[7] （清）宋如林修，（清）石韫玉纂：《（道光）苏州府志》卷三六，道光四年（1824）刻本，第11a页。
[8] 曹允源、李根源纂：《（民国）吴县志》卷二四，民国二十二年（1933）苏州文新公司铅印本，第12b页。

道光十年（1830）刻本《丞相魏公谭训》，封面有"本祠藏板"字样。这里的"本祠"指的便是魏公祠。

各类志局也是刊刻书籍的场所。潘钟瑞在写给友人的信札里提道："《蒋剑人集》系敏斋观察出资刊刻，与《陈龙川集》同时并刊，局在也是园志局内，并非另有书局。不过志局之外，另请人校勘两公之集，附于志局同住也。现闻蒋集先竣，将来陈集完竣，尤须要购，奉托留意。雷公书单，容问明再寄。"[1]潘钟瑞的信札反映了当时刊刻书籍的场所情况，志局设立在也是园内，也是园不只是编纂方志的场所，也是刊刻书籍的重要场所。志局中有专门负责编纂的人员，但也可以从外面聘请人员到志局内从事校勘工作，志局出版的书籍是可以销售的。

苏州刊刻书籍的官方机构还有苏州保息局，其最著名的便是在同治六年（1867）刊刻了《说文解字注》，此书版权页有"同治六年（1867）七月补刊于苏州保息局"[2]字样。通过牌记所透露的信息可知，苏州保息局只是进行了补刊的工作。此书卷末有同治十一年（1872）冬钱塘吴宗麟的识语，提供了板片流通的信息："是版之半本苏州金氏物，客岁，先公以三百缗得之。归而谋诸手民，用原版翻刻，校讹订谬，已易寒暑，计欲刊成完书，助入苏州保息局，乃剞劂未竣，遽赴仙游。宗麟寂守苦庐，未遑订正，而原版亦间有误，帝虎相仍，校雠不易，甫于十二月续修，工竣，助入保息局，承先志也。"[3]吴宗麟的识语对板片的流通和修补进行了详细的记载，板片原来是苏州金氏所有，此书后有"乾隆丙申（四十一年，1776）镌于富顺官廨"字样，可见板片在乾隆年间就已经刊刻了。吴氏在此基础上继续修补，而修补的地点也正是苏州保息局。板片修成之后，吴宗麟遵照其父的遗愿将板片交给保息局。由此可见，板片的流通和修补自始至终都与苏州保息局关系不大，完全是吴氏父子个人的行为，只不过补板的地点和最后的所有者是苏州保息局。

一些比较特殊的机构也出版书籍，如光绪年间刊刻的《重刻劲节楼图记》"板存苏城平江路安节局家子春族弟处"[4]。安节局位于娄门的大新

---

[1]　苏州市档案馆编：《贵潘友朋信札》第四卷，古吴轩出版社2020年版，第258页。
[2]　（清）段玉裁撰：《说文解字注》，同治六年（1867）苏州保息局刻本，扉页。
[3]　（清）段玉裁撰：《说文解字注》，同治六年（1867）苏州保息局刻本，卷末。
[4]　（清）徐德原辑：《重刻劲节楼图记》卷末"印送姓氏"，光绪十年（1884）枫江徐氏刻本，第1b页。

桥巷，专门收养名门嫠妇。光绪年间，太仓的会文斋刊刻了《浮桥镇育婴堂征信录》，其封面有"经手私怀，雷劈火焚"字样，钤有"浮桥镇育婴堂图书"，扉页有"乙未（光绪二十一年，1895）孟冬镌""本堂司事检"字样。[1]陈玉田在《述》中说："俟堂工竣，当刊《征信》以彰善愿。"[2]光绪二十一年（1895），顾荣森在《育婴堂缘起识略》中说："续刊《征信》送鉴，倘有虚糜利己，愿受天罚。"[3]尽管是委托太仓的会文斋刊刻的，但实际上的刊刻者是太仓的慈善机构——育婴堂。刊刻这部书的目的与义仓公开收支情况的做法相近。

4. 贮藏场所与板片运输

天灾人祸会使书板有所损坏。对于板片的毁坏，火灾是重要因素。张海鹏刊刻的书籍板片后来在火灾中焚毁。根据张金吾的记载，"叔父既卒之五年，'传望楼'灾，书籍刊版无一存者"[4]。因此，板片的贮藏是板片保护中的重要方面。

对板片破坏最大的是战乱。苏州被太平军攻陷，给当地的书业带来了毁灭性的打击，这一点在潘钟瑞的《苏台麋鹿记》中有所体现。很多史料都提及某书的板片遭到兵燹而焚毁。光绪四年（1878），西脊山人在《伏鸾堂诗剩》的识语中说："咸丰丁巳（七年，1857），汪燕庭以朱子馨及余诗合己作，刊《吴中三山人诗》，己未（咸丰九年，1859），陆梧生为刊《西脊山人诗集》四卷，明年庚申（咸丰十年，1860），城陷，板片均毁于兵火。"[5]《吴中三山人诗》仅是当时苏州城板片消亡的一个缩影。又如陈起荣跋《南北朝文钞》云："嘉庆己未（四年，1799），徐君山民刻于吴门，其后毁于兵燹。"潘钟瑞云："时轩（注：吴县潘诚贵），余弟也。……而著《箬红词》曾镂版，兵乱失之。"[6]

这样的焚毁不只发生在吴县、长洲，在常熟、昆山等地也较为普遍。

---

[1] （清）浮桥镇育婴堂编：《浮桥镇育婴堂征信录》，光绪年间太仓会文斋刻本，封面、扉页。
[2] （清）浮桥镇育婴堂编：《浮桥镇育婴堂征信录》"述"，光绪年间太仓会文斋刻本，第2b页。
[3] （清）浮桥镇育婴堂编：《浮桥镇育婴堂征信录》卷首《育婴堂缘起识略》，光绪年间太仓会文斋刻本，第1b-2a页。
[4] （清）张金吾著，郑永晓整理：《爱日精庐文稿》卷六《叔父若云府君家传》，凤凰出版社2015年版，第92页。
[5] （清）秦云撰：《伏鸾堂诗剩》"目录"，光绪四年（1878）刻本，第1b页。
[6] 白撞雨：《翕居读书录》（一），石油工业出版社2009年版，第50页。

乾隆年间严有禧刻本《严太仆先生集》的板片在咸丰年间毁于战火，光绪年间严有禧七世孙忠培又集资重刻，有光绪九年（1883）严氏西泾草堂刻本。[1]可见咸丰年间战乱导致板片损坏的现象是极为普遍的，而战乱之后苏州也开始了重刻的工作。《归宫詹集》"刊于嘉庆五年（1800），板藏旧第传清堂，久已风行海内。经粤寇乱，先人典籍伤罹毁烬"[2]。潘道根"与同邑张潜之先生互作（注：《昆山诗存》），惜刻印竣工即遭兵燹，以致版毁书焚，后在灰烬之中仅获壹贰部残篇，故市上亦绝少仅有矣"[3]。这使有的书籍在当时流传的数量非常少。

板片贮藏对于城市格局的影响主要表现在板片收藏场所的营造上。明末清初汲古阁采取了专门贮藏板片的措施："子晋有田数千亩、质库若干所，尽售去，为买书刻书之用。创汲古阁于隐湖，以延文士。又有双莲阁在问渔庄，以延缁流。又一阁在曹溪口，以延道流。汲古阁后楼九间，多藏书板。楼下两廊及前后俱为刻书匠所居。"[4]汲古阁财力雄厚，其所刻板片存放在汲古阁的后楼，而楼下则是刻工居住的场所，刻工与书板的位置邻近，更有利于板片的保存和监管。对于后世的藏书家来说，书板一般存放在家中的藏书楼，比较有代表性的是翁同龢写给翁曾荣的家书中提及"书板架宜置后楼"[5]。

有鉴于张海鹏火灾所造成的板片损失，苏州刻书家在板片的贮藏上采取了一些保护措施。吴江人沈懋德"素嗜刻书，成帙甚夥，枣黎镌本，充溢楹桷，而惩昭文张氏之《学津讨源》板毁于火，矍然求善壤以贮。乘庵之兴，急就乾隅别筑楼三楹，闳阔朗爽，廓乎能容。移群书板胥实其中，择谨慎缁徒常司守护"[6]。沈懋德正是吸取了张氏的教训，改将板片存放在福神庵，而且让做事谨慎的人看管。福神庵是沈氏重建的，在周庄镇西北雪巷村，旧名"独云庵"，"道光二十五年（1845），村人沈楳德感梦重

---

[1] 沈津：《中国珍稀古籍善本书录》，广西师范大学出版社2006年版，第609页。
[2]（清）归元肃撰：《归宫詹集》卷四"跋后"，光绪十三年（1887）刻本，第1a页。
[3] 苏州图书馆编著：《苏州图书馆藏善本题跋》，国家图书馆出版社2018年版，第414页。
[4]（清）李铭皖修，（清）冯桂芬纂：《（同治）苏州府志》卷一四七，光绪九年（1883）江苏书局刻本，第48b页。汲古阁在常熟迎春门外之七星桥，东距白茆市之红豆庄仅十千米。
[5]（清）翁同龢著，赵平整理：《翁同龢家书诠释》"致翁曾荣"，凤凰出版社2017年版，第75页。
[6]（清）陶煦撰：《（光绪）周庄镇志》卷三，光绪八年（1882）刻本，第28b-29a页。

建，左偏增文昌阁，右仍为刘王堂，并架楼，藏其家刻书板"[1]。

板片位置产生变化的影响因素还有盗窃和购买。顺治二年（1645），尤侗刊刻友人的《湘中草》，书板藏在家中，但是到了康熙六年（1667），书板"为乱民所掠，此板遂毁"。康熙十一年（1672），徐肃寓重新刊刻，书板藏在尤侗家。但是到了康熙二十二年（1683），"又为偷儿窃去殆尽"[2]。书板的价值使其成为财产的组成部分，故而易遭到盗窃。同时，当时的市场上也存在着书板的交易。《（乾隆）吴县志》物产有"书板"[3]。这说明书板在当时是作为苏州特产的，故而肯定存在着书板的交易。根据姚觐元的记载，《梅氏丛书》"板旧在吴门，咸丰己未（九年，1859）岁……劝南城梅小素刺史体萱购之，板微有损蚀，重修后曾以印本十部见贻"[4]。这是明确表明在苏州购买板片的记录，购买到的板片经过重修可以印刷。

刻书地与藏板地之间存在着不一致的现象。若刻书地与藏板地不一致，则说明板片经过了运输。关于板片的运输，潘钟瑞在光绪十年（1884）的日记里有较为详细的记载："郑庵弟以沈西雍涛所著《说文古本考》新刻样本并板片两箱送来，属余倩工购料刷印也。""首之侄亦到馆来，印书人乐德林偕一人同来印书，余方向郑庵处再取书板两箱，一齐开看，各种甚杂，二人检点竟日，迄无全者。""郑庵弟处舁来书板十余箱，属乐德林一一检点，得全书板十余种。""郑弟处连日发来书板数十种，逐箱点检，各种分排，今为纂成一书目，然其中尚有未全之版。""伟兄托其带来新刻《莘园医学》六种，皆曾刻以单行者，今又汇刻耳。"[5]光绪十一年（1885），"谢济雍来，余约其来检点半行庵、传砚堂两种诗集之版，缺去三四块，须补刻也"[6]。通过上述记载可知，潘钟瑞与其族弟潘祖荫进行板片交流，潘祖荫将板片运送到潘钟瑞家或潘钟瑞到潘祖荫家取，由

---

[1]（清）陶煦撰：《（光绪）周庄镇志》卷三，光绪八年（1882）刻本，第27b页。
[2] 李文洁：《美国芝加哥大学图书馆藏中文古籍善本书志·丛部》，国家图书馆出版社2019年版，第271页。
[3]（清）姜顺蛟修，（清）施谦纂：《（乾隆）吴县志》卷二三，乾隆十年（1745）刻本，第20a页。
[4]（清）姚觐元著，董婧宸、董岑仕整理：《姚觐元日记》，凤凰出版社2022年版，第91页。
[5]（清）潘钟瑞著，尧育飞整理：《潘钟瑞日记》（上），凤凰出版社2019年版，第162、164、165、206、167页。
[6]（清）潘钟瑞著，尧育飞整理：《潘钟瑞日记》（上），凤凰出版社2019年版，第243页。

潘钟瑞印刷。潘钟瑞所做的包括检点板片、雇用工人、购买纸张、进行印刷。潘钟瑞提及其将板片存放在馆中，这里的馆应该是指书馆，即潘钟瑞家的平阳馆。

除了上述题跋、日记的记载外，能够表明书板位置发生变化的还有版心与扉页信息的不一致等。藏板和刻书地点、刻书者的不一致反映出板片进行了交易，这种交易包括购买、印刷等。这些情况常发生在书坊的出版中。现存的书坊刻本显示出书坊之间的复杂关系主要是围绕板片展开的。最为明显的是书坊之间的合作，雍正九年（1731），三乐斋刊刻的《四书经注合参》版心下镌刻了"聚奎楼"，但是扉页上题"聚奎楼藏板，三乐斋梓行"[1]。这显然不是刻成多年之后书板才流入聚奎楼的，在刊刻的时候就在版心标记聚奎楼，表明这两家书坊在当时有合作关系。乾隆十四年（1749）玉山讲堂刻本《学庸思辨录》，扉页有"翻刻必究""卓观堂藏板""论孟嗣出"字样，但版心下镌有"玉山讲堂"[2]，其作者为朱鼎谦，字受谷，昆山人。玉山讲堂位于震川祠内，这部书是玉山讲堂刊刻的，但是后来卓观堂得到了板片进行刷印，并印有"翻刻必究"的字样，所保护的是卓观堂的版权。关于卓观堂，我们只知道其在康熙五年（1666）就已经开始刊刻书籍了，如有康熙五年（1666）卓观堂刻本《新辑仕学大乘》《古文汇钞》。乾隆五十八年（1793）海虞周昂刻本《十国春秋》有"海虞顾氏小石山房刻本""海虞戴氏漱石山房刻本"等版本[3]，可见板片很有可能是在常熟地区流传的，无论是海虞顾氏还是戴氏，都是板片的收藏者和印刷者。

其他板片位置发生过改变的案例：康熙十四年（1675）杨昌龄等刻本《礼记说义纂订》，扉页有"礼记说义纂订。关中杨凤阁先生著。本衙校刻"字样，这说明板片是私宅校刻的。此书还钤有"板暂寄金阊莲华庵许人税印""澹宁堂""志在经明行修"朱文印。[4]这说明后来板片暂时寄存

[1] 张宝三：《美国芝加哥大学图书馆藏中文古籍善本书志·经部》（下），国家图书馆出版社2020年版，第640页。
[2] 张宝三：《美国芝加哥大学图书馆藏中文古籍善本书志·经部》（下），国家图书馆出版社2020年版，第562页。
[3] 沈津主编：《美国哈佛大学哈佛燕京图书馆藏中文善本书志》2，广西师范大学出版社2011年版，第396页。
[4] 沈津主编：《美国哈佛大学哈佛燕京图书馆藏中文善本书志》1，广西师范大学出版社2011年版，第103页。

在莲华庵,并且允许他人印刷。根据《葆寿集》扉页识语,嘉庆年间在苏州刊刻的《葆寿集》,其板片最早在阊门的宝翰楼。后来板片重修,被挪到了位于阊门横街的文星堂书坊。同治七年(1868)陆光祖《仪礼正义书后》云:"道光己酉(二十九年,1849),先大父持节两江……惟胡氏《仪礼正义》卷帙最繁,后付剞劂,工未竣,而军事遂起。……是书虽在姑苏刻局,亦不遑过问其存否。"[1]此书没有刻完而未运到南京,故幸免于难。陆氏后将书板移到北京修补,又将书板归还给胡肇智。同治八年(1869)江苏官书局刻本《续资治通鉴》(修板后印),内封背面镌有"嘉兴冯氏补刊镇洋毕氏原板,同治丁卯(六年,1867)春永康应氏所收于苏松太道署,补刊六十五板,己巳(同治八年,1869)夏送归江苏书局,秋九月又换刊九板,修三十板"[2]。

苏州藏有板片的官府、书坊、私人住宅等地点交织成了复杂的空间结构,藏板意味着这些地点都可以变成印刷、出版的场所,而抄本出版则不具有这种潜在的职能。抄书要比板片印刷更节省成本,而抄写的地点并不固定。抄本制作的地点与板片印刷的地点在空间分布上表现出重合的特性,尤其是那些兼顾抄书与刻书的学者家中。从时间维度上看,抄本的生产并不连续,而板片的印刷则较为固定。

将书籍文化与城市地理相结合进行考察就会发现,藏书楼(私宅)、书坊(刻字铺)、官府的分布直接影响书籍的生产和流通。无论是在刊刻书籍还是在板片贮藏上,城市与乡村都显示出明显的差别。板片多集中于刻字铺、书坊、官府及居住在城中的学者家中。如果学者居住在乡村,也会有少量的板片。对于抄书而言,这种分布的不平衡性要弱一些。不同于刊刻要集中大量的人力、物力,抄写要方便得多。

5. 出版事务与空间变动

清代苏州出版涉及的地理空间信息主要包括刻工、刻字铺等的工作地点,刊刻者的地点,板片的贮藏地点,等等。刻书、印书的空间变动主要是由于出版中的各项事务而产生的。以刻字铺为例,对于其与刻书者之间的事务,可以通过潘钟瑞的记载进行探究。与潘钟瑞合作最为密切的当属谢文翰刻字店,潘钟瑞日记中有关于其与刻字铺的交往记载:光绪十年

---

[1](清)胡培翚撰:《仪礼正义》"书后",同治年间苏州汤晋苑局刻本,第1a页。
[2](宋)李焘撰:《续资治通鉴》,同治八年(1869)江苏书局刻本,扉页。

（1884），"晨阴，至谢文翰刻字店"[1]。"迫暮，课事毕，至谢刻字店。"[2]光绪十四年（1888），"书坊店浦鉴庭、刻字店谢济荣先后来"[3]。"谢文翰以修好《仅存录》拓样来，尚须再加修补。"[4]"汇录诸书洗眼方，其药味与洗期各各不同，录毕，于其后缀记数行，将附刻于《眼科良方》之后。傍晚，遂至谢文翰斋交去。"[5]书坊、刻字铺人员同时到潘氏家中，应该是有关于书籍刊刻、销售等方面的事务要商量。除了刻书外，潘钟瑞与谢文翰之间的交往还体现在一些日常生活中，如潘钟瑞为谢氏题写匾额。光绪十一年（1885），潘钟瑞"为谢济荣写'和义公所'四字门额"[6]。当然，双方还有一些经济事务，潘钟瑞一直拖欠刻资，故而当潘氏到无锡时，谢文翰也会上门讨债。光绪十年（1884），"刻字店谢济雍自苏寻来，由君秀饬人引至，余非特无钱付与，亦并无暇与之说话，彼之来寻，甚无谓也。偿以趁航船之钱而去"[7]。即使回到苏州，谢氏也还是到潘氏家中讨债。光绪十年（1884），"谢济雍、乐德林皆来讨钱也，既遣之，遂出"[8]。除了谢文翰外，潘钟瑞还与刻工冯黼堂联系密切，如光绪十年（1884），"刻字之冯黼堂来，刻成张子上、王拙孙两家诗，始送样本"[9]。冯氏到潘钟瑞家中主要是去送诗集的样本。潘钟瑞有时也到冯氏店中，如光绪十年（1884），"乐书客、谢刻字两人以次来议印书事。……至冯黼堂刻字店，亦不值，亦仅见其子"[10]。可见潘钟瑞当时刻书需要联系谢氏、乐氏、冯氏等人。

刻工的工作地点也可以根据板片的位置来确定，尤其是针对修板这样的工作。根据潘钟瑞的日记，光绪十年（1884），"修补叶调翁辑选《感逝集》版，重为排次卷数，手民挖改竣工，楚楚可观矣"[11]，"谢济雍来修

[1]（清）潘钟瑞著，尧育飞整理：《潘钟瑞日记》（上），凤凰出版社2019年版，第207页。
[2]（清）潘钟瑞著，尧育飞整理：《潘钟瑞日记》（上），凤凰出版社2019年版，第191页。
[3]（清）潘钟瑞著，尧育飞整理：《潘钟瑞日记》（下），凤凰出版社2019年版，第561页。
[4]（清）潘钟瑞著，尧育飞整理：《潘钟瑞日记》（下），凤凰出版社2019年版，第536页。
[5]（清）潘钟瑞著，尧育飞整理：《潘钟瑞日记》（下），凤凰出版社2019年版，第539页。
[6]（清）潘钟瑞著，尧育飞整理：《潘钟瑞日记》（上），凤凰出版社2019年版，第292页。
[7]（清）潘钟瑞著，尧育飞整理：《潘钟瑞日记》（上），凤凰出版社2019年版，第172页。
[8]（清）潘钟瑞著，尧育飞整理：《潘钟瑞日记》（上），凤凰出版社2019年版，第179页。
[9]（清）潘钟瑞著，尧育飞整理：《潘钟瑞日记》（上），凤凰出版社2019年版，第179页。
[10]（清）潘钟瑞著，尧育飞整理：《潘钟瑞日记》（上），凤凰出版社2019年版，第184-185页。
[11]（清）潘钟瑞著，尧育飞整理：《潘钟瑞日记》（上），凤凰出版社2019年版，第184页。

《说文古本考》版，即刷印之"[1]。刻工的修补工作应该是在潘氏家中完成的。而有的刻工需要进行跨地域的流动，对于苏州而言，一般是其他地区的刻工到苏州工作。同治年间莫友芝的日记中有从南京、常熟招募刻工到苏州工作的记载，如同治七年（1868），"吴广庵字至，属觅善刻手若干辈偕往"[2]，"是日仁卿往常熟募刻工"[3]，"仁卿自常熟至，彼间刻工末之至也"[4]。

对于常熟、昆山等地的刻字铺而言，它们与当地的出版者联系密切。以翁心存与常熟的刻字铺刘博文斋为例，翁心存在日记中记载了具体的事件。

> 以先慈《行述》付刘博文斋写刊。
>
> 刘博文斋始将《行述》样本送阅，校竣，即催其赶紧刷印装钉。
>
> 校先子《诗集》，付刘博文上板。
>
> 刘博文来，云刻石孔君已到，以志铭付之双钩。
>
> 刘博文交先集《文钞》《诗钞》刻板来，共一百零一块，又先慈《行述》板，凡六块，藏后楼。[5]

翁心存将书籍交给刘博文斋刊刻，应该是到店中，而刘博文斋将样本交给翁心存审阅，则是到翁心存家中。书籍刻好之后，在刘博文斋中装订、印刷，板片最后则会被运送到翁心存家中，放在后楼收藏。除了与翁心存联络刊刻书籍的业务外，刘博文还为翁心存联系刻工刻石。

书坊也是出版者，因此，我们也可以看到潘钟瑞到书坊的记载：光绪十四年（1888），"偕元吉至观前，向思义堂取《古诗赏析》两部，系去年出股分补刻成者，余应得两部也"[6]。潘钟瑞曾经出资刊刻，故而到思义堂书坊取书，可见潘钟瑞与思义堂书坊在刊刻上存在经济联系。潘钟瑞经

---

[1]（清）潘钟瑞著，尧育飞整理：《潘钟瑞日记》（上），凤凰出版社2019年版，第202页。
[2] 莫友芝当时在南京。[（清）莫友芝著，张剑整理：《莫友芝日记》，凤凰出版社2018年版，第238页。]
[3]（清）莫友芝著，张剑整理：《莫友芝日记》，凤凰出版社2018年版，第240页。
[4]（清）莫友芝著，张剑整理：《莫友芝日记》，凤凰出版社2018年版，第241页。
[5]（清）翁心存著，张剑整理：《翁心存日记》第二册，中华书局2011年版，第578、581、647、654、687页。
[6]（清）潘钟瑞著，尧育飞整理：《潘钟瑞日记》（下），凤凰出版社2019年版，第545页。

常去的还有位于宫巷的养竹居。[1] 当然，刻字铺与书坊之间关系密切，在刻字铺为书坊刊刻书籍期间，二者必然有事务上的联系，如光绪十六年（1890）刻本《佛祖正宗道景》表明板片收藏在苏城护龙大街中的玛瑙经房善书局，而它是由谢济雍刊刻的。因此，学者、刻字铺、书坊三者之间在空间上呈现出一种交错的网状模式。从整体上看苏州城内的出版地理空间，学者、书坊、刻字铺在地理空间上呈现出一种分散的状态。以刻字铺为例，光绪年间苏州城内的刻字店并不只有谢文翰一家，还有位于平江胥门内养育巷的梓文阁，其曾在光绪十六年（1890）刊刻《医诂》，与之联系密切的则是郑文焯。

刻书者在刻书之前要将稿本送到刻字铺内。光绪十年（1884），"郑庵弟以《说文古本考序》稿来……适谢济雍来，即付上版"[2]。光绪十四年（1888），潘钟瑞"回至郡庙前谢文翰斋刻字店，以《仅存录》稿本留下"[3]。有时刻书者要到刻字铺内洽谈刻书事宜，因此，在潘钟瑞的日记中可以阅读到去刻字铺的记载：光绪十四年（1888），"由郡庙前过文翰斋一停，养竹居一停"[4]。光绪年间的刻工还有陶升甫，俞樾和江标的日记记载了他们与陶升甫之间的事务联系。陶升甫是到俞樾家中取书稿的，同治八年（1869），"刻工陶升甫来，以《法言平议》二卷交其刊刻。先是以《吕氏春秋平议》交吴长禄刻，失书"[5]。江标则是到陶升甫家中交给其书稿的，"晨起，属陶新甫刻字店刻《许君年表》"[6]。有的书籍编纂则要通过邮寄的方式，如乾隆年间写刻本《本朝名媛诗钞》，扉页有"近光堂藏板"字样，凡例云，"随到随刻"，"如不吝赐教，有琼章见贻者，幸邮至苏郡府学前凤池门胡抱一舍下，以便续刊"，"版藏凌云阁，倘有翻刻，千里必究"。[7] 这种征稿的方式是通过将稿件邮寄到苏郡府学前凤池门胡抱一家的方式进行的。

[1] 光绪十四年（1888），"余与元吉至宫巷养竹居见钱新之"。[（清）潘钟瑞著，尧育飞整理《潘钟瑞日记》（下），凤凰出版社2019年版，第488页。]
[2] （清）潘钟瑞著，尧育飞整理：《潘钟瑞日记》（上），凤凰出版社2019年版，第163页。
[3] （清）潘钟瑞著，尧育飞整理：《潘钟瑞日记》（下），凤凰出版社2019年版，第527页。
[4] （清）潘钟瑞著，尧育飞整理：《潘钟瑞日记》（下），凤凰出版社2019年版，第530页。
[5] （清）俞樾著，孙炜整理：《春在堂日记》，凤凰出版社2021年版，第121页。
[6] （清）江标著，黄政整理：《江标日记》（上），凤凰出版社2019年版，第156页。
[7] 王树田：《拥雪斋藏书志：全2册》（下），广西师范大学出版社2018年版，第609页。

刻字铺要将印刷好的书籍送到刻书者家中。光绪十一年（1885），"谢店人来，《鄂行日记》刻就一卷"[1]。光绪十四年（1888），"谢文翰刻字店以印好《石刻仅存录》五十五本来，即分送同人"[2]。

书籍印刷所串联起来的地点，基本上是学者家或刻字店。学者家是重要的出版地点，尤其是在书籍的印刷上。同治九年（1870），"董梓庭吏部使人来，印《群经平议》"[3]。董氏派人到俞樾家中印刷其著作。无论是刻字铺还是印刷者，都可以承担印刷的工作。光绪十年（1884），"黼堂又来，乃达我话。谢济荣亦遣两人来印书"[4]。可见谢氏派了两人到潘钟瑞家中印书。而与潘钟瑞联系最为密切的当属印刷工乐德林。光绪十年（1884），"出招乐德林来再印《石氏二世诗集》"[5]，"至察院场寻乐德林，见于其马医科巷家里，付以钱"[6]。乐德林的店面位于察院场，其家是在马医科巷。乐德林也会到潘钟瑞家中印刷，如光绪十年（1884），"德林托人来拆改订成之书"[7]。而且乐德林经常是和谢文翰一起到潘钟瑞家中的，如光绪十年（1884），"谢、乐二人来检书版，谋补刻及续印事"[8]。谢氏负责刊刻，乐氏负责印刷。潘钟瑞也曾为乐德林题写匾额，如光绪十一年（1885），"为乐德林书'作新斋书坊'招牌"[9]。

对于刻书者而言，印刷书板还要准备好纸张，因此，纸铺也是刻书的重要场所。根据潘钟瑞的日记，光绪十年（1884），"又至丽赟纸铺"，"至丽赟堂"。[10]"坊贾来，乞印书，许之。……起，至文翰斋、丽赟堂两处，返馆"。[11]光绪十一年（1885），"谢济荣来，同至丽赟堂，买顶市毛太纸两块，备印书也"[12]。光绪十三年（1887），"至云兰纸铺"[13]，

---

[1]（清）潘钟瑞著，尧育飞整理：《潘钟瑞日记》（上），凤凰出版社2019年版，第297页。
[2]（清）潘钟瑞著，尧育飞整理：《潘钟瑞日记》（下），凤凰出版社2019年版，第540页。
[3]（清）俞樾著，孙炜整理：《春在堂日记》，凤凰出版社2021年版，第145页。
[4]（清）潘钟瑞著，尧育飞整理：《潘钟瑞日记》（上），凤凰出版社2019年版，第185页。
[5]（清）潘钟瑞著，尧育飞整理：《潘钟瑞日记》（上），凤凰出版社2019年版，第189页。
[6]（清）潘钟瑞著，尧育飞整理：《潘钟瑞日记》（上），凤凰出版社2019年版，第190页。
[7]（清）潘钟瑞著，尧育飞整理：《潘钟瑞日记》（上），凤凰出版社2019年版，第191页。
[8]（清）潘钟瑞著，尧育飞整理：《潘钟瑞日记》（上），凤凰出版社2019年版，第195页。
[9]（清）潘钟瑞著，尧育飞整理：《潘钟瑞日记》（上），凤凰出版社2019年版，第251页。
[10]（清）潘钟瑞著，尧育飞整理：《潘钟瑞日记》（上），凤凰出版社2019年版，第206-207页。
[11]（清）潘钟瑞著，尧育飞整理：《潘钟瑞日记》（上），凤凰出版社2019年版，第230页。
[12]（清）潘钟瑞著，尧育飞整理：《潘钟瑞日记》（上），凤凰出版社2019年版，第291页。
[13]（清）潘钟瑞著，尧育飞整理：《潘钟瑞日记》（上），凤凰出版社2019年版，第421页。

"傍晚一出,至巷口纸店、装潢店"[1]。可见潘钟瑞印书用纸主要是从丽贽堂购买的毛太纸,而云兰纸铺、纸店应该也与印书有关。

书籍印刷还涉及续印、装订、抽印等事务,曹元弼的日记记载"续印《孝经》二十册成"[2]。宣统元年(1909),"当属毛上真将《孝经讲程》《文王受命》上中两篇订一册"[3]。又如俞樾抽印《废医论》百本单行。[4]

清代苏州与江南其他地区建立起出版网络,这种出版地理空间的形成主要在清代中后期,最主要的表现形式则是通过合作出版建立起联系。对于刊刻而言,刻工的流动、刻字铺的开设都促进了城市之间的出版交流。以南京的穆氏家族为例,穆大展到苏州刻书,穆如心则到扬州刻书。穆大展所使用的近文斋字号同样也为穆如心所使用,如道光二十六年(1846)刻本《票盐备览》扉页镌有"赐顾者认维扬小东门月城穆如心刻字铺,或认府东圈门大街文奎斋分铺",末页有"扬州小东门穆近文斋刊"[5],属于穆如心刻字铺或文奎斋分铺刻本。到了光绪年间,这种空间上的联系更为密切,尤其是在官书的出版上,江苏官书局与其他书局之间形成出版的分工,如光绪十二年(1886)至十四年(1888)南菁书院、江苏官书局合作刊刻《皇清经解续编》,刻竣后板存南菁书院。

四、书籍销售的地理空间

苏州城内的书肆主要集中在阊门、观前街附近,在乾隆、嘉庆年间之前主要聚集在阊门,此后则逐渐向观前街转移。在黄丕烈所处的嘉庆年间,醋坊桥附近就有崇善堂书肆。[6]除了店铺经营外,书肆对于熟客也会上门销售,书商对于苏州城内的读者居所十分熟悉,他们知道哪些地区的读者需要书籍,这样就构建起了一张销售地图。他们更了解读者的需求,

---

[1] (清)潘钟瑞著,尧育飞整理:《潘钟瑞日记》(上),凤凰出版社2019年版,第477页。
[2] 曹元弼著,李科整理:《曹元弼日记》,凤凰出版社2020年版,第7页。
[3] 曹元弼著,李科整理:《曹元弼日记》,凤凰出版社2020年版,第58页。
[4] (清)俞樾著,张燕婴整理:《俞樾函札辑证》(上)"致陈豪",凤凰出版社2014年版,第22页。
[5] (清)佚名撰:《票盐备览》,道光二十六年(1846)扬州穆近文斋刻本,扉页、卷末。
[6] 瞿镛编纂:《铁琴铜剑楼藏书目录》,上海古籍出版社2000年版,第261页。

现存的信札中有学者与书商之间交往的记载。[1]苏州的书贾一般都是居家销售,这与书坊的沿街设店并不相同。因此,购买书籍需要到书商家中购买。咸丰年间,陆僎居住在苏州洗马里的延绿舫,他的父亲曾在书商倪嵩山家购买到了六川书屋抄本《清河书画舫》。[2]获取书籍的方式之一,便是书商上门销售。同治十二年(1873),世经堂书坊派学徒到常熟翁家销售书籍:"苏州世经堂书坊遣学徒携元板数种来,不足观,留来人一宿。"[3]光绪十年(1884),"侯念椿携零种书来售"[4],"午间,世经堂书友以旧书三单来售"[5]。光绪十二年(1886),"乐德林又携来张眉大《海南日钞》一书"[6]。光绪十五年(1889),潘钟瑞"看绿荫堂书肆售来《寰宇访碑续录》"[7]。这说明书商会将书籍送到潘家,供潘氏挑选。

康熙至乾隆年间,来苏州的士人在逛书肆时,最先到的地方多是阊门。这在一些学者的日记中就能看出,如吴骞到了苏州后,最先去的便是位于阊门的书肆。[8]这些书肆除了是书籍的销售地点外,也是学者交流的地方。乾隆五十二年(1787),吴骞到了苏州后,"至吴门晤牧庵于拜经书肆"[9]。苏州城外的书肆主要集中在西部的上津桥和山塘街附近。乾隆年间的萃古斋书肆就位于虎丘附近,严元照"乾隆癸丑(五十八年,1793)……经过虎邱,而萃古斋购此书"[10]。乾隆五十四年(1789),吴骞"过虎邱钱氏肆"[11]。

清代苏州出版的书籍上也有销售地点的信息,如《说文新附考》钤有"苏州胥门内学士街倪经钼堂书坊发兑"朱印。可见这是位于学士街的倪经钼堂书坊销售的。

---

[1] 同治十一年(1872),"华书贾所少《文苑英华》一卷,亦未交来"。[(清)顾承著,苏州市档案局(馆)、苏州市过云楼文化研究会编:《顾承信札》,文汇出版社2018年版,第4页。]
[2] 傅增湘撰:《藏园群书经眼录》(三),中华书局2009年版,第525页。
[3] (清)翁同龢著,翁万戈编,翁以钧校订:《翁同龢日记》(第三卷),中西书局2012年版,第1033页。
[4] (清)姚觐元著,董婧宸、董岑仕整理:《姚觐元日记》,凤凰出版社2022年版,第312页。
[5] (清)姚觐元著,董婧宸、董岑仕整理:《姚觐元日记》,凤凰出版社2022年版,第330页。
[6] (清)潘钟瑞著,尧育飞整理:《潘钟瑞日记》(上),凤凰出版社2019年版,第384页。
[7] (清)潘钟瑞著,尧育飞整理:《潘钟瑞日记》(下),凤凰出版社2019年版,第598页。
[8] (清)吴骞著,张昊苏、杨洪升整理:《吴兔床日记》,凤凰出版社2015年版,第16页。
[9] (清)吴骞著,张昊苏、杨洪升整理:《吴兔床日记》,凤凰出版社2015年版,第51页。
[10] 瞿启甲辑:《铁琴铜剑楼藏书题跋集录》,上海古籍出版社2019年版,第283页。
[11] (清)吴骞著,张昊苏、杨洪升整理:《吴兔床日记》,凤凰出版社2015年版,第63页。

读者们清楚地知道苏州有哪些地方销售书籍。我们可以通过一些日记了解读者的购买情况和书店的分布，这些日记主要记载了清末同治、光绪年间的书籍销售情况。

莫友芝在同治年间到苏州购买书籍的记录如下：

> 晨过元妙观搜诸书坊，唯绿润堂尚多旧本，余皆无可观。
>
> 过元妙观寻书肆。
>
> 三十里入阊门，抵申衙前书局。
>
> 过元妙观搜诸寺。
>
> 过书局，议买诸书若干种。[1]

莫友芝在同治年间到苏州，主要去的就是观前街，莫友芝关注旧书，其对绿润堂印象深刻。除了玄妙观外，莫友芝也到位于申衙前的江苏官书局购书，购买的以新书为主。另外，根据记载，同治十年（1871），"江苏书局与南京书局新刻各种书，趁此初印之时，务必赶紧各买一部，托退老，想必有的便也"[2]。可见江苏官书局在当时除了刻书外，也是重要的售书机构，购买江苏官书局出售的书籍甚至需要托人购买。

翁同龢在同治十二年（1873）到苏州购买书籍的记录如下：

> 徐行入元妙观，于观前世经堂书肆（侯姓）见抄本数种；绿润堂书肆（徐赓生）见宋本《新唐书》、宋本《通鉴》皆佳。
>
> 步至后学福堂书坊，检出吾邑人著作数种，内抄本冯已苍《怀旧集》一册甚好。[3]

翁同龢在日记中记载了其同治年间在苏州城和常熟购买书籍的情况，在苏州城主要是到玄妙观附近，提及了世经堂和绿润堂两个书肆，购买的也主要是旧书，但是这两家书肆应该也销售清代苏州出版的书籍。翁同龢在常熟去的书肆则是学福堂，学福堂是同治、光绪年间最有名的书肆，翁同龢主要搜集常熟地方文献。

姚觐元在光绪年间购买书籍的记录如下：

---

[1]（清）莫友芝著，张剑整理：《莫友芝日记》，凤凰出版社2018年版，第195、241、271、281页。

[2]（清）顾文彬著，苏州市档案局（馆）、苏州市过云楼文化研究会编：《过云楼家书：点校本》，文汇出版社2016年版，第91页。

[3]（清）翁同龢著，翁万戈编，翁以钧校订：《翁同龢日记》（第三卷），中西书局2012年版，第1028、1036页。

先至颜家巷徐东甫（绿润堂主人）家看旧书，由宫巷观前至大成坊巷，复由乔司空巷出卧龙街，至骨董肆略观。

还至卧龙街骨董肆游瞩而归。

从抱经堂取归聚珍版《续吕氏家塾读诗记》二册、抄本明海盐王世隆文禩集一册。

偕海珊至考院前一游。

饭后往严衙前慰张表妹……从西街而归。路过思义小书肆……书贾钱生，人尚老实可交也。

独往考棚前一步，购得许谦《读书丛说》□卷，明修元板《隋书》一部，又于周姓冷摊捡得宋刻小字《通鉴纪事本末》残本一册。

偕霞轩至考院前思义堂书坊小憩。

饭后，至考棚前一步。旧书稀若星凤，购得明北监板《晋纪》《隋书》，又《才调集》各一部，其直番银五饼又四角。[1]

光绪年间，姚觐元居住在苏州。姚觐元在日记中记载的购书路线比较详细，是从颜家巷到卧龙街，主要去的有五处地方：颜家巷的绿润堂、卧龙街的骨董肆、考院前的书帖店及骨董摊、抱经堂、思义堂书坊。其中去的比较多的是考院前的书摊，从思义堂、考院前买到了清代出版的书籍。从地理空间上看，绿润堂、卧龙街的书肆等基本集中在观前街地区，而考棚前则不在观前街地区，考棚前的书摊比较特殊，一般在府试期间集中出摊。

潘钟瑞在光绪年间购买书籍的记录如下：

至定慧寺巷试院前……惟西首有赶考浮店、书坊、碑帖、古玩之类，逐一观览。

傍晚至试院前，与作新斋书坊、养竹居法帖店有话。

向书局购得钮匪石树玉《说文校录》一部，价一千八百文。

遂闲步贡院前……随便看书籍、法帖，各摊迄无可意者。至直街文瑞楼坐憩，店主素识，有以书易书之议，议不成。

谢店添印三百张（注：《留别诗》）来，余已写就复君秀一笺，封

---

[1] 按：上述引文第1—7条出自光绪十年（1884），第8条出自光绪十六年（1890）。[（清）姚觐元著，董婧宸、董岑仕整理：《姚觐元日记》，凤凰出版社2022年版，第271、273、282、284-285、319、323、325、439页。]

好，即令谢店人送航船上去。[1]

潘钟瑞在光绪十年（1884）、光绪十一年（1885）主要去贡院前的书摊、直街的文瑞楼、江苏官书局购买书籍，而试院前位于定慧寺巷，在科考期间聚集了很多书坊，如作新斋书坊、养竹居法帖店。从地理空间来看，潘钟瑞从贡院前一直逛到直街。除此之外，潘钟瑞还从刻字店批量获取书籍。

江标在光绪年间购买书籍的记录如下：

至大成坊巷书铺。

至观西绿润堂书铺。

至观前灵芬阁……出门至大成坊巷书铺，得《孤儿编》一册，此书为汪孟慈撰，印本甚希见也。……至观前灵芬阁，见旧扇面百幅。

午后出门，至甫桥西街试院前一游，盖正值府试之期，书肆云集。

至试院西街观书肆。

由大成坊巷径观前至绿润堂书肆，见抄本马氏《经籍考》，颇精，《杜诗外集》，抄出携归。

午后出门，至观前世经堂书铺。

过味绿斋裱画店，携初印《篷渔小稿》等书而归。

于经文堂书铺见旧抄《唐先生集》残本。

薄暮出门，至绿润堂书坊，见张子行《说文楬原》。

后至申街前寻大来堂书坊，因闻路小洲家藏旧籍尽归此铺出售，拟访之。据云无此事也。[2]

江标经常去的书肆有大成坊巷书铺、观西绿润堂书铺、观前灵芬阁、甫桥西街试院前、观前绿润堂、观前世经堂、味绿斋裱画店、申街前大来堂书坊。江标比较常去的还是观前街地区，其路线是从大成坊巷到观前街，去得比较多的书肆是绿润堂。

---

[1] 按：上述引文，第1—2条出自光绪十年（1884），第3—4条出自光绪十一年（1885），第5条出自光绪十二年（1886）。[（清）潘钟瑞著，尧育飞整理：《潘钟瑞日记》（上），凤凰出版社2019年版，第187、226、271、310、364页。]

[2] 按：上述引文，第1—8条出自光绪十一年（1885），第9条出自光绪十二年（1886），第10—11条出自光绪十三年（1887）。[（清）江标著，黄政整理：《江标日记》（上），凤凰出版社2019年版，第127、128、131、146、147、149、152、279、283页。]

光绪年间徐兆玮到苏州,"至观前街购蒙学书数种","于司前街购旧书数种"。[1]光绪二十七年(1901),徐兆玮"饭于曹实甫丈家,偕至司前街一书肆中"[2]。可见除了观前街外,司前街也有书肆。

除了吴县、长洲外,常熟等地也有书籍销售的渠道。这同样被记载在一些日记中,光绪年间徐兆玮的日记中就有比较详细的购买记录:

向书肆购《啸园丛书》十余种。

王聘三丈来函云:近东乡旧家携来书百种求售,已为学福堂所得。芸生交来书目,属抄录寄览。

学福堂取《南齐书》一部,《礼部则例》不全本廿册,书摊上得归令瑜《疏野堂集》二册。

至市前学福堂,托其装订旧书。

十二点钟与泽之约晤于市前街张申甫书店。

在沈镜明书肆晤孙师郑。

至沈镜明书坊,购《常昭新志稿》一部、《海虞文征》一部。

下午至沈镜记书肆,购《通俗编》一书,姚补篱所校补也。昨在学福堂购盛寒溪《成仁谱》一书,亦孤本。

晨,至海虞图书馆购小说数种。

在城购得《苏州老骚》二、三集。

至县南街购物,于孚记取新刊《龚定庵集》一部。

至寺前沈镜明书肆。

于王顺甫书摊购得《香禅精舍集》,又《鲍子冶词选》批本。

于同文馆书肆得《万言肆雅》一册。[3]

徐兆玮在常熟去得最多的应属学福堂书肆,学福堂位于市前。市前是常熟书肆的聚集地。除了学福堂外,徐兆玮还经常去抱芳阁,抱芳阁是"由沈镜明合股新盘",光绪二十九年(1903)"十六夜三鼓抱芳阁失火"。[4]沈镜明书肆位于寺前。常熟的县南街也聚集了书肆。徐兆玮还会

---

[1] 徐兆玮著,李向东等标点:《徐兆玮日记》(一),黄山书社2013年版,第322页。
[2] 徐兆玮著,李向东等标点:《徐兆玮日记》(一)(二),黄山书社2013年版,第323页。
[3] 徐兆玮著,李向东等标点:《徐兆玮日记》(一)(二),黄山书社2013年版,第8、96、348、360、350、404、415、725、870、937、1043、1044、1048、1088页。
[4] 徐兆玮著,李向东等标点:《徐兆玮日记》(一),黄山书社2013年版,第423页。

去一些书摊购书，如王顺甫书摊，同文馆书肆则不知在何处。除了这些书肆外，新兴的海虞图书馆也销售书籍。

私人刻书者也会出售书籍，除了自己销售外，也会托人出售。有的书籍在书坊中找不到，则需要到私人家中印刷或购买。吴大澂在同治八年（1869）给《外科症治全生集》写的序言中说："蒋君南芗存心爱物，生平好活人书，曾见王氏所辑《外科全生集》秘本，刻而行之。……庚申（咸丰十年，1860）兵燹以来，旧版散失，令嗣香生比部屡求是书不可得，今春于友人处见之，为之大喜，爰携归，重付剞劂，以广流布。"[1]从潘钟英写给朋友的信札里我们可以得知这部《外科症治全生集》在当时苏州的稀见情况："《外科全生集》各坊遍购，止有一板，模糊之极，意欲另买旧板竟不可得。据坊间云此书须向苏城蒋氏（即香荪家）家藏购求，云有好板，因此仅买一部，一并寄上，均祈赏收。"[2]此书在当时的苏州极其稀见，而且书坊中人对此书的出版情况十分清楚，指点潘钟英到蒋氏家购买，也就是说当时蒋氏家刻的版本在市面上非常少见，只能到蒋氏家中购求。

找书贾印刷书籍也是获取书籍的方式。康熙年间吴县学者黄中坚在《补全通鉴纲目书后》也透露了当时书籍的价格信息："顾此书为余少时所阅，且其板殊胜后来者，思欲访求残编，补其缺失，而为时既久，了无所得，意且少衰。乃甲戌（康熙三十三年，1694）仲春，偶访之书贾沈姓者，竟得刷印，汇成全集。余睹之，不禁氍然喜也。因谓儿会曰：汝知余所以喜乎？《纲目》一书，坊间皆有，今欲购之，不过多一二金耳，全之亦何足喜？ 正以此书与余如旧相识，不忍使其废弃。"[3]黄中坚在遇到残缺的《通鉴纲目》后，找了沈姓书贾印刷。

另外一种销售模式则是印刷书籍后放在刻字铺或书坊中销售。由于刻字铺与书籍刻印、销售相关，放在刻字铺也更容易销售。道光二十一年（1841）刻本《集验良方拔萃》版权页有"拔萃良方，板存姑苏阊门外南城脚下新安桐油会馆内"字样，另有"为善最乐""裕德堂守愚氏、树蘐室

---

[1]（清）王维德撰：《外科症治全生集》"序"，同治八年（1869）长洲蒋氏刻本，第1a-1b页。
[2] 苏州市档案馆编：《贵潘友朋信札》第五卷，古吴轩出版社2020年版，第270页。
[3]（清）黄中坚撰：《蓄斋集》卷十《补全通鉴纲目书后》，康熙五十年（1711）棣华堂刻五十三年（1714）增修本，第10a-10b页。

恬素氏同辑""印送□□按察司前西喜墨斋刻字店"字样。[1]桐油会馆位于阊门之外南城脚下,苏州史志资料中对其少有记载。桐油会馆印刷书籍后将其放到按察司附近的喜墨斋,更容易销售。

  清代苏州还有一些特殊的销售地点,这与销售的动机有关。光绪年间刊刻的《国朝三邑诸生谱》,"原议书成不问捐助多寡,各赠一部,今刷印较多,可照数每元一部,又分送诸师友,约共三百五十部。其余定价每部一元,提出一百二十部,由五亩园发售,捐入儒孤学堂,为助捐诸君子扩充义举;留下八十部,由西小桥发售,储待续印,借资周转,以广流传"[2]。该书的发售机构主要是五亩园和西小桥,五亩园要将卖书所得捐给儒孤学堂,出于的是慈善目的;西小桥发售赚的钱则用作储备金以便续印。

  清代苏州与其他地区之间的书籍销售关联主要体现在分店的开设及书商的销售方面。嘉庆年间,在苏州经营的五柳主人曾在北京开设分店,根据记载,"嘉庆戊辰(十三年,1808)十一月四日,五柳主人以京师书肆急须料理,冒寒北行"[3]。书商还从苏州去往江南其他地区销售书籍,乾隆年间的苏州书商吴良甫就曾到海宁的吴骞家售卖书籍。[4]除了浙江外,书商的另一个销售地点则是南京。乾隆五十年(1785),吴骞"暮抵虎嗖,遇书估舟"[5]。这些书商将苏州出版的书籍销往各地,在地理空间上建立起销售网络。

---

[1] (清)恬素氏辑:《集验良方拔萃》,道光二十一年(1841)喜墨斋刻字店刻本,扉页。
[2] (清)钱国祥辑:《国朝三邑诸生谱》卷末"收付清单",光绪三十二年(1906)刻本,第2b页。
[3] 瞿启甲辑:《铁琴铜剑楼藏书题跋集录》,上海古籍出版社2019年版,第204页。
[4] (清)吴骞著,张昊苏、杨洪升整理:《吴兔床日记》,凤凰出版社2015年版,第14页。
[5] (清)吴骞著,张昊苏、杨洪升整理:《吴兔床日记》,凤凰出版社2015年版,第39页。

结语

清代苏州的出版已经完全融入民众的日常生活。文人学者通过出版诗文集，提高自己的声誉，借以在精英阶层中取得地位。对于出版学术著作的学者而言，其面向的群体更为狭小。出版成为精英阶层风雅生活的一部分，甚至有时可以借其获得利润。这种浓郁的出版氛围，使得在苏州任上的官员表现出对刊刻书籍的热衷，他们与苏州的藏书家保持着密切的联系，将刻书作为一项重要事业来看待。可以说，士人阶层主导着出版行业的发展。而下层民众限于知识水平，与精英阶层之间仍然有着不可逾越的鸿沟。对于他们究竟能够在多大程度上参与出版、获取书籍，通过出版过程中的不同因素可以发现蛛丝马迹。

从抄写与印刷的角度看，抄书作为一种特殊的出版活动，能够更为全面地反映每个阶层在书籍生产中所发挥的作用。抄写活动在民间有着连贯的传统，民众更习惯于用抄写来记录生活、学习知识。他们所生产的这些书籍，与正统的书籍迥然有别，很少进入士大夫的视野。下层民众能够接触到的出版，最为平常的莫过于抄写，但是这种抄写迥异于精英阶层的抄写，更多地与日常生活有关，包括抄写一些实用性的文本，而这类文本在精英阶层中也同样流行。对于精英阶层而言，抄写也不失为传播书籍的重要手段，其地位并未受到印刷的冲击。抄写那些数量极少的稀见书仍然是积累藏书，从而成为藏书家的重要手段。

对于刊印，只有刻工、纸厂商人、书坊主、木材商人等才能接触到。对于有关民众而言，出版仅仅是其谋生的手段。出版同时也让不同的人群建立起联系，尤其是那些善书的捐资者、印刷者，他们来自不同的阶层。从这一点上看，无论是精英阶层还是下层民众，他们都或多或少地参与了出版。

从知识传播的角度看，清代苏州的商业气息催生出的市民文化，使这一时期的民间书籍呈现出兴盛的状态。善书等书籍在精英阶层和普通民众中同样流行，有着广阔的销售市场。这属于精英阶层与普通民众共享的文本。参与编纂、出版普及读物，是精英阶层向下层民众传递知识的重要途径。由下层民众参与的多样的民间文化所生成的知识，又反过来影响精英阶层的知识结构。

精英阶层的品位对于民众的阅读和城市的风气至关重要。根植于风雅文化土壤的出版，向普通民众传递出社会承平的信息。对于清代的一些人来说，这关乎的是世道人心。余治就是这样一位有着深切忧虑的士人："当是时，江南方承平，风俗浮靡，市井之子，酒食征逐。士大夫亦徒以文艺相尚，君独慨然以人心世道为忧，思有以维持补救，挽回劫运，以为圣贤经传，非愚蒙所能通晓，宜以浅近之言发明之。"[1]"以文艺相尚"透露出士人阶层的品位，大量出版的诗文、戏曲类等书籍正好适应了这样的社会风气。

出版寄寓的更多的是不同阶层的社会理想，即选择出版的书籍与出版者的思想呈现出一致性。晚清慈善家、戏曲作家余治解决当时社会问题的方法是选择出版善书，这类书籍在民众中的传播能够起到教化的作用。占籍在吴江的陆继衮"当粤贼已乱，得杨园张氏未刻书数卷，日爱刻之，其友人凌淦见之曰：此何时也，而犹刻书为？日爱曰：此何时也，而不刻书。为其卒也以病狂，盖其志甚大而不得一发泄也"[2]。出版之于陆继衮，寄托着其主张和理想。而"志"不得发泄，反映了陆继衮在科举制下感到的志不得伸，故而他将志向寄托在刻书上。这种现象折射出清代苏州乃至整个清代刻书业的重要文化心态。

事实上，这类出版未能挽救当时的人心和世道。且不说书籍的传播，民众能够在多大程度上接受书籍中的思想就是一个重要的问题。民众所能接受的，更多的是与日常生活有关的部分，对于其他的未必有多关心。佛教书籍出版的兴盛折射出这种普遍心态，借助祈福等形式化的仪式来达到目的在出版中极为流行。苏州在咸丰年间前后的出版是完全不同的两个状态，同治、光绪年间出版的书籍更加亲近平民阶层。

[1]（清）余治撰：《尊小学斋诗集》"铭"，光绪九年（1883）无锡李氏刻本，第1b-2a页。
[2]（清）金福曾修，（清）陈其英纂：《（光绪）吴江县续志》卷二十二，光绪五年（1879）刻本，第5b页。

但士人的发奋刻书没有孕育出新的思想,即使是在最核心的思想的承接上。如果说明代苏州的出版文化与市民阶层的理想化追求相得益彰的话,那么清代前期和中期苏州在全国的经济中心位置并未对其出版有多大的支持,这当然与社会思想的局限性有关。这一时期苏州最兴盛的莫过于地方文史,苏州一地对地方诗文、史志的整理达到了前所未有的程度,形成了一种广泛的社会参与,以至于一些贫穷的底层士人也不遗余力地参与到这项事业中来。这可见于乾隆年间昆山人顾本敬的事迹:"县奉宪檄采访节孝,令司其事,穷乡僻壤,搜考靡遗。……家贫,授徒暇辄手一编,悯邑中文献无征,乃罗致自晋迄国朝人文,手书三千余篇。编类成集,张潜之题曰《昆山文综》。"[1]家贫的顾本敬搜集的昆山文献最终被官方地方志的编纂吸收。正是这种保存文献的行为促成了清代苏州方志编纂、出版的兴盛。

对于书坊而言,它们的目的不是如何保存文献,而是营利。面向最广泛的阅读群体,是它们编纂、刊刻书籍的主旨。因此,一种实用性、功利性的编纂在书籍出版领域传播开来,最为直接的体现便是医书的出版。民众最关心的还是如何在现实生活中维持自己的生命状态。医书提供了诸多便捷的自救方法,并且以最为人所能接受的形式呈现。但是,这样的操作远远不能达到目的,在刚开始时,有着浓厚商业文化气息的苏州摒弃了传统的道家文化而倾向于以佛经为主的出版,以至于市面上所能见到的真正有实质性思想的、与身心有关的书籍少之又少。这种选择有其内在逻辑,风雅文化天然对此的排斥是最深层的原因。因此,太平天国运动对苏州城造成破坏之后,以江苏官书局为代表的官方出版机构首先使用传统的文史和理学夫子的教化来重新填补思想的空白。民间应对这一时期的人心变化,则是采用宝卷、唱词等更为浅白的文本来传达思想。

西方的石印、铅印技艺传入中国后,逐渐取代了传统的手工出版,书籍的内容也在逐渐适应新兴的技术。彭元瑞所说的刻书"工于吴"[2],也最终面临着新技术的冲击。传递知识的需求使得民众对出版技艺没有那么

---

[1] (清)金吴澜修,(清)汪堃纂:《(光绪)昆新两县续修合志》,光绪七年(1881)刻本,第38a页。

[2] (清)彭元瑞《赠苏州刻工穆大展序》:"刻书昉于蜀,富于闽,工于吴。"[(清)彭元瑞撰:《恩余堂辑稿》卷一,道光七年(1827)刻本,第36a页。]

关心，他们更在乎出版的书籍能够产生怎样的社会影响。

　　出版技艺的变革与传统学问的式微几乎处在同一时期。晚清时期的苏州学者没有完全依靠阅读铅印本、石印本书籍成长起来，他们的阅读还是以抄本、刻本居多。从传入到接受，新兴出版技艺并未引起多大的争议。出版方式影响着知识的生成，当时的社会需要效率更高的出版方式来适应急剧变化的时代形势，思想、文化也借助这些新技术在民间传播。

参考文献

（清）宋如林修，（清）石韫玉纂：《（道光）苏州府志》，道光年间刻本。

（清）李铭皖修，（清）冯桂芬纂：《（同治）苏州府志》，光绪九年（1883）江苏书局刻本。

（清）郑钟祥修，（清）庞鸿文纂：《常昭合志稿》，光绪三十年（1904）木活字本。

曹允源、李根源纂：《（民国）吴县志》，民国二十二年（1933）苏州文新公司铅印本。

张镜寰修，丁祖荫纂：《重修常昭合志》，民国三十七年（1948）铅印本。

（清）潘道根著，罗瑛整理：《潘道根日记》，凤凰出版社，2016年。

（清）潘钟瑞著，尧育飞整理：《潘钟瑞日记》，凤凰出版社，2019年。

（清）江标著，黄政整理：《江标日记》，凤凰出版社，2019年。

徐兆玮著，李向东等标点：《徐兆玮日记》，黄山书社，2013年。

江澄波、杜信孚、杜永康编著：《江苏刻书》，江苏人民出版社，1993年。

江澄波：《江苏活字印书》，北京联合出版公司，2020年。

（清）黄丕烈撰，余鸣鸿、占旭东点校：《黄丕烈藏书题跋集》，上海古籍出版社，2015年。

瞿启甲辑：《铁琴铜剑楼藏书题跋集录》，上海古籍出版社，2019年。

苏州图书馆编著：《苏州图书馆藏善本题跋》，国家图书馆出版社，2018年。

陈先行、郭立暄编著：《上海图书馆善本题跋辑录》，上海辞书出版社，2017年。

瞿镛编纂：《铁琴铜剑楼藏书目录》，上海古籍出版社，2000年。

周照东主编：《常熟图书馆古籍善本图录》，常熟图书馆，2003年。

苏州博物馆编著：《苏州博物馆藏古籍善本》，文物出版社，2012年。

傅增湘撰：《藏园群书经眼录》，中华书局，2009年。

周叔弢撰，赵嘉等校注：《弢翁古书经眼录标注》，上海古籍出版社，2021年。

江澄波：《古刻名抄经眼录》，北京联合出版公司，2020年。

（清）张金吾著，冯惠民整理：《爱日精庐藏书志》，中华书局，2012年。

翁之憙撰，翁以钧整理：《常熟翁氏藏书志》，中华书局，2022年。

王树田：《拥雪斋藏书志：全2册》，广西师范大学出版社，2018年。

吴格、眭骏整理：《续修四库全书总目提要·丛书部》，国家图书馆出版社，2010年。

王重民撰：《中国善本书提要》，上海古籍出版社，1983年。

俞冰：《齐如山百舍斋藏善本知见录：全二册》，国家图书馆出版社，2017年。

范邦瑾编著：《美国国会图书馆藏中文善本书续录》，上海古籍出版社，2011年。

沈津主编：《美国哈佛大学哈佛燕京图书馆藏中文善本书志》，广西师范大学出版社，2011年。

马月华编著：《美国斯坦福大学图书馆藏中文古籍善本书志》，广西师范大学出版社，2013年。

张宝三：《美国芝加哥大学图书馆藏中文古籍善本书志·经部》，国家图书馆出版社，2020年。

李文洁：《美国芝加哥大学图书馆藏中文古籍善本书志·集部》，国家图书馆出版社，2019年。

李文洁：《美国芝加哥大学图书馆藏中文古籍善本书志·丛部》，国家图书馆出版社，2019年。

（清）张金吾著，郑永晓整理：《爱日精庐文稿》，凤凰出版社，2015年。

（清）翁同龢著，赵平整理：《翁同龢家书诠释》，凤凰出版社，

2017年。

（清）俞樾著，张燕婴整理：《俞樾函札辑证》，凤凰出版社，2014年。

叶德辉著，漆永祥点校：《书林清话：外二种》，北京联合出版公司，2018年。

叶瑞宝主编：《苏州藏书史》，江苏古籍出版社，2001年。

后 记

说起本书的写作，最开始的构思源于我与内子在苏州的买书经历，读书期间我们经常去旧书店淘书，这些书经过了时间的积淀，承载了很多别样的故事。明清时期苏州的书业不可谓不繁盛，尤其是阊门一带，书肆云集，读及史料，令人心驰神往。后来读到叶德辉所言吴门书坊之盛衰，今天又何尝不有此感。故而每次走在阊门到虎丘的山塘街上，回想这里曾有汪士钟的艺芸书舍，也曾有钱听默的萃古斋，便会生出"昔时书坊今何在"的感慨。

至于为何选择清代，则与自己的学习经历有关。我在攻读博士学位的四年中，把研究的重心限定在明代，尤其是手抄本这类版本，偶尔也会涉及清人的题跋，以其作为研究明代版本的参考。清人的题跋之于古书研究具有特别的意义，其中，除了宋、元、明版书籍外，也有关于清代版本的论述，于是后来我便想着涉猎一下清代的版本。清代的书籍史研究尚有不少可以挖掘的空间，这对于我来说也是一个不小的挑战。同时，得益于此前的研究经历，我一直认为出版史也应该将抄本包括在内，尤其是印本时代的出版更应如此，故而本书对清代苏州的抄本也有所涉及。

清代对于苏州书业而言是一个特殊的时期，相比于明末苏州书业的辉煌，清代书业总感觉逊色不少。这是我刚开始对清代苏州出版的印象。后来随着资料的发掘，我逐渐发现清代的出版自有其特色。出版对于城市文化有着深刻的影响，尤其是清代的出版已经与民众的日常生活息息相关，抄书、印书成为一件极其普通的事情，产生了不少诸如善书之类的民间书籍。因此，本书对这类书籍给予了格外的关注。

出版史研究最为重要的莫过于对版本实物的考察，这就要说到研究清代版本的另一种魅力。由于清代的书籍种类数量繁多，加之离现在还没有那么遥远，不少版本尚能买来一读。司马光云："贾竖藏货贝，儒家惟此耳。"这对于并不富裕的我来说，已经是一件非常奢侈的事情了。阅读这些旧书，往往会有意外之喜，尤其是那些长期在民间流传的书籍，会让人不自觉去思考其用途。当然，这些史料还远远不够，本书的完成更多地得益于当今网络数据库的发达，如"中华古籍资源库""学苑汲古——高校古文献资源库"等，我不出户牖便可泛舟书海，另外有的资料则来源于各路书友的收藏。尽管如此，限于时间和精力，仍有不少苏版书籍未能得见，这不能不说是一个遗憾。

  这是我出版的第一本小书，之所以称之为"小"，主要有两个方面的原因。其一，虽然本书的主题是清代苏州出版文化研究，但不同于出版史的宏观叙述，本书更加关注一些细枝末节，很多时候进行的是一种微观的考察。其二，我从2021年上半年开始写作本书，完成于教学之余，时间比较仓促，故而将其当作课后作业来完成，在一年多的时间内便草就初稿，就显得没那么厚重。关于清代苏州的印书、抄书，前贤、时贤多有论述，本书自然难以取得突破，那就将本书的出版作为自己在访书旅途中的纪念，以及出版史学习者的一次出版体验吧。

  最后，感谢学院对本书出版的支持，感谢本书的责任编辑的精心编校和帮助。

刘　勇

2022年10月2日写于金阊鸽景书斋